徐州统计年鉴

XUZHOU STATISTICAL YEARBOOK

2021

（总第34期）

徐 州 市 统 计 局
国家统计局徐州调查队 编

中国统计出版社
China Statistics Press

图书在版编目(CIP)数据

徐州统计年鉴 . 2021 = Xuzhou Statistical Yearbook 2021 / 徐州市统计局，国家统计局徐州调查队编 . -- 北京 : 中国统计出版社，2021.8
ISBN 978-7-5037-9523-7

Ⅰ . ①徐… Ⅱ . ①徐… ②国… Ⅲ . ①统计资料—徐州—2021—年鉴 Ⅳ . ① C832.533-54

中国版本图书馆 CIP 数据核字 (2021) 第 117260 号

徐州统计年鉴—2021

作　　者 / 徐州市统计局　国家统计局徐州调查队
责任编辑 / 钟　钰
装帧设计 / 孟艳乐　曹　晶
出版发行 / 中国统计出版社有限公司
地　　址 / 北京市丰台区西三环南路甲 6 号
邮政编码 / 100073
电　　话 / 邮购(010)63376909　　书店(010)68783171
网　　址 / http://www.zgtjcbs.com
印　　刷 / 徐州绪权印刷有限公司
经　　销 / 新华书店
开　　本 / 890mm×1240mm　1/16
字　　数 / 1185 千字
印　　张 / 31
版　　别 / 2021 年 8 月第 1 版
版　　次 / 2021 年 8 月第 1 次印刷
定　　价 / 300.00 元

本书附同版本 CD-ROM 一张，光盘内容以书面文字为准。
如有印装差错，由本社发行部调换。

《徐州统计年鉴—2021》编辑委员会

《徐州统计年鉴—2021》编辑部

编 者 说 明

《徐州统计年鉴—2021》是一部全面、系统反映徐州市国民经济和社会发展情况的资料性年刊。书中汇集了徐州市及各县(市)2020年经济和社会各方面的统计数据，以及历史重要年份和改革开放以来主要统计数据。

全书内容分为28篇目，即：1.综合；2.国民经济核算；3.人口；4.就业人员和职工工资；5.固定资产投资；6.对外经济贸易和国际旅游；7.能源消费与库存；8.财政、金融和保险；9.物价指数；10.人民生活；11.自然资源、城市概况和环境保护；12.农林牧渔业；13.工业；14.建筑业；15.交通运输和邮电；16.批发零售和住宿餐饮业；17.科技和教育；18.卫生和社会服务；19.文化和体育；20.公共管理及其他；21.县(市)社会经济；22.乡镇基本情况；附录1.小康社会进程监测；附录2.江苏省市、县主要经济指标；附录3.江苏省市辖区主要经济指标；附录4.第七次全国人口普查江苏省各设区市主要指标；附录5淮海经济区主要经济指标；附录6.企业选介。为方便读者使用，大部分篇末附有《主要统计指标解释》。

与2020版《徐州统计年鉴》相比较，本年鉴在统计内容和编辑上主要做了如下修订：

根据方法制度变化、实际编辑情况和用户需求，对第一篇综合、第四篇就业人员和职工工资、第七篇能源消费与库存、第十三篇工业、第十六篇批发零售和住宿餐饮业、第十八篇卫生和社会服务、第二十一篇县(市)社会经济、第二十二篇乡镇基本情况、附录1.小康社会进程监测、附录2.江苏省市、县主要经济指标、附录3.江苏省市辖区主要经济指标、附录4.第七次全国人口普查江苏省各设区市主要指标等部分内容进行了调整修订。

本年鉴部分数据合计数或相对数由于单位取舍不同产生的计算误差均未作机械调整；年鉴文稿中所用数字，如有与表中数据不一致的，读者在引用时均以表中数据为准，凡与本年鉴有出入的历史资料数据，均以本年鉴为准。

本年鉴表中的符号使用说明："..."表示数据不足本表最小单位数；"空格"表示该项统计指标数据不详或无该项数据；"#"表示其中的主要项。

本年鉴编辑过程中，得到中国统计出版社和江苏省统计局综合处的悉心指导，得到市委宣传部、市公安局、市财政局、市交通运输局、市农业农村局、市自然资源和规划局、市气象局、市水务局、市住房和城乡建设局、市生态环境局、市卫健委、市民政局、市人力资源和社会保障局、市司法局、市教育局、市文化广电和旅游局、市商务局、市科技局、市应急管理局、市退役军人事务局、市市场监督管理局、市体育局、市政协、市妇联、市邮政管理局、人民银行徐州中心支行、市消防支队、徐州银保监分局、市通管办、市供电公司、中国铁路上海局集团有限公司徐州站、徐州观音机场、国家管网集团东部原油储运有限公司等有关部门、单位以及广大统计工作人员的大力支持，在此我们表示诚挚的感谢。恳请各界人士和读者对年鉴的不足之处批评指正，以期进一步提高编辑水平，更好地为广大读者服务。

目　录

四、就业人员和职工工资

五、固定资产投资

六、对外经济贸易和国际旅游

七、能源消费与库存

八、财政、金融和保险

九、物价指数

十、人民生活

十一、自然资源、城市概况和环境保护

十二、农林牧渔业

十三、工 业

十四、建筑业

十五、交通运输和邮电

十六、批发零售和住宿餐饮业

十七、科技和教育

十八、卫生和社会服务

十九、文化和体育

二十、公共管理及其他

二十一、县（市）社会经济（1978-2020）

二十二、乡镇基本情况

CONTENTS

CHART OF THE ACHIEVEMENTS OF XUZHOU'S NATIONAL ECONOMY AND SOCIAL DEVELOPMENT

Chapter 1 GENERAL SURVEY

Chapter 2 NATIONAL ACCOUNTS

Chapter 3 POPULATION

Chapter 4 EMPLOYMENT AND WAGES

Chapter 5 INVESTMENT IN FIXED ASSETS

Chapter 6 FOREIGN ECONOMY & TRADE AND INTERNATIONAL TOURISM

Chapter 7 ENERGY CONSUMPTION AND STOCK

Chapter 8 FINANCE, BANKING AND INSURANCE

Chapter 9 PRICE INDEX

Chapter 10 PEOPLE'S LIVELIHOOD

Chapter 11 NATURAL RESOURCES, GENERAL SURVEY OF CITIES AND ENVIRONMENTAL PROTECTION

Chapter 12 AGRICULTURE, FORESTRY, ANIMAL, HUSBANDRY AND FISHERY

Chapter 13 INDUSTRY

Chapter 14 CONSTRUCTION

Chapter 15 TRANSPORTATION, POSTAL AND TELECOMMUNICATIONS SERVICES

Chapter 16 WHOLESALE, RETAIL AND ACCOMMDATIONS CATERING INDUSTRY

Chapter 17 SCIENCE AND TECHNOLOGY, EDUCATION

Chapter 18 PUBLIC HEALTH AND SOCIAL SERVICES

Chapter 19 CULTURE AND SPORTS

Chapter 20 PUBLIC MANAGEMENT AND OTHERS

Chapter 21 SOCIAL ECONOMIC OF COUNTIES（CITIES）（1978-2020）

Chapter 22 BASIC CONDITIONS OF COUNTRY AND TOWN

2020年的徐州

2020

国民经济总量
（Total National Economy）

7319.77
地区生产总值（亿元）

865.30
出口总额（亿元）

718.68
第一产业增加值（亿元）

1067.16
进出口总额（亿元）

2931.61
第二产业增加值（亿元）

22.01
实际使用外资（亿美元）

3669.48
第三产业增加值（亿元）

3286.09
社会消费品零售总额（亿元）

内外贸易
（Internal And External Trade ）

基层组织
(Qrimary-Level Organization)

2013 村（个）

744 居委会（个）

97 镇（个）

69 街道（个）

人口(Population)

1038.05
年末户籍人口（万人）

908.39
年末常住人口（万人）

283.01
年末总户数（万户）

钱袋子(Fund Sources)

民生(People's livelihood)

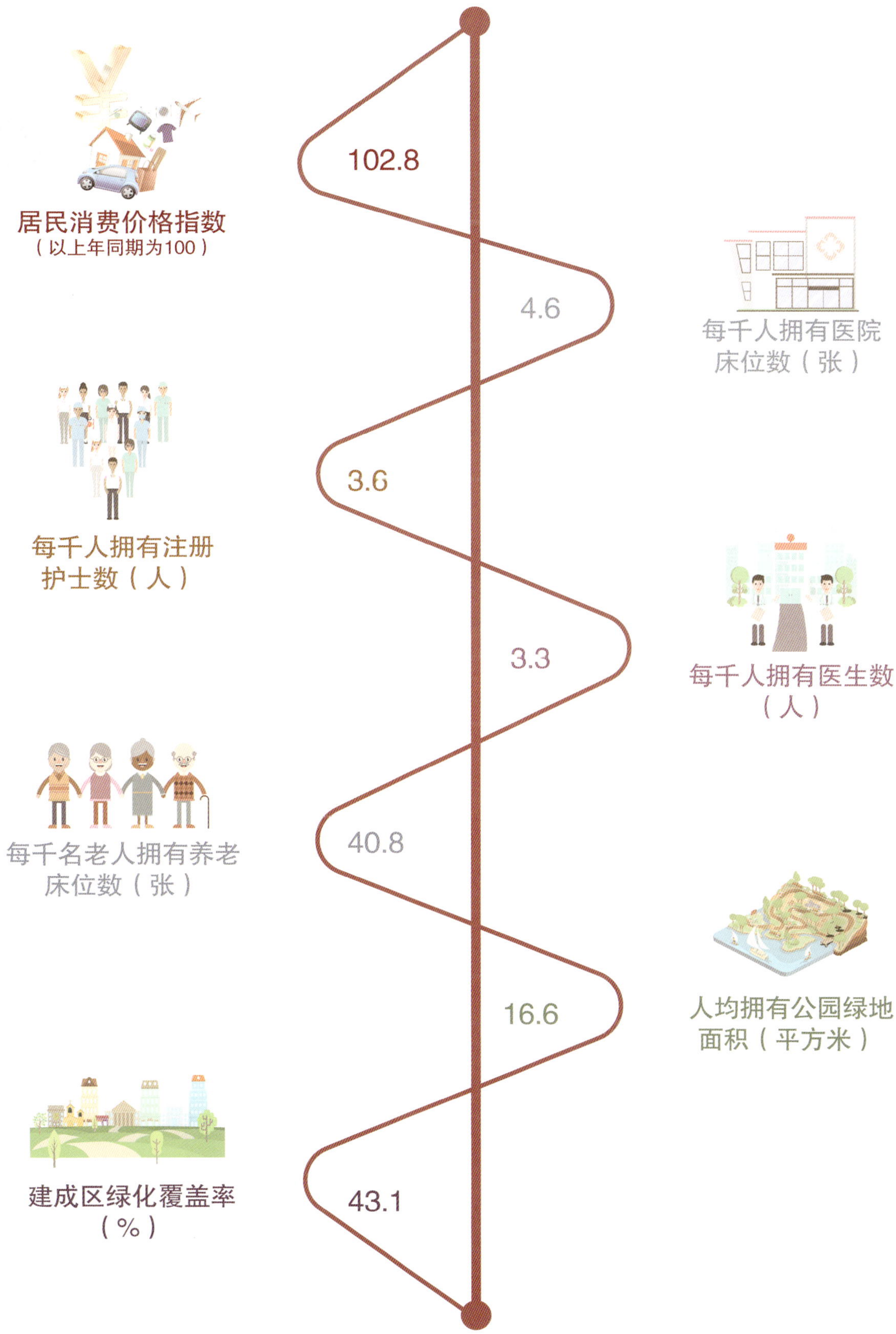

经济发展

地区生产总值（亿元）Gross Domestic Product（100 million yuan）

人均地区生产总值（元）Per Capita Gross Domestic Product（yuan）

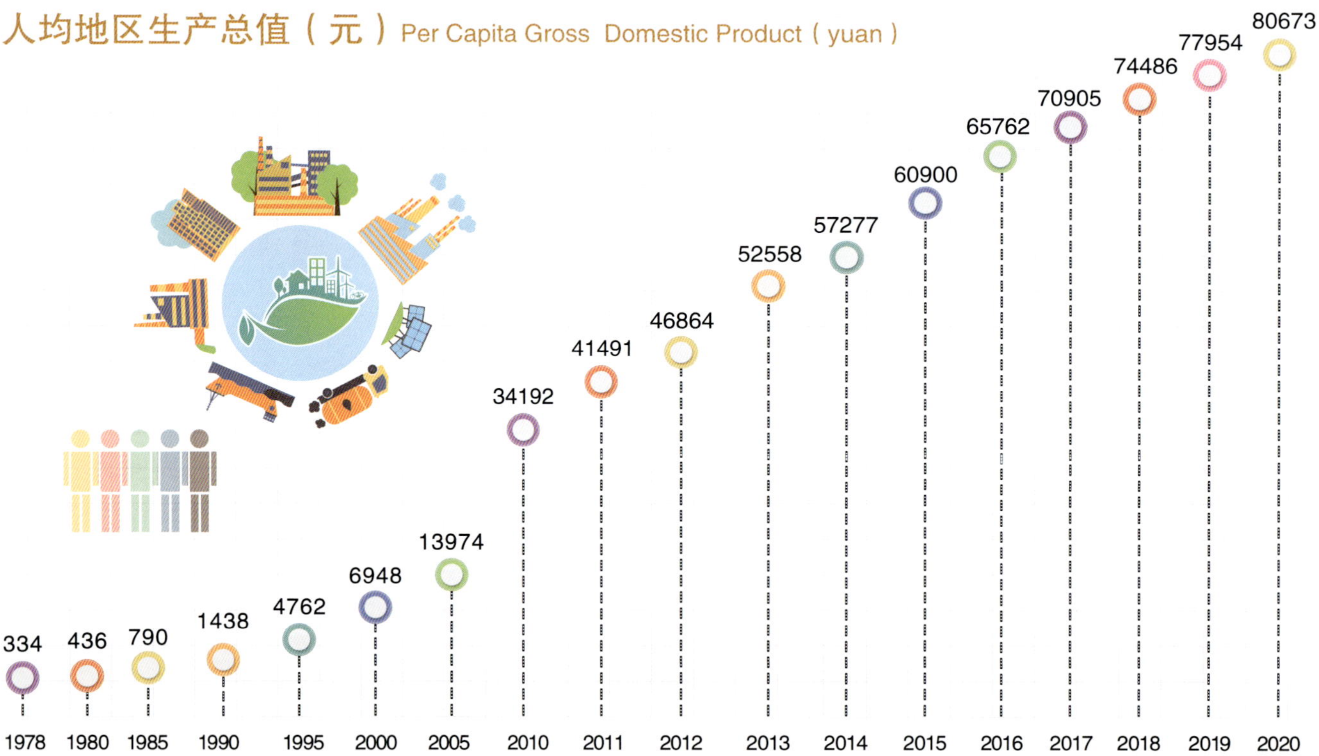

财政总收入（亿元）Total Fiscal Revenue（100 million yuan）

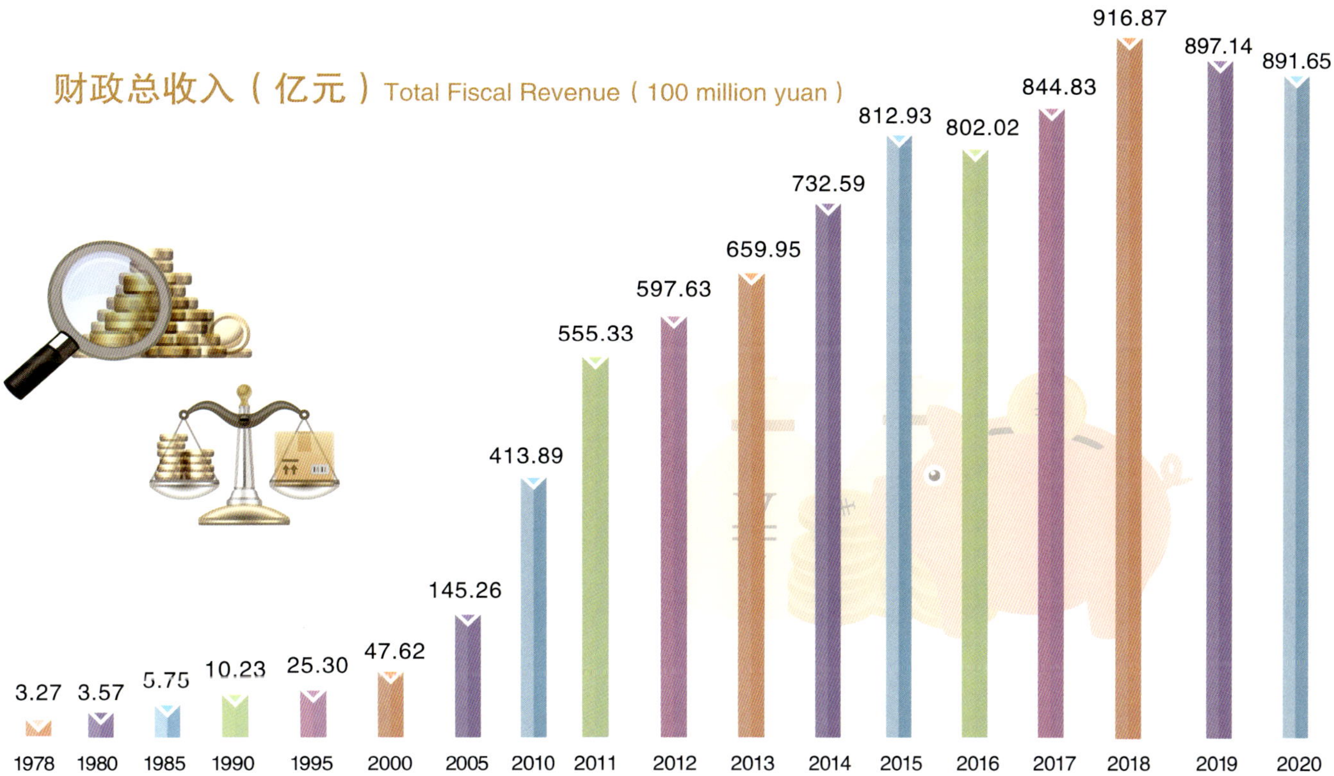

金融机构人民币存贷款余额（亿元）

Financial Institutions Renminbi Deposit And Lending Balances （100 million yuan）

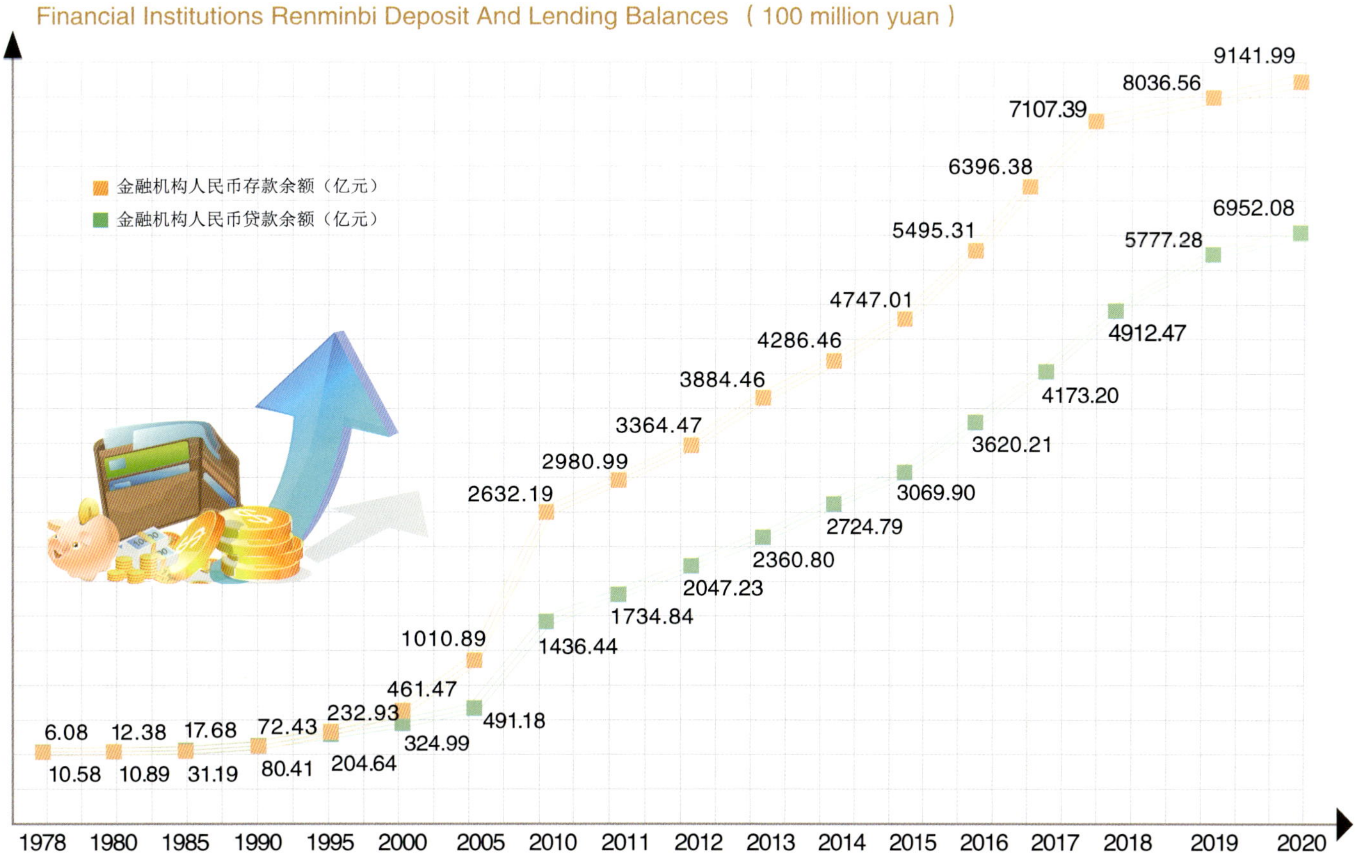

工业增加值（亿元）Value Added of Industry（100 million yuan）

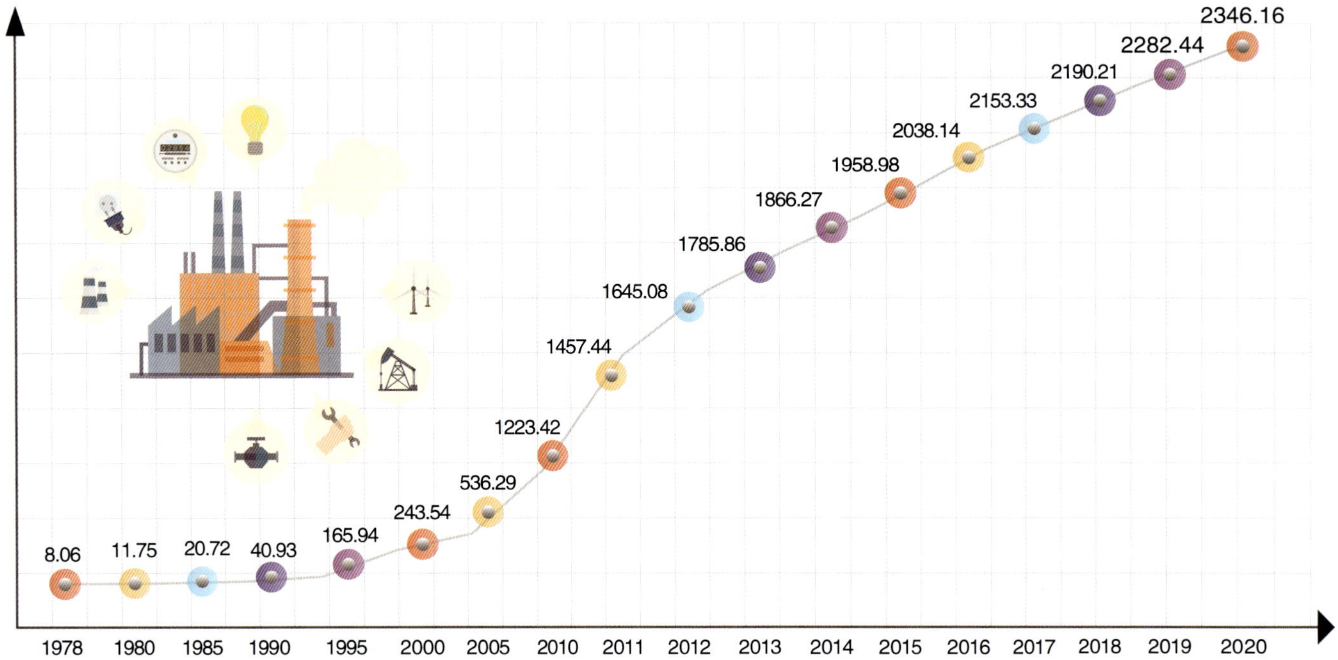

服务业增加值（亿元）Value Added of Service Industry（100 million yuan）

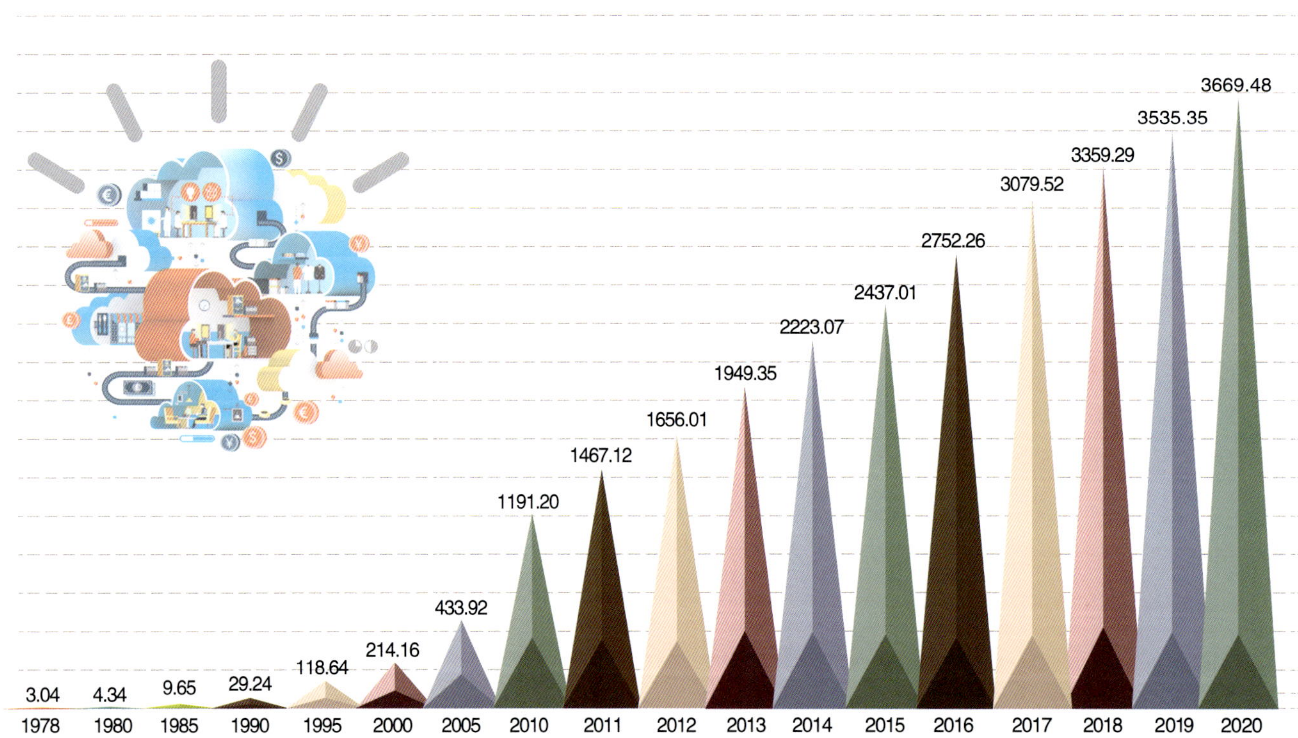

社会消费品零售总额（亿元）
Total Retail Sales of Social Consumer Goods （100 million yuan）

	1978	1980	1985	1990	1995	2000	2005	2010	2011	2012	2013	2014	2015	2016	2017	2018	2019	2020
亿元	7.71	10.95	23.36	42.23	117.60	192.36	414.29	1016.38	1220.03	1408.05	1598.91	2200.64	2477.33	2790.67	3132.71	3373.52	3533.19	3286.09

进出口总额（亿美元）
Total Imports and Exports(USD 100 million)

年份	1990	1995	2000	2005	2010	2011	2012	2013	2014	2015	2016	2017	2018	2019	2020
亿美元	0.10	2.47	3.20	11.26	41.61	63.10	83.27	62.89	59.88	54.13	62.48	78.01	117.44	135.19	154.33

出口总额（亿美元）
Total Exports(USD 100 million)

年份	1990	1995	2000	2005	2010	2011	2012	2013	2014	2015	2016	2017	2018	2019	2020
亿美元	0.06	1.47	1.87	7.52	26.31	41.59	62.88	48.97	46.77	43.89	52.54	63.34	97.08	112.88	124.85

年份	1985	1990	1995	2000	2005	2010	2011	2012	2013	2014	2015	2016	2017	2018	2019	2020
亿美元	0.01	0.13	1.04	2.08	2.61	10.13	14.66	17.00	15.00	16.58	14.28	15.06	16.60	18.98	20.90	22.01

实际使用外资（亿美元）
Foreign Capital Actually Used（USD 100 million）

农林牧渔业总产值（亿元）
Gross Output Value of Farming, Forestry, Animal Husbandry and Fishery（100 million yuan）

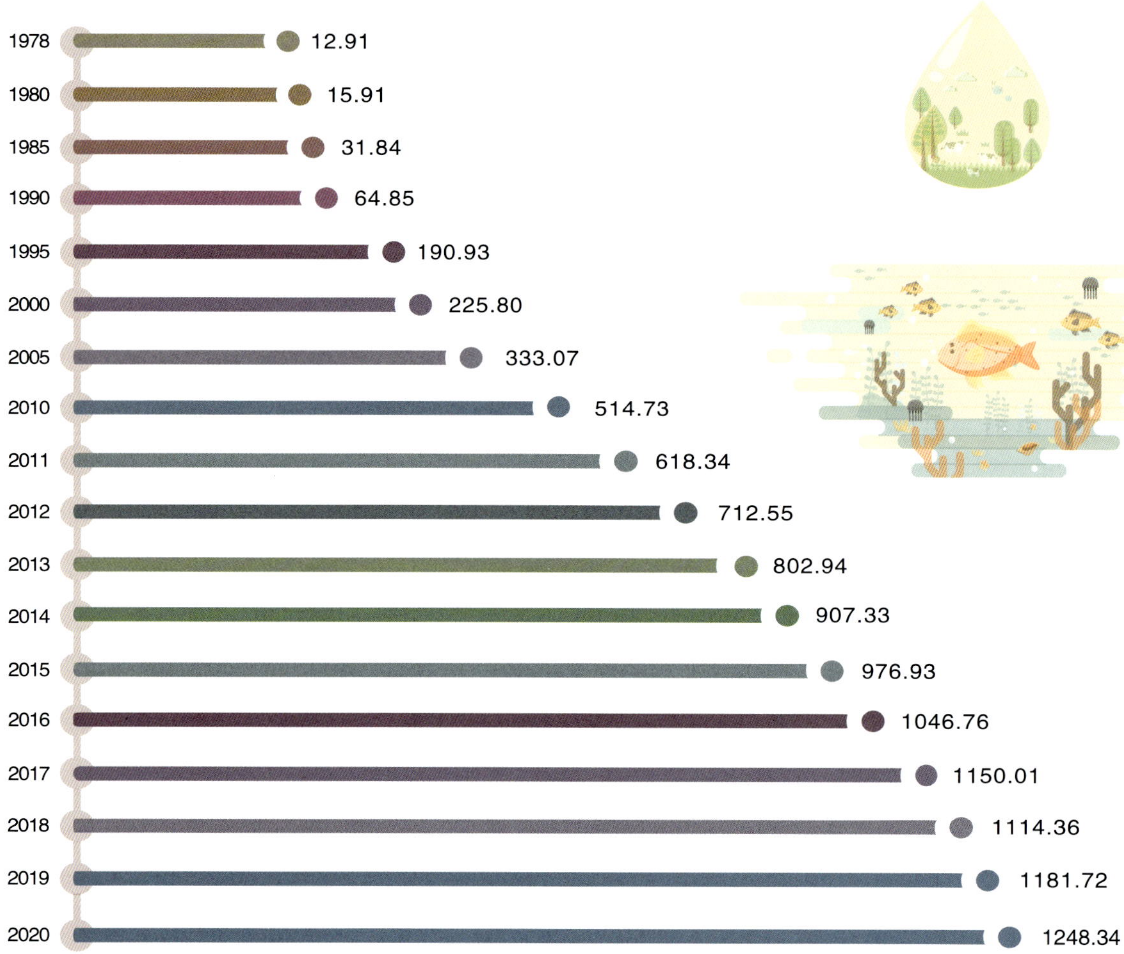

粮食产量（万吨） Grain Crops Production(10 thousand tons)

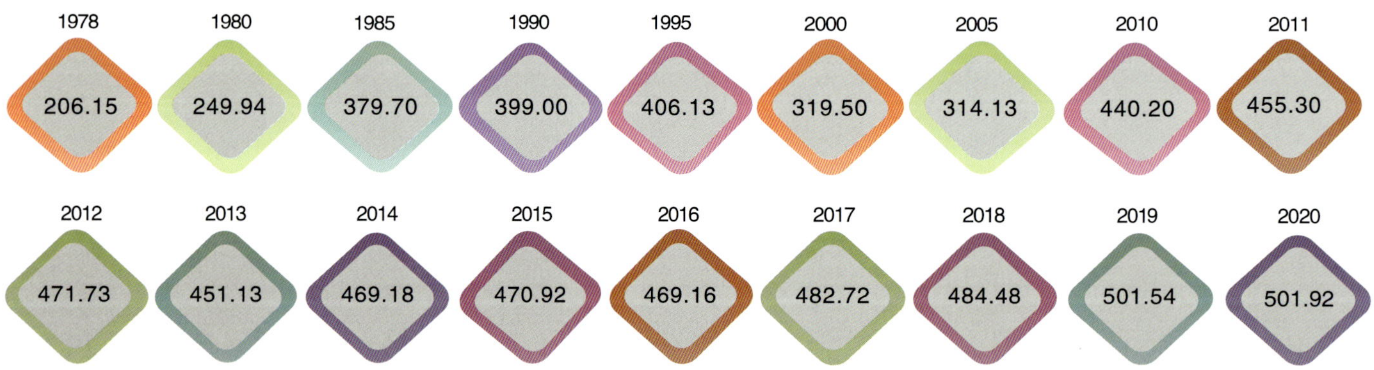

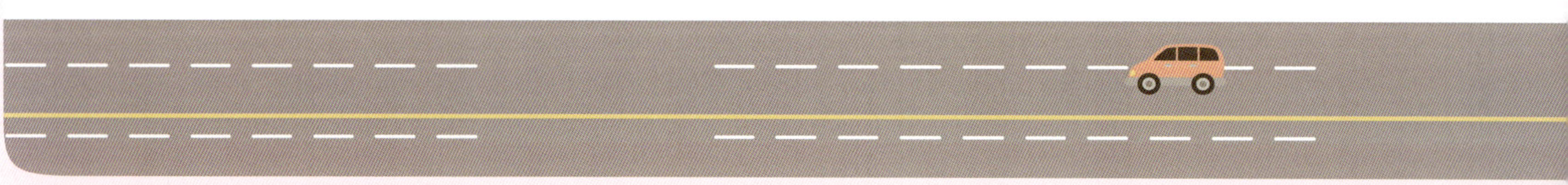

结构优化

地区生产总值构成（%）Proportion of Gross Domestic Product（%）

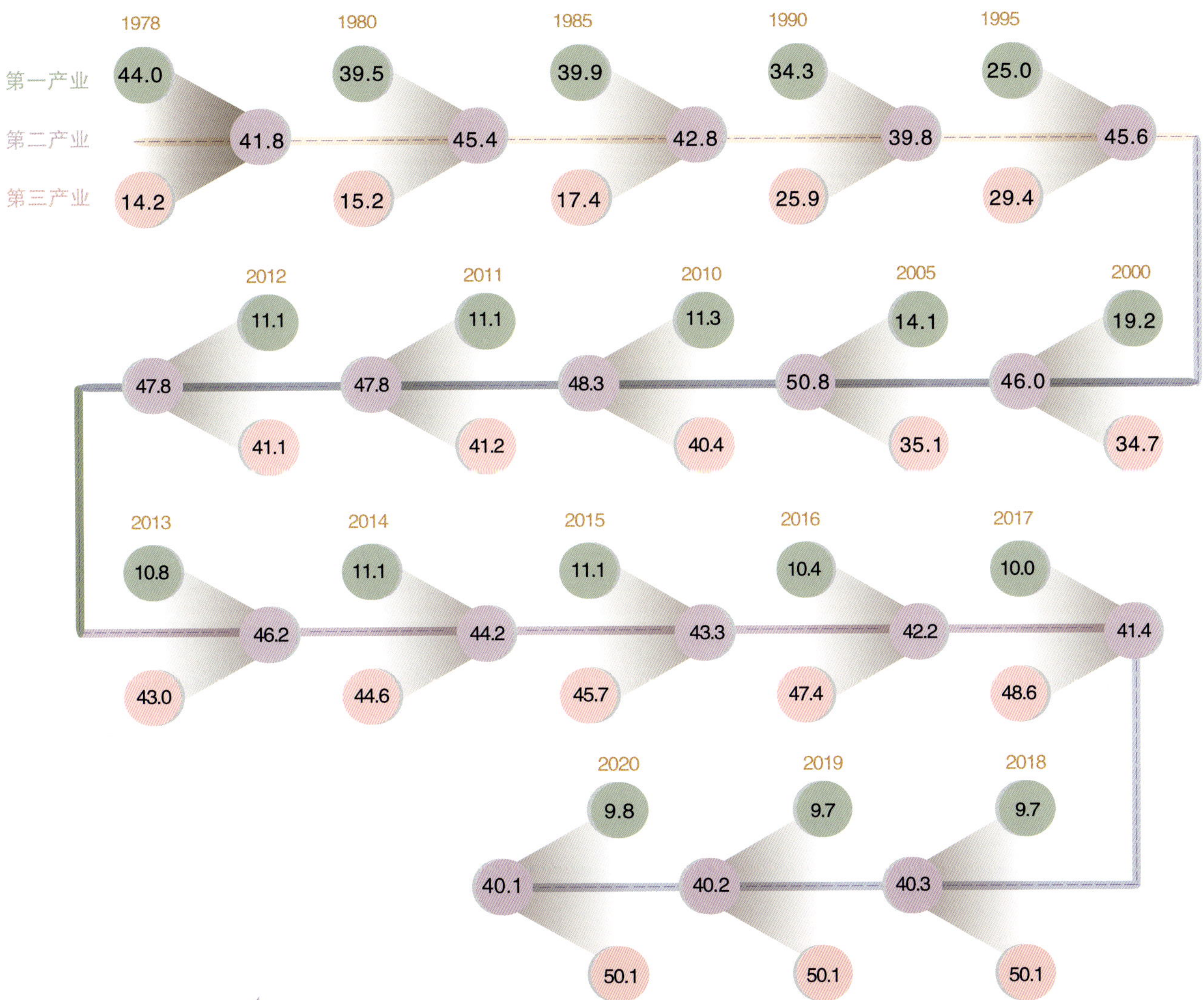

从业人员构成（%）

Proportion in Number of Employed Persons（%）

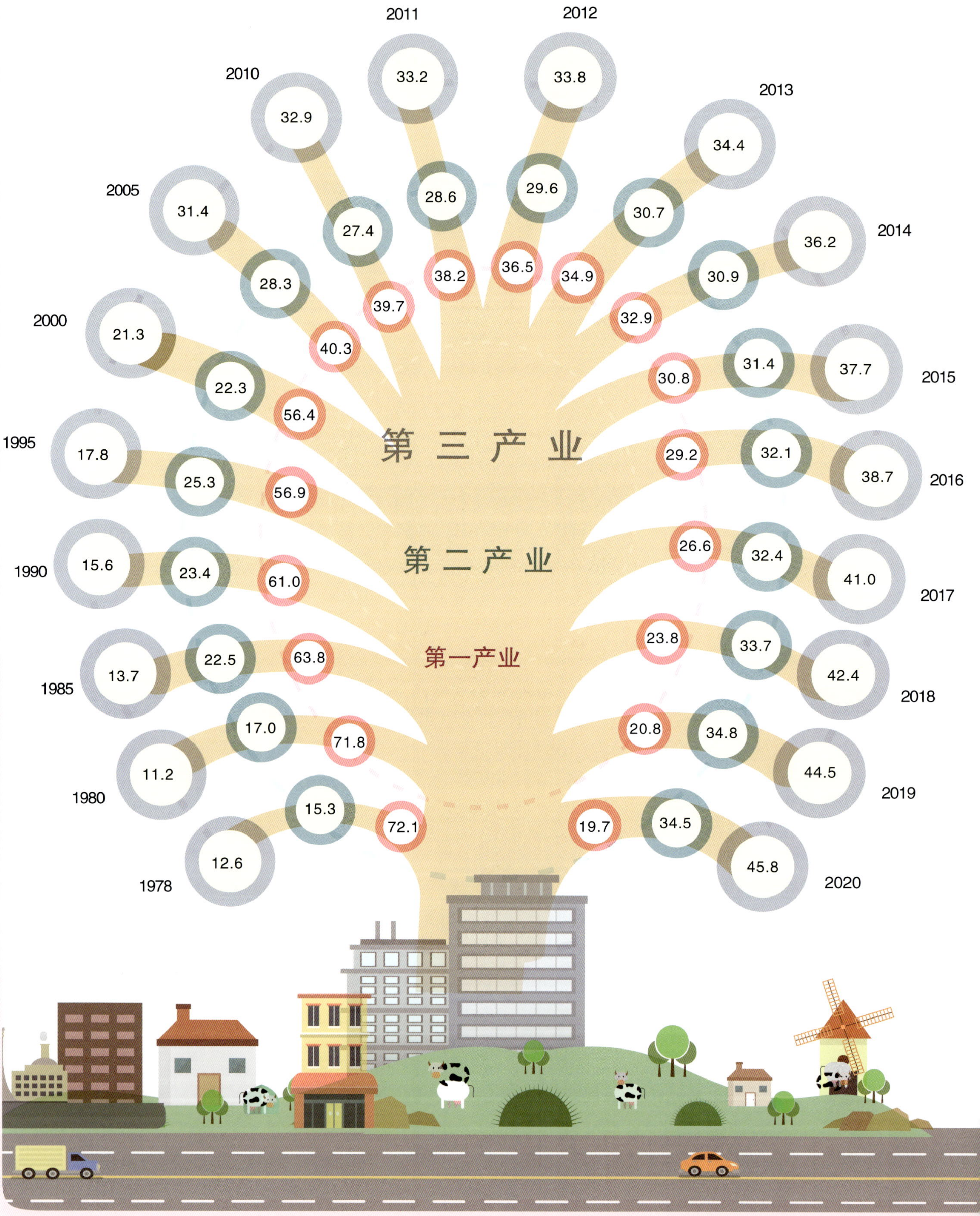

高端装备制造业产值占战略新兴产业产值比重（%）

The Proportion of High-end Equipment Manufacturing in Strategic Emerging Industries Output Value（%）

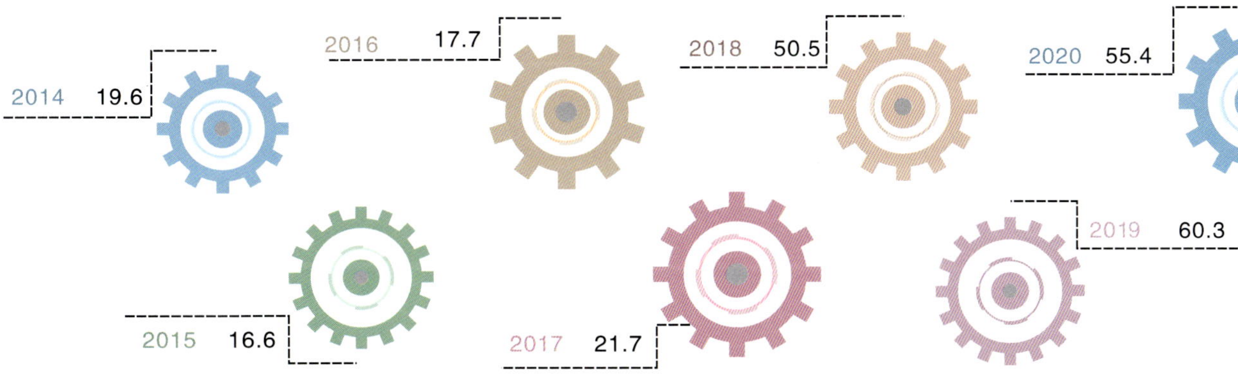

高新技术产业产值占规模以上工业总产值比重（%）

The Proportion of High-Tech Manufacturing Industries in Gross Industrial Output Value Above the Designated Size（%）

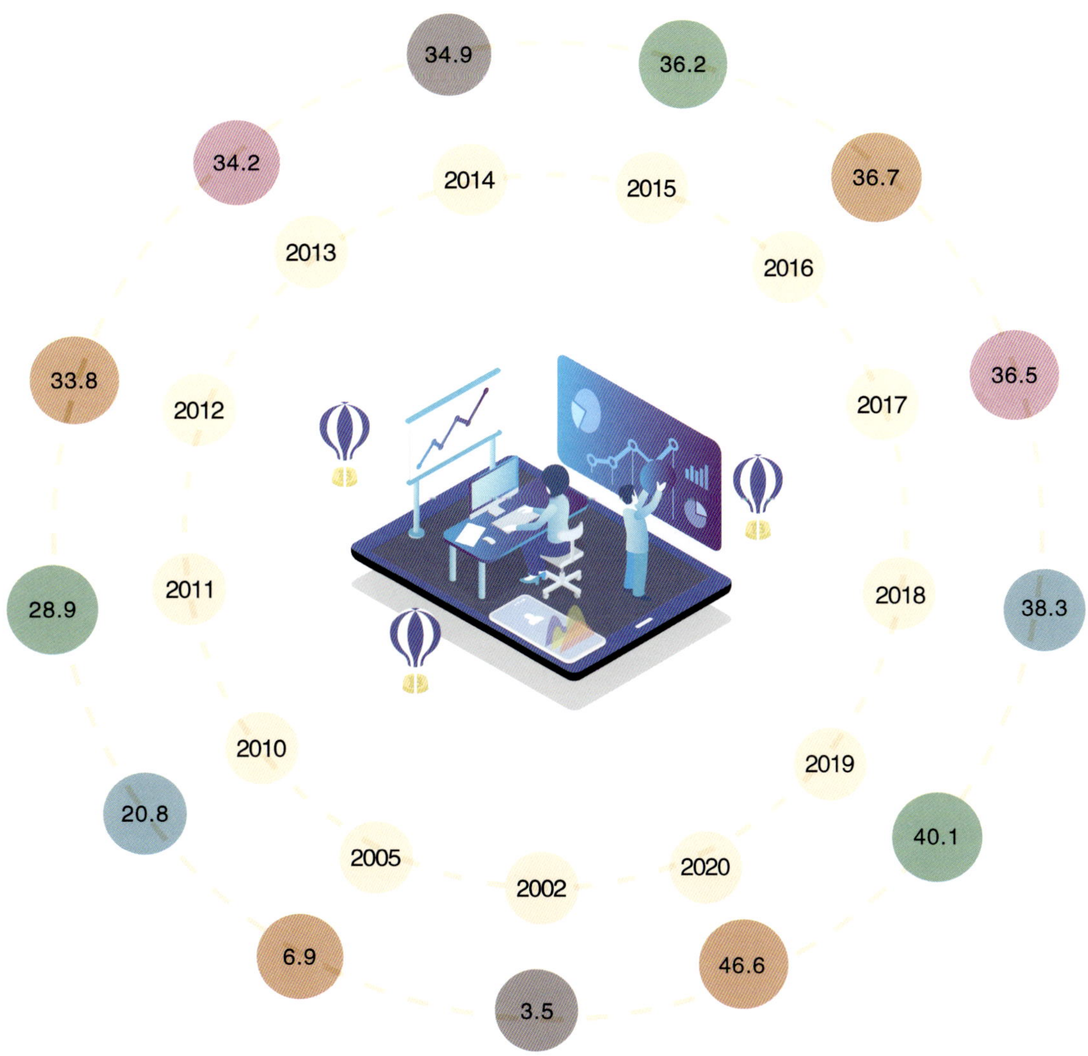

设施农业面积（万亩）The Area of Facility Agricultural (10 thousand Mu)

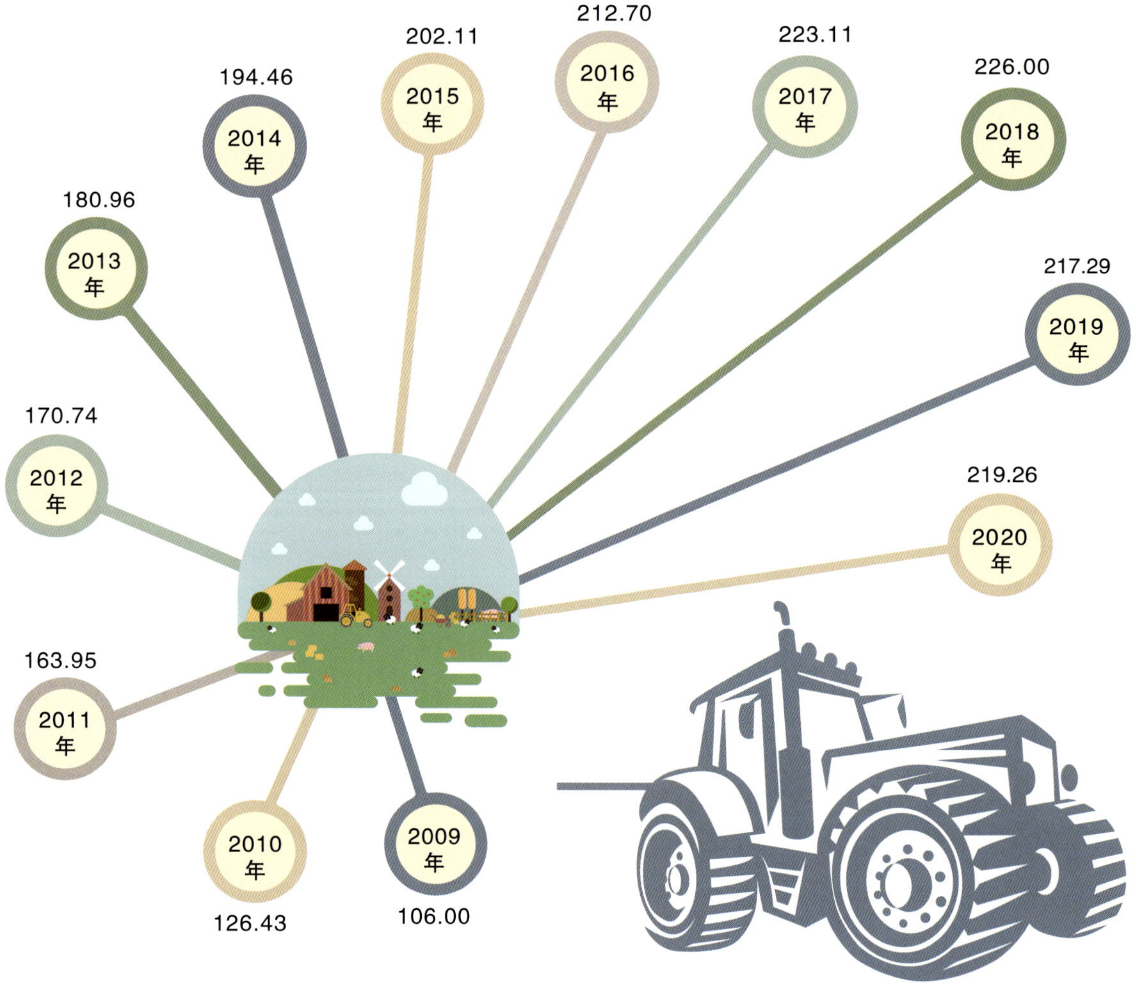

农业机械总动力（万千瓦）Total Power Of Agricultural Machinery (10,000 kW)

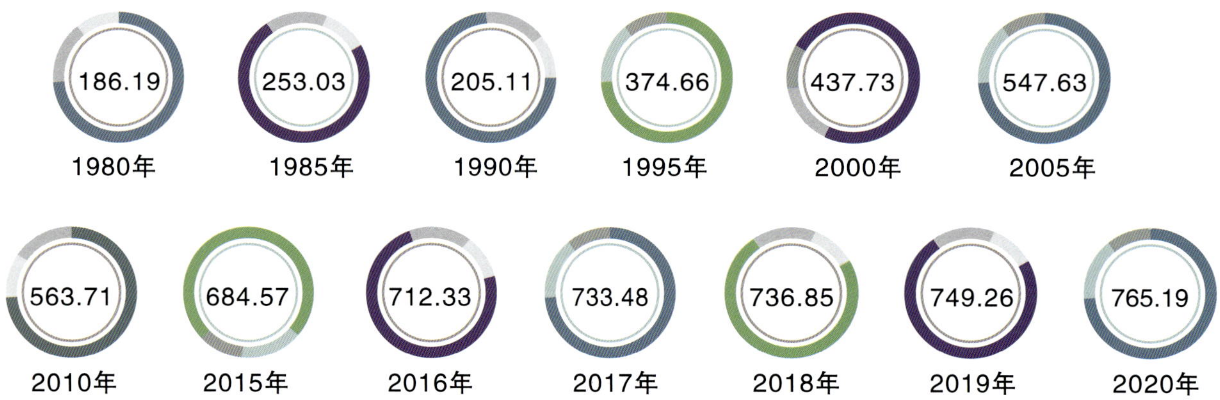

第三产业投资占全部投资比重（%）

The Proportion of Tertiary Industry in Total Fixed Assets Investment（%）

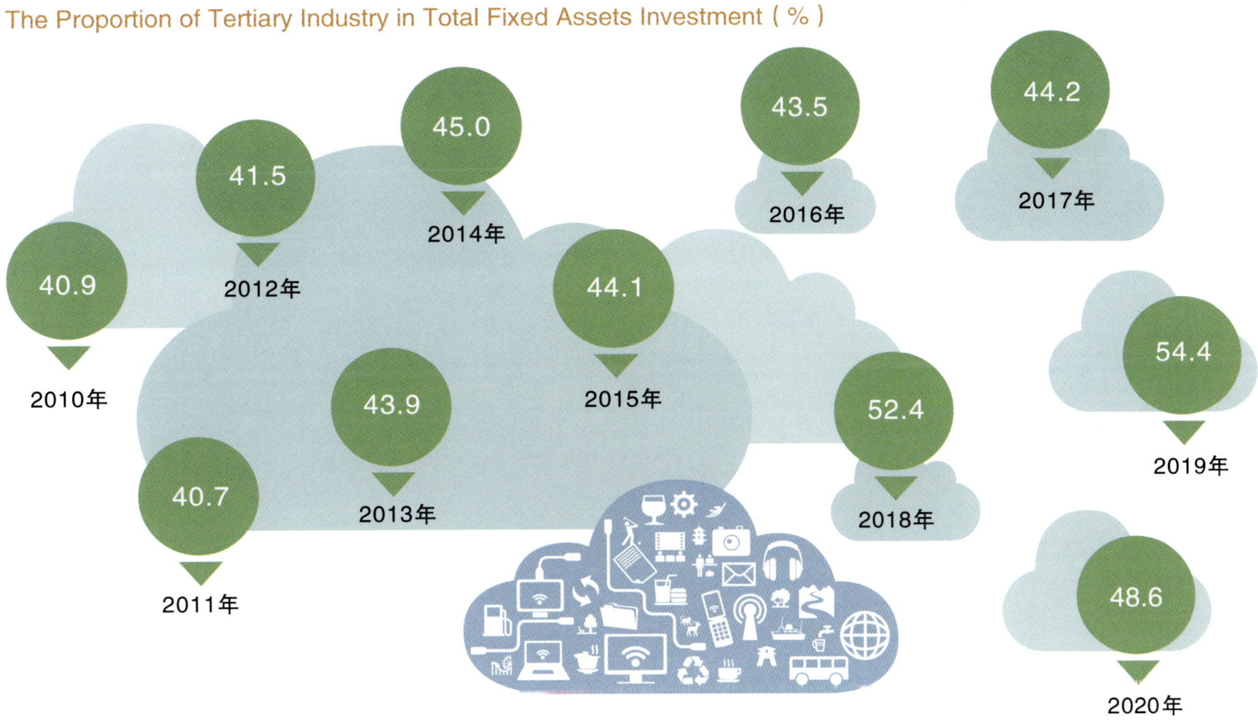

高新技术产业投资占全部投资比重（%）

The Proportion of High-Tech Manufacturing Industries in Total Fixed Assets Investment（%）

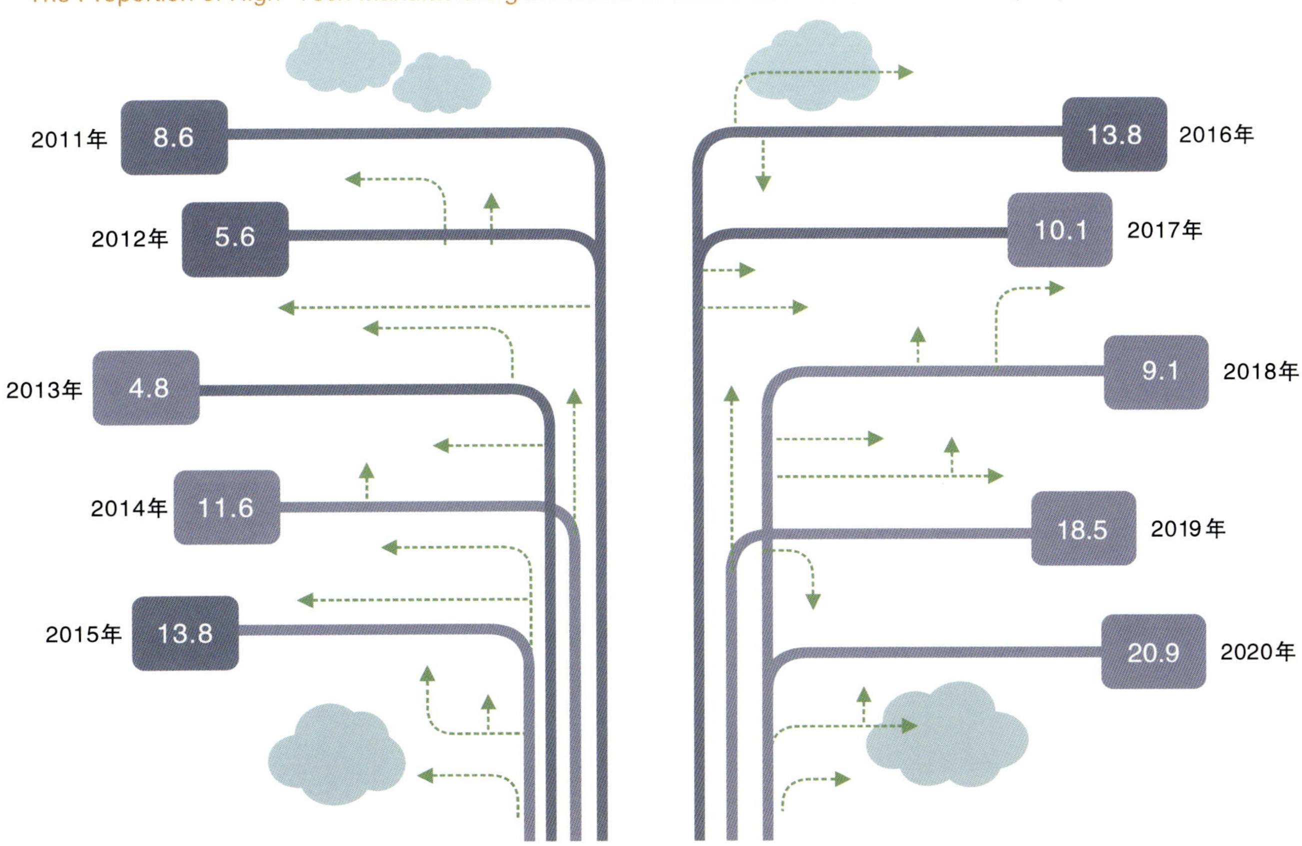

工业技改投资占工业投资比重（%）

The Proportion of Industrial Technical Reformation in Industrial Investment（%）

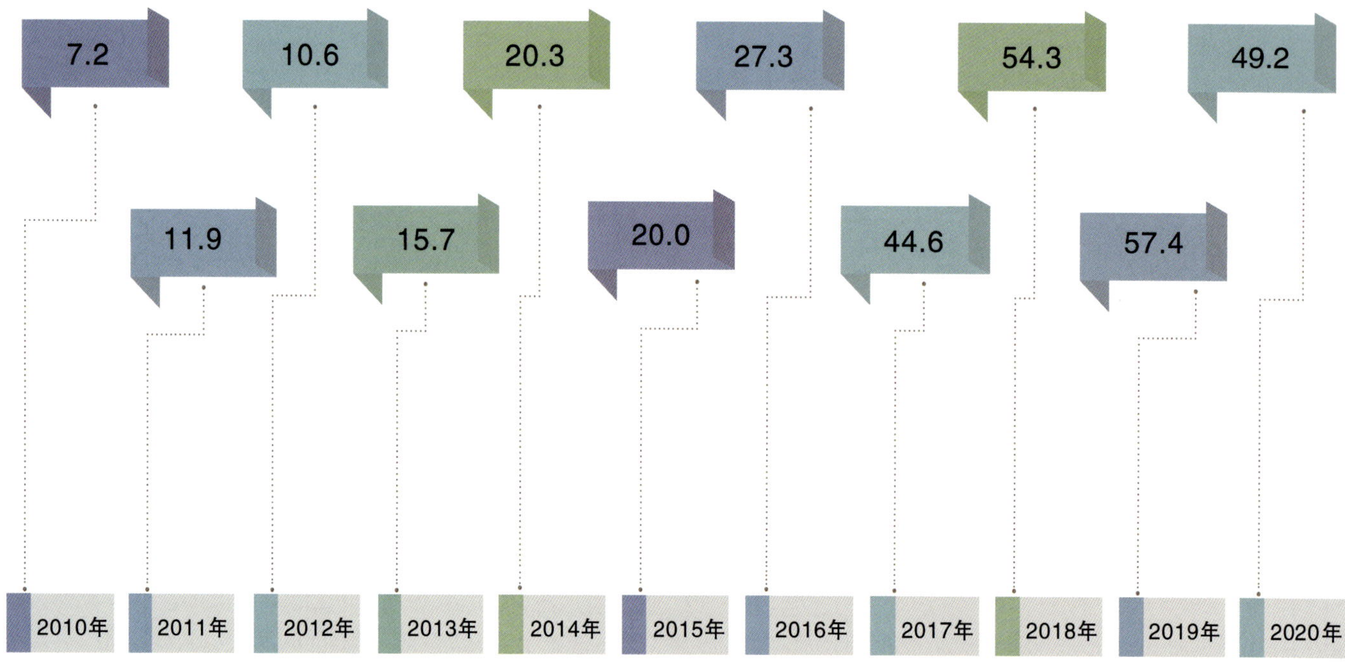

高耗能产业投资占全部投资比重（%）

The Proportion of High Energy-Consuming Industries in Total Fixed Assets Investment（%）

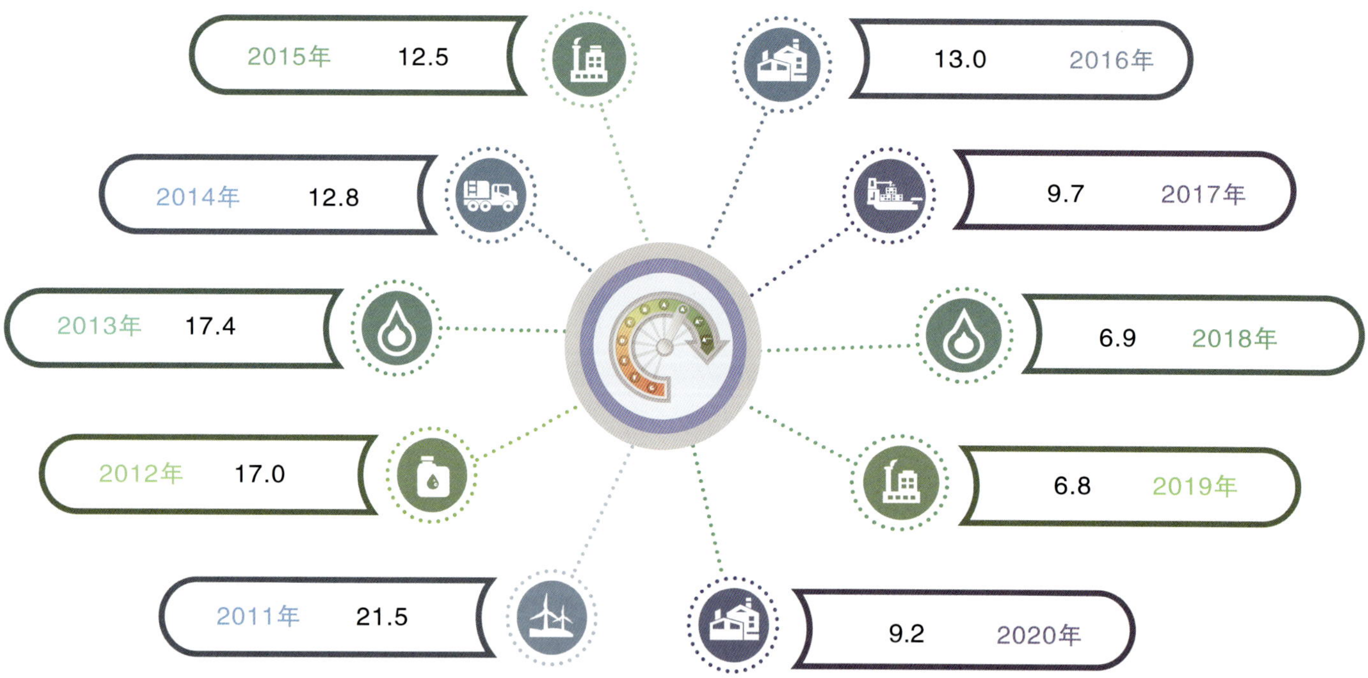

创新驱动

高新技术企业数（个）
Number of High-Tech Enterprises (unit)

2013年 171

190 2014年

2015年 253

317 2016年

2017年 371

572 2018年

2019年 738

1022 2020年

专利申请量（件） Number of Patent Applications (unit)	年份	专利授权量（件） Number of Patent Warrants (unit)
284	1996年	150
333	2000年	201
2205	2005年	779
9927	2010年	4928
14729	2011年	6821
18014	2012年	10000
23472	2013年	10647
14014	2014年	8468
12481	2015年	8599
21511	2016年	11458
18548	2017年	10523
25951	2018年	11247
33655	2019年	12603
35133	2020年	27368

年末万人发明专利拥有量（件）

Number of Invention Patents Ownership Per 10,000 People（unit）

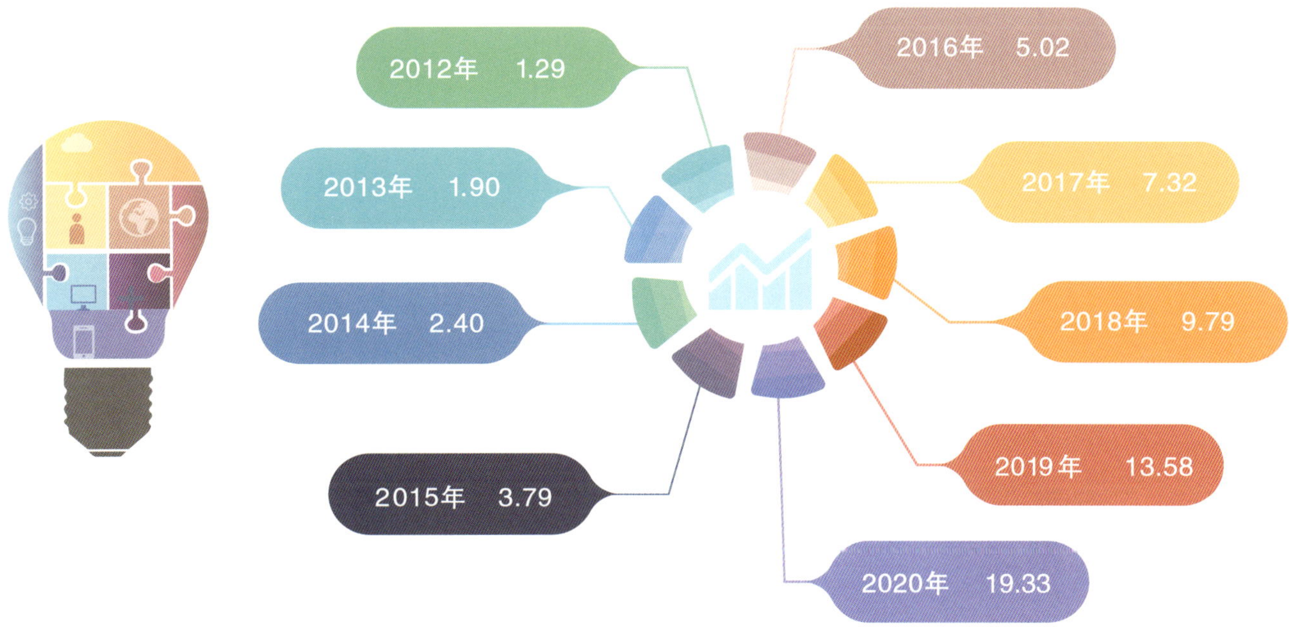

各类专业技术人员数（万人）

Number of Scientific and Technical Personnel （10 thousand people）

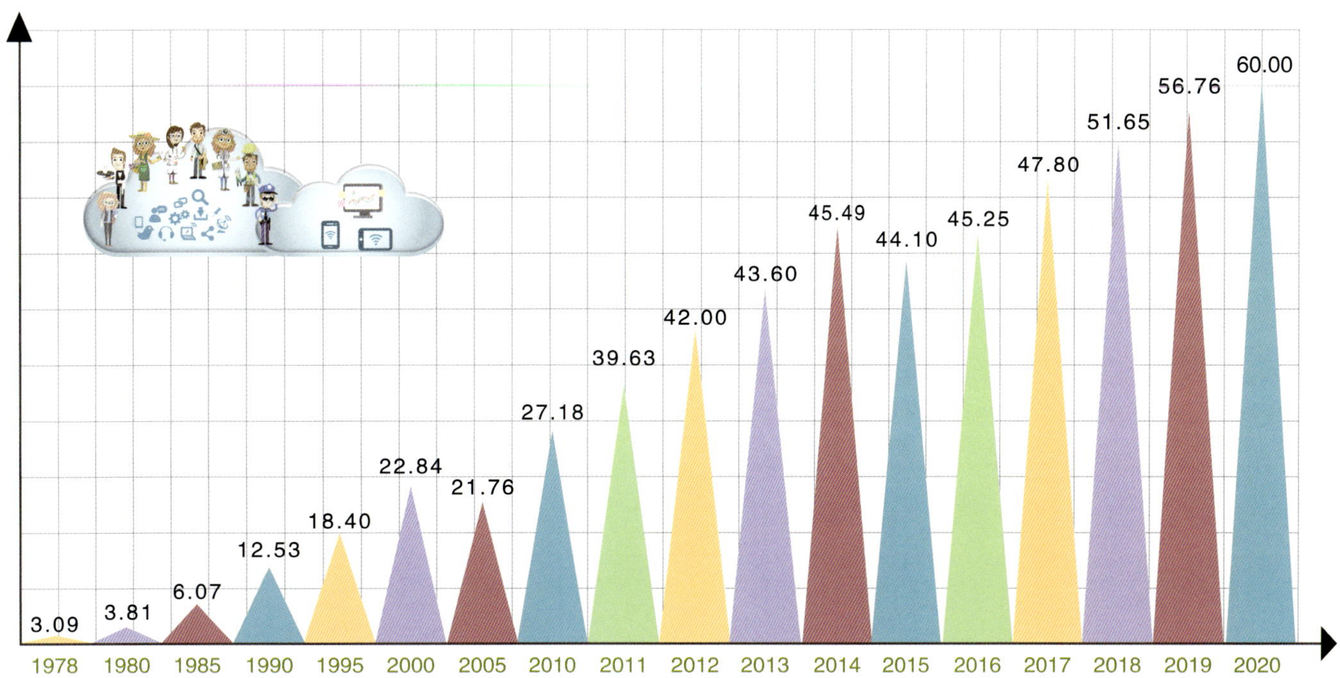

高层次人才数（万人）Number of High-Level Personnel（10 thousand people）

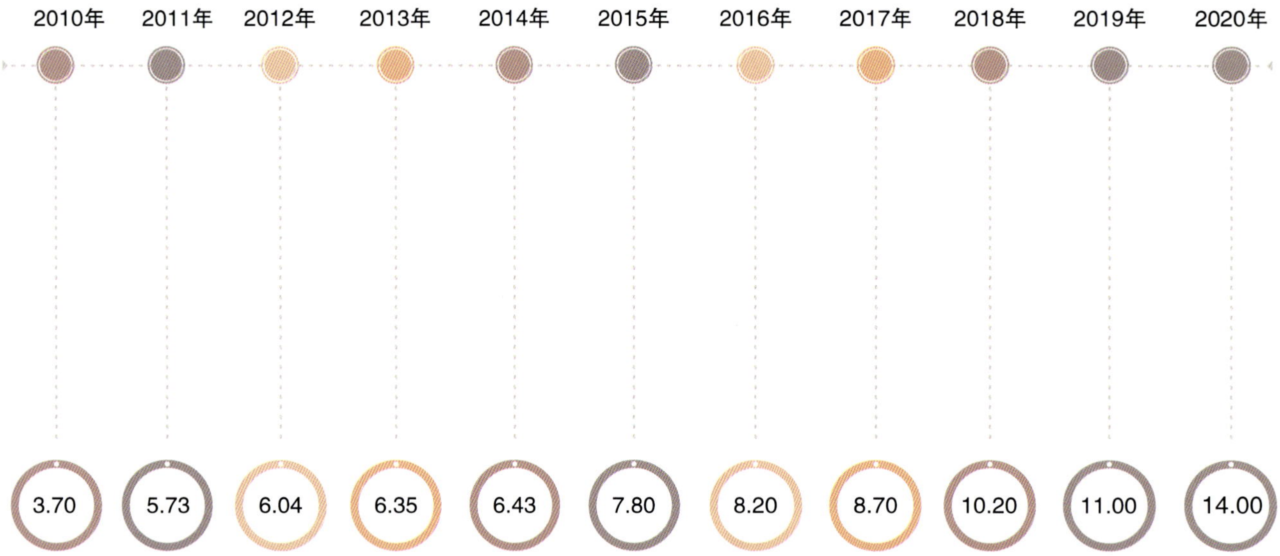

省“双创人才”人数（人）

Number of Personnel in Jiangsu Province High-level Innovation and Entrepreneurship Talent Introduction Plan（person）

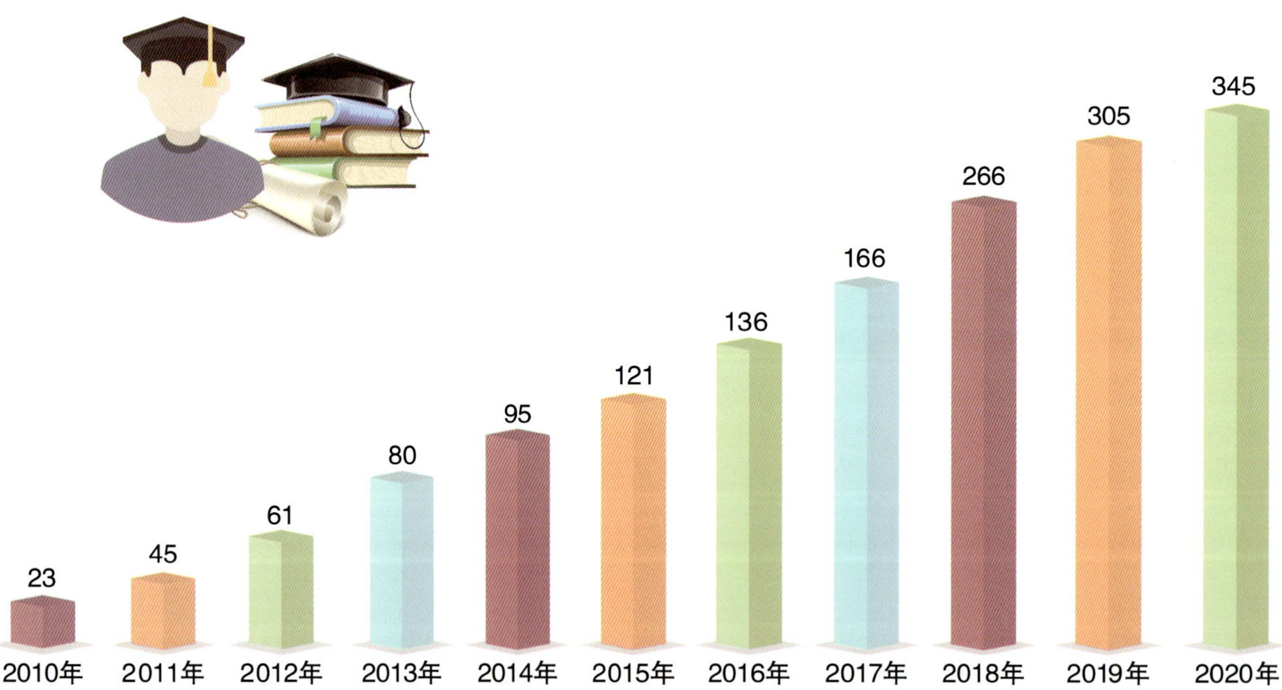

社会事业

普通高等学校在校学生数（万人）

Number of Student Enrollment in Institutions of Higher Education（10 thousand people）

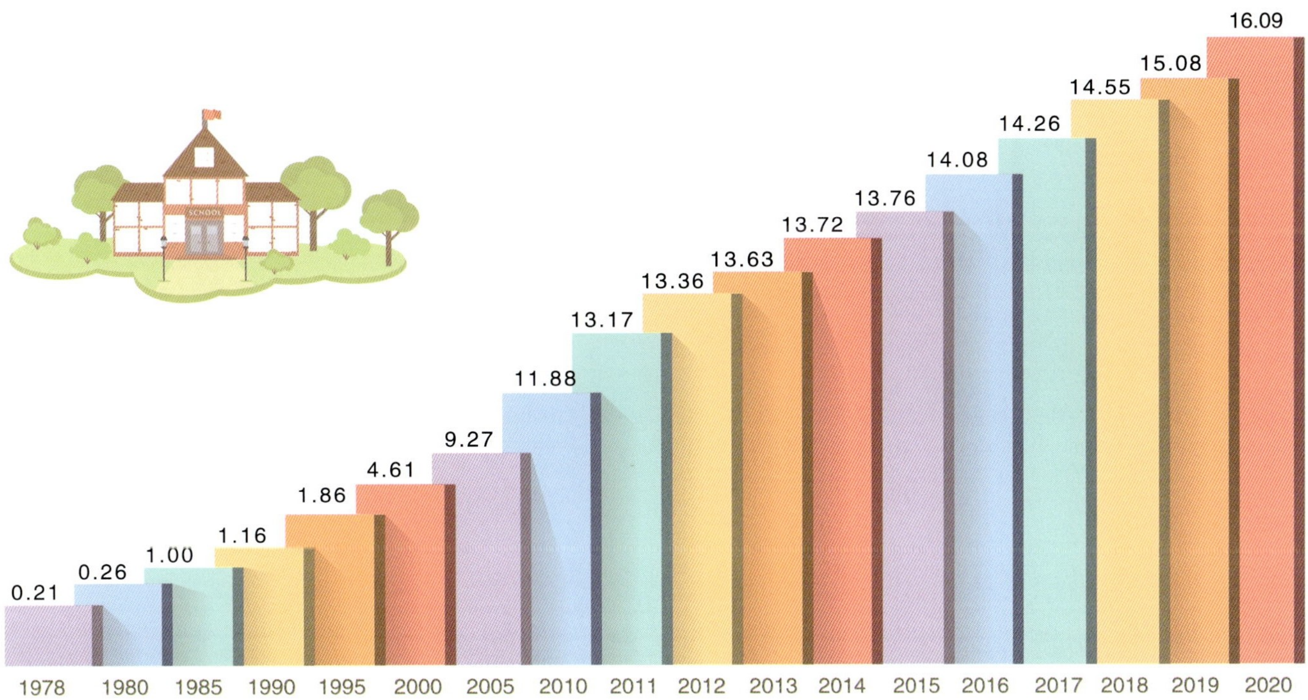

普通中学在校生数（万人）

Number of Student Enrollment in Regular Secondary Schools（10 thousand people）

卫生机构数（个）Number of Health Institutions（unit）

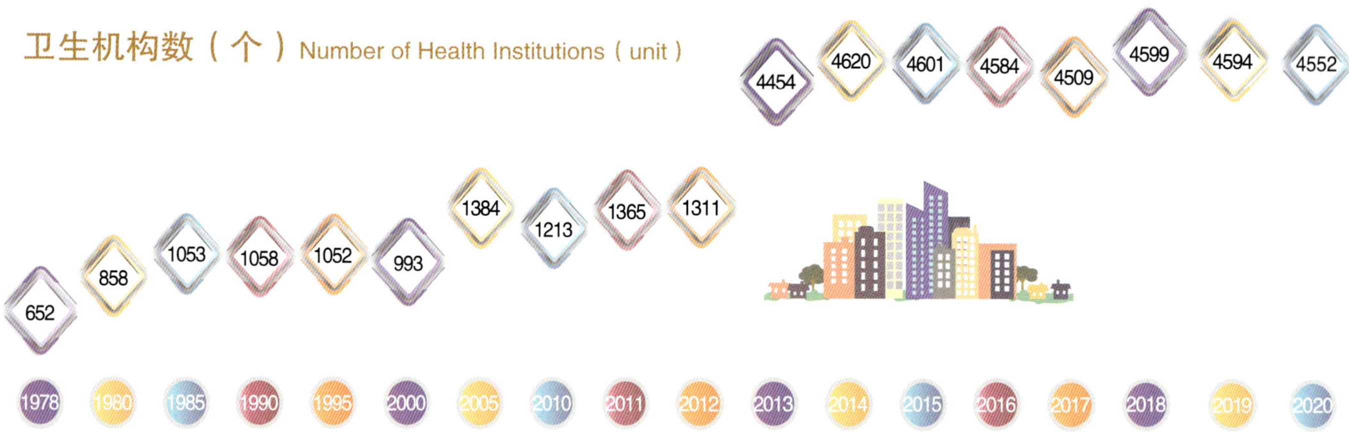

卫生技术人员数（万人）

Number of Medical Technical Personnel（10 thousand people）

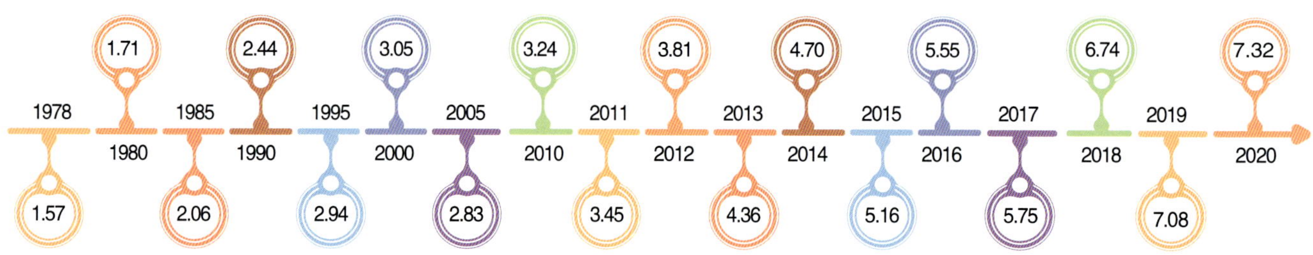

卫生机构床位数（万张）

Number of Beds in Health Institutions（10 thousand unit）

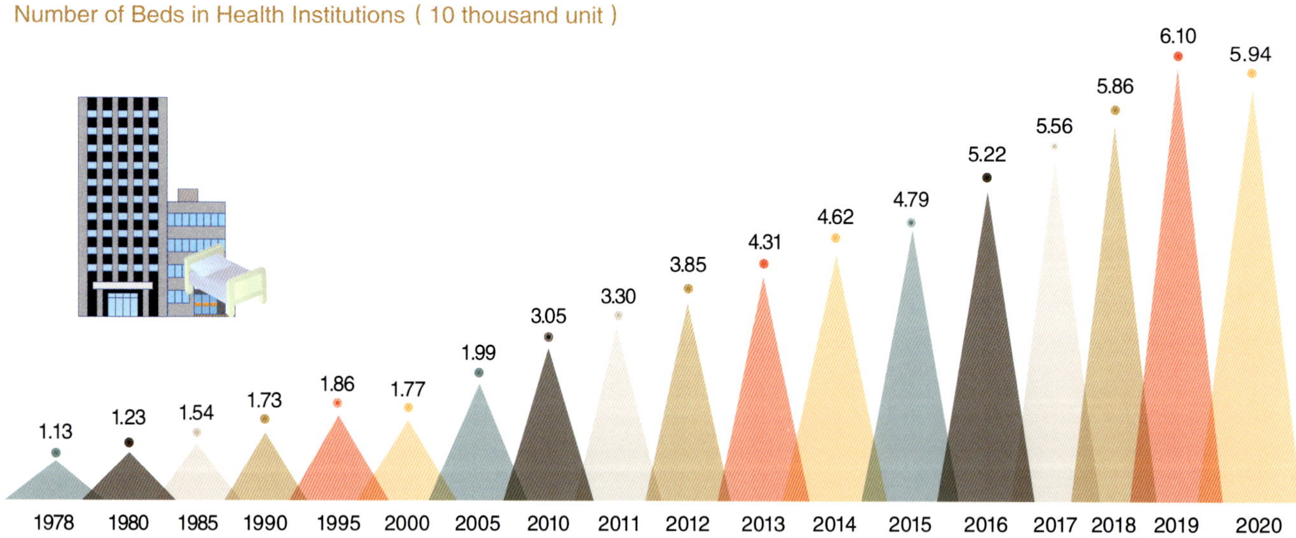

移动电话年末用户数（万户）

Number of Mobile Phone Users at the End of the Year（10 thousand unit）

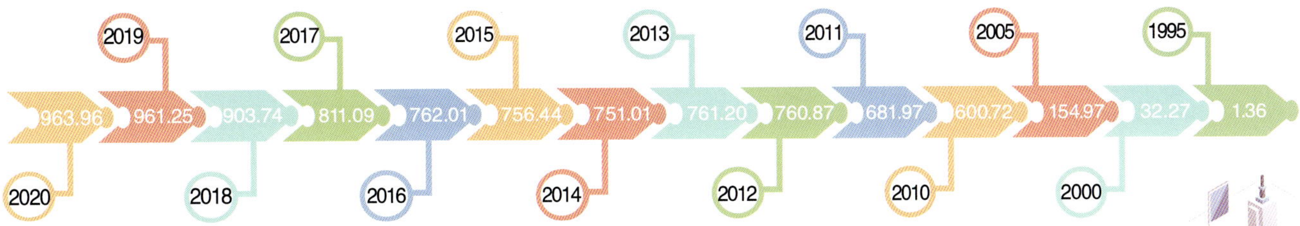

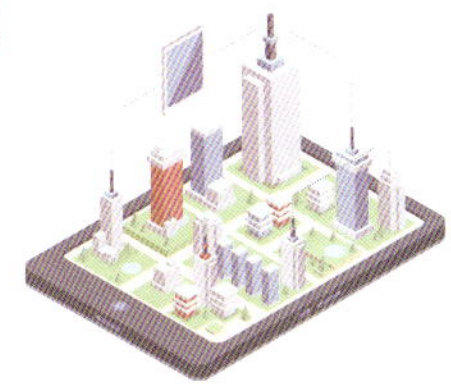

互联网宽带接入用户数（万户）

Number of Broadband Internet Access Users（10 thousand unit）

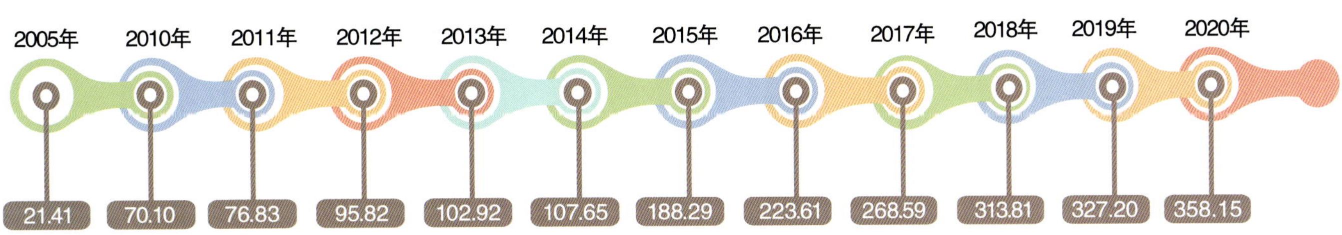

民用航空通航城市数（个）Number of Civil Aviation Cities（unit）

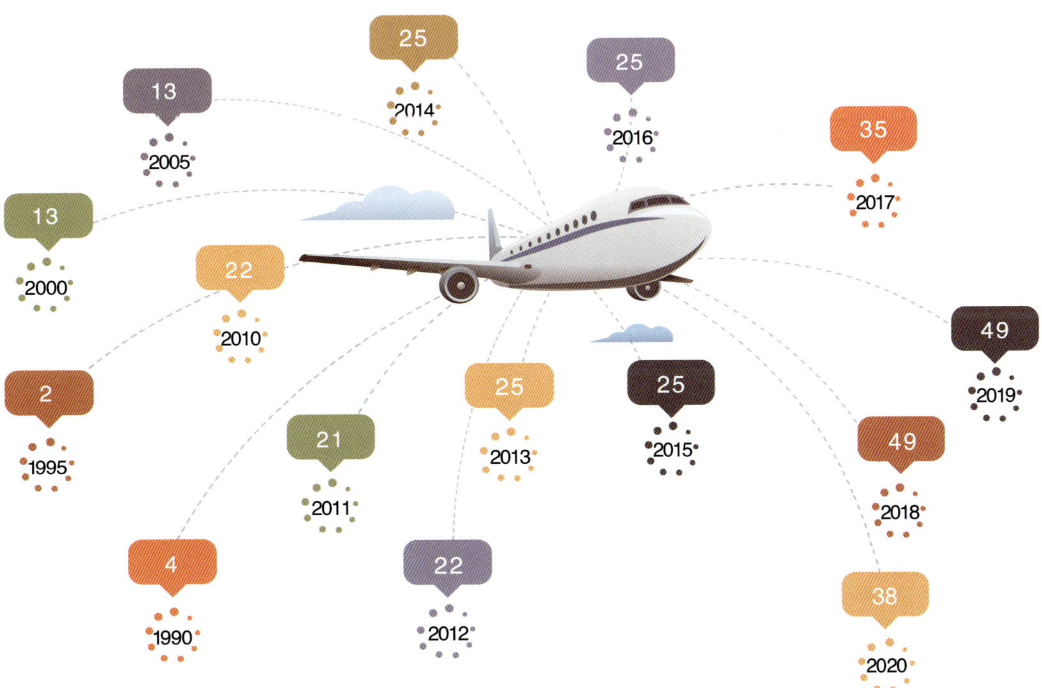

等级公路里程（公里）Length of Classified Highway（km）

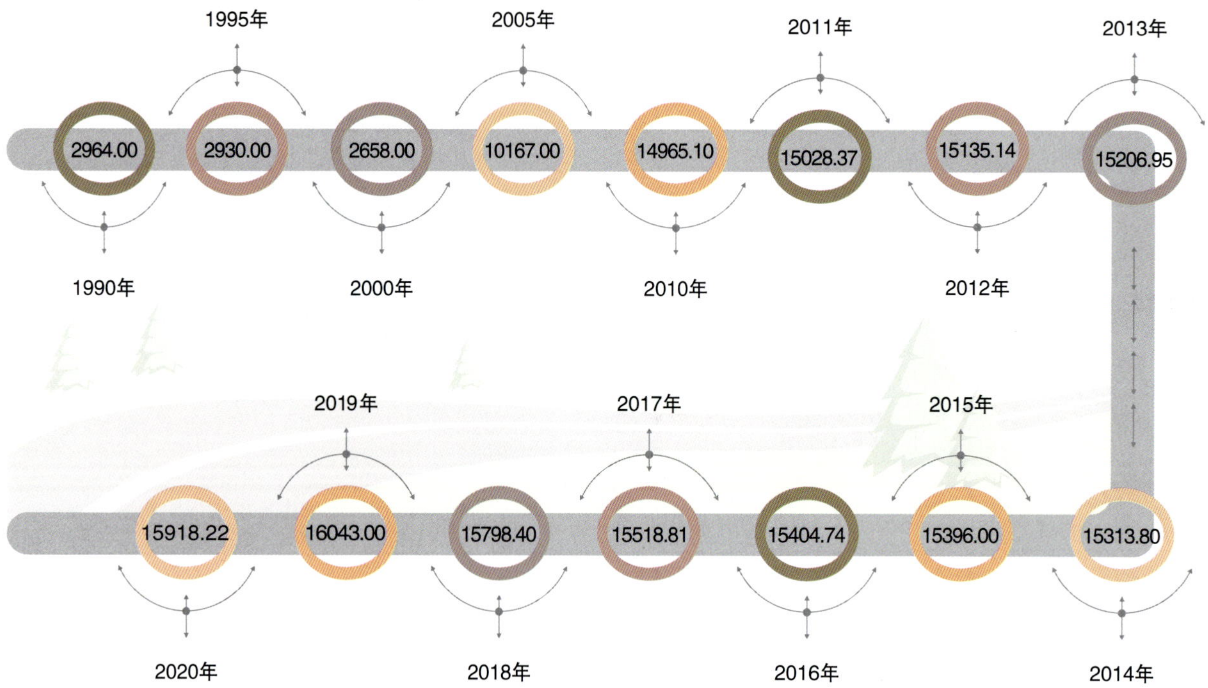

全社会货运量（万吨）

Total Volume of Freight Traffic（10 thousand tons ）

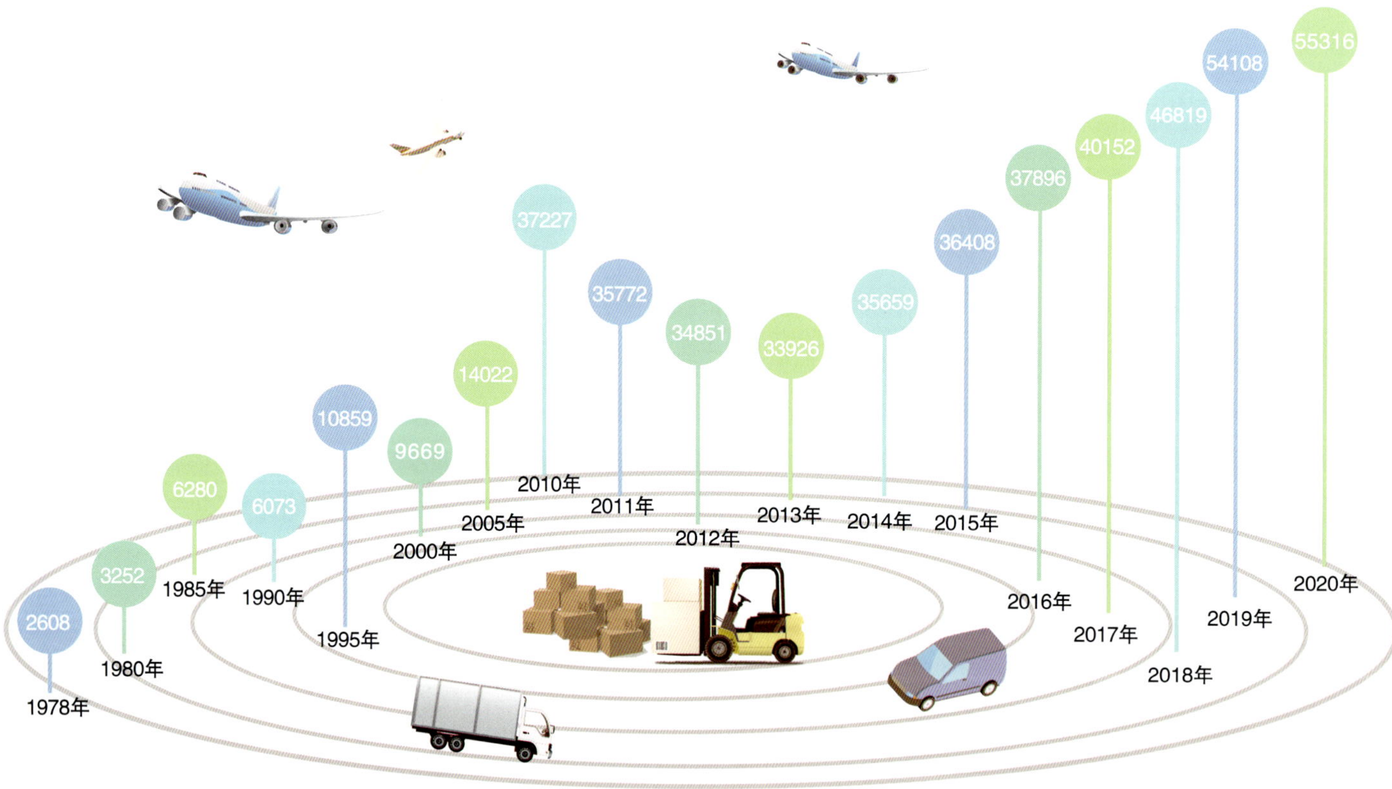

城市发展

常住人口城镇化率（%） Proportion of Urban Population（%）

2005年	2006年	2007年	2008年	2009年
43.30	44.80	45.80	47.90	49.60

2010年	2011年	2012年	2013年	2014年
53.90	54.67	55.34	56.94	58.12

2015年	2016年	2017年	2018年	2019年	2020年
59.71	61.10	62.12	63.16	64.28	65.63

城市建成区面积（平方公里）

Build up Area of Urban District (sq.km)

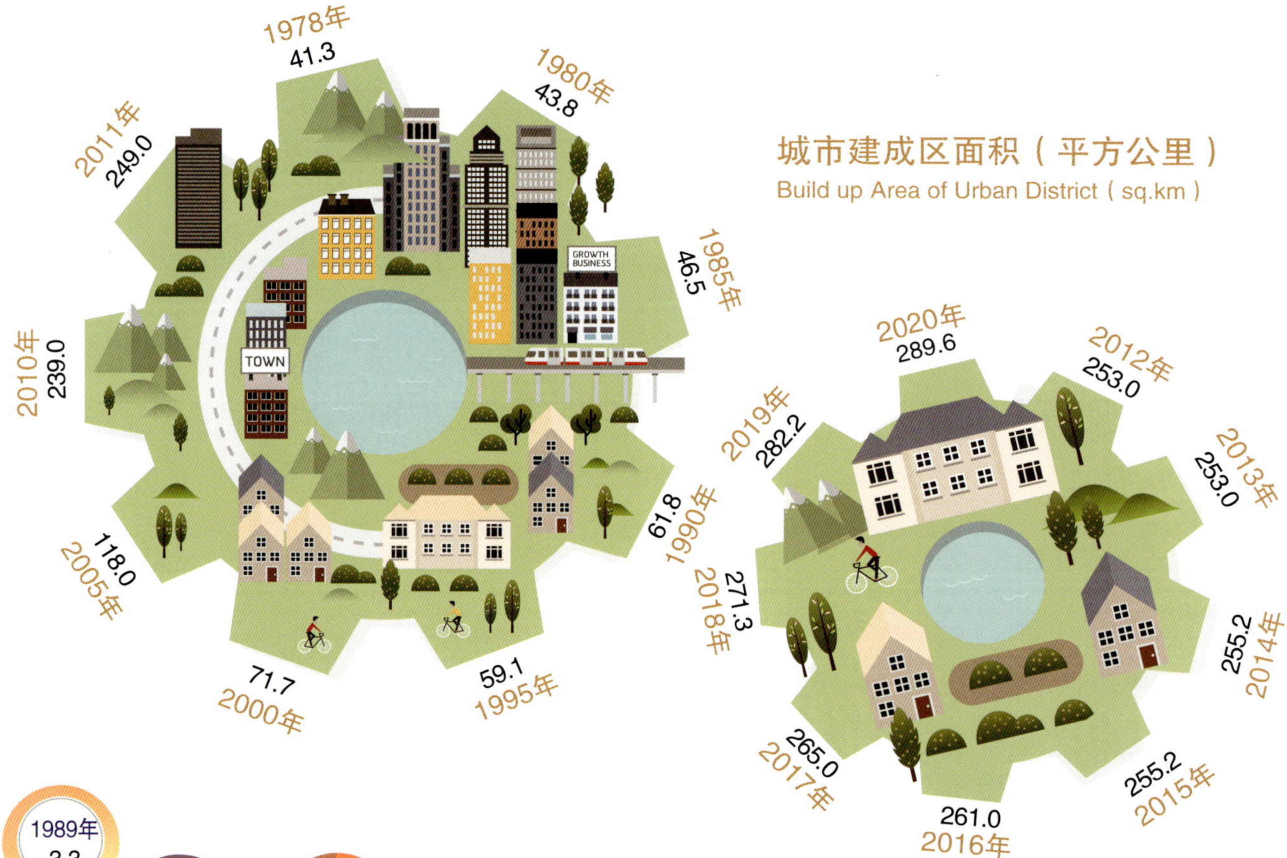

人均拥有铺装道路面积（平方米）

Per Capita Roads Area (sq.m)

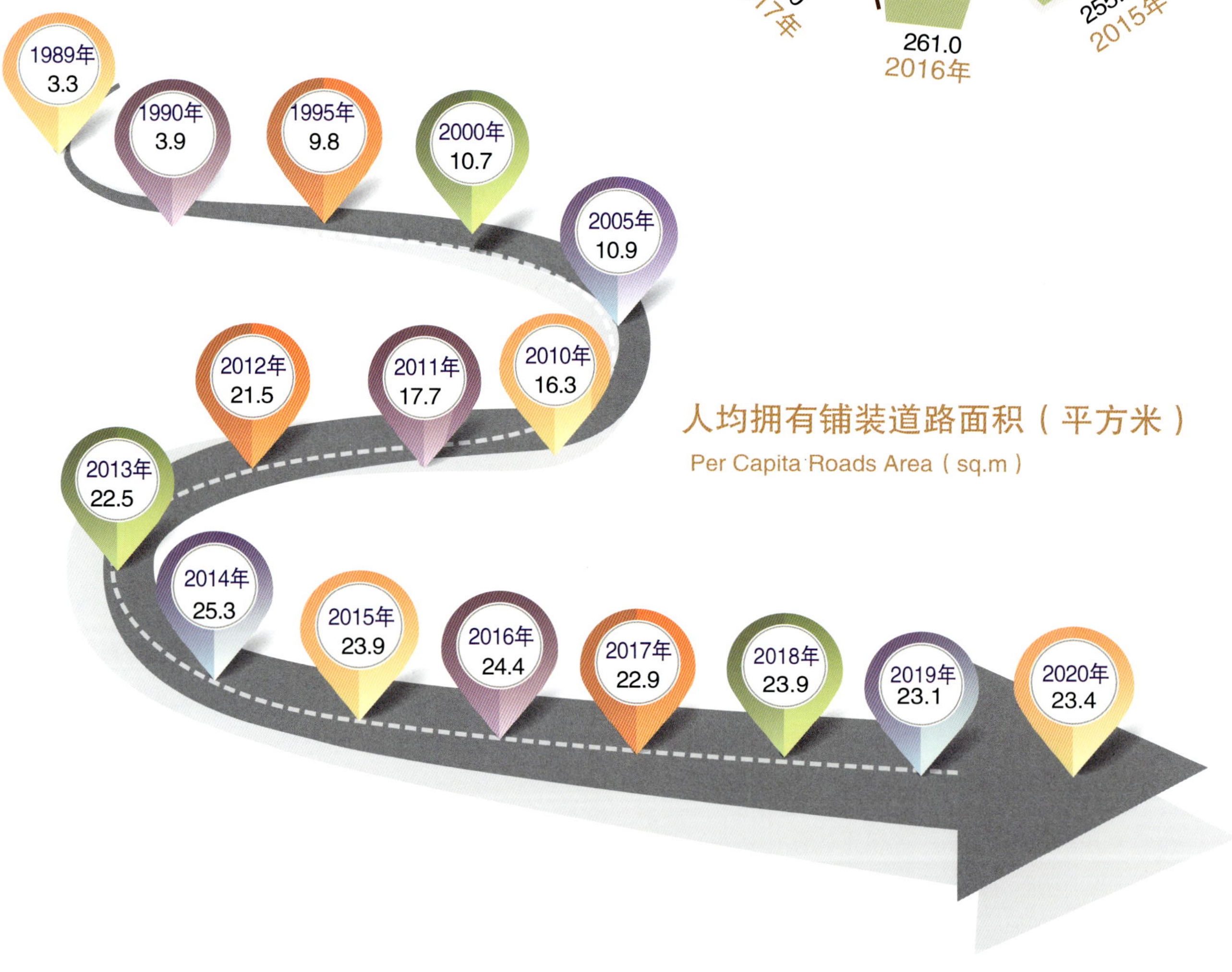

人均公园绿地面积（平方米） Per Capita Park Green Space（sq.m）

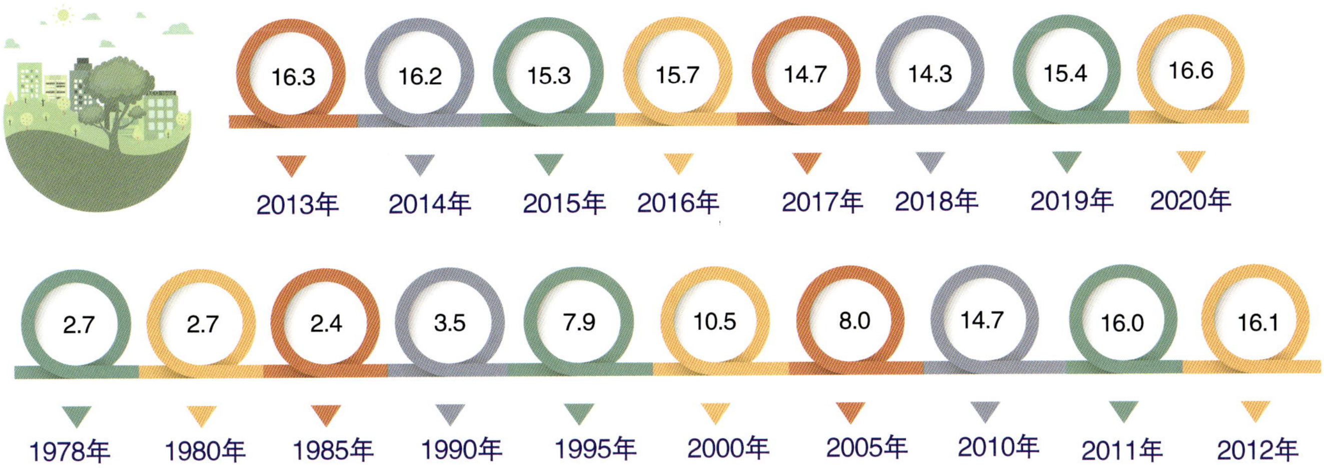

万人公交车拥有量（标台） Number of Urban Buses Per 10,000 people（standard transit bus）

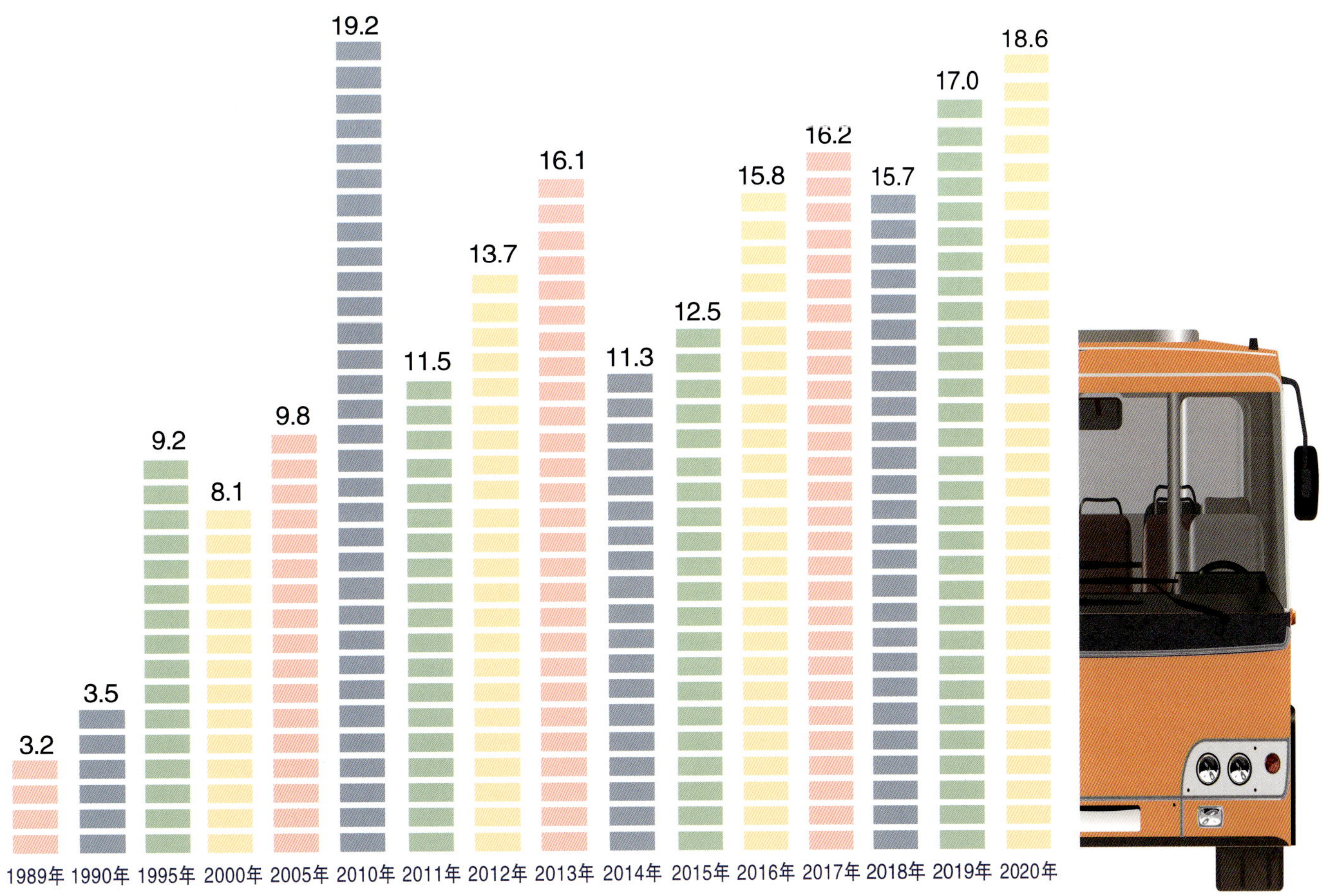

自来水供应总量（亿立方米）Total Water Supply（100 million cu.m）

1978年	1980年	1985年	1990年	1995年
0.31	0.40	0.60	1.07	1.49

2000年	2005年	2010年	2011年	2012年	2013年	2014年	2015年	2016年	2017年	2018年	2019年	2020年
1.25	1.55	2.00	2.15	2.20	2.34	2.40	2.44	2.62	2.67	3.18	3.11	3.86

煤气液化气普及率（%）Penetration Rate of Gas and Liquefied Petroleum Gas（%）

年份	%
1984年	2.4
1985年	6.7
1990年	31.7
1995年	84.0
2000年	90.8
2005年	96.5
2010年	99.0
2011年	94.2
2012年	99.3
2013年	99.5
2014年	98.2
2015年	98.5
2016年	98.0
2017年	100
2018年	100
2019年	99.8
2020年	100

人民生活

城乡居民储蓄存款余额（亿元）
Urban and Rural Residents Savings Deposit Balance (100 million yuan)

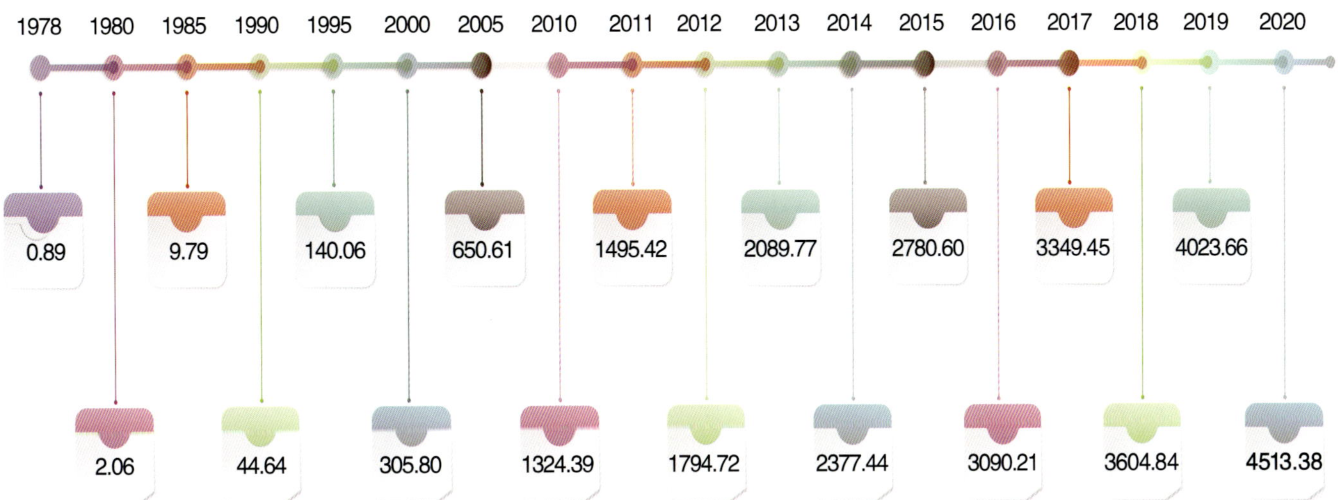

在岗职工平均工资（元）Average Wages of Staff and Workers (yuan)

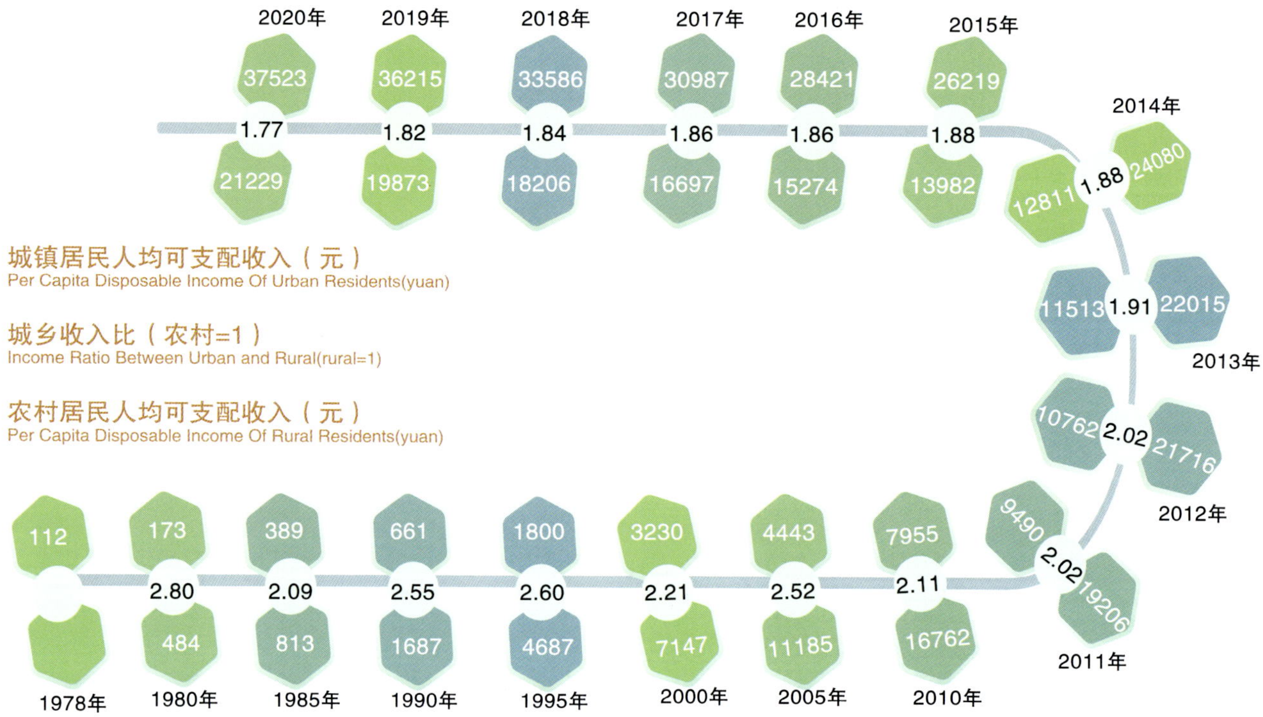
城镇居民人均可支配收入（元）
Per Capita Disposable Income Of Urban Residents(yuan)
城乡收入比（农村=1）
Income Ratio Between Urban and Rural(rural=1)
农村居民人均可支配收入（元）
Per Capita Disposable Income Of Rural Residents(yuan)
2020年 37523 1.77 21229
2019年 36215 1.82 19873
2018年 33586 1.84 18206
2017年 30987 1.86 16697
2016年 28421 1.86 15274
2015年 26219 1.88 13982
2014年 24080 1.88 12811
2013年 22015 1.91 11513
2012年 21716 2.02 10762
2011年 19206 2.02 9490
2010年 16762 2.11 7955
2005年 11185 2.52 4443
2000年 7147 2.21 3230
1995年 4687 2.60 1800
1990年 1687 2.55 661
1985年 813 2.09 389
1980年 484 2.80 173
1978年 112

城镇居民人均消费支出（元）
Per Capita Consumption Expenditure Of Urban Residents(yuan)
农村居民人均消费支出（元）
Per Capita Consumption Expenditure Of Rural Residents(yuan)
20418 2020年 13303
20805 2019年 13850
19463 2018年 12902
18234 2017年 12038
17255 2016年 11059
16143 2015年 9873
15005 2014年 9011
13958 2013年 8082
13730 2012年 6742
5973 2011年 12451
5216 2010年 10558
2840 2005年 7674
1621 2000年 5391
1137 1995年 3684
536 1990年 1409
328 1985年 679
140 1980年 423

居民消费价格总指数（以上年价格为100）

General Consumer Price Index (preceding year is taken as 100)

商品零售价格总指数（以上年价格为100）

General Retail Price Index (preceding year is taken as 100)

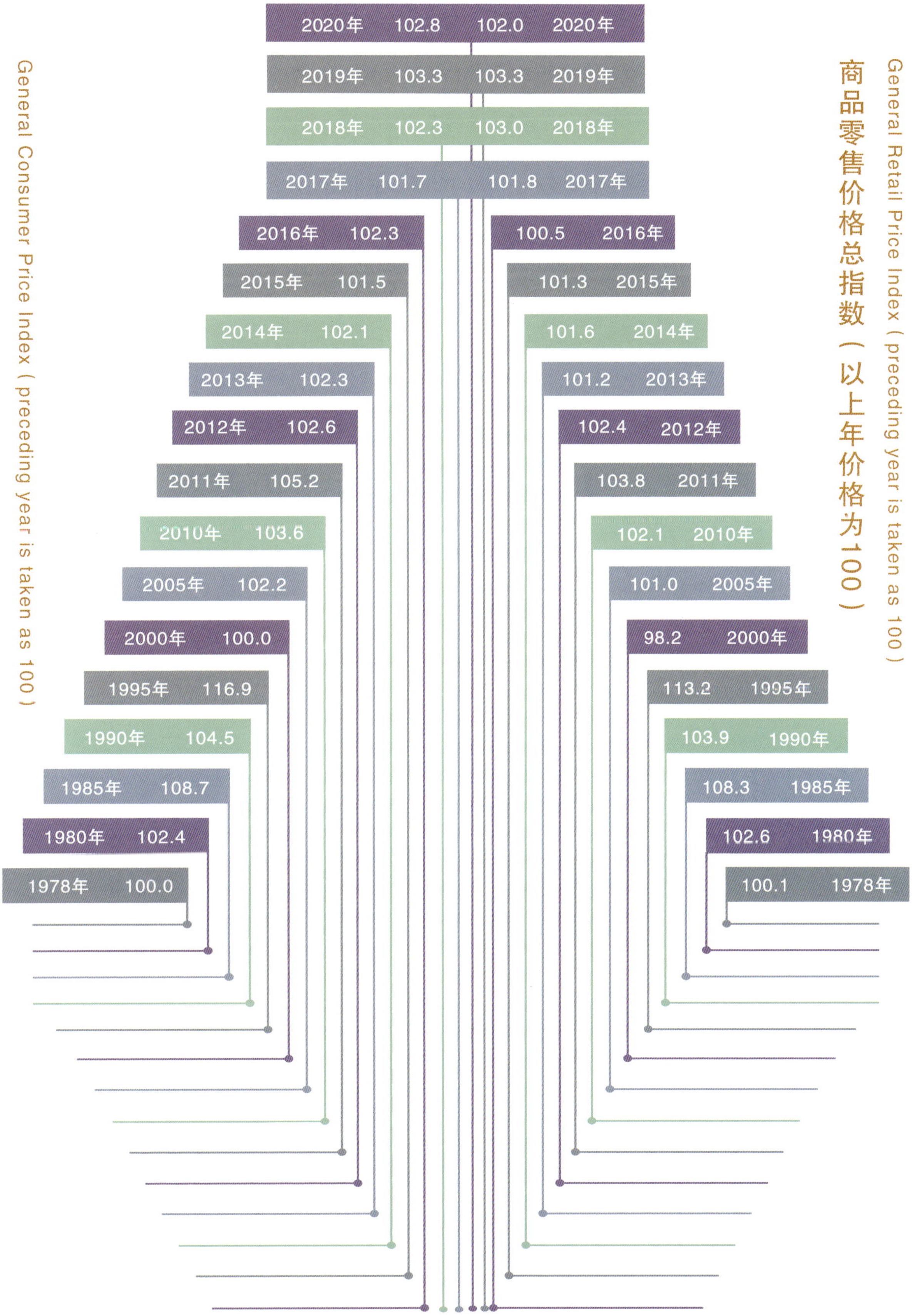

环境保护

地表水达到或
优于III类比例（%）
Proportion of Surface Water Reaching
or Exceeding Categories III (%)
2012年 77.4
2013年 71.1
2014年 76.3
2015年 76.3
2016年 75.0
2017年 66.7
2018年 83.3
2019年 83.3
2020年 83.3

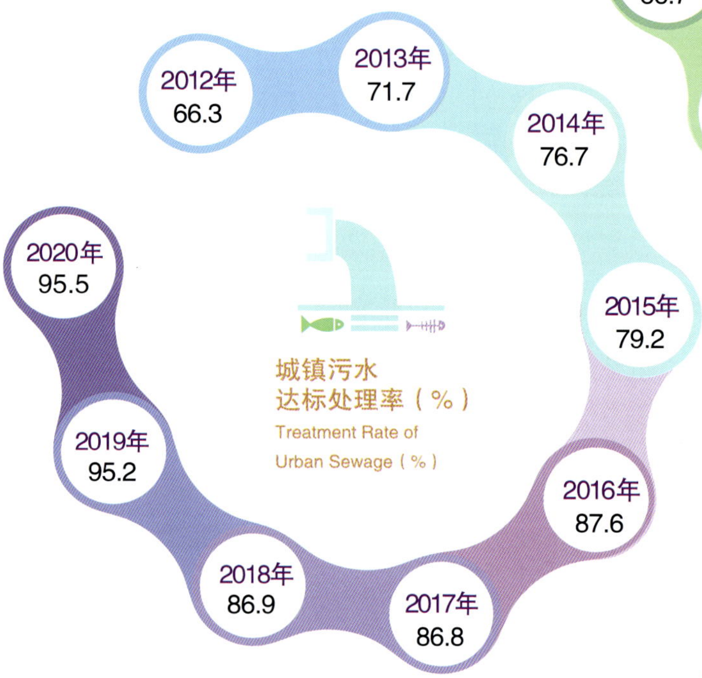
城镇污水
达标处理率（%）
Treatment Rate of
Urban Sewage（%）
2012年 66.3
2013年 71.7
2014年 76.7
2015年 79.2
2016年 87.6
2017年 86.8
2018年 86.9
2019年 95.2
2020年 95.5

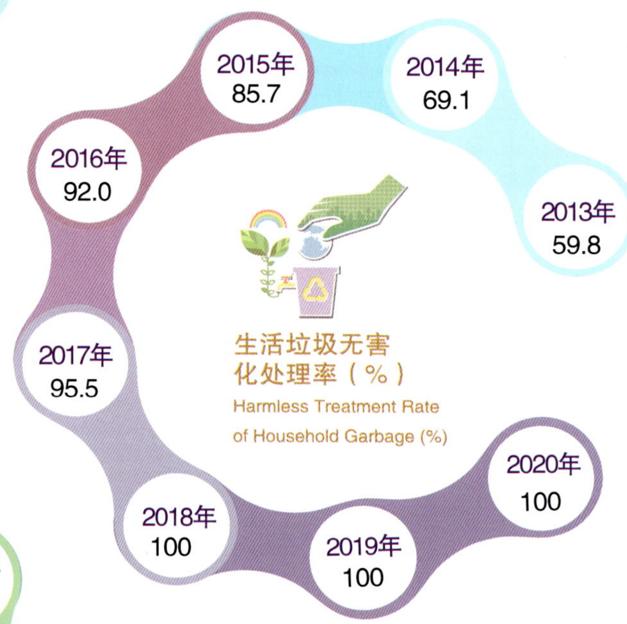
生活垃圾无害
化处理率（%）
Harmless Treatment Rate
of Household Garbage (%)
2013年 59.8
2014年 69.1
2015年 85.7
2016年 92.0
2017年 95.5
2018年 100
2019年 100
2020年 100

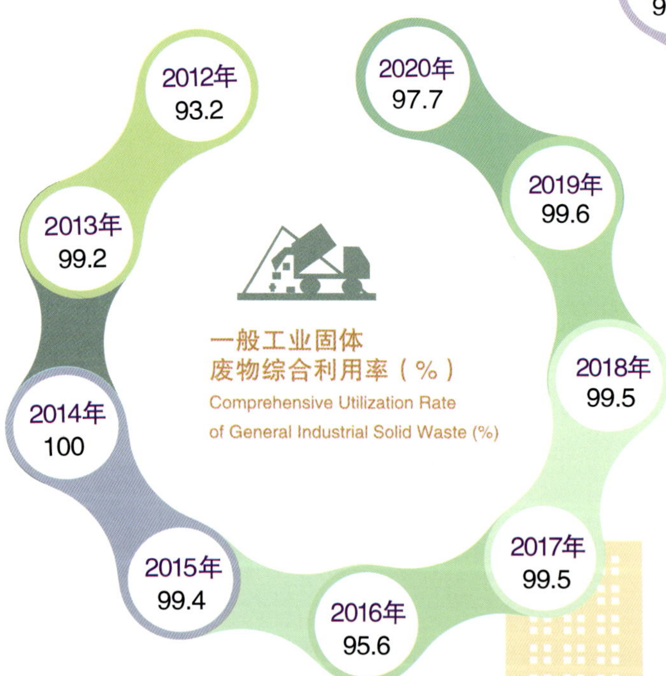
一般工业固体
废物综合利用率（%）
Comprehensive Utilization Rate
of General Industrial Solid Waste (%)
2012年 93.2
2013年 99.2
2014年 100
2015年 99.4
2016年 95.6
2017年 99.5
2018年 99.5
2019年 99.6
2020年 97.7

一、综合

GENERAL SURVEY

版面负责人：马　萍　徐　辉
编　　　辑：曹　晶　姚庆华

中华人民共和国统计法实施条例

中华人民共和国国务院令

第 681 号

《中华人民共和国统计法实施条例》已经 2017 年 4 月 12 日国务院第 168 次常务会议通过，现予公布，自 2017 年 8 月 1 日起施行。

总理　李克强

2017 年 5 月 28 日

中华人民共和国统计法实施条例

第一章　总　　则

第一条　根据《中华人民共和国统计法》（以下简称统计法），制定本条例。

第二条　统计资料能够通过行政记录取得的，不得组织实施调查。通过抽样调查、重点调查能够满足统计需要的，不得组织实施全面调查。

第三条　县级以上人民政府统计机构和有关部门应当加强统计规律研究，健全新兴产业等统计，完善经济、社会、科技、资源和环境统计，推进互联网、大数据、云计算等现代信息技术在统计工作中的应用，满足经济社会发展需要。

第四条　地方人民政府、县级以上人民政府统计机构和有关部门应当根据国家有关规定，明确本单位防范和惩治统计造假、弄虚作假的责任主体，严格执行统计法和本条例的规定。

地方人民政府、县级以上人民政府统计机构和有关部门及其负责人应当保障统计活动依法进行，不得侵犯统计机构、统计人员独立行使统计调查、统计报告、统计监督职权，不得非法干预统计调查对象提供统计资料，不得统计造假、弄虚作假。

统计调查对象应当依照统计法和国家有关规定，真实、准确、完整、及时地提供统计资料，拒绝、抵制弄虚作假等违法行为。

第五条　县级以上人民政府统计机构和有关部门不得组织实施营利性统计调查。

国家有计划地推进县级以上人民政府统计机构和有关部门通过向社会购买服务组织实施统计调查和资料开发。

徐州自然概貌

位　置

徐州市位于江苏省的西北部，东经116° 22′~118° 40′ 、北纬33° 43′~ 34° 58′之间，东西长约210公里，南北宽约140公里，土地总面积11765平方公里。地处苏、鲁、豫、皖四省交界，为东部沿海与中部地带、上海经济区与环渤海经济圈的结合部。“东襟淮海，西接中原，南屏江淮，北扼齐鲁”，素有“五省通衢”之称。京沪、陇海两大铁路在此交汇，京杭大运河傍城而过贯穿徐州南北，公路四通八达，北通京津，南达沪宁，西接兰新，东抵海滨，为全国重要水陆交通枢纽和东西、南北经济联系的重要“十字路口”。

地　貌

徐州市地貌，根据成因和区域特征自西向东大致可分为丰、沛黄泛冲积平原，铜、邳、睢低山剥蚀平原，沂、沭河洪冲积平原三个地貌区。地形由平原和山丘岗地两部分组成，以平原为主，约占全市总面积的90%，属黄淮平原一部分，地势低平，海拔高度在20～50米之间，大致由西北向东南降低，系黄河、淮河的支流长期合力冲积所成。丘陵岗地约占10%，为鲁中南低山丘陵向南延续部分，海拔高度大都在100～300米之间，多属顶平坡缓的侵蚀残丘。

水　系

徐州市位于淮河流域，分属三个水系：故黄河水系、沂沭泗水系、濉安河水系。故黄河是历史上的黄河故道，自成独立水系，是沂沭泗水系和濉安河水系的分水岭，徐州境内长196km，流域面积885km^2。故黄河以北为沂沭泗水系，境内面积8479km^2，流域内主要骨干河道有沂河、沭河、中运河及邳苍分洪道，并有南四湖及骆马湖两座湖泊调蓄洪水。故黄河以南为濉安河水系，境内面积2020km^2，分为安河和濉河，均直接排入洪泽湖。主要支流有龙河、潼河、徐沙河、闸河、奎河、灌沟河、琅河、阎河、看溪河、运料河等。徐州境内有两座湖泊、五座中型水库及六十九座小型水库。各水系河网密布，河、湖、库相互沟通，已初步形成具有防洪、除涝、供水、灌溉、降渍等功能的水利工程体系。

气　候

徐州市位居中纬度地区，属暖温带季风气候区，既受东南季风影响，又受西北季风控制，资源丰富，光、热、水配合较好，有利于农作物的生长，气候资源的地区差异较大，有利于农林牧渔的综合发展。其主要气候特点有：气候温和，四季分明，光照充足，雨量适中；四季之中，冬、夏季长，春、秋季短，春季天气多变，夏季高温多雨，秋季天高气爽，冬季寒潮频袭；以中运河为界，东部属暖温带湿润季风区，西部属暖温带半湿润季风区；主要气象灾害有旱、涝、风、霜冻、冰雹等；全年平均日照时数2081.4小时左右，平均降水量845.0毫米，无霜期200天上下。

土　壤

徐州市土壤，根据成土条件、过程、土体结构和性质的差异，主要分为棕土、褐土、紫色土、潮土、砂姜黑土、水稻土六大类。其中棕土、褐土为暖温带湿润、半湿润气候和落叶植被环境下的地带性土壤，面积分别为33.9千公顷和77.5千公顷；潮土类为本区冲积平原的主要土类，面积约为649.9千公顷，占全市土壤总面积的79.5%。此外在一些湖荡洼地中还有少量的沼泽土类。

矿　产

徐州市矿产资源具备类型全、矿种多、分布集中等特点。在拥有的矿产资源中，钛矿、制碱用灰岩、镁矿和含钾砂页岩等在全省是属独一无二的矿产，煤炭、玻璃用石英（砂）岩和石膏等在全省属于优势矿产。截至2020年底，我市已发现的矿产共计54种（含亚种），包含已查明资源储量的矿产39种和已发现但尚未查明资源储量的矿产15种。其中，主要矿产保有资源储量煤炭26.56亿吨、铁4133.34万吨、盐矿9.04(NaCl)亿吨、水泥用灰岩10.91亿吨和石膏26.99亿吨。

1-1　行政区划、土地面积与人口密度

（2020年底）　　单位：个

地　　区	镇	办事处	村民委员会	居民委员会	土地面积（平方公里）	人口密度（常住）（人/平方公里）
全市合计	**97**	**69**	**2013**	**744**	**11764.90**	**771**
市　区	23	51	435	370	3062.52	1168
鼓楼区		7		68	66.23	6390
云龙区		9		78	119.72	3917
贾汪区	5	5	96	36	612.05	740
泉山区		14		123	99.97	6175
铜山区	17	11	290	29	1871.19	661
开发区	1	5	49	36	293.36	1292
县（市）	74	18	1578	374	8702.38	632
丰　县	12	3	343	29	1450.28	646
沛　县	13	4	263	136	1805.77	576
睢宁县	15	3	268	132	1769.34	615
新沂市	13	4	254	30	1592.30	609
邳州市	21	4	450	47	2084.69	701

注：本表行政区划来源于市民政局、土地面积数据来源于市自然资源和规划局，由于第三次土地调查徐州数据尚未公布，土地面积仍为2018年数据。

1-2　各行政区划街道办事处（镇）名称

（2020年底）

地　区	街道办事处或镇数（个）	街道办事处或镇名称
鼓楼区	7	丰财街道、环城街道、黄楼街道、牌楼街道、琵琶街道、铜沛街道、九里街道
云龙区	9	彭城街道、子房街道、黄山街道、骆驼山街道、大郭庄街道、翠屏山街道、潘塘街道、大龙湖街道、汉风街道
贾汪区	10	大泉街道、老矿街道、大吴街道、潘安湖街道、茱萸山街道、青山泉镇、紫庄镇、塔山镇、汴塘镇、江庄镇
泉山区	14	王陵街道、永安街道、湖滨街道、段庄街道、翟山街道、奎山街道、和平街道、泰山街道、金山街道、七里沟街道、火花街道、苏山街道、桃园街道、庞庄街道
铜山区	28	利国街道、张集街道、垞城街道、电厂街道、张双楼街道、三河尖街道、拾屯街道、铜山街道、三堡街道、新区街道、沿湖街道、何桥镇、黄集镇、马坡镇、郑集镇、柳新镇、刘集镇、大彭镇、汉王镇、棠张镇、张集镇、房村镇、伊庄镇、单集镇、大许镇、茅村镇、柳泉镇、利国镇
开发区	6	东环街道、金山桥街道、大庙街道、大黄山街道、金龙湖街道、徐庄镇
丰　县	15	中阳里街道、凤城街道、孙楼街道、首羡镇、顺河镇、常店镇、欢口镇、师寨镇、华山镇、梁寨镇、范楼镇、宋楼镇、大沙河镇、王沟镇、赵庄镇
沛　县	17	沛城街道、大屯街道、汉兴街道、汉源街道、龙固镇、杨屯镇、胡寨镇、魏庙镇、五段镇、张庄镇、张寨镇、敬安镇、河口镇、栖山镇、鹿楼镇、朱寨镇、安国镇
睢宁县	18	睢城街道、睢河街道、金城街道、王集镇、双沟镇、岚山镇、李集镇、桃园镇、官山镇、高作镇、沙集镇、凌城镇、邱集镇、古邳镇、姚集镇、魏集镇、梁集镇、庆安镇
新沂市	17	新安街道、北沟街道、唐店街道、墨河街道、草桥镇、港头镇、合沟镇、窑湾镇、棋盘镇、马陵山镇、邵店镇、高流镇、阿湖镇、时集镇、瓦窑镇、双塘镇、新店镇
邳州市	25	运河街道、炮车街道、戴圩街道、东湖街道、邳城镇、官湖镇、四户镇、宿羊山镇、八义集镇、陈楼镇、土山镇、碾庄镇、港上镇、邹庄镇、占城镇、新河镇、八路镇、铁富镇、岔河镇、邢楼镇、戴庄镇、车辐山镇、燕子埠镇、赵墩镇、议堂镇

1-3 主要年份国民经济和社会发展主要指标

指　　标	1978	1990	1995	2000	2005	2010	2015	2019	2020
年末人口（常住）　（万人）					**881.33**	**858.21**	**878.86**	**906.28**	**908.39**
城镇人口					381.60	462.58	524.77	582.56	596.18
乡村人口					499.73	395.63	354.09	323.72	312.21
常住城镇化率　（%）					**43.30**	**53.90**	**59.71**	**64.28**	**65.63**
年末人口（户籍）　（万人）	**645.41**	**807.14**	**851.15**	**896.44**	**925.31**	**972.89**	**1028.70**	**1041.73**	**1038.05**
#非农业人口	74.51	138.26	168.62	231.11	315.85	445.38	595.34	637.38	646.54
从业人数　（万人）	**283.64**	**408.50**	**425.43**	**417.66**	**452.20**	**478.72**	**475.59**	**483.44**	**482.11**
#职工人数	60.12	87.35	92.39	71.02	56.07	58.38	97.17	69.95	71.08
#国有经济单位	41.16	63.69	72.52	57.74	40.13	38.59	32.05	30.68	51.20
城镇集体经济	18.96	23.53	19.13	8.30	3.60	2.89	3.16	2.18	5.19
地区生产总值（当年价格）　（亿元）	**21.39**	**112.84**	**403.46**	**616.30**	**1236.66**	**2951.47**	**5336.75**	**7053.35**	**7319.77**
第一产业	9.40	38.69	100.67	118.57	174.24	333.37	590.56	682.83	718.68
第二产业	8.95	44.91	184.14	283.56	628.50	1426.90	2309.17	2835.17	2931.61
#工业	8.06	40.93	165.94	243.54	536.29	1223.42	1958.98	2282.44	2346.16
第三产业	3.04	29.24	118.64	214.16	433.92	1191.20	2437.01	3535.35	3669.48
固定资产投资　（亿元）									
固定资产投资					546.08	1938.72	4266.12		
#房地产开发投资		1.22	6.07	28.05	62.57	205.32	470.22	852.94	867.07
#住宅投资				19.18	46.79	169.70	338.80	710.56	706.09
固定资产投资竣工的住宅建筑面积（万平方米）	36.40	58.40	91.90	143.62	255.92	395.22	709.80	545.13	
财政　（亿元）									
财政总收入	3.27	10.23	25.30	47.62	145.26	413.89	812.93	897.14	891.65
#一般公共预算收入				22.45	55.22	222.16	530.68	468.32	481.82
地方财政支出	1.77	8.56	18.02	34.52	105.08	325.72	752.46	882.21	958.19
物价　（%）									
城市居民消费价格总指数	100.0	104.5	116.9	100.0	102.2	103.6	101.5	103.3	102.8
城市商品零售价格总指数	100.1	103.9	113.2	98.2	101.0	102.1	101.3	103.3	102.0
人民生活									
职工工资总额　（亿元）	3.14	18.59	50.68	65.31	107.26	198.51	524.81	541.52	598.85
职工平均工资　（元）	554	2179	5537	9339	18849	34243	54310	78568	86138
农村居民人均可支配收入　（元）	112	661	1800	3230	4443	7955	13982	19873	21229

注：2005年及以后从业人员及乡村劳动者中未剔除外出打工人数；2007年及以后财政总收入及财政支出中不包括基金收入（支出）；2010年以前固定资产投资竣工的住宅建筑面积为城镇口径；2013年及以前“农村居民人均可支配收入”为农民人均纯收入；2014年及以后地区生产总值数据为含R&D研发支出增加值口径，与往年不可比（下同）。

1-3 续表 1

指 标		1978	1990	1995	2000	2005	2010	2015	2019	2020
城镇居民人均可支配收入	（元）		1687	4687	7147	11185	16762	26219	36215	37523
城乡居民储蓄存款余额	（亿元）	0.89	44.64	140.06	305.80	650.61	1324.39	2780.60	4023.66	4513.38
城镇居民人均现住房建筑面积	（平方米）		11.07	12.71	14.51	17.12	21.16	33.80	48.42	51.65
农村居民人均现住房建筑面积	（平方米）		18.73	19.51	22.52	29.36	41.83	51.30	53.19	56.25
运输、邮电										
全社会客运量	（万人次）	2030	3156	6071	7255	8099	27761	15660	12440	8948
全社会货运量	（万吨）	2608	6073	10859	9669	14022	37227	36408	54108	55316
内河港口货物吞吐量	（万吨）		837	1399	1452	4189	6308	9030	4011	4391
邮电业务总量	（亿元）	0.05	0.62	3.88	17.73	36.26	73.39	193.39	696.86	883.24
邮电业务收入	（亿元）				13.06	27.05	48.14	74.11	105.43	122.57
计费函件（不含广告）	（万件）		2463	2579	2289	2041	4728	1488	195	125
订销报刊累计份数	（万份）		10291	17075	16451	9116	10845	11015	10368	10136
国内外贸易、旅游										
社会消费品零售总额	（亿元）	7.71	42.23	117.60	192.36	414.29	1016.38	2477.33	3533.19	3286.09
进出口总额（海关数）	（万美元）		1015	24696	32896	112621	416053	541263	1351908	1543267
# 出口总额			599	14724	18715	75196	263060	438935	1128831	1248495
实际使用外资	（万美元）		1324	10432	20790	26057	101330	142788	208997	220059
接待国外旅游人数（含港澳台）	（人次）		4325	4988	17825	73010	158277	33776	46854	12130
科技、教育	**（万人）**									
专业技术人员		3.09	12.53	18.40	22.84	21.76	27.18	44.10	56.76	60.00
高等学校在校学生		0.21	1.16	1.86	4.61	9.27	11.88	13.76	15.08	16.09
中等专业学校在校学生		0.29	1.11	2.45	3.41	5.12	5.75	4.36	5.45	5.63
普通中学在校学生		45.98	31.38	42.47	58.43	81.51	52.07	34.74	52.30	59.38
小学在校学生		95.62	84.77	110.34	126.06	72.24	53.02	84.13	94.67	91.69

注：2014 年城乡一体化住户调查后，“城镇居民人均可支配收入”与往年口径不可比；“实际使用外资”2005 年及以后为“实际到账注册外资”，口径与往年不可比；2011 年及以后邮电业务总量按 2010 年价格计算，2017 年以 2015 年价格计算；2013 年起接待国外旅游人数和专业技术人员统计口径有调整，与往年不可比；“进出口总额”“出口总额”1997 年及以前年度数字为“自营进出口总额”“自营出口总额”口径；“城乡居民储蓄存款余额”自 2015 年更改为“住户存款余额”口径，与往年不可比。本表中高等学校在校学生数不含成人本专科学生数，以便与历史数据可比。

1-3 续表 2

指　　标		1978	1990	1995	2000	2005	2010	2015	2019	2020
卫生										
卫生机构数	（个）	652	1058	1052	993	1384	1213	4601	4594	4552
床位数	（张）	11325	17303	18596	17736	19888	30500	47949	60988	59392
卫生技术人员数	（万人）	1.57	2.44	2.94	3.05	2.83	3.24	5.16	7.08	7.32
# 医生		0.49	0.99	1.12	1.16	1.05	1.22	2.02	2.80	2.98
主要工农业产品产量	**（万吨）**									
粮食		206.15	399.00	406.13	319.50	314.13	440.20	470.92	501.54	501.92
棉花		2.47	5.57	5.91	5.08	4.17	3.23	2.60	1.20	0.70
油料		1.59	4.77	8.35	20.28	16.26	12.11	11.20	13.18	11.55
水果		2.62	14.13	35.78	81.91	87.52	106.31	108.47	114.89	116.37
生猪存栏	（万头）	149.25	170.36	215.78	201.07	214.26	293.19	299.61	125.85	263.28
猪、牛、羊肉	（万吨）	5.18	18.73	28.71	27.51	35.05	46.58	50.09	25.96	29.12
蚕茧	（吨）	525	6022	22105	15176	13212	6805	6512	4714	4122
水产品	（万吨）	0.72	3.70	8.49	13.52	16.43	17.04	18.79	16.08	15.80
生铁		15.19	29.22	52.00	37.10	152.53	304.92	475.96	236.04	462.42
铝锭		0.31	0.76	1.94	0.50	1.08	10.87			
原煤		1445	2032	2344	2271	2597	2072	1885		
发电量	（亿千瓦时）	27.08	104.40	119.38	146.87	309.97	399.57	497.22		
合成氨	（万吨）	7.07	13.40	14.86	19.16	36.96	66.40	93.21	52.10	48.74
农用化肥（折 100%）		4.91	12.52	19.76	15.42	29.58	48.05	45.76	16.83	16.34
水泥		66.68	297.67	1031.48	983.36	1295.66	3205.35	2681.63	1472.22	1026.38
纱		1.68	3.63	4.64	7.16	23.01	81.58	141.21	47.67	44.22
布	（万米）	5474	12112	13883	8196	10551	16056	31490	12114	17218
机制纸及纸板	（万吨）	2.47	16.44	71.60	32.65	48.91	105.54	27.58	36.95	44.07
卷烟	（万箱）	14.74	33.50	34.00	34.40	57.57	60.94	66.50	75.70	72.07
饮料酒	（万千升）	1.35	4.99	11.42	8.50	20.28	45.73	58.85	16.47	18.39
多晶硅	（吨）						17799	74358	41623	42189
汽车起重机	（吨）		419	683	1087	5368	18623	194941	663869	945806
装载机	（辆）			1298	1777	9442	15212	7142	21028	22364
压路机	（台）		802	1897	2466	2434	6874	2721	7338	8796

注：自 2012 年起，汽车起重机的单位由台改为吨。

1-4　国民经济主要指标发展速度

指　标	指数（2020 年为以下各年的 %）								1979-2020 年平均增长（%）	2001-2020 年平均增长（%）
	1978	1990	1995	2000	2005	2010	2015	2019		
从业人数	**170.0**	**118.0**	**113.3**	**115.4**	**106.6**	**100.7**	**101.4**	**101.5**	**1.3**	**0.7**
# 职工人数	118.2	81.4	76.9	100.1	126.8	121.8	73.2	101.6	0.4	0.004
# 国有经济单位	124.4	80.4	70.6	88.7	127.6	132.7	159.8	166.9	0.5	-0.6
城镇集体经济	27.4	22.1	27.1	62.5	144.2	179.6	164.2	238.3	-3.0	-2.3
地区生产总值(可比价格)	**8997.6**	**3088.8**	**1439.2**	**817.4**	**450.9**	**230.5**	**132.7**	**103.4**	**11.3**	**11.1**
第一产业	750.8	503.9	327.8	219.9	172.9	136.9	112.7	102.8	4.9	4.0
第二产业	17288.7	4494.1	1735.8	946.3	479.4	229.7	129.4	104.0	13.1	11.9
# 工业	17997.8	4620.7	1785.1	996.5	505.9	237.2	131.7	104.5	13.2	12.2
第三产业	17957.5	3932.0	1773.2	981.9	520.0	254.1	140.1	103.0	13.2	12.1
财政										
财政总收入	27267.6	8716.0	3524.3	1872.4	613.8	215.4	109.7	99.4	14.3	15.8
# 一般公共预算收入				2146.2	872.5	216.9	90.8	102.9		16.6
地方财政支出	54135.0	11193.8	5317.4	2775.8	911.9	294.2	127.3	108.6	16.2	18.1
人民生活										
职工年平均工资	15548.4	3953.1	1555.7	922.3	457.0	251.5	158.6	109.6	12.8	11.7
农村居民人均可支配收入	18954.5	3211.6	1179.4	657.2	477.8	266.9	151.8	106.8	13.3	9.9
城镇居民人均可支配收入		2224.2	804.4	525.0	335.5	179.0	125.7	100.3		8.6
城乡居民年末储蓄存款余额	507121.3	10110.6	3222.5	1475.9	693.7	340.8	162.3	102.7	22.5	14.4
运输、邮电										
全社会旅客运输量	440.8	283.5	147.4	123.3	110.5	32.2	57.1	71.9	3.6	1.1
全社会货物运输量	2120.3	910.5	509.2	571.9	394.4	148.5	151.9	102.2	7.5	9.1
邮电业务总量	1766480.0	142458.1	22763.9	4981.6	2435.9	1203.5	456.7	109.5	26.2	21.6
国内外贸易、旅游										
社会消费品零售总额	42621.1	7781.4	2794.3	1708.3	793.2	323.3	132.6	93.0	15.5	15.2
进出口总额		152046.0	6249.1	4691.4	1370.3	370.9	285.1	114.2		21.2
# 出口总额		208429.9	8479.3	6671.1	1660.3	474.6	284.4	110.6		23.4
实际使用外资		16620.8	2109.5	1058.5	844.5	217.2	154.1	105.3		12.5
国际旅游人数		280.5	243.2	68.1	16.6	7.7	35.9	25.9		-1.9

1-4 续表

指标	指数（2020年为以下各年的%）								1979-2020年平均增长（%）	2001-2020年平均增长（%）
	1978	1990	1995	2000	2005	2010	2015	2019		
科技、教育										
专业技术人员	1941.7	478.9	326.1	262.7	275.7	220.8	136.1	105.7	7.3	4.9
高等学校在校学生	7661.9	1387.1	865.1	349.0	173.6	135.4	116.9	106.7	10.9	6.4
中等专业学校在校学生	1941.4	507.2	229.8	165.1	110.0	97.9	129.1	103.2	7.3	2.5
普通中学在校学生	129.1	189.2	139.8	101.6	72.8	114.0	170.9	113.5	0.6	0.1
小学在校学生	95.9	108.2	83.1	72.7	126.9	172.9	109.0	96.8	-0.1	-1.6
卫生										
卫生机构数	698.2	430.2	432.7	458.4	328.9	375.3	98.9	99.1	4.7	7.9
床位数	524.4	343.2	319.4	334.9	298.6	194.7	123.9	97.4	4.0	6.2
卫生技术人员数	466.4	300.1	249.0	240.1	258.7	226.0	141.9	103.5	3.7	4.5
# 医生	608.2	301.0	266.1	256.9	283.8	244.3	147.5	106.3	4.4	4.8
主要工农业产品产量										
粮食	243.5	125.8	123.6	157.1	159.8	114.0	106.6	100.1	2.1	2.3
棉花	28.3	12.6	11.8	13.8	16.8	21.7	26.9	58.3	-3.0	-9.4
油料	726.4	242.1	138.3	57.0	71.0	95.4	103.1	87.6	4.8	-2.8
水果	4441.6	823.6	325.2	142.1	133.0	109.5	107.3	101.3	9.5	1.8
生猪存栏	176.4	154.5	122.0	130.9	122.9	89.8	87.9	209.2	1.4	1.4
猪、牛、羊肉	562.2	155.5	101.4	105.9	83.1	62.5	58.1	112.2	4.2	0.3
蚕茧	785.1	68.4	18.6	27.2	31.2	60.6	63.3	87.4	5.0	-6.3
水产品	2194.4	427.0	186.1	116.9	96.2	92.7	84.1	98.3	7.6	0.8
生铁	3044.2	1582.5	889.3	1246.4	303.2	151.7	97.2	195.9	8.5	13.4
合成氨	689.5	363.8	328.0	254.4	131.9	73.4	52.3	93.6	4.7	4.8
农用化肥（折100%）	332.8	130.5	82.7	106.0	55.2	34.0	35.7	97.1	2.9	0.3
水泥	1539.3	344.8	99.5	104.4	79.2	32.0	38.3	69.7	6.7	0.2
纱	2631.9	1218.1	952.9	617.5	192.2	54.2	31.3	92.8	8.1	9.5
布	314.5	142.2	124.0	210.1	163.2	107.2	54.7	142.1	2.8	3.8
机制纸及纸板	1784.3	268.1	61.6	135.0	90.1	41.8	159.8	119.3	7.1	1.5
卷烟	489.0	215.1	212.0	209.5	125.2	118.3	108.4	95.2	3.9	3.8
饮料酒	1361.9	368.4	161.0	216.3	90.7	40.2	31.2	111.6	6.4	3.9
多晶硅						237.0	56.7	101.4		
汽车起重机							485.2	142.5		
装载机			1723.0	1258.5	236.9	147.0	313.1	106.4		13.5
压路机		1096.8	463.7	356.7	361.4	128.0	323.3	119.9		6.6

1-5　各时期国民经济主要指标平均增长速度

单位：%

指　　标	“一五”时期	“二五”时期	调整时期	“三五”时期	“四五”时期	“五五”时期	“六五”时期
年末总人口（户籍）	**2.9**	**0.6**	**1.9**	**2.9**	**1.7**	**1.4**	**1.4**
职工人数	**4.4**	**11.0**	**-3.6**	**7.8**	**14.1**	**8.8**	**3.7**
#国有单位	4.4	11.0	-3.6	7.8	5.7	9.1	4.1
地区生产总值	**9.9**	**4.4**	**7.4**	**8.9**	**7.9**	**15.3**	**11.3**
第一产业	-0.2	-1.3	11.1	7.2	5.1	10.7	8.2
第二产业	34.3	3.5	12.5	15.7	10.5	20.0	12.5
#工业							11.7
第三产业	16.3	6.0	-0.8	4.2	7.7	16.0	14.2
农林牧渔业总产值	**1.3**	**-1.1**	**9.0**	**4.7**	**7.7**	**6.2**	**10.5**
固定资产投资额	**43.3**	**25.2**	**10.2**	**5.3**	**10.6**	**31.7**	**7.6**
#房地产开发投资							
财政							
财政收入	18.5	3.2	4.5	11.8	5.2	12.9	10.0
财政支出	26.0	-4.5	12.0	3.6	11.5	13.4	13.4
人民生活							
职工工资总额	9.2	12.5	-2.9	3.5	13.5	16.3	15.8
职工年平均工资	2.6	-0.9	3.0	-1.6	-1.6	7.0	11.5
城乡居民储蓄存款余额	29.1	4.8	17.3	4.3	14.7	33.6	36.6
运输、邮电							
客运量							5.7
货运量							14.1
邮电业务总量	14.9	16.8	-1.8	2.4	7.8	6.8	11.2
内外贸易							
社会消费品零售总额	14.3	5.0	1.5	2.9	10.9	13.8	16.4
教育							
高等学校在校学生数			-28.4			12.2	31.0
中等专业学校在校学生数	7.0	0.8	-7.3			17.1	6.4

1-5 续表 1

单位：%

指　　标	"一五"时期	"二五"时期	调整时期	"三五"时期	"四五"时期	"五五"时期	"六五"时期
普通中学在校学生数	23.2	9.6	0.5	23.9	5.1	10.0	-3.0
小学在校学生数	8.4	1.6	15.5	-1.9	10.8	-1.3	-1.9
卫生							
卫生机构数	14.3	6.1	3.7	-0.6	7.4	9.2	4.2
床位数	17.6	24.1	-0.5	4.4	5.6	5.3	4.6
卫生技术人员数	16.3	13.3	6.5	6.0	8.9	8.7	3.8
# 医生	20.4	12.0	5.6	-0.3	4.7	10.6	6.2
主要工农业产品产量							
粮食	1.2	0.6	1.4	6.4	7.3	6.0	10.9
棉花	13.3	-12.2	34.3	25.6	2.8	5.5	9.6
油料	-8.4	-13.7	32.9	-10.4	2.8	21.1	27.2
水果	-4.1	-13.2	8.5	14.5	9.9	9.5	9.1
生猪存栏	12.5	0.4	13.1	3.0	10.0	2.2	5.7
水产品	1.7	-0.1	14.0	-19.3	24.9	18.2	8.2
生铁		65.4	-0.6	23.1	19.1	8.1	0.2
铝锭			6.7	9.3	7.7	5.3	2.4
原煤	10.0	20.0	1.8	6.0	7.3	10.9	3.7
发电量	35.1	33.1	5.6	10.3	17.2	24.5	4.1
合成氨				80.4	27.0	29.4	2.9
农用化肥（折 100%）		89.0	22.9	24.6	30.0	3.1	1.5
水泥		68.8	9.7	7.6	23.0	16.7	8.0
纱	1.4	22.5	60.8	15.0	5.9	13.5	2.9
布	17.7	11.1	17.3	17.9	13.9	16.6	-0.4
机制纸及纸板	150.6	11.7	-1.6	20.0	4.3	22.9	15.6
卷烟	-2.0	1.0	38.4	9.7	1.9	10.1	6.1
饮料酒	15.7	2.8	-3.6	9.7	12.8	17.5	7.0

1-5　续表 2　　单位：%

指　　标	"七五"时期	"八五"时期	"九五"时期	"十五"时期	"十一五"时期	"十二五"时期	"十三五"时期
年末总人口（常住）					**-0.5**	**0.5**	**0.7**
年末总人口（户籍）	**2.7**	**1.1**	**1.0**	**0.6**	**1.0**	**1.1**	**0.2**
职工人数	**2.3**	**1.1**	**-1.7**	**-4.6**	**0.8**	**10.7**	**-6.1**
# 国有单位	2.9	2.6	-1.6	-7.0	-0.8	-3.6	9.8
地区生产总值	**7.0**	**16.5**	**12.0**	**12.6**	**14.4**	**11.7**	**5.8**
第一产业	0.8	9.0	8.3	4.9	4.8	4.0	2.4
第二产业	8.3	21.0	12.9	14.6	15.9	12.0	5.3
# 工业	9.2	21.0	12.4	14.5	16.5	12.3	5.7
第三产业	12.1	17.3	12.5	13.5	15.3	12.9	7.0
农林牧渔业总产值	**3.9**	**10.7**	**8.9**	**4.6**	**9.1**	**4.5**	**5.0**
固定资产投资额	**9.3**	**36.8**	**25.4**	**19.7**	**27.7**	**17.1**	
# 房地产开发投资		32.7	38.8	8.5	26.3	18.0	13.0
财政							
财政收入	12.2	19.9	13.5	24.5	26.8	14.5	1.9
财政支出	20.5	16.1	13.9	24.9	25.4	18.2	5.0
人民生活							
职工工资总额	14.8	22.2	6.2	10.4	13.1	21.5	2.7
职工年平均工资	12.1	20.5	8.5	15.1	12.7	9.7	9.7
城乡居民储蓄存款余额	35.5	25.7	16.9	16.3	15.3	16.0	10.2
运输、邮电							
客运量	-2.5	14.0	3.6	1.8	27.9	-10.8	-10.6
货运量	-0.7	12.3	-2.3	7.7	21.6	-0.4	8.7
邮电业务总量	34.5	44.5	35.5	15.4	15.1	5.4	35.5
内外贸易							
社会消费品零售总额	12.6	22.7	10.3	16.6	19.7	19.5	5.8
进出口总额			15.7	27.9	29.9	5.4	23.3
实际使用外资			13.0	14.1	34.7	7.1	9.0
教育							
高等学校在校学生数	3.1	8.7	19.9	13.2	5.1	3.0	3.2
中等专业学校在校学生数	5.0	17.2	6.8	3.6	1.6	-4.6	5.2

1-5　续表 3

单位：%

指　　标	“七五”时期	“八五”时期	“九五”时期	“十五”时期	“十一五”时期	“十二五”时期	“十三五”时期
普通中学在校学生数	0.2	6.2	6.6	6.9	-8.6	-7.8	11.3
小学在校学生数	-0.7	5.4	2.7	-10.5	-6.0	9.7	1.7
卫生							
卫生机构数	0.1	-0.1	-1.1	6.9	-2.6	30.6	-0.2
床位数	2.3	1.5	-0.9	2.3	8.9	9.5	4.4
卫生技术人员数	3.5	3.8	0.7	-1.5	2.7	9.8	7.3
# 医生	4.9	2.5	0.7	-2.0	2.4	11.4	8.1
主要工农业产品产量							
粮食	1.5	0.4	-4.7	-0.4	7.0	1.4	1.3
棉花	-4.6	1.2	-3.0	-3.9	-5.0	-4.2	-23.1
油料	-14.6	11.8	19.4	-4.3	-5.7	-1.6	0.6
水果	19.6	20.4	18.0	1.3	4.0	0.4	1.4
生猪存栏	-2.2	4.8	-1.4	1.3	6.5	0.4	-2.6
水产品	15.8	18.1	9.8	4.0	0.7	2.0	-3.4
生铁	12.1	12.2	-6.5	32.7	14.9	9.3	-0.6
铝锭	19.8	20.6	-23.7	16.6	58.7		
原煤	2.4	2.9	-0.6	2.7	-4.4	-1.9	
发电量	12.3	2.7	4.2	16.1	5.2	4.5	
合成氨	-1.3	2.1	5.2	14.1	12.4	7.0	-12.2
农用化肥（折 100%）	9.6	-4.8		13.9	10.2	-1.0	-18.6
水泥	28.2	-1.0		5.7	19.9	-3.5	-17.5
纱	8.4	5.0	9.1	26.3	28.8	11.6	-20.7
布	10.5	2.8	-10.0	5.2	8.8	14.4	-11.4
机制纸及纸板	20.5	34.2	-14.5	8.4	16.6	-23.5	9.8
卷烟	5.1	0.3	0.2	10.8	1.1	1.8	1.6
饮料酒	11.9	18.0	-5.7	19.0	17.7	5.2	-20.8
多晶硅						33.1	-10.7
汽车起重机	5.2	10.3	9.7	37.6	28.2	-26.2	37.1
装载机			6.5	39.7	10.0	-14.0	25.6
压路机	1.9	18.8	5.4	-0.3	23.1	-16.9	26.4

1-6　徐州的一天

指　标	1978	1990	1995	2000	2005	2010	2015	2019	2020
全市每天创造的财富									
地区生产总值（万元）	586	3092	11054	16839	33881	80862	146212	193243	199994
第一产业	258	1060	2758	3240	4774	9133	16180	18708	19636
第二产业	245	1230	5045	7748	17219	39093	63265	77676	80099
第三产业	83	801	3251	5851	11888	32636	66767	96859	100259
# 工业	221	1121	4546	6654	14693	33518	53671	62533	64103
# 建筑业	24	109	499	1093	2526	5665	9657	15205	16058
# 交通、仓储、邮电通信业		198	810	1563	3464	4197	6855	8825	8933
# 批发、零售、住宿和餐饮业		187	869	1589	3358	10799	23578	32217	32043
财政总收入	90	280	693	1301	3980	11339	22272	24579	24362
# 一般公共预算收入				613	1513	6086	14539	12831	13164
生铁（吨）	416	801	1425	1014	4179	8354	13040	6467	12634
原煤（万吨）	3.96	5.57	6.42	6.20	7.12	5.68	5.16		
发电量（万千瓦时）	742	2860	3271	4013	8492	10947	13622		
水泥（吨）	1827	8155	28260	26868	35498	87818	73469	40335	28043
布（万米）	15.00	33.18	38.04	22.39	28.91	43.99	86.27	33.19	47.04
机制纸及纸板（吨）	68	450	1962	892	1340	2892	756	1012	1204
卷烟（箱）	404	918	932	940	1577	1670	1822	2074	1969
全市每天消费量									
社会消费品零售总额（万元）	211	1157	3222	5256	11350	27846	67872	96800	89784
城镇居民每人生活费支出（元）		3.86	10.09	14.73	21.02	36.04	44.23	57.00	55.79
# 食品消费		2.22	5.04	5.42	7.42	12.32	13.35	16.82	16.43
农民每人生活费支出		1.47	3.12	4.43	7.78	14.29	27.05	37.95	36.35
# 食品消费		0.78	1.86	1.87	3.31	5.37	8.64	11.50	11.25
每天其他经济活动									
旅客运输量（万人次）	5.56	8.65	16.63	19.82	22.19	76.06	42.91	34.08	24.45
货物运输量（万吨）	7.15	16.64	29.75	26.42	38.42	101.99	99.75	148.24	151.14
投资竣工的房屋建筑面积（平方米）	2071	3063	5022	8055	14720	38619	99003	30933	
# 住宅竣工面积	997	1600	2518	3923	7012	10827	19447	14935	
邮寄函件（万件）		8.15	8.59	6.27	5.59	12.95	4.08	0.53	0.34
每天人口变动和婚姻									
出生人数（人）		432	228	460	192	596	416	292	291
死亡人数		98	108	122	62	218	162	153	293
结婚对数（对）		189	178	153	146	279	269	188	157
离婚对数		1	3	4	17	30	60	84	74

1-7 徐州市国民经济主要指标占全省比重

（2020年）

指　　　标		全　省	徐州市	徐州市占全省的比重（%）
年末人口（常住）	**（万人）**	**8477.26**	**908.39**	**10.7**
年末人口（户籍）		7876.75	1038.05	13.2
就业人数		**4893.00**	**482.11**	**9.9**
#职工人数		1263.46	71.08	5.6
地区生产总值（GDP）（当年价格）	**（亿元）**	**102718.98**	**7319.77**	**7.1**
第一产业		4536.72	718.68	15.8
第二产业		44226.43	2931.61	6.6
#工业		37744.85	2346.16	6.2
第三产业		53955.83	3669.48	6.8
人均GDP	（元）	121231	80673	
社会消费品零售总额	**（亿元）**	**37086.06**	**3286.09**	**8.9**
进出口总额	**（亿美元）**	**6427.75**	**154.33**	**2.4**
#出口总额		3962.83	124.85	3.2
实际使用外资		**283.84**	**22.01**	**7.8**
财政总收入	**（亿元）**	**15351.24**	**891.65**	**5.8**
#一般公共预算收入		9058.99	481.82	5.3
地方财政支出		13681.55	958.19	7.0
职工工资总额		**13044.40**	**598.85**	**4.6**
城镇非私营单位在岗职工平均工资	**（元）**	**106034**	**86138**	
居民人均可支配收入		**43390**	**31166**	
农村居民人均可支配收入		24198	21229	
城镇居民人均可支配收入		53102	37523	
金融机构存款余额	**（亿元）**	**172580.27**	**9141.99**	**5.3**
#住户存款		66373.06	4513.38	6.8
金融机构贷款余额		**154523.28**	**6952.08**	**4.5**

1-7　续表　　　　　　　　　　　　（2020 年）

指　　标		全　省	徐州市	徐州市占全省的比重（%）
全社会客运量	**（万人）**	**85164**	**8948**	**10.5**
全社会货运量	（万吨）	288513	55316	19.2
邮电业务总量	（亿元）	10881.16	883.24	8.1
高等学校本专科在校学生	**（万人）**	**201.47**	**21.29**	**10.6**
普通中学在校学生		369.80	59.38	16.1
小学在校学生		580.82	91.69	15.8
卫生机构数	**（个）**	**35746**	**4552**	**12.7**
# 医院、卫生院		3001	336	11.2
卫生机构床位数	（万张）	53.50	5.94	11.1
# 医院、卫生院		49.89	5.47	11.0
卫生技术人员数	（万人）	66.55	7.32	11.0
# 执业医师、执业助理医师		26.78	2.98	11.1
主要工农业产品产量	**（万吨）**			
粮食		3729.06	501.92	13.5
棉花		1.06	0.70	66.0
油料		93.01	11.55	12.4
水产品产量		490.18	15.80	3.2
农用化肥（折 100%）		199.41	16.34	8.2
水泥		15246.45	1026.38	6.7
纱		309.04	44.22	14.3
布	（亿米）	52.54	1.72	3.3

注：为与全省可比，本表中高等学校本专科在校学生含成人本专科学生数。

1-8 主要年份国民经济和社会发展结构指标

单位：%

指　　标	1978	1990	1995	2000	2005	2010	2015	2019	2020
人口结构									
常住人口									
城镇人口					43.3	53.9	59.7	64.3	65.6
农村人口					56.7	46.1	40.3	35.7	34.4
户籍人口									
农业人口	88.5	82.9	80.2	74.2	65.9	54.2	42.1	61.2	62.3
非农业人口	11.5	17.1	19.8	25.8	34.1	45.8	57.9	38.8	37.7
就业结构									
第一产业	72.1	61.0	56.9	56.4	40.3	39.7	30.8	20.8	19.7
第二产业	15.3	23.4	25.3	22.3	28.3	27.4	31.4	34.8	34.5
第三产业	12.6	15.6	17.8	21.3	31.4	32.9	37.7	44.5	45.8
地区生产总值产业结构									
第一产业	44.0	34.3	25.0	19.2	14.1	11.3	11.1	9.7	9.8
第二产业	41.8	39.8	45.6	46.0	50.8	48.3	43.3	40.2	40.1
第三产业	14.2	25.9	29.4	34.7	35.1	40.4	45.7	50.1	50.1
地区生产总值支出结构									
总消费			45.3	48.9	50.0	41.5	42.5		
居民消费			84.9	80.5	79.5	29.0	32.0		
政府消费			15.1	19.5	20.5	12.5	10.5		
资本形成总额			44.3	49.5	55.9	62.9	58.2		
固定资产形成			64.1	85.7	88.2	61.3	55.8		
存货增加			35.9	14.3	11.8	1.5	2.5		
财政总收入相当于地区生产总值比例	**15.3**	**9.1**	**6.3**	**7.7**	**11.7**	**14.0**	**15.2**	**12.7**	**12.2**
科教文卫事业费占财政支出的比例		**33.1**	**40.4**	**33.5**	**24.1**	**41.4**	**31.6**	**33.8**	**33.7**
农林牧渔业总产值结构									
农业	84.1	65.0	59.4	65.7	62.7	62.6	62.3	59.5	60.0
林业	2.7	2.3	2.4	2.6	2.7	2.0	1.7	1.4	1.4
牧业	12.5	30.0	35.0	26.1	27.2	28.3	29.1	25.1	24.8
渔业	0.7	2.7	3.2	5.6	5.4	5.0	3.9	8.6	8.4
农林牧渔服务业					2.0	2.1	3.0	5.4	5.4
农作物播种面积结构									
粮食作物	74.1	86.1	76.8	59.3	56.3	65.0	63.4	64.7	65.1
经济作物	23.7	8.8	9.9	10.7	13.0	7.6	6.9	5.9	5.6
其他作物	2.2	5.1	13.3	30.0	30.7	27.4	29.7	29.4	29.3

注：2019-2020 年支出法 GDP 核算结果暂时无法公布。

1-8　续表　　　　单位：%

指　　标	1978	1990	1995	2000	2005	2010	2015	2019	2020
货运量结构									
铁路	56.7	43.8	18.6	17.6	10.6	26.7	2.7	9.4	9.9
公路	25.0	45.9	61.9	49.5	43.6	39.6	46.4	51.0	53.0
水运	3.6	7.6	10.9	5.8	6.3	6.8	15.5	12.4	12.6
管道	14.7	2.7	8.6	27.1	39.5	26.8	35.3	27.2	24.5
在校学生结构									
大学生	0.1	1.0	1.2	2.4	5.0	10.2	9.6	11.7	12.6
中学生	32.6	28.6	30.1	33.2	53.2	44.5	31.8	34.5	37.2
小学生	67.2	70.4	68.8	64.5	41.8	45.3	58.6	53.7	50.1
专任教师结构									
大学		3.6	3.3	3.6	6.3	8.0	9.0	8.6	8.5
中学		37.4	38.1	39.3	46.4	48.8	44.9	42.1	44.1
小学		59.0	58.6	57.1	47.3	43.2	46.1	49.3	47.3
城镇居民消费结构									
食品		57.4	49.9	36.8	35.3	34.2	29.3	29.5	29.5
衣着		14.0	15.1	10.0	9.5	10.8	8.4	8.0	7.8
娱乐文教		8.7	8.7	14.4	16.5	11.4	11.4	11.7	10.4
居住		2.3	6.0	6.3	11.3	9.2	19.3	20.6	22.2
用品及其他		17.5	20.3	32.5	27.4	34.4	31.6	30.2	30.2
农村居民消费结构									
食品		53.4	59.9	42.2	42.6	37.6	31.9	30.3	30.9
衣着		10.3	7.2	6.2	6.9	8.3	8.0	7.2	7.3
娱乐文教		6.2	6.5	12.0	16.7	15.3	10.7	11.3	10.5
居住		17.8	15.4	19.9	10.8	15.6	18.4	19.1	18.3
用品及其他		18.5	17.6	31.8	23.0	23.1	31.0	32.1	33.0
卫生技术人员结构									
# 医生	31.0	40.5	38.1	38.1	37.1	36.0	39.1	39.6	40.8
护师、护士		28.3	33.4	28.6	30.3	36.6	41.4	45.5	45.2

注：2019 年及以后大学在校学生包含硕士博士；城镇居民消费 2014 年以前为城市口径，2014 年及以后城乡一体化改革后为城镇口径。

1-9 全市法人单位数及从业人员数

项目	法人单位数（个）		从业人员数（人）	
	2019	2020	2019	2020
合 计	**160057**	**152288**	**2545794**	**2451867**
按机构类型分				
企业	136910	126360	2136574	2037357
事业单位	4140	4110	195598	190016
机关	899	886	69576	66985
社会团体	2881	4352	14328	21233
民办非企业单位	3808	5408	40384	49073
基金会	26	29	177	187
居委会	596	595	5511	5431
村委会	2194	2193	16531	16130
农民专业合作社	7414	7434	58422	58892
农村集体经济组织	4	14	25	45
其他组织机构	1185	907	8668	6518
按登记注册类型分				
内资	159385	151619	2475349	2390756
国有	5230	6018	318644	327042
集体	1281	1599	27632	26630
股份合作	34	39	419	555
联营	26	133	454	805
国有联营	5	4	79	25
集体联营	10	14	319	91
国有与集体联营	4	6	20	54
其他联营	7	109	36	635
有限责任公司	4634	3535	274821	220447
国有独资公司	234	239	56362	58914
其他有限责任公司	4400	3296	218459	161533
股份有限公司	701	540	95937	85271
私营	130452	122347	1619104	1603900
私营独资	6176	6171	49819	58117
私营合伙	574	667	5718	7545
私营有限责任公司	123069	114975	1539668	1518736
私营股份有限公司	633	534	23899	19502
其他内资	17027	17408	138338	126106

1-9　续表

项　目	法人单位数（个）		从业人员数（人）	
	2019	2020	2019	2020
港澳台商投资	419	409	36491	33331
与港澳台商合资经营	132	135	13535	9446
与港澳台商合作经营	4	2	510	176
港澳台商独资	277	267	21516	23244
港澳台商投资股份有限公司	5	3	924	412
其他港、澳、台商投资	1	2	6	53
外商投资	253	260	33954	27780
中外合资经营	136	133	17136	15241
中外合作经营	2	4	62	177
外资企业	107	113	15377	11532
外商投资股份有限公司	2	4	781	818
其他外商投资	6	6	598	12
按行业分				
农、林、牧、渔业	6690	6418	57365	54056
采矿业	49	41	34616	32515
制造业	21312	19551	667754	624984
电力、燃气及水的生产和供应业	453	429	14387	14304
建筑业	11975	11531	538456	517708
批发和零售业	53601	49225	355806	331603
交通运输、仓储和邮政业	4271	3790	89500	87606
住宿和餐饮业	1676	1650	20954	21400
信息传输、软件和信息技术服务业	6327	5748	42153	39787
金融业	294	274	28570	28644
房地产业	4643	4421	62523	64089
租赁和商务服务业	16473	15243	154972	157223
科学研究和技术服务业	10787	9989	74790	72265
水利、环境和公共设施管理业	1233	1354	24845	23127
居民服务、修理和其他服务业	3032	2928	24342	24686
教育	3582	3902	134915	132519
卫生和社会工作	2166	2533	69152	71073
文化、体育和娱乐业	2964	3188	20468	20871
公共管理、社会保障和社会组织	8529	10073	130226	133407

1-10 全市产业活动单位数

单位：个

项　　目	2019	2020	项　　目	2019	2020
合　计	**172635**	**164420**	港澳台商投资	552	568
按机构类型分			与港澳台商合资经营	138	140
企业	147724	136733	与港澳台商合作经营	4	1
事业单位	5348	5355	港澳台商独资	378	402
机关	1196	1183	港澳台商投资股份有限公司	19	14
社会团体	2880	4351	其他港、澳、台商投资	13	11
民办非企业单位	3805	5405	外商投资	410	440
基金会	26	29	中外合资经营	170	161
居委会	608	607	中外合作经营	2	4
村委会	2194	2193	外资企业	216	254
农民专业合作社	7439	7465	外商投资股份有限公司	10	10
农村集体经济组织	5	16	其他外商投资	12	11
其他组织机构	1410	1083	**按行业分**		
按登记注册类型分			农、林、牧、渔业	6708	6440
内资	171673	163412	采矿业	63	56
国有	6813	7772	制造业	21681	19925
集体	1748	2063	电力、燃气及水的生产和供应业	613	593
股份合作	39	48	建筑业	12891	12506
联营	53	168	批发和零售业	58007	53315
国有联营	7	11	交通运输、仓储和邮政业	4723	4216
集体联营	25	30	住宿和餐饮业	1993	1952
国有与集体联营	4	7	信息传输、软件和信息技术服务业	6758	6160
其他联营	17	120	金融业	1642	1611
有限责任公司	6208	5005	房地产业	5145	4909
国有独资公司	318	327	租赁和商务服务业	17490	16167
其他有限责任公司	5890	4678	科学研究和技术服务业	11354	10561
股份有限公司	1961	1765	水利、环境和公共设施管理业	1318	1451
私营	137387	129008	居民服务、修理和其他服务业	3143	3022
私营独资	6471	6467	教育	4200	4507
私营合伙	591	688	卫生和社会工作	2804	3175
私营有限责任公司	129521	121123	文化、体育和娱乐业	3046	3257
私营股份有限公司	804	730	公共管理、社会保障和社会组织	9056	10597
其他内资	17464	17583			

主要统计指标解释

平均每年增长速度　在我国计算平均增长速度有两种方法，一种是习惯上经常使用的“水平法”，又称几何平均法，是以间隔期最后一年的水平同基期水平对比来计算平均每年增长（或下降）速度。另一种是“累计法”，又称代数平均法或方程法，是以间隔期内各年水平的总和同基期水平对比来计算平均每年增长（或下降）速度。

在一般正常情况下，两种方法计算的平均每年增长速度比较接近，但在经济发展不平衡，出现大起大落时，两种方法计算的结果差别较大。

本《年鉴》内所列的平均每年增长速度，除固定资产投资是用“累计法”计算以外，其余均用“水平法”计算。从某年到某年平均增长速度的年份，均不包括基期年在内。如改革开放以来的平均增长速度是以 1978 年为基期计算的，则写为 1979-2019 年平均增长速度，其余类推。

各个计划时期　各个计划时期 表内所用各个“时期”代表的年份如下：恢复时期为 1950 年到 1952 年；第一个五年计划时期（简称一五时期）为 1953 年到 1957 年；第二个五年计划时期（简称二五时期）为 1958 年到 1962 年；三年调整时期为 1963 年到 1965 年；第三个五年计划时期（简称三五时期）为 1966 年到 1970 年；第四个五年计划时期（简称四五时期）为 1971 年到 1975 年；第五个五年计划时期（简称五五时期）为 1976 年到 1980 年；第六个五年计划时期（简称六五时期）为 1981 年到 1985 年；第七个五年计划时期（简称七五时期）为 1986 年到 1990 年；第八个五年计划时期（简称八五时期）为 1991 年到 1995 年，第九个五年计划时期（简称九五时期）为 1996 年到 2000 年；第十个五年计划时期（简称十五时期）为 2001 年到 2005 年；第十一个五年计划时期（简称十一五时期）为 2006 年到 2010 年；第十二个五年计划时期（简称十二五时期）为 2011 年到 2015 年；第十三个五年计划时期（简称十三五时期）为 2016 年到 2020 年。

“倍数”的用法　倍，就是跟原数相同的数。倍数，只能用于数字的增加，不能用于数字的减少。如“增长多少倍”“扩大多少倍”“提高多少倍”都可以，但不能说“降低多少倍”“缩小多少倍”“减少多少倍”。因为减少一倍就减完了，再无什么可减了。运用倍数时，还要注意词的准确。如“增加了两倍”即原来是一，现在是三；“增加到两倍”，即原来是一，现在是二。这里的“了”和“到”不能缺少，也不能互换。

“百分数”的用法　百分数，是用一百做分母的分数，在数学中用“%”来表示，在文章中一般都写作“百分之多少”。百分数与倍数不同，它既可以表示数量的增加，也可以表示数量的减少。运用百分数时，也要注意概念的精确。如“比过去增长 30%，即过去为 100，现在是“130”；比过去降低 30%，即过去是 100，现在是“70”；“降低到原来的 30%”，即原来是 100，现在是“30”。

运用百分数时，还要注意有些数最多只能达到 100%，如产品合格率，种子发芽率等；有些百分数只能小于 100%，如粮食出粉率等；有些百分数却可以超过 100%，如产品产量计划完成情况等。

“番”的用法与“倍”的关系　增加一倍，就是增加 100%；翻一番，也是增加 100%。除了一倍与一番相当外，两倍与两番以上数字含义就不同了，而且数字越大，差距越大。如增加两倍，就指增加 200%；翻两番，就是 400%（一番二、二番是四、三番就是八），所以说翻两番就是增加了 300%，翻三番就是增加了 700%。“番”是按几何级数计算的，“倍”是按算术级数计算的。

计算翻番公式为：

n=［lg（报告期数 ÷ 基数）］÷lg2

n 表示翻番数 lg 是常用对数符号

二、国民经济核算

NATIONAL ACCOUNTS

版面负责人：王　楠
编　　　辑：徐向忠

统计知识

中华人民共和国统计法实施条例

第二章　统计调查项目

第六条　部门统计调查项目、地方统计调查项目的主要内容不得与国家统计调查项目的内容重复、矛盾。

第七条　统计调查项目的制定机关（以下简称制定机关）应当就项目的必要性、可行性、科学性进行论证，征求有关地方、部门、统计调查对象和专家的意见，并由制定机关按照会议制度集体讨论决定。

重要统计调查项目应当进行试点。

第八条　制定机关申请审批统计调查项目，应当以公文形式向审批机关提交统计调查项目审批申请表、项目的统计调查制度和工作经费来源说明。

申请材料不齐全或者不符合法定形式的，审批机关应当一次性告知需要补正的全部内容，制定机关应当按照审批机关的要求予以补正。

申请材料齐全、符合法定形式的，审批机关应当受理。

第九条　统计调查项目符合下列条件的，审批机关应当作出予以批准的书面决定：

（一）具有法定依据或者确为公共管理和服务所必需；

（二）与已批准或者备案的统计调查项目的主要内容不重复、不矛盾；

（三）主要统计指标无法通过行政记录或者已有统计调查资料加工整理取得；

（四）统计调查制度符合统计法律法规规定，科学、合理、可行；

（五）采用的统计标准符合国家有关规定；

（六）制定机关具备项目执行能力。

不符合前款规定条件的，审批机关应当向制定机关提出修改意见；修改后仍不符合前款规定条件的，审批机关应当作出不予批准的书面决定并说明理由。

第十条　统计调查项目涉及其他部门职责的，审批机关应当在作出审批决定前，征求相关部门的意见。

第十一条　审批机关应当自受理统计调查项目审批申请之日起 20 日内作出决定。20 日内不能作出决定的，经审批机关负责人批准可以延长 10 日，并应当将延长审批期限的理由告知制定机关。

制定机关修改统计调查项目的时间，不计算在审批期限内。

2-1 主要年份地区生产总值

（当年价格） 单位：亿元

年 份	地区生产总值	第一产业	第二产业	第三产业	#工业	#建筑业	#交通、仓储邮电通信业	#批发零售、住宿餐饮业	人均地区生产总值（元）
1949	1.73	1.34	0.13	0.26					46
1952	2.30	1.64	0.27	0.39					60
1957	3.69	1.72	1.15	0.82					83
1962	4.58	2.06	1.42	1.10					100
1965	5.67	2.69	1.90	1.08					117
1970	8.69	3.98	3.39	1.32					156
1975	12.69	5.35	5.42	1.92					207
1978	21.39	9.40	8.95	3.04	8.06	0.88			334
1979	24.87	10.71	10.60	3.55	9.51	1.09			383
1980	28.62	11.30	12.99	4.34	11.75	1.24			436
1981	30.37	12.58	13.20	4.60	12.08	1.12			456
1982	35.41	14.50	15.26	5.66	13.70	1.56			522
1983	42.26	16.91	17.74	7.61	15.20	2.53			468
1984	49.68	20.35	20.56	8.77	18.20	2.36			713
1985	55.57	22.16	23.76	9.65	20.72	3.04			790
1986	63.04	24.61	25.96	12.48	21.99	3.97			886
1987	71.99	27.26	29.69	15.04	25.41	4.28			999
1988	84.63	30.28	36.42	17.93	32.60	3.83			1152
1989	99.26	34.79	40.22	24.25	36.65	3.57			1319
1990	112.84	38.69	44.91	29.24	40.93	3.98	7.21	6.83	1438
1991	130.05	43.68	50.11	36.26	45.75	4.36	8.23	9.29	1598
1992	162.15	46.80	70.29	45.06	62.36	7.93	9.66	11.79	1969
1993	220.57	55.86	103.70	61.01	93.47	10.23	14.86	15.97	2656
1994	314.76	79.71	148.21	86.83	134.69	13.52	20.84	22.49	3754
1995	403.46	100.67	184.14	118.64	165.94	18.20	29.56	31.73	4762
1996	488.04	115.67	223.21	149.16	199.80	23.41	37.47	40.63	5706
1997	504.23	107.93	233.84	162.45	208.20	25.64	41.40	44.80	5841
1998	536.76	112.45	247.95	176.37	215.87	32.08	46.92	48.87	6159
1999	577.09	113.58	270.02	193.49	234.07	35.96	51.84	52.16	6583
2000	616.30	118.57	283.56	214.16	243.54	40.02	57.20	58.17	6948
2001	681.49	126.03	314.38	241.08	269.84	44.54	63.31	65.34	7579
2002	749.34	134.05	351.14	264.15	302.88	48.26	68.52	72.61	8297
2003	852.26	134.68	419.83	297.75	362.72	57.11	72.42	84.65	9401
2004	1039.51	161.59	518.66	359.26	442.37	76.29	98.74	98.55	11691
2005	1236.66	174.24	628.50	433.92	536.29	92.21	126.42	122.57	13974
2006	1476.14	190.05	766.02	520.07	657.03	108.99	155.38	147.56	16795
2007	1762.76	207.58	921.78	633.40	799.45	122.32	187.54	181.84	20173
2008	2133.71	230.00	1118.18	785.53	965.12	153.06	225.17	231.20	24521
2009	2412.54	249.90	1267.74	894.90	1083.98	183.76	243.88	273.84	27772
2010	2951.47	333.37	1426.90	1191.20	1223.42	206.77	153.19	394.16	34192
2011	3562.91	393.95	1701.83	1467.12	1457.44	248.30	179.74	529.20	41491
2012	4029.31	448.61	1924.69	1656.01	1645.08	280.27	202.88	597.34	46864
2013	4534.15	491.32	2093.49	1949.35	1785.86	310.09	223.25	688.34	52558
2014	4979.65	554.52	2202.06	2223.07	1866.27	337.91	245.92	785.21	57277
2015	5336.75	590.56	2309.17	2437.01	1958.98	352.48	250.20	860.60	60900
2016	5809.81	607.08	2450.47	2752.26	2038.14	414.84	274.90	955.83	65762
2017	6333.50	631.03	2622.95	3079.52	2153.33	472.10	293.91	1041.60	70905
2018	6710.36	649.58	2701.49	3359.29	2190.21	513.86	312.94	1102.19	74486
2019	7053.35	682.83	2835.17	3535.35	2282.44	554.97	322.11	1175.92	77954
2020	7319.77	718.68	2931.61	3669.48	2346.16	587.72	326.96	1172.76	80673

注：根据国家统计局《三次产业划分规定》（国统字〔2012〕108 号）要求，2013 年起原第一产业中的农林牧渔服务业调整到第三产业中，原第二产业中的金属制品、机械和设备修理业调整到第三产业中，产业划分调整后，工业与建筑业合计要大于等于第二产业；1993-2004 年数据是 2004 年第一次经济普查调整修订数据；2006-2008 年数据是第二次经济普查调整修订数据；2010-2018 年数据是第四次经济普查调整修订数据；2004 年及以后全市数据为含 R&D 研发支出增加值口径，与往年不可比；2019 年调整为最终核实数；2010 年及以后人均地区生产总值根据第七次全国人口普查修订的常住人口进行调整（下同）。

2-2 主要年份地区生产总值指数

（按可比价格计算、以1978年为100）

年份	地区生产总值	第一产业	第二产业	第三产业	#工业	#建筑业	#交通、仓储邮电通信业	#批发零售、住宿餐饮业	人均地区生产总值
1978	100.0	100.0	100.0	100.0	100.0	100.0			100.0
1979	106.0	92.1	117.4	115.4	117.5	117.2			105.3
1980	121.3	96.3	143.7	133.0	144.5	136.1			119.2
1981	127.0	104.3	146.7	139.2	149.3	122.9			122.9
1982	145.5	112.8	171.8	169.7	172.1	168.9			138.4
1983	172.7	126.8	202.1	228.0	193.8	277.9			161.6
1984	197.5	144.7	232.9	256.5	230.3	256.2			182.8
1985	207.6	142.9	258.6	257.8	251.4	324.4			190.2
1986	224.3	146.3	276.6	311.3	261.5	415.3			203.2
1987	240.6	146.2	305.0	343.2	290.6	436.1			215.3
1988	251.0	132.2	347.5	334.5	346.1	360.5			220.2
1989	263.4	145.3	345.5	387.4	349.6	307.3			225.6
1990	291.3	149.0	384.7	456.7	389.5	340.4	100.0	100.0	239.4
1991	334.7	165.8	422.8	581.4	423.8	417.0	101.4	139.2	265.3
1992	407.0	176.2	566.1	707.6	561.5	611.7	115.9	162.4	318.6
1993	459.1	184.5	730.3	679.3	745.1	592.7	134.4	188.8	356.7
1994	537.1	200.2	867.6	832.8	885.9	695.8	176.9	218.4	399.3
1995	625.2	229.0	996.0	1012.7	1008.2	893.4	229.6	268.2	460.1
1996	722.7	248.0	1181.3	1171.7	1188.7	1130.2	245.0	320.3	524.2
1997	810.1	282.2	1319.5	1311.1	1326.6	1265.8	293.5	362.6	582.2
1998	908.9	306.8	1497.6	1463.2	1489.8	1620.2	331.9	385.8	646.8
1999	1000.7	325.8	1653.4	1632.9	1637.4	1874.6	374.1	422.5	707.9
2000	1100.8	341.4	1827.0	1828.8	1806.1	2120.2	423.9	475.3	769.6
2001	1221.9	363.6	2048.1	2044.6	2021.0	2393.7	469.3	538.0	842.7
2002	1361.2	386.5	2320.5	2277.7	2310.0	2599.6	529.4	604.2	934.6
2003	1531.4	379.5	2719.6	2576.1	2728.1	2924.6	591.3	705.1	1047.2
2004	1745.8	417.5	3135.7	2929.0	3118.2	3532.9	685.3	798.2	1185.4
2005	1995.4	434.1	3606.1	3453.3	3557.9	4278.4	850.0	955.9	1360.9
2006	2296.8	452.8	4240.7	3995.5	4187.6	5005.7	981.2	1120.8	1577.3
2007	2648.2	471.4	4982.8	4638.8	5016.8	5200.9	1140.6	1296.1	1829.6
2008	3005.7	498.7	5685.4	5348.5	5769.3	5601.4	1309.0	1543.5	2085.8
2009	3423.4	526.2	6504.1	6188.2	6536.6	6839.3	1445.1	1859.4	2379.9
2010	3902.7	548.3	7525.3	7066.9	7589.0	7742.1	1518.5	2221.1	2730.3
2011	4429.6	572.9	8616.4	8084.6	8765.3	8431.1	1684.2	2714.2	3115.1
2012	5015.6	602.1	9874.4	9151.7	10027.5	9729.5	1829.5	3109.9	3522.8
2013	5605.4	620.7	11079.6	10331.1	11336.7	10490.0	1978.4	3680.3	3923.8
2014	6191.6	643.6	12254.0	11529.5	12595.1	11266.3	2171.2	4112.8	4300.7
2015	6779.8	666.2	13356.9	12820.8	13665.7	12595.7	2287.3	4490.8	4672.2
2016	7335.8	679.5	14425.4	14051.6	14827.3	13250.7	2418.5	4855.1	5014.4
2017	7900.6	696.5	15349.7	15444.4	15934.2	13316.0	2616.8	5474.2	5341.4
2018	8232.5	713.2	15579.9	16525.5	16141.3	13715.4	2797.4	5786.2	5518.4
2019	8701.7	730.3	16623.8	17434.4	17222.8	14634.4	2825.4	6040.8	5807.7
2020	8997.6	750.8	17288.7	17957.5	17997.8	14853.9	2904.5	6038.7	5988.4

2-3 主要年份地区生产总值指数

（按可比价格计算、以上年为100）

年份	地区生产总值	第一产业	第二产业	第三产业	#工业	#建筑业	#交通、仓储邮电通信业	#批发零售、住宿餐饮业	人均地区生产总值
1978	100.0	100.0	100.0	100.0	100.0	100.0			100.0
1979	106.0	92.1	117.4	115.4	117.5	117.2			105.3
1980	114.4	104.6	122.4	115.3	123.0	116.1			113.2
1981	104.7	108.3	102.1	104.7	103.3	90.3			103.1
1982	114.6	108.1	117.1	121.9	115.3	137.4			112.6
1983	118.7	112.4	117.6	134.4	112.6	164.5			116.8
1984	114.4	114.1	115.2	112.5	118.8	92.2			113.1
1985	105.1	98.8	111.0	100.5	109.2	126.6			104.0
1986	108.0	102.4	107.0	120.8	104.0	128.0			106.8
1987	107.3	99.9	110.3	110.2	111.1	105.0			106.0
1988	104.3	90.4	113.9	97.5	119.1	82.7			102.3
1989	104.9	109.9	99.4	115.8	101.0	85.2			102.5
1990	110.6	102.5	111.3	117.9	111.4	110.8			106.1
1991	114.9	111.3	109.9	127.3	108.8	122.5	101.4	139.2	110.8
1992	121.6	106.3	133.9	121.7	132.5	146.7	114.3	116.7	120.1
1993	112.8	104.7	129.0	96.0	132.7	96.9	116.0	116.3	112.0
1994	117.0	108.5	118.8	122.6	118.9	117.4	131.6	115.7	111.9
1995	116.4	114.4	114.8	121.6	113.8	128.4	129.8	122.8	115.2
1996	115.6	108.3	118.6	115.7	117.9	126.5	106.7	119.4	113.9
1997	112.1	113.8	111.7	111.9	111.6	112.0	119.8	113.2	111.1
1998	112.2	108.7	113.5	111.6	112.3	128.0	113.1	106.4	111.1
1999	110.1	106.2	110.4	111.6	109.9	115.7	112.7	109.5	109.4
2000	110.0	104.8	110.5	112.0	110.3	113.1	113.3	112.5	108.7
2001	111.0	106.5	112.1	111.8	111.9	112.9	110.7	113.2	109.5
2002	111.4	106.3	113.3	111.4	114.3	108.6	112.8	112.3	110.9
2003	112.5	98.2	117.2	113.1	118.1	112.5	111.7	116.7	112.0
2004	114.0	110.0	115.3	113.7	114.3	120.8	115.9	113.2	113.2
2005	114.3	104.0	115.0	117.9	114.1	121.1	124.0	119.8	114.8
2006	115.1	104.3	117.6	115.7	117.7	117.0	115.4	117.3	115.9
2007	115.3	104.1	117.5	116.1	119.8	103.9	116.2	115.6	116.0
2008	113.5	105.8	114.1	115.3	115.0	107.7	114.8	119.1	114.0
2009	113.9	105.5	114.4	115.7	113.3	122.1	110.4	120.5	114.1
2010	114.0	104.2	115.7	114.2	116.1	113.2	105.1	119.5	114.7
2011	113.5	104.5	114.5	114.4	115.5	108.9	110.9	122.2	114.1
2012	113.2	105.1	114.6	113.2	114.4	115.4	108.6	114.6	113.1
2013	111.8	103.1	112.2	112.9	113.1	107.8	108.1	118.3	111.4
2014	110.5	103.7	110.6	111.6	111.1	107.4	109.7	111.8	109.6
2015	109.5	103.5	109.0	111.2	108.5	111.8	105.3	109.2	108.6
2016	108.2	102.0	108.0	109.6	108.5	105.2	105.7	108.1	107.3
2017	107.7	102.5	106.4	109.9	107.5	100.5	108.2	112.8	106.5
2018	104.2	102.4	101.5	107.0	101.3	103.0	106.9	105.7	103.3
2019	105.7	102.4	106.7	105.5	106.7	106.7	101.0	104.4	105.2
2020	103.4	102.8	104.0	103.0	104.5	101.5	102.8	100.0	103.1

2-4　市区主要年份地区生产总值

（当年价格）　　单位：亿元

年　份	地区生产总　值	第一产业	第二产业	第三产业	# 工 业	# 建筑业	# 交通、仓储邮电通信业	# 批发零售、住宿餐饮业	人均地区生产总值（元）
1949	0.30	0.01	0.12	0.17					100
1952	0.48	0.02	0.24	0.21					215
1957	1.40	0.03	1.00	0.37					367
1962	1.79	0.03	1.21	0.55					392
1965	2.00	0.03	1.45	0.52					391
1970	3.41	0.06	2.73	0.61					625
1975	5.06	0.11	4.21	0.74					841
1978	7.70	0.15	6.36	1.19	5.98	0.38			1169
1979	9.29	0.15	7.65	1.49	7.24	0.41			1347
1980	11.41	0.14	9.29	1.98	8.78	0.51			1588
1981	11.56	0.19	9.23	2.14	8.69	0.53			1564
1982	13.26	0.27	10.28	2.72	9.61	0.67			1742
1983	15.90	0.33	12.05	3.52	10.44	1.61			2031
1984	17.88	0.26	13.92	3.70	12.75	1.17			2236
1985	20.14	0.39	15.53	4.22	14.21	1.32			2469
1986	22.62	0.35	16.77	5.50	14.67	2.11			2717
1987	26.17	0.36	18.52	7.29	16.26	2.26			3086
1988	29.00	0.54	19.76	8.70	18.33	1.42			3357
1989	39.39	2.69	24.35	12.36	22.90	1.45			3036
1990	46.54	2.89	28.66	14.98	26.80	1.87	4.74	3.49	3486
1991	52.71	3.47	30.25	18.99	28.11	2.14	5.24	5.22	3864
1992	69.15	3.51	42.37	23.27	38.06	4.31	6.03	6.67	5005
1993	101.07	4.35	63.68	33.04	58.44	5.24	9.57	10.15	7217
1994	140.75	4.82	87.23	48.70	81.00	6.24	12.87	14.47	9922
1995	175.65	6.51	102.37	66.77	93.86	8.52	17.41	21.43	12199
1996	209.93	7.38	115.59	86.96	103.91	11.69	22.34	28.34	14356
1997	226.83	6.62	126.36	93.85	112.24	14.11	24.49	30.88	15291
1998	244.33	6.92	139.53	97.88	118.66	20.87	25.31	33.77	16224
1999	257.81	6.56	140.63	110.62	117.57	23.06	27.77	37.14	16945
2000	290.33	6.65	156.16	127.53	128.94	27.22	32.97	42.99	18551
2001	322.50	6.96	170.25	145.30	140.20	30.05	37.67	48.26	19959
2002	359.33	7.40	191.10	160.82	158.56	32.55	41.01	54.42	21970
2003	426.00	7.40	234.37	184.23	199.80	34.57	46.18	62.90	25672
2004	538.39	8.07	305.21	225.11	260.76	44.45	57.57	76.14	28544
2005	625.81	11.79	355.16	258.86	311.67	43.49	62.25	93.61	31203
2006	727.28	11.18	411.18	304.92	372.03	39.15	68.33	116.70	38836
2007	868.60	16.28	482.09	370.23	443.25	38.84	75.00	147.82	45407
2008	998.48	17.71	551.70	429.07	518.37	33.33	93.79	180.34	50586
2009	1143.36	17.42	618.92	507.02	577.58	41.34	107.85	211.93	56833
2010	1672.84	49.00	909.40	714.44	830.38	79.21	57.95	239.01	54282
2011	1967.87	58.85	1069.48	839.54	962.17	107.48	64.90	334.92	63969
2012	2172.75	61.30	1181.81	929.64	1066.44	115.56	68.69	382.06	69711
2013	2351.68	64.55	1266.91	1020.23	1141.38	125.74	82.70	416.47	74269
2014	2526.07	82.85	1307.14	1136.08	1157.46	149.89	86.84	472.51	78082
2015	2702.64	96.13	1332.58	1273.93	1174.68	158.07	99.32	501.21	81845
2016	2950.96	104.71	1385.86	1460.39	1218.18	167.87	107.63	546.44	87693
2017	3113.59	110.34	1345.06	1658.18	1158.75	186.54	130.47	573.63	90355
2018	3395.74	134.28	1383.57	1877.91	1147.1	236.71	161.01	609.99	96673
2019	3600.34	136.57	1472.35	1991.42	1217.26	255.31	162.19	646.50	101414
2020	3715.39	144.47	1526.40	2044.52	1246.14	280.41	159.61	639.78	103857

注：2019 年开始，市区地区生产总值为鼓楼区、云龙区、泉山区、开发区、贾汪区、铜山区合计数。

2-5 市区主要年份地区生产总值指数

（按可比价格计算、以1978年为100）

年份	地区生产总值	第一产业	第二产业	第三产业	#工业	#建筑业	#交通、仓储邮电通信业	#批发零售、住宿餐饮业	人均地区生产总值
1978	100.0	100.0	100.0	100.0	100.0	100.0			100.0
1979	119.4	79.8	119.5	123.6	120.6	102.4			114.0
1980	145.1	76.4	144.9	154.7	145.7	131.5			132.9
1981	146.9	101.1	144.5	165.2	145.0	136.3			130.8
1982	169.5	131.6	163.3	207.4	162.9	169.9			146.6
1983	204.3	156.8	193.3	268.9	179.5	410.9			171.8
1984	228.6	116.8	222.3	276.0	217.6	297.1			188.2
1985	244.4	162.4	238.3	286.8	232.6	328.3			197.2
1986	264.7	131.8	251.9	349.6	235.3	514.4			209.2
1987	289.4	124.6	267.9	423.8	250.9	536.7			224.5
1988	286.3	150.9	265.6	413.3	262.6	313.0			218.2
1989	334.9	716.1	294.5	502.8	294.7	290.7			249.8
1990	391.6	711.7	345.8	595.9	344.1	372.7	100.0	100.0	286.5
1991	456.6	911.7	358.9	833.7	352.0	467.4	100.4	160.4	329.2
1992	591.3	859.7	479.5	1079.6	463.2	734.8	115.9	176.0	419.7
1993	667.0	1097.8	625.3	909.0	623.5	648.8	129.3	223.3	465.0
1994	779.1	999.0	704.7	1163.5	706.4	675.4	176.4	247.6	341.8
1995	867.9	1273.7	741.3	1432.3	733.9	870.6	230.7	306.8	417.1
1996	979.9	1348.8	813.9	1713.0	793.3	1175.3	262.8	357.4	455.0
1997	1078.9	1583.5	904.2	1846.6	873.4	1446.7	293.5	375.3	493.7
1998	1173.8	1721.3	1010.9	1913.1	945.0	2162.8	306.1	409.5	529.2
1999	1270.1	1772.9	1064.5	2180.9	985.6	2446.1	337.6	447.6	566.8
2000	1432.7	1804.8	1185.9	2529.8	1089.1	2869.3	419.0	490.6	621.5
2001	1580.3	1913.1	1279.4	2820.7	1186.0	3193.5	490.2	535.2	664.0
2002	1776.3	2012.6	1472.5	3147.9	1363.9	3445.8	537.7	587.1	737.4
2003	2064.1	1934.1	1750.8	3585.5	1668.0	3618.1	625.1	655.2	844.3
2004	2435.6	2282.2	1988.9	4105.4	2035.0	4204.2	715.7	750.2	987.0
2005	2813.2	2257.1	2337.0	4667.8	2376.8	5150.2	959.8	865.7	1072.9
2006	3251.5	2056.2	2731.7	5357.7	2802.3	5721.3	1104.7	1009.4	1208.0
2007	3765.6	2118.8	3175.0	6196.4	3262.3	6584.2	1289.4	1151.3	1369.0
2008	4266.4	2226.9	3603.6	7070.1	3735.3	7005.6	1454.4	1341.3	1518.1
2009	4890.7	2426.5	4061.7	8293.5	4178.6	8959.5	1690.1	1535.7	1706.3
2010	5678.0	2318.7	4613.1	10059.6	4679.6	11934.1	1789.8	1934.4	1953.0
2011	6401.0	2373.2	5222.1	11352.0	5248.3	14822.0	1934.8	2064.2	2208.8
2012	7225.8	2466.9	5913.3	12827.2	5944.3	16748.0	2153.4	2419.6	2457.0
2013	8042.3	2541.4	6563.8	14238.2	6598.1	18591.5	2395.1	2778.1	2679.7
2014	8845.7	2638.1	7400.5	16053.3	7439.6	20954.2	2425.1	3087.8	2862.8
2015	9444.8	2724.1	7747.4	16805.6	7747.1	23036.3	2695.8	3318.3	2994.6
2016	10015.0	2823.3	8078.7	17524.4	8074.0	24059.6	3065.4	3472.0	3162.0
2017	10524.4	2898.3	7738.2	20091.7	7624.5	25509.3	3550.6	3695.4	3310.1
2018	10998.0	2856.3	7908.4	21417.8	7792.2	25458.3	3777.8	3832.2	3396.7
2019	11745.9	2842.9	8588.5	22709.3	8529.4	26446.1	3727.2	3967.5	3589.3
2020	12145.2	2894.0	8949.2	23367.9	8904.6	27213.0	3775.6	3989.7	3683.0

2-6 市区主要年份地区生产总值指数

（按可比价格计算、以上年为100）

年 份	地区生产总 值	第一产业	第二产业	第三产业	#工 业	#建筑业	#交通、仓储邮电通信业	#批发零售、住宿餐饮业	人均地区生产总值
1978	100.0	100.0	100.0	100.0	100.0	100.0			100.0
1979	119.4	79.8	119.5	123.6	120.6	102.4			114.0
1980	121.5	95.7	121.3	125.2	120.8	128.4			116.6
1981	101.2	132.3	99.7	106.8	99.5	103.7			98.4
1982	115.4	130.2	113.0	125.5	112.3	124.7			112.1
1983	120.5	119.1	118.4	129.7	110.2	241.8			117.2
1984	111.9	74.5	115.0	102.6	121.2	72.3			109.5
1985	106.9	139.0	107.2	103.9	106.9	110.5			104.8
1986	108.3	81.2	105.7	121.9	101.2	156.7			106.1
1987	109.3	94.5	106.4	121.2	106.6	104.3			107.3
1988	98.9	121.1	99.1	97.5	104.7	58.3			97.2
1989	117.0	474.6	110.9	121.7	112.2	92.9			114.5
1990	116.9	99.4	117.4	118.5	116.8	128.2			114.7
1991	116.6	128.1	103.8	139.9	102.3	125.4	100.4	160.4	114.9
1992	129.5	94.3	133.6	129.5	131.6	157.2	115.4	109.7	127.5
1993	112.8	127.7	130.4	84.2	134.6	88.3	111.6	126.9	110.8
1994	116.8	91.0	112.7	128.0	113.3	104.1	136.4	110.9	73.5
1995	111.4	127.5	105.2	123.1	103.9	128.9	130.8	123.9	122.0
1996	112.9	105.9	109.8	119.6	108.1	135.0	113.9	116.5	109.1
1997	110.1	117.4	111.1	107.8	110.1	123.1	111.7	105.0	108.5
1998	108.8	108.7	111.8	103.6	108.2	149.5	104.3	109.1	107.2
1999	108.2	103.0	105.3	114.0	104.3	113.1	110.3	109.3	107.1
2000	112.8	101.8	111.4	116.0	110.5	117.3	124.1	109.6	109.7
2001	110.3	106.0	107.9	111.5	108.9	111.3	117.0	109.1	106.8
2002	112.4	105.2	115.1	111.6	115.0	107.9	109.7	109.7	111.1
2003	116.2	96.1	118.9	113.9	122.3	105.0	116.3	111.6	114.5
2004	118.0	118.0	113.6	114.5	122.0	116.2	114.5	114.5	116.9
2005	115.5	98.9	117.5	113.7	116.8	122.5	134.1	115.4	108.7
2006	115.6	91.1	116.9	114.8	117.9	111.1	115.1	116.6	112.6
2007	115.8	103.0	116.2	115.7	116.4	115.1	116.7	114.1	113.4
2008	113.3	105.1	113.5	114.1	114.5	106.4	112.8	116.5	110.9
2009	114.6	109.0	112.7	117.3	111.9	127.9	116.2	114.5	112.4
2010	116.1	95.6	113.6	121.3	112.0	133.2	105.9	126.0	116.2
2011	112.9	102.4	113.2	112.8	112.2	124.2	108.1	106.7	113.1
2012	112.7	103.9	113.2	113.0	113.3	113.0	111.3	117.2	111.2
2013	110.8	103.0	111.0	112.2	111.0	111.0	111.2	114.8	109.1
2014	109.2	103.8	112.7	106.8	112.8	112.7	101.3	111.1	106.8
2015	106.8	103.3	104.7	109.8	104.1	109.9	111.2	107.5	104.6
2016	107.6	103.6	104.3	108.1	104.2	104.4	113.7	104.6	105.6
2017	107.2	102.7	95.8	114.7	94.4	106.0	115.8	106.4	104.7
2018	104.6	102.0	102.2	106.6	102.2	99.8	106.4	103.7	102.6
2019	106.8	99.5	108.6	106.0	109.5	103.9	98.7	103.5	105.7
2020	103.4	101.8	104.2	102.9	104.4	102.9	101.3	100.6	102.6

2-7 全市及市区主要年份地区生产总值构成

（当年价格）

单位：%

年份	全市地区生产总值	第一产业	第二产业	第三产业	市区地区生产总值	第一产业	第二产业	第三产业
1949	100.0	77.5	7.4	15.1	100.0	4.3	39.3	56.3
1952	100.0	71.4	11.8	16.8	100.0	5.1	50.3	44.6
1957	100.0	46.6	31.2	22.3	100.0	2.2	71.4	26.3
1962	100.0	44.9	31.0	24.1	100.0	1.8	67.6	30.5
1965	100.0	47.4	33.6	19.0	100.0	1.5	72.3	26.2
1970	100.0	45.8	39.0	15.2	100.0	1.9	80.2	17.9
1975	100.0	42.2	42.7	15.1	100.0	2.2	83.2	14.7
1978	100.0	44.0	41.8	14.2	100.0	1.9	82.6	15.5
1979	100.0	43.1	42.6	14.3	100.0	1.6	82.3	16.1
1980	100.0	39.5	45.4	15.2	100.0	1.2	81.4	17.4
1981	100.0	41.4	43.4	15.1	100.0	1.7	79.8	18.5
1982	100.0	40.9	43.1	16.0	100.0	2.0	77.5	20.5
1983	100.0	40.0	42.0	18.0	100.0	2.1	75.8	22.2
1984	100.0	41.0	41.4	17.6	100.0	1.4	77.8	20.7
1985	100.0	39.9	42.8	17.4	100.0	2.0	77.1	20.9
1986	100.0	39.0	41.2	19.8	100.0	1.5	74.1	24.3
1987	100.0	37.9	41.2	20.9	100.0	1.4	70.7	27.9
1988	100.0	35.8	43.0	21.2	100.0	1.9	68.1	30.0
1989	100.0	35.0	40.5	24.4	100.0	6.8	61.8	31.4
1990	100.0	34.3	39.8	25.9	100.0	6.2	61.6	32.2
1991	100.0	33.6	38.5	27.9	100.0	6.6	57.4	36.0
1992	100.0	28.9	43.3	27.8	100.0	5.1	61.3	33.7
1993	100.0	25.3	47.0	27.7	100.0	4.3	63.0	32.7
1994	100.0	25.3	47.1	27.6	100.0	3.4	62.0	34.6
1995	100.0	25.0	45.6	29.4	100.0	3.7	58.3	38.0
1996	100.0	23.7	45.7	30.6	100.0	3.5	55.1	41.4
1997	100.0	21.4	46.4	32.2	100.0	2.9	55.7	41.4
1998	100.0	20.9	46.2	32.9	100.0	2.8	57.1	40.1
1999	100.0	19.7	46.8	33.5	100.0	2.5	54.5	42.9
2000	100.0	19.2	46.0	34.7	100.0	2.3	53.8	43.9
2001	100.0	18.5	46.1	35.4	100.0	2.2	52.8	45.1
2002	100.0	17.9	46.9	35.3	100.0	2.1	53.2	44.8
2003	100.0	15.8	49.3	34.9	100.0	1.7	55.0	43.2
2004	100.0	15.5	49.9	34.6	100.0	1.5	56.7	41.8
2005	100.0	14.1	50.8	35.1	100.0	1.9	56.8	41.4
2006	100.0	12.9	51.9	35.2	100.0	1.5	56.5	41.9
2007	100.0	11.8	52.3	35.9	100.0	1.9	55.5	42.6
2008	100.0	10.8	52.4	36.8	100.0	1.8	55.3	43.0
2009	100.0	10.4	52.5	37.1	100.0	1.5	54.1	44.3
2010	100.0	11.3	48.3	40.4	100.0	2.9	54.4	42.7
2011	100.0	11.1	47.8	41.2	100.0	3.0	54.3	42.7
2012	100.0	11.1	47.8	41.1	100.0	2.8	54.4	42.8
2013	100.0	10.8	46.2	43.0	100.0	2.7	53.9	43.4
2014	100.0	11.1	44.2	44.6	100.0	3.3	51.7	45.0
2015	100.0	11.1	43.3	45.7	100.0	3.6	49.3	47.1
2016	100.0	10.4	42.2	47.4	100.0	3.5	47.0	49.5
2017	100.0	10.0	41.4	48.6	100.0	3.5	43.2	53.3
2018	100.0	9.7	40.3	50.1	100.0	4.0	40.7	55.3
2019	100.0	9.7	40.2	50.1	100.0	3.8	40.9	55.3
2020	100.0	9.8	40.1	50.1	100.0	3.9	41.1	55.0

2-8　分行业地区生产总值

（当年价格）　　单位：亿元

行　　业	全　市			市　区		
	2018	2019	2020	2018	2019	2020
地区生产总值	**6710.36**	**7053.35**	**7319.77**	**3395.74**	**3600.34**	**3715.39**
农、林、牧、渔业	680.47	717.84	755.80	138.96	141.97	150.15
农业	478.83	497.51	528.80			
林业	8.77	9.50	10.38			
牧业	110.18	119.91	123.35			
渔业	51.79	55.91	56.16			
农、林、牧、渔服务业	30.89	35.01	37.11	4.70	5.40	5.68
工业	2190.21	2282.44	2346.16	1147.10	1217.26	1246.14
采矿业	224.23	126.55	130.45	120.89	67.01	56.06
制造业	1855.90	2066.63	2126.16	953.27	1091.16	1130.45
电力、燃气及水的生产和供应	110.08	89.26	89.55	72.93	59.09	59.63
建筑业	513.86	554.97	587.72	236.71	255.31	280.41
批发和零售业	980.12	1045.16	1053.27	550.85	585.17	583.14
交通运输、仓储和邮政业	312.94	322.11	326.96	161.01	162.19	159.61
住宿和餐饮业	122.07	130.76	119.49	59.14	61.33	56.64
信息传输、软件和信息技术服务业	78.02	75.33	84.73	52.40	50.15	49.88
金融业	323.49	368.63	412.09	193.91	224.92	250.12
房地产业	458.17	486.40	538.53	240.83	268.77	294.30
租赁和商务服务业	310.06	267.61	262.90	207.01	180.16	175.41
科学研究和技术服务业	77.37	79.09	83.21	43.16	45.44	48.76
水利、环境和公共设施管理业	31.52	32.22	33.16	17.34	18.58	19.25
居民服务、修理和其他服务业	23.11	56.12	58.20	12.56	29.49	29.63
教育	175.85	169.52	177.55	105.09	104.01	108.76
卫生和社会工作	129.31	130.43	135.08	77.78	81.11	83.53
文化、体育和娱乐业	57.90	59.27	59.70	19.40	18.92	18.82
公共管理、社会保障和社会组织	245.89	275.46	285.21	132.47	155.57	160.84

主要统计指标解释

国内生产总值（GDP） 指一个国家（地区）所有常住单位在一定时期内生产活动的最终成果。国内生产总值有三种表现形态，即价值形态、收入形态和产品形态。从价值形态看，它是所有常住单位在一定时期内所生产的全部货物和服务价值超过同期投入的全部非固定资产货物和服务价值的差额，即所有常住单位的增加值之和；从收入形态看，它是所有常住单位在一定时期内所创造并分配给常住单位和非常住单位的初次分配收入之和；从产品形态看，它是所有常住单位在一定时期内最终使用的货物和服务减去进口货物和服务价值。在实际核算中，国内生产总值的三种表现形态表现为三种计算方法，即生产法、收入法和支出法。三种方法分别从不同的方面反映国内生产总值及其构成。对于地区（省、市、县），GDP 中文名称为“地区生产总值”。

当年价格 指报告期的实际价格，如工厂的出厂价格，农产品的收购价格，商业的零售价格等。使用当年价格计算的数字，是为了使国民经济各项指标互相衔接，便于考察当年社会经济效益，便于对生产和流通、生产和分配、生产和消费进行经济核算和综合平衡。

按当年价格计算的价值指标，在不同年份之间进行对比时，因为包含有各年间价格变动的因素，不能确切地反映实物量的增添变动。必须消除价格变动因素后，才能真实反映经济发展动态。因此，在计算增长速度时都使用按可比价格计算的数字。

可比价格 指在不同时期的价值指标对比时，扣除了价格变动的因素，以确切反映物量的变化。按可比价格计算有两种方法：一种是直接用产品产量乘某一年的不变价格计算；另一种是用价格指数换算。

不变价格 指用同类产品的年平均价格作为固定价格，来计算各年产品价值。按不变价格计算的产品价值消除了价格变动因素，不同时期对比可以反映生产的发展速度。GDP 不变价目前是以五年为一个周期，2016-2020 年的不变价编制以 2015 年为基期。

三次产业 根据社会生产活动历史发展的顺序对产业结构的划分，产品直接取自自然界的部门称为第一产业，对初级产品进行再加工的部门称为第二产业，为生产和消费提供各种服务的部门称为第三产业。它是世界上通用的产业结构分类，但各国的划分不尽一致。我国的三次产业划分是：

第一产业是指农、林、牧、渔业（不含农、林、牧、渔服务业）。

第二产业是指采矿业（不含开采辅助活动），制造业（不含金属制品、机械和设备修理业），电力、热力、燃气及水生产和供应业，建筑业。

第三产业即服务业，是指除第一产业、第二产业以外的其他各业。第三产业包括：批发和零售业，交通运输、仓储和邮政业，住宿和餐饮业，信息传输、软件和信息技术服务业，金融业，房地产业，租赁和商务服务业，科学研究和技术服务业，水利、环境和公共设施管理业，居民服务、修理和其他服务业，教育，卫生和社会工作，文化、体育和娱乐业，公共管理、社会保障和社会组织，国际组织，以及农、林、牧、渔业中的农、林、牧、渔服务业，采矿业中的开采辅助活动，制造业中的金属制品、机械和设备修理业。

三、人口

POPULATION

版面负责人：唐子午
编　　　辑：闫礼建

统计知识

中华人民共和国统计法实施条例

第十二条 制定机关申请备案统计调查项目，应当以公文形式向备案机关提交统计调查项目备案申请表和项目的统计调查制度。

统计调查项目的调查对象属于制定机关管辖系统，且主要内容与已批准、备案的统计调查项目不重复、不矛盾的，备案机关应当依法给予备案文号。

第十三条 统计调查项目经批准或者备案的，审批机关或者备案机关应当及时公布统计调查项目及其统计调查制度的主要内容。涉及国家秘密的统计调查项目除外。

第十四条 统计调查项目有下列情形之一的，审批机关或者备案机关应当简化审批或者备案程序，缩短期限：

（一）发生突发事件需要迅速实施统计调查；

（二）统计调查制度内容未作变动，统计调查项目有效期届满需要延长期限。

第十五条 统计法第十七条第二款规定的国家统计标准是强制执行标准。各级人民政府、县级以上人民政府统计机构和有关部门组织实施的统计调查活动，应当执行国家统计标准。

制定国家统计标准，应当征求国务院有关部门的意见。

第三章 统计调查的组织实施

第十六条 统计机构、统计人员组织实施统计调查，应当就统计调查对象的法定填报义务、主要指标涵义和有关填报要求等，向统计调查对象作出说明。

第十七条 国家机关、企业事业单位或者其他组织等统计调查对象提供统计资料，应当由填报人员和单位负责人签字，并加盖公章。个人作为统计调查对象提供统计资料，应当由本人签字。统计调查制度规定不需要签字、加盖公章的除外。

统计调查对象使用网络提供统计资料的，按照国家有关规定执行。

第十八条 县级以上人民政府统计机构、有关部门推广使用网络报送统计资料，应当采取有效的网络安全保障措施。

第十九条 县级以上人民政府统计机构、有关部门和乡、镇统计人员，应当对统计调查对象提供的统计资料进行审核。统计资料不完整或者存在明显错误的，应当由统计调查对象依法予以补充或者改正。

第二十条 国家统计局应当建立健全统计数据质量监控和评估制度，加强对各省、自治区、直辖市重要统计数据的监控和评估。

3-1　主要年份户数、人口数及构成(常住人口)

（年底数）

年　份	总户数（万户）	总人口（万人）	按性别分				平均每户人数（人/户）	年平均人口（万人）	人口密度（人/平方公里）
			男		女				
			人口数（万人）	比重（%）	人口数（万人）	比重（%）			
2006	284.06	872.07	436.91	50.1	435.16	49.9	3.07		
2007	280.10	871.12	437.30	50.2	433.82	49.8	3.11	871.60	741
2008	275.94	869.21	436.34	50.2	432.87	49.8	3.15	870.17	740
2009	273.88	868.19	436.70	50.3	431.49	49.7	3.17	868.70	738
2010	264.88	858.21	431.68	50.3	426.53	49.7	3.24	863.20	734
2011	268.51	859.23	432.19	50.3	427.04	49.7	3.20	858.72	730
2012	273.13	860.35	431.90	50.2	428.45	49.8	3.15	859.79	731
2013	279.94	865.03	435.11	50.3	429.92	49.7	3.09	862.69	733
2014	286.48	873.76	439.50	50.3	434.26	49.7	3.05	869.40	739
2015	291.98	878.86	442.95	50.4	435.91	49.6	3.01	876.31	745
2016	298.00	888.05	447.58	50.4	440.47	49.6	2.98	883.46	751
2017	305.59	898.42	452.80	50.4	445.62	49.6	2.94	893.24	759
2018	310.43	903.35	454.39	50.3	448.96	49.7	2.91	900.89	766
2019	314.68	906.28	455.86	50.3	450.42	49.7	2.88	904.82	769
2020	319.18	908.39	457.91	50.4	450.48	49.6	2.85	907.34	771

注：除普查年份外，数据均以年度人口抽样调查数据测算，普查后修正历年数据。

3-2　全市镇、乡村人口数及构成（常住人口）

（年底数）　　单位：万人

年　份	总人口数	城镇		乡　村	
		人口数	占总人口比重（%）	人口数	占总人口比重（%）
2006	872.07	390.69	44.80	481.38	55.20
2007	871.12	398.97	45.80	472.15	54.20
2008	869.21	416.35	47.90	452.86	52.10
2009	868.19	430.62	49.60	437.57	50.40
2010	858.21	462.58	53.90	395.63	46.10
2011	859.23	469.74	54.67	389.49	45.33
2012	860.35	476.12	55.34	384.23	44.66
2013	865.03	492.55	56.94	372.48	43.06
2014	873.76	507.83	58.12	365.93	41.88
2015	878.86	524.77	59.71	354.09	40.29
2016	888.05	542.60	61.10	345.45	38.90
2017	898.42	558.10	62.12	340.32	37.88
2018	903.35	570.56	63.16	332.79	36.84
2019	906.28	582.56	64.28	323.72	35.72
2020	908.39	596.18	65.63	312.21	34.37

3-3　主要年份人口数及构成（户籍人口）

（年底数）　　　　单位：万人

年　份	总人口	按性别分				按户口性质分			
		男		女		农业人口		非农业人口	
		人口数	比重（%）	人口数	比重（%）	人口数	比重（%）	人口数	比重（%）
1949	372.61	186.90	50.2	185.71	49.8	340.89	91.5	31.72	8.5
1952	390.60	195.09	49.9	195.51	50.1	362.62	92.8	27.98	7.2
1957	450.86	225.50	50.0	225.36	50.0	401.62	89.1	49.24	10.9
1962	463.94	233.10	50.2	230.84	49.8	410.56	88.5	53.38	11.5
1965	490.87	248.12	50.5	242.75	49.5	434.30	88.5	56.57	11.5
1970	565.88	286.11	50.6	279.77	49.4	508.33	89.8	57.55	10.2
1975	616.98	313.92	50.9	303.06	49.1	549.55	89.1	67.43	10.9
1978	645.41	329.21	51.0	316.20	49.0	570.90	88.5	74.51	11.5
1979	652.47	333.30	51.1	319.44	48.9	572.40	87.7	80.34	12.3
1980	659.86	336.37	51.0	323.49	49.0	576.22	87.3	83.64	12.7
1981	672.02	343.13	51.1	328.89	48.9	585.14	87.1	86.88	12.9
1982	684.45	350.08	51.1	334.37	48.9	594.34	86.8	90.11	13.2
1983	692.94	355.10	51.2	337.84	48.8	599.89	86.6	93.05	13.4
1984	700.04	358.91	51.3	341.13	48.7	603.98	86.3	96.06	13.7
1985	707.56	363.42	51.4	344.14	48.6	605.66	85.6	101.90	14.4
1986	715.41	367.27	51.3	348.14	48.7	610.43	85.3	104.98	14.7
1987	725.88	372.76	51.4	352.12	48.6	616.53	84.9	109.35	15.1
1988	743.78	382.42	51.4	361.36	48.6	621.93	83.6	121.85	16.4
1989	761.81	390.65	51.3	371.16	48.7	629.65	82.7	132.16	17.3
1990	807.14	412.92	51.2	394.22	48.8	668.88	82.9	138.26	17.1
1991	820.17	419.73	51.2	400.44	48.8	675.69	82.4	144.48	17.6
1992	826.74	423.34	51.2	403.40	48.8	676.90	81.9	149.84	18.1
1993	833.94	427.03	51.2	406.91	48.8	678.33	81.3	155.61	18.7
1994	843.21	431.56	51.2	411.65	48.8	683.15	81.0	160.06	19.0
1995	851.15	435.79	51.2	415.36	48.8	682.53	80.2	168.62	19.8
1996	859.43	440.95	51.3	418.48	48.7	682.89	79.5	176.54	20.5
1997	867.16	444.54	51.3	422.62	48.7	684.73	79.0	182.43	21.0
1998	875.78	450.53	51.4	425.25	48.6	687.36	78.5	188.42	21.5
1999	877.53	452.68	51.6	424.85	48.4	684.36	78.0	193.17	22.0
2000	896.44	461.12	51.4	435.32	48.6	665.33	74.2	231.11	25.8
2001	901.86	463.64	51.4	438.21	48.6	661.15	73.3	240.71	26.7
2002	904.44	465.45	51.5	438.99	48.5	654.14	72.3	250.30	27.7
2003	908.66	467.80	51.5	440.86	48.5	624.16	68.7	284.50	31.3
2004	916.85	471.36	51.4	445.49	48.6	614.31	67.0	302.54	33.0
2005	925.31	476.08	51.5	449.23	48.5	609.46	65.9	315.85	34.1
2006	934.73	481.46	51.5	453.27	48.5	613.97	65.7	320.76	34.3
2007	940.95	484.56	51.5	456.39	48.5	617.49	65.6	323.46	34.4
2008	946.86	488.31	51.6	458.55	48.4	610.21	64.4	336.65	35.6
2009	957.61	494.55	51.6	463.06	48.4	579.09	60.5	378.52	39.5
2010	972.89	502.44	51.6	470.45	48.4	527.51	54.2	445.38	45.8
2011	976.66	505.72	51.8	470.94	48.2	351.16	36.0	625.50	64.0
2012	990.52	513.26	51.8	477.26	48.2	325.46	32.9	665.06	67.1
2013	1006.85	521.91	51.8	484.94	48.2	286.23	28.4	720.62	71.6
2014	1023.52	530.37	51.8	493.15	48.2	286.13	28.0	737.39	72.0
2015	1028.70	533.06	51.8	495.64	48.2	433.36	42.1	595.34	57.9
2016	1041.39	539.47	51.8	501.92	48.2	430.05	41.3	611.34	58.7
2017	1039.42	538.04	51.8	501.38	48.2	422.52	40.6	616.90	59.4
2018	1044.77	540.65	51.7	504.12	48.3	411.90	39.4	632.87	60.6
2019	1041.73	539.35	51.8	502.38	48.2	404.35	38.8	637.38	61.2
2020	1038.05	537.37	51.8	500.68	48.2	391.51	37.7	646.54	62.3

注：户籍人口由公安部门提供。

3-4　主要年份户数、平均人口及人口密度（户籍人口）

年　份	户　数（万户）	平均每户人口（人）	年平均人口（万人）	农业人口	非农业人口	人口密度（人/平方公里）
1949	85.85	4.34				331
1952	91.05	4.29	384.46	357.37	27.07	347
1957	104.97	4.30	445.51	398.88	46.63	400
1962	115.02	4.03	458.18	402.01	56.17	412
1965	116.76	4.20	485.20	429.36	55.84	436
1970	124.88	4.53	557.98	499.57	58.41	503
1975	132.87	4.64	611.72	545.36	66.36	548
1978	143.57	4.50	640.77	567.85	72.92	573
1979	146.72	4.45	649.07	571.65	77.42	580
1980	149.43	4.42	656.30	574.31	81.99	586
1981	155.52	4.32	665.94	580.68	85.26	597
1982	157.29	4.35	678.24	589.74	88.50	608
1983	158.32	4.38	688.69	597.11	91.58	616
1984	161.16	4.34	696.49	601.93	94.56	622
1985	163.80	4.32	703.80	604.82	98.98	628
1986	168.46	4.25	711.48	608.04	103.44	635
1987	173.15	4.19	720.65	613.48	107.17	645
1988	182.07	4.09	734.83	619.23	115.60	661
1989	191.43	3.98	752.80	625.79	127.01	677
1990	204.40	3.95	784.47	649.26	135.21	717
1991	209.15	3.92	813.65	672.28	141.37	729
1992	214.47	3.85	823.46	676.30	147.16	734
1993	216.59	3.85	830.34	677.62	152.72	741
1994	220.58	3.82	838.58	680.74	157.84	749
1995	227.60	3.74	847.18	682.84	164.34	756
1996	232.50	3.70	855.29	682.71	172.58	763
1997	238.73	3.63	863.29	683.81	179.48	770
1998	249.75	3.51	871.47	686.04	185.43	778
1999	257.66	3.41	876.66	685.86	190.80	779
2000	270.80	3.31	886.99	674.85	212.14	796
2001	275.91	3.27	899.15	663.24	235.91	801
2002	279.22	3.24	903.15	657.64	245.51	803
2003	282.84	3.21	906.55	639.15	267.40	807
2004	285.00	3.22	912.75	619.23	293.52	814
2005	286.44	3.23	921.08	611.89	309.19	822
2006	284.25	3.29	930.02	611.71	318.31	830
2007	279.33	3.37	937.84	615.73	322.11	836
2008	277.76	3.41	943.91	613.86	330.05	841
2009	278.46	3.44	952.24	594.65	357.59	851
2010	277.28	3.51	965.25	553.30	411.95	864
2011	273.21	3.57	974.78	439.34	535.44	867
2012	274.09	3.61	983.59	338.31	645.28	879
2013	275.57	3.65	998.69	305.85	692.84	894
2014	277.82	3.68	1015.19	286.18	729.00	909
2015	277.66	3.70	1026.11	359.75	666.36	919
2016	278.49	3.72	1035.04	431.71	603.33	927
2017	278.05	3.74	1040.41	426.29	614.12	932
2018	280.98	3.71	1042.10	417.21	624.89	933
2019	281.56	3.71	1043.25	408.13	635.12	934
2020	283.01	3.67	1039.89	399.82	640.07	931

3-5 主要年份人口自然变动（户籍人口）

单位：人、‰

年份	出生		死亡		自然增长	
	人数	出生率	人数	死亡率	人数	自然增长率
1949		24.95				
1952	129371	33.65				
1957	138958	31.19	40675	9.13	98273	22.06
1962	164440	35.89	34635	7.56	129805	28.33
1965	181877	37.48	44313	9.13	137564	28.35
1970	185564	33.26	37511	6.72	148053	26.54
1975	125373	20.50	36260	5.93	89113	14.57
1978	102744	16.03	35276	5.51	67468	10.52
1979	85371	13.15	34814	5.36	50557	7.79
1980	125947	19.19	44562	6.79	81385	12.40
1981	120099	18.03	36366	5.46	83733	12.57
1982	119391	17.60	32890	4.85	86501	12.75
1983	98387	14.29	32972	4.79	65415	9.50
1984	98214	14.10	35109	5.04	63105	9.06
1985	85653	12.17	33919	4.82	51734	7.35
1986	97011	13.64	33463	4.70	63548	8.94
1987	110981	15.40	33568	4.66	77413	10.74
1988	169348	23.04	35284	4.80	134064	18.24
1989	170011	22.58	34013	4.52	135998	18.06
1990	157605	20.09	35867	4.57	121738	15.52
1991	156429	19.23	40402	4.97	116027	14.26
1992	101899	12.37	42462	5.16	59437	7.21
1993	99582	11.99	42517	5.12	57065	6.87
1994	113310	13.51	41946	5.00	71364	8.51
1995	83162	9.82	39442	4.66	39442	5.16
1996	81414	9.52	41982	4.91	39432	4.61
1997	99902	11.57	40210	4.66	59692	6.91
1998	91325	10.48	41298	4.74	50027	5.74
1999	71921	8.20	34545	3.94	37376	4.26
2000	167764	18.91	44483	5.02	123281	13.89
2001	69383	7.72	29094	3.24	40289	4.48
2002	69905	7.74	33811	3.74	36094	4.07
2003	85756	9.46	34229	3.78	51527	5.68
2004	132605	14.53	42775	4.69	89830	9.84
2005	125308	13.60	22775	2.47	102533	11.13
2006	138879	14.93	34254	3.68	104644	11.25
2007	190322	20.29	133825	14.27	56497	6.02
2008	170661	18.08	106845	11.32	63816	6.76
2009	182950	19.21	68358	7.18	114592	12.03
2010	217399	22.52	79390	8.22	138009	14.30
2011	177663	18.23	71598	7.35	106065	10.88
2012	193812	19.71	45778	4.65	148045	15.05
2013	211582	21.19	33430	3.35	178152	17.84
2014	205463	20.24	30120	2.97	175343	17.27
2015	151956	14.81	59174	5.77	92782	9.04
2016	184364	17.81	39293	3.80	145071	14.02
2017	161550	15.53	146280	14.06	15270	1.47
2018	139514	13.39	53436	5.13	86078	8.26
2019	106644	10.22	55763	5.35	50881	4.87
2020	106531	10.24	107236	10.31	-705	-0.07

注：出生人口含往年补报出生人口，死亡人口含往年未销户人口（下同）。

3-6　市区主要年份人口数及构成（户籍人口）

（年底数）　　单位：万人

年　份	总人口	按性别分				按户口性质分			
		男		女		农业人口		非农业人口	
		人口数	比重（%）	人口数	比重（%）	人口数	比重（%）	人口数	比重（%）
1949	29.94	15.91	53.1	14.03	46.9	4.30	14.4	25.64	85.6
1952	22.21	11.53	51.9	10.68	48.1	3.19	14.4	19.02	85.6
1957	38.66	19.93	51.6	18.73	48.4	3.00	7.8	35.66	92.2
1962	45.35	23.63	52.1	21.72	47.9	8.46	18.7	36.89	81.3
1965	51.73	27.76	53.7	23.97	46.3	7.32	14.2	44.41	85.8
1970	53.86	28.68	53.2	25.18	46.8	8.82	16.4	45.04	83.6
1975	61.24	33.21	54.2	28.03	45.8	10.32	16.9	50.92	83.1
1978	67.07	36.57	54.5	30.50	45.5	11.08	16.5	55.99	83.5
1979	70.87	38.74	54.7	32.13	45.3	10.05	14.2	60.82	85.8
1980	72.85	39.71	54.5	33.14	45.5	9.92	13.6	62.93	86.4
1981	74.96	40.78	54.4	34.18	45.6	10.18	13.6	64.78	86.4
1982	77.29	42.16	54.5	35.13	45.5	10.48	13.6	66.81	86.4
1983	79.28	43.34	54.7	35.94	45.3	10.69	13.5	68.59	86.5
1984	80.64	44.04	54.6	36.60	45.4	10.73	13.3	69.91	86.7
1985	82.48	44.99	54.5	37.49	45.5	10.31	12.5	72.17	87.5
1986	84.08	45.83	54.5	38.25	45.5	10.24	12.2	73.84	87.8
1987	85.57	46.45	54.3	39.12	45.7	10.32	12.1	75.25	87.9
1988	87.20	47.27	54.2	39.93	45.8	9.88	11.3	77.32	88.7
1989	89.27	48.34	54.2	40.93	45.8	9.92	11.1	79.35	88.9
1990	90.66	48.98	54.0	41.68	46.0	10.09	11.1	80.57	88.9
1991	91.86	49.52	53.9	42.34	46.1	10.00	10.9	81.86	89.1
1992	93.65	50.48	53.9	43.17	46.1	9.64	10.3	84.01	89.7
1993	95.17	51.14	53.7	44.03	46.3	9.64	10.1	85.53	89.9
1994	142.84	74.73	52.3	68.11	47.7	49.13	34.4	93.71	65.6
1995	145.14	75.74	52.2	69.39	47.8	48.65	33.5	96.48	66.5
1996	147.34	76.91	52.2	70.42	47.8	47.13	32.0	100.21	68.0
1997	149.34	77.90	52.2	71.44	47.8	47.12	31.5	102.22	68.5
1998	151.87	79.09	52.1	72.78	47.9	47.40	31.2	104.47	68.8
1999	152.41	79.12	51.9	73.29	48.1	46.90	30.8	105.51	69.2
2000	160.61	83.28	51.9	77.33	48.1	51.51	32.1	109.10	67.9
2001	162.54	84.27	51.8	78.27	48.2	50.49	31.1	112.05	68.9
2002	164.55	85.30	51.8	79.25	48.2	43.47	26.4	121.08	73.6
2003	167.33	86.87	51.9	80.46	48.1	31.89	19.1	135.44	80.9
2004	167.42	86.76	51.8	80.66	48.2	28.76	17.2	138.66	82.8
2005	179.87	93.21	51.8	86.66	48.2	30.22	16.8	149.65	83.2
2006	181.61	94.11	51.8	87.50	48.2	27.88	15.4	153.73	84.6
2007	182.93	94.70	51.8	88.23	48.2	26.87	14.7	156.06	85.3
2008	184.40	95.38	51.7	89.02	48.3	26.42	14.3	157.98	85.7
2009	186.22	96.29	51.7	89.93	48.3	26.91	14.4	159.31	85.6
2010	312.72	161.06	51.5	151.66	48.5	108.50	34.7	204.22	65.3
2011	315.67	162.58	51.5	153.09	48.5	70.59	22.4	245.08	77.6
2012	320.85	165.27	51.5	155.58	48.5	71.07	22.2	249.78	77.8
2013	326.36	167.96	51.5	158.40	48.5	40.89	12.5	285.47	87.5
2014	331.47	170.37	51.4	161.10	48.6	38.87	11.7	292.60	88.3
2015	333.46	171.26	51.4	162.20	48.6	88.04	26.4	245.42	73.6
2016	337.65	173.17	51.3	164.48	48.7	87.27	25.8	250.38	74.2
2017	337.85	172.70	51.1	165.15	48.9	85.48	25.3	252.37	74.7
2018	341.81	174.33	51.0	167.48	49.0	85.49	25.0	256.32	75.0
2019	343.42	174.91	50.9	168.51	49.1	80.81	23.5	262.61	76.5
2020	344.25	174.94	50.8	169.31	49.2	80.50	23.4	263.76	76.6

3-7 市区主要年份户数、平均人口及人口密度（户籍人口）

年份	户数（万户）	平均每户人口（人）	年平均人口（万人）			人口密度（人/平方公里）
				农业人口	非农业人口	
1949	5.99	5.00				667
1952	5.31	4.18	22.34	3.21	19.13	621
1957	8.73	4.43	38.04	4.50	33.54	721
1962	9.76	4.65	45.74	7.90	37.84	2153
1965	10.31	5.02	51.27	7.23	44.04	2970
1970	11.11	4.85	54.52	8.68	45.84	3092
1975	12.95	4.73	60.16	10.11	50.05	3515
1978	14.76	4.54	65.82	11.13	54.69	3636
1979	15.80	4.49	68.97	10.57	58.40	3842
1980	16.82	4.33	71.86	9.99	61.87	3950
1981	18.22	4.11	73.90	10.05	63.85	4063
1982	19.60	3.94	76.13	10.33	65.80	4189
1983	20.64	3.84	78.29	10.59	67.70	4297
1984	21.70	3.72	79.96	10.71	69.25	4371
1985	22.79	3.62	81.56	10.52	71.04	4470
1986	23.71	3.55	83.28	10.28	73.00	4557
1987	24.46	3.50	84.83	10.28	74.55	4638
1988	25.56	3.41	86.39	10.10	76.29	4726
1989	26.57	3.36	88.24	9.90	78.34	4838
1990	27.44	3.30	89.97	10.01	79.96	4914
1991	28.18	3.26	91.26	10.05	81.21	4979
1992	28.84	3.25	92.76	9.82	82.94	5076
1993	29.42	3.24	94.41	9.64	84.77	5158
1994	42.92	3.33	141.86	49.13	93.71	1483
1995	44.02	3.30	143.99	48.89	95.10	1507
1996	44.76	3.29	146.24	47.89	98.35	1530
1997	45.72	3.27	148.34	47.12	101.22	1551
1998	46.66	3.25	150.60	47.26	103.34	1577
1999	47.35	3.22	152.14	47.15	104.99	1583
2000	49.74	3.23	156.51	49.20	107.31	1547
2001	50.65	3.21	161.58	51.00	110.31	1566
2002	51.22	3.21	163.55	46.98	116.57	1576
2003	51.81	3.23	165.94	37.68	128.26	1612
2004	52.29	3.20	167.38	30.33	137.05	1613
2005	56.29	3.20	179.03	35.78	143.25	1543
2006	56.59	3.21	180.74	29.05	151.69	1566
2007	56.84	3.22	182.27	27.38	154.90	1577
2008	57.15	3.23	183.67	26.65	157.02	1590
2009	57.52	3.24	185.31	26.67	158.64	1605
2010	95.16	3.29	314.58	110.36	204.22	1029
2011	94.77	3.33	314.20	89.55	224.65	1039
2012	95.27	3.36	318.26	70.83	247.43	1056
2013	96.14	3.39	323.61	55.98	267.63	1074
2014	96.93	3.42	328.90	39.86	289.04	1092
2015	97.10	3.43	332.46	63.45	269.01	1104
2016	97.91	3.45	335.56	87.66	247.90	1118
2017	98.11	3.44	337.75	86.37	251.38	1125
2018	99.60	3.41	339.83	85.48	254.35	1129
2019	100.28	3.42	342.61	83.15	259.46	1138
2020	101.33	3.39	343.43	81.83	261.61	1140

3-8　市区主要年份人口自然变动（户籍人口）

单位：人、‰

年　份	出　生		死　亡		自然增长	
	人数	出生率	人数	死亡率	人数	自然增长率
1949						23.44
1952	8237	36.87	2784	12.46	5453	24.41
1957	14012	36.84	2898	7.62	11114	29.22
1962	18156	39.70	3022	6.61	15134	33.09
1965	12905	25.10	2840	5.50	10065	19.60
1970	14121	25.90	3217	5.90	10904	20.00
1975	10242	17.02	2821	4.69	7421	12.33
1978	7190	10.92	3001	4.56	4189	6.36
1979	9081	13.17	3129	4.54	5952	8.63
1980	11590	16.13	3405	4.74	8185	11.39
1981	13518	18.29	3478	4.71	10040	13.59
1982	13343	17.53	3455	4.54	9888	12.99
1983	10570	13.50	3294	4.21	7276	9.29
1984	9512	11.90	3325	4.16	6187	7.74
1985	9612	11.78	3429	4.20	6183	7.58
1986	12006	14.42	3253	3.91	8753	10.51
1987	14076	16.59	3472	4.09	10604	12.50
1988	13299	15.39	3598	4.17	9701	11.22
1989	12535	14.21	3642	4.13	8893	10.08
1990	7662	8.52	3525	3.92	4137	4.60
1991	8139	8.92	4013	4.40	4126	4.52
1992	8131	8.77	3953	4.26	4178	4.51
1993	8885	9.41	4252	4.50	4633	4.91
1994	15513	10.94	4873	3.44	10640	7.50
1995	11960	8.31	5650	3.92	6310	4.39
1996	11831	8.09	5939	4.06	5892	4.03
1997	14429	9.73	5590	3.77	8839	5.96
1998	14758	9.80	8273	5.49	6485	4.31
1999	12234	8.04	5819	3.82	6415	4.22
2000	23718	15.15	8152	5.21	15566	9.94
2001	11175	6.92	4366	2.70	6809	4.22
2002	11598	7.09	5444	3.33	6154	3.76
2003	11459	6.91	5540	3.34	5919	3.57
2004	13234	7.91	6690	4.00	6544	3.91
2005	17323	9.68	5551	3.10	11772	6.58
2006	19567	10.83	5368	2.97	14199	7.86
2007	23946	13.14	15701	8.61	8245	4.53
2008	24004	13.07	9462	5.15	14542	7.92
2009	25797	13.92	5511	2.97	20286	10.95
2010	64556	20.72	31217	9.92	33339	10.60
2011	59766	19.02	19167	6.10	40599	12.92
2012	58680	18.43	10139	3.18	48541	15.25
2013	62770	19.40	11104	3.43	51666	15.97
2014	56863	17.29	10068	3.06	46795	14.23
2015	45790	13.77	20886	6.28	24904	7.49
2016	45298	13.50	8951	2.67	36347	10.83
2017	51055	15.12	56258	16.66	-5203	-1.54
2018	43434	12.78	14866	4.37	28568	8.41
2019	35671	10.41	16212	4.73	19459	5.68
2020	34849	10.15	36128	10.52	-1279	-0.37

3-9 市区分区户数、人口数（户籍人口）

（2020年底）　　单位：人

地　　区	总户数（户）	总人口（人）	男	女	农业人口	非农业人口
市　区	**1013318**	**3442536**	**1749420**	**1693116**	**804966**	**2637570**
鼓楼区	201401	638044	319632	318412		638044
云龙区	130504	386895	189942	196953		386895
贾汪区	133668	515362	269176	246186	208527	306835
泉山区	196924	574697	285372	289325		574697
铜山区	350821	1327538	685298	642240	596439	731099

3-10 市区分区人口自然变动（户籍人口）

（2020年底）　　单位：人、‰

年　　份	出　生		死　亡		自然增长	
	人数	出生率	人数	死亡率	人数	自然增长率
市　区	**34849**	**10.15**	**36128**	**10.52**	**-1279**	**-0.37**
鼓楼区	6650	10.46	6841	10.76	-191	-0.30
云龙区	4262	11.14	3435	8.98	827	2.16
贾汪区	5018	9.71	4991	9.66	27	0.05
泉山区	5235	9.13	6166	10.76	-931	-1.62
铜山区	13684	10.29	14695	11.05	-1011	-0.76

主要统计指标解释

总人口数　是指在一定时点、一定地域范围内所有的有生命的个人总和，它是由不同性别、不同年代出生的人所组成，是反映一个国家人口资源的重要指标。

人口总数随人口的出生、死亡、迁入、迁出的变动而变动，也随计算时地域范围和依据的人口范畴（户籍人口和常住人口）的不同而不同，如户籍人口统计中的人口总数和人口普查所取得的人口总数，由于统计的口径不同，在相同地域范围内得到的人口数也不尽相同。

户籍人口　是指在户口管理部门登记了常住户口的人。本《年鉴》内所列人口数除特别说明外均为户籍人口。

农业人口　依靠从事农业生产（包括林、牧、渔业）维持生活的全部人口，包括实际从事农业生产的人口以及由他们所抚养的人口。由于改革开放，一些人外出务工经商，其户口性质仍为农村户口的人也统计在农业人口范围内。

非农业人口　不依靠从事农业生产的职业来维持生活的人口，主要指城镇的非农业户口性质的人口。

年平均人数　是指一年内的各个时点人口的平均数。在实际统计工作中，由于资料的限制，无法按理论上所讲的方法计算，一般根据年初、年末人数按简单算术平均数计算，也常用年中人数来表示年平均人数。

出生率　一定时期内出生人数与同期平均人口数之比。又称总出生率或粗出生率。它反映人口的出生水平。出生人口数是指活产，即离开母体时有生命现象的活产婴儿总和。

出生率通常以年为单位计算，计算方法为：年出生人数除以年平均人数，以千分数表示。

死亡率　一定时期内（通常为一年）死亡人数与同期平均人数（或期中人数）之比。说明该时期人口的死亡强度。计算方法为：年死亡人数除以年平均人数，以千分数表示。

自然增长率　它是表明人口自然增长的趋势和程度（或速度）的指标，即一定时期内人口自然增长数（出生人数减死亡人数）与同期平均人口数之比。通常以一年为期计算，用千分数表示。计算公式为：人口自然增长率 =（全年出生人数减死亡人数）/ 年平均总人数 ×1000‰。实际工作中，一般用出生率减死亡率计算而得。

四、就业人员和职工工资

EMPLOYMENT AND WAGES

版面负责人：唐子午　马　萍　顾元林
编　　　辑：魏安山　冯洋洋　杜秀侠

统计知识

中华人民共和国统计法实施条例

第四章　统计资料的管理和公布

第二十一条　县级以上人民政府统计机构、有关部门和乡、镇人民政府应当妥善保管统计调查中取得的统计资料。

国家建立统计资料灾难备份系统。

第二十二条　统计调查中取得的统计调查对象的原始资料，应当至少保存 2 年。

汇总性统计资料应当至少保存 10 年，重要的汇总性统计资料应当永久保存。法律法规另有规定的，从其规定。

第二十三条　统计调查对象按照国家有关规定设置的原始记录和统计台账，应当至少保存 2 年。

第二十四条　国家统计局统计调查取得的全国性统计数据和分省、自治区、直辖市统计数据，由国家统计局公布或者由国家统计局授权其派出的调查机构或者省级人民政府统计机构公布。

第二十五条　国务院有关部门统计调查取得的统计数据，由国务院有关部门按照国家有关规定和已批准或者备案的统计调查制度公布。

县级以上地方人民政府有关部门公布其统计调查取得的统计数据，比照前款规定执行。

第二十六条　已公布的统计数据按照国家有关规定需要进行修订的，县级以上人民政府统计机构和有关部门应当及时公布修订后的数据，并就修订依据和情况作出说明。

第二十七条　县级以上人民政府统计机构和有关部门应当及时公布主要统计指标涵义、调查范围、调查方法、计算方法、抽样调查样本量等信息，对统计数据进行解释说明。

第二十八条　公布统计资料应当按照国家有关规定进行。公布前，任何单位和个人不得违反国家有关规定对外提供，不得利用尚未公布的统计资料谋取不正当利益。

第二十九条　统计法第二十五条规定的能够识别或者推断单个统计调查对象身份的资料包括：

（一）直接标明单个统计调查对象身份的资料；

（二）虽未直接标明单个统计调查对象身份，但是通过已标明的地址、编码等相关信息可以识别或者推断单个统计调查对象身份的资料；

（三）可以推断单个统计调查对象身份的汇总资料。

4-1 从业人员

单位：万人

年　份	从业人数	职工人数				城镇私营企业从业人员和个体劳动者	其　他从业人员
			国有经济单　位	城镇集体经济单位	其他经济类型单位		
1978	283.64	60.12	41.16	18.96			
1979	282.72	61.94	41.04	20.90		0.19	
1980	292.22	64.97	45.16	19.81		0.53	
1981	302.62	67.64	47.80	19.84		0.74	
1982	314.75	70.10	50.18	19.92		0.36	
1983	322.66	72.17	52.60	19.57		0.57	
1984	337.62	76.65	53.40	23.25		1.10	
1985	349.04	78.06	55.19	22.87		1.56	
1986	357.72	80.41	56.82	23.58	0.01	1.15	
1987	367.36	82.15	58.96	23.17	0.02	1.44	
1988	381.43	85.87	61.88	23.96	0.04	2.29	
1989	390.31	85.39	61.88	23.42	0.09	3.16	
1990	408.50	87.35	63.69	23.53	0.13	3.27	
1991	419.35	89.59	65.55	23.85	0.19	2.60	
1992	421.81	90.25	67.10	22.87	0.28	3.04	
1993	423.40	91.83	69.40	21.54	0.89	3.62	1.08
1994	423.45	91.39	70.80	19.60	0.99	5.12	1.16
1995	425.43	92.39	72.52	19.13	0.74	8.03	1.24
1996	428.26	94.16	73.94	18.78	1.44	8.98	0.91
1997	432.88	93.85	74.41	17.76	1.68	12.42	1.30
1998	421.09	77.72	63.66	9.79	4.27	17.33	1.35
1999	418.65	75.07	61.95	9.39	3.73	17.81	1.42
2000	417.66	71.02	57.74	8.30	4.98	19.21	1.26
2001	415.78	67.64	53.65	7.01	6.98	20.58	1.29
2002	391.81	61.76	44.55	4.92	12.28	16.09	1.50
2003	382.03	59.15	43.32	4.25	11.58	17.73	2.15
2004	395.50	56.31	40.19	3.90	12.22	28.73	3.08
2005	452.20	56.07	40.13	3.60	12.34	37.74	10.39
2006	469.15	56.91	39.87	3.57	13.47	43.51	15.98
2007	477.21	57.56	40.00	3.35	14.21	53.61	11.49
2008	486.05	58.34	39.53	3.44	15.37	59.38	13.95
2009	501.17	58.29	38.49	2.99	16.81	68.93	15.20
2010	478.72	58.38	38.59	2.89	16.90	80.17	15.96
2011	477.95	59.42	38.94	2.93	17.55	88.82	15.56
2012	473.84	60.59	39.50	2.62	18.46	93.62	15.85
2013	474.61	101.54	32.98	3.04	65.51	104.88	16.21
2014	474.86	99.88	34.06	3.32	62.49	109.77	19.78
2015	475.59	97.17	32.05	3.16	61.95	112.58	22.49
2016	475.02	92.89	31.76	3.21	57.92	134.70	27.20
2017	479.94	90.43	31.30	3.04	56.09	157.50	6.73
2018	481.93	79.60	30.06	2.85	46.69	167.96	11.22
2019	483.44	69.95	30.68	2.18	37.09	173.76	8.50
2020	482.11	71.08	51.20	5.19	14.69		8.98

注：从 2013 年年报开始在岗职工期末人数为劳资老口径与一套表四上单位合并数据，且为在岗职工与劳务派遣工之和，所以在岗职工较上年增加较多；2. 其他从业人员 2017 年起为当年新增数据，与往年不可比（下同）；2010–2020 年从业人员数据按照第七次人口普查调整修订（下同）；从 2020 年始，在岗职工统计方法调整为规模以下单位采取抽样调查，规模以上单位全面调查，数据与往年不可比（下同）；从 2020 年开始，城镇私营企业从业人员和个体劳动者不再统计（下同）。

4-2 市区从业人员

单位：万人

年　份	从业人数	职工人数	国有经济单　位	城镇集体经济单位	其他经济类型单位	城镇私营企业从业人员和个体劳动者	其　他从业人员
1978	43.76	39.20	28.07	11.13			
1979	46.66	42.12	28.90	13.22		0.02	
1980	47.26	42.71	30.76	11.95		0.12	
1981	49.16	44.41	32.44	11.97		0.19	
1982	51.19	46.28	34.24	12.04		0.21	
1983	53.74	48.37	36.37	12.00		0.37	
1984	55.88	50.01	37.69	12.32		0.75	
1985	58.14	51.42	39.51	11.91		1.18	
1986	58.95	52.69	40.30	12.38	0.01	0.72	
1987	59.82	53.34	41.09	12.23	0.02	0.97	
1988	61.42	54.06	42.03	11.98	0.05	1.90	
1989	61.35	54.01	42.22	11.70	0.09	1.72	
1990	62.50	55.05	43.12	11.81	0.12	1.82	
1991	63.48	56.05	43.93	11.93	0.19	1.93	
1992	63.35	56.07	44.57	11.27	0.23	2.06	
1993	63.95	56.13	44.88	10.59	0.66	2.65	0.25
1994	80.20	55.75	45.21	9.69	0.85	3.11	0.63
1995	82.89	55.92	45.98	9.52	0.42	5.11	0.67
1996	82.21	56.12	45.78	9.30	1.04	5.24	0.40
1997	82.85	55.41	45.53	9.00	0.87	7.17	0.42
1998	74.39	44.72	38.92	3.60	2.20	10.52	0.28
1999	71.29	42.84	37.62	3.48	1.74	9.09	0.39
2000	72.16	40.10	34.32	2.88	2.90	10.61	0.43
2001	72.81	38.12	32.08	2.24	3.79	11.91	0.51
2002	63.22	34.33	25.23	1.70	7.40	6.92	0.71
2003	62.74	32.64	24.45	1.40	6.79	8.21	0.64
2004	71.37	30.71	21.99	1.21	7.51	17.42	1.46
2005	91.10	30.35	22.31	1.02	7.02	23.77	8.79
2006	99.74	30.18	22.00	1.00	7.18	26.55	12.75
2007	96.42	30.55	22.39	0.84	7.32	29.74	6.73
2008	99.17	30.30	21.79	1.14	7.37	30.19	9.00
2009	103.83	30.00	21.33	0.84	7.83	34.13	8.27
2010	171.88	35.22	24.17	1.03	10.02	43.98	11.51
2011	174.09	35.48	24.29	1.13	10.06	48.84	10.38
2012	176.22	35.82	24.51	0.87	10.43	51.59	6.93
2013	179.51	54.85	14.69	0.92	39.23	60.36	7.35
2014	182.96	52.84	15.03	0.77	37.04	62.01	5.28
2015	185.99	50.17	14.32	0.70	35.15	61.64	16.52
2016	189.78	45.80	14.43	0.71	30.66	74.43	19.79
2017	194.72	45.84	14.68	0.63	30.53	86.05	4.95
2018	197.21	41.72	13.49	1.25	26.98	90.91	2.91
2019	198.93	34.30	13.18	1.10	20.01	92.48	4.33
2020	200.23	37.96	27.25	2.15	8.56		2.25

注：2010年以后市区为包含铜山区口径，与往年不可比（下同）。

4-3 分三次产业从业人数及构成

单位：万人、%

年 份	从业人数	第一产业		第二产业		第三产业	
		人 数	比 重	人 数	比 重	人 数	比 重
1978	283.64	204.41	72.1	43.56	15.3	35.67	12.6
1979	282.72	204.52	72.4	45.06	15.9	33.14	11.7
1980	292.22	209.96	71.8	49.69	17.0	32.57	11.2
1981	302.62	216.86	71.7	51.80	17.1	33.96	11.2
1982	314.75	221.17	70.3	57.62	18.3	35.96	11.4
1983	322.66	223.59	69.3	61.30	19.0	37.77	11.7
1984	337.62	223.01	66.0	69.74	20.7	44.87	13.3
1985	349.04	222.57	63.8	78.65	22.5	47.82	13.7
1986	357.72	222.38	62.2	84.04	23.5	51.30	14.3
1987	367.35	225.07	61.3	89.84	24.4	52.45	14.3
1988	381.43	226.65	59.4	97.06	25.5	57.72	15.1
1989	390.31	235.21	60.2	95.49	24.5	59.61	15.3
1990	408.50	249.36	61.0	95.41	23.4	63.73	15.6
1991	419.35	260.56	62.1	93.90	22.4	64.89	15.5
1992	421.81	258.67	61.3	98.13	23.3	65.01	15.4
1993	423.40	247.05	58.3	105.18	24.9	71.17	16.8
1994	423.45	247.36	58.4	103.56	24.5	72.53	17.1
1995	425.43	242.09	56.9	107.66	25.3	75.68	17.8
1996	428.26	239.60	55.9	108.63	25.4	80.03	18.7
1997	432.88	240.85	55.6	106.11	24.5	85.92	19.9
1998	421.09	242.24	57.5	92.02	21.9	86.83	20.6
1999	418.65	235.80	56.3	92.26	22.0	90.59	21.7
2000	417.66	235.35	56.4	93.24	22.3	89.07	21.3
2001	415.78	230.49	55.4	95.79	23.0	89.50	21.6
2002	391.81	216.01	55.1	94.83	24.2	80.97	20.7
2003	382.03	196.26	51.4	103.31	27.0	82.46	21.6
2004	395.50	189.72	48.0	111.45	28.2	94.33	23.8
2005	452.20	182.63	40.3	127.69	28.3	141.88	31.4
2006	469.15	177.20	37.8	144.99	30.9	146.96	31.3
2007	477.21	170.31	35.7	152.18	31.9	154.72	32.4
2008	486.05	163.19	33.5	168.99	34.8	153.87	31.7
2009	501.17	162.08	32.4	180.01	35.9	159.08	31.7
2010	478.72	190.28	39.7	130.94	27.4	157.50	32.9
2011	477.95	182.76	38.2	136.68	28.6	158.51	33.2
2012	473.84	173.18	36.5	140.46	29.6	160.20	33.8
2013	474.61	165.43	34.9	145.79	30.7	163.39	34.4
2014	474.86	156.27	32.9	146.79	30.9	171.80	36.2
2015	475.59	146.54	30.8	149.52	31.4	179.53	37.7
2016	475.02	138.89	29.2	152.34	32.1	183.79	38.7
2017	479.94	127.74	26.6	155.27	32.4	196.93	41.0
2018	481.93	114.81	23.8	162.65	33.7	204.47	42.4
2019	483.44	100.34	20.8	168.15	34.8	214.95	44.5
2020	482.11	95.01	19.7	166.53	34.5	220.57	45.8

4-4 市区分三次产业从业人数及构成

单位：万人、%

年份	从业人数	第一产业		第二产业		第三产业	
		人数	比重	人数	比重	人数	比重
1978	43.76	3.90	8.9	24.66	56.4	15.20	34.7
1979	46.66	3.83	8.2	27.73	59.4	15.10	32.4
1980	47.26	3.65	7.7	29.47	62.4	14.14	29.9
1981	49.16	3.65	7.4	30.60	62.3	14.91	30.3
1982	51.19	3.56	7.0	32.25	63.0	15.38	30.0
1983	53.74	3.50	6.5	34.59	64.4	15.65	29.1
1984	55.88	3.28	5.9	36.60	65.5	16.00	28.6
1985	58.14	2.78	4.8	39.89	66.9	16.47	28.3
1986	58.95	2.84	4.8	38.85	65.9	17.26	29.3
1987	59.82	2.79	4.6	40.25	67.3	16.78	28.1
1988	61.42	2.71	4.4	40.46	65.9	18.25	29.7
1989	51.35	2.86	4.7	39.94	65.1	18.55	30.2
1990	62.50	2.91	4.7	39.41	63.0	20.19	32.3
1991	63.48	2.83	4.4	39.97	63.0	20.68	32.6
1992	63.35	2.71	4.3	41.23	65.1	19.41	30.6
1993	63.95	2.24	3.5	40.79	63.8	20.92	32.7
1994	80.20	11.46	14.3	43.90	54.7	24.84	31.0
1995	82.89	11.83	14.3	45.71	55.1	25.35	30.6
1996	82.21	11.86	14.4	44.61	54.3	25.74	31.3
1997	82.85	10.96	13.2	44.24	53.4	27.65	33.4
1998	74.39	10.21	13.7	34.85	46.9	29.33	39.4
1999	71.29	10.06	14.1	33.38	46.8	27.85	39.1
2000	72.16	11.18	15.5	32.22	44.6	28.76	39.9
2001	72.81	12.78	17.6	31.19	42.8	28.84	39.6
2002	63.22	11.73	18.6	27.21	43.0	24.28	38.4
2003	62.75	10.71	17.1	26.78	42.7	25.26	40.2
2004	71.38	10.01	14.0	27.80	39.0	33.56	47.0
2005	91.10	12.06	13.2	32.08	35.2	46.95	51.5
2006	99.74	12.41	12.4	34.35	34.5	52.98	53.1
2007	96.42	9.26	9.6	33.07	34.3	54.09	56.1
2008	99.17	10.70	10.8	39.72	40.0	48.75	49.2
2009	103.83	11.82	11.4	42.22	40.7	49.79	47.9
2010	171.88	42.62	24.8	45.63	26.5	83.62	48.7
2011	174.09	40.94	23.5	48.01	27.6	85.14	48.9
2012	176.22	39.40	22.4	49.65	28.2	87.18	49.5
2013	179.51	37.87	21.1	51.83	28.9	89.81	50.0
2014	182.96	36.46	19.9	53.05	29.0	93.46	51.1
2015	185.99	34.15	18.4	54.49	29.3	97.35	52.3
2016	189.78	32.90	17.3	56.85	30.0	100.04	52.7
2017	194.72	29.90	15.4	58.90	30.2	105.92	54.4
2018	197.21	26.24	13.3	62.21	31.5	108.76	55.1
2019	198.93	22.41	11.3	64.70	32.5	111.82	56.2
2020	200.23	20.96	10.5	64.68	32.3	114.59	57.2

4-5 分行业乡村从业人员

（2020年底） 单位：万人

行业	全市	市区
合 计	**349.84**	**84.48**
第一产业	117.62	26.21
# 农业	98.86	20.73
第二产业	156.31	37.27
工业	104.63	26.15
建筑业	51.67	11.12
第三产业	75.91	21.00
交通运输、仓储和邮政业	16.24	5.36
信息传输、计算机服务和软件业	2.26	0.75
批发和零售业	23.82	6.69
住宿、餐饮业	11.03	2.66
金融和保险业	1.66	0.53
房地产和社会服务业	2.07	0.55
科学研究、技术服务和地质勘查业	0.65	0.16
教育、文化、艺术和广播电视业	3.28	0.69
卫生、体育和社会福利业	2.35	0.54
公共管理和社会组织	1.15	0.24
其他	11.41	2.83

4-6 主要年份在岗职工人数

（年底数） 单位：万人

年 份	全市合计	国有经济单位	城镇集体经济单位	其他经济类型单位	市区合计	国有经济单位	城镇集体经济单位	其他经济类型单位
1949	6.11	6.11			4.88	4.88		
1952	8.11	8.11			6.00	6.00		
1957	10.04	10.04			6.86	6.86		
1962	16.94	16.94			16.81	12.21	4.60	
1965	15.18	15.18			15.23	10.45	4.78	
1970	22.12	22.12			18.94	13.84	5.10	
1975	42.69	29.21	13.48		27.06	19.86	7.20	
1978	60.12	41.16	18.96		39.20	28.07	11.13	
1979	61.94	41.04	20.90		42.12	28.90	13.22	
1980	64.97	45.16	19.81		42.71	30.76	11.95	
1981	67.64	47.80	19.84		44.41	32.44	11.97	
1982	70.10	50.18	19.92		46.28	34.24	12.04	
1983	72.17	52.60	19.57		48.37	36.37	12.00	
1984	76.65	53.40	23.25		50.01	37.69	12.32	
1985	78.06	55.19	22.87		51.42	39.51	11.91	
1986	80.41	56.82	23.58	0.01	52.69	40.30	12.38	0.01
1987	82.15	58.96	23.17	0.02	53.34	41.09	12.23	0.02
1988	85.87	61.88	23.96	0.04	54.06	42.03	11.98	0.05
1989	85.39	61.88	23.42	0.09	54.01	42.22	11.70	0.09
1990	87.35	63.69	23.53	0.13	55.05	43.12	11.81	0.12
1991	89.59	65.55	23.85	0.19	56.05	43.93	11.93	0.19
1992	90.25	67.10	22.87	0.28	56.07	44.57	11.27	0.23
1993	91.83	69.40	21.54	0.89	56.13	44.88	10.59	0.66
1994	91.39	70.80	19.60	0.99	55.75	45.21	9.69	0.85
1995	92.39	72.52	19.13	0.74	55.92	45.98	9.52	0.42
1996	94.16	73.94	18.78	1.44	56.12	45.78	9.30	1.04
1997	93.85	74.41	17.76	1.68	55.41	45.53	9.00	0.87
1998	77.72	63.66	9.79	4.27	44.72	38.92	3.60	2.20
1999	75.07	61.95	9.39	3.73	42.84	37.62	3.48	1.74
2000	71.02	57.74	8.30	4.98	40.10	34.32	2.88	2.90
2001	67.64	53.65	7.01	6.98	38.12	32.08	2.24	3.79
2002	61.76	44.55	4.92	12.28	34.33	25.23	1.70	7.40
2003	59.15	43.32	4.25	11.58	32.64	24.45	1.40	6.79
2004	56.31	40.19	3.90	12.22	30.71	21.99	1.21	7.51
2005	56.07	40.13	3.60	12.34	30.35	22.31	1.02	7.03
2006	56.91	39.87	3.57	13.47	30.18	22.00	1.00	7.18
2007	57.56	40.00	3.35	14.21	30.55	22.39	0.84	7.32
2008	58.34	39.53	3.44	15.37	30.30	21.79	1.14	7.37
2009	58.29	38.49	2.99	16.81	30.00	21.33	0.84	7.83
2010	58.38	38.59	2.89	16.90	35.22	24.17	1.03	10.02
2011	59.42	38.94	2.93	17.54	35.48	24.30	1.13	10.05
2012	60.59	39.50	2.62	18.46	35.82	24.51	0.87	10.43
2013	101.53	32.98	3.04	65.51	54.84	14.69	0.92	39.23
2014	99.88	34.06	3.32	62.50	52.84	15.03	0.77	37.04
2015	97.17	32.05	3.16	61.95	50.17	14.32	0.70	35.15
2016	92.89	31.76	3.21	57.92	45.80	14.43	0.71	30.66
2017	90.43	31.30	3.04	56.09	45.84	14.68	0.63	30.53
2018	79.60	30.06	2.85	46.69	41.72	13.49	1.25	26.98
2019	69.95	30.68	2.18	37.09	34.30	13.18	1.10	20.01
2020	71.08	51.20	5.19	14.69	37.96	27.25	2.15	8.56

4-7 在岗职工人数

（2020年底）　　单位：人

项　　目	在岗职工人数	国有经济单位	城镇集体经济单位	其他经济类型单位
总　计	**710822**	**512030**	**51855**	**146936**
按企业、事业、机关分				
企业	423799	229866	51604	142328
事业	186470	185062		1407
机关	84469	84469		
民间非营利组织	15490	12511	251	2728
其他	593	121		472
按国民经济行业分				
农、林、牧、渔业	7983	7601	54	327
采矿业	42726	42726		
制造业	122701	33820	9850	79031
电力、煤气及水的生产和供应业	9552	7063	295	2194
建筑业	113054	76596	23421	13037
批发和零售业	32667	8619	4424	19625
交通运输、仓储及邮政业	30110	21882	5065	3163
住宿和餐饮业	4162	1416	378	2368
信息传输、计算机服务和软件业	7585	5976	419	1190
金融业	15698	11245	3898	555
房地产业	12971	5109	804	7057
租赁和商务服务业	20910	10694	882	9333
科学研究、技术服务和地质勘查业	10934	7828	1187	1919
水利、环境和公共设施管理业	7289	6569	9	711
居民服务和其他服务业	2701	1479	54	1168
教育	113133	110771	217	2145
卫生、社会保障和社会福利业	58604	55351	769	2485
文化、体育和娱乐业	4392	3680	130	583
公共管理和社会组织	93649	93604		44
按隶属关系分（国有经济）				
中央	54427	54427		
地方	238434	238434		
其他	219169	219169		

4-8 市区在岗职工人数

（2020年底）　　单位：人

项　　目	在岗职工人　数	国有经济单　位	城镇集体经济单位	其他经济类型单位
总　计	**379644**	**272477**	**21526**	**85641**
按企业、事业、机关分				
企业	230894	125463	21279	84152
事业	92955	92184		772
机关	48290	48290		
民间非营利组织	7436	6488	247	701
其他	69	52		17
按国民经济行业分				
农、林、牧、渔业	531	491		40
采矿业	27113	27113		
制造业	84514	32110	6610	45794
电力、煤气及水的生产和供应业	5718	4418	295	1005
建筑业	20588	13603	2005	4981
批发和零售业	18782	4941	1952	11889
交通运输、仓储及邮政业	22460	17287	3678	1496
住宿和餐饮业	3502	1416	279	1807
信息传输、计算机服务和软件业	6808	5219	419	1170
金融业	13999	9565	3898	536
房地产业	8358	3300	741	4316
租赁和商务服务业	16338	7686	471	8181
科学研究、技术服务和地质勘查业	5981	3908	802	1270
水利、环境和公共设施管理业	4077	3546		531
居民服务和其他服务业	1349	1005		345
教育	53956	52899	217	840
卫生、社会保障和社会福利业	32617	31653	30	934
文化、体育和娱乐业	2976	2340	130	506
公共管理和社会组织	49976	49976		
按隶属关系分（国有经济）				
中央	35994	35994		
地方	118867	118867		
其他	117616	117616		

4-9 女性在岗职工人数

（2020 年底） 单位：人

项目	女性从业人员人数	国有经济单位	城镇集体经济单位	其他经济类型单位
总计	**270954**	**197761**	**11512**	**61681**
按企业、事业、机关分				
企业	116218	46368	11302	58548
事业	117640	116667		973
机关	25481	25481		
民间非营利组织	11331	9184	210	1937
其他	284	62		223
按国民经济行业分				
农、林、牧、渔业	5031	4835	19	177
采矿业	6618	6618		
制造业	40240	5685	2123	32432
电力、煤气及水的生产和供应业	2832	2072	48	711
建筑业	9085	5945	1363	1778
批发和零售业	19190	3551	2418	13221
交通运输、仓储及邮政业	8545	6503	1286	756
住宿和餐饮业	2372	704	197	1471
信息传输、计算机服务和软件业	3421	2482	247	692
金融业	7249	5033	1917	299
房地产业	5113	1967	335	2811
租赁和商务服务业	4031	1866	264	1902
科学研究、技术服务和地质勘查业	3682	2375	469	838
水利、环境和公共设施管理业	2843	2447	3	393
居民服务和其他服务业	1266	618	19	629
教育	75606	73907	180	1519
卫生、社会保障和社会福利业	42726	40457	550	1719
文化、体育和娱乐业	2135	1737	73	325
公共管理和社会组织	28969	28959		10

4-10 主要年份职工工资总额

单位：万元

年份	全市				市区			
	全部职工	国有经济单位	城镇集体经济单位	其他经济类型单位	全部职工	国有经济单位	城镇集体经济单位	其他经济类型单位
1949	1962	1962			1707	1707		
1952	3680	3680			3177	3177		
1957	5709	5709			4251	4251		
1962	10295	10295			8042	8042		
1965	9418	9418			7106	7106		
1970	11199	11199			8136	8136		
1975	21093	15939	5154		14896	11824	3072	
1978	31439	23706	7733		22573	17598	4975	
1979	36925	27781	9144		27260	21129	6131	
1980	44954	34084	10870		32809	25473	7336	
1981	47170	35891	11279		34194	26615	7579	
1982	51676	39575	12101		37389	29355	8033	
1983	55388	43349	12039		40701	32699	8001	
1984	80714	60828	19886		58779	46285	12493	
1985	93432	72426	21006		68323	55947	12376	
1986	110187	85424	24754	9	80480	65838	14633	9
1987	117231	91512	25689	30	84543	69518	14995	28
1988	149139	117615	31454	70	104028	86618	17340	64
1989	165525	132521	32819	185	118228	100083	17960	185
1990	185938	150380	35187	371	132593	112898	19324	371
1991	208723	169855	38397	471	149964	127972	21524	468
1992	244828	202261	41831	736	175433	151564	23203	666
1993	304255	253382	47734	3139	218454	189200	26586	2668
1994	407761	349729	53041	4991	287245	253793	28832	4620
1995	506766	437394	66563	2809	355676	317499	36295	1880
1996	584442	506673	68847	8922	402383	358696	36286	7401
1997	609772	534263	64613	10896	419217	375289	36310	7618
1998	592951	514526	48949	29476	396614	357549	23395	15670
1999	624029	546719	49089	28221	417883	378034	23453	16396
2000	653127	565585	42684	44858	439909	390587	18473	30849
2001	700349	596699	39062	64588	482073	423530	15307	43235
2002	742489	572711	31159	138619	516553	397782	13763	105008
2003	802685	621748	29756	151181	569467	440515	12119	116832
2004	894607	679066	33849	181692	641470	483484	15473	142513
2005	1072593	825124	35199	212270	763816	587518	14430	161868
2006	1250866	943120	40150	267595	888450	679934	14744	193772
2007	1367407	1034032	42865	290510	932620	720634	13729	198257
2008	1549543	1141926	56183	351434	1032278	776277	20991	235010
2009	1808200	1289097	58151	460952	1179995	860207	17196	302592
2010	1985130	1431819	70534	482777	1404233	1034203	29191	340839
2011	2347680	1673845	91401	582434	1621227	1187306	41355	392566
2012	2664762	1890555	92391	681817	1813377	1326132	33376	453870
2013	4587245	1617517	119932	2849796	2806363	867345	37131	1901887
2014	5011775	1782705	144653	3084417	2997160	963758	37083	1996319
2015	5248123	1957397	148450	3142276	3020812	1037061	36704	1947048
2016	5266856	2083555	159849	3023452	2945037	1119808	40686	1784543
2017	5591259	2263659	166049	3161551	3169448	1248071	40450	1880927
2018	5617231	2411299	195304	3010628	3350499	1343875	92919	1913705
2019	5415174	2609782	159058	2646334	3131241	1403164	95210	1632867
2020	5988522	4624779	388802	974941	3775121	2959904	210749	604469

注：自2020年始，在岗职工工资总额统计方法调整为：规模以下单位采取抽样调查，规模以上单位全面调查，且为在岗职工工资总额与劳务派遣人员工资总额之和，故与往年不可比。

4-11 主要年份职工平均工资

单位：元

年份	全市				市区			
	全部职工	国有经济单位	城镇集体经济单位	其他经济类型单位	全部职工	国有经济单位	城镇集体经济单位	其他经济类型单位
1949					349	349		
1952	503	503			529	529		
1957	573	573			619	619		
1962	548	548			590	590		
1965	599	599			594	680	407	
1970	553	553			547	587	436	
1975	509	564	392		580	595	426	
1978	554	593	430		605	664	446	
1979	605	676	459		647	731	464	
1980	715	791	535		768	828	613	
1981	720	772	569		770	820	633	
1982	755	808	609		807	857	667	
1983	780	840	621		841	898	667	
1984	1105	1178	884		1175	1228	1014	
1985	1231	1351	941		1220	1303	944	
1986	1403	1537	1077	1828	1400	1503	1067	645
1987	1463	1601	1119	2021	1511	1625	1136	1934
1988	1798	1973	1349	2101	1800	1935	1329	1633
1989	1965	2177	1410	2224	2189	2370	1535	2189
1990	2179	2417	1531	3050	2708	2618	1636	3091
1991	2379	2644	1647	2656	2715	2913	1804	2521
1992	2753	3052	1867	2838	3151	3426	2068	3115
1993	3355	6698	2245	3702	3914	4244	2512	4119
1994	4524	5013	2732	5202	5186	5658	2971	5583
1995	5537	6101	3481	3957	6381	6938	3791	4669
1996	6279	6933	3707	6308	7208	7878	3916	7197
1997	6521	7211	3636	6580	7533	8214	3994	8764
1998	7717	8149	5150	7023	8999	9234	6998	7796
1999	8447	8955	5351	7731	9911	10169	7015	9945
2000	9339	9908	5243	9531	11144	11442	6706	11940
2001	10501	11174	5630	10171	12837	13143	7041	13710
2002	11887	12683	6235	11264	14929	15633	8246	14027
2003	13551	14327	6777	13209	17518	18073	8528	17405
2004	15809	16864	8387	14789	20898	22046	12735	18876
2005	18849	20373	9597	16670	24838	26223	13545	22230
2006	21896	23639	11058	19673	29191	30969	14163	26047
2007	23711	25791	12674	20465	30652	32299	15904	27338
2008	26824	29000	16253	23534	33982	35610	18075	31689
2009	31173	33575	19527	27715	39392	40387	20230	38766
2010	34243	37406	24377	28737	40254	43371	28185	34075
2011	39493	43102	30823	33008	45909	49355	36327	38794
2012	44070	47890	35540	37076	50715	54249	37936	43510
2013	47013	50192	40499	45680	51903	59051	40505	49445
2014	50268	53761	43619	48784	55387	63929	48059	52170
2015	54310	61794	47722	50809	59373	72206	52751	54356
2016	57228	66580	50405	52520	63077	77868	57621	56468
2017	63917	74800	56043	58277	71510	88131	63133	63718
2018	71457	81565	72026	64974	81357	100117	81795	71879
2019	78568	87360	73251	71759	91987	107247	86093	82257
2020	86138	93088	76568	66042	100534	109949	99378	71036

4-12 职工工资总额

（2020年底）　　　　单位：万元

项　　目	在岗职工工资总额	国有经济单位	城镇集体经济单位	其他经济类型单位
总　计	**5988522**	**4624779**	**388802**	**974941**
按企业、事业、机关分				
企业	3147810	1818679	386142	942989
事业	1939301	1927516		11785
机关	806229	806229		
民间非营利组织	92274	72010	2660	17605
其他	2909	345		2563
按国民经济行业分				
农、林、牧、渔业	24669	22945	186	1538
采矿业	363526	363526		
制造业	1038087	410010	96181	531896
电力、煤气及水的生产和供应业	111698	89673	6046	15980
建筑业	579331	360818	141634	76879
批发和零售业	205116	62821	22443	119852
交通运输、仓储及邮政业	289093	242037	25714	21341
住宿和餐饮业	17147	4820	1293	11034
信息传输、计算机服务和软件业	72153	59833	5935	6385
金融业	223704	153951	62928	6825
房地产业	105496	31595	4068	69833
租赁和商务服务业	111258	50606	3183	57469
科学研究、技术服务和地质勘查业	97723	76060	7835	13828
水利、环境和公共设施管理业	55167	51980	34	3153
居民服务和其他服务业	16073	12799	157	3117
教育	1119794	1103420	2523	13850
卫生、社会保障和社会福利业	641760	614964	8148	18648
文化、体育和娱乐业	35685	32156	492	3036
公共管理和社会组织	881042	880764		278
按隶属关系分（国有经济）				
中央	760206	760206		
地方	2236787	2236787		
其他	1627786	1627786		

4-13 市区职工工资总额

（2020年底）　　单位：万元

项　　目	在岗职工工资总额	国有经济单位	城镇集体经济单位	其他经济类型单位
总　计	**3775121**	**2959904**	**210749**	**604469**
按企业、事业、机关分				
企业	2043754	1243269	208111	592374
事业	1145096	1138660		6436
机关	541181	541181		
民间非营利组织	44929	36694	2638	5596
其他	162	99		63
按国民经济行业分				
农、林、牧、渔业	4409	4075		334
采矿业	178168	178168		
制造业	789927	392411	71592	325924
电力、煤气及水的生产和供应业	82373	69396	6046	6931
建筑业	159185	116773	17799	24613
批发和零售业	139953	45971	12791	81190
交通运输、仓储及邮政业	240583	210274	18821	11488
住宿和餐饮业	14482	4820	958	8704
信息传输、计算机服务和软件业	66766	54609	5935	6223
金融业	199915	130289	62928	6698
房地产业	75899	20565	3841	51493
租赁和商务服务业	91594	39958	1744	49892
科学研究、技术服务和地质勘查业	61414	46278	5163	9973
水利、环境和公共设施管理业	35409	33104		2305
居民服务和其他服务业	11085	9362		1723
教育	602999	593744	2523	6732
卫生、社会保障和社会福利业	425355	417663	115	7578
文化、体育和娱乐业	24254	21093	492	2669
公共管理和社会组织	571351	571351		
按隶属关系分（国有经济）				
中央	543982	543982		
地方	1309661	1309661		
其他	1106260	1106260		

4-14 职工平均工资

（2020年底） 单位：元

项　目	在岗职工年平均工资	国有经济单位	城镇集体经济单位	其他经济类型单位
总　计	**86138**	**93088**	**76568**	**66042**
按企业、事业、机关分				
企业	76486	83436	76495	65897
事业	104631	104788		84057
机关	97912	97912		
民间非营利组织	59959	57879	88953	66452
其他	49450	29765		54289
按国民经济行业分				
农、林、牧、渔业	30738	30137	34195	42990
采矿业	82158	82158		
制造业	86643	126021	97610	68700
电力、煤气及水的生产和供应业	117432	126745	204942	74614
建筑业	56582	55694	62505	51450
批发和零售业	62903	72187	56127	60205
交通运输、仓储及邮政业	95538	109477	50829	69022
住宿和餐饮业	41505	33946	34210	47287
信息传输、计算机服务和软件业	94776	100811	142324	50642
金融业	144584	140076	160173	123425
房地产业	81105	64383	50470	95743
租赁和商务服务业	54028	48316	35445	62327
科学研究、技术服务和地质勘查业	88857	97207	65260	70099
水利、环境和公共设施管理业	72863	78679	38405	32988
居民服务和其他服务业	62768	87252	29162	29970
教育	99689	100287	99335	67632
卫生、社会保障和社会福利业	110433	112091	104324	75538
文化、体育和娱乐业	80162	85765	37331	53234
公共管理和社会组织	96256	96272		62689
按隶属关系分（国有经济）				
中央	137107	137107		
地方	95434	95434		
其他	78641	78641		

4-15 市区职工平均工资

（2020年底） 单位：元

项 目	在岗职工年平均工资	国有经济单位	城镇集体经济单位	其他经济类型单位
总 计	**100534**	**109949**	**99378**	**71036**
按企业、事业、机关分				
企业	89478	100374	99518	70424
事业	124313	124657		83404
机关	114004	114004		
民间非营利组织	60306	56607	89431	79860
其他	25185	20887		37000
按国民经济行业分				
农、林、牧、渔业	80890	85593		48422
采矿业	64069	64069		
制造业	95615	127650	107999	72035
电力、煤气及水的生产和供应业	145473	156954	204942	73268
建筑业	81255	91143	88113	51722
批发和零售业	75737	91262	84187	68100
交通运输、仓储及邮政业	105522	119101	51398	77491
住宿和餐饮业	41671	33946	34324	49000
信息传输、计算机服务和软件业	97246	104786	142324	50294
金融业	145126	139907	160173	125431
房地产业	92640	66353	51676	118367
租赁和商务服务业	57022	53364	37233	61544
科学研究、技术服务和地质勘查业	101781	119080	63091	75026
水利、环境和公共设施管理业	81413	92609		29752
居民服务和其他服务业	83129	94325		50536
教育	113059	113565	99335	84293
卫生、社会保障和社会福利业	131274	132872	28073	81687
文化、体育和娱乐业	80131	87849	37331	54039
公共管理和社会组织	116236	116236		
按隶属关系分（国有经济）				
中央	150648	150648		
地方	112061	112061		
其他	95181	95181		

4-16 城镇登记失业人数及失业率

单位：人

年　份	当年需要安置的人数	当年已安置就业的人数	年末城镇登记失业人数	#失业青年	#失业女青年	年末城镇登记失业率（%）
1981	42995	22600	10294	10294		1.52
1982	28451	18432	5144	5144		0.73
1983	20261	8336	10633	10633		1.44
1984	22729	13584	8396	8396		1.08
1985	27051	14654	11605	11605		1.45
1986	30373	18158	11854	11854		1.43
1987	32082	16469	15200	15200		1.78
1988	36679	22722	13469	13469		1.50
1989	74534	22780	50947	50947		5.44
1990	71500	44775	22440	22440		2.42
1991	50367	29702	18622	18622	12054	1.98
1992	42113	19787	18754	18754	11627	1.97
1993	37681	19406	16997	16275	9615	1.81
1994	33896	17241	15576	14875	8815	1.70
1995	31238	14971	15390	15078	8869	1.60
1996	31431	14568	15276	13795	7742	1.50
1997	29154	13083	15073	13181	7232	1.62
1998	27155	13481	13163	10398	6295	1.30
1999	28125	13087	15038	12981	8035	1.52
2000	34107	14078	18625	8482	4433	1.89
2001	44654	16512	26836	9956	5650	2.40
2002	60674	21098	38099			3.58
2003	66044	22521	37980	7430	3492	4.30
2004	67288	27905	37231	6571	3815	4.03
2005	66614	31263	33560	10385	5980	3.44
2006	78964	45611	32581	9589	5273	3.03
2007	84262	50696	33488	17268	9478	2.80
2008	88393	54628	33665			2.70
2009	96903	61063	35738			2.86
2010	106308	72665	33613			2.63
2011	115628	77798	37824			2.55
2012	117890	82521	35369			2.39
2013	156404	122597	33785			2.14
2014	132486	100534	31914			1.91
2015	155995	124366	31611			1.89
2016	169543	138586	30953			1.85
2017	170150	139772	30375			1.82
2018	177054	145947	31105			1.78
2019	168469	135958	32413			1.75
2020	134591	101921	32669			1.76

主要统计指标解释

从业人员 指从事一定社会劳动并取得劳动报酬或经营收入的全部劳动力。包括：

（1）全部职工

（2）城镇私营企业从业人员

（3）城镇个体劳动者

（4）农村社会劳动者

（5）其他社会劳动者

这一指标反映了一定时期内全部劳动力资源的实际利用情况，是研究基本国情国力的重要指标。

各单位的从业人员是指在各级国家机关、政党机关、社会团体及企业、事业单位中工作，并取得劳动报酬的全部人员。包括职工、再就业的离退休人员、民办教师以及在各单位中工作的外方人员和港、澳、台方人员。

各单位的从业人员反映了各单位实际参加生产或工作的全部劳动力。

职工 指在国有经济、城镇集体经济、联营经济、股份制经济、外商和港、澳、台投资经济、其他经济单位及其附属机构工作，并由其支付工资的各类人员。

合同制职工 指各单位根据国务院国发（1986）77号文件和国务院令第99号的规定，通过签订有固定期限劳动合同、无固定期限劳动合同和以完成一项工作为期限劳动合同所使用的职工。包括实行全员劳动合同制单位的全部职工。

使用的农村劳动力 指国有经济、城镇集体经济、联营经济、股份制经济、外商和港、澳、台投资经济、其他经济单位的职工中，现仍保留农村户籍关系的人员。

长期职工 指用工期限在一年以上（含一年）的职工。包括原固定职工、合同制职工、长期临时工以及国有单位使用的城镇集体所有制单位的人员和其他使用期限在一年以上的原计划外用工。

临时职工 指用工期限不超过一年的职工。包括各单位根据国家有关规定招用的，签订一年以内的劳动合同或使用期不超过一年的临时性、季节性用工。

其他从业人员 指劳动统计制度规定不作职工统计，但实际参加社会劳动并取得劳动报酬的人员。

各单位的其他从业人员是指单位中除职工以外的全部参加本单位生产或工作并取得劳动报酬的人员。包括再就业的离退休人员、民办教师以及在各单位中工作的外方人员和港、澳、台方人员。

城镇集体经济单位职工 指在城镇集体经济单位及其管理部门工作并由其支付工资的各类人员。

其他经济单位职工 指在联营经济、股份制经济、外商投资经济、港、澳、台投资经济单位工作，并由其支付工资的各类人员。

城镇个体劳动者 指经工商行政管理部门核准登记，领取营业执照，参加生产经营活动，户口在城镇的全部人员。

城镇登记失业人员 指有非农业户口，在一定的劳动年龄内（16岁以上及男50岁以下、女45岁以下），有劳动能力，无业而要求就业，并在当地就业服务机构进行待业登记的人员。

城镇登记失业率 是城镇登记失业人数同城镇在业人数加城镇登记失业人数之比。计算公式为：

$$\text{城镇登记失业率} = \frac{\text{城镇登记失业人数}}{\text{城镇在业人数} + \text{城镇登记失业人数}} \times 100\%$$

从业人员劳动报酬 各单位一定时期内直接支付给本单位全部从业人员的劳动报酬总额。包括职工工资总额和本单位其他从业人员劳动报酬两部分。

职工工资总额 指各单位在一定时期内直接支付给本单位全部职工的劳动报酬总额。

工资总额的计算原则应以直接支付给职工的全部劳动报酬为根据。各单位支付给职工的劳动报酬以及其他根据有关规定支付的工资，不论是计入成本的还是不计入成本的，不论是按国家规定列入计征奖金税项目的，还是未列入计征奖金税项目的，不论是以货币形式支付的还是以实物形式支付的，均包括在工资总额内。

计时工资 指按计时工资标准（包括地区生活费补贴）和工作时间支付给个人的劳动报酬，以及根据国家法律、法规和政策规定，因病、工伤、产假、计划生育假、婚丧假、事假、探亲假、定期休假、停工学习、执行国家或社会义务等原因按计时工资标准或计时工资标准的一定比例支付的工资。

计件标准工资 是指实行计件工资制的单位按照批准的计件单价和规定的劳动定额或工作量应支付给计件工人的劳动报酬。

计件超额工资 是计件工资的一部分，指计件工人超额完成定额任务后所得的工资。即计件工人实得的全部计件工资减去应得的计件标准工资后的数额。某些企业的工人由于从事生产的工作物等级高于本人工资等级，因而其计件标准工资高于本人标准工资，其计件超额工资也应是全部工资减去应得的计件标准工资后的数额。

奖金 指支付给职工的超额劳动报酬和增收节支的劳动报酬。

津贴和补贴 指为了补偿职工特殊或额外的劳动消耗和因其他特殊原因支付给职工的津贴，以及为了保证职工工资水平不受物价影响支付给职工的物价补贴。

其他从业人员劳动报酬 指各单位在一定时期内直接支付给本单位其他从业人员的全部劳动报酬。

职工平均工资 指企业、事业、机关单位的职工在一定时间内平均每人所得的货币工资额。它表明一定时期职工工资收入的高低程度，是反映职工工资水平的主要指标。计算公式为：

$$\text{职工平均工资}=\frac{\text{报告期实际支付的全部职工工资总额}}{\text{报告期全部职工平均人数}}$$

职工平均实际工资 指扣除物价变动因素后的职工平均工资。计算公式为：

$$\text{职工平均实际工资}=\frac{\text{报告期职工平均工资}}{\text{报告期全部职工生活费价格指数}}$$

五、固定资产投资

INVESTMENT IN FIXED ASSETS

版面负责人：张　虹
编　　　辑：孙　伟

统计知识

中华人民共和国统计法实施条例

第三十条 统计调查中获得的能够识别或者推断单个统计调查对象身份的资料应当依法严格管理，除作为统计执法依据外，不得直接作为对统计调查对象实施行政许可、行政处罚等具体行政行为的依据，不得用于完成统计任务以外的目的。

第三十一条 国家建立健全统计信息共享机制，实现县级以上人民政府统计机构和有关部门统计调查取得的资料共享。制定机关共同制定的统计调查项目，可以共同使用获取的统计资料。

统计调查制度应当对统计信息共享的内容、方式、时限、渠道和责任等作出规定。

第五章　统计机构和统计人员

第三十二条 县级以上地方人民政府统计机构受本级人民政府和上级人民政府统计机构的双重领导，在统计业务上以上级人民政府统计机构的领导为主。

乡、镇人民政府应当设置统计工作岗位，配备专职或者兼职统计人员，履行统计职责，在统计业务上受上级人民政府统计机构领导。乡、镇统计人员的调动，应当征得县级人民政府统计机构的同意。

县级以上人民政府有关部门在统计业务上受本级人民政府统计机构指导。

第三十三条 县级以上人民政府统计机构和有关部门应当完成国家统计调查任务，执行国家统计调查项目的统计调查制度，组织实施本地方、本部门的统计调查活动。

第三十四条 国家机关、企业事业单位和其他组织应当加强统计基础工作，为履行法定的统计资料报送义务提供组织、人员和工作条件保障。

第三十五条 对在统计工作中做出突出贡献、取得显著成绩的单位和个人，按照国家有关规定给予表彰和奖励。

5-1　全社会固定资产投资

单位：万元

年　份	全社会固定资产投资完成额	#城镇规模以上	农村规模以上	#城乡个私	#城镇个私
1978	32052	32052			
1979	39965	39965			
1980	46737	46737			
1981	31140	31140			
1982	45100	45100			
1983	61776	61776			
1984	72575	72575			
1985	81993	81993			
1986	186435	111793	46816	27826	13530
1987	223523	120516	54252	48755	15040
1988	203704	101872	62359	39473	16000
1989	211255	88112	70066	73077	16730
1990	244092	117535	84417	42140	19460
1991	300167	153137	99315	47715	22890
1992	448089	256335	132420	59334	23160
1993	513891	308967	134000	70924	15986
1994	772145	407060	247278	117807	31959
1995	1036880	532002	407263	97615	20696
1996	1365558	713616	542778	109164	18626
1997	1521073	812015	573291	135767	21696
1998	1882611	1137480	510507	211098	7529
1999	2202118	1313145	404029	422971	47274
2000	2521865	1540283	359501	541440	81474
2001	2878503	1715698	137554	182724	109437
2002	3231237	1776036	121704	272936	128717
2003	3830289	2447598	412593	292571	130034
2004	4452726	3187501	717778	726871	281055
2005	6013112	4509921	950880	1613051	881267
2006	7529941	5985211	816056	2386794	1800453
2007	9607018	7695881	1027195	6310559	5364624
2008	12506684	10150379	1467142	4397099	3293322
2009	16245718	13375634	2314293	7555693	5821889
2010	20492595	16469766	2917392	9003877	6810346

注：2002 年以前城镇、农村规模以上分别为城镇、农村集体以上；2010 年以后不再统计全社会固定资产投资。

5-2　固定资产投资

单位：万元

年　份	全　市	#城乡个私	市　区	#城乡个私
1978	32052		27988	
1979	39965		34622	
1980	46737		40763	
1981	31140		26990	
1982	45100		38339	
1983	61776		54607	
1984	72575		64757	
1985	81993		69413	
1986	158609	27826	106534	5816
1987	174768	48755	118110	6935
1988	164231	39473	95271	7917
1989	158178	73077	85194	7378
1990	201952	42140	117947	9486
1991	252452	47715	142140	10426
1992	388755	59334	233176	9293
1993	442967	70924	205394	6145
1994	654338	117807	316251	11149
1995	939265	97615	425293	13867
1996	1256394	109164	584478	18347
1997	1385306	135767	752279	36649
1998	1647987	211098	1098821	19776
1999	1717174	422971	1153101	100599
2000	1899784	541440	1269190	150387
2001	1853252	182724	1401933	87082
2002	1897740	272936	1461694	94483
2003	2860191	292571	1788761	49681
2004	3905279	726871	2041714	130810
2005	5460801	1613051	2492481	465764
2006	6801267	2386794	2936655	631616
2007	8723076	6310559	3617867	2402901
2008	11617521	4397099	5218485	2177161
2009	15689927	7555693	6270237	2248229
2010	19387158	9003877	10220846	3953299
2011	22010274	8934776	11930894	3448110
2012	26858891	9599343	14485002	2939545
2013	30901313	12552369	16824224	4944903
2014	36715594	17262719	19315592	7573667
2015	42661166	20133071	21670386	8223614
2016	47973323	27041925	23542260	11099451
2017	52770269	33281668	25793017	15099088

注：2011 年起，固定资产投资统计的起点标准从计划总投资 50 万元提高到 500 万元。

5-3 各时期固定资产投资完成额

单位：万元

时期	合计	基本建设	更新改造	其他投资	房地产开发
1949	257	257			
恢复时期	**2065**	**2065**			
“一五”时期	**15602**	**15602**			
“二五”时期	**70222**	**70222**			
调整时期	**14262**	**14262**			
“三五”时期	**18586**	**18586**			
“四五”时期	**63127**	**60974**	**2153**		
“五五”时期	**151718**	**134899**	**12287**	**4532**	
1976	14432	14432			
1977	18532	18532			
1978	32052	29141	1870	1041	
1979	39965	32579	6402	984	
1980	46732	40215	4015	2507	
“六五”时期	**292584**	**177653**	**79905**	**35026**	
1981	31140	22524	5465	3151	
1982	45100	24312	14281	6507	
1983	61776	37279	17443	7054	
1984	72575	48622	17164	6789	
1985	81993	44916	25552	11525	
“七五”时期	**539828**	**285696**	**180358**	**61560**	**12214**
1986	111793	66508	29063	16222	
1987	120516	75020	31166	14330	
1988	101872	40804	46889	14179	
1989	88112	46274	34590	7248	
1990	117535	57090	38650	9581	12214
“八五”时期	**1657501**	**826093**	**526087**	**151031**	**154290**
1991	153137	74263	50691	13114	15069
1992	256335	116204	94656	29404	16071
1993	308967	126040	119234	35333	28360
1994	407060	205272	131971	35682	34135
1995	532002	304314	129535	37498	60655
“九五”时期	**5516539**	**2909525**	**1257699**	**449088**	**900227**
1996	713616	375182	186272	71520	80642
1997	812015	419068	202617	74937	115393
1998	1137480	591413	270144	90292	185631
1999	1313145	720580	283647	70847	238071
2000	1540283	803282	315019	141492	280490
“十五”时期	**13636754**	**5179894**	**1925784**	**847621**	**1799272**
2001	1715698	921817	359585	120944	313352
2002	1776036	1020760	398013	107174	250089
2003	2447598	1344223	520720	281697	300958
2004	3187501	1893094	647466	337806	309135
2005	4509921				625738
“十一五”时期	**53676871**				**6661018**
2006	5985211				707983
2007	7695881				1001097
2008	10150379				1308123
2009	13375634				1590593
2010	16469766				2053222
“十二五”时期	**159147238**				**18847603**
2011	22010274				2551217
2012	26858891				3100707
2013	30901313				3804668
2014	36715594				4688767
2015	42661166				4702244
“十三五”时期					**35241963**
2016	47973323				5491309
2017	52770269				5386244
2018					7164325
2019					8529360
2020					8670725

注：2002 年以前为城镇集体以上投资，2005 年以后取消了基本建设和更新改造的分类；2011 年以前为城镇规模以上固定资产投资；2011 年起为 500 万元以上固定资产投资，不再区分城镇和农村（下同）。

5-4 市区固定资产投资完成额

单位：万元

年 份	合 计	基本建设	更新改造	其他投资	房地产开发
1978	27988	25927	1144	917	
1979	34622	28415	5418	789	
1980	40763	35533	3171	2059	
1981	26990	20409	4270	2311	
1982	38339	21143	11801	5395	
1983	54607	33224	15401	5982	
1984	64757	44088	14998	5671	
1985	69413	38898	22367	8148	
1986	95150	60380	24007	10763	
1987	104174	70483	24933	8758	
1988	78745	35361	36892	6492	
1989	68047	38675	27081	2294	
1990	95455	45083	32432	5726	12214
1991	119408	60097	39380	6875	13056
1992	195860	86709	75680	19008	14463
1993	201019	68547	88506	20131	23835
1994	253437	130328	78598	19578	24933
1995	338392	196442	76004	17063	48883
1996	443879	252482	91128	38360	61909
1997	577803	316030	134249	42989	84535
1998	902936	481654	205674	65758	149850
1999	1048339	614299	211568	32237	190235
2000	1205265	681585	236759	62123	224798
2001	1328481	741555	295767	62149	229010
2002	1401555	832978	325980	72250	170347
2003	1788761	1134523	420109	53217	180912
2004	2231004	1557209	448594	35911	189290
2005	2451166				362170
2006	2924555				451565
2007	3607867				478393
2008	5185735				741589
2009	6162667				797912
2010	9664307				1266145
2011	11930894				1517773
2012	14485002				1995752
2013	16824224				2611336
2014	19315592				2996808
2015	21670386				2863281
2016	23542260				3263851
2017	25793017				3009665
2018					4554442
2019					5463557
2020					5693282

5-5 各时期投资新增固定资产

单位：万元

时 期	合 计	基本建设	更新改造	其他投资	房地产开发
1949	248	248			
恢复时期	**1776**	**1776**			
“一五”时期	**12643**	**12643**			
“二五”时期	**52985**	**52985**			
调整时期	**11619**	**11619**			
“三五”时期	**11759**	**11759**			
“四五”时期	**35169**	**35169**			
“五五”时期	**120222**	**108726**	**8258**	**3238**	
1976	9446	9446			
1977	9458	9458			
1978	30475	27986	1789	700	
1979	30209	25844	3807	558	
1980	40634	35992	2662	1980	
“六五”时期	**225890**	**129838**	**63086**	**32966**	
1981	22041	15323	4097	2621	
1982	31357	15074	11754	4529	
1983	35124	14919	12514	7691	
1984	51932	30733	13882	7317	
1985	85436	53789	20839	10808	
“七五”时期	**439936**	**226017**	**147703**	**54849**	**11367**
1986	89636	48050	25724	15862	
1987	96080	60055	27876	8149	
1988	95252	48063	33199	13990	
1989	74117	34597	31245	8275	
1990	84851	35252	29659	8573	11367
“八五”时期	**1130113**	**526560**	**375736**	**128774**	**99043**
1991	114583	50726	39636	10026	14195
1992	186138	92456	56505	26802	10375
1993	191284	76848	84971	26428	3037
1994	252013	108300	87916	33537	22260
1995	386095	198230	106708	31981	49176
“九五”时期	**4160683**	**2118938**	**1041554**	**417666**	**582526**
1996	610805	319035	172302	58363	61105
1997	757218	425798	178475	67624	85321
1998	752613	303985	250117	80716	117795
1999	968298	520106	179786	86004	182402
2000	1071749	550014	260874	124958	135903
“十五”时期	**8627742**	**2848831**	**1427736**	**731525**	**1122436**
2001	1070252	582891	134992	110582	241787
2002	1549933	786760	559860	77321	125992
2003	1295044	672868	270887	225322	125967
2004	1718860	806312	461997	318300	132251
2005	2993653				496439
“十一五”时期	**36739637**				**3820079**
2006	3024852				298673
2007	6163555				448651
2008	5513772				497972
2009	9252496				1261300
2010	12784962				1313483
“十二五”时期	**124550840**				**10389210**
2011	15040675				1539050
2012	20447653				1360822
2013	24690737				2684251
2014	30741958				2152080
2015	33629817				2653007
“十三五”时期					**15126967**
2016	33204575				1984917
2017	42928427				2505293
2018					2992531
2019					2664973
2020					4979253

5-6 市区投资新增固定资产

单位：万元

年 份	合 计	基本建设	更新改造	其他投资	房地产开发
1978	26866	25315	970	581	
1979	25972	22452	3066	454	
1980	35533	31935	2033	1565	
1981	18034	13109	3078	1847	
1982	25881	12913	9497	3471	
1983	29766	12206	10875	6685	
1984	44568	26544	11892	6132	
1985	75673	49688	17681	8204	
1986	73299	42141	20519	10629	
1987	80186	54202	21992	3891	
1988	75532	42957	26722	5853	
1989	55544	28219	24011	3314	
1990	64294	21322	13423	6171	11367
1991	84047	26233	27873	4974	13000
1992	150991	81358	42839	17559	9235
1993	119722	36283	52825	12914	16700
1994	135861	51271	49550	16641	18399
1995	207292	64720	51384	14704	43484
1996	375765	211880	91132	29017	43735
1997	537990	329431	102839	42557	62163
1998	553824	205359	192031	60488	95946
1999	731316	421070	124137	34668	151441
2000	772075	456828	185994	40513	88740
2001	662624	408353	79246		175025
2002	1193645	600972	483374	41657	67642
2003	762273	498133	183849	31992	48299
2004	909183	526150	263125	38431	81477
2005	1579550				246009
2006	1764597				89433
2007	2344769				448651
2008	2719346				234540
2009	3723923				797912
2010	8237121				697580
2011	6991822				826774
2012	10519995				623425
2013	12075838				1583159
2014	15337399				1154480
2015	16990739				1470955
2016	15731872				923570
2017	19993831				1425712
2018					1442383
2019					1898636
2020					3173196

5-7 固定资产投资竣工房屋建筑面积

单位：万平方米

年　份	竣工的房屋建筑面积	基本建设	更新改造	其他投资	房地产开发
1978	75.6	64.8	4.2	6.6	
1979	97.3	78.0	13.4	5.9	
1980	113.5	96.3	6.8	10.4	
1981	109.4	84.2	14.4	10.8	
1982	110.1	60.5	27.5	22.1	
1983	132.4	63.5	39.0	29.9	
1984	131.6	68.4	30.5	32.7	
1985	129.2	63.7	29.3	36.2	
1986	153.0	63.6	42.4	47.0	
1987	124.2	60.3	27.2	36.7	
1988	105.1	44.7	31.0	29.4	
1989	80.9	42.8	23.9	14.2	
1990	111.8	38.0	27.7	8.9	37.2
1991	115.6	42.3	25.7	14.4	33.2
1992	129.6	54.7	25.9	18.2	30.8
1993	160.1	62.2	32.8	17.3	47.8
1994	140.3	43.5	25.4	15.8	55.6
1995	183.3	89.0	17.8	15.9	60.6
1996	224.0	86.0	37.2	17.8	83.0
1997	261.5	101.9	34.3	21.6	130.7
1998	245.4	84.4	11.7	21.9	127.4
1999	380.8	118.1	6.1	46.9	209.8
2000	294.8	123.7	23.4	60.7	87.0
2001	431.1	179.1	16.1	35.5	200.4
2002	385.5	186.4	20.4	46.5	132.3
2003	211.6	66.6	7.6	26.0	111.4
2004	199.6	53.0	13.0	29.3	104.3
2005	537.3				320.1
2006	463.4				172.3
2007	767.5				265.7
2008	685.2				224.4
2009	689.3				407.9
2010	1409.6				457.1
2011	1752.8				562.5
2012	2276.7				481.5
2013	2787.0				702.7
2014	3436.1				508.6
2015	3613.6				671.8
2016	2299.3				601.8
2017	1652.4				520.5
2018	1117.9				766.2
2019	1129.1				657.2
2020					123.1

5-8 市区固定资产投资竣工房屋建筑面积

单位：万平方米

年　份	竣工的房屋建筑面积	基本建设	更新改造	其他投资	房地产开发
1978	60.7	53.5	2.0	5.2	
1979	80.9	64.5	11.1	5.3	
1980	86.5	72.5	5.1	8.9	
1981	85.2	68.0	9.1	8.1	
1982	78.2	41.9	19.0	17.3	
1983	104.4	48.4	31.3	24.7	
1984	103.4	51.7	25.3	26.4	
1985	98.4	46.7	25.4	26.3	
1986	112.8	52.0	33.5	27.3	
1987	65.3	41.3	21.0	3.0	
1988	52.1	26.0	19.0	7.1	
1989	51.9	31.0	17.3	3.6	
1990	75.2	22.2	20.0	2.0	31.0
1991	67.0	20.3	17.8	2.4	26.5
1992	76.0	28.0	9.0	11.0	28.0
1993	97.4	29.6	17.7	7.7	42.4
1994	84.9	18.2	14.6	7.6	44.5
1995	97.2	31.2	5.1	7.3	53.6
1996	116.1	35.6	13.7	5.2	61.6
1997	136.9	39.7	10.1	10.0	77.1
1998	159.6	35.2	7.3	7.0	110.1
1999	261.1	64.3	3.8	11.9	181.1
2000	162.2	64.1	16.5	23.9	57.7
2001	194.3	48.6	8.9	17.1	119.6
2002	167.6	71.2	12.4	17.7	66.3
2003	75.6	32.5	6.6		36.5
2004	102.8	19.6	7.0	4.3	71.9
2005	231.8				127.7
2006	186.5				43.9
2007	248.2				86.4
2008	251.1				76.4
2009	375.0				233.5
2010	732.4				227.0
2011	710.5				276.0
2012	966.8				179.2
2013	1223.6				403.9
2014	1401.2				170.4
2015	1636.1				302.2
2016	1014.2				252.7
2017	656.6				181.5
2018	428.5				277.4
2019	611.6				413.8
2020					599.1

5-9 固定资产投资竣工住宅建筑面积

单位：万平方米

年份	竣工的房屋住宅面积	基本建设	更新改造	其他投资	房地产开发
1978	36.4	33.7	0.4	2.3	
1979	50.5	44.7	3.6	2.2	
1980	61.2	58.2	0.2	2.8	
1981	64.3	53.3	7.7	3.3	
1982	58.8	37.3	9.9	11.6	
1983	73.8	38.5	16.1	19.2	
1984	65.8	35.2	12.3	18.3	
1985	67.1	32.3	10.4	24.4	
1986	76.1	31.9	18.1	26.1	
1987	48.7	25.6	6.9	16.2	
1988	33.0	15.5	8.1	9.4	
1989	29.7	18.0	7.3	4.4	
1990	58.4	12.2	9.4	2.1	34.7
1991	55.4	19.3	5.1	3.4	27.6
1992	64.6	26.2	6.8	4.8	26.8
1993	74.3	25.4	8.0	1.6	39.3
1994	73.8	21.1	4.3	6.4	42.0
1995	91.9	31.5	2.7	2.8	54.9
1996	114.1	31.7	8.4	3.0	71.0
1997	134.7	41.0	2.1	6.1	85.5
1998	140.6	26.9	0.4	6.0	107.3
1999	228.3	32.9	0.1	7.3	188.0
2000	143.6	31.9	3.5	33.7	74.5
2001	213.4	63.2		7.0	143.2
2002	155.7	43.0	0.9	9.3	102.6
2003	101.4	8.0	2.2	1.0	90.2
2004	92.8	3.7			89.1
2005	255.9				250.2
2006	149.3				136.7
2007	226.5				225.6
2008	198.4				198.4
2009	357.5				356.1
2010	395.2				378.6
2011	589.5				494.1
2012	554.3				426.2
2013	706.7				615.6
2014	623.7				431.1
2015	709.8				520.8
2016	551.9				488.7
2017	529.6				442.1
2018	654.0				628.8
2019	545.1				521.9
2020					920.6

5-10 市区固定资产投资竣工住宅建筑面积

单位：万平方米

年　份	竣工的房屋住宅面积	基本建设	更新改造	其他投资	房地产开发
1978	32.2	30.4			
1979	43.9	38.7	3.2	3.2	
1980	50.8	48.3	0.2	0.2	
1981	50.9	42.7	5.6	5.6	
1982	46.8	29.0	7.6	7.6	
1983	63.1	31.9	13.6	13.6	
1984	57.0	28.6	11.4	11.4	
1985	53.4	24.2	9.2	9.2	
1986	68.8	27.6	16.6	16.6	
1987	36.5	19.5	5.8	5.8	
1988	22.9	10.2	11.5	11.5	
1989	22.1	14.8	6.3	6.3	
1990	48.8	8.0	6.8	6.8	33.0
1991	39.8	19.3	5.1	5.1	12.0
1992	46.0	20.0	6.8	6.8	15.2
1993	54.4	12.2	3.8	3.8	36.9
1994	48.8	8.7	3.2	3.2	33.1
1995	63.7	15.2	0.5	0.5	48.0
1996	70.9	14.5	2.7	2.7	53.5
1997	81.0	16.8	1.1	1.1	60.5
1998	101.7	7.9	0.4	0.4	93.4
1999	173.6	11.3			162.3
2000	73.0	7.5	3.5	3.5	47.4
2001	94.9	13.5			78.6
2002	65.3	16.2	0.9	0.9	46.5
2003	30.8	1.6	2.2	2.2	27.0
2004	91.3	19.6	7.0	7.0	60.4
2005	102.0				102.0
2006	46.7				36.7
2007	65.9				65.9
2008	55.9				55.9
2009	196.3				196.3
2010	177.0				176.9
2011	254.8				252.6
2012	167.0				167.0
2013	377.7				355.7
2014	246.7				137.8
2015	236.2				230.7
2016	251.6				209.7
2017	144.0				133.2
2018	222.5				222.1
2019	348.8				347.8
2020					462.0

5-11 主要年份房地产投资与销售情况

项　　目	2015	2016	2017	2018	2019	2020
企业个数　（个）	**394**	**432**	**384**	**530**	**571**	**508**
投资完成额　（万元）	**4702244**	**5491309**	**5386244**	**7164325**	**8529360**	**8670725**
按构成分						
建筑工程	3652336	4075039	3764131	4253666	5604569	5594775
安装工程	441134	570022	609430	626793	508508	471900
设备工器具购置	63407	206973	107861	68054	161514	116971
其他费用	545367	639275	904822	2215812	2254769	2487079
按工程用途分						
住宅	3387992	4150360	4218147	5853139	7105562	7060922
#经济适用房屋						
办公楼	274486	255195	220503	144153	128262	256941
商业营业用房	762179	847687	740041	719706	799317	834495
其他	277587	238067	207553	447327	496219	518367
按资金来源分						
#国内贷款	982918	763638	1084605	1097471	1914618	2633456
利用外资	12000		31955	130942	4991	13482
自筹投资	3084313	2035800	1419793	2243680	1668134	3000884
其他投资	3602887	4323183	5332103	689446	605450	297076
房屋建筑面积　（万平方米）						
施工面积	3816.70	4290.41	4690.59	5842.17	6630.97	7337.03
#住宅	2866.42	3334.84	3698.34	4662.14	5285.54	5792.33
竣工面积	671.77	601.79	520.53	766.19	657.24	1230.66
#住宅	520.82	488.73	442.07	628.80	521.85	920.62
土地开发及购置						
本年土地开发面积						
本年土地购置面积	165.85	280.96	135.84	365.31	169.00	316.5
商品房销售情况						
房屋实际销售面积	790.51	1071.43	1183.80	1253.45	1474.07	1657.69
#住宅	684.83	917.89	1077.78	1160.67	1371.25	1577.03
#经济适用房						
房屋预售面积						
#住宅						
#经济适用房						
商品房销售额　（万元）	4312938	5878184	7420007	8630837	11773125	14785106

主要统计指标解释

固定资产投资额 指以货币形式表现的在一定时期内建造和购置固定资产的工作量以及与此有关的费用的总称。

计划总投资 是反应固定资产投资在建总规模的重要指标，也是检查工程进度，计算建设周期的依据之一。

计划总投资是指在建的建设工程按照总体设计（或按设计概算或预算）规定的内容全部建成计划需要的总投资。没有总体设计的建设工程，分别按报告期施工工程的计划总投资合计数填报。单纯购置单位应填报单纯购置的计划总投资。

自开始建设累计完成投资 是指建设项目从开始建设到本年底止累计完成的全部投资。它是反映整个建设项目或企、事业单位建设总进度的指标，其计算范围原则上应与“计划总投资”指标包括的工程内容相一致。报告期前已建成投产或停、缓建工程完成的投资以及拆除、报废工程的投资，仍应包括在内，但转出的“在建工程”累计投资应予以扣除，转入的"在建工程"以前年度完成的投资应当包括。

本年完成投资 指从本年1月1日起至本年最后一天止完成的全部投资额。本年完成投资是反映本年的实际投资规模，计算有关投资效果，进行国民经济核算和经济分析的重要指标。

建筑工程 是指各种房屋、建筑物的建造工程，又称建筑工作量。这部分投资额必须兴工动料，通过施工活动才能实现，是固定资产投资额的重要组成部分。

安装工程 指各种设备、装置的安装工程，又称安装工作量。

设备工器具购置 是指报告期内购置或自制的，达到固定资产标准的设备、工具、器具的价值。新建单位及扩建单位的新建车间，按照设计或计划要求购置或自制的全部设备、工具、器具，不论是否达到固定资产标准均计入“设备工器具购置”中。

其他费用 指在固定资产建造和购置过程中发生的，除建筑安装工程和设备、工器具购置投资完成额以外的应当分摊计入固定资产投资的费用，不指经营中财务上的其他费用。

本年新增固定资产 指报告期内交付使用的固定资产价值。包括本年内建成投入生产或使用的工程投资和达到固定资产标准的设备工器具的投资以及有关应摊入的费用。

六、对外经济贸易和国际旅游

FOREIGN ECONOMY &TRADE AND INTERNATIONAL TOURISM

版面负责人：王廷宝
编　　　辑：柏　慧

统计知识

中华人民共和国统计法实施条例

第六章　监督检查

第三十六条　县级以上人民政府统计机构从事统计执法工作的人员，应当具备必要的法律知识和统计业务知识，参加统计执法培训，并取得由国家统计局统一印制的统计执法证。

第三十七条　任何单位和个人不得拒绝、阻碍对统计工作的监督检查和对统计违法行为的查处工作，不得包庇、纵容统计违法行为。

第三十八条　任何单位和个人有权向县级以上人民政府统计机构举报统计违法行为。

县级以上人民政府统计机构应当公布举报统计违法行为的方式和途径，依法受理、核实、处理举报，并为举报人保密。

第三十九条　县级以上人民政府统计机构负责查处统计违法行为；法律、行政法规对有关部门查处统计违法行为另有规定的，从其规定。

第七章　法律责任

第四十条　下列情形属于统计法第三十七条第四项规定的对严重统计违法行为失察，对地方人民政府、政府统计机构或者有关部门、单位的负责人，由任免机关或者监察机关依法给予处分，并由县级以上人民政府统计机构予以通报：

（一）本地方、本部门、本单位大面积发生或者连续发生统计造假、弄虚作假；

（二）本地方、本部门、本单位统计数据严重失实，应当发现而未发现；

（三）发现本地方、本部门、本单位统计数据严重失实不予纠正。

第四十一条　县级以上人民政府统计机构或者有关部门组织实施营利性统计调查的，由本级人民政府、上级人民政府统计机构或者本级人民政府统计机构责令改正，予以通报；有违法所得的，没收违法所得。

第四十二条　地方各级人民政府、县级以上人民政府统计机构或者有关部门及其负责人，侵犯统计机构、统计人员独立行使统计调查、统计报告、统计监督职权，或者采用下发文件、会议布置以及其他方式授意、指使、强令统计调查对象或者其他单位、人员编造虚假统计资料的，由上级人民政府、本级人民政府、上级人民政府统计机构或者本级人民政府统计机构责令改正，予以通报。

6-1 利用外资签订协议（合同）情况

单位：万美元

年 份	合 计		对外借款		外商直接投资	
	合同数（个）	合同外资额	合同数（个）	合同外资额	合同数（个）	合同外资额
1980	3	506	2	206		
1981						
1982	3	3678				
1983	2	29				
1984	2	55				
1985	9	406			2	41
1986	5	414	2	290	3	124
1987	11	973			1	66
1988	17	3574	5	2106	8	470
1989	17	2475	5	1530	11	937
1990	10	1604	4	1113	6	491
1991	27	1978	1	1281	26	697
1992	218	8111	3	525	215	7586
1993	432	25022	11	433	421	24589
1994	173	19516			173	19516
1995	159	10866			159	10866
1996	122	20791	6	3283	116	17508
1997	59	23626	8	13390	51	10236
1998	83	27817	4	5162	79	22655
1999	56	24468			56	24468
2000	99	25720			99	25720
2001	62	29078			62	29078
2002	119	44066			119	44060
2003	166	57301			166	57301
2004	186	69689			186	69689
2005	173	81733			173	81733
2006	151	81095			151	81095
2007	166	135827			166	135827
2008	122	172608			122	172608
2009	145	110956			145	110956
2010	204	189233			204	189233
2011	218	258369			218	258369
2012	211	243884			211	243884
2013	171	244661			171	244661
2014	189	30142			189	302142
2015	109	158941			109	158941
2016	166	351188			166	351188
2017	188	425776			188	425776
2018	263	571690			263	571690
2019	212	541586			212	541586
2020	187	726795			187	726795

注：1989 年以前合同数、合同工外资金额分三部分：对外借款、外商直接投资、外商其他投资。本表中不含外商其他投资。1989 年以后合同数合同外资额包括两部分：对外借款、外商直接投资。2004 年以后合同数、合同外资金额为新批外商投资项目个数和新签协议注册外资额（下同）。

6-2 实际使用外资情况

单位：万美元

年份	合计	#对外借款	#外商直接投资
1985	55		
1986	618	253	
1987	214		40
1988	434	37	127
1989	2191	1022	371
1990	1324	578	110
1991	1225	978	247
1992	2378	1578	800
1993	4161	433	3728
1994	6898	1237	5661
1995	10432		10432
1996	17284	3232	14052
1997	19020	10091	8929
1998	22816		22816
1999	20184		20184
2000	20790		20790
2001	21840		21840
2002	25023		25023
2003	34095		34095
2004	30399		30399
2005	26057		26057
2006	24433		24433
2007	44291		44291
2008	58251		58251
2009	69781		69781
2010	101330		101330
2011	146569		146569
2012	170021		170021
2013	150047		150047
2014	165786		165786
2015	142788		142788
2016	150574		150574
2017	165991		165991
2018	189848		189848
2019	208997		208997
2020	220059		220059

注：2005年及以后实际使用外资为实际到账注册外资（下同）。

6-3　主要年份对外经济情况

单位：万美元

指　　标	1990	1995	2000	2005	2010	2014	2015	2016	2017	2018	2019	2020
自营进出口总额	1015	24696	32896	112621	416053	598841	541263	624838	780061	1174419	1351908	1543267
自营出口	599	14724	18715	75196	263060	467657	438935	525438	633413	970842	1128831	1248495
#三资企业	599	5626	7794	36282	111952	142804	129468	126558	149088	175011	147683	130348
自营进口	416	9972	14181	37425	152993	131184	102328	99400	146648	203577	223077	294773
#三资企业	416	8454	9765	29056	98975	52613	40728	47185	76900	95034	81089	65432
新批外商投资项目个数(个)	10	159	99	173	204	189	109	166	188	263	212	187
新批协议注册外资额	1604	10866	25720	81733	189233	302142	158941	351188	425776	571690	541586	726795
实际使用外资	1324	10432	20790	26057	101330	165786	142788	150574	165991	189848	208997	220059
新签对外承包工程劳务合同额		3256	8010	31500	12648	61881	17674	9784	34052	21682	18822	4422
对外承包工程劳务营业额		2228		30000	14610	29919	23067	10028	10078	13586	19925	9739
期末在外人数　（人）		2316	6995	18200	1761							
新批海外投资企业　（家）		1		1	6	24	26	24	22	21	28	32
年末实有三资企业　（家）	31	877	553	599	944	1262	1320	1516	1782	1957	2265	2087
#投产开业企业	20	486	415	599	944	1262	1320	1516	1782	1957	2265	2087

注：进出口总额1998年以后为海关数；2000年期末在外人数为当年新派人数。

6-4　主要年份国际旅游人数和收入

单位：人

指　　标	1990	1995	2000	2005	2010	2014	2015	2016	2017	2018	2019	2020
过夜旅游者人数	**4325**	**4988**	**17825**	**73010**	**158277**	**29485**	**33776**	**34105**	**39884**	**44472**	**46854**	**12130**
外国人	971	2985	11324	51417	121446	22210	24834	25317	31276	33880	36966	8958
港澳台同胞	3354	2003	6501	21593	36831	7275	8942	8788	8608	10592	9888	3172
过夜者人天数　（人天）	**10318**	**19749**	**320914**	**521067**	**1019251**	**110307**	**127958**	**130706**	**159607**	**181182**	**193210**	**100352**
外国人	3131	12926	182885	346684	724714	83008	95003	99115	128646	143584	156546	77684
港澳台同胞	7187	6823	138029	174383	294537	27299	32956	31591	30961	37598	36664	22668
过夜的外国人按国别分												
日本	401	792	2720	5992	13409							
菲律宾	7	13	20	519	3815							
新加坡	9	89	1006	2107	8304							
泰国	33	37	23	727	3763							
印度尼西亚	1	64	51	915	1485							
美国	109	494	3305	9361	15615							
加拿大	17	56	383	3020	4876							
英国	41	74	198	2277	7961							
法国	25	134	68	2121	5374							
德国	100	342	244	6803	12568							
意大利	13	66	81	1009	1976							
俄罗斯	50	51	141	1027	3282							
澳大利亚	35	62	390	3225	4869							
新西兰	6	8	22	1523	2536							
马来西亚		115	83	860	3603							
韩国		216	1454	2543	12362							
西班牙		15	10	553	489							
国际旅游收入(万美元)		**229**	**1307**	**5658**	**15287**	**2975**	**3861**	**3938**	**4963**	**5431**	**5712**	**2054**

注：俄罗斯旅游人数1992年及以前为苏联数，德国1991年及以前的数字为西德数，2013年以后不再分国别统计入境人数；2013年起国家旅游局对入境旅游者的统计口径进行了调整，从原来的入境旅游者调整为过夜入境旅游者。

主要统计指标解释

利用外资 指我国各级政府、部门、企业和其他经济组织通过对外借款、吸收外商直接投资以及用其他方式筹措的境外现汇、设备、技术等。

对外借款 是我国利用外资的主要部分。包括我国通过外国政府贷款，国际金融组织贷款，外国银行商业贷款，出口信贷以及对外发行债券、股票等方式，从境外筹措的资金。

外商直接投资 是指外国企业和经济组织或个人（包括华侨、港澳台同胞以及我国在境外注册的企业）按我国有关政策、法规，用现汇、实物、技术等在我国境内开办外商独资企业、与我国境内的企业或经济组织共同举办中外合资经营企业、合作经营企业或合作开发资源的投资（包括外商投资收益的再投资）以及政府有关部门批准的项目投资总额内，企业从境外借入的资金。

对外承包工程 包括各对外承包公司以招标议标承包方式承揽的下列业务：(1)承包国外工程建设项目；(2)承包我国对外经援项目；(3)承包我国驻外机构的工程建设项目；(4)承包我国境内利用外资进行建设的工程项目；(5)与外国承包公司合营或联合承包工程项目时我国公司分包部分；(6)以服务成果向业主收费的技术服务项目（包括承担地形地貌测绘；地质资源勘探与普查；建设区域规划；提供设计文件、图纸、生产工艺技术资料和工程技术经济咨询；工程项目的可行性考察、研究和评估；进行技术指导和培训人员等）；(7)对外承包兼营的房屋开发业务。对外承包工程的营业额是以货币表现的本期内完成的对外承包工程的工作量，包括以前年度签订的合同和本年度新签订的合同在报告期完成的工作量。

对外劳务合作 指以收取工资的形式向业主或承包商提供技术和劳动服务的活动。我国对外承包公司在境外开办的合营企业，中国公司同时又提供劳务的，其劳务部分也纳入劳务合计统计。劳务合作营业额按报告期内向雇主提交的结算数（包括工资、加班费和奖金等）统计。

旅游人数 指来我国参观、访问、旅行、探亲、访友、休养、考察、参加会议和从事经济、科技、文化、教育、体育、宗教等活动的外国人、华侨、港澳和台湾同胞的人数。不包括外国在我国的常住机构，如使领馆、通讯社、企业办事处的工作人员；来我国常驻的外国专家、留学生以及在岸逗留不过夜人员。

旅游外汇收入 指国内各部门为来我国旅游的外国人、华侨、港澳和台湾同胞提供商品和劳务而获得的外汇收入。包括供应商品、饮食和提供住宿、交通、邮电、文化娱乐、导游等各项服务所得到的全部外汇收入。

七、能源消费与库存

ENERGY CONSUMPTION AND STOCK

版面负责人：邵明明　马　萍
编　　　辑：李家平　王玉成　冯洋洋

统计知识

中华人民共和国统计法实施条例

第四十三条 县级以上人民政府统计机构或者有关部门在组织实施统计调查活动中有下列行为之一的，由本级人民政府、上级人民政府统计机构或者本级人民政府统计机构责令改正，予以通报：

（一）违法制定、审批或者备案统计调查项目；

（二）未按照规定公布经批准或者备案的统计调查项目及其统计调查制度的主要内容；

（三）未执行国家统计标准；

（四）未执行统计调查制度；

（五）自行修改单个统计调查对象的统计资料。

乡、镇统计人员有前款第三项至第五项所列行为的，责令改正，依法给予处分。

第四十四条 县级以上人民政府统计机构或者有关部门违反本条例第二十四条、第二十五条规定公布统计数据的，由本级人民政府、上级人民政府统计机构或者本级人民政府统计机构责令改正，予以通报。

第四十五条 违反国家有关规定对外提供尚未公布的统计资料或者利用尚未公布的统计资料谋取不正当利益的，由任免机关或者监察机关依法给予处分，并由县级以上人民政府统计机构予以通报。

第四十六条 统计机构及其工作人员有下列行为之一的，由本级人民政府或者上级人民政府统计机构责令改正，予以通报：

（一）拒绝、阻碍对统计工作的监督检查和对统计违法行为的查处工作；

（二）包庇、纵容统计违法行为；

（三）向有统计违法行为的单位或者个人通风报信，帮助其逃避查处；

（四）未依法受理、核实、处理对统计违法行为的举报；

（五）泄露对统计违法行为的举报情况。

第四十七条 地方各级人民政府、县级以上人民政府有关部门拒绝、阻碍统计监督检查或者转移、隐匿、篡改、毁弃原始记录和凭证、统计台账、统计调查表及其他相关证明和资料的，由上级人民政府、上级人民政府统计机构或者本级人民政府统计机构责令改正，予以通报。

第四十八条 地方各级人民政府、县级以上人民政府统计机构和有关部门有本条例第四十一条至第四十七条所列违法行为之一的，对直接负责的主管人员和其他直接责任人员，由任免机关或者监察机关依法给予处分。

7-1 规模以上工业企业综合能源分行业消费量

单位：吨标准煤

指　　标	综合能源消耗量	
	2020	2019
总计	**15815668.59**	**16138167.55**
按行业门类分		
采矿业	1214195.16	1258212.17
煤炭开采和洗选业	1206331.12	1251154.93
黑色金属矿采选业	5774.74	6058.06
非金属矿采选业	2089.30	999.18
制造业	8415425.37	8817371.26
农副食品加工业	86338.94	76645.82
食品制造业	71562.27	54041.29
酒、饮料和精制茶制造业	96127.33	82960.45
烟草制品业	9382.13	10243.11
纺织业	160314.17	157843.05
纺织服装、服饰业	4705.90	7381.47
皮革、毛皮、羽毛及其制品和制鞋业	7294.83	8713.23
木材加工和木、竹、藤、棕、草制品业	66946.23	70234.40
家具制造业	5183.40	5279.76
造纸和纸制品业	115520.41	78164.53
印刷和记录媒介复制业	5199.42	5044.02
文教、工美、体育和娱乐用品制造业	1095.88	991.71
石油、煤炭及其他燃料加工业	682214.31	917732.82
化学原料和化学制品制造业	1183911.15	1262370.22
医药制造业	67389.44	40751.67
化学纤维制造业	24302.84	25786.25
橡胶和塑料制品业	116447.79	82841.10
非金属矿物制品业	1255291.57	1295408.74
黑色金属冶炼和压延加工业	2734633.99	3017168.49
有色金属冶炼和压延加工业	117183.23	110476.68
金属制品业	182526.04	140423.89
通用设备制造业	99416.15	82481.05
专用设备制造业	102363.91	80981.83
汽车制造业	7238.24	5743.48
铁路、船舶、航空航天和其他运输设备制造业	27347.40	23769.48
电气机械和器材制造业	86728.56	75380.11
计算机、通信和其他电子设备制造业	1080570.82	1075813.80
仪器仪表制造业	8302.26	6997.66
其他制造业	4413.44	4437.46
废弃资源综合利用业	5473.32	11263.69
电力、热力、燃气及水生产和供应业	6186048.06	6062584.12
电力、热力生产和供应业	6155317.60	6036998.52
燃气生产和供应业	949.13	900.62
水的生产和供应业	29781.33	24684.98

7-2 规模以上工业企业能源购进、消费及库存

（2020 年）　　单位：吨

能源名称	年初库存量	工业生产消费量	用于原材料	运输工具消费	期末库存量
原煤	1154314.08	30674471.72	390075.00		876767.87
无烟煤	16428.00	646426.40	390075.00		17335.00
炼焦烟煤		12816093.69			
一般烟煤	1055071.08	15989459.75			817815.10
褐煤	82815.00	1222491.88			41617.77
洗精煤（用于炼焦）	134567.69	4727398.61			78124.01
其他洗煤	136049.44	2475019.19			53705.97
煤制品	19.00	922.10			
焦炭	127474.77	1965065.71	47323.93		106438.91
其他焦化产品	16179.00	144329.06	87866.00		8179.00
焦炉煤气（万立方米）		86996.79	77120.00		
高炉煤气（万立方米）		398432.71			
转炉煤气（万立方米）		40346.90			
天然气（万立方米）	0.70	50993.99	2263.99		0.13
液化天然气	254.00	19060.72		1204.51	45.51
汽油	0.70	1279.07		1065.37	0.50
煤油	0.20	756.17			0.20
柴油	2954.52	33642.61	123.10	4893.71	2716.54
燃料油		109.00			
液化石油气	0.10	14.60			
润滑油	58.39	1685.10	62.62		27.03
溶剂油		0.84			
石油焦	919.75	28040.65			103.19
石油沥青	227.03	8910.96			
其他石油制品	3770.76	26334.58			7560.25
热力（百万千焦）		20144477.29			
电力（万千瓦时）		1924367.37		1426.37	
城市生活垃圾（用于燃料）	29226.52	1207466.34			28589.76
生物燃料（吨标准煤）	14609.95	238060.54			10612.61
余热余压（百万千焦）		7785347.00			
其他工业废料（用于燃料）		568.00			
其他燃料（吨标准煤）		5478.20			
能源合计（吨标准煤）		36303355.64	978898.51		

7-3　规模以上加工转换工业企业能源消费、投入及产出

（2020 年）　　　　单位：吨

能源名称	工业生产消费量	加工转换投入合计	火力发电	供热	原煤入洗	炼焦	炼油及煤制油	能源加工转换产出	回收利用
原煤	30384260.48	28798502.94	15376745.90	1485140.35	11561098.64	375518.05			
洗精煤（用于炼焦）	4727398.61	4727398.61				4727398.61		8743588.00	
其他洗煤	2469152.19	1744242.98	1158808.11	585434.87				1583985.00	
煤制品	922.10	903.10		903.10					
焦炭	1897705.61							3484155.76	
其他焦化产品	56463.06							635705.49	
焦炉煤气（万立方米）	84403.51	7283.51	4461.50	2822.01				89448.08	
高炉煤气（万立方米）	387686.50	170012.30	170012.30						384835.50
转炉煤气（万立方米）	40346.90	28887.40	28887.40						40346.90
天然气　（万立方米）	13110.38	9233.96		9233.96					
汽油	220.68								
柴油	11263.01	2372.87	2355.14	17.73					
润滑油	325.12							21348.03	
其他石油制品	25919.80	25919.80					25919.80		
热力　（百万千焦）	6663940.11	541130.21	541130.21					38731952.47	
电力　（万千瓦时）	947625.55							4197884.24	
城市生活垃圾(用于燃料)	1207466.34	1207466.34	1100193.34	107273.00					
生物燃料（吨标准煤）	178865.25	178865.25	111035.72	67829.53					
余热余压（百万千焦）	7785347.00	7785347.00	7785347.00						7785347.00
能源合计（吨标准煤）	33525165.22	27652114.86	12453027.80	1583963.94	8986210.39	4592625.00	36287.72	19653570.03	834117.02

7-4 工业企业分行业取水量

（2020 年）　　　　　　　　　　　　　　　　单位：万立方米

指　　标	取水量		外供水量	
	2020	2019	2020	2019
总计	**86521.93**	**78343.76**	**65766.75**	**56823.42**
按行业门类分				
采矿业	1866.24	1999.58		
煤炭开采和洗选业	1637.37	1745.43		
黑色金属矿采选业	228.85	254.13		
非金属矿采选业	0.02	0.02		
制造业	7366.73	7715.85	0.03	
农副食品加工业	177.66	152.36		
食品制造业	191.29	169.64		
酒、饮料和精制茶制造业	310.61	236.14		
烟草制品业	36.23	39.87		
纺织业	421.50	504.76		
纺织服装、服饰业	28.31	30.14		
皮革、毛皮、羽毛及其制品和制鞋业	90.03	110.45		
木材加工和木、竹、藤、棕、草制品业	31.48	38.21		
家具制造业	5.34	3.96		
造纸和纸制品业	109.07	73.83		
印刷和记录媒介复制业	10.46	11.89		
文教、工美、体育和娱乐用品制造业	1.75	1.77		
石油、煤炭及其他燃料加工业	481.48	603.87		
化学原料和化学制品制造业	1332.67	1338.30		
医药制造业	166.98	138.68		
化学纤维制造业	148.64	189.88		
橡胶和塑料制品业	31.05	33.55		
非金属矿物制品业	451.65	497.25	0.01	
黑色金属冶炼和压延加工业	591.47	800.25		
有色金属冶炼和压延加工业	146.31	99.82		
金属制品业	68.73	65.58		
通用设备制造业	226.87	200.96		
专用设备制造业	333.47	172.28	0.02	
汽车制造业	23.95	18.32		
铁路、船舶、航空航天和其他运输设备制造业	120.96	110.16		
电气机械和器材制造业	393.32	332.95		
计算机、通信和其他电子设备制造业	1386.51	1699.20		
仪器仪表制造业	13.00	12.54		
其他制造业	11.52	12.48		
废弃资源综合利用业	24.43	16.77		
电力、热力、燃气及水生产和供应业	77288.96	68628.33	65766.72	56823.42
电力、热力生产和供应业	8747.12	8322.55	0.03	0.03
燃气生产和供应业	7.78	5.02		
水的生产和供应业	68534.06	60300.76	65766.69	56823.39

7-5 工业企业重复用水量

单位：万立方米

指　　标	重复用水量	
	2020	2019
总计	**363773.49**	**395406.99**
按行业门类分		
采矿业	37870.44	303.06
煤炭开采和洗选业	37641.59	48.93
黑色金属矿采选业	228.85	254.13
制造业	101097.93	160241.64
农副食品加工业	0.96	1.07
食品制造业	27.07	27.13
酒、饮料和精制茶制造业	199.66	154.90
烟草制品业	819.70	798.78
纺织业	73.50	86.35
纺织服装、服饰业	0.30	0.47
皮革、毛皮、羽毛及其制品和制鞋业	9.84	10.46
木材加工和木、竹、藤、棕、草制品业	0.71	0.81
造纸和纸制品业	265.02	315.08
石油、煤炭及其他燃料加工业	1013.50	943.59
化学原料和化学制品制造业	1453.21	1943.69
医药制造业	924.47	12.41
化学纤维制造业	18.46	7.58
橡胶和塑料制品业	1.14	2.08
非金属矿物制品业	231.27	298.91
黑色金属冶炼和压延加工业	2709.06	3910.17
金属制品业	10.03	7.10
通用设备制造业	20.92	24.59
专用设备制造业	51.57	50.25
电气机械和器材制造业	0.17	0.17
计算机、通信和其他电子设备制造业	93216.04	151644.90
仪器仪表制造业	0.20	0.25
其他制造业	0.15	0.15
废弃资源综合利用业	50.98	0.76
电力、热力、燃气及水生产和供应业	224805.12	234862.29
电力、热力生产和供应业	224805.12	234862.29

7-6 工业企业取水情况

（2020 年） 单位：万立方米

指 标	取水量		外供水量	
	2020	2019	2020	2019
合计	**86521.93**	**78343.76**	**65766.75**	**56823.42**
按水源分				
地表淡水	73497.82	66294.81		2674.67
地下淡水	4235.35	5031.19		
自来水	6924.00	5481.77	65766.75	54148.75
海水				
陆地苦咸水				
矿井水				
雨水	7.92	7.64		
再生水（中水）	1810.69	1510.37		
海水淡化水				
其他水	46.15	17.98		

7-7 主要年份全社会用电情况

单位：万千瓦时

指标	1990	1995	2000	2005	2010	2014	2015	2016	2017	2018	2019	2020
全社会用电量	**509155**	**705549**	**670550**	**1382016**	**2460074**	**3324661**	**3441896**	**3539107**	**3612266**	**3520461**	**3711256**	**3649592**
全行业用电	493133	649319	597739	1255025	2175168	2891860	2987551	3009894	3027971	2864675	3037591	2954999
农林牧渔水利业	46842	52536	55689	49166	30234	49996	55063	60740	64860	66372	68444	72017
#排灌	28822	29660	41439	33672	12969	18115	17146	18729	18061		22255	15905
工业	420161	560719	494267	1096270	1918967	2474827	2543638	2502221	2453497	2199125	2295382	2191710
建筑业	3087	3875	5401	9734	18841	34484	36251	39037	45058	58006	73285	69783
交通运输、仓储和邮政业	9292	10292	18183	19110	35385	64474	66856	77451	88777	94634	105381	110808
#交通运输业	8722	9234	10735	12925	28022	54681	56484	65953	74848			
邮电通信业	570	1058	2448	2915	2073	2310	2311	2319	2246			
批发零售业、住宿餐饮业	4128	7848	11280	31478	54311	80579	84703	92711	109684	131179	146606	147226
其他事业合计	9623	14049	17919	49269	102367	103843	107663	125713	135499	182601	200250	202158
#公共照明业	340	513	987	1587	6486	10138	10520	11268	12003		13476	15823
城乡居民生活用电	16022	56230	72811	126991	284906	432801	454345	529213	584295	655786	673665	694593
乡村	7757	29393	38639	65654	133924	262370	275558	324891	349504	386893	393342	407727
城镇	8265	26837	34172	61337	150982	170431	178787	204322	234791	268893	280323	286866

7-8 市区主要年份全社会用电情况

单位：万千瓦时

指标	1990	1995	2000	2005	2010	2014	2015	2016	2017	2018	2019	2020
全社会用电量	**352732**	**435287**	**417022**	**487927**	**1499408**	**1079938**	**1143738**	**1145465**	**1236697**	**1176587**	**1056347**	**1050671**
全行业用电	347502	416201	386628	435880	1357449	959256	1017440	1007302	1078388	997814	871165	861861
农林牧渔水利业	1891	5122	4372	5065	9330	3172	3652	3932	3894	3690	3327	2759
#排灌	492	1906	1375	465	1731	1202	1223	1246	1213	1299	1256	893
工业	329405	385287	349333	364398	1195500	767986	815917	778273	824735	717797	561218	557786
建筑业	937	1884	2342	3768	11073	9774	9844	9655	12312	15341	19898	16531
交通运输、仓储和邮政业	5944	8200	9309	11673	27369	40274	41848	49112	52538	52334	62023	61419
#交通运输业	5727	7635	7789	8038	24253	37735	39289	46328	49382	46422		
邮电通信业	217	565	1520	1944	1388	889	871	837	878	953		
批发零售业、住宿餐饮业	2106	4516	6927	18212	34289	40503	41484	42081	48397	54699	58488	55462
其他事业合计	7219	11192	14345	32764	72116	47927	49827	58670	62121	74849	78777	74994
#公共照明业	206	306	729	633	3040	4036	4264	4400	4430	4435	4709	5228
城乡居民生活用电	5230	19086	30394	52047	141959	120682	126298	138163	158309	178773	185182	188810
乡村	673	4127	5389	9894	53882	25350	25491	27303	21982	22144	23401	25668
城镇	4557	14959	25005	42153	88077	95332	100807	110860	136327	156629	161781	163142

7-9　全社会用电分行业、分地区情况

（2020 年）　　　　单位：万千瓦时

指　　标	合计	丰县	沛县	铜山区	睢宁县	新沂市	邳州市
全社会用电总计	**3649592**	**269231**	**486880**	**470106**	**266376**	**388561**	**373272**
全行业用电合计	**2954999**	**200594**	**410785**	**374101**	**190298**	**325992**	**278856**
第一产业	48954	4960	8471	8820	9978	6023	6690
农、林、牧、渔业	72017	6816	13441	13426	14082	8429	9970
第二产业	2254521	155607	356416	287561	126817	269625	205449
工业	2191710	150403	352213	277851	115302	263606	198734
采矿业	137628	2117	87341	9632	58	91	60
煤炭开采和洗选业	110671	803	75629		6		5
石油和天然气开采业	2		2				
黑色金属矿采选业	4175		452	3674			40
有色金属矿采选业	3541			3531			2
非金属矿采选业	3307	1073	4	1834	35	71	9
其他采矿业	15932	241	11254	593	17	20	4
制造业	1786121	129507	241252	242198	97687	241519	164115
农副食品加工业	57365	8256	13765	10168	6384	7166	5980
食品制造业	24266	4481	3011	7917	923	2338	3055
酒、饮料及精制茶制造业	8045	209	530	88	1787	3769	215
烟草制品业	3644						
纺织业	113868	7456	37821	1692	34650	18541	4348
纺织服装、服饰业	22979	307	4067	796	5683	9574	430
皮革、毛皮、羽毛及其制品和制鞋业	3225	115	69	142	2456	146	251
木材加工和木、竹、藤、棕、草制品业	49820	12692	913	2225	4235	6468	22334
家具制造业	20923	1238	328	1027	8081	324	5007
造纸和纸制品业	19652	119	589	5209	2877	524	150
印刷和记录媒介复制业	3055	65	297	737	165	29	189
文教、工美、体育和娱乐用品制造业	2380	466	135	79	293	200	823
石油、煤炭及其他燃料加工业	94575	6294	3966	9408	180	45	60493
化学原料和化学制品制造业	140916	52322	1457	953	310	60720	503
医药制造业	9099	94	83	1273	1134	673	527
化学纤维制造业	3963	710	1657	376	155	48	948
橡胶和塑料制品业	58956	1997	27938	2235	4144	4292	7045
非金属矿物制品业	247036	5384	10070	37031	7942	25885	11579
黑色金属冶炼和压延加工业	285104		72114	97140	32	86091	794
有色金属冶炼和压延加工业	25267	114	18823	683	134	1780	277
金属制品业	75990	6320	10264	15514	4401	6626	4161
通用设备制造业	102058	4514	5802	29514	2523	368	4484
专用设备制造业	21819	186	828	2230	1487	1123	1929
汽车制造业	7943	843	2129	1231	84	405	207
铁路.船舶.航空航天和其他运输设备制造业	23472	11253	592	4194	250	70	1177
电气机械和器材制造业	36209	3062	509	5322	4824	1834	12164
计算机、通信和其他电子设备制造业	292379	679	20078	1824	686	241	1903
仪器仪表制造业	2110	4	50	221	32	135	786
其他制造业	6911	179	527	1749	716	1238	909
废弃资源综合利用业	16120	102	965	1145	1017	817	11103
金属制品、机械和设备修理业	6972	46	1875	57	102	49	344
电力、热力的生产和供应业	230724	16723	20333	22101	15120	15769	26961
燃气生产和供应业	2634	49	166	87	115	70	1369
水的生产和供应业	34603	2007	3121	3833	2322	6157	6229
建筑业	69783	5250	6078	9767	11617	6068	7059
第三产业	651524	40027	45898	77720	53503	50344	66717
交通运输、仓储和邮政业	110808	3343	1732	13968	7851	7803	11099
信息传输、软件和信息技术服务业	43950	3862	3708	6016	4625	3881	4693
批发与零售业	120574	11140	10600	8531	14126	10837	14756
住宿与餐饮业	26652	2055	2545	3314	1956	2477	3105
金融业	7053	525	713	685	590	616	852
房地产业	89694	4161	4860	5742	2730	3880	6749
租赁和商务服务业	20600	154	582	1311	1226	1611	469
公共服务及管理组织	202158	12885	14313	33490	16193	16784	21370
城乡居民生活用电合计	**694593**	**68637**	**76095**	**96005**	**76078**	**62569**	**94416**
城镇	286866	21621	21606	17341	22189	11558	23407
乡村	407727	47016	54489	78664	53889	51011	71009

注：农林牧渔业用电包含农林牧渔服务业用电。

主要统计指标解释

能源消费量 指能源使用单位在报告期内实际消费的一次能源或二次能源的数量。就每种能源的实物消耗而言，是其消费量；如果将实际消费的各种能源折标准量相加所得到的能源消费量合计数据是企业投入消费的全部能源，没有扣除能源品种加工转换的重复因素。

工业企业的能源消费量 包括工业企业在生产过程中作为燃料、动力、原料、辅助材料使用的能源以及工艺用能、非生产用能。

工业生产能源消费 指工业企业为进行工业生产活动所消费的能源。

用作原材料的能源消费 指能源产品不作能源使用，即不作燃料、动力使用，而作为生产另外一种产品（非能源产品）的原料或作为辅助材料使用，作原料使用时通常构成这种产品的实体。

工业企业非工业生产能源消费 指在工业企业能源消费中，除"工业生产能源消费"以外的能源消费。

能源库存量 能源库存量是指企业能源库存量，它是企业在报告期的某时间点所拥有的各种能源数量。根据企业的生产经营活动性质，企业库存量分为生产企业产成品库存、经销企业（批发、零售企业）用于经营销售的库存、使用企业用于消费的库存。

综合能源消费量 指报告期内工业企业在工业生产活动中实际消费的各种能源的总和净值。计算综合能源消费量时，需要先将使用的各种能源折算成标准燃料后再进行计算。

取水量 指企业从各种水源直接提取或者从市场购买的用于厂区、办公区内工业生产活动的水量，以实际获得的新水量为准。用于工业生产活动的水量，包括主要生产用水、辅助生产用水（如机修、运输、空压站等）和附属生产用水（如绿化、办公室、浴室、食堂、厕所、保健站等），不包括非工业生产单位的用水量（如基建用水、厂内居民家庭用水和企业附属幼儿园、学校、对外营业的浴室、游泳池等的用水量）和居民生活用水量。

外供水量 指企业外供给其他单位的水或水产品的量，以离厂水量为准。包括外供给其他企业或市场的原水、自来水、再生水（中水）、海水淡化水、矿泉水、纯净水等。不包括直流冷却水量、未利用直接排放的矿井水和雨水量、北方地区供暖企业供给城镇热力网内循环的热水量、进入城镇污水管网和直接排到自然环境中的水量。

陆地地表水 指河流、湖泊、水库等地表水源的水，不包括海水。地表水分为淡水和咸水。陆地咸水湖的水为咸水。一般的河流、湖泊、水库的水是淡水。

地表淡水 指陆地表面形成的径流及地表贮存的淡水。包括江、河、淡水湖、水库等。

地下淡水 指地下径流或埋藏于地下的，经过提取可被利用的淡水。包括井水、地热水等。

自来水 指自来水厂将地表淡水、地下淡水经过"混凝、沉淀、过滤、消毒"等净水工序，达到国家饮用水标准，通过城镇自来水管网供给工业生产、居民生活使用的水。

海水 指海洋的水。海水的取水量包括企业用来淡化、制盐、化工生产等海水资源利用所提取的海水量，以及用于海水循环冷却补充水、脱硫、洗涤、除尘、冲渣、印染等的海水直接利用量，不包括海水直流冷却水量。

其他水 指上述水资源品种没有涵盖的，或者界定不清的水及水的产品。包括软化水、除盐水、蒸汽（需折算成同等质量的水）、蒸汽冷凝水、管道供应的热水（不含北方地区城镇热力网内循环的热水）、瓶（桶）装纯净水、矿泉水、经过初步处理未达到自来水标准的水。不包括地热水、碳酸饮料、茶饮料、果汁饮料、酒类、污（废）水。

重复用水量 指在确定的用水单元或系统内，所有未经处理和处理后又重复使用的水量总和。

八、财政、金融和保险

FINANCE, BANKING AND INSURANCE

版面负责人：马　萍
编　　　辑：冯洋洋

统计知识

中华人民共和国统计法实施条例

第四十九条 乡、镇人民政府有统计法第三十八条第一款、第三十九条第一款所列行为之一的，依照统计法第三十八条、第三十九条的规定追究法律责任。

第五十条 下列情形属于统计法第四十一条第二款规定的情节严重行为：

（一）使用暴力或者威胁方法拒绝、阻碍统计调查、统计监督检查；

（二）拒绝、阻碍统计调查、统计监督检查，严重影响相关工作正常开展；

（三）提供不真实、不完整的统计资料，造成严重后果或者恶劣影响；

（四）有统计法第四十一条第一款所列违法行为之一，1 年内被责令改正 3 次以上。

第五十一条 统计违法行为涉嫌犯罪的，县级以上人民政府统计机构应当将案件移送司法机关处理。

第八章　附　　则

第五十二条 中华人民共和国境外的组织、个人需要在中华人民共和国境内进行统计调查活动的，应当委托中华人民共和国境内具有涉外统计调查资格的机构进行。涉外统计调查资格应当依法报经批准。统计调查范围限于省、自治区、直辖市行政区域内的，由省级人民政府统计机构审批；统计调查范围跨省、自治区、直辖市行政区域的，由国家统计局审批。

涉外社会调查项目应当依法报经批准。统计调查范围限于省、自治区、直辖市行政区域内的，由省级人民政府统计机构审批；统计调查范围跨省、自治区、直辖市行政区域的，由国家统计局审批。

第五十三条 国家统计局或者省级人民政府统计机构对涉外统计违法行为进行调查，有权采取统计法第三十五条规定的措施。

第五十四条 对违法从事涉外统计调查活动的单位、个人，由国家统计局或者省级人民政府统计机构责令改正或者责令停止调查，有违法所得的，没收违法所得；违法所得 50 万元以上的，并处违法所得 1 倍以上 3 倍以下的罚款；违法所得不足 50 万元或者没有违法所得的，处 200 万元以下的罚款；情节严重的，暂停或者取消涉外统计调查资格，撤销涉外社会调查项目批准决定；构成犯罪的，依法追究刑事责任。

第五十五条 本条例自 2017 年 8 月 1 日起施行。1987 年 1 月 19 日国务院批准、1987 年 2 月 15 日国家统计局公布，2000 年 6 月 2 日国务院批准修订、2000 年 6 月 15 日国家统计局公布，2005 年 12 月 16 日国务院修订的《中华人民共和国统计法实施细则》同时废止。

8-1 主要年份财政收入、支出情况

单位：万元

年份	全市			市区		
	财政收入	财政支出	财政收入占地区生产总值比重（%）	财政收入	财政支出	财政收入占地区生产总值比重（%）
1952	2770	1324	12.1	660	752	13.8
1957	6476	4202	17.5	3327	1573	23.8
1962	7564	3339	16.5	4720	687	26.3
1965	8638	4686	15.2	5327	1121	26.6
1970	15069	6026	17.3	10772	2293	31.6
1975	19456	9608	15.3	12721	3610	25.1
1978	32674	17690	15.3	22950	7887	29.8
1979	32484	18707	13.1	24081	6877	25.9
1980	35715	17982	12.5	26814	6714	23.5
1981	38273	17563	12.6	28497	6339	24.6
1982	43114	21655	12.2	30670	7981	23.1
1983	43887	25921	10.4	30492	9779	19.2
1984	47454	30779	9.6	32250	12009	18.0
1985	57538	33704	10.4	39448	13366	19.6
1986	65741	45505	10.4	45248	19051	20.0
1987	71134	49005	9.9	48746	20550	18.6
1988	82796	58865	9.8	55880	23409	19.3
1989	95384	74502	9.6	65610	30589	16.7
1990	102326	85640	9.1	70338	34593	15.1
1991	103467	98117	8.0	70215	41538	13.3
1992	109670	95599	6.8	73690	37513	10.7
1993	147114	122174	6.7	95765	50567	9.5
1994	197489	143559	6.3	128227	62329	9.1
1995	253020	180186	6.3	160606	78225	9.1
1996	302406	213530	6.2	188190	85349	9.0
1997	351388	250673	7.0	221624	103183	9.8
1998	395108	283443	7.4	254176	119325	10.4
1999	436074	311862	7.6	282311	130573	11.0
2000	476168	345246	7.7	311151	153038	10.7
2001	525924	400797	7.7	338498	172809	10.5
2002	655566	520174	8.7	438281	258477	12.2
2003	828226	624582	9.7	559422	301885	13.1
2004	1102216	717332	10.6	768436	318329	14.3
2005	1452629	1050786	11.7	1034482	511441	16.2
2006	1808512	1270099	12.3	1231212	576615	16.9
2007	2207263	1474369	12.5	1509317	623115	17.4
2008	2685991	1990464	12.6	1782700	842950	17.9
2009	3188865	2565349	13.2	1987842	1048541	17.4
2010	4138904	3257198	14.0	2887987	1621085	17.3
2011	5553294	4542420	15.6	3726172	2240383	18.9
2012	5976325	5300461	14.8	3864175	2376158	17.8
2013	6599518	5956105	14.6	4207502	2776771	17.9
2014	7325949	6618386	14.7	4571862	3012921	18.1
2015	8129311	7524638	15.2	5034367	3205677	18.6
2016	8020168	7979911	13.8	4974722	3501263	16.9
2017	8448300	8273338	13.3	5417378	3866008	17.4
2018	9168709	8808594	13.7	5625673	4000651	16.6
2019	8971429	8822062	12.7	5865938	4006838	16.3
2020	8916475	9581879	12.2	5754529	4311440	15.5

8-2 财政收入

单位：万元

指标	全市			市区		
	2018	2019	2020	2018	2019	2020
财政总收入	**9168709**	**8971429**	**8916475**	**5625673**	**5865938**	**5754529**
上划中央收入	**3906576**	**4288260**	**4098269**	**2735540**	**3081589**	**2896765**
增值税（75%）	1741878	1901501	1666546	976060	1038144	799536
消费税	1228880	1559410	1507439	1178551	1505298	1447937
企业所得税（60%）	581000	584819	656721	413294	407566	494036
个人所得税（60%）	354818	242530	267563	167635	130581	155256
一般公共预算收入	**5262133**	**4683169**	**4818206**	**2890133**	**2784349**	**2857764**
税收收入	4167731	3738027	3806843	2288018	2181550	2202237
增值税（25%）	1732915	1892476	1660924	970801	1029121	796725
营业税	5178			1474		
企业所得税（40%）	387333	389879	437815	275528	271711	318976
个人所得税（款）（40%）	236545	161687	178374	111756	87053	103502
资源税	74756	17754	15421	14754	4921	3544
城市维护建设税	319209	344637	340661	224506	245629	236218
房产税	152167	112679	107121	62259	67311	69458
印花税	57039	50378	61107	36093	31723	38140
城镇土地使用税	169188	115955	107511	62089	55132	55894
土地增值税	540869	226670	361229	254016	137752	251391
车船税（款）	38615	39611	43640	20345	20882	21692
耕地占用税（款）	62767	74599	48056	14401	30460	12653
契税（款）	382168	288864	424252	234448	187432	282381
环境保护税（款）	8982	21439	19935	5548	11066	11512
非税收入	1094402	945142	1011363	602115	602799	655527
专项收入	290855	284915	296927	201559	188222	194851
行政事业性收费收入	241086	199138	226013	149403	124667	124984
罚没收入	148637	200805	184976	88896	132461	127990
国有资本经营收入						
国有资源（资产）有偿使用收入	355470	200534	218939	112478	108074	143148
捐赠收入	4922	2286	4382	1499	584	2257
政府住房基金收入	34695	30515	44923	34631	30015	44782
其他收入（款）	18737	26949	35203	13649	18776	17515
政府性基金收入	**5373041**	**6084061**	**7796362**	**2980461**	**3428097**	**4557738**

8-3 财政支出

单位：万元

指标	全市			市区		
	2018	2019	2020	2018	2019	2020
公共财政预算支出	**8808594**	**8822062**	**9581879**	**4000651**	**4006838**	**4311440**
#一般公共服务	774564	800459	805822	407239	426268	422897
国防	11233	11069	15211	6515	7685	8258
公共安全	546134	545559	576252	342572	346479	371374
教育	1703868	1789567	1940822	743896	820983	885938
科学技术	254531	258905	214297	152584	152943	112933
文化体育与传媒	94401	154859	254407	46276	80790	126389
社会保障和就业	1119351	976766	1209514	579958	420866	523547
医疗卫生	740231	775639	822474	261029	277248	309712
环境保护	223245	213286	242302	109092	107115	121854
城乡社区事务	1394605	1229298	1263995	462536	466916	448965
农林水事务	969996	1026844	1024335	355062	379175	361023
交通运输	239163	328097	369611	98168	162724	194802
资源勘探电力信息等事务	177356	113711	129486	118843	96590	103142
商业服务业等事务	44403	25013	48202	34120	14574	29722
金融监管支出	17200	3817	12116	17195	2989	9479
援助其他地区支出	9943	12992	12338	6776	9812	8658
国土资源气象等事务	124861	114864	98931	55991	28742	25932
住房保障支出	256189	288197	344575	154366	134068	154088
粮油物资管理事务	10555	16531	16462	5058	8555	8461
其他支出	16683	44916	80637	6346	21151	38952
债务付息支出	79781	91334	99715	36937	40974	45212
债务发行费用支出	301	339	375	92	191	102
政府性基金支出	**6999320**	**7243472**	**9405767**	**3646273**	**4112608**	**5479213**
#一般公共服务						
教育						
文化体育与传媒	215	1557	341	104	1058	174
社会保障和就业	8726	9193	4207	600	1548	1247
城乡社区事务	6820644	6909308	7722847	3546968	3956913	4646363
农林水事务						
交通运输	27938	8365	18636	17734	8365	17536
资源勘探电力信息等事务						
其他支出	36455	132750	969922	23044	50288	478503
债务付息支出	103634	180337	253961	57041	93439	128968
债务发行费用支出	1708	1962	2640	782	997	1289
抗疫特别国债安排的支出			433213			205133

注：从2015年1月1日起，将政府性基金预算中用于提供基本公共服务以及主要用于人员和机构运转等方面的项目收支转列一般公共预算，具体包括地方教育附加、文化事业建设费、残疾人就业保障金、从地方土地出让收益计提的农田水利建设和教育资金、转让政府还贷道路收费权收入、育林基金、森林植被恢复费、水利建设基金、船舶港务费、长江口航道维护收入等11项基金。

8-4 历年金融机构（人民币）存贷款

（年底数）

单位：万元

年 份	全市			市区			人均储蓄（元/人）	
	金融机构各项存款余额	#居民储蓄	金融机构各项贷款余额	金融机构各项存款余额	#居民储蓄	金融机构各项贷款余额	全市	市区
1952		270			206		1	9
1957		968			647		2	17
1962		1222			686		3	15
1965		1974			1157		4	22
1970		2442			1449		4	27
1975		4839			2694		8	44
1978	60759	8921	105787	45019	4299	73384	14	64
1979	28597	13499	47821	11793	6018	17239	21	85
1980	123807	20596	108921	100870	8868	64142	31	122
1981	86748	27635	137656	44213	11249	62784	41	150
1982	96635	36462	156417	47298	14836	71216	53	192
1983	121321	52715	193450	59799	19645	87887	76	248
1984	160671	74664	266637	77453	26601	119256	107	330
1985	176808	97867	311936	89970	37810	162538	138	458
1986	251158	140701	391209	131915	51139	223965	197	608
1987	367499	191242	496401	217669	69314	290223	263	810
1988	495318	246993	596632	219746	88630	320346	332	1016
1989	559847	327806	671512	257604	125709	413739	430	1408
1990	724345	446418	804071	349864	174611	433478	553	1926
1991	891658	555370	963003	425565	213526	492026	677	2324
1992	1064281	668470	1089149	508880	258326	565390	809	2758
1993	1360184	857542	1346993	670666	319747	735634	1028	3360
1994	1758108	1110985	1618177	944480	477133	899760	1318	3340
1995	2329318	1400566	2046385	1282165	578274	1155867	1645	3984
1996	2950050	1828200	2388715	1624215	811756	1323614	2217	5510
1997	3484093	2163437	3005351	1905377	970956	1672573	2495	6502
1998	3768104	2438696	3226763	2053563	1110556	1752920	2785	7313
1999	4135005	2692128	3341758	2349069	1297842	1885371	3068	8515
2000	4614682	3058002	3249902	3124162	1860652	2230387	3411	11585
2001	5297006	3576909	3742657	3581695	2202744	2536851	3966	13552
2002	6180183	4167882	3982506	4195444	2592741	2678214	4608	15756
2003	7277202	4822259	4614147	4254019	3024793	2598658	5307	18077
2004	8414573	5563129	4751280	4768459	3445990	2640115	6068	20584
2005	10108940	6506064	4911786	5806876	3997284	2758306	7031	22223
2006	11937168	7228920	5650749	6865004	4377454	3133756	8246	24105
2007	14038244	7886337	6842230	8170216	3488669	4015157	9048	19140
2008	17191438	9745131	7965786	10066026	5850811	4749346	11199	31729
2009	21726238	11397620	11325649	15272845	6911095	7926396	13120	37112
2010	26321873	13243885	14364443	18281038	7908879	9901281	15343	25291
2011	29809912	14954211	17348392	20386726	8684472	11820976	17415	28230
2012	33644736	17947175	20472296	22500556	10292339	13785329	20874	33022
2013	38844633	20897714	23608014	25950180	11833905	15528718	24224	37373
2014	42864617	23774417	27247917	28455976	13066281	17965025	27346	40388
2015	47470104	27805980	30699020	30631822	15196592	20009860	31731	46020
2016	54953059	30902119	36202134	33728605	16492141	23834094	34979	49009
2017	63963815	33494523	41731982	39701953	17841084	27030658	37498	51774
2018	71073928	36048424	49124733	44383247	19215559	32072275	40014	54705
2019	80365597	40236620	57772825	51467918	21144586	38160418	44469	59560
2020	91419858	45133803	69520802	58873795	23801157	45241432	49743	66532

注：因区划调整，2010年以后市区人均储蓄存款余额与往年不可比；2015年及以后居民储蓄调整为住户存款，与往年不可比。

8-5 金融机构（人民币）综合存贷款（2011-2014年）

单位：万元

指　　标	2011	2012	2013	2014
金融机构综合存款余额	**29809912**	**33644736**	**38844633**	**42864617**
# 单位存款	14164769	14945580	16552677	17494391
# 活期	5773196	6244340	6673685	7355691
定期	2959156	3125577	4102170	3311470
通知存款	269304	266907	202542	286074
保证金存款	3235769	3483542	3322085	2952952
个人存款	15026698	18068666	21549845	24658403
# 储蓄存款	14954211	17947175	20897714	23774417
财政性存款	344933	395272	439596	481903
临时性存款	112162	153309	230912	112963
委托存款	95215	5030	52	38
其他存款	66135	76880	71551	116919
金融机构综合贷款余额	**17348392**	**20472296**	**23608014**	**27247917**
# 境内贷款	17347561	20471064	23606855	27246873
# 短期贷款	9690876	11658992	13038233	13978987
# 个人贷款及透支	2307267	2237878	2434476	2396867
# 个人消费贷款	139702	123742	214832	231495
单位普通贷款及透支	6364647	8359953	9519093	10601066
# 经营贷款	6246368	8223920	9245248	10329363
中长期贷款	6872802	7832488	9480629	11622666
# 个人贷款	3417032	4187147	5179181	6206421
# 个人消费贷款	2844302	3427429	4295733	5255813
# 单位普通贷款	2760690	2684676	3247886	4449368
# 经营贷款	471935	575330	661909	947907
融资租赁				2061
票据融资	772570	881273	1018095	1537915
各项垫款	11314	98311	69897	105244

注：自2015年起人民银行总行对存贷款口径有所调整，为便于使用，2014年及以前资料留存，编入8-5部分。

8-6 金融机构（人民币）各项存贷款

单位：万元

指　　标	2018	2019	2020
金融机构各项存款余额	**71073928**	**80365597**	**91419858**
境内存款	71054402	80339490	91390519
住户存款	36048424	40236620	45133803
活期存款	13304383	14692589	16642480
定期及其他存款	22744041	25544030	28491323
非金融企业存款	20954457	24230795	29964590
活期存款	10365031	10516208	12317773
定期及其他存款	10589426	13714586	17646817
广义政府存款	13385924	15286541	15628783
财政性存款	736407	915018	1040168
机关团体存款	12649516	14371523	14588615
非银行业金融机构存款	665597	585535	663343
境外存款	19526	26107	29340
金融机构各项贷款余额	**49124733**	**57772825**	**69520802**
境内贷款	49124184	57772096	69520226
住户贷款	20231223	24959784	31658081
短期贷款	4325227	5169405	6108152
消费贷款	1578124	1782871	1680917
经营贷款	2747103	3386534	4427235
中长期贷款	15905996	19790379	25549929
消费贷款	14448757	18130121	23213015
经营贷款	1457240	1660257	2336913
非金融企业及机关团体贷款	28892960	32812313	37862145
短期贷款	11024137	11904252	12174655
中长期贷款	13282273	16187845	20689378
票据融资	3977958	4199363	4554584
融资租赁	561435	494359	439057
各项垫款	47158	26493	4470
境外贷款	549	729	577

8-7 保险业务主要指标

单位：万元

指 标	2010	2011	2012	2013	2014	2015	2016	2017	2018	2019	2020
保险公司数（个）	**40**	**46**	**50**	**53**	**55**	**56**	**60**	**61**	**69**	**72**	**77**
# 财产保险公司	20	20	21	21	23	23	23	23	24	26	29
人寿保险公司	20	26	29	32	32	33	37	38	45	46	48
保险收入	**820183**	**896097**	**858619**	**947545**	**1064593**	**1327536**	**1664340**	**2093418**	**2204673**	**2444052**	**2545009**
财产险	206331	256490	282776	324292	376973	427288	500902	581380	607849	711811	784220
# 企业财产险	9998	13573	14647	14120	14493	13741	12647	12464	13265	14856	19204
家庭财产险	795	608	897	739	516	723	1093	1913	3727	4206	5010
机动车辆保险	174735	214627	233579	269845	310297	355280	411810	469983	484847	531294	573507
运输及责任险	4868	5973	7642	7444	7849	9937	15179	21041	23271	27197	32330
人寿险	613851	639607	575842	623253	687620	900248	1163438	1512038	1596824	1732241	1760789
# 人身意外伤害险	10206	11150	11440	13252	15160	16562	20200	22056	24761	28598	30626
健康险	6662	7084	7669	8309	9279	11344	22176	33964	61481	89518	401797
寿险	140316	171632	129785	153110	306308	557559	662735	953300	788953	1614125	1328367
各项赔款和给付	**152305**	**220705**	**257408**	**351983**	**363711**	**422310**	**526780**	**581688**	**612388**	**631504**	**773363**
财产险	76844	104182	145898	168709	199942	207201	244448	277723	331932	367522	426635
# 企业财产险	1154	4482	4900	3203	7115	3717	6639	4728	6915	7249	5920
家庭财产险	56	39	47	61	41	50	172	216	1599	2538	2199
机动车辆保险	67692	90239	128801	148586	170071	175819	202762	230698	263647	274446	310760
运输及责任险	1085	1546	2390	3118	3695	3028	3967	6118	8291	11601	11546
人寿险	75461	116523	111510	183274	163769	215109	282332	303965	280456	263982	346728
# 人身意外伤害险	3066	3180	2999	3199	3950	4379	5142	5622	6188	6161	6155
健康险	4771	4856	5138	5527	6762	7418	11344	19157	36387	49415	137574
寿险	21484	25079	31328	32178	41517	41836	41066	80683	76185	208406	202999

主要统计指标解释

财政收入 是指政府为履行其职能、实施公共政策和提供公共物品与服务需要而筹集的一切资金的总和，是国家为了实现其职能，凭借政治权力，对一部分社会产品进行分配和再分配的经济活动。财政收入表现为政府部门在一定时期内（一般为一个财政年度）所取得的货币收入。主要包括：中央财政收入和地方财政收入。中央财政和地方财政是财政体制上划分中央政府和地方政府以及地方各级政府之间财政管理权限的一项分配制度。它具体规定了各级政府筹集资金、支配使用资金的权力、范围和责任，使各级政府在财政管理上有责有权。这对于正确处理中央和地方之间，以及地方各级之间的分配关系，充分发挥各级政府的积极性，更好地完成国家财政收支任务，促进社会主义建设的发展有着极其重要的意义。

中央财政收入 包括：关税、海关代征消费税和增值税，消费税，中央企业所得税，地方银行和外资银行及非银行金融企业所得税，铁道、银行总行、保险总公司等集中缴纳的营业税、所得税、利润和城市维护建设税，增值税的 75% 部分，证券交易税 (印花税)50% 部分和海洋石油资源税。

一般公共预算收入 指政府凭借国家政治权力，以社会管理者身份筹集以税收为主体的财政收入，主要用于保障和改善民生、维持国家行政职能正常运转、保障国家安全等方面。完善的政府预算体系包括公共财政预算、国有资本经营预算、政府性基金预算以及社会保障预算。一般公共预算收入包含纳入预算管理的各项税收、专项税收、行政事业性收费收入、罚没收入、国有资本经营收入、国有资源（资产）有偿使用收入、其他收入等。财政收入统计调查工作由财政部门负责组织实施。

财政支出 是国家政权为行使其职能，对筹集的财政资金进行有计划的分配使用的总称。体现政府的活动范围和方向，反映财政资金的分配关系。主要包括基本建设支出、增拨企业流动资金、企业挖潜改造资金、新产品试制费、地质勘探费、工交商部门事业费、支援农村生产支出和各项农业事业费、文教科学卫生事业费、抚恤和社会救济费、国防费、行政管理费及债务支出。在我国，由于存在预算外资金，所以财政支出的概念也就有狭义与广义之分：狭义的财政支出仅指公共财政预算支出；广义的财政支出则包括预算内支出和预算外支出。

九、物价指数

PRICE INDEX

版面负责人：梅文婷
编　　　辑：张欣桐　潘　晴

统计知识

统计执法监督检查办法

（2017 年 7 月 5 日中华人民共和国国家统计局令第 21 号公布
根据 2018 年 11 月 20 日《国家统计局关于修改〈统计执法监督检查办法〉的决定》修订
根据 2019 年 11 月 14 日《国家统计局关于修改〈统计执法监督检查办法〉的决定》修订）

第一章　总　　则

第一条　为了规范统计执法监督检查工作，保护公民、法人和其他组织的合法权益，保障和提高统计数据质量，根据《中华人民共和国统计法》《中华人民共和国行政处罚法》和《中华人民共和国统计法实施条例》等法律、行政法规，制定本办法。

第二条　本办法适用于县级以上人民政府统计机构对执行统计法律法规规章情况的监督检查和对统计违法行为的查处。

第三条　国家统计局统计执法监督局在国家统计局领导下，具体负责对全国统计执法监督检查工作的组织管理，指导监督地方统计机构和国家调查队统计执法监督检查机构工作，检查各地方、各部门统计法执行情况，查处重大统计违法行为。

省级及市级统计执法监督检查机构在所属统计局或者国家调查队领导下，具体负责指导监督本地区、本系统统计执法监督检查工作，对本地区、本系统统计法执行情况的检查和查处统计违法行为。县级统计执法监督检查机构或者执法检查人员在所属统计局或者国家调查队领导下，依据法定分工负责本地区、本系统统计执法监督检查工作。

地方统计机构和国家调查队应当建立统计执法监督检查沟通协作机制。

第四条　县级以上人民政府有关部门在同级人民政府统计机构的组织指导下，负责监督本部门统计调查中执行统计法情况，对本部门统计调查中发生的统计违法行为，移交同级人民政府统计机构予以处理。

第五条　各级人民政府统计机构应当建立行政执法监督检查责任制和问责制，切实保障统计执法监督检查所需的人员、经费和其他工作条件。

9-1 城市（市区）物价总指数

（以上年价格为 100）

年　　份	居民消费价格总指数	商品零售价格总指数
1978	100.0	100.1
1979	100.6	101.1
1980	102.4	102.6
1981	100.4	100.8
1982	101.0	101.4
1983	100.1	100.7
1984	103.3	102.4
1985	108.7	108.3
1986	106.2	105.9
1987	109.8	110.0
1988	122.6	122.8
1989	115.6	115.6
1990	104.5	103.9
1991	108.6	108.8
1992	109.2	108.0
1993	117.6	115.1
1994	125.3	123.3
1995	116.9	113.2
1996	110.0	107.4
1997	101.9	99.9
1998	100.0	98.3
1999	98.2	96.2
2000	100.0	98.2
2001	100.3	99.3
2002	99.2	98.6
2003	101.5	100.0
2004	103.7	102.8
2005	102.2	101.0
2006	101.5	100.7
2007	104.4	103.1
2008	104.9	105.3
2009	99.9	99.8
2010	103.6	102.1
2011	105.2	103.8
2012	102.6	102.4
2013	102.3	101.2
2014	102.1	101.6
2015	101.5	101.3
2016	102.3	100.5
2017	101.7	101.8
2018	102.3	103.0
2019	103.3	103.3
2020	102.8	102.0

9-2　城市（市区）居民消费价格指数

（以上年价格为 100）

指　　标	2020	指　　标	2020
居民消费价格总指数	**102.8**	其他食品类	102.3
食品烟酒	**109.0**	茶及饮料	101.6
食品	111.8	烟酒	101.4
粮食	101.7	#烟草	100.0
#大米	100.9	酒类	103.1
面粉	101.2	在外餐饮	104.5
薯类	110.6	**衣着**	**100.0**
豆类	111.9	服装	98.4
食用油	102.2	#男式服装	98.0
菜	112.8	女式服装	101.0
#鲜菜	114.0	儿童服装	93.2
畜肉类	137.3	服装材料	102.4
#猪肉	153.2	其他衣着及配件	101.0
牛肉	112.7	衣着加工服务	101.9
羊肉	105.4	鞋类	105.8
禽肉类	99.9	#鞋	105.9
#鸡	92.5	鞋类加工服务	100.0
鸭	111.3	**居住**	**99.9**
水产品	104.0	租赁房房租	99.7
蛋类	91.8	住房保养维修及管理	98.9
奶类	104.8	水电燃料	100.5
干鲜瓜果类	95.6	自有住房	99.9
糖果糕点类	102.7	**生活用品及服务**	**100.6**
调味品	100.7	家具及室内装饰品	101.1
#食用盐	102.4	#家具	101.3

9-2 续表 （以上年价格为 100）

指　　标	2020	指　　标	2020
家用器具	98.4	教育用品	108.6
大型家用器具	98.2	教育服务	102.3
# 洗衣机	98.0	文化娱乐	101.7
电冰箱（柜）	94.4	文娱耐用消费品	99.8
空调器	96.6	其他文娱用品	99.3
热水器	102.5	文化娱乐服务	99.0
微波炉	101.4	旅游	104.8
小家电	99.2	**医疗保健**	**100.0**
家用纺织品	101.7	药品及医疗器具	99.9
家庭日用杂品	100.3	中药	102.2
个人护理用品	101.5	西药	98.5
家庭服务	103.4	滋补保健品	101.6
交通和通信	**96.8**	医疗卫生器具	94.8
交通	95.6	保健器具	104.0
交通工具	99.6	医疗服务	100.1
交通工具用燃料	85.9	综合医疗类	100.5
交通工具使用和维修	102.9	治疗类	100.0
交通费	97.3	康复类	100.1
通信	99.3	中医医疗服务类	100.2
通信工具	96.7	其他医疗服务	100.0
通信服务	100.2	**其他用品和服务**	**104.5**
邮递服务	100.0	其他用品类	110.4
教育文化和娱乐	**102.2**	其他服务类	100.7
教育	102.6		

9-3 城市（市区）商品零售价格指数

（以上年价格为 100）

指 标	2020	指 标	2020
商品零售价格总指数	**102.0**	床上用品	102.3
食品	**109.8**	**家用电器类及音像器材**	**98.6**
粮食	101.7	家庭设备	98.2
#大米	100.9	文娱用耐用消费品	98.4
面粉	101.2	专业音像器材	102.9
薯类	110.6	**文化办公用品**	**103.3**
豆类	112.2	**日用品类**	**99.7**
食用油	102.2	日用百货	98.4
菜	113.1	厨具餐具茶具	102.0
#鲜菜	114.0	清洗用品	99.9
畜肉类	135.3	其它日用品	99.8
#猪肉	153.2	**体育娱乐用品**	**99.7**
牛肉	112.7	体育户外用品	100.8
羊肉	105.4	娱乐用品	98.7
禽肉类	99.4	**交通、通信用品**	**100.4**
#鸡	92.5	交通运输机械	101.1
鸭	111.3	通信器材	96.2
水产品	104.2	**家具**	**101.3**
蛋类	92.1	**化妆品**	**101.6**
奶类	104.8	**金银饰品**	**121.2**
干鲜瓜果类	95.7	**中、西药品及医疗保健用品**	**100.2**
糖果糕点类	102.8	医疗卫生器具	94.8
调味品	100.6	中药	102.2
#食用盐	102.4	西药	98.3
其他食品类	102.3	保健器具及用品	102.0
在外餐饮	104.5	**书报杂志及电子出版物**	**102.4**
饮料、烟酒	**101.6**	教材及参考书	108.3
茶及饮料	101.6	书报杂志	100.0
烟草	100.0	计算机办公软件	94.9
酒类	103.2	**燃料**	**90.9**
服装、鞋帽	**99.7**	煤炭及制品	100.1
服装	98.1	石油及制品	89.8
鞋帽袜	105.3	**建筑材料及五金电料**	**98.7**
其他衣着配件	100.4	建筑装潢材料类	98.4
纺织品	**102.3**	五金水暖	99.6
服装材料	102.4		

9-4　城市（市区）居民消费价格指数和商品零售价格指数

（2020 年）

指　　　标	以去年同月价格为 100					
	1 月	2 月	3 月	4 月	5 月	6 月
居民消费价格总指数	**106.1**	**106.2**	**105.4**	**104.2**	**102.9**	**102.3**
食品烟酒	114.7	116.8	113.3	110.8	108.6	109.7
# 食品	119.8	122.9	118.0	114.1	110.7	112.3
# 粮食	101.9	101.4	101.7	101.3	101.1	100.7
食用油	101.8	101.8	101.9	102.2	100.3	101.7
菜	121.0	118.0	107.6	101.3	95.8	110.7
# 鲜菜	123.4	120.0	108.6	101.6	95.5	111.8
畜肉类	176.1	188.0	169.8	157.4	152.9	154.9
禽肉类	114.1	112.5	113.2	109.8	106.5	103.5
水产品	97.6	100.9	100.4	103.7	108.2	107.9
蛋类	102.4	107.5	104.9	98.0	85.3	86.7
干鲜瓜果	92.0	95.6	98.1	94.4	85.2	79.2
烟酒	104.8	104.2	102.9	102.8	103.1	102.3
衣着	101.6	102.6	104.0	103.7	102.9	97.5
居住	103.1	102.8	103.5	102.3	100.2	98.4
生活用品及服务	102.2	100.8	101.5	100.3	99.9	99.7
交通和通信	103.6	99.2	97.8	96.6	96.2	96.0
教育文化和娱乐	103.5	103.1	103.9	103.7	103.4	102.8
医疗保健	99.2	99.2	99.1	100.3	100.5	100.6
其他用品和服务	104.5	105.3	105.1	104.0	103.9	104.5
商品零售价格指数	**105.7**	**105.4**	**103.8**	**102.7**	**101.8**	**101.5**

9-4 续表 （2020年）

指标	以去年同月价格为100					
	7月	8月	9月	10月	11月	12月
居民消费价格总指数	**102.3**	**101.7**	**101.3**	**100.2**	**99.9**	**101.1**
食品烟酒	111.4	109.7	107.0	102.9	101.4	104.2
# 食品	114.8	112.5	109.3	103.3	101.3	105.6
# 粮食	102.4	102.1	101.8	101.6	101.7	102.7
食用油	102.9	102.2	103.3	102.5	102.4	102.9
菜	115.1	116.2	118.8	119.4	115.5	114.7
# 鲜菜	116.4	117.5	120.2	121.0	116.8	115.9
畜肉类	159.0	145.0	122.8	99.5	94.3	103.3
禽肉类	102.4	102.0	92.9	85.5	80.4	85.8
水产品	106.5	103.1	103.1	103.1	104.9	109.6
蛋类	85.1	86.9	85.7	85.4	85.7	94.4
干鲜瓜果	82.5	86.8	101.4	112.6	115.9	116.8
烟酒	101.3	100.4	97.9	98.8	99.1	99.3
衣着	95.2	95.4	98.1	99.9	97.0	102.8
居住	98.0	97.3	97.7	97.7	99.1	99.2
生活用品及服务	100.9	99.9	100.1	100.2	101.1	100.0
交通和通信	94.6	95.0	95.9	95.5	95.4	96.1
教育文化和娱乐	101.3	100.8	100.7	101.5	101.2	100.8
医疗保健	100.2	100.5	100.2	100.2	100.4	100.3
其他用品和服务	103.7	105.5	104.9	103.1	105.4	104.1
商品零售价格指数	**101.5**	**101.3**	**100.9**	**99.9**	**99.5**	**100.4**

主要统计指标解释

物价指数 是说明两个时期商品价格水平变动趋势和程度的相对数指标。它是以报告期的价格水平与基期的价格水平进行直接对比计算的。当物价指数大于100时，说明价格水平上涨，反之则说明价格水平下跌。编制物价指数的目的，是为了反映市场物价水平的变化情况，分析和研究物价变动对城乡人民生活和国家财政支出的影响程度。

居民消费价格指数 简称CPI，是度量一定时期内居民消费商品和服务价格水平变动的相对数，综合反映居民消费商品和服务价格水平的变动趋势和变动程度。调查范围包括食品烟酒、衣着、居住、生活用品及服务、交通和通信、教育文化和娱乐、医疗保健、其他用品及服务等八大类262个基本分类。CPI是宏观经济分析和决策、价格总水平监测和调控以及

国民经济核算需要的重要指标，其按年度计算的变动率通常被用来反映通货膨胀或紧缩的程度。

商品零售价格总指数 是全面反映市场商品零售价格总水平变动趋势和程度的相对数。通过它，可以观察市场商品总体价格水平升降程度，以及物价变动对城乡人民生活支出的总影响。

十、人民生活

PEOPLE'S LIVELIHOOD

版面负责人：高惠媛

编　　　辑：柳　震　冯颖存

统计知识

统计执法监督检查办法

第六条 统计执法监督检查应当贯彻有法必依、执法必严、违法必究的方针，坚持预防、查处和整改相结合，坚持教育与处罚相结合，坚持实事求是、客观公正、统一规范、文明执法、高效廉洁原则。

统计执法监督检查中，与执法监督检查对象有利害关系以及其他可能影响公正性的人员，应当回避。

第七条 县级以上人民政府统计机构应当畅通统计违法举报渠道，公布统计违法举报电话、通信地址、网络专栏、电子邮箱等，认真受理、核实、办理统计违法举报。

第八条 县级以上人民政府统计机构应当建立统计违法行为查处情况报告制度，定期向上一级统计机构报告统计违法举报、统计执法监督检查和统计违法行为查处情况。

第二章 统计执法监督检查机构和执法检查人员

第九条 县级以上人民政府统计机构健全统计执法监督检查队伍，完善统计执法监督检查机制，建立统计执法骨干人才库，确保在库人员服从设库机构的调用。

第十条 统计执法监督检查机构和执法检查人员的主要职责是：

（一）起草制定统计法律法规规章和规范性文件；

（二）宣传、贯彻统计法律法规规章；

（三）组织、指导、监督、管理统计执法监督检查工作；

（四）依法查处统计违法行为，防范和惩治统计造假、弄虚作假；

（五）组织实施统计执法“双随机”抽查，受理、办理、督办统计违法举报；

（六）建立完善统计信用制度，建立实施对统计造假、弄虚作假的联合惩戒机制；

（七）监督查处涉外统计调查活动和民间统计调查活动中的违法行为；

（八）法律、法规和规章规定的其他职责。

10-1　主要年份居民家庭收支情况

单位：元

年　份	人均可支配收入			人均消费支出		
	全体居民	城镇居民	农村居民	全体居民	城镇居民	农村居民
2014	18744.14	24079.56	12811.27	12166.83	15004.85	9011.03
2015	20424.60	26218.65	13981.74	13174.13	16143.08	9872.72
2016	22348.06	28421.33	15274.05	14321.45	17254.95	11059.45
2017	25116.03	30986.83	16696.53	15688.44	18233.88	12037.96
2018	27385.39	33585.88	18206.15	16817.56	19462.80	12901.55
2019	29735.91	36214.58	19872.64	18047.87	20805.01	13850.33
2020	31166.41	37522.93	21228.90	17642.24	20418.11	13302.56

10-2　居民家庭基本情况与人均收入情况

（2020年）

单位：元

指　　标	全体居民	城镇居民	农村居民
调查户数　（户）	**1700**	**1030**	**670**
平均每户家庭人口　（人）	3.18	3.08	3.34
平均每户就业人口　（人）	2.02	1.96	2.11
平均每一就业人口负担人数　（人）	0.63	0.64	0.63
平均每户就业面　（%）	1.58	1.57	1.58
平均每人现住房建筑面积　（平方米）	53.56	51.65	56.25
人均可支配收入	**31166.41**	**37522.93**	**21228.90**
工资性收入	17470.98	22193.68	10087.72
工资	16910.49	21416.97	9865.24
实物福利	25.56	35.45	10.10
其他	534.94	741.26	212.38
经营净收入	6322.33	5293.67	7930.48
第一产业经营净收入	2548.62	942.06	5060.23
第二产业经营净收入	832.58	619.05	1166.39
第三产业经营净收入	2941.14	3732.56	1703.86
财产净收入	1864.68	2834.13	349.09
# 利息净收入	38.79	41.30	34.87
红利收入	115.09	171.78	26.45
储蓄性保险净收益	7.10	9.83	2.83
转让承包土地经营权租金净收入	132.31	97.71	186.40
出租房屋财产性收入	274.57	434.35	24.77
出租机械、专利、版权等资产的收入	32.61	9.06	69.41
转移净收入	5508.42	7201.45	2861.60
# 养老金或离退休金	4289.03	6567.57	726.86
社会救济和补助	59.15	46.66	78.68
报销医疗费	409.50	584.81	135.42
家庭外出从业人员寄回带回收入	1226.09	853.33	1808.85
赡养收入	298.58	355.39	209.76
其他经常转移收入	172.10	217.05	101.84
人均非收入所得	**2298.26**	**2800.76**	**1512.67**
人均借贷性所得	**967.43**	**675.36**	**1424.04**

10-3 居民家庭人均支出情况

（2020年）　　单位：元

指　　标	全体居民	城镇居民	农村居民
人均消费支出	**17642.24**	**20418.11**	**13302.56**
食品烟酒	5273.67	6013.59	4116.91
食品	3772.37	4102.24	3256.68
谷物	550.67	553.36	546.46
薯类	64.06	62.94	65.82
豆类	69.62	67.17	73.44
食用油	205.22	211.98	194.64
蔬菜和食用菌	427.83	478.38	348.80
肉类	809.83	910.16	652.98
禽类	215.20	230.44	191.38
水产品	193.30	224.20	144.98
蛋类	144.54	147.13	140.50
奶类	307.18	334.17	264.99
干鲜瓜果类	424.61	484.42	331.10
糖果糕点类	132.43	147.05	109.57
其他食品	227.89	250.84	192.02
烟酒	586.54	655.36	478.93
烟草	327.68	376.26	251.74
酒类	258.85	279.11	227.19
饮料	92.93	99.74	82.29
饮食服务	821.83	1156.26	299.01
食堂用餐	78.73	85.31	68.44
其他在外饮食	740.72	1069.28	227.07
食品加工服务费	2.38	1.67	3.50
衣着	1349.38	1595.09	965.26
衣类	1026.54	1231.88	705.51
鞋类	322.85	363.21	259.75
居住	3709.18	4523.02	2436.86
#租赁房房租	89.67	125.14	34.22
住房维修及管理	665.60	763.31	512.85
水电燃料及其他	781.09	885.08	618.52
生活用品及服务	1365.10	1593.78	1007.59
家具及室内装饰品	223.50	272.71	146.57
家用器具	307.51	351.92	238.08
家用纺织品	105.03	123.18	76.66
家庭日用杂品	337.68	368.57	289.39
个人用品	328.29	391.64	229.25
家庭服务	63.09	85.78	27.62
交通通信	2406.70	2658.46	2013.10
交通	1637.69	1856.42	1295.74
交通工具	794.56	883.27	655.87
交通费	111.06	135.49	72.87
交通工具用燃料	366.97	420.52	283.26
交通工具使用及维修	365.10	417.14	283.73
#车辆保险支出	148.33	187.92	86.45
通信	769.00	802.04	717.36
通信工具	256.87	261.08	250.29
通信服务	512.13	540.96	467.07

10-3 续表 （2020年） 单位：元

指　　标	全体居民	城镇居民	农村居民
教育文化娱乐	1838.68	2123.39	1393.56
教育	856.14	917.30	760.52
学前教育	100.12	111.20	82.81
小学教育	131.60	132.26	130.58
初中教育	153.84	184.08	106.56
高中教育	133.52	134.84	131.47
中专职高教育	52.49	38.00	75.14
大专及以上教育	193.08	216.30	156.78
成人教育	91.48	100.61	77.20
文化娱乐	982.54	1206.09	633.04
文娱耐用消费品	334.81	366.06	285.96
其他文娱用品	284.26	288.15	278.18
文化娱乐服务	363.47	551.88	68.91
医疗保健	1315.66	1438.11	1124.24
医疗器具及药品	527.73	600.92	413.30
医疗服务	787.94	837.19	710.94
门诊总费用	265.32	272.36	254.31
住院总费用	522.61	564.82	456.63
其他用品和服务	383.86	472.65	245.04
其他用品	199.00	238.19	137.73
其他服务	184.86	234.47	107.31
人均生产经营费用支出	**3026.72**	**2289.76**	**4178.85**
第一产业经营费用支出	1386.12	675.44	2497.16
第二产业经营费用支出	722.10	516.03	1044.26
第三产业经营费用支出	918.50	1098.29	637.43
人均财产性支出	**142.31**	**185.57**	**74.67**
生活贷款利息支出	136.67	177.88	72.23
其他财产性支出	5.64	7.69	2.44
人均转移性支出	**1191.64**	**1607.42**	**541.64**
个人所得税	42.81	61.65	13.37
社会保障支出	1027.07	1378.17	478.16
个人缴纳的养老保险	645.92	915.14	225.02
个人缴纳的医疗保险	333.58	388.97	246.97
个人缴纳的失业保险	18.51	28.32	3.19
其他社会保障支出	29.06	45.74	2.98
外来从业人员寄给家人的支出			
赡养支出	78.63	113.25	24.51
其他转移性支出	43.13	54.34	25.59
人均部分商业保险支出	**174.40**	**213.73**	**112.92**
人均购置资产及非经常性转移支出	**5237.80**	**5865.67**	**4256.21**
购置资产支出	2206.62	2613.23	1570.94
非经常性转移支出	3031.18	3252.44	2685.26
人均借贷性支出	**1209.29**	**1373.57**	**952.46**

10-4 居民家庭年末平均每百户耐用消费品拥有量情况

（2020年） 单位：台

指　　标		全体居民	城镇居民	农村居民
家用汽车	（辆）	33.5	37.0	28.2
摩托车	（辆）	26.8	16.9	42.1
助力车	（辆）	155.3	143.6	173.2
洗衣机		103.4	103.4	103.5
电冰箱	（柜）	100.1	100.8	99.1
微波炉		67.1	73.3	57.6
彩色电视机		125.9	125.3	126.8
空调		150.7	167.3	125.2
热水器		103.3	104.8	100.9
洗碗机		1.4	1.7	1.0
排油烟机		66.3	79.0	46.8
固定电话	（部）	8.9	10.8	6.1
移动电话	（部）	263.3	257.4	272.5
#接入互联网		200.4	201.7	198.3
计算机		56.2	66.7	40.0
#接入互联网		52.3	62.5	36.7
照相机		8.9	13.4	1.9
中高档乐器	（架）	5.2	7.7	1.5
健身器材	（套）	6.4	9.0	2.4

10-5 居民家庭住房情况

（2020年）

指　　标		全体居民	城镇居民	农村居民
调查户数	**（户）**	**1700**	**1030**	**670**
人均现住房建筑面积	**（平方米）**	**53.56**	**51.65**	**56.25**
人均期内新建住房竣工建筑面积		**0.42**	**0.42**	**0.41**

10-6 居民家庭人均全年购买主要消费品

（2020年） 单位：公斤

指　　标	全体居民	城镇居民	农村居民
谷物	97.21	91.01	106.01
食用油	11.58	10.94	12.49
蔬菜和食用菌	86.84	95.13	75.10
猪肉	9.75	10.96	8.04
牛肉	2.20	2.74	1.44
羊肉	2.09	2.41	1.65
禽类	12.88	12.62	13.26
水产品	9.66	10.22	8.86
蛋类	17.68	17.82	17.48
奶类	17.76	19.96	14.63
干鲜瓜果类	65.69	68.90	61.13
糖果糕点类	6.83	6.98	6.63
茶叶	0.10	0.11	0.10
卷烟　（盒）	26.30	25.74	27.09
酒类	10.05	9.23	11.21
水　（吨）	29.85	38.30	17.87
电　（度）	741.30	797.19	662.09
煤炭	11.98	8.80	16.48
管道天然气　（立方米）	19.79	32.64	1.58
罐装液化石油气	19.30	14.90	25.53

10-7 居民家庭平均每百户全年购买主要消费品

（2020年） 单位：台

指标		全体居民	城镇居民	农村居民
洗衣机		6.76	6.60	7.01
电冰箱	（柜）	4.76	4.95	4.48
空调器		9.71	10.29	8.81
吸尘器		1.24	1.46	0.90
抽油烟机		3.47	2.43	5.07
微波炉		2.18	1.84	2.69
非太阳能热水器		3.71	4.08	3.13
太阳能热水器		2.35	2.82	1.64
燃气炉具	（套）	5.82	5.44	6.42
太阳能炉具	（套）	0.12		0.30
洗碗机		0.06	0.10	
消毒碗柜		0.18	0.10	0.30
汽车	（辆）	2.35	2.33	2.39
摩托车	（辆）	0.53	0.19	1.04
自行车	（辆）	4.41	4.47	4.33
电动自行车	（辆）	19.76	18.54	21.64
电话机	（部）	0.17	0.19	0.14
移动电话机	（部）	40.92	40.58	41.44
组合音响	（套）	0.24	0.29	0.15
彩色电视机		4.82	3.69	6.57
影碟机				
摄像机		0.18	0.19	0.15
照相机		0.18	0.29	
家用台式电脑		0.64	0.78	0.44
家用笔记本电脑		2.94	3.20	2.52

10-8 市辖区居民家庭收支及住房情况

（2020年）

指标	市辖区			鼓楼区	云龙区	泉山区	开发区
	全体居民	城镇居民	农村居民	城镇居民	城镇居民	城镇居民	城镇居民
人均可支配收入 （元）	**37904**	**41669**	**24125**	**38588**	**40184**	**45963**	**39030**
工资性收入	20616	22613	13307	21047	23184	25794	22050
经营净收入	7342	7358	7283	7434	6044	5156	7847
财产净收入	2847	3489	499	3120	3267	4404	3915
转移净收入	7099	8209	3037	6988	7689	10609	5217
人均生活消费支出 （元）	**22062**	**24214**	**14187**	**22644**	**25015**	**29153**	**23517**
食品烟酒	6168	6732	4104	6491	6976	8153	6678
衣着	1553	1726	916	1646	1765	1932	1682
居住	4069	4571	2231	4723	4440	5508	4058
生活用品及服务	1721	1931	950	1719	2045	2524	1523
交通通信	3437	3687	2519	2934	3906	4688	3726
教育文化娱乐	2217	2410	1512	2151	2675	2932	2444
医疗保健	2328	2508	1672	2395	2041	2206	2529
其他用品和服务	569	648	283	585	1167	1209	878
人均现住房建筑面积 （平方米）	**49.0**	**45.9**	**57.4**	**51.0**	**39.0**	**45.9**	**46.3**

10-8 续表

（2020年）

指标	贾汪区			铜山区		
	全体居民	城镇居民	农村居民	全体居民	城镇居民	农村居民
人均可支配收入 （元）	**30142**	**37023**	**21766**	**34339**	**42191**	**25003**
工资性收入	21503	29024	12350	21802	27808	14664
经营净收入	5825	5002	6827	7127	6246	8179
财产净收入	682	809	528	1443	2259	472
转移净收入	2131	2188	2061	3966	5878	1688
人均生活消费支出 （元）	**16271**	**20991**	**10526**	**19543**	**25633**	**12303**
食品烟酒	4808	6176	3142	5825	7527	3801
衣着	1679	2248	986	1921	2789	890
居住	2791	3538	1881	2504	2863	2077
生活用品及服务	1644	2159	1018	1295	1866	615
交通通信	2002	2689	1166	3026	3892	1996
教育文化娱乐	1938	2501	1253	3431	4720	1898
医疗保健	934	984	873	1238	1517	905
其他用品和服务	476	696	208	304	459	121
人均现住房建筑面积 （平方米）	**48.8**	**44.6**	**53.1**	**55.3**	**53.6**	**56.9**

主要统计指标解释

居民家庭常住人口 指住户成员中，经常在家居住或者调查期内居住时间超过一半的人员，以及本住户供养的学生。

居民家庭就业人口 指16周岁及以上，从事一定的社会劳动或经营活动、并取得劳动报酬或经营收入的人口。包括在党政机关、社会团体、企业、事业单位、私营企业、个体工商经营户或家庭中工作的在岗职工、再就业的离退休人员、民办教师、兼职人员及家庭帮工、雇工或自由职业等各类从业人员；私营企业和个体工商经营户的自营就业者。

居民可支配收入 指调查户可用于最终消费支出和储蓄的总和，即调查户可以用来自由支配的收入。可支配收入既包括现金，也包括实物收入。按照收入的来源，可支配收入包含四项，分别为：工资性收入、经营净收入、财产净收入和转移净收入。

居民消费支出 指住户用于满足家庭日常生活消费需要的全部支出，包括用于消费品的支出和用于服务性消费的支出。根据用途不同，消费支出可划分为食品烟酒、衣着、居住、生活用品及服务、交通通信、教育文化娱乐、医疗保健、其他用品及服务八大类。

十一、自然资源、城市概况和环境保护

NATURAL RESOURCES, GENERAL SURVEY OF CITIES AND ENVIRONMENTAL PROTECTION

版面负责人：马　萍
编　　　辑：陈　蓉

统计知识

统计执法监督检查办法

第十一条 执法检查人员应当参加培训，经考试合格，取得由国家统计局统一颁发的统计执法证。

经县级以上人民政府统计机构批准，可以聘用专业技术人员参与统计执法监督检查。

第十二条 统计执法监督检查机构应当加强对所属执法检查人员的法律法规、统计业务知识、职业道德教育和执法监督检查技能培训，健全管理、考核和奖惩制度。

第三章 统计执法监督检查

第十三条 县级以上人民政府统计机构和有关部门应当建立统计执法监督检查工作机制和相关制度，综合运用“双随机”抽查、专项检查、重点检查、实地核查等方式，组织开展本地区、本部门、本单位统计执法监督检查工作。

按照国家有关规定，实施统计执法监督检查全过程记录制度。

第十四条 统计执法监督检查事项包括：

（一）地方各级人民政府、政府统计机构和有关部门以及各单位及其负责人遵守、执行统计法律法规规章和国家统计规则、政令情况；

（二）地方各级人民政府、政府统计机构和有关部门建立防范和惩治统计造假、弄虚作假责任制和问责制情况；

（三）统计机构和统计人员依法独立行使统计调查、统计报告、统计监督职权情况；

（四）国家机关、企业事业单位和其他组织以及个体工商户和个人等统计调查对象遵守统计法律法规规章、统计调查制度情况；

（五）依法开展涉外统计调查和民间统计调查情况；

（六）法律法规规章规定的其他事项。

11-1 主要年份自然资源

指标	2006	2010	2013	2014	2015	2016	2017	2018	2019	2020
土地资源（千公顷）										
耕地面积	596.21	610.73	608.69	609.06	609.03	608.02	608.89	611.15		
园地	74.70	57.08	56.56	56.24	56.02	55.69	55.38	55.13		
林地面积	41.78	25.31	25.12	25.05	24.96	24.86	24.80	24.75		
牧草地面积	0.07	6.18	6.47	6.37	6.22	6.17	6.07	5.95		
城镇及工矿用地面积	45.34	200.99	203.32	204.82	206.67	209.12	210.75	211.40		
交通用地面积	15.07	46.97	47.52	48.18	48.42	49.20	49.47	49.81		
水域面积	25.63	207.87	205.47	203.80	202.20	200.46	198.41	196.55		
未利用土地面积	74.81									
其他	240.62	21.36	22.90	22.90	22.97	22.92	22.74	21.75		
林木资源										
活立木总蓄积量（万立方米）	1321	2473	2973	3123	3053	3083	3113	3143	3173	
森林面积（千公顷）	196.7	330.7	360.9	363.7	338.4	334.4	336.3	338.5	340.6	341.9
森林蓄积量（万立方米）	947.1	2459.9	2950	3097	3028	3058	3088	3118	3148	
森林覆盖率（%）			32.05	30.30	28.05	27.70	27.87	28.06	26.85	27.15
水利资源（亿立方米）										
水资源总量	28.36	20.24	36.96	28.87	32.31	43.38	38.86	51.02	34.22	47.49
地表径流	14.72	8.30	18.92	9.91	12.68	20.42	17.76	28.08	16.44	37.43
地下（浅层）水量	17.51	14.70	18.90	19.62	20.35	23.84	21.89	23.98	18.48	17.01
矿产资源（基础储量）（万吨/矿石）										
煤炭（万吨）	176500	135101	108817	106652	104933	103398	102579	100957	99963	733936
铁（万吨）	1290	1581	2119	2036	1942	1925	1851	1780	1627	5515
岩盐	22100	13091	12607	12338	12237	11857	11640	11388	11126	300091
石膏	45181	34395	33669	33669	31926	31926	31926	31926	31926	18114
制碳用灰岩	20091	20091	20091	20091	20091	20091	20091	20091	20091	12101
水泥用灰岩	22380	28755	30495	29006	28201	27449	27063	26478	26030	146077

注：2010年及以后土地资源指标因国家土地利用现状分类标准有变化，部分数据与往年不可比；受第三次全国国土调查影响，2019年与2020年土地资源相关数据暂时空缺；因矿产资源统计调查改革，2020年起矿产资源（基础储量）口径调整为矿产资源探明资源量，与往年不可比。

11-2　主要年份气象、水文概况

指　　标	1990	1995	2000	2005	2010	2015	2016	2017	2018	2019	2020
温度　（摄氏度）											
年平均气温	14.8	14.7	15.1	15.0	15.2	15.3	15.9	15.6	16.0	16.1	16.0
年极端最高气温	37.2	36.8	37.4	38.3	37.6	36.9	37.4	39.1	38.9	37.7	38.1
出现日期（月、日）	7月9日	6月19日	5月21日	6月23日	7月6日	7月13日	7月30日	7月27日	7月25日	7月23日	6月4日
年极端最低气温	-15.8	-8.9	-9.4	-9.3	-9.4	-9.2	-12.8	-7.8	-10.5	-7.6	-10.8
出现日期（月、日）	2月1日	2月2日	2月1日	1月1日	1月13日	11月27日	1月24日	12月17日	1月12日	1月1日	12月31日
降水　（毫米）											
年降水量	1088.8	825.3	979.6	1162.9	612.0	928.2	766.8	801.7	1003.8	725.8	1067.7
年降水日　（天）	94	66	90	90	68	93	95	120	98	94	109
一日最大降水量	82.4	94.1	151.3	99.1	100.2	57.9	47.8	142.7	114.2	57.3	109.8
出现日期（月、日）	7月17日	8月22日	7月12日	7月8日	9月7日	6月24日	6月23日	7月6日	8月19日	7月23日	7月11日
日照											
年日照时间（小时）	2251.2	2452.4	2064.5	2204.6	2230.6	2141.0	2163.4	2239.1	2364.2	1997.3	1685.3
年蒸发量　（毫米）	1595.0	1797.3	1727.6	1062.5	1076.6	999.3	1041.0	1110.3	1141.0	1126.1	990.1
年平均相对湿度（%）	72	65	69	67	63	69	69	64	66	64	68
年平均风力（米/秒）	2.3	2.0	2.2	2.1	2.1	1.6	1.7	1.6	1.7	1.6	1.6
年平均气压（百帕）	1017.0	1017.3	1011.6	1012.0	1011.5	1012.1	1011.9	1013.2	1011.8	1011.8	1013.0
年无霜期　（天）	190	182	158	235	195	205	227	211	218	211	
霜期　（月、日）											
初霜日期	10月17日	10月5日	11月1日	10月27日	11月2日	11月3日	10月31日	10月30日	10月27日	10月30日	
终霜日期	4月24日	4月4日	4月6日	3月25日	4月5日	4月8日	3月16日	4月1日	3月22日	4月1日	
雪期　（月、日）											
初雪日期	12月12日	12月19日	1月8日	11月25日	11月28日	11月24日	11月24日	11月19日	12月5日	1月7日	12月30日
终雪日期	2月23日	2月4日	2月5日	3月2日	3月8日	1月31日	1月31日	2月21日	2月21日	2月18日	2月15日
水文（蔺家坝）（米）											
最高水位	32.02	33.40	32.15	33.59	32.84	31.95	32.06	32.96	33.72	32.95	33.94
出现日期（月、日）	8月6日	3月9日	7月29日	9月30日	10月13日	6月30日	12月29日	10月13日	8月21日	8月12日	8月8日
最低水位	28.35	31.86	28.77	31.47	31.33	30.90	30.76	31.35	31.29	31.22	31.99
出现日期（月、日）	6月17日	6月16日	6月21日	6月20日	6月27日	6月18日	7月12日	7月5日	7月24日	6月25日	7月8日
年均水位	31.60	33.02	31.07	32.63	32.39	31.44	31.08	32.42	32.36	32.13	32.71

注：表中水位为废黄河口积面；从2020年开始不再观测霜期。

11-3　市区分月气象情况

（2019 年）

月　份	平均气温（摄氏度）	降水量（毫米）	日照时数（小时）
全　年	**16.1**	**725.8**	**1997.3**
1 月	1.5	27.1	119.8
2 月	3.0	9.5	102.4
3 月	11.4	38.5	238.4
4 月	15.8	41.2	203.5
5 月	22.0	3.7	193.6
6 月	27.6	90.9	197.4
7 月	28.8	197.7	169.6
8 月	26.8	219.1	170.2
9 月	24.0	1.5	188.4
10 月	16.6	48.6	131.1
11 月	11.5	11.2	136.8
12 月	4.6	36.8	146.1

11-4　市区分月气象情况

（2020 年）

月　份	平均气温（摄氏度）	降水量（毫米）	日照时数（小时）
全　年	**16.0**	**1067.7**	**1685.3**
1 月	3.0	82.8	68.9
2 月	6.7	27.8	118.4
3 月	11.5	36.1	179.5
4 月	15.5	15.8	233.8
5 月	22.9	35.8	196.7
6 月	26.1	340.4	131.0
7 月	25.5	365.6	92.6
8 月	28.6	90.5	119.1
9 月	24.0	1.7	174.4
10 月	15.6	18.3	92.4
11 月	10.3	38.2	128.2
12 月	1.8	14.7	150.3

11-5 城市（市区）建设基本情况

年 份	市区面积（平方公里）	#建成区面积	市区人口密度（人/平方公里）	年末实有房屋建筑面积（万平方米）	#住宅	公共交通 年底运营车辆数（辆）	公共交通 年底运营线路网长度（公里）
1978	184.5	41.3	3636	884	351	140	
1979	184.5	42.7	3842	955	392	161	
1980	184.5	43.8	3950	1029	440	144	
1981	184.5	44.3	4063	1105	487	160	
1982	184.5	45.2	4189	1174	528	165	
1983	184.5	45.6	4297	1276	590	162	
1984	184.5	45.9	4371		641	168	
1985	184.5	46.5	4470	1467	691	174	
1986	184.5	47.0	4557	1863	920	182	
1987	184.5	47.3	4638	1964	967	185	
1988	184.5	48.1	4726	2030	1000	183	
1989	184.5	48.9	4838	2145	1030	196	
1990	184.5	61.8	4914	2245	1076	202	
1991	184.5	63.8	4979	2352	1127	211	
1992	184.5	67.0	5076	2465	1180	258	
1993	184.5	67.7	5158	2622	1253	308	313
1994	963.0	70.7	1483	2690	1293	838	329
1995	963.0	59.1	1507	2751	1325	1072	335
1996	963.0	60.3	1530	2870	1381	854	337
1997	963.0	61.5	1551	2980	1442	903	343
1998	963.0	64.7	1577	3104	1514	932	343
1999	963.0	67.6	1583	3337	1672	919	368
2000	1037.7	71.7	1547	3507	1787	946	541
2001	1037.7	77.9	1566	3650	1858	1119	595
2002	1037.7	81.9	1576	3781	1897	922	586
2003	1037.7	89.1	1612	3835	1914	1006	600
2004	1037.7	96.8	1613	3934	1964	1076	622
2005	1159.9	118.0	1551	5994	4196	1452	650
2006	1159.9	127.1	1566	6079	4199	1654	700
2007	1159.9	160.0	1577	6304	4392	1741	978
2008	1159.9	186.6	1590	6584	4615	1790	655
2009	1159.9	205.6	1605	6597	4307	1969	679
2010	3037.6	239.0	1029	8463	5404	1908	3997
2011	3037.6	249.0	1013	7581	5003	2685	3648
2012	3040.0	253.0	1025	7992	5211	2602	4719
2013	3040.0	253.0	1042	8668	5615	2429	3786
2014	3040.0	255.2	1064	9256	5906	2802	4946
2015	3040.0	255.2	1086	9843	6393	2338	4098
2016	3040.0	261.0	1107			2359	4002
2017	3062.5	265.0	1125			2377	4092
2018	3062.5	271.3	1147			2613	4184
2019	3062.5	282.2	1159			2656	4304
2020	3062.5	289.6	1168			2786	4453

注：2010年底运营线路网长度统计口径扩大到乡村，与往年不可比。2011年底运营线路网长度不包含农村客运班线。

11-5 续表 1

年 份	铺装道路长 度（公里）	铺装道路面 积（万平方米）	全社会供水 生产能力（万立方米/日）	全社会供水 供水总量（万立方米）	#生活用水量	人工煤气供应总量（万立方米）	液化石油气供应总量（吨）	用 气人口数（万人）
1978	67	67	8.5	3052	1427			
1979	69	72	9.4	3425	1886			
1980	72	76	10.9	3970	2232			
1981	89	88	12.0	4377	2416			
1982	125	102	12.8	4806	2071			
1983	128	108	13.4	5097	2005			
1984	136	114	14.1	5619	2392		269	
1985	138	119	16.3	5963	2685	146	681	
1986	284	238	34.2	12207	2968	285	1947	
1987	296	243	34.0	12308	3303	358	3128	
1988	300	249	34.1	12658	3564	404	4108	
1989	345	265	37.2	12901	4677	446	4443	17.6
1990	297	263	37.9	10744	4328	464	7110	25.5
1991	301	269	42.0	10643	4669	474	5939	26.1
1992	355	464	56.0	12129	5203	509	7736	26.8
1993	367	496	56.0	14718	6076	522	13737	44.5
1994	372	747	63.0	15506	7498	939	15168	61.2
1995	579	802	86.9	14877	7010	2830	16064	68.8
1996	590	830	74.6	14067	7653	3967	18886	72.0
1997	592	846	72.0	13677	7627	4926	21400	74.4
1998	593	863	74.5	13498	7366	4888	24788	77.3
1999	593	908	75.5	12859	6958	4779	23753	80.0
2000	621	987	75.5	12464	6926	4585	26196	83.4
2001	690	1134	75.6	12397	7060	4638	24000	85.6
2002	760	1222	72.5	11748	7088	4192	22400	88.6
2003	822	1299	72.6	14354	7232	4580	24600	106.8
2004	865	1357	55.0	14008	7499	4057	29400	118.5
2005	1075	1434	55.4	15456	7962	4831	39300	126.8
2006	1168	1494	49.0	11931	6218	5699	33860	113.0
2007	1202	1623	49.8	11509	7605	5699	33750	125.4
2008	1307	1855	67.9	16155	7718	5125	32208	128.8
2009	1352	1956	87.4	19001	8926	4392	29937	137.6
2010	1600	2467	94.2	19957	8962	1662	29336	150.2
2011	1620	2604	117.9	21543	7963		28050	140.9
2012	2110	3239	95.5	22029	6906		31030	149.9
2013	2600	3750	93.0	23363	6579		28480	165.8
2014	2699	4310	113.2	23960	7880		28054	167.2
2015	2722	4484	111.9	24350	6420		26856	185.0
2016	2549	4463	137.0	26199	6491		20925	179.2
2017	2577	4554	135.2	26708	8156		21094	198.7
2018	2607	4644	142.5	31805	9932		18474	206.7
2019	2665	4783	158.6	31073	10349		25908	207.2
2020	2680	4863	158.3	38640	10494		15834	207.6

注：用气人口数为全部用气人口，含液化气和天然气。

11-5 续表 2

年份	排水管道长度（公里）	路灯数（盏）	园林绿地面积（公顷）	建成区绿化覆盖率（%）	公园数（个）	污水排放量（万吨）	垃圾粪便清运量（万吨）	公共厕所数（座）
1978	118	3243	219	10.4				
1979	124	3482	249	11.8				
1980	130	3750	249	11.8				
1981	138	3920	310	7.6				
1982	155	3594	320	7.7				
1983	162	4088	365	9.8				
1984	170	4225	367	11.8				
1985	182	4545	367	12.4				
1986	216	5546	735	14.9				
1987	223	6110	848	15.1				
1988	248	6950	1108	15.1				
1989	253	6989	1317	15.9	15		25	508
1990	257	7507	1214	27.4	15	9965	23	503
1991	262	7779	1432	30.7	12	9955	26	587
1992	281	8551	2358	30.8	13	7964	28	537
1993	281	13581	2822	31.0	10	7964	29	403
1994	326	11688	2822	31.6	14	9700	28	448
1995	432	15463	2844	33.1	12	8818	32	455
1996	395	16140	2881	33.2	15	7846	38	328
1997	399	16923	2947	33.6	13	7646	36	277
1998	403	20393	3048	33.7	13	7682	29	258
1999	483	26187	3392	34.3	13	7876	35	238
2000	643	30937	3662	34.4	13	5931	36	225
2001	728	32577	3625	24.5	29	5540	36	212
2002	825	36836	3889	26.6	31	5620	37	266
2003	896	45231	4226	29.5	33	6689	40	312
2004	926	46087	6455	36.6	33	7692	45	249
2005	918	52678	6455	36.3	36	10775	47	258
2006	930	53000	6659	37.6	30	11704	49	297
2007	970	60000	8125	38.8	34	12700	50	338
2008	1198	56798	9242	40.1	40	13924	45	482
2009	1046	19651	10422	40.4	41	14910	40	606
2010	1334	50723	12913	41.3	60	18106	48	592
2011	1362	46683	13400	41.9	70	19286	54	600
2012	1569	267204	14436	42.2	70	19690	52	488
2013	2016	188541	15269	42.9	70	19998	59	493
2014	2094	272114	15462	43.3	70	20190	79	711
2015	2129	294770	15727	43.7	73	21571	80	759
2016	2196	293971	15983	43.8	74	22294	92	813
2017	2351	299018	16165	43.8	75	23024	104	820
2018	2073	110381	16363	43.6	75	23822	119	891
2019	2242	121172	16793	43.7	76	26529	130	892
2020	2336	130094	17362	43.1	56	28242	118	895

注：自 2009 年起路灯盏数统计口径改变，与其他年份不可比；2010 年起公园数统计口径改变，与往年不可比；2016 年起垃圾粪便清运量为生活垃圾口径，与往年不可比。

11-6 城市（市区）设施水平

年 份	用 水 普及率 （%）	煤气液化气 普 及 率 （%）	每万人拥有 公共汽车辆 （标台）	人均拥有铺 装道路面积 （平方米）	人均公共 绿地面积 （平方米）	每万人拥有 公共厕所 （座）	排水管道 密 度 （公里/平方公里）
1978	85.7				2.7		2.9
1979	83.3				2.7		2.9
1980	82.6				2.7		3.0
1981	93.8				1.5		3.1
1982	94.2				1.5		3.4
1983	95.0				2.0		3.6
1984	95.0	2.4			2.0		3.7
1985	94.2	6.7			2.4		3.9
1986	92.0	8.4			2.9		4.6
1987	94.2	17.8			2.9		4.7
1988	96.0	19.5			2.9		5.2
1989	98.0	22.2	3.2	3.3	2.9	6.6	5.2
1990	98.0	31.7	3.5	3.9	3.5	6.4	5.2
1991	100.0	37.8	4.1	3.9	6.3	7.4	4.1
1992	100.0	37.8	4.5	6.6	6.3	6.7	4.2
1993	100.0	61.6	4.9	6.9	7.4	4.9	4.2
1994	100.0	75.2	9.0	9.2	7.5	3.6	4.6
1995	100.0	84.0	9.2	9.8	7.9	4.7	7.3
1996	100.0	85.1	6.5	9.8	7.9	3.3	6.6
1997	100.0	86.4	7.0	9.8	9.5	2.7	6.5
1998	100.0	87.9	7.1	9.8	9.9	2.9	6.2
1999	100.0	90.1	7.7	10.2	10.2	2.8	7.2
2000	100.0	90.8	8.1	10.7	10.5	2.4	9.0
2001	100.0	75.8	10.1	10.0	6.6	2.3	9.3
2002	100.0	76.9	8.6	10.6	6.9	2.3	10.1
2003	100.0	90.2	9.1	11.0	7.0	2.6	10.1
2004	100.0	99.7	10.8	11.4	7.4	2.1	9.6
2005	100.0	96.5	9.8	10.9	8.0	2.0	7.8
2006	100.0	96.6	12.9	12.8	9.4	2.2	7.9
2007	100.0	100.0	18.1	12.9	12.1	2.7	6.1
2008	99.9	96.4	17.2	13.9	13.0	3.6	6.4
2009	98.5	98.5	17.9	14.0	13.6	4.4	5.1
2010	99.4	99.0	19.2	16.3	14.7	1.9	5.6
2011	97.8	94.2	11.5	17.7	16.0	1.9	5.5
2012	98.1	99.3	13.7	21.5	16.1	1.6	6.2
2013	99.4	99.5	16.1	22.5	16.3	1.5	8.0
2014	97.5	98.2	11.3	25.3	16.2	2.2	8.2
2015	99.8	98.5	12.5	23.9	15.3	2.3	8.3
2016	99.8	98.0	15.8	24.4	15.7	2.5	8.4
2017	100.0	100.0	16.6	22.9	14.7	2.5	6.9
2018	100.0	100.0	15.7	23.9	14.3	2.4	7.9
2019	100.0	99.8	17.0	23.1	15.4	2.5	6.8
2020	100.0	100.0	18.6	23.4	16.6	2.6	6.7

注：2007 年及以后人均公共绿地面积统计口径改为人均公园绿地面积（下同），煤气液化气普及率应调整为燃气普及率。

11-7 主要年份城市（市区）公用事业基本情况

指 标	1990	1995	2000	2005	2010	2014	2015	2016	2017	2018	2019	2020
城市用地及建筑物面积（平方公里）												
城市面积	184.5	963.0	1037.7	1159.9	3037.6	3040.0	3040.0	3040.0	3062.5	3062.5	3062.5	3062.5
#建成区面积	61.8	59.1	71.7	118.0	239.0	255.2	255.2	261.0	265.0	271.3	282.2	289.6
城市建设用地面积	45.10	56.80	69.43	104.45	184.60	233.81	239.27	244.13	255.02	274.28	280.15	287.55
#居住用地	18.30	10.90	13.48	24.24	58.18	56.52	58.35	60.46	66.22	78.20	91.66	91.66
公共设施用地		4.70	8.75	16.43	31.79	29.34	21.61	30.43	31.37	30.47	19.11	19.11
工业用地	17.10	12.70	14.68	20.96	35.15	26.94	27.64	28.50	30.04	60.37	49.97	49.97
仓储用地	2.60	2.70	2.73	3.05	4.22	21.19	21.58	21.87	22.17	8.55	4.58	4.58
对外交通用地	4.00	6.80	7.13	7.13	10.20	13.24	13.99	14.34	15.67	35.43	48.52	48.52
道路广场用地		2.70	4.56	13.39	23.06	58.45	58.46	58.76	58.84	33.22		
市政公用设施用地		1.10	2.54	3.00	5.44	21.59	21.61	22.01	22.08	8.97	7.28	7.78
绿地		3.60	3.75	4.36	14.38				8.63	19.07	35.80	43.20
特殊用地		11.70	11.81	11.89	2.18							
供水、供气及供热												
全社会供水												
供水综合生产能力（万吨/日）	37.9	86.9	75.5	55.4	94.2	113.2	111.9	137.0	135.2	142.5	158.6	158.3
供水管道长度（公里）	506	569	724	1025	2760	3122	2433	2708	2795	3135	3245	3443
供水总量（万立方米）	10744	14877	12464	15456	19957	23960	24350	26199	26708	31805	31073	38640
#生产用水量	5684	7867	3574	3478	8036	11695	10102	8995	12195	11217	10747	10522
生活用水量	4328	7010	6926	7962	8962	7880	6420	6491	8156	9932	10349	10494
人均日生活用水量（升）	137	198	171	123	164	130	113	125	113	167	168	168
用水普及率（%）	98.00	100	100	100	99.40	97.50	99.79	99.81	99.95	99.98	100	100
水厂个数（个）	4	4	4	4	4	9	13	17	15	16	15	17
人工煤气												
储气能力（系统内）（万立方米）	2	12	12	12								
煤气管道长度（公里）	32	237	647	763	230							
供气总量（万立方米）	464	2830	4585	4831	1662							
#家庭用量	437	1899	3326	3562	1205							
家庭用气户数（户）	10343	61372	110758	148102	34000							
用气人口数（万人）	4.2	20.3	34.7	47.4	10.2							
液化石油气												
储气能力（吨）	275	450	420	2402	4394	4593	4983	4983	4508	1587	2683	772
供气总量（吨）	7110	16064	26169	39300	29336	28054	26856	20925	21094	18474	25908	15834
#家庭用量	7074	15084	23158	35100	23466	20872	19714	13103	20572	17961	15539	11144
家庭用气户数（户）	60706	146628	155723	289500	193243	143146	127966	86386	96613	86402	117870	54987
用气人口数（万人）	21.30	48.50	48.80	79.40	59.70	44.03	45.02	26.48	32.61	30.94	32.98	31.14
煤气和液化石油气普及率（%）	31.7	84.0	90.8	96.5	99.0	98.2	98.5	98.0	100	100	99.8	100
天然气												
储气能力（万立方米）					26	100	108	85	87	87	135	140
供气管道长（公里）					1253	1844	1890	2036	2164	2353	2758	2998
供气总量（万立方米）					13524	21255	26582	31629	32055	32755	52716	66769
#家庭用量					2927	6184	7256	8375	10282	11808	12929	14438
家庭用气户数（户）					270824	408036	446716	504592	570884	626293	685990	735681
用气人口数（万人）					80.00	123.14	139.53	152.76	166.10	176.00	174.17	177.41
集中供热面积（万平方米）				910	1201							
#住宅					911							

注：根据第3次全国国土普查分类，2019年起对外交通用地和道路广场用地合并改为道路与交通设施用地、绿地改为绿化与广场用地，均与往年不可比。

11-7 续表

指　　标	1990	1995	2000	2005	2010	2014	2015	2016	2017	2018	2019	2020
城市市政设施情况												
实有道路长度（公里）	297	579	621	1075	1600	2699	2722	2550	2577	2607	2665	2680
道路面积（万平方米）	263	802	987	1434	2467	4310	4484	4463	4554	4644	4783	4863
人行道面积（万平方米）	35	74	110	208	421	722	759	673	690	717	759	736
排水管道长度（公里）	257	432	643	918	1334	2094	2129	2196	2351	2073	2242	2336
污水年排放量（万立方米）	9965	8818	5931	10775	18106	20190	21571	23479	23024	23823	26529	28242
桥梁数（座）	51	68	102	132	118	265	305	285	285	286	288	267
路灯盏数（盏）	7507	15463	30937	52678	50723	272114	294770	293971	299018	110381	121172	130094
防洪堤长度（公里）	27.0	52.0	34.1	44.6	67.0	96.0	185.2					
公共交通												
公共汽车营运车数（辆）	202	1072	946	1452	1908	2802	2338	2359	2377	2613	2656	2786
标准营运车数（标台）	238	752	739	1290	2286	3366	2917	2953	2954	3173	3226	3377
客运总量（万人次）	8511	10740	17040	25750	33436	38325	36258	35906	35068	35122	39237	18880
平均每日客运量（万人次）	23.3	29.4	46.7	70.5	91.6	105.0	99.3	98.4	96.1	96.0	136.4	51.7
出租汽车营运车数（辆）	259	955	2872	4230	3760	4284	4319	4319	4319	4317	4238	4319
城市园林绿化												
绿化覆盖面积（公顷）	1324	2927	3823	7017	14726	15966	16231	16507	16689	16888	17425	18006
# 建城区	891	1956	2463	4283	9680	11039	11160	11436	11618	11816	12328	12484
园林绿地面积（公顷）	1214	2844	3662	6455	12913	15462	15727	15983	16165	16363	16793	17362
# 公共绿地	235	647	961	1046	2234	2761	2865	2879	2914	2954	3194	3440
公园个数（个）	15	12	13	36	60	70	73	74	75	75	76	56
公园面积（公顷）	104	521	650	358	198	1700	1804	1810	1822	1822	1828	2117
游人量（万人次）	1054	463	323	2340	210	679	807	823	853			
人均公园绿地面积（平方米）	3.5	7.9	10.5	8.0	14.7	16.2	15.3	15.7	14.7	14.3	15.4	16.6
建成区绿化覆盖率（%）	27.4	33.1	34.4	36.3	41.3	43.3	43.7	43.8	43.8	43.6	43.7	43.1
城市房屋和住宅情况（万平方米）												
实有房屋建筑面积	2245	2751	3507	5994	13368	9256	9813					
实有住宅建筑面积	1076	1325	1787	4196	8972	5906	6393					
城市清洁卫生情况												
道路清扫保洁面积（万平方米）	148	350	418	780	2032	2307	2410	2786	2786	2933	3034	3587
生活垃圾清运量（万吨）	21.40	30.00	34.60	47.00	44.40	78.59	79.78	92.36	103.80	119.00	130.00	117.65
粪便清运量（万吨）	1.6	2.0	1.0		0.2	0.8	1.2	1.2	1.2	1.8		
垃圾粪便无害化处理量（万吨）		32.00	35.60	47.00	44.40	78.60	79.78	92.36	106.80	119.00	130.00	117.65
环卫机械总数（台）	113	167	172	156	362	570	651	840	974	1001	1013	975
公共厕所数（座）	503	455	225	258	592	711	759	813	820	891	892	895

注：2019 年起不再统计粪便清运量。

11-8　主要年份工业企业污染治理情况

单位：万元

指　　标	2001	2003	2005	2010	2014	2015
单位数　（个）	**65**	**81**	**74**	**22**	**572**	**574**
当年施工项目投资来源	**6272**	**18228**	**47263**	**12516**	**14174**	**55365**
排污费补助				40		
政府其他补助				375	304	1000
企业自筹				12756	13870	54365
# 银行贷款				1980	2756	7835
国家预算内资金	1	300	30			
环保专项资金	90	55	2912			
银行贷款	150	1396	2580			
其他资金	6031	16476	44321			
当年施工项目累计完成投资额	**6272**	**18228**	**47263**	**13171**	**14174**	**55445**
治理废水	4142	9640	7396	3907	739	3135
治理废气	1818	8088	38555	8084	10035	51580
治理固体废物	292	500	330	1000		
治理噪声	15		622			
其他	5		361	180	3401	730
当年安排治理项目　（个）	**84**	**105**	**54**	**34**	**19**	**35**
治理废水	42	26	34	11	2	3
治理废气	36	78	38	21	14	27
治理固体废物	3	1	3	1		
治理噪声	2		3			
其他	1		6	1	3	5
当年竣工项目　（个）	**61**	**58**	**73**	**20**	**19**	**23**
治理废水	21	13	27	6	2	1
治理废气	35	44	35	14	14	19
治理固体废物	2	1	3			
治理噪声	2		3			
其他	1		5		3	3
当年竣工项目新增设计处理利用“三废”能力						
废水　（吨 / 日）	39453	31472	28122	215400	2000	2475
废气　（万标立方米 / 时）	84	130	234	129	128	12
固体废物　（吨 / 日）	358	180	305			
主要污染物减排情况						
化学需氧量（COD）　（万吨）			6.35	5.54	1.05	1.14
二氧化硫（SO_2）　（万吨）			20.01	8.96	9.85	10.22

11-9　重点调查工业企业污染治理设施情况

指　　标		2016	2017	2018	2019	2020
工业企业数	（个）	650	515	531	525	520
废水治理设施数	（套）	214	252	259	247	253
废水治理设施处理能力	（万吨 / 日）	210.47	55.19	40.38	49.92	39.87
废水治理设施运行费用	（万元）	32197.20	34755.73	19470.63	21321.20	32593.39
工业废水处理量	（万吨）	98455.76	6884.53	5496.24	6191.29	4934.00
工业废水排放量		8693.94	3007.53	2659.32	3174.39	2543.66
其中：直接排入环境的		5367.92	786.96	652.46	646.58	146.33
排入污水处理厂的		3326.02	2220.57	2006.86	2527.81	2397.34
工业锅炉数	（台）	350	294	330	303	282
其中：20 蒸吨以上的		104	100	101	98	81
其中：安装脱硫设施的		56	80	75	66	58
废气治理设施数	（套）	1167	2249	2643	2827	1541
废气治理设施处理能力	（万立方米 / 时）	6668.39	898135.40	201176.18	201926.26	13178.85
废气治理设施运行费用	（万元）	155592.90	153134.40	149560.36	118827.71	134061.89
脱硫设施数	（套）	107	267	201	152	107
脱硝设施数		73	149	114	144	92
除尘设施数		290	1113	1051	990	828
VOCs 处理设施数		41	146	407	442	410
工业废气排放量	（亿立方米）	5782.57	3971.62	3206.51	3967.40	4574.97

11-10 重点工业企业“三废”排放及处理情况

（2020年）

指标	汇总工业企业数（个）	工业废水排放总量（万吨）	化学需氧量产生量（吨）	化学需氧量排放量（吨）	氨氮产生量（吨）
总计	**520**	**2543.66**	**44643.77**	**1456.94**	**10027.17**
农、林、牧、渔服务业	1				
煤炭开采和洗选业	6				
农副食品加工业	59	188.13	3789.83	474.24	108.49
食品制造业	13	89.78	7781.21	56.29	85.87
酒、饮料和精制茶制造业	12	273.07	6240.10	83.87	407.27
烟草制品业	1	5.37	42.23	0.95	1.78
纺织业	11	68.34	743.04	27.56	6.65
皮革、毛皮、羽毛及其制品和制鞋业	2	95.09	117.72	28.84	4.08
木材加工和木、竹、藤、棕、草制品业	62				
家具制造业	76				
造纸和纸制品业	8	288.88	6887.07	218.63	26.23
印刷和记录媒介复制业	4	6.01	24.20	0.94	1.58
石油加工、炼焦和核燃料加工业	6	9.88	54.62	1.51	4.78
化学原料和化学制品制造业	31	611.62	8478.47	305.88	8996.60
医药制造业	11	63.04	1326.85	31.30	31.44
化学纤维制造业	1	3.92	19.52	0.98	0.13
橡胶和塑料制品业	9	10.28	24.57	2.26	2.93
非金属矿物制品业	81	131.26	94.75	28.81	6.33
黑色金属冶炼和压延加工业	4				
有色金属冶炼和压延加工业	10	96.29	153.29	16.24	4.03
金属制品业	34	16.45	37.13	12.31	0.18
通用设备制造业	12	32.32	36.14	5.54	3.76
专用设备制造业	13	45.37	65.52	12.06	3.03
汽车制造业	7	33.62	249.16	6.10	13.87
铁路、船舶、航空航天和其他运输设备制造业	4	15.08	112.06	3.25	3.09
电气机械和器材制造业	9	139.07	267.02	30.14	29.45
计算机、通信和其他电子设备制造业	3	250.77	56.05	53.30	6.31
其他制造业	1	4.80	57.12	1.32	0.43
废弃资源综合利用业	3	3.20	79.90	4.02	0.32
电力、热力生产和供应业	26	62.01	7906.21	50.61	278.55

11-10　续表 1　　（2020 年）

指　　标	氨氮排放量（吨）	工业废气排放总量（亿标立方米）	二氧化硫产生量（吨）	二氧化硫排放量（吨）	氮氧化物产生量（吨）	氮氧化物排放量（吨）
总　计	**108.45**	**4574.97**	**331234.12**	**7957.64**	**54896.94**	**15002.11**
农、林、牧、渔服务业		0.16	13.39	13.39	1.15	0.80
煤炭开采和洗选业		1.21	0.04	0.04	11.27	4.96
农副食品加工业	17.00	4.69	102.83	102.83	31.26	25.44
食品制造业	3.55	1.30	2.44	2.44	10.05	5.38
酒、饮料和精制茶制造业	3.05	14.74	5.42	5.42	108.82	24.76
烟草制品业	0.04	0.63	0.47	0.47	1.57	1.57
纺织业	1.13	3.57	2.75	2.75	5.17	4.19
皮革、毛皮、羽毛及其制品和制鞋业	0.08					
木材加工和木、竹、藤、棕、草制品业		55.78	1321.28	1321.28	65.36	62.90
家具制造业		55.40	0.01	0.01	0.15	0.12
造纸和纸制品业	5.71	0.79	0.90	0.90	12.54	10.03
印刷和记录媒介复制业	0.02	3.94			0.07	0.05
石油加工、炼焦和核燃料加工业		147.33	181.81	150.05	2281.72	540.59
化学原料和化学制品制造业	67.29	112.12	3554.20	448.73	1350.24	903.02
医药制造业	1.29	10.18	0.71	0.71	5.84	5.51
化学纤维制造业	0.03	0.86	1.28	1.28	1.53	1.53
橡胶和塑料制品业	0.09	116.37			36.37	29.10
非金属矿物制品业	0.71	713.81	8796.71	1169.70	3217.35	2096.77
黑色金属冶炼和压延加工业		899.52	4881.79	1015.02	6277.79	3916.36
有色金属冶炼和压延加工业	0.32	58.88	24419.91	16.84	2464.22	30.93
金属制品业	0.01	58.14	277.44	56.85	21.85	7.16
通用设备制造业	0.13	128.22	0.02		0.17	0.08
专用设备制造业	0.74	523.61	0.01		1.88	1.04
汽车制造业	0.41	95.70	0.14	0.14	7.89	3.36
铁路、船舶、航空航天和其他运输设备制造业	0.25	2.56	0.04	0.04	4.68	4.25
电气机械和器材制造业	3.35	43.91	0.01	0.01	24.07	8.94
计算机、通信和其他电子设备制造业	1.21	20.17				
其他制造业	0.03	0.22			1.27	1.02
废弃资源综合利用业	0.15	1.72			0.51	0.22
电力、热力生产和供应业	1.88	1499.42	287670.52	3648.74	38952.18	7312.05

11-10 续表 2 （2020 年）

指 标	烟（粉）尘产生量（吨）	烟（粉）尘排放量（吨）	工业固体废物产生量（吨）	工业固体废物综合利用量（含往年贮存量）（吨）	工业固体废物贮存量（吨）	工业固体废物处置量（吨）
总 计	**5436046.89**	**7977.76**	**1118.31**	**1093.35**	**23.92**	**2.25**
农、林、牧、渔服务业	0.56					
煤炭开采和洗选业	1097.19	2.79	251.45	252.12		
农副食品加工业	149.09	10.34	6.95	6.82	0.14	
食品制造业	0.41	0.01	0.46	0.33	0.13	
酒、饮料和精制茶制造业	0.18	0.02	24.25	23.89	0.40	
烟草制品业	0.29	0.29	0.03		0.03	
纺织业	6.48	0.31	0.23	0.01	0.24	0.01
皮革、毛皮、羽毛及其制品和制鞋业			0.72	0.70		0.02
木材加工和木、竹、藤、棕、草制品业	2873.33	357.78	2.69	2.56	0.15	
家具制造业	144.79	26.53	0.10	0.04	0.05	
造纸和纸制品业			0.90	0.03	0.88	
印刷和记录媒介复制业			0.18	0.19	0.01	
石油加工、炼焦和核燃料加工业	8726.20	329.46	0.05		0.04	
化学原料和化学制品制造业	91997.24	381.23	36.56	32.28	4.31	
医药制造业	2.09	0.01	0.26	0.20	0.06	
化学纤维制造业	0.75					
橡胶和塑料制品业	894.15	35.77	0.65	0.51	0.13	
非金属矿物制品业	406681.79	4096.23	3.96	3.83	0.12	0.01
黑色金属冶炼和压延加工业	355009.40	1505.80	236.31	235.69	0.10	0.62
有色金属冶炼和压延加工业	53239.57	23.43	2.61	1.02	0.28	1.55
金属制品业	3571.97	228.23	2.58	2.21	0.39	0.01
通用设备制造业	781.44	54.64	2.48	2.48		
专用设备制造业	92.60	12.22	3.08	3.08		
汽车制造业	244.04	19.16	0.85	0.82	0.03	
铁路、船舶、航空航天和其他运输设备制造业	14.86	2.41	0.61	0.60		
电气机械和器材制造业	3.96	1.15	0.66		0.66	
计算机、通信和其他电子设备制造业	6.37	0.80	0.83	0.83		
其他制造业			0.03	0.03		
废弃资源综合利用业	1.90	0.01	0.10	0.10		
电力、热力生产和供应业	4510506.26	889.14	538.72	522.96	15.77	0.02

主要统计指标解释

自来水综合生产能力 指年底城建部门管理的自来水厂和各单位自备水源的取水、净化、送水、出厂输水干管等环节的实际生产能力。

全年供水总量 指公用自来水厂和社会单位自备水源全年的供水总量，包括有效供水量及损失水量。

城市人口用水普及率 指城市市区用水的非农业人口数（不包括临时人口和流动人口）与市区非农业人口总数之比。

煤气供气总量 指城市煤气企业向城市生产用户、生活用户和其他用户供应全部煤气量。包括外购煤气量的损失量。

城市气化率 指使用煤气（包括人工煤气、液化石油气）的市区非农业人口数（不包括临时人口和流动人口）与市区非农业人口总数之比。

年末实有铺装道路长度 指除土路外，路面经过铺装宽度在 3.5 米以上的道路，包括高级、次高级道路和普通道路。

营运标准车台 是指营运车数按标台换算系数折合的标准车台总数。用以综合反映公交企业的运输能力。标准车台是以每辆车长度 10 米为一标准台，如营运车长 8.7 米，折合 0.87 标台，营运车长 14 米，折合 1.4 标台。计算方法：

$$\text{标准车台（标台）}=\frac{\text{各类营运车辆长度之和（米）}}{\text{标台换算系数（10 米）}}$$

营运车数 是指经上级主管机关核准，可参加营运的全部车辆数。包括技术完好的、在修的、待修的、长期停驶的，以及拟报废尚未经上级主管机关批准的。但不包括非营运车辆，如架线车、货车、油罐车、工程车及其他专用车辆和借入的运客车辆。

营运线路长度 是指固定的营运线路长度，包括郊区营运线路长度，不包括临时行驾的线路长度。营运线路长度应以营运线路的起点站至终点站往返路程的二分之一长度计算。

公共绿地 指供游览休息的各种公园（包括植物园、陵园、游乐园和风景名胜公园等）、动物园、广场绿地、河（湖）滨绿地和宽在八米以上设置有行人休息设施的林荫道绿地等。

建成区绿化覆盖率 反映建成区的绿化覆盖情况，其计算方法：

$$\text{建成区绿化覆盖率}(\%)=\frac{\text{建成区园林绿化面积}+\text{建成区道路绿化面积}}{\text{建成区面积}}\times(\%)$$

工业废水排放总量 指经过工业企业厂区所有排放口排到企业外部的工业废水量。包括外排的直接冷却水、超标排放的矿井地下水和与工业废水混排的厂区生活污水，不包括外排的间接冷却水（清污不分流的间接冷却水应计算在内）。

工业废气排放总量 指工业企业厂区内燃料燃烧和生产工艺过程中排放的各种废气总量。以标准状态下（0℃，101325Pa）每年万标立方米表示（每小时排放量的算术平均值 × 年排放小时数）。

工业烟尘排放量 指工业企业在厂区内的燃料燃烧过程中排入环境的烟尘量。

工业粉尘排放量 指工业企业在生产工艺过程中排放的固体微粒总重量。如钢铁企业的耐火材料粉尘，焦化企业的筛焦系统粉尘、烧结机的粉尘，石灰窑的粉尘、建材企业的水泥粉尘等。不包括电厂排入大气的烟尘。

十二、农林牧渔业

AGRICULTURE, FORESTRY, ANIMAL, HUSBANDRY AND FISHERY

版面负责人：顾元林　徐　勇
编　　　辑：杜秀侠　秦伟伟
陈露露　李银浩

统计知识

统计执法监督检查办法

第十五条 县级以上人民政府统计机构对接到的举报应当严格按照规定予以受理，经审核可能存在统计违法行为的，应当采取立案查处、执法检查办理，市级以上人民政府统计机构也可以按照规定将举报转交下级统计机构办理。

第十六条 县级以上人民政府统计机构在组织实施统计执法监督检查前应当拟定检查方案，明确检查的依据、时间、范围、内容和组织形式等。

第十七条 统计执法监督检查机构或者执法检查人员组织实施执法监督检查前，应报所属人民政府统计机构负责人批准。

第十八条 统计执法监督检查机构进行执法监督检查时，执法检查人员不得少于2名，并应当出示国家统计局统一颁发的统计执法证，告知检查对象和有关单位实施检查的人民政府统计机构名称，检查的依据、范围、内容和方式，以及相应的权利、义务和法律责任。未出示统计执法证的，有关单位和个人有权拒绝接受检查。

第十九条 县级以上人民政府统计机构调查统计违法行为或者核查统计数据时，依据《统计法》第三十五条的规定，行使统计执法监督检查职权。

第二十条 检查对象和有关单位应当按照统计法律法规规定，积极配合执法监督检查工作，为检查工作提供必要的条件保障。有关人员应当如实回答询问、反映情况，提供相关证明和资料，核实笔录，并在有关证明、资料和笔录上签字，涉及单位的加盖公章。拒绝签字或者盖章的，由执法检查人员现场记录原因并录音录像。

有关地方、部门、单位应当及时通知相关人员按照要求接受检查。

第二十一条 统计执法监督检查机构在执法监督检查过程中，应当及时按规定制作执法文书，如实记录执法检查人员询问情况和检查对象反映的情况以及提供的证明和资料，由执法检查人员在有关笔录上签名。

12-1 主要年份农村基层组织情况

指　　标	1985	1990	1995	2000	2005	2010	2015	2016	2017	2018	2019	2020
农村组织情况（个）												
乡个数	173	147	128									
镇个数（含城乡镇）	9	35	55	107	114	113	98	97	97	97	97	97
村委会个数	3543	3517	3511	3493	2364	2166	2030	2028	2030	2031	2029	2022
村民小组个数	26723	27041	27028	26793	22033	21716	20873	20951	20911	21020	21020	20961
乡村户数、人口												
乡村户数（万户）	135.83	204.39	170.02	174.45	178.83	187.25	176.47	175.79	175.68	174.69	173.23	171.71
乡村人口（万人）	595.82	656.06	674.08	680.81	690.39	703.90	675.28	674.82	680.77	677.44	673.98	668.19
乡村从业人员（万人）	**271.99**	**321.78**	**330.58**	**335.71**	**348.00**	**366.23**	**358.48**	**358.55**	**357.21**	**356.40**	**354.34**	**349.84**
按性别分												
男性	143.32	169.35	170.48	173.80	182.87	196.59	191.56	191.48	190.62	190.41	189.23	186.94
女性	128.67	152.43	160.10	161.91	165.13	169.64	166.92	167.07	166.59	165.99	165.11	162.90
按行业分												
农林牧渔业	220.26	247.48	239.66	233.14	180.78	159.67	132.75	130.56	128.52	126.28	122.38	117.62
#农业	203.74	227.10	213.35	207.14	163.24	140.59	107.10	105.96	106.57	105.33	102.24	98.86
工业	19.75	27.03	31.52	30.05	56.71	89.34	103.32	104.30	104.62	104.61	103.87	104.63
建筑业	13.04	19.38	24.65	27.32	35.32	46.21	51.66	51.80	51.59	51.81	52.54	51.68
交通运输、仓储业和邮电业	4.38	6.68	8.77	9.31	10.41	14.17	15.32	15.63	15.82	16.11	16.25	16.24
批发与零售业	4.41	6.89	7.65	11.90	13.72	18.80	22.20	22.39	22.59	22.92	23.81	23.82
金融、保险业		0.16	0.22	0.18	0.47	1.01	1.33	1.45	1.49	1.55	1.64	1.66
房地产、社会服务业	0.46	0.44	0.63	0.85	1.19	1.21	1.86	1.93	1.96	2.00	2.05	2.07
卫生、体育和社会福利业	1.06	1.09	1.18	1.32	1.41	1.74	2.06	2.09	2.16	2.25	2.31	2.35
教育、文化艺术和广播电视事业	2.43	2.61	2.39	2.50	2.11	2.74	3.00	3.01	3.13	3.21	3.26	3.28
科学研究和综合技术服务事业	0.12	0.20	0.17	0.15	0.24	0.42	0.53	0.59	0.60	0.62	0.65	0.65
乡经济组织管理业	0.46		1.49	1.47	1.27	0.84	0.97	0.96	0.98	1.09	1.12	1.15
其他非农业行业	5.62	9.82	12.25	17.52	44.37	30.08	11.77	11.87	11.43	11.23	11.26	11.41

12-2 主要年份耕地面积

单位：千公顷

年份	年末实有耕地面积	水田	水浇地	年内减少	#国家基建占地	人均占有耕地（亩/人）	
						按乡村人口计算	按农林牧渔业劳动力计算
1949	836.89					3.68	
1952	859.85					3.56	
1957	834.76			25.09		3.12	
1962	701.87			23.06		2.56	
1965	678.81			5.90		2.34	
1970	672.84			5.95		1.99	
1975	651.79			21.05		1.78	
1978	642.93			9.24		1.69	
1979	640.61			1.87		1.68	
1980	637.80			2.88		1.66	
1981	635.89			1.65		1.63	
1982	634.57			2.33		1.60	
1983	633.74			0.34		1.58	4.41
1984	632.69			0.66		1.57	4.35
1985	630.46			2.82		1.56	4.29
1986	626.84	143.02	483.82	3.06	2.10	1.54	4.21
1987	625.33	150.71	474.62	1.50	1.08	1.52	4.19
1988	623.13	145.97	477.16	2.20	1.49	1.50	4.16
1989	621.90	153.86	468.04	1.23	1.13	1.48	3.99
1990	619.58	170.25	449.33	2.32	1.88	1.39	3.75
1991	617.73	184.04	433.69	1.88	1.10	1.37	3.69
1992	613.77	191.94	421.83	4.01	3.07	1.36	3.58
1993	611.15	161.03	450.12	2.62	1.24	1.35	3.73
1994	608.12	156.38	451.74	3.12	1.34	1.34	3.71
1995	604.63	161.10	442.23	4.79	1.31	1.33	3.78
1996	602.65	170.39	432.26	2.16	0.96	1.32	3.81
1997	615.40	186.44	428.96	1.17	0.85	1.35	3.87
1998	616.07	191.99	424.08	1.38	0.52	1.36	3.85
1999	615.52	213.85	401.67	1.54	1.03	1.36	3.95
2000	611.77	200.59	411.18	3.81	0.59	1.35	3.94
2001	609.69	195.31	414.38	2.72	1.63	1.33	4.01
2002	609.51	185.33	424.18	1.05	0.43	1.33	4.27
2003	609.00	205.05	403.95	3.35	0.63	1.33	4.70
2004	606.65	205.04	401.61	2.53	1.55	1.32	4.84
2005	599.64	207.82	124.97	1.87	1.39	1.30	4.98
2006	596.21	214.34	132.51	3.47	2.30	1.29	5.10
2007	594.78	210.18	135.90	2.62	1.78	1.28	5.40
2008	595.00	199.64	140.02	5.29	3.85	1.28	5.55
2009	611.94	197.55	157.75	2.17	1.03	1.31	5.77
2010	610.73	190.53	410.73	2.02		1.25	5.50
2011	610.65	190.07	411.00	2.01		1.30	6.12
2012	609.48	189.56	410.54			1.33	6.33
2013	608.69	189.11	410.22			1.34	6.52
2014	609.06					1.35	6.70
2015	609.03					1.35	6.88
2016	608.03					1.35	6.99
2017	608.89					1.34	7.11
2018	611.15					1.35	7.26
2019							
2020							

注：“水浇地”在2004年及以前为“旱地”口径。

12-3 主要年份农林牧渔业总产值

（1990年不变价格） 单位：万元

年份	农林牧渔业总产值	农业	林业	牧业	渔业	农林牧渔服务业
1949	80236	65097	2218	12040	881	
1952	95905	78558	3212	12971	1164	
1957	102414	78186	4835	18055	1338	
1962	96791	72700	3662	19008	1421	
1965	125348	92907	8997	21106	2338	
1970	158029	118837	4644	32891	1657	
1975	228677	178457	10942	37175	2103	
1978	248804	191076	14128	40533	3067	
1979	288101	223399	16178	45551	2973	
1980	308986	243256	13413	48123	4194	
1981	329627	262760	10473	51967	4427	
1982	373565	289122	12941	66584	4918	
1983	432382	344386	13184	69111	5701	
1984	503683	388672	14530	94357	6124	
1985	509617	366471	15818	119353	7975	
1986	539701	388306	14658	125615	11122	
1987	558965	395672	15192	135192	12909	
1988	575531	383071	14627	163882	13951	
1989	584300	388451	15261	165123	15465	
1990	617106	388974	14882	196316	16934	
1991	653321	407091	11738	215982	18510	
1992	714847	435995	13686	244515	20651	
1993	796478	453399	21894	295714	25471	
1994	871817	482183	22290	337104	30240	
1995	1027284	555518	29108	401517	41141	
1996	1137525	605564	28439	459140	44382	
1997		659292	28712	300797	45901	
1998	1102308	688264	29955	331947	52142	
1999	1173788	724032	32957	359148	57651	
2000	1231562	754514	33273	379129	64646	
2001	1314282	804945	35204	405637	68496	
2002	1394896	862345	36692	423099	72760	
2003	1355438	730532	39101	455613	72950	57242
2004	1480373	868038	40318	468235	76990	26792
2005	1539166	878862	42879	499465	84986	32974
2006	1610241	936506	44729	477791	115570	35645
2007	1698325	988077	46628	499172	120259	44189
2008	1864125	1045344	49540	588406	131358	49477
2009	2027368	1135354	46615	650514	150175	44709
2010	2281034	1286430	47923	737808	155040	53834
2011	2740180	1496852	51747	961918	161547	68117
2012	3157689	1745489	58632	1093536	179682	80350
2013	3558253	1976164	66061	1212637	203191	100200
2014	4020839	2270183	71294	1335872	222247	121243
2015	4329292	2436033	76860	1437091	236240	143069
2016	4638739	2605223	86059	1526914	265088	156455
2017	5097132	2858899	93900	1667850	288339	188144
2018	5360792	3045074	100543	1706888	294457	213830
2019	5705004	3152107	107308	1887858	312369	245362
2020	6024059	3356993	117105	1969813	319355	260793

12-4 农林牧渔业分项产值

（2020年） 单位：万元

指标	总产值 （当年价格）	构成 （%）
农林牧渔业总产值	**12483408**	**100**
农业总产值	**7492590**	**60.02**
种植业产值	7492590	60.02
#粮食	1550696	12.42
油料	94640	0.76
棉花	24921	0.20
麻类		
其他农作物	287	
蔬菜园艺作物	4950552	39.66
茶、桑、水果	836764	6.70
药材	34730	0.28
林业产值	**175795**	**1.41**
林木培养和种植	139163	1.11
竹木采运	34026	0.27
#村及村以下竹木采伐	26678	0.21
林产品	2606	0.02
牧业产值	**3094812**	**24.79**
牲畜	508659	4.07
#牛	99485	0.80
羊	341890	2.74
猪	1514543	12.13
家禽的饲养	995113	7.97
其他动物产品	76497	0.61
渔业产值	**1044003**	**8.36**
#淡水产品	1044003	8.36
农林牧渔服务业产值	**676208**	**5.42**

12-5　主要年份农林牧渔业总产值、中间消耗及增加值

（当年价格）　　　　单位：万元

指　　标	1990	1995	2000	2005	2010	2015	2016	2017	2018	2019	2020
农林牧渔业总产值	**648481**	**1909331**	**2258028**	**3330682**	**5147300**	**9769328**	**10467616**	**11500108**	**11143629**	**11817228**	**12483408**
农业产值	421660	1133427	1483459	2087542	3224250	6089117	6509526	7143373	6794243	7032918	7492590
林业产值	14643	45823	58415	88590	102871	164988	184734	201565	150894	161035	175795
牧业产值	194679	669430	588828	905295	1458808	2841446	3019045	3297707	2681729	2966063	3094812
渔业产值	17499	60651	127326	181405	252765	385147	43279	470085	962453	1021162	1044003
农林牧渔服务业				67850	108606	288630	32232	387378	554310	636050	676208
农林牧渔业中间消耗	**265505**	**899941**	**1072317**	**1631111**	**2391135**	**4528360**	**4835571**	**5249836**	**4338929**	**4638855**	**4925408**
农业中间消耗	139355	408638	606074	869347	1301285	2470776	2649776	2858644	2005896	2057825	2204441
林业中间消耗	5703	15207	21485	35128	53493	66586	75789	82094	63197	65994	71970
牧业中间消耗	116534	443072	386418	609154	875858	1748368	1825542	1990175	1579905	1766972	1861209
渔业中间消耗	3913	33024	58340	90200	120315	147415	165426	176308	444505	462071	482753
农林牧渔服务业				27282	40184	95215	119038	142615	245426	285993	305035
农林牧渔业增加值	**372976**	**1009390**	**1185711**	**1699571**	**2756165**	**5240968**	**5632045**	**6250272**	**6804700**	**7178373**	**7558000**
农业增加值	271509	724789	877385	1218195	1922965	3618341	3859750	4284729	4788347	4975093	5288149
林业增加值	8939	30616	36930	53462	49378	98402	108945	119471	87697	95041	103825
牧业增加值	78145	226358	202410	296141	582950	1093078	1193503	1307532	1101824	1199091	1233603
渔业增加值	14383	27627	68986	91205	132450	237732	266753	293777	517948	559091	561250
农林牧渔服务业				40568	68422	193415	203094	244763	308884	350057	371173

注：1. 2003 年及以后农林牧渔业总产值、中间消耗、增加值含农林牧渔服务业（下同）。2. 按照统一核算制度改革要求，对 2018 年农林牧渔业总产值进行了修订（下同）。

12-6　主要年份农林牧渔业总产值、中间消耗及增加值构成

（当年价格）　　　　单位：%

指　　标	1990	1995	2000	2005	2010	2015	2016	2017	2018	2019	2020
农林牧渔业总产值	**100.0**	**100.0**	**100.0**	**100.0**	**100.0**	**100.0**	**100.0**	**100.0**	**100.0**	**100.0**	**100.0**
农业产值	65.0	59.4	65.7	62.7	62.6	62.3	62.2	62.1	61.0	59.5	60.0
林业产值	2.3	2.4	2.6	2.7	2.0	1.7	1.8	1.7	1.4	1.4	1.4
牧业产值	30.0	35.0	26.1	27.2	28.3	29.1	28.8	28.7	24.1	25.1	24.8
渔业产值	2.7	3.2	5.6	5.4	5.0	3.9	4.1	4.1	8.6	8.6	8.4
农林牧渔服务业				2.0	2.1	3.0	3.1	3.4	5.0	5.4	5.4
农林牧渔业中间消耗	**100.0**	**100.0**	**100.0**	**100.0**	**100.0**	**100.0**	**100.0**	**100.0**	**100.0**	**100.0**	**100.0**
农业中间消耗	52.5	45.4	56.5	53.3	54.4	54.6	54.8	54.4	46.2	44.4	44.7
林业中间消耗	2.1	1.7	2.0	2.2	2.2	1.5	1.6	1.6	1.5	1.4	1.5
牧业中间消耗	43.9	49.2	36.0	37.3	36.6	38.6	37.8	37.9	36.4	38.1	37.8
渔业中间消耗	1.5	3.7	5.5	5.5	5.1	3.3	3.4	3.4	10.2	10.0	9.8
农林牧渔服务业				1.7	1.7	2.1	2.5	2.7	5.7	6.2	6.2
农林牧渔业增加值	**100.0**	**100.0**	**100.0**	**100.0**	**100.0**	**100.0**	**100.0**	**100.0**	**100.0**	**100.0**	**100.0**
农业增加值	72.8	71.8	74.0	71.7	69.8	69.0	68.5	68.6	70.4	69.3	70.0
林业增加值	2.4	3.0	3.1	3.1	1.8	1.9	1.9	1.9	1.3	1.3	1.4
牧业增加值	21.0	22.4	17.1	17.4	21.1	20.9	21.2	20.9	16.2	16.7	16.3
渔业增加值	3.8	2.8	5.8	5.4	4.8	4.5	4.7	4.7	7.6	7.8	7.4
农林牧渔服务业				2.4	2.5	3.7	3.6	3.9	4.5	4.9	4.9

12-7 主要年份农作物播种面积

单位：千公顷

年 份	总播种面 积	粮食作物		在粮食作物播种面积中				
		播种面积	占总播种面积（%）	小麦	稻谷	薯类	玉米	大豆
1957	1177.89	908.19	77.1	430.05	16.85	102.38	73.84	262.07
1962	950.53	738.01	77.6	328.84	4.69	157.03	56.30	182.15
1965	948.59	678.22	71.5	259.94	22.67	139.35	46.67	146.59
1970	901.52	701.41	77.8	315.96	63.93	126.21	45.11	129.20
1975	947.18	713.49	75.3	309.46	58.41	119.87	39.87	130.48
1978	951.43	705.09	74.1	296.74	79.95	147.32	78.10	90.07
1979	968.45	729.18	75.3	318.46	125.48	113.87	47.08	71.39
1980	942.88	729.57	77.4	306.49	179.40	102.33	46.32	83.03
1981	979.52	814.85	83.2	298.89	168.43	92.35	41.24	76.57
1982	969.44	831.59	85.8	365.49	127.95	76.38	118.47	65.49
1983	984.09	852.18	86.6	388.61	133.06	89.93	137.95	86.32
1984	1014.64	872.44	86.0	417.20	150.06	77.11	136.81	74.39
1985	1029.63	855.12	83.1	412.26	141.52	62.80	157.29	68.23
1986	1037.58	873.57	84.2	417.35	137.65	60.62	172.19	72.44
1987	1045.15	874.63	83.7	419.93	132.73	58.12	186.04	66.87
1988	1023.02	845.62	82.7	414.33	134.01	56.93	163.01	56.63
1989	1023.21	867.63	84.8	423.58	141.54	51.87	186.99	52.18
1990	988.39	850.59	86.1	427.27	157.77	47.15	174.55	34.87
1991	1021.19	859.15	84.1	427.42	181.57	41.77	171.87	27.43
1992	1022.63	848.47	83.0	424.84	187.59	36.48	163.96	27.41
1993	1002.96	808.94	80.7	403.64	147.43	35.62	175.00	39.78
1994	988.14	768.44	77.8	378.34	141.85	30.96	168.50	39.72
1995	967.30	743.12	76.8	372.20	151.26	29.84	150.25	30.29
1996	967.11	744.03	77.0	370.00	164.40	31.91	139.52	29.53
1997	982.83	753.81	76.7	370.71	178.09	27.76	133.48	35.18
1998	1014.34	745.58	73.5	360.92	185.69	25.10	136.21	31.93
1999	990.28	686.62	69.3	326.16	203.25	21.95	105.35	21.74
2000	990.73	587.54	59.3	276.33	158.30	21.67	87.70	35.09
2001	999.24	536.91	53.7	256.38	140.67	18.51	83.51	30.91
2002	1001.78	512.26	51.1	240.85	134.71	18.36	82.19	28.91
2003	985.81	465.79	47.2	212.58	115.87	18.09	83.32	28.75
2004	1001.27	539.29	53.9	238.34	161.72	14.90	89.53	28.98
2005	1024.73	576.99	56.3	260.21	177.69	10.76	90.16	31.63
2006	1015.26	613.22	60.4	279.82	184.78	8.92	101.92	32.77
2007	1040.39	672.42	64.6	311.13	184.67	6.90	133.98	33.73
2008	1010.10	666.84	66.2	307.82	185.77	6.29	127.55	37.57
2009	1056.60	689.28	65.2	319.96	185.76	5.04	135.32	41.12
2010	1099.09	714.05	65.0	340.15	184.93	4.33	143.51	39.23
2011	1110.29	727.26	65.5	341.71	188.68	3.92	152.40	38.28
2012	1124.64	730.55	65.0	346.98	189.69	3.59	152.03	37.16
2013	1126.58	729.75	64.8	346.24	190.07	4.85	153.14	34.33
2014	1127.21	732.96	65.0	349.16	189.38	4.48	156.57	32.44
2015	1160.62	736.27	63.4	350.52	187.94	4.40	160.99	31.60
2016	1162.34	762.63	65.6	359.89	180.20	4.36	196.70	20.23
2017	1172.32	767.53	65.5	354.25	178.27	4.29	203.14	26.23
2018	1178.48	765.66	64.9	351.87	179.02	3.42	195.56	35.31
2019	1177.92	761.81	64.7	350.93	178.56	3.57	191.04	37.21
2020	1180.37	767.90	65.1	353.08	179.21	3.86	194.45	37.11

12-7　续表　　　　单位：千公顷

年　份	经济作物		在经济作物播种面积中				其它作物	
	播种面积	占总播种面积（%）	棉花	油菜籽	花生	甜菜		#蔬菜
1957	210.40	17.9	49.93	0.87	25.17		9.30	1.48
1962	200.32	21.3	29.04	0.29	14.23		10.20	3.94
1965	256.34	27.0	42.17		26.67		14.03	11.04
1970	182.27	20.2	52.05		8.75		17.84	13.45
1975	214.48	22.6	54.84	0.92	10.43		19.21	
1978	225.31	23.7	48.48	1.90	9.30		21.03	17.92
1979	217.95	22.5	54.65	2.01	10.57		20.87	14.80
1980	194.84	20.7	47.95	6.01	16.93		18.47	14.59
1981	165.47	16.9	59.48	7.81	13.62		23.59	17.25
1982	137.85	14.2	65.43	6.81	10.37		25.47	20.18
1983	104.08	10.6	69.17	14.59	14.31		27.83	18.02
1984	114.72	11.3	83.67	9.81	13.49		27.48	20.93
1985	137.25	13.3	77.32	23.02	24.26	0.33	37.26	28.17
1986	118.57	11.4	57.81	30.76	22.31		45.44	33.75
1987	123.99	11.9	68.53	30.92	18.62		46.53	35.01
1988	125.32	12.3	90.30	11.62	16.79		52.08	39.40
1989	100.59	9.8	64.83	9.37	16.08		54.99	43.78
1990	87.19	8.8	61.68	4.65	13.91		50.61	42.47
1991	114.15	11.2	77.80	9.83	15.55	0.40	47.89	39.99
1992	119.50	11.7	80.62	6.76	17.18		54.99	44.93
1993	90.45	9.0	57.68	5.46	21.14		103.57	73.81
1994	100.31	10.2	60.97	9.82	25.63	0.57	119.39	99.11
1995	95.85	9.9	62.15	7.10	23.81	0.17	128.33	113.38
1996	71.23	7.4	43.65	4.98	19.50	0.71	151.84	134.73
1997	67.17	6.8	37.54	3.35	21.64	0.08	161.85	138.68
1998	68.40	6.7	35.85	2.90	27.82	0.21	200.36	165.70
1999	68.55	6.9	23.48	2.90	38.33	0.05	235.11	215.05
2000	106.46	10.7	42.78	6.19	53.68	0.06	296.73	244.94
2001	131.18	13.1	61.51	7.54	57.26	0.20	331.15	299.16
2002	120.46	12.0	54.30	9.12	53.49	0.08	369.06	326.41
2003	141.16	14.3	72.23	9.96	50.83		370.85	338.12
2004	154.29	15.4	70.17	8.19	32.03	0.07	307.69	301.98
2005	133.26	13.0	53.33	8.83	43.75		314.48	310.97
2006	111.05	10.9	46.19	7.77	34.06		290.99	288.24
2007	74.30	7.1	40.89	5.43	27.98		293.67	270.63
2008	87.10	8.6	36.15	4.41	25.88		276.58	254.58
2009	84.72	8.0	30.45	5.41	27.76		282.08	280.08
2010	83.81	7.6	30.20	4.61	26.55		301.23	293.30
2011	81.00	7.3	29.40	3.62	25.22		302.03	297.20
2012	83.24	7.4	28.54	3.15	23.96		310.85	304.97
2013	80.45	7.1	25.68	2.52	22.92		316.38	310.67
2014	77.99	6.9	21.20	1.74	24.13		316.26	311.84
2015	79.95	6.9	16.18	1.47	24.25		344.40	339.12
2016	59.48	5.1	8.47	1.07	16.52		340.23	338.57
2017	61.15	5.2	7.32	0.71	20.37		343.64	339.18
2018	68.36	5.8	7.31	0.91	26.52		344.46	341.58
2019	69.95	5.9	6.37	1.72	27.65		346.16	343.50
2020	65.54	5.6	4.80	1.60	24.61		346.93	344.29

12-8 农作物播种面积和产量

指　　标	2018			2019			2020		
	播种面积（千公顷）	每公顷产 量（公斤）	总产量（吨）	播种面积（千公顷）	每公顷产 量（公斤）	总产量（吨）	播种面积（千公顷）	每公顷产 量（公斤）	总产量（吨）
农作物总播种面积	**1178.48**			**1177.92**			**1180.37**		
粮食	765.66	6328	4844808	761.81	6583	5015371	767.90	6536	5019181
夏收粮食	352.16	5805	2044156	351.25	6001	2107757	353.15	5998	2118192
夏收谷物	351.90	5807	2043540	350.95	6004	2106982	353.09	5999	2118013
#小麦	351.87	5807	2043382	350.93	6004	2106876	353.08	5999	2117956
#稻谷	179.02	8487	1519280	178.56	8639	1542527	179.21	8593	1539953
#籼稻	59.69	8425	502874						
玉米	195.56	5983	1170072	191.04	6491	1239987	194.45	6357	1236144
秋收豆类	35.49	2473	87780	37.33	2675	99843	37.18	2631	97839
#大豆	35.31	2475	87398	37.21	2677	99597	37.11	2632	97678
秋收薯类	3.42	6868	23488	3.57	6978	24911	3.86	6939	26808
棉花	7.31	1411	10317	6.37	1885	12011	4.80	1461	7014
油料	27.46	4487	123211	29.53	4464	131830	26.26	4400	115535
#花生	26.52	4565	121062	27.65	4612	127526	24.61	4530	111495
油菜籽	0.91	2320	2111	1.72	2378	4091	1.60	2419	3871
蔬菜瓜类	374.51	37700	14119052	376.50	37732	14208023	377.35	37871	14290560
#蔬菜（含菜用瓜）	341.58	37488	12804999	343.50	37497	12880307	344.29	37612	12949286
瓜类（果用瓜）	32.93	39904	1314053	33.01	40225	1327716	33.06	40571	1341274
其它农作物	2.88			2.66			2.64		

12-9　主要年份主要农产品产量

年　　份	粮　食（万吨）	棉　花（万吨）	油　料（万吨）	蚕　茧（吨）	水　果（万吨）	大牲畜年末数（万头）	生猪存栏（万头）	猪牛羊肉（万吨）	水产品（万吨）
1949	74.66	0.20	1.95	70	1.01	32.71	22.19	0.51	0.29
1952	97.42	0.40	2.52	90	1.25	38.80	25.85	0.50	0.37
1957	84.23	0.75	1.62	245	1.01	39.63	46.65	1.60	0.34
1962	76.21	0.39	0.78	110	0.50	29.56	47.66	1.36	0.34
1965	90.95	0.95	1.82	320	0.75	32.12	68.92	2.17	0.49
1970	124.85	2.97	1.05	255	1.48	38.21	80.08	2.38	0.17
1975	174.66	3.41	1.21	485	2.37	35.28	129.15	4.77	0.52
1978	206.15	2.47	1.59	525	2.62	31.47	149.25	5.18	0.72
1979	235.53	2.00	2.07	705	3.93	30.09	148.45	6.15	1.03
1980	249.94	4.46	3.14	885	3.74	28.20	144.07	7.18	1.20
1981	275.10	4.32	5.04	915	4.67	27.52	144.07	7.80	1.18
1982	293.46	5.69	7.54	990	4.66	26.32	146.64	10.20	0.99
1983	367.85	7.32	5.68	1175	5.84	26.54	152.79	8.50	1.04
1984	405.71	9.32	5.09	1675	5.93	24.38	149.46	10.24	1.18
1985	379.70	7.05	10.48	2030	5.77	23.59	189.96	12.90	1.77
1986	410.34	6.24	10.63	2715	7.76	25.58	189.36	13.11	2.44
1987	403.42	7.48	10.60	3135	7.56	27.18	180.57	14.67	3.01
1988	370.10	8.84	4.81	3784	12.83	29.53	158.27	16.08	3.16
1989	404.40	4.69	4.99	5258	11.28	30.98	163.39	16.78	3.37
1990	399.00	5.57	4.77	6022	14.13	32.06	170.36	18.73	3.70
1991	411.83	7.96	6.32	7533	13.16	33.13	170.36	19.59	4.11
1992	418.87	5.45	5.52	11838	16.61	36.15	172.42	21.11	4.62
1993	407.30	4.79	7.12	14814	21.33	39.27	192.04	23.15	5.75
1994	378.99	4.23	9.33	22410	24.03	43.36	203.01	26.14	6.92
1995	406.13	5.91	8.35	22105	35.78	49.54	215.78	28.71	8.49
1996	423.01	4.94	6.38	14424	49.15	53.30	216.89	36.17	9.80
1997	436.51	4.27	7.87	14555	58.15	44.57	176.51	24.92	10.66
1998	386.00	3.92	9.55	14230	66.27	24.50	209.82	26.79	12.02
1999	418.96	2.50	14.35	14320	75.74	17.46	190.04	25.52	12.83
2000	319.50	5.08	20.28	15176	81.91	17.92	201.07	27.51	13.52
2001	309.43	6.79	23.10	16841	90.80	16.78	198.43	28.80	14.17
2002	297.55	6.34	22.23	16560	92.93	19.10	206.02	28.60	14.57
2003	210.44	4.43	10.29	15153	80.57	17.22	206.80	30.10	14.73
2004	319.02	8.37	19.91	14788	90.46	17.73	207.35	31.79	15.57
2005	314.13	4.17	16.26	13212	87.52	18.22	214.26	35.05	16.43
2006	357.87	4.92	14.63	14270	93.99	18.55	180.57	32.41	17.26
2007	374.74	4.19	11.19	13238	98.95	11.59	190.93	35.78	17.32
2008	389.34	4.17	10.70	9966	104.58	16.07	220.49	31.90	16.65
2009	427.67	3.84	12.56	10214	104.88	18.80	248.95	39.40	16.95
2010	440.20	3.23	12.11	6805	106.31	20.99	293.19	46.58	17.04
2011	455.30	3.39	11.45	7510	114.21	23.07	315.36	48.13	17.50
2012	471.73	3.67	10.63	6941	118.77	21.50	313.49	52.97	18.14
2013	451.13	3.63	9.96	6815	92.81	20.87	297.20	47.87	18.37
2014	469.18	3.24	10.62	7977	116.11	20.21	306.91	51.11	18.60
2015	470.92	2.60	11.20	6512	108.47	18.12	299.61	50.09	18.79
2016	484.70	1.18	9.84	3674	110.07	16.06	275.05	44.91	18.88
2017	500.30	1.14	9.34	4676	115.33	13.55	243.46	42.12	17.32
2018	484.48	1.03	12.32	4536	83.62	10.02	233.46	38.77	16.87
2019	501.54	1.20	13.18	4714	114.89	8.34	125.85	25.96	16.08
2020	501.92	0.70	11.55	4122	116.37	6.89	263.28	29.12	15.80

12-10 主要年份蚕桑、水果生产情况

单位：吨、公顷

指　　标	1978	1980	1985	1990	1995	2000	2005	2010	2015	2016	2017	2018	2019	2020
蚕茧产量	**525**	**885**	**2030**	**6022**	**22105**	**15176**	**13212**	**6805**	**6512**	**3674**	**4676**	**4536**	**4714**	**4122**
水果产量	**26210**	**37355**	**576545**	**141335**	**357761**	**819139**	**875179**	**1063147**	**1084712**	**1100677**	**1153296**	**836221**	**1148855**	**1163682**
# 苹果	8843	18874	33035	65638	236258	554403	465347	500570	525887	503243	506273	336098	473706	498161
梨	11339	10512	17441	21662	35992	131368	184550	229087	172045	187277	201565	109274	216838	224440
葡萄				4909	5682	13423	28527	48548	95742	105629	119908	112965	116436	113944
桃子	1318	1747	1841	36875	59713	92833	152802	213566	245448	259511	281691	235230	297520	286045
红枣				26	131	1360	5055	3476	5555	4205	4327	1295	1061	985
桑园面积	**1307**	**1467**	**2700**	**11100**	**43333**	**13667**	**13307**	**7734**	**7333**	**3500**	**3557**	**3700**	**3804**	**3925**
果园面积	**9233**	**9246**	**12700**	**43026**	**68967**	**82139**	**82056**	**75990**	**75435**	**74377**	**73535**	**68065**	**67947**	**68003**
# 苹果园		5760	6993	24900	49819	35720	32528	30909	28824	27995	27692	26012	25129	24905
梨园					7416	20136	19733	13305	11425	10892	10802	10609	10434	10605
葡萄园					380	1363	2793	2489	7038	7189	7402	6747	6999	6843

12-11 主要年份林业生产情况

单位：公顷

指　　标	1978	1980	1985	1990	1995	2000	2005	2010	2015	2016	2017	2018	2019	2020
造林面积	4847	3747	7787	3353	5590	4300	7450	5999	3408	3225	3213	4202	3649	12680
# 用材林	3453	2006	4620	2240	2218	1893	2346	1459	307	420	361	273	595	1547
经济林	993	313	2800	466	3354	2387	2538	1003	1172	1842	1754	1616	1378	3399
防护林	401	1428	367	620		20	2566	3538	1922	963	1098	1924	1674	7734
林产品产量　（吨）														
板栗	23	650	380	465	1678	2203	3096	2690	1704	1895	2256	1236	1325	1254
白果	19	27	47	47	72	910	1260	2333	4641	4673	6920	7532	8495	8253
迹地更新面积			133	106	546	1230	972	802	257	177	385	243		
四旁植树　（万株）	4734	4208	3108	1776	1538	1493	1790	2202	1195	1027	1121	1214	843	854
林木种子采集量（吨）						80	80	350	4319	5421	5526	5637	4557	4455
本年育苗面积	2800	1777	2180	940	921	931	2578	3818	8331	10023	9361	9901	8978	9442
中、幼龄林抚育面积										8036			8600	10350
低产林改造面积					187		24		36					
木材采伐量（万立方米）	5.05	11.55	13.79	21.42	53.00	41.68			23.66	32.60	36.00	31.06		
年末实有林地面积	57400	65386	76593	79413	87123	154458			273929	268818	269487	270853	272496	272992

12-12 主要年份畜牧业生产情况

指　　标	1978	1985	1990	1995	2000	2005	2010	2015	2016	2017	2018	2019	2020
牲畜年末头数(万头)													
大牲畜	31.47	23.59	32.06	49.54	17.92	18.22	20.99	18.12	16.06	13.55	10.02	8.34	6.89
#役畜				26.60	7.43	2.59	3.84	2.46	0.88	0.80	0.61	0.24	
牛	21.00	11.27	17.17	33.70	8.82	15.34	17.54	16.12	14.10	11.79	8.51	6.55	6.35
马	3.88	3.03	1.70	1.68	0.63	0.21	0.20	0.11	0.10	0.09	0.08	0.01	0.03
驴	5.60	7.55	11.33	12.33	7.78	2.25	2.35	1.36	1.26	1.11	0.89	0.04	0.26
骡	0.99	1.74	1.86	1.83	0.69	0.42	0.90	0.65	0.60	0.56	0.54	0.003	0.25
猪	149.25	189.96	170.36	215.78	201.07	214.26	293.19	299.61	275.05	243.46	233.46	125.85	263.28
羊　（万只）	82.79	80.71	206.01	353.98	175.48	263.68	208.14	228.85	147.73	129.44	70.09	75.11	74.35
#山羊	39.14	59.08	179.66	326.05	163.38	267.24	202.60	217.09	136.45	119.62	60.21	68.38	65.29
兔　（万只）		89.01	109.12	444.22	655.83	667.16	1056.77	1023.82	954.85	502.58	382.65	97.28	153.99
家禽　（万只）	491.80	1613.08	2403.44	4298.00	3545.39	4735.11	9270.77	9618.31	8787.98	7401.41	6249.14	6255.79	5568.12
畜产品产量													
肉猪出栏头数(万头)	67.01	130.74	163.11	250.95	238.83	308.56	460.74	549.88	500.71	463.01	456.32	308.30	346.26
肉类总产量　（吨）		142336	217108	403509	366391	501563	885070	1014486	907696	852369	698998	554533	572902
#猪肉	51847	123325	161363	248224	240487	293027	414173	429977	398939	374033	362368	234560	267950
牛肉		1715	9243	2747	10958	15656	8864	11645	11962	10378	7474	9569	8650
羊肉		3948	16685	36107	23665	41844	42736	59302	38231	36800	17866	15432	14620
禽肉		11421	25876	67770	67528	113626	340256	444393	392100	381329	271720	274858	270390
兔肉		1927	2635	18736	19739	24524	60603	62528	60196	43048	35653	19200	10006
其他畜产品产量(吨)													
牛奶	3814	6997	9889	20821	59035	183851	266981	166594	160797	158174	87637	113170	121440
羊奶													
绵羊毛	1520	1059	1479	1730	743	386	273	300	292	269	257	155	165
蜂蜜	121	283	1035	335	120	289	556	390	390	382	378	371	333
禽蛋		71541	148806	325152	354001	422021	486249	576481	518237	471720	296654	317160	358290

12-13 主要年份水产品生产情况

指　　标	1978	1985	1990	1995	2000	2005	2010	2015	2016	2017	2018	2019	2020
水产品产量　（吨）	**7160**	**17745**	**36897**	**84928**	**135168**	**164298**	**170395**	**187919**	**188785**	**173152**	**168690**	**160802**	**158040**
按生产性质分													
捕捞产量	1825	4523	9574	18409	19061	25140	16306	15511	15206	14536	13929	14035	13454
养殖产量	5335	13222	27323	66519	116107	139158	154089	172408	173579	158616	154761	146767	144586
按类别分													
鱼类	6427	14258	37847	76287	116203	116952	151286	168703	169756	155746	151303	131511	125889
虾蟹类	39	41	72	177	14967	19665	15240	15604	15479	13941	14422	12538	16114
贝类	746	926	1587	2972	2957	629	1974	1936	1857	1719	1677	671	440
其它	53	97	201	342	1046	1912	1895	1676	1693	1746	1288	2047	2143
水产养殖面积(公顷)	**9493**	**17309**	**16751**	**26787**	**31363**	**35879**	**25694**	**26589**	**26466**	**23291**	**22929**	**20220**	**19235**

12-14 主要年份农业现代化情况

单位：千公顷

指　　标	1980	1985	1990	1995	2000	2005	2010	2015	2016	2017	2018	2019	2020
农业机械化情况													
机耕面积	490.40	520.11	515.45	549.51	534.16	685.76	637.73	791.89	801.44	812.60	860.91	853.94	1072.37
机播面积	100.00	212.00	325.98	277.65	253.76	401.28	413.29	644.57	664.35	673.20	695.62	685.70	885.88
# 机播小麦面积	161.38	198.74	325.55	254.22	231.76	282.30	275.05	319.49	331.22	324.30	323.75	348.03	330.11
机械开沟面积			206.56	206.08	159.38								
机械植保面积			227.29	522.48	575.64	683.64	625.67	764.02	794.86	750.12	730.20	713.60	980.93
机械收获面积		160.67	286.39	367.64	419.90	516.46	505.42	685.38	707.60	702.32	740.51	730.50	854.73
农村电气化情况													
农村用电量（万千瓦时）	29675	75513	185943	163273	297446	462664	502295	663065	661057	680290	699597	689882	696919
农业化学化情况													
农用化肥施用量（折纯量）（吨）	250379	314738	440900	567001	671296	696985	703405	621636	604558	587035	565919	556618	541729
# 氮肥	163916	194643	259564	299171	311692	316672	328439	284806	277945	270324	262162	258123	251250
磷肥	60658	94386	98522	114582	122556	104933	104733	86001	83149	78686	75289	73382	70097
钾肥	7374	5536	21899	36576	71045	71824	70820	62284	60214	57816	56199	55318	52527
复合肥	18430	17502	60916	116672	166003	203556	199413	188545	183250	180209	172269	169795	167855
每公顷耕地施用量（公斤）	397	507	728	927	1120	1182	1201						
农用塑料薄膜使用量（吨）		7343	6948	8583	9057	12150	12934	13418	13545	13541	13240	13127	12877
农药使用量（吨）		6268	15162	15047	14341	12556	12441	10169	9983	9798	8829	8595	8341
农田水利情况													
有效灌溉面积		443.28	444.67	461.12	495.45	480.08	491.98	511.47	521.30	527.30	535.20	538.87	537.86
旱涝保收面积			360.51	395.89	348.12	420.70	428.00	463.47	469.53	468.30	489.13	490.60	492.53
农村基础设施情况（个）													
自来水受益村数			550	1270	1161	1813	1946	1974	1975	1993	2006	2018	2000
通电话村数			2228	3493	2364	2207	2166						
通宽带村数								2015	2015	2024	2025	2025	2005

12-15 主要年份主要农业机械拥有量

（年底数）

指标	1980	1985	1990	1995	2000	2005	2010	2015	2016	2017	2018	2019	2020
农业机械总动力（万千瓦）	**186.19**	**253.03**	**205.11**	**374.66**	**437.73**	**547.63**	**563.71**	**684.57**	**712.33**	**733.48**	**736.85**	**749.26**	**765.19**
# 柴油机	118.13	160.85	134.87	295.07	350.53	469.94	483.25	570.03	595.05	616.82	618.30	639.37	651.45
电动机	56.71	79.51	62.09	76.34	83.01	71.97	6.68	97.22	98.84	98.06	98.40	89.83	90.31
主要农业机械													
大中型拖拉机（台）	6285	6439	4335	7574	7101	11332	13772	27922	31204	32168	28313	28980	31125
（万千瓦）	22.57	23.97	16.43	25.43	25.39	44.51	57.28	137.95	161.26	171.33	179.56	187.85	99.57
小型拖拉机（台）	86025	117000	86976	143011	156367	279005	274908	203599	184363	155772	144791	132400	117302
（万千瓦）	76.21	106.80	77.22	129.96	143.47	250.64	250.64	203.13	185.48	146.96	162.25	156.40	145.64
农用排灌动力机械（台）	35681	51300	51576	52506	60907	59669	61047	86320	86300	87255			
（万千瓦）	42.77	54.37	53.79	60.91	70.15	66.23	67.61	88.60	91.80	93.30			
# 柴油机（台）	7460	10800	12154	12339	18720	21553	22276	33538	34649	34771			
（万千瓦）	7.74	10.80	11.84	11.80	19.18	19.96	20.71	26.64	27.97	27.76			
电动机（台）	28221	40500	39422	40167	42116	38116	38771	49386	51651	52337			
（万千瓦）	35.07	43.57	41.94	49.11	50.76	46.27	46.91	61.53	63.88	64.26			
农用水泵（台）	34062	48000	50561	77396	71639	79572	82443	111310	130291	132484	133793	133860	133885
节水灌溉机械（套）	804	3512	7012	17841	21406	21560	21866	35304	33935	27134	30167	30201	30216
联合收割机（台）	98	149	426	6039	9822	14046	15435	26008	28471	30225	30177	30609	31221
机动脱粒机（台）	35307	57227	8794	68050	31345	21445	21005	12771	9664	9196	8055	8077	7459
机动喷雾（粉）机（万部）	0.44	0.45	0.88	1.62	1.87	2.24	2.50	5.21	5.28	5.41			
农产品加工机械动力（万千瓦）	19.36	37.49	21.37	22.11	22.48	25.83	25.33	31.51	31.49	31.44	31.77	31.95	48.37
低速载货汽车（辆）	2654	3425	3346	6536		17886	17897	17109					
（万千瓦）	16.85	25.24	25.14	11.69		29.25	28.98	32.54					

12-16 主要年份农林牧渔业主要经济效益指标

指标	1985	1990	1995	2000	2005	2010	2015	2016	2017	2018	2019	2020
每个农业劳动力创造的农林牧渔业总产值（元）	1446	2855	4815	9685	18424	32237	73592	80175	88996	88245	96562	106133
每个农业劳动力创造的农林牧渔业增加值（元）		1161	3053	5086	9401	17262	39480	43138	48369	53886	58656	64258
每公顷耕地创造的种植业产值（元）		5811	17876	22959	14498	52793	99981	106884	117484	117318		
每公顷耕地创造的种植业增加值（元）		4380	12014	13927	20315	31486	59412	63375	70469	70370		
每个农业劳动力生产的粮食产量（公斤）	1724	1757	1904	1370	1738	2757	3547	3593	3736	3837	4098	4267
每个农业劳动力生产的棉花产量（公斤）	32	25	28	22	23	20	20	15	15	8	10	6
每个农业劳动力生产的油料产量（公斤）	47	21	39	87	81	76	84	103	99	98	108	98
每个农业劳动力生产的肉类产量（公斤）	64	82	146	157	277	554	764	695	660	554	453	486
每个农业劳动力生产的水产品产量（公斤）	8	16	40	58	91	107	142	145	134	132	131	134
农民人均纯收入（元）	389	661	1800	3230	4443	7955	13982	15274	13697	14930	19873	21229

主要统计指标解释

乡村劳动力 是指乡村人口中经常参加合作经济组织（包括乡村办企业事业单位）和从事家庭经营生产劳动的整、半劳动力。凡是在农村由合作经济组织分配劳动任务或者承包各种生产任务，并从中直接取得实物、货币收入的劳动力，不管他们从事何种劳动，都统计为乡村劳动力。国家向乡村调用的建勤民工，由集体经费支付工资或补贴的乡村半脱产管理干部，乡村分配到全民所有制单位和城镇集体所有制单位工作而收入交合作经济组织，并从中取得实物、货币收入的合同工、临时工、亦工亦农人员；自行外出，但户口没有转出的劳动力，都包括在内。

16 周岁以上的在校学生和由国家支付工资的职工都不统计为乡村劳动力。

农林牧渔业总产值 指以货币表现的农、林、牧、渔业全部产品和对农业生产进行各种支持性服务活动的总量，它反映一定时期内农业生产总规模和总成果。从 2003 年开始农林牧渔业总产值执行新的国民经济行业分类标准，包括农业、林业、牧业、渔业、农林牧渔服务业，不再包括农民兼营商品性工业。农林牧渔业总产值中的农、林、牧、渔四业的计算方法通常是按农、林、牧、渔业产品及其副产品的产量分别乘以各自单位产品价格求得，现行价格从 2003 年开始使用生产价格调查的价格；少数生产周期较长，当年没有产品或产品产量不易统计的，则采用间接方法匡算其产值；然后将四业产品产值与农林牧渔服务业相加即为农林牧渔业总产值。

农林牧渔业增加值 指农、林、牧、渔及农林牧渔服务业在生产货物或提供服务活动的过程中而增加的价值，为农林牧渔业现价总产值扣除农林牧渔业现价中间投入后的余额，是指各单位生产经营的最终成果。

农林牧渔业中间消耗 是指当年在农林牧渔业生产过程中所投入或消耗的各种物质产品和劳务价值的总和。包括中间物质消耗和对非物质生产部门的劳务支出两部分

农作物总产量 是指本年度内生产的各种农作物的总产量。不论计划内外，数量多少，耕地上还是非耕地〔包括荒山、坡及江、河、湖、海滩（涂）、十边隙地等〕上的农作物产量都统计在内。农作物产量是指全社会产量，不仅要把国营农场等全民所有制生产单位和乡、村集体所有制生产单位的农作物产量统计在内，农户自营地、工矿企业职工家属办的农场和其他经营单位的农作物产量也统计在内。不仅统计卖给国家的农作物产量，生产单位自产自用的农作物产量也统计在内。农作物产量只统计晒干入库的产量。

粮食产量 指全社会的产量。包括国有经济经营的、集体统一经营的和农民家庭经营的粮食产量，还包括工矿企业家属办的农场和其他生产单位的产量。粮食除包括稻谷、小麦、玉米、高粱、谷子及其他杂粮外，还包括薯类和大豆。其产量计算方法，豆类按去豆荚后的干豆计算；薯类（包括甘薯和马铃薯，不包括芋头和木薯）1963 年以前按每 4 公斤鲜薯折 1 公斤粮食计算，从 1964 年开始及以后改为按 5 公斤鲜薯折 1 公斤粮食计算。城市郊区作为蔬菜的薯类（如马铃薯等）按鲜品计算，并且不作为粮食统计。其他粮食一律按脱粒后的原粮计算。

油料产量 指全部油料作物的生产量。包括花生、油菜籽、芝麻、向日葵籽、胡麻籽（亚麻籽）和其他油料。不包括大豆，也不包括木本油料和野生油料。花生以带壳干花生计算。

蚕茧产量 是指本年度内生产的全部蚕茧产量，不论自用的或出售的，都统计在内。在计算蚕茧产量时，把土茧、改良茧和种茧都包括在内。蚕茧产量均按鲜茧的重量计算。

猪、牛、羊肉产量 指当年出栏并已屠宰后除去头蹄下水后带骨肉（即胴体重）的重量。

水产品产量 是指人工养殖并捕捞的水产品和捕捞天然生产的水产品产量。不论自食的或出售的，都计算在内。用作继续扩大再生产的水产品（如鱼苗、苗种、亲鱼、鱼饵及转塘鱼、存塘鱼等）不作水产品产量统计。在渔业生产单位出售以前已经变质的水产品，不论是改作饲料、肥料还是其他用途，也不作水产品产量统计。

生猪出栏量 是指国营农场等全民所有制生产单位、乡（镇）、村各种合作经济组织和农户、机关、学校、工矿企业、部队以及城镇居民饲养的，可供屠宰并已出栏的全部肉猪数量。不仅包括卖给国家及其他购买者的肉猪，还包括集体和城乡居民自宰的肉猪。

期初（末）畜禽存栏头（只）数 指本期期初（末）农村各种合作经济组织和国营农场、农民个人、机关、团体、学校、工矿企业、部队等单位以及城镇居民饲养的大牲畜、猪、羊、家禽等畜禽的存栏头（只）数。

谷物 指籽实主要供作粮食的作物。这类作物包括稻谷、小麦、玉米、谷子、高粱和其他谷物，不包括豆类和薯类作物。

林产品产量 指不经砍伐竹木的根本而取得的各种林产品数量。包括生漆、棕片、五倍子、松脂、笋干、油桐籽、油茶籽、乌柏子、核桃、板栗、白果等各种林木籽实以及修剪竹木所获得的枝叶（如荆条、柳条、蒲葵叶）等。不包括桑叶、茶叶、水果。也不包括野生的林产品。

耕地面积 是指种植农作物，并经常进行耕锄的田地。

统计范围包括熟地、当年新开荒地、连续撂荒未满三年的耕地和当年的休闲地（轮歇地）。以种植农作物为主并附带种植桑树、茶树、果树和其他林木的土地以及沿海、沿湖地区已围垦利用的“海涂”“湖田”等也包括在内。但专业性的桑园、茶园、果园、果木苗圃、林地、芦苇地、天然草原等都不包括在内。

农作物播种面积　指实际播种或移植有农作物的面积。凡是实际种植有农作物的面积，不论种植在耕地上还是种植在非耕地上，均包括在农作物播种面积中，同时还包括因遭灾而重新改种和补种的农作物面积，种一公顷算一公顷。

有效灌溉面积　是指具有一定的水源，地块比较平整，灌溉工程或设备已经配套，在一般年景下当年能够进行正常灌溉的耕地面积。包括机灌、电灌和自流灌溉面积三部分。

造林面积　是指报告期内在荒山、荒地、沙丘等一切可以造林的土地上，采用人工播种、植苗、飞机播种等方法新植的成片乔木和灌木林面积，符合“造林技术规程”要求的株数，经过检查验收，成活率在85%以上的面积。四旁植树如一侧在四行以上，连续成片面积达一亩以上，也统计在造林面积内。在造林面积中，不包括补植面积、治沙种草面积、经济林复垦面积、迹地更新面积和低产林改造面积。

农用化肥施用量　指在本年度内实际用于农业生产的化肥数量。包括氮肥、磷肥、钾肥和复合肥。按折纯法计算化肥数量，即把氮肥、磷肥、钾肥分别按含氮、含五氧化二磷、含氧化钾100%折算。

农村用电量　是指在本年度内，扣除在农村中的全民所有制工业、交通、基建单位用电量以后农村生产和生活上的全年用电总量（按全年累计数统计）。从电的来源看，既包括国家电网的供电量，也包括农村自办电站的供电量。

农业机械总动力　是指主要用于农、林、牧、渔业生产和运输的所有动力机械的动力总和。包括耕作机械、排灌机械、收获机械、农产品加工机械、运输机械、植保机械、牧业机械、林业机械、渔业机械和其他机械［内燃机按引擎马力折成瓦（特）计算，电动机按功率折成瓦（特）计算］。不包括专门用于乡（镇）、村以及村以下办工业、基本建设、非农业运输、科学试验和教学等非农业生产方面用的动力机械和作业机械。但从事农副产品初级加工的村户工业的机械应统计在内。

农业机械年末拥有量　是指国有经济、集体经济农业生产单位和合作经济组织及农户在年末统计时实际拥有的各种农业机械设备数量。包括能用未用的、需要修复的（指中修、大修）、储存备用的。但已经损坏报废的、购买（或调进）而未提货的、从非农业生产单位调来临时支援的，均不包括在内。

十三、工业

INDUSTRY

版面负责人：丁　磊
编　　　辑：宋　蕊

统计知识

统计执法监督检查办法

第二十二条 县级以上人民政府统计机构和执法检查人员对在执法监督检查过程中知悉的国家秘密、商业秘密、个人信息资料和能够识别或者推断单个调查对象身份的资料，负有保密义务。

第二十三条 统计执法监督检查机构应当在调查结束后，及时向所属人民政府统计机构提交监督检查报告，报告检查中发现的问题并提出处理建议。处理建议包括：

（一）发现有统计违法行为，符合立案查处条件的，予以立案查处；

（二）发现统计违法事实不清、证据不足或者程序错误的，应当及时补充或者重新调查；

（三）按照违法行为性质、情节，提请上一级或者移交下级人民政府统计机构立案查处；

（四）未发现统计违法行为或者统计违法事实轻微，依法不应追究法律责任的，不予处理。

第四章 统计违法行为的处罚

第二十四条 查处统计违法案件应当做到事实清楚，证据确凿，定性准确，处理恰当，适用法律正确，符合法定程序。

第二十五条 国家统计局负责查处情节严重或影响恶劣的统计造假、弄虚作假案件，对国家重大统计部署贯彻不力的案件，重大国情国力调查中发生的严重统计造假、弄虚作假案件，其他重大统计违法案件。

省级统计局依法负责查处本行政区域内统计造假、弄虚作假案件，违反国家统计调查制度以及重要的地方统计调查制度的案件。但是国家调查总队组织实施的统计调查中发生的统计造假、弄虚作假案件，违反国家统计调查制度案件，由组织实施统计调查的国家调查总队进行查处。

市级、县级统计局和国家统计局市级、县级调查队，发现本行政区域内统计造假、弄虚作假违法行为的，应当及时报告省级统计机构依法查处；依法负责查处本行政区域内其他统计违法案件。

13-1 规模以上工业企业主要经济指标

单位：万元

年　份	企业个数（个）	两项资金占用
1998	638	1005882
1999	634	1021559
2000	675	950855
2001	662	811298
2002	743	939259
2003	835	959127
2004	1223	1143367
2005	1253	1237961
2006	1586	1462580
2007	1941	1814542
2008	2289	2569139
2009	3108	2848331
2010	3412	4196654
2011	2788	871219
2012	2859	11235951
2013	2874	8734485
2014	2861	9270151
2015	2875	9678459
2016	2992	9608893
2017	2412	11252344
2018	2461	11692282
2019	1778	11082144
2020	2024	13490087

13-2 规模以上工业企业主要经济指标

（2020 年）　　单位：万元

指　　标	企业个数（个）	资产总计	#流动资产合计	负债合计
总　计	**2024**	**54243991**	**32299724**	**30558060**
按登记注册类型分				
内资企业	1900	46215974	28407481	26641756
国有企业	6	156359	106335	71726
中央企业	1	45896	39876	4547
地方企业	5	110462	66459	67179
集体企业	6	23722	19006	10639
股份合作企业	3	15876	11800	13224
联营企业	1	19748	14112	13876
国有联营企业				
集体联营企业				
国有与集体联营企业				
其他联营企业	1	19748	14112	13876
有限责任公司	172	21586981	14538620	13155357
国有独资公司	20	8122511	5939390	4216209
其他有限责任公司	152	13464470	8599230	8939147
股份有限公司	38	4622399	2331326	1933616
私营企业	1672	19785912	11383893	11441280
私营独资企业	73	330179	210917	208613
私营合伙企业	5	21031	12804	14970
私营有限责任公司	1547	18224360	10380473	10600609
私营股份有限公司	47	1210343	779699	617088
其他企业	2	4977	2390	2040
港、澳、台商投资企业	58	5120495	1992921	2281027
合资经营企业（港或澳、台资）	22	887665	496316	399342
合作经营企业（港或澳、台资）				
港澳台商独资经营企业	33	4165949	1456205	1827531
港澳台商投资股份有限公司	2	54622	33202	46289
其他港澳台商投资企业	1	12259	7198	7865
外商投资企业	66	2907523	1899323	1635277
中外合资经营企业	33	2084316	1445415	1241939
中外合作经营企业				
外资企业	33	823207	453907	393337
外商投资股份有限公司				
其他外商投资企业				

13-2　续表 1　（2020 年）　单位：万元

指　　标	企业个数（个）	资产总计	# 流动资产合计	负债合计
按经济组织类型分				
独资企业	151	5499415	2246370	2511845
国有企业	6	156359	106335	71726
集体企业	6	23722	19006	10639
私营独资企业	73	330179	210917	208613
港澳台商独资经营企业	33	4165949	1456205	1827531
外资企业	33	823207	453907	393337
合作、合伙企业	12	73890	48304	51975
股份合作企业	3	15876	11800	13224
国有联营企业				
集体联营企业				
国有与集体联营企业				
其他联营企业	1	19748	14112	13876
私营合伙企业	5	21031	12804	14970
与港澳台商合作经营企业				
中外合作经营企业				
其他企业（内资）	2	4977	2390	2040
其他港澳台商投资企业	1	12259	7198	7865
其他外商投资企业				
股份有限公司	87	5887364	3144227	2596993
股份有限公司（内资）	38	4622399	2331326	1933616
私营股份有限公司	47	1210343	779699	617088
港澳台商投资股份有限公司	2	54622	33202	46289
外商投资股份有限公司				
有限责任公司	1774	42783322	26860824	25397247
国有独资公司	20	8122511	5939390	4216209
私营有限责任公司	1547	18224360	10380473	10600609
与港澳台商合资经营企业	22	887665	496316	399342
中外合资经营企业	33	2084316	1445415	1241939
其他有限责任公司	152	13464470	8599230	8939147
在总计中：亏损企业	293	10074100	4677548	6240948
在总计中：国有控股企业	89	21722350	14492772	13213687
按轻重工业分				
轻工业	630	9660583	6298235	3801403
重工业	1394	44583408	26001490	26756656
按企业规模分				
大型企业	42	27297123	17434756	14911019
中型企业	160	10420413	5694498	6335941
小型企业	1618	15359664	8681958	8602121
微型企业	204	1166792	488512	708979

13-2 续表 2 （2020 年） 单位：万元

指 标	企业个数（个）	资产总计	#流动资产合计	负债合计
按行业分				
煤炭开采和洗选业	3	3475741	1136968	1757245
黑色金属矿采选业	1	150133	77952	79489
非金属矿采选业	1	10484	10474	32
农副食品加工业	123	1220768	715127	773105
食品制造业	34	443124	149875	224739
酒、饮料和精制茶制造业	12	270363	148267	130962
烟草制品业	1	2816518	2369877	302989
纺织业	125	965579	563486	545266
纺织服装、服饰业	40	167687	111671	42605
皮革、毛皮、羽毛及其制品和制鞋业	13	224390	199618	85693
木材加工和木、竹、藤、棕、草制品业	214	738989	408934	411557
家具制造业	33	131539	75355	77986
造纸和纸制品业	16	122359	62627	94527
印刷和记录媒介复制业	26	219084	127286	119362
文教、工美、体育和娱乐用品制造业	22	78728	49320	41392
石油、煤炭及其他燃料加工业	8	839635	462052	421473
化学原料和化学制品制造业	72	2008830	963753	1055522
医药制造业	40	1729497	980841	649115
化学纤维制造业	16	168224	77399	88754
橡胶和塑料制品业	59	428792	291577	253600
非金属矿物制品业	250	3592887	2105836	2089690
黑色金属冶炼和压延加工业	16	2329690	1300253	1225783
有色金属冶炼和压延加工业	37	867289	558848	565760
金属制品业	134	1407618	1029483	763130
通用设备制造业	159	5031241	3915883	3008236
专用设备制造业	195	9668240	7987425	7384135
汽车制造业	24	942745	598835	597902
铁路、船舶、航空航天和其他运输设备制造业	28	810130	481648	420371
电气机械和器材制造业	138	1970267	1243511	1235046
计算机、通信和其他电子设备制造业	56	4499584	1530753	2170480
仪器仪表制造业	32	932459	492823	343624
其他制造业	3	198633	160495	107617
废弃资源综合利用业	16	248306	147934	109140
电力、热力生产和供应业	47	3828441	1131316	2203736
燃气生产和供应业	11	346313	81124	218501
水的生产和供应业	19	1359685	551101	959498

13-2 续表 3 （2020 年） 单位：万元

指　　标	销售费用	管理费用	财务费用	从业人员平均人数（人）
总　计	**1996205**	**1220164**	**391989**	**319676**
按登记注册类型分				
内资企业	1884795	1032536	330504	281469
国有企业	3583	5926	-114	1261
中央企业	2555	2961	-132	324
地方企业	1029	2966	18	937
集体企业	897	776	195	725
股份合作企业	96	240	-8	204
联营企业	195	402	187	252
国有联营企业				
集体联营企业				
国有与集体联营企业				
其他联营企业	195	402	187	252
有限责任公司	1028078	378895	134544	69951
国有独资公司	215122	137778	29155	16192
其他有限责任公司	812956	241116	105389	53759
股份有限公司	154399	88234	20106	19093
私营企业	697429	558001	175575	189927
私营独资企业	10127	9471	1036	3547
私营合伙企业	2179	1172	26	329
私营有限责任公司	659723	517230	161283	179248
私营股份有限公司	25400	30128	13230	6803
其他企业	118	62	18	56
港、澳、台商投资企业	25040	88532	44458	20026
合资经营企业（港或澳、台资）	6359	25098	5589	6622
合作经营企业（港或澳、台资）				
港澳台商独资经营企业	16940	61506	38387	13030
港澳台商投资股份有限公司	1578	1449	491	321
其他港澳台商投资企业	162	479	-10	53
外商投资企业	86369	99096	17028	18181
中外合资经营企业	71652	62718	10498	9874
中外合作经营企业				
外资企业	14717	36378	6530	8307
外商投资股份有限公司				
其他外商投资企业				

13-2 续表 4 （2020 年） 单位：万元

指　　标	销售费用	管理费用	财务费用	从业人员平均人数（人）
按经济组织类型分				
独资企业	46265	114058	46034	26870
国有企业	3583	5926	-114	1261
集体企业	897	776	195	725
私营独资企业	10127	9471	1036	3547
港澳台商独资经营企业	16940	61506	38387	13030
外资企业	14717	36378	6530	8307
合作、合伙企业	2750	2356	214	894
股份合作企业	96	240	-8	204
国有联营企业				
集体联营企业				
国有与集体联营企业				
其他联营企业	195	402	187	252
私营合伙企业	2179	1172	26	329
与港澳台商合作经营企业				
中外合作经营企业				
其他企业（内资）	118	62	18	56
其他港澳台商投资企业	162	479	-10	53
其他外商投资企业				
股份有限公司	181378	119811	33827	26217
股份有限公司（内资）	154399	88234	20106	19093
私营股份有限公司	25400	30128	13230	6803
港澳台商投资股份有限公司	1578	1449	491	321
外商投资股份有限公司				
有限责任公司	1765812	983940	311915	265695
国有独资公司	215122	137778	29155	16192
私营有限责任公司	659723	517230	161283	179248
与港澳台商合资经营企业	6359	25098	5589	6622
中外合资经营企业	71652	62718	10498	9874
其他有限责任公司	812956	241116	105389	53759
在总计中：亏损企业	78978	218365	109846	47224
在总计中：国有控股企业	1004756	357618	114838	63538
按轻重工业分				
轻工业	619272	283275	30227	98947
重工业	1376933	936889	361762	220729
按企业规模分				
大型企业	1421763	485167	142080	103270
中型企业	252955	249485	108334	78472
小型企业	309170	461887	125367	135592
微型企业	12316	23625	16208	2342

13-2　续表 5　（2020 年）　单位：万元

指　　标	销售费用	管理费用	财务费用	从业人员平均人数（人）
按行业分				
煤炭开采和洗选业	8338	101847	9754	22294
黑色金属矿采选业	375	8057	90	1657
非金属矿采选业	33	512		26
农副食品加工业	28297	34784	8094	15684
食品制造业	19945	16862	3521	6791
酒、饮料和精制茶制造业	6917	6486	3166	2373
烟草制品业	30162	73898	-23225	1523
纺织业	16439	23033	12308	20297
纺织服装、服饰业	1921	7096	1740	6545
皮革、毛皮、羽毛及其制品和制鞋业	2489	5275	-498	2849
木材加工和木、竹、藤、棕、草制品业	9441	16765	5400	16018
家具制造业	3825	4005	898	2859
造纸和纸制品业	893	3752	1999	1343
印刷和记录媒介复制业	3295	9242	1303	2523
文教、工美、体育和娱乐用品制造业	2458	3588	612	2106
石油、煤炭及其他燃料加工业	9538	16763	9013	3445
化学原料和化学制品制造业	44959	76750	21920	11732
医药制造业	474283	58329	9273	14800
化学纤维制造业	2975	5118	2904	2696
橡胶和塑料制品业	13251	18298	3857	6821
非金属矿物制品业	97342	90454	36217	22388
黑色金属冶炼和压延加工业	7700	39806	7122	10212
有色金属冶炼和压延加工业	12442	22034	19472	7634
金属制品业	35224	54674	10557	11457
通用设备制造业	176960	97690	7496	28005
专用设备制造业	804924	151770	97297	34736
汽车制造业	60378	13379	5789	3980
铁路、船舶、航空航天和其他运输设备制造业	18131	18546	4375	7765
电气机械和器材制造业	32481	54377	15311	18611
计算机、通信和其他电子设备制造业	18264	74448	36988	11966
仪器仪表制造业	34562	26426	6182	5534
其他制造业	6766	4364	403	1557
废弃资源综合利用业	1794	7736	1490	879
电力、热力生产和供应业	1765	50378	60374	6349
燃气生产和供应业	5714	9659	1508	1204
水的生产和供应业	1923	13962	9283	3017

13-3 国有控股工业企业主要经济指标

（2020 年）　　单位：万元

指　　标	企业个数（个）	资产总计	#流动资产合计	负债合计
总 计	**89**	**21722350**	**14492772**	**13213687**
在总计中：亏损企业	8	442350	333664	372320
按隶属关系分				
中央企业	18	3292759	712245	1784783
地方企业	28	12132319	8875095	6330096
按轻重工业分				
轻工业	9	2963964	2440524	392335
重工业	80	18758385	12052248	12821351
按企业规模分				
大型企业	14	16673362	11995006	9862024
中型企业	22	3080193	1413592	2064318
小型企业	44	1710901	1030937	1120333
微型企业	9	257894	53236	167012
按行业分				
煤炭开采和洗选业	2	3436138	1109181	1726023
黑色金属矿采选业	1	150133	77952	79489
农副食品加工业	1	18196	11899	9719
食品制造业	1	27448	12022	9175
酒、饮料和精制茶制造业	3	84981	34987	56584
烟草制品业	1	2816518	2369877	302989
印刷和记录媒介复制业	2	9449	5133	10370
化学原料和化学制品制造业	4	41892	19633	18448
非金属矿物制品业	12	634711	281398	323408
有色金属冶炼和压延加工业	1	11271	3211	7346
金属制品业	2	71443	57183	56328
通用设备制造业	8	3089026	2597505	1953050
专用设备制造业	14	7579442	6453932	6211094
汽车制造业	1	401717	284739	318601
铁路、船舶、航空航天和其他运输设备制造业	1	18018	11433	8855
电气机械和器材制造业	3	51195	34869	28129
计算机、通信和其他电子设备制造业	1	7034	6635	4752
废弃资源综合利用业	1	20310	10162	1299
电力、热力生产和供应业	18	2481042	626339	1512038
燃气生产和供应业	2	26467	7428	18315
水的生产和供应业	10	745920	477255	557676

13-3 续表 （2020年） 单位：万元

指 标	销售费用	管理费用	财务费用	从业人员平均人数（人）
总 计	**1004756**	**357618**	**114838**	**63538**
在总计中：亏损企业	11842	8386	6095	2031
按隶属关系分				
中央企业	19924	101645	41058	21415
地方企业	349969	190032	1307	26080
按轻重工业分				
轻工业	34089	79209	-22926	3507
重工业	970667	278409	137764	60031
按企业规模分				
大型企业	926339	267799	54818	47754
中型企业	64364	60349	46052	10682
小型企业	13788	27378	9767	5031
微型企业	265	2094	4201	71
按行业分				
煤炭开采和洗选业	8330	101464	9754	22234
黑色金属矿采选业	375	8057	90	1657
农副食品加工业	935	212	311	85
食品制造业	2602	559	-7	166
酒、饮料和精制茶制造业	217	2795	-1	958
烟草制品业	30162	73898	-23225	1523
印刷和记录媒介复制业	109	988	-1	381
化学原料和化学制品制造业	794	2200	203	310
非金属矿物制品业	22988	22401	14572	2779
有色金属冶炼和压延加工业	88	230	92	62
金属制品业	2534	1617	1208	226
通用设备制造业	122174	31308	-6584	7358
专用设备制造业	762798	61668	75241	16719
汽车制造业	46803	4781	337	1364
铁路、船舶、航空航天和其他运输设备制造业	307	408	47	25
电气机械和器材制造业	742	3147	-24	650
计算机、通信和其他电子设备制造业		79		85
废弃资源综合利用业	50	1137	-144	140
电力、热力生产和供应业	825	30339	39394	4467
燃气生产和供应业	357	880	414	80
水的生产和供应业	1566	9451	3160	2269

13-4 规模以上私营工业企业主要经济指标

（2020 年）　　　　单位：万元

指　　标	企业个数（个）	资产总计	#流动资产合计	负债合计
总　计	**1672**	**19785912**	**11383893**	**11441280**
在总计中：亏损企业	227	5280963	3031312	3671749
在总计中：国有控股企业				
按登记注册类型分				
私营独资企业	73	330179	210917	208613
私营合作企业	5	21031	12804	14970
私营有限责任公司	1547	18224360	10380473	10600609
私营股份有限公司	47	1210343	779699	617088
按轻重工业分				
轻工业	541	4426629	2381755	2503998
重工业	1131	15359282	9002138	8937283
按企业规模分				
大型企业	14	4962201	2883982	2656589
中型企业	95	4236156	2344498	2808598
小型企业	1383	9852114	5771504	5528633
微型企业	180	735440	383909	447461
按行业分				
煤炭开采和洗选业	1	39602	27786	31222
非金属矿采选业	1	10484	10474	32
农副食品加工业	109	1023605	621223	624204
食品制造业	30	390087	130303	208101
酒、饮料和精制茶制造业	4	94467	61961	33218
纺织业	115	598095	343906	414649
纺织服装、服饰业	32	70039	38386	26727
皮革、毛皮、羽毛及其制品和制鞋业	9	46012	29215	29556
木材加工和木、竹、藤、棕、草制品业	206	684131	374005	373890
家具制造业	32	122848	68132	71160
造纸和纸制品业	14	67444	45169	43552
印刷和记录媒介复制业	20	140182	74095	95045
文教、工美、体育和娱乐用品制造业	19	52206	36032	31282
石油、煤炭及其他燃料加工业	7	803864	457387	397172
化学原料和化学制品制造业	52	773754	362499	417683
医药制造业	29	971147	466804	461004
化学纤维制造业	14	100831	60524	51470
橡胶和塑料制品业	54	415274	280272	247828
非金属矿物制品业	220	2440436	1428692	1440505
黑色金属冶炼和压延加工业	14	2276784	1265088	1181980
有色金属冶炼和压延加工业	32	710417	453065	446998
金属制品业	122	1043710	752813	563382
通用设备制造业	124	935292	636731	578321
专用设备制造业	146	902200	627788	550373
汽车制造业	21	296311	216416	185645
铁路、船舶、航空航天和其他运输设备制造业	23	292944	114352	204726
电气机械和器材制造业	122	1621878	990188	1045341
计算机、通信和其他电子设备制造业	40	1268382	661625	797995
仪器仪表制造业	25	371744	246078	227699
其他制造业	1	1703	942	608
废弃资源综合利用业	12	161962	111640	72858
电力、热力生产和供应业	19	788108	360005	399479
燃气生产和供应业	1	6037	3613	2481
水的生产和供应业	2	263934	26686	185097

13-4 续表 （2020 年） 单位：万元

指 标	销售费用	管理费用	财务费用	从业人员平均人数（人）
总 计	**697429**	**558001**	**175575**	**189927**
在总计中：亏损企业	40165	128487	58237	33525
在总计中：国有控股企业				
按登记注册类型分				
私营独资企业	10127	9471	1036	3547
私营合作企业	2179	1172	26	329
私营有限责任公司	659723	517230	161283	179248
私营股份有限公司	25400	30128	13230	6803
按轻重工业分				
轻工业	427853	153768	39926	71979
重工业	269576	404233	135649	117948
按企业规模分				
大型企业	345329	127651	44736	32710
中型企业	114177	111335	40261	46679
小型企业	226207	299933	80989	108511
微型企业	11717	19081	9588	2027
按行业分				
煤炭开采和洗选业	9	383		60
非金属矿采选业	33	512		26
农副食品加工业	21039	29559	5343	14321
食品制造业	15518	14222	3611	6271
酒、饮料和精制茶制造业	1121	2390	-312	332
纺织业	8874	15453	7658	13189
纺织服装、服饰业	1228	4758	378	4859
皮革、毛皮、羽毛及其制品和制鞋业	748	2107	71	1296
木材加工和木、竹、藤、棕、草制品业	8536	14781	5338	15022
家具制造业	3559	2771	901	2679
造纸和纸制品业	601	2751	922	823
印刷和记录媒介复制业	2528	3394	1640	1467
文教、工美、体育和娱乐用品制造业	2219	3267	432	1883
石油、煤炭及其他燃料加工业	8769	15285	8977	3335
化学原料和化学制品制造业	33723	34857	7576	6104
医药制造业	345923	46132	11043	10529
化学纤维制造业	2164	3561	1522	2137
橡胶和塑料制品业	13027	17332	3641	6617
非金属矿物制品业	61061	58078	16977	17457
黑色金属冶炼和压延加工业	7522	38639	6649	9933
有色金属冶炼和压延加工业	9356	15817	16874	4789
金属制品业	25133	35631	7551	9828
通用设备制造业	29621	33622	5045	13719
专用设备制造业	26902	36729	9036	10516
汽车制造业	3600	5815	3113	2156
铁路、船舶、航空航天和其他运输设备制造业	9211	8146	2549	4343
电气机械和器材制造业	23010	41934	13924	13471
计算机、通信和其他电子设备制造业	8146	39164	17702	7013
仪器仪表制造业	21305	13859	3331	3812
其他制造业	2	12	2	96
废弃资源综合利用业	1700	4979	1180	574
电力、热力生产和供应业	889	10879	14215	1047
燃气生产和供应业	38	40		7
水的生产和供应业	315	1144	-1314	216

13-5 规模以上“三资”工业企业主要经济指标

（2020 年） 单位：万元

指标	企业个数（个）	资产总计	#流动资产合计	负债合计
总 计	**124**	**8028018**	**3892243**	**3916304**
在总计中：亏损企业	24	3089163	695455	1307545
在总计中：国有控股企业	3	719800	549185	585680
按登记注册类型分				
港、澳、台商投资企业	58	5120495	1992921	2281027
合资经营企业（港或澳、台资）	22	887665	496316	399342
合作经营企业（港或澳、台资）				
港澳台商独资经营企业	33	4165949	1456205	1827531
港澳台商投资股份有限公司	2	54622	33202	46289
其他港澳台商投资企业	1	12259	7198	7865
外商投资企业	66	2907523	1899323	1635277
中外合资经营企业	33	2084316	1445415	1241939
中外合作经营企业				
外资企业	33	823207	453907	393337
外商投资股份有限公司				
其他外商投资企业				
按轻重工业分				
轻工业	39	1236173	802463	500132
重工业	85	6791845	3089780	3416172
按企业规模分				
大型企业	9	4491463	1938591	2180047
中型企业	21	1457359	926030	671921
小型企业	87	1832940	987207	921987
微型企业	7	246256	40415	142348
按行业分				
农副食品加工业	8	101976	35892	82450
食品制造业	1	10364	684	5120
酒、饮料和精制茶制造业	2	39213	15696	11753
纺织业	7	349387	206274	116146
纺织服装、服饰业	5	95000	70965	13490
皮革、毛皮、羽毛及其制品和制鞋业	3	176429	168454	54314
木材加工和木、竹、藤、棕、草制品业	6	48583	31146	34396
造纸和纸制品业	1	9582	3852	2251
印刷和记录媒介复制业	1	48593	32993	8270
文教、工美、体育和娱乐用品制造业	1	1622	352	424
石油、煤炭及其他燃料加工业	1	35772	4665	24302
化学原料和化学制品制造业	4	148548	90112	26521
医药制造业	3	240530	144296	102645
化学纤维制造业	1	4841	3892	3153
橡胶和塑料制品业	2	9678	9039	5083
非金属矿物制品业	3	71982	44121	32722
黑色金属冶炼和压延加工业	1	45584	31837	42068
有色金属冶炼和压延加工业	2	99501	63237	77364
金属制品业	5	185520	124705	74568
通用设备制造业	12	539920	402169	188436
专用设备制造业	14	1483794	1243225	989885
汽车制造业	1	4852	3823	2911
铁路、船舶、航空航天和其他运输设备制造业	2	99943	31788	22095
电气机械和器材制造业	7	186031	136998	125253
计算机、通信和其他电子设备制造业	8	2857286	628193	1252664
仪器仪表制造业	3	158330	141258	64098
其他制造业	1	6126	898	1551
废弃资源综合利用业	2	46488	11390	18363
电力、热力生产和供应业	7	568622	133433	316095
燃气生产和供应业	8	313810	70084	197705
水的生产和供应业	2	40113	6773	20210

13-5 续表　　（2020 年）　　单位：万元

指　标	销售费用	管理费用	财务费用	从业人员平均人数（人）
总 计	**111410**	**187628**	**61486**	**38207**
在总计中：亏损企业	12233	44349	22412	3812
在总计中：国有控股企业	36528	7873	5425	2163
按登记注册类型分				
港、澳、台商投资企业	25040	88532	44458	20026
合资经营企业（港或澳、台资）	6359	25098	5589	6622
合作经营企业（港或澳、台资）				
港澳台商独资经营企业	16940	61506	38387	13030
港澳台商投资股份有限公司	1578	1449	491	321
其他港澳台商投资企业	162	479	-10	53
外商投资企业	86369	99096	17028	18181
中外合资经营企业	71652	62718	10498	9874
中外合作经营企业				
外资企业	14717	36378	6530	8307
外商投资股份有限公司				
其他外商投资企业				
按轻重工业分				
轻工业	17893	28711	9007	15692
重工业	93516	158918	52479	22515
按企业规模分				
大型企业	58673	61388	37872	15771
中型企业	24331	44200	6933	11769
小型企业	28291	80174	14083	10593
微型企业	116	1866	2598	74
按行业分				
农副食品加工业	3934	3307	2147	844
食品制造业	472	123	24	76
酒、饮料和精制茶制造业	434	854	45	222
纺织业	7109	7022	4627	6723
纺织服装、服饰业	414	1763	1230	1229
皮革、毛皮、羽毛及其制品和制鞋业	1716	3028	-574	1333
木材加工和木、竹、藤、棕、草制品业	878	1944	51	725
造纸和纸制品业	127	579	234	270
印刷和记录媒介复制业	597	3049	-319	291
文教、工美、体育和娱乐用品制造业	29	34	24	47
石油、煤炭及其他燃料加工业	768	1478	36	110
化学原料和化学制品制造业	1703	11719	210	656
医药制造业	2074	3280	1143	1707
化学纤维制造业	151	116		210
橡胶和塑料制品业	151	885	210	67
非金属矿物制品业	611	1212	969	301
黑色金属冶炼和压延加工业	104	1063	465	222
有色金属冶炼和压延加工业	1402	4323	1483	2388
金属制品业	5341	11768	1390	986
通用设备制造业	17367	18338	3768	3553
专用设备制造业	45950	48733	16190	7262
汽车制造业	133	378	-43	80
铁路、船舶、航空航天和其他运输设备制造业	105	1213	291	466
电气机械和器材制造业	1278	5480	924	2967
计算机、通信和其他电子设备制造业	6962	29224	18320	2645
仪器仪表制造业	6148	7863	1931	808
其他制造业	84	389	65	210
废弃资源综合利用业		1198	79	82
电力、热力生产和供应业	51	7990	4898	518
燃气生产和供应业	5319	8739	1093	1117
水的生产和供应业		537	577	92

13-6 主要年份主要工业产品产量

单位：万吨

年份	铁矿石（成品矿）	生铁	原煤	发电量（亿千瓦时）	铝锭（吨）	硫酸（吨）	合成氨	农用化肥（折100%）	水泥
1949			81	0.07					
1952	21.93		112	0.20					
1957	38.57	0.13	180	0.90					
1962	39.39	1.66	447	3.76	672			0.01	1.06
1965	45.98	1.63	472	4.43	930	5594	0.05	0.32	14.52
1970	31.69	4.61	633	7.24	1453	7746	1.03	0.89	23.09
1975	25.12	11.08	899	15.99	2103	10840	3.41	2.68	33.29
1978	40.95	15.19	1445	27.08	3135	22162	7.07	4.91	66.68
1979	44.49	18.16	1510	38.65	3616	21559	9.72	6.96	79.77
1980	29.55	16.36	1506	47.78	2721	31856	12.40	9.96	93.68
1981	23.36	12.18	1451	50.48	3686	21690	12.64	10.14	109.32
1982	24.74	11.71	1492	52.37	3614	34902	12.98	10.67	133.52
1983	30.02	14.73	1580	53.70	3378	50119	14.12	11.99	152.45
1984	30.80	15.74	1682	54.84	3210	44138	15.07	12.45	169.47
1985	30.48	16.52	1803	58.35	3062	35469	14.33	11.59	203.03
1986	30.75	19.90	1770	74.67	5629	34370	14.03	12.65	249.80
1987	33.59	22.82	1866	89.98	5649	46067	15.05	14.03	293.35
1988	47.35	24.80	1931	102.97	5574	51157	14.11	13.38	344.49
1989	51.57	23.39	2042	105.64	5929	56695	13.50	13.22	291.01
1990	27.62	29.22	2032	104.40	7568	62041	13.40	12.52	297.67
1991	26.25	28.60	2118	106.75	8096	83813	11.32	13.17	348.87
1992	32.33	31.84	2115	103.74	11241	77784	9.42	10.89	437.21
1993	98.53	35.63	2138	111.92	12081	60200	11.68	10.68	542.69
1994	113.60	41.34	1967	114.37	12347	65275	14.75	16.73	590.36
1995	95.00	52.00	2344	119.38	19385	85610	14.86	19.76	1031.48
1996	110.91	48.96	2301	118.91	11735	67841	14.28	24.60	1040.45
1997	49.62	55.78	2243	139.17	11294	87388	16.98	24.01	975.83
1998	17.82	49.89	2134	134.55	10321	81131	19.22	20.13	864.35
1999	17.82	40.36	2089	136.65	11828	3746	16.69	16.68	937.84
2000	43.30	37.10	2271	146.87	5002		19.16	15.42	983.36
2001	15.34	51.05	2261	155.29	12055		19.08	16.49	892.69
2002	14.63	48.75	2404	170.31	12354	45100	22.66	19.96	1008.34
2003	15.54	95.10	2572	198.95	12566	50000	21.55	17.89	1134.82
2004	24.77	136.69	2528	235.10	12866	72000	17.75	21.89	1285.58
2005	14.45	152.53	2597	309.97	10764	66600	36.96	29.58	1295.66
2006	19.69	230.72	2827	363.02	69741	116000	52.11	38.00	1538.60
2007	21.74	245.76	2363	316.56	98474	249105	55.97	38.15	1812.31
2008	23.86	194.85	2314	342.44	100007	181950	62.36	41.88	1867.36
2009	50.31	246.60	2236	330.77	106997	64400	61.11	43.93	2654.32
2010	65.64	304.92	2072	399.57	108668	37100	66.40	48.05	3205.35
2011	75.18	337.63	2025	453.66	109980	77200	82.35	52.73	2850.29
2012	74.44	375.37	2016	527.69	112506	95886	74.82	53.36	2778.85
2013	75.99	522.43	1972	574.70	57076	143983	98.61	53.98	2488.69
2014	78.72	437.80	1980	517.28	12194	180019	93.00	54.23	2749.01
2015	90.63	475.96	1885	497.22		99295	93.21	45.76	2681.63
2016	98.35	607.09	1342	506.21		140881	67.30	26.94	2755.19
2017	72.88	273.42	1278	522.50		160104	55.29	4.60	2660.04
2018	70.60	97.89				2560	48.77	12.55	1362.41
2019	70.76	236.04					52.10	16.83	1472.22
2020	61.95	462.42					48.74	16.34	1026.38

13-6 续表　　　　单位：万吨

年　份	纱	布（万米）	机制纸及纸板	卷　烟（万箱）	饮料酒（万千升）	多晶硅（吨）	锻压机械（吨）	汽　车起重机（吨）	装载机（辆）	压路机（台）
1949	…			0.86	0.02					
1952	0.03	129	…	2.73	0.15					
1957	0.04	291	0.23	2.47	0.30					
1962	0.10	493	0.40	2.60	0.35					
1965	0.41	796	0.36	6.89	0.31					
1970	0.84	1811	0.91	10.93	0.49					
1975	1.12	3474	1.12	12.00	0.90					
1978	1.68	5474	2.47	14.74	1.35					
1979	1.87	5873	2.56	16.72	1.64					
1980	2.11	7487	3.15	19.45	2.02					
1981	2.26	8604	3.35	22.26	2.51			321		362
1982	2.45	8860	4.19	26.23	2.67			245		485
1983	2.28	7979	4.85	23.03	2.82			256		413
1984	2.29	7307	5.69	26.04	2.54			244		520
1985	2.43	7350	6.48	26.10	2.84			325		730
1986	2.67	7954	8.61	30.12	3.23			414		957
1987	3.07	8981	11.62	31.02	3.88			382		1247
1988	3.54	11032	13.87	32.22	4.38			438		1224
1989	4.36	13504	15.31	33.00	4.96			428		858
1990	3.63	12112	16.44	33.50	4.99			419		802
1991	3.25	10769	17.66	34.00	5.66			496		993
1992	3.93	11938	18.83	34.00	6.85			696	723	1392
1993	3.65	12790	22.36	35.06	7.66			1067	1026	2281
1994	4.20	11673	32.13	33.09	9.80			1005	929	2183
1995	4.64	13883	71.60	34.00	11.42			683	1298	1897
1996	5.16	12807	69.65	34.02	13.85		14977	414	1358	1979
1997	5.48	9077	79.33	34.00	13.31		12329	480	1739	2066
1998	4.49	7361	44.67	34.50	13.18		9451	516	1706	2478
1999	5.70	7721	23.53	34.50	9.00		7392	710	1890	3110
2000	7.16	8196	32.65	34.40	8.50		11942	1087	1777	2466
2001	7.36	6954	28.41	36.50	14.47		12669	1586	2791	2832
2002	8.89	6315	43.52	37.80	14.43		13430	2961	3997	3816
2003	11.30	6884	48.88	40.00	16.69		16297	4664	8098	5825
2004	47.38	7231	58.74	55.20	42.16		12653	5264	10146	4724
2005	23.01	10551	48.91	57.57	20.28		19847	5368	9442	2434
2006	33.64	7800	69.62	57.45	21.50		24119	7298	8799	2697
2007	44.14	14832	129.81	60.48	27.26		30218	10349	11010	2025
2008	48.84	13016	99.11	56.68	27.99	1849	22668	12932	11623	2721
2009	61.75	16591	122.40	59.00	30.11	7318	16353	16053	9494	4675
2010	81.58	16056	105.54	60.94	45.73	17799		18623	15212	6874
2011	77.76	11064	79.13	64.01	52.37	29414		18695	23895	5070
2012	83.89	16966	123.11	64.41	66.23	37097		390261	19199	3604
2013	103.88	18059	38.34	68.46	68.02	50440		319676	18967	4460
2014	152.92	27015	44.40	71.73	64.00	66876		342894	11945	4048
2015	141.21	31490	27.58	66.50	58.85	74358		194941	7142	2721
2016	156.63	34119	38.66	70.30	58.14	69345		199038	8298	3379
2017	185.87	36141	32.31	71.38	59.40	74818		412681	13103	7063
2018	44.03	11238	14.30	73.30	58.06	63540		649366	16240	8258
2019	47.67	12114	36.95	75.70	16.47	41623		663869	21028	7338
2020	44.22	17218	44.07	72.07	18.39	42189		945806	22364	8796

注：自 2012 年起，汽车起重机的单位由台改为吨。

13-7 主要工业产品产量

（2020 年）

产品名称	产量	产品名称	产量
铁矿石成品矿	61.95	塑料树脂及共聚物（初级形态塑料）	10.86
配合饲料（万吨）	112.48	轮胎外胎（万条）	455.91
发酵酒精（商品量）（万千升）	20.10	塑料制品（万吨）	12.45
饮料酒（商品量）（万千升）	18.39	# 农业用薄膜	0.41
卷烟（万箱）	72.07	水泥	1026.38
纱（万吨）	44.22	生铁	462.42
布（万米）	17218.08	饮料	9.90
# 棉布	4316	钢材（万吨）	609.47
家用电冰箱（万台）	20.05	# 焊接钢管（万吨）	6.62
丝（蚕丝）（吨）	318.45	铝材	44.64
多晶硅	42189	起重机（吨）	945806
服装（万件）	3470	矿山专用设备	26655
液体乳（吨）	282504	人造板（万立方米）	378.63
机制纸及纸板（万吨）	44.07	装载机（辆）	22364
合成氨（万吨）	48.74	压路机（压实机械）（台）	8796
农用化学肥料（农用氮、磷、钾化学肥料）（万吨）	16.34	组合音响（万台）	331.82
# 氮肥（万吨）	16.34	摩托车（万辆）	34.42
化学农药	7.74		

主要统计指标解释

工业 指从事自然资源的开采，对采掘品和农产品进行加工和再加工的物质生产部门。具体包括：(1) 对自然资源的开采，如采矿、晒盐、森林采伐等（但不包括禽兽捕猎和水产捕捞）；(2) 对农副产品的加工、再加工，如粮油加工、食品加工、轧花、缫丝、纺织、制革等；(3) 对采掘品的加工、再加工，如炼铁、炼钢、化工生产、石油加工、机器制造、木材加工等，以及电力、自来水、煤气的生产和供应等；(4) 对工业品的修理、翻新，如机器设备的修理、交通运输工具（包括小卧车）的修理等。

1984 年以前农村的村及村以下办工业归属农业，1984 年以后划归工业。

国有企业 指企业全部资产归国家所有，并按《中华人民共和国企业法人登记管理条例》规定登记注册的非公司制的经济组织。不包括有限责任公司中的国有独资公司。

国有控股企业 包括：(1) 在企业的全部实收资本中，国有经济成分的出资人拥有的实收资本（股本）所占企业全部实收资本(股本)的比例大于 50% 的国有绝对控股。(2) 在企业的全部实收资本中，国有经济成分的出资人拥有的实收资本（股本）所占比例虽未大于 50%，但相对大于其他任何一方经济成分的出资人所占比例的国有相对控股；或者虽不大于其他经济成分，但根据协议规定拥有企业实际控制权的国有协议控股。(3) 投资双方各占 50%，且未明确由谁绝对控股的企业，若其中一方为国有经济成分的，一律按国有控股处理。

集体企业 指企业资产归集体所有，并按《中华人民共和国企业法人登记管理条例》规定登记注册的经济组织。

股份合作企业 指以合作制为基础，由企业职工共同出资入股，吸收一定比例的社会资产投资组建，实行自主经营，自负盈亏，共同劳动，民主管理，按劳分配与按股分红相结合的一种集体经济组织。

联营企业 指两个及两个以上相同或不同所有制性质的企业法人或事业单位法人，按自愿、平等、互利的原则，共同投资组成的经济组织。联营企业包括国有联营企业、集体联营企业、国有与集体联营企业和其他联营企业。

有限责任公司 指根据《中华人民共和国公司登记管理条例》规定登记注册，由两个以上，五十个以下的股东共同出资，每个股东以其所认缴的出资额对公司承担有限责任，公司以其全部资产对其债务承担责任的经济组织。有限责任公司包括国有独资公司以及其他有限责任公司。

股份有限公司 指根据《中华人民共和国公司登记管理条例》规定登记注册，其全部注册资本由等额股份构成并通过发行股票筹集资本，股东以其认购的股份对公司承担有限责任，公司以其全部资产对其债务承担责任的经济组织。

私营企业 指由自然人投资设立或由自然人控股，以雇佣劳动为基础的营利性经济组织。包括按照《公司法》《合伙企业法》《私营企业暂行条例》以及《个人独资企业法》规定登记注册的私营独资企业、私营合伙企业、私营有限责任公司、私营股份有限公司和个人独资企业。

与港澳台商合资经营企业 指港澳台地区投资者与内地的企业依照《中华人民共和国中外合资经营企业法》及有关法律的规定，按合同规定的比例投资设立，分享利润和分担风险的企业。

与港澳台商合作经营企业 指港澳台地区投资者与内地企业依照《中华人民共和国中外合作经营企业法》及有关法律的规定，依照合作合同的约定进行投资或提供条件设立，分配利润、分担风险和亏损的企业。

港澳台商独资经营企业 指依照《中华人民共和国外资企业法》及有关法律的规定，在内地由港澳台地区投资者全额投资设立的企业。

港澳台商投资股份有限公司 指根据国家有关规定，经商务部（原外经贸部）批准设立，并且其中港、澳、台商的股本占公司注册资本的比例达 25% 以上的股份有限公司。凡其中港、澳、台商的股本占公司注册资本的比例小于 25% 的，属于内资中的股份有限公司。

中外合资经营企业 指外国企业或外国人与中国内地企业依照《中华人民共和国中外合资经营企业法》及有关法律的规定，按合同规定的比例投资设立，分享利润和分担风险的企业。

中外合作经营企业 指外国企业或外国人与中国内地企业依照《中华人民共和国中外合作经营企业法》及有关法律的规定，依照合作合同的约定进行投资或提供条件设立，分配利润、分担风险和亏损的企业。

外资企业 指依照《中华人民共和国外资企业法》及有关法律的规定，在中国内地由外国投资者全额投资设立的企业。

外商投资股份有限公司 指根据国家有关规定，经商务部（原外经贸部）批准设立，并且其中外资的股本占公司注册资本的比例达 25% 以上的股份有限公司。凡其中外资股本占公司注册资本的比例小于 25% 的，属于内资中的股份有限公司。

轻工业 指主要提供生活消费品和制作手工工具的工业。按其所使用的原料不同，可分为两大类：(1) 以农产品为原料的轻工业是指直接或间接以农产品为基本原料的轻工业。主要包括食品制造、饮料制造、烟草加工、纺织、缝纫、皮革和毛皮制作，造纸以及印刷等工业；(2)以非农产品为原料的轻工业，是指以工业品为原料的轻工业。主要包括文教体育用品、化学药品制造、合成纤维制造、日用化学制品、日用玻璃制品、日用金属制品、手工工具制造、医疗器械制造、文化和办公用机械制造等工业。

重工业 是指为国民经济各部门提供物质技术基础的主要生产资料的工业。按其生产性质和产品用途，可以分为下列三类：(1)采掘(伐)工业，是指对自然资源的开采，包括石油开采、煤炭开采、金属矿开采、非金属矿开采和木材采伐等工业；(2)原材料工业，指向国民经济各部门提供基本材料、动力和燃料的工业。包括金属冶炼及加工、炼焦及焦炭化学、化工原料、水泥、人造板以及电力、石油和煤炭加工等工业；(3)加工工业，是指对工业原材料进行再加工制造的工业。包括装备国民经济各部门的机械设备制造工业、金属结构、水泥制品等工业，以及为农业提供的生产资料如化肥、农药等工业。

根据上述划分原则，修理业中以重工业产品为修理作业对象的划为重工业，反之划为轻工业。

资产总计 指企业过去的交易或者事项形成的、由企业拥有或者控制的、预期会给企业带来经济利益的资源。资产一般按流动性(资产的变现或耗用时间长短)分为流动资产和非流动资产。其中流动资产可分为货币资金、交易性金融资产、应收票据、应收账款、预付款项、其他应收款、存货等；非流动资产可分为长期股权投资、固定资产、无形资产及其他非流动资产等。根据会计“资产负债表”中“资产总计”项目的期末余额数填报。

流动资产合计 资产满足以下条件之一应归为流动资产：(1)预计在一个正常营业周期中变现、出售或耗用，主要包括存货、应收账款等；(2)主要为交易目的而持有；(3)预计在资产负债表日起一年内(含一年)变现；(4)自资产负债日起一年内，交换其他资产或清偿负债的能力不受限制的现金或现金等价物。包括货币资金、应收票据、应收账款、存货等项目。根据会计“资产负债表”中“流动资产合计”项目的期末余额数填报。

固定资产合计 指企业为生产商品、提供劳务、出租或经营管理而持有的，使用寿命超过一个会计年度的有形资产。包括使用期限超过一年的房屋、建筑物、机器、机械、运输工具以及其他与生产、经营有关的设备、器具、工具等。固定资产合计是时点指标，表示固定资产经过扣减折旧、减值准备等后的期末余额。根据会计“资产负债表”中“固定资产净额”项目的期末余额数填报。

负债合计 指企业过去的交易或者事项形成的，预期会导致经济利益流出企业的现时义务。负债一般按偿还期长短分为流动负债和非流动负债。根据会计“资产负债表”中“负债合计”项目的期末余额数填报。

销售费用 指企业在销售商品和材料、提供劳务的过程中发生的各种费用，包括保险费、包装费、展览费和广告费、商品维修费、预计产品质量保证损失、运输费、装卸费等以及为销售本企业商品而专设的销售机构(含销售网点、售后服务网点等)的职工薪酬、业务费、折旧费等经营费用。建筑业企业销售费用指企业从事施工生产活动过程中发生的各项费用，包括应由企业负担的运输费、装卸费、包装费、保险费、维修费、展览费、差旅费、广告费和其他经费。房地产企业销售费用指企业在从事主要经营业务过程中所发生的各项销售费用，包括转让、销售、结算和出租开发产品等。

管理费用 指企业为组织和管理企业生产经营所发生的费用，包括企业在筹建期间内发生的开办费、董事会和行政管理部门在企业经营管理中发生的，或者应当由企业统一负担的公司经费等。根据会计“利润表”中“管理费用”项目的本年累计数填报。

财务费用 指企业为筹集生产经营所需资金等而发生的筹资费用，包括企业生产经营期间发生的利息支出(减利息收入)、汇兑损失(减汇兑收益)以及相关的手续费等。根据会计“利润表”中“财务费用”项目的本年累计数填报。

平均用工人数(人) 指报告期企业平均实际拥有的、参与本企业生产经营活动的人员数。

十四、建筑业

CONSTRUCTION

版面负责人：张　虹
编　　　辑：刘云祥

统计知识

统计执法监督检查办法

第二十六条 统计执法监督检查机构具体负责查处统计违法行为，统计执法队接受所属统计机构委托开展有关执法检查工作。

第二十七条 对下列统计违法行为，县级以上人民政府统计机构应当依法立案：

（一）各地方、各部门、各单位及其负责人违反统计法律法规规章的；

（二）县级以上人民政府统计机构及其工作人员违反统计法律法规规章的；

（三）国家机关、企业事业单位和其他组织以及个体工商户等调查对象违反统计法律法规规章的；

（四）违反国家统计规则、政令的；

（五）违反涉外统计调查和民间统计调查有关法律法规规章的；

（六）其他按照法律法规规章规定应当立案的。

第二十八条 立案查处的统计违法行为，应当同时具备下列条件：

（一）有明确的行为人；

（二）有违反本办法第二十七条所列行为，依法应当追究法律责任；

（三）属于人民政府统计机构职责权限和管辖范围。

统计执法监督检查机构或者执法检查人员按照前款规定的条件，对拟立案的有关材料进行初步审查并提出初步处理意见，报送所属人民政府统计机构负责人批准后，予以立案查处。

第二十九条 立案查处的案件，一般案件执法检查人员不得少于2人，重大案件应当按规定组成执法检查组。

第三十条 执法检查人员应当合法、客观、全面地收集证据。收集证据过程中，执法检查人员应当及时制作《现场检查笔录》《调查笔录》等文书，并整理制作《证据登记表》。

案件证据应当与本案件有关联，包括书证、物证、电子数据、视听资料、证人证言、当事人陈述、鉴定结论和勘验笔录等以及其他可证明违法事实的材料。

14-1　建筑业企业主要经济指标

项　目	2010	2011	2012	2013	2014	2015	2016	2017	2018	2019	2020
企业个数　（个）	364	347	389	443	413	430	455	529	551	600	728
# 国有及国有控股企业	45	48	36	41	39	35	34	33	24	26	26
# 内资企业	363	345	385	437	409	426	451	525	549	598	726
港、澳、台商投资企业	1	1	3	5	3	3	3	3	2	2	2
外商投资企业		1	1	1	1	1	1	1			
期末从业人数　（人）	337490	403721	469181	476577	519304	496929	521047	545227	520933	469362	423843
建筑业总产值　（亿元）	535.72	648.07	881.66	1089.66	1321.04	1361.22	1390.66	1493.02	1554.63	1512.05	1559.53
# 建筑工程	510.88	631.59	829.68	1020.97	1254.94	1299.00	133.90	143.72	1495.90	1430.69	1482.30
安装工程	22.55	11.85	30.46	59.68	48.25	41.93	34.00	38.36	52.73	73.52	64.74
竣工产值	419.39	497.72	661.74	801.89	1069.93	1118.16	1164.20	1191.82	1155.36	1116.45	1076.97
利润总额	24.50	28.33	36.32	58.61	58.55	51.92	52.63	62.79		51.06	72.83
税金总额	15.13	20.70	25.96	29.47	38.47	38.90	25.42	62.86		63.51	29.30
房屋建筑施工面积（万平方米）	4872.40	5517.02	7702.88	9578.95	11606.80	11718.43	11880.35	11642.81	10980.20	10029.50	9993.25
# 本年新开工面积	3120.05	3145.48	4707.61	5115.57	4180.30	5373.14	5371.02	5036.01	4764.56	4008.83	4027.45
房屋建筑竣工面积	2530.61	2584.80	3247.33	3853.46	5274.97	4970.80	4613.18	4355.87	3982.97	3668.38	3340.21
房屋建筑面积竣工率（%）	51.90	46.90	42.20	40.02	45.45	42.42	38.83	37.41	36.30	36.58	33.42

14-2 建筑业总承包和专业承包生产经营情况

（2020 年）　　单位：千元

项　目	单位个数（个）	签订的建筑合同额	上年结转建筑合同额	本年新签建筑合同额	直接从建设单位承揽工程完成的产值	自行完成施工产值	分包出去工程的产值
总　计	**728**	**235215705**	**75684576**	**159531129**	**148390462**	**147821522**	**568940**
按行业分							
房屋建筑业	452	167915841	58934491	108981350	111629812	111362207	267605
土木工程建筑业	162	54892510	15151951	39740559	28666460	28553984	112476
建筑安装业	43	5362453	837837	4524616	3799436	3769436	30000
建筑装饰和其他建筑业	71	7044901	760297	6284604	4294754	4135895	158859
按登记注册类型分							
内资企业	726	235160582	75670701	159489881	148359239	147790299	568940
国有企业	26	17301792	4184829	13116963	10735541	10735541	
集体企业	13	3839158	909825	2929333	2919010	2919010	
有限责任公司	66	47691953	20837658	26854295	27412175	27300588	111587
股份有限公司	13	3432912	1607240	1825672	2400746	2371786	28960
私营企业	607	162720063	48131149	114588914	104717063	104288670	428393
其他企业	1	174704		174704	174704	174704	
港、澳、台商投资企业	2	55123	13875	41248	31223	31223	
与港澳台商合资经营企业	1	2287		2287	2287	2287	
与港澳台商合作经营企业	1	52836	13875	38961	28936	28936	
按企业控股情况分							
国有控股	53	50864855	21060831	29804024	27047120	27047120	
集体控股	23	8341067	2564271	5776796	6122860	6064260	58600
私人控股	648	175408673	51954758	123453915	114653910	114143570	510340
其他	4	601110	104716	496394	566572	566572	
按资质等级分							
施工总承包序列	560	222375917	73245197	149130720	138324380	137954741	369639
施工总承包序列特级工程	4	35672422	7487951	28184471	20007972	20007972	
施工总承包序列一级工程	53	82889831	34967708	47922123	53172356	53162594	9762
施工总承包序列二级工程	184	63252750	18680837	44571913	40140734	40088202	52532
施工总承包序列三级工程	319	40560914	12108701	28452213	25003318	24695973	307345
专业承包序列	168	12839788	2439379	10400409	10066082	9866781	199301
专业承包序列一级工程	39	5439448	912693	4526755	4068433	3971518	96915
专业承包序列二级工程	75	4994532	1370294	3624238	4001118	3937919	63199
专业承包序列三级工程	45	2380952	156392	2224560	1973425	1934238	39187
专业承包序列不分等级工程	9	24856		24856	23106	23106	

14-2 续表 1 （2020 年） 单位：千元

项　　目	从建设单位以外承揽工程完成的产值	建筑业总产值	建筑工程产值	安装工程产值	其他建筑业产值	#装饰装修产值	#装配式建筑工程产值	#在外省完成的产值
总　计	**8130992**	**155952514**	**148229925**	**6474066**	**1248523**	**2855640**	**2509086**	**53826934**
按行业分								
房屋建筑业	3102624	114464831	110899607	2624912	940312	965309	1074477	39979283
土木工程建筑业	1199028	29753012	28129361	1425269	198382	189763		9408595
建筑安装业	333918	4103354	2898785	1204266	303	10756		608109
建筑装饰和其他建筑业	3495422	7631317	6302172	1219619	109526	1689812	1434609	3830947
按登记注册类型分								
内资企业	8130992	155921291	148198702	6474066	1248523	2826704	2509086	53797970
国有企业	35398	10770939	10684999	85300	640		168816	776494
集体企业	94056	3013066	2921124	91942		24110	143480	418591
有限责任公司	775835	28076423	27092109	875028	109286	173780	21691	14865547
股份有限公司	37358	2409144	2365637	29349	14158	43702		873783
私营企业	7188345	111477015	104960129	5392447	1124439	2585112	2175099	36863555
其他企业		174704	174704					
港、澳、台商投资企业		31223	31223			28936		28964
与港澳台商合资经营企业		2287	2287					28
与港澳台商合作经营企业		28936	28936			28936		28936
按企业控股情况分								
国有控股	373685	27420805	26748749	571253	100803	112449	168816	9322587
集体控股	296599	6360859	6268917	91942		76850	143480	991338
私人控股	7453988	121597558	114639982	5809856	1147720	2652423	2196790	43512236
其他	6720	573292	572277	1015		13918		773
按资质等级分								
施工总承包序列	6027217	143981958	139188174	3750463	1043321	1134365	785059	50130236
施工总承包序列特级工程	28586	20036558	19246229	600864	189465	286209		15652714
施工总承包序列一级工程	554118	53716712	51112867	2071889	531956	221187	554430	26731520
施工总承包序列二级工程	1436095	41524297	41081614	324012	118671	341325	161351	3383833
施工总承包序列三级工程	4008418	28704391	27747464	753698	203229	285644	69278	4362169
专业承包序列	2103775	11970556	9041751	2723603	205202	1721275	1724027	3696698
专业承包序列一级工程	615185	4586703	3453851	1100748	32104	1283880	982938	2081841
专业承包序列二级工程	326919	4264838	2930406	1194709	139723	397044	741089	1479695
专业承包序列三级工程	1083548	3017786	2580265	422546	14975	40351		92683
专业承包序列不分等级工程	78123	101229	77229	5600	18400			42479

14-2 续表 2 （2020 年） 单位：千元

项　　目	竣工产值	房屋施工面积（平方米）	房屋新开工面积（平方米）
总　计	**107697355**	**99932453**	**40274501**
按行业分			
房屋建筑业	81166542	95008606	38156596
土木工程建筑业	17884236	3301153	1521525
建筑安装业	2572252	1622614	596380
建筑装饰和其他建筑业	6074325	80	
按登记注册类型分			
内资企业	107666132	99932453	40274501
国有企业	8358795	5400799	2617816
集体企业	2189752	2020739	1123790
有限责任公司	9384765	15667730	3965194
股份有限公司	796047	1369330	278158
私营企业	86810202	75389514	32289543
其他企业	126571	84341	
港、澳、台商投资企业	31223		
与港澳台商合资经营企业	2287		
与港澳台商合作经营企业	28936		
按企业控股情况分			
国有控股	12870790	16626605	4818046
集体控股	4453058	2518199	1126910
私人控股	90086995	79895793	34171933
其他	286512	891856	157612
按资质等级分			
施工总承包序列	99704834	99277430	39950056
施工总承包序列特级工程	15100067	12805473	5546570
施工总承包序列一级工程	37154223	40040885	14876455
施工总承包序列二级工程	27483051	26511971	10931463
施工总承包序列三级工程	19967493	19919101	8595568
专业承包序列	7992521	655023	324445
专业承包序列一级工程	2978570	211500	208500
专业承包序列二级工程	2956402	123852	43856
专业承包序列三级工程	1995313	293859	57789
专业承包序列不分等级工程	62236	25812	14300

14-3 建筑业总承包和专业承包从业人员情况

（2020年） 单位：千元

项目	单位个数（个）	从事生产经营活动的平均人数	建筑从业人员期末人数	工程技术人员	现场施工人员
总计	**728**	**569319**	**423843**	**40561**	**338182**
按登记注册类型分					
内资企业	726	569195	423713	40507	338109
国有企业	26	29765	19824	1935	16050
集体企业	13	7436	5574	798	3999
有限责任公司	66	96609	49736	6126	39098
股份有限公司	13	11320	13297	1079	7280
私营企业	607	423415	334642	30379	271232
其他企业	1	650	640	190	450
港、澳、台商投资企业	2	124	130	54	73
与港澳台商合资经营企业	1	15	10	3	5
与港澳台商合作经营企业	1	109	120	51	68
按行业分					
总计	**728**	**569319**	**423843**	**40561**	**338182**
房屋建筑业	452	442595	337937	25853	284601
土木工程建筑业	162	86631	52776	10798	34076
建筑安装业	43	13693	13124	1637	9738
建筑装饰和其他建筑业	71	26400	20006	2273	9767

14-4 建筑业总承包和专业承包财务状况

（2020年）　　　　单位：千元

项　目	单位数（个）	年初存货	流动资产	应收工程款	存货	资产	负债
总　计	**728**	**14727665**	**88441191**	**29612225**	**16150337**	**106437109**	**53995722**
按所有制类型分							
国有控股	53	3882200	31275294	8108669	3220556	36848303	24262178
集体控股	23	341862	4010857	2082149	358321	4568837	1792614
私人控股	648	10482808	52847919	19313220	12534167	64691791	27757760
其他	4	20795	307121	108187	37293	328178	183170
按企业资质等级分							
施工总承包序列	560	13625953	80361611	25673831	15112113	97017239	49403190
施工总承包序列特级工程	4	2879920	11835144	5790280	2655191	14075843	9278831
施工总承包序列一级工程	53	3734149	17491515	6668277	4184377	21629909	8415247
施工总承包序列二级工程	184	4794740	36280269	8554769	5629924	43222293	22826989
施工总承包序列三级工程	319	2217144	14754683	4660505	2642621	18089194	8882123
专业承包序列	168	1101712	8079580	3938394	1038224	9419870	4592532
专业承包序列一级工程	39	497140	3587877	1492009	450513	4140225	2277989
专业承包序列二级工程	75	411857	2521371	1338124	380805	3006068	1201482
专业承包序列三级工程	45	149239	1880368	1066694	183850	2140625	1044496
专业承包序列不分等级工程	9	43476	89964	41567	23056	132952	68565
按行业分							
建筑业	728	14727665	88441191	29612225	16150337	106437109	53995722
房屋建筑业	452	10148151	57878573	16535231	11491017	69732173	34901374
土木工程建筑业	162	3706709	25048394	10716149	3718492	30288495	15981398
建筑安装业	43	453914	2633558	1099955	535618	2978920	1418939
建筑装饰和其他建筑业	71	418891	2880666	1260890	405210	3437521	1694011
按登记注册类型分							
总　计	728	14727665	88441191	29612225	16150337	106437109	53995722
内资企业	726	14727092	88401090	29590045	16149764	106389873	53984882
国有企业	26	940897	5907521	2148441	1234231	7151072	3909418
集体企业	13	55671	649035	276437	53262	746870	304064
有限责任公司	66	3307199	29890567	7966839	2441821	34703574	22791479
股份有限公司	13	169087	691641	241822	190683	1042428	322419
私营企业	607	10254238	51262326	18956506	12229767	62745929	26657502
港、澳、台商投资企业	2	573	40101	22180	573	47236	10840
与港澳台商合资经营企业	1	573	4278	2315	573	6421	1804
与港澳台商合作经营企业	1		35823	19865		40815	9036

14-4 续表 1 （2020年） 单位：千元

项　目	营业收入	主营业务收入	营业成本	主营业务成本	税金及附加	主营业务税金及附加	其他业务利润
总　计	**148636739**	**147118535**	**133191665**	**132368343**	**1725950**	**1599527**	**39609**
按所有制类型分							
国有控股	27402666	27036709	24326864	24026585	301014	296337	27508
集体控股	12371265	12334804	11291712	11207710	72997	72082	4858
私人控股	108518094	107402458	97262250	96823347	1350819	1229988	7243
其他	344714	344564	310839	310701	1120	1120	
按企业资质等级分							
施工总承包序列	135960971	134460424	121886417	121160392	1559033	1487040	36303
施工总承包序列特级工程	19538700	18677136	17985238	17829256	141837	140206	9964
施工总承包序列一级工程	52872598	52808210	47729393	47692608	685450	683066	27477
施工总承包序列二级工程	36829074	36558029	33051855	32819508	434807	401858	-1580
施工总承包序列三级工程	26720599	26417049	23119931	22819020	296939	261910	442
专业承包序列	12675768	12658111	11305248	11207951	166917	112487	3306
专业承包序列一级工程	5204577	5197998	4715688	4684515	39978	38356	2914
专业承包序列二级工程	4370311	4367150	3913283	3910897	59550	46581	209
专业承包序列三级工程	3004402	3002005	2589900	2531331	66240	26483	14
专业承包序列不分等级工程	96478	90958	86377	81208	1149	1067	169
按行业分							
房屋建筑业	108733012	107659963	97638129	97244104	1342567	1266194	5059
土木工程建筑业	28221522	27785716	25341799	24927596	251239	241910	33077
建筑安装业	4206825	4203946	3819969	3809545	34071	32861	146
建筑装饰和其他建筑业	7475380	7468910	6391768	6387098	98073	58562	1327
按登记注册类型分							
内资企业	148600385	147082181	133159163	132335841	1725334	1598911	39609
国有企业	10559545	10490031	9468407	9459839	101799	100863	6612
集体企业	2028688	1997958	1892930	1863693	26383	26372	32
有限责任公司	26935248	26632924	24002822	23656208	241731	232386	25722
股份有限公司	2215600	2215600	2027793	2027793	23307	23307	
私营企业	106861304	105745668	95767211	95328308	1332114	1215983	7243
港、澳、台商投资企业	36354	36354	32502	32502	616	616	
与港澳台商合资经营企业	2098	2098	1813	1813	19	19	
与港澳台商合作经营企业	34256	34256	30689	30689	597	597	

14-4 续表 2　　（2020 年）　　单位：千元

项　目	销售费用	管理费用	财务费用	研发费用	利润总额	营业利润
总　计	**576715**	**5651887**	**557705**	**133187**	**7283010**	**7313456**
按所有制类型分						
国有控股	53977	972685	103718	78258	1608138	1624657
集体控股	519	667010	3525		469596	459699
私人控股	521107	3998314	449411	54929	5188730	5212185
其他	1112	13878	1051		16546	16915
按企业资质等级分						
施工总承包序列	473238	5032061	519640	105587	6679623	6717059
施工总承包序列特级工程	33828	500429	27692	92959	737701	760841
施工总承包序列一级工程	141883	1867215	204071	8496	2300148	2317111
施工总承包序列二级工程	165731	1274898	108372		1906857	1904633
施工总承包序列三级工程	131796	1389519	179505	4132	1734917	1734474
专业承包序列	103477	619826	38065	27600	603387	596397
专业承包序列一级工程	29115	276642	11281	27171	167601	163683
专业承包序列二级工程	43867	154600	12906	421	208413	210735
专业承包序列三级工程	29622	183854	12688	8	225151	219757
专业承包序列不分等级工程	873	4730	1190		2222	2222
按行业分						
房屋建筑业	408560	3572265	385262	32097	5497784	5522882
土木工程建筑业	84643	1307533	134669	86602	1277276	1287217
建筑安装业	13227	187916	7773	945	205512	201099
建筑装饰和其他建筑业	70285	584173	30001	13543	302438	302258
按登记注册类型分						
内资企业	576228	5650121	557377	133187	7282355	7312801
国有企业	10667	336425	44619	10	606907	609834
集体企业	518	33523	1207		74630	74562
有限责任公司	48481	1255225	77845	78248	1403662	1408542
股份有限公司		74805	4484		85512	85450
私营企业	516562	3950143	429222	54929	5111644	5134413
港、澳、台商投资企业	487	1766	328		655	655
与港澳台商合资经营企业		264			2	2
与港澳台商合作经营企业	487	1502	328		653	653

主要统计指标解释

建筑业总产值(即自行完成施工产值) 指建筑业企业或附属施工单位自行完成的按工程进度计算的建筑安装生产总值。施工产值包括：

①建筑工程产值：指列入建筑工程预算内的各种工程价值。

②设备安装工程产值：指设备安装工程价值。

③房屋、构筑物修理产值：指房屋、构筑物修理所完成的价值，但不包括被修理房屋、构筑物本身的价值和生产设备的修理价值。

④非标准设备制造产值：指加工制造没有定型的、非标准的生产设备的加工费和原材料价值，不论是现场还是附属加工厂为本单位承建工程制造的非标准设备的价值，都应计算产值。

竣工产值 指在报告期内，按照设计所规定的工程内容全部完成，达到了设计规定的交工条件，经有关部门检查验收鉴定合格的单位工程价值之和。

房屋建筑施工面积 指在报告期内施工的全部房屋建筑面积。包括本期内新开工的、上期施工跨入本期继续施工、上期停建本期复工的房屋建筑面积；不包括上期开工后又停工，本期未施工的房屋建筑面积。

房屋建筑竣工面积 指在报告期内，按照设计所规定的工程内容全部完成，达到了设计规定的交工条件，经有关部门检查验收鉴定合格的房屋建筑面积。

住宅竣工面积 指房屋建筑竣工面积中供居住用的房屋建筑竣工面积。

工程结算收入 指企业(或单位)按工程的分部分项自行完成的建筑产品价值并已与甲方在报告期内办理结算手续的工程价款收入，以及向甲方收取的除工程价款以外的按规定列作营业收入的各种款项，如临时设施费、劳动保险费、施工机械调迁费等以及向甲方收取的各种索赔款。

工程结算利润 指已结算工程实现的利润，如为亏损以“-”号表示。其计算公式为：

工程结算利润 = 工程结算收入 - 工程结算成本 - 工程结算税金及附加

企业总收入 指与企业生产经营直接有关的各项收入，包括工程结算收入和其他业务收入，即：

企业总收入 = 工程结算收入 + 其他业务收入

十五、交通运输和邮电

TRANSPORTATION, POSTAL AND TELECOMMUNICATIONS SERVICES

版面负责人：马　萍
编　　　辑：陈　蓉

统计知识

统计执法监督检查办法

第三十一条 调查结束后，执法检查组或者执法检查人员应当及时形成监督检查报告，报送所属人民政府统计机构负责人。

监督检查报告内容包括：立案依据、检查情况、违法事实、法律依据、违法性质、法律责任、酌定情形、处理意见等。

第三十二条 统计执法监督检查机构应当及时组织召开会议，对案件进行讨论审理，确定统计违法行为性质和处理决定，报统计机构负责人审查。对情节复杂或者重大违法行为给予较重的行政处罚，应当集体讨论决定。

在审理过程中发现统计违法事实不清、证据不足或者程序错误的，应当责成执法检查组或者执法检查人员及时补充或者重新调查。

第三十三条 统计违法案件审理终结，应当分别以下情况作出处理：

（一）违反统计法律法规规章证据不足，或者统计违法事实情节轻微，依法不应追究法律责任的，即行销案；

（二）违反统计法律法规规章事实清楚、证据确凿的，依法作出处理；

（三）违反统计法律法规规章和国家统计规则、政令，应当给予处分的，移送任免机关或者纪检监察机关处理；

（四）违反统计法律法规规章和国家统计规则、政令，被认定为统计严重失信的，按照国家有关规定进行公示和惩戒；

（五）涉嫌违反其他法律法规规定的，移交有关行政机关处理；

第三十四条 统计违法事实清楚、证据确凿，依法决定予以行政处罚的，应当在作出行政处罚决定前，制作《统计行政处罚决定告知书》，向处罚对象告知给予行政处罚的事实、理由、依据和处罚对象依法享有的权利。处罚对象对处罚决定进行陈述、申辩，提出不同意见时，统计执法监督检查机构应当认真听取。处罚对象提出新的事实、理由和证据，统计执法监督检查机构应当进行复核，复核成立的，予以采纳。

15-1 全社会客、货运量

年　份	全社会客运量（万人）	#铁路	公路	全社会货运量（万吨）	#铁路	公路	水运
1978	2030	636	1394	2608	1480	652	93
1979	2305	671	1634	3154	1555	681	89
1980	2724	712	2012	3252	1588	724	75
1981	2958	741	2217	3026	1468	703	59
1982	3174	806	2368	3230	1561	825	72
1983	3133	859	2274	3605	1642	894	71
1984	3358	943	2415	5428	1727	2314	100
1985	3590	967	2617	6280	1814	2643	326
1986	3570	964	2600	7866	1850	4264	335
1987	3602	1073	2528	6962	1944	2966	649
1988	3790	1166	2624	7022	2007	2996	550
1989	3471	985	2486	6394	2078	2673	330
1990	3156	800	2356	6073	2021	2115	350
1991	2962	809	2153	6189	2040	2789	351
1992	3766	846	2920	11069	2041	7289	611
1993	4288	852	3435	8832	2127	4475	780
1994	4652	839	3811	10350	2051	6760	564
1995	6071	852	5216	10859	2022	6717	1182
1996	8396	703	7691	8792	1981	5184	1170
1997	7552	764	6786	7851	1736	4396	754
1998	6863	807	6048	8573	1558	4608	514
1999	6647	827	5812	8884	1663	4367	655
2000	7255	802	6443	9669	1700	4788	565
2001	7411	793	6610	9785	1613	4906	605
2002	7544	758	6775	9907	1561	5004	611
2003	7056	755	6292	10066	1543	5052	620
2004	7391	775	6601	11348	1535	5225	662
2005	8099	878	7202	14022	1487	6114	889
2006	8688	946	7712	16459	1635	7494	1006
2007	10007	1074	8892	18480	1924	8678	1211
2008	21787	1218	20529	23852	2264	11508	1982
2009	24042	1263	22728	25708	2191	12577	2133
2010	27761	1770	25926	37227	9944	14758	2548
2011	23238	1879	21275	35772	5582	16829	2870
2012	24892	1627	23168	34851	1300	18697	3268
2013	16758	1832	14814	33926	1054	15455	4799
2014	17282	2093	15063	35659	944	16967	5015
2015	15660	2182	13347	36408	979	16909	5656
2016	15660	2295	13217	37896	697	17586	5801
2017	13662	2207	11013	40152	598	19485	6287
2018	12750	2535	9960	46819	4796	21164	6456
2019	12440	2705	9434	54108	5080	27576	6707
2020	8948	2056	6672	55316	5495	29299	6972

注：铁路货运量统计口径为发货量；2008 年及以后公路客货运量统计口径变化，与往年不可比（下同）。2013 年公路和水路等交通行业开展专项调查，统计口径调整，与往年不可比。公路水运运输量均为营业性数据。公路货运量 2019 年数据按 2019 年道路货运量专项调查数据测算，与往年不可比。

15-2　全社会客、货运周转量

年　份	全社会旅客周转量（万人公里）	#铁路	公路	全社会货物周转量（万吨公里）	#铁路	公路	水运
1978	249885	209321	40564	1461029	1211408	8148	4175
1979	280183	232768	47415	1945564	1257756	7108	4254
1980	328530	271097	27433	2035244	1306257	8292	5341
1981	354602	291774	62828	2014909	1313585	8012	6048
1982	396156	324347	71089	2153718	1427133	27578	27401
1983	446877	370740	76137	2443326	1550139	30261	29023
1984	524323	435110	89213	2769988	1659775	31759	39641
1985	636545	519962	116583	3972158	1885098	86866	60720
1986	700973	566359	134614	3357828	2028709	117208	64142
1987	761646	622238	139408	3513177	2166558	107961	159184
1988	863036	698324	164712	3757313	2292214	120665	157360
1989	811599	655742	155857	3692471	2411734	118930	75266
1990	731765	594649	137116	3646275	2440213	100950	85224
1991	765362	641282	124080	3640834	2448681	105308	129739
1992	876627	690096	186531	4104274	2616319	335316	247925
1993	952195	703043	249152	3982741	2585799	289800	294285
1994	975802	733088	241388	4387480	2751855	510032	357622
1995	1133265	722493	410772	4532499	2913515	418798	482039
1996	1255579	649085	606494	4351716	2881365	453610	303121
1997	1169395	672572	492123	4217829	2738316	374707	424301
1998	1124114	682681	433247	4347608	2616333	379284	262986
1999	1085420	750026	326643	4545083	2596163	315891	339687
2000	1245191	798664	436691	5144815	2932469	360929	290348
2001	1275512	798041	468827	5328880	2986021	380641	284023
2002	1320343	827071	482892	5442417	3133544	388254	288283
2003	1226127	777297	440100	5665478	3291712	380600	292100
2004	1433951	952020	466991	6287747	3387300	393350	313013
2005	910143	390075	500744	5472847	2043649	415973	322130
2006	983361	420286	533069	7882829	3247052	494458	370967
2007	1134788	477154	616228	9197322	3820996	576538	438112
2008	1894734	541130	1313499	10979772	4496224	1310599	595947
2009	2071224	560914	1459164	11297204	4351249	1435633	642617
2010	2525059	786149	1673070	27608783	19747916	1787616	781570
2011	2141370	891641	1165102	32106411	23393492	2173726	914555
2012	2153325	780924	1274989	15071042	5820209	2464381	1055362
2013	1796552	929866	805737	16143302	4717912	3686573	1545684
2014	3081596	1004496	809600	16141672	4225227	4057467	1695912
2015	1975600	1047125	796627	13037518	4381882	4279115	1944553

注：铁路客、货运周转量 2005 年以前为徐州铁路分局辖区数，2005 年及以后为徐州铁路段辖区数。自 2011 年起公路水路运输量数据为营业性数据。

15-3　主要年份运输线路长度

单位：公里

指　　标	1990	1995	2000	2005	2010	2015	2016	2017	2018	2019	2020
民用航空											
民用航空线条数　（条）	4	2	13	13	22	25	25	35	49	49	38
铁路											
铁路正线延展里程	465	465	711	736		672	949	964			
铁路营业里程	258	258	359	381		349	489	486			
公路线路里程											
按技术级别分类											
等级公路里程	2964	2930	2658	10167	14965	15396	15405	15519	15798	16043	15918
高速				299	412	459	459	464	464	464	464
一级		435	634	732	1039	1195	1214	1253	1291	1376	1329
二级	616	378	581	1273	1527	1539	1530	1542	1655	1645	1583
三级	214	344	572	996	1195	1324	1373	1559	1485	1645	1593
四级	1781	1507	871	6867	10792	10860	10828	10700	10904	11047	10950
等外公路	353	266		739	1210	1116	873	832	812	750	
按行政级别分类											
国道	307	306	362	589	730	730	961	961	960	1000	1024
省道	515	518	466	703	735	862	632	653	802	850	850
县道	892	872	842	693	2309	2307	2308	2529	2515	2514	2465
乡道	1049	1073	988	8921	5888	5885	5884	5641	5637	5584	6479
内河航道通航里程	**534**	**540**	**639**	**1039**	**1039**	**1058**	**1058**	**1058**	**1058**	**1058**	**1058**
输油管道里程											
管道条数　（条）	3	3	8	14	28	35	38	37	38	37	32
延展长度	1252	1252	2375	4652	5891	6573	6758	7234	7270	7073	6626

注：公路线路里程 2000 年以前为交通部门养管里程，2001 年及以后为全社会口径；2007 年开展县道网规划，将低级公路升级为县道；输油管道为中石化全公司口径；铁路里程为徐州市境内铁路线里程，上海铁路局徐州办事处已撤销，2018 年及以后不再统计相关线路长度数据；民用航空线条数 2019 年以后为民用航空通航城市数；2020 年等外公路不再统计。

15-4 全社会交通运输量

（2020 年）

指　　标	客运量（万人次）	货运量（万吨）
全市合计	**8948**	**55316**
航空	220	1
铁路	2056	5495
公路	6672	29299
水运		6972
管道		13549
内河港口吞吐量		**4391**

15-5 市区全社会交通运输量

（2020 年）

指　　标	客运量（万人次）	货运量（万吨）
合计	**6748**	**16353**
航空	220	1
铁路	2056	5495
公路	4472	9338
水运		517
管道		1002
内河港口吞吐量		**817**

15-6 主要年份全社会民用车辆船舶数

指标		1990	1995	2000	2005	2010	2011	2012
机动车总计	**（辆）**	**105958**	**194285**	**497359**	**752002**	**1136878**	**1128630**	**1263934**
# 私人车辆拥有量		78370	139813	433885	701767	1050715	1031943	1161686
汽车		39949	78185	214713	308628	432612	526776	624472
# 私人车辆拥有量		2872	7446	19412	262656	356532	441700	501796
# 载客汽车		7674	17748	29031	78349	160323	220992	478173
# 大（中）型		1390	1940	2574	8023	293120	383701	12768
小（微）型		6282	15808	26457	70326	11865	12606	465405
载货汽车		21773	39651	35666	36177	281255	371095	112214
# 重（中）型		16109	27592	24086	20319	87464	101461	66632
轻（微）型		5664	12059	11580	15858	53111	61868	45582
其他汽车		10502	20786	150016	194102	34353	39593	34085
摩托车		14361	48131	253357	438479	687361	581717	617291
全挂车		5655	7446	2955	658	545	457	438
半挂车				4465	4234	16357	19677	21730
运输船舶总计	**（艘）**		**5751**	**6740**	**5428**	**4374**	**4356**	**4310**
机动船数			3045	2176	655	806	931	1019
# 货船			2705	1679	351	518	618	711
拖船			340	441	304	288	313	430
货船载重量	（吨位）		146701	177780	54583	311516	524603	681650
驳船数	（艘）		2706	4564	4773	3568	3425	3291
载重量	（吨位）		223321	645466	1625614	1591410	1631804	1621674

15-6 续表

指标		2013	2014	2015	2016	2017	2018	2019	2020
机动车总计	**（辆）**	**1339294**	**1402414**	**1402085**	**1366616**	**1438416**	**1590080**	**1735979**	**1889753**
# 私人车辆拥有量		1232192	1298413	1301094	1263543	1324326	1462882	1600740	1745710
汽车		684546	756003	851541	1016085	1202546	1366429	1514027	1665419
# 私人车辆拥有量		591203	664639	763005	926406	1102910	1255296	1395093	1539706
# 载客汽车		532586	615452	722443	878035	1046296	1193084	1330262	1465467
# 大（中）型		12175	10614	9837	9317	9382	9580	9342	9355
小（微）型		520411	604838	712606	868718	1036914	1183504	1320920	1456112
载货汽车		121542	117598	109264	115728	132399	148145	158085	177939
# 重（中）型		73083	70304	64987	67511	77221	83895	86066	92454
轻（微）型		48459	47294	44277	48217	55178	64250	72019	81985
其他汽车		30418	22953	19834	22322	23851	25200	25680	25513
摩托车		630345	623305	526981	324023	204687	188326	185506	183850
全挂车		406							
半挂车		23996	23105	23562	26508	31183	35325	36446	40484
运输船舶总计	**（艘）**	**4272**	**4084**	**4100**	**4154**	**3540**	**3457**	**3176**	**3140**
机动船数		1146	1186	1297	1315	1220	1381	1477	1486
# 货船		843	857	958	977	896	1077	1166	1205
拖船		303	329	339	338	324	304	309	279
货船载重量	（吨位）	873700	988815	1203100	1281040	1264295	1346792	1702030	1606366
驳船数	（艘）	3126	2898	2803	2839	2320	2076	1699	1654
载重量	（吨位）	1593750	1552199	1747641	1956416	1801938	1703981	1640839	1356376

注：2004 年以前载客汽车和载货汽车均未含专用（特种）车。2007 年起运输船舶按现有检验次数统计。

15-7 主要年份邮政电信情况

指 标	1990	1995	2000	2005	2010	2015	2016	2017	2018	2019	2020
邮电局总数 （处）	262	316	372	812		235	235	235	232	233	233
邮路总长度 （公里）	4002	5047	5368	5900	5753	10675	10923	14814	35464	30636	31944
农村投递线路长度 （公里）	20477	21706	21961	21666	25495	26903	22319	23291	23185	22786	23176
电话局用交换机总容量（万门）	5.04	45.35	136.25	348.78	1131.70						
固定电话年末用户 （万户）	7.23	29.45	77.51	278.53	177.21	138.50	115.78	103.50	94.55	84.54	79.33
# 城市 （万户）	5.61	23.19	39.05	165.65	86.09	110.50	103.16	69.17	30.81		
移动电话年末用户		1.36	32.27	154.97	600.72	756.44	762.01	811.09	903.74	961.25	963.96
互联网宽带接入用户数（万户）				21.41	70.10	188.29	223.61	268.59	313.81	337.20	358.15
邮电业务总量 （亿元）	0.62	3.88	17.73	36.26	73.39	193.39	246.69	208.77	446.90	696.86	883.24
邮电业务收入 （亿元）			13.06	27.05	48.14	74.11	84.55	92.30	101.58	105.43	122.57
计费函件（不含广告）（万件）	2463	2579	2289	2041	4728	1488.17	850.30	496.19	271.11	195.23	125.20
包 件 （万件）	26	71	39	49	26	13.21	10.80	10.45	10.15	9.96	11.79
汇 票 （万张）	97	108	96	71	1267	70.99	64.00	43.09	22.95	15.85	7.49
订销报刊累计 （万份）	10291	17075	16451	9116	10845	11014.99	10507.50	10223.28	10791.80	10368.04	10136.15
集 邮 （万枚）	301	1257	4525	533		480.99	492.89	428.51		273.16	265.95
特快专递 （万件）	…	44	34	78	306	955.02	1492.60	2374.40	1043.43	464.86	594.67

注：1995 年以前本地电话年末用户为年末电话机数（下同）；2005 年前电话局用交换机总容量为电信局一家数据，2006 年及以后为所有电信部门的数据（下同）；2006 年及以前邮电业务总量中电信业务总量为电信业务收入；2011 年 -2016 年邮电业务总量按 2010 年价格计算，2017 年起邮电业务总量按 2015 年价格计算（下同）；2013 年及以后邮政方面数据为市邮政管理局全辖数（下同）；2019 年起不再统计城市固定电话用户数。

主要统计指标解释

铁路营业里程 又称营业长度，指办理客货运输业务的铁路正线总长度。凡是全线或部分建成双线及以上的线路，以第一线的实际长度计算；复线、站线、段管线、岔线和特殊用途线以及不计算运费的联络线都不计算营业里程。铁路营业里程是反映铁路运输业基础设施发展水平的重要指标，也是计算客货周转量、运输密度和机车车辆运用效率等指标的基础资料。

公路里程 指在一定时期内实际达到《公路工程技术标准 JTJO1-88》规定的等级公路，并经公路主管部门正式验收交付使用的公路里程数。它包括大中城市的郊区公路以及通过小城镇街道部分的公路里程，也包括桥梁、渡口的长度，但不包括大中城市的街道、厂矿、林区生产用道和农业生产用道的里程。两条或多条公路共同经由同一路段，只计算一次，不得重复计算里程长度。公路里程是反映公路建设发展规模的重要指标，也是计算运输网密度等指标的基础资料。

内河航道里程 也称“内河通航里程”，是反映内河水运网规模、水平和发展情况的主要指标，是指在一定时期内，能通航运输船舶及排筏的天然河流、湖泊水库、运河及通航渠道的长度。包括全年季节性通航累计三个月以上的航道，但不包括仅供零散流放竹、木排的河道。

输油（气）管道长度 也称“输油（气）里程”，是反映管道运输发展规模和水平的主要指标，是指油品（或天然气）的实际输送距离，一般按输油（气）管道的单线长度计算。若包括复线和备用线长度则称为输油（气）管道延展长度，是指管道铺设的实际长度。我们通常使用的是不包括复线的“输油（气）管道里程”。

货（客）运量 指在一定时期内，各运输部门实际运送的货（旅客）数量。是反映运输业为国民经济和人民生活服务的数量指标，也是制定和检查运输生产计划，研究运输发展规模和速度的重要指标。货运按吨计算，客运按人计算。货物不论运输距离长短，货物类别，均按实际重量统计；旅客不论行程远近或票价多少，均按一人一次作为客运量统计。半价票、小孩票也按一人统计。

货物（旅客）周转量 指在一定时期内，由各种运输工具运送的货物（旅客）数量与其相应运输距离的乘积之总和，是反映运输业生产总成果的重要指标，也是编制和检查运输生产计划，计算运输效率、劳动生产率以及核算运输单位成本的主要基础资料。通常以吨公里和人公里为计算单位。计算货物周转量通常按发出站与到达站之间的最短距离，也就是计费距离计算。

内河主要港口货物吞吐量 指由水运进出内河主要港区范围，并经过装卸的货物数量。吞吐量可以分为进口、出口，又可以分为国内贸易和对外贸易。货物吞吐量的货种分类及其主要流向流量，反映了港口在国内外物资交流和对外贸易运输中的地位和作用。

邮电业务总量 指以价值量形式表现的邮电通信企业为社会提供各类邮电通信服务的总数量。邮电业务量按专业分类包括函件、包件、汇票、报刊发行、邮政快件、特快专递，邮政储蓄、集邮、公众电报、用户电报、传真、长途电话、出租电路、无线寻呼、移动电话、分组交换数据通信、出租代维等。计算方法为各类产品乘以相应的平均单价（不变价）之和，再加上出租电路和设备、代用户维护电话交换机和线路等的服务收入。它综合反映了一定时期邮电业务发展的总成果，是研究邮电业务量构成和发展趋势的重要指标。计算公式为：

$$
\begin{aligned}
\text{邮电业务总量} &= \sum(\text{各类邮电业务量} \times \text{不变单价}) \\
&\quad + \text{出租代维及其他业务收入} \\
&= \text{邮政业务总量} + \text{电信业务总量}
\end{aligned}
$$

移动电话用户 是指通过移动电话交换机进入移动电话网、占用移动电话号码的电话用户。用户数量以报告期末在移动电话营业部门实际办理登记手续进入移动电话网的户数进行计算，一部移动电话统计为一户。

电话用户 指接入国家公众固定电话网，并按固定电话业务进行经营管理的电话用户。1997 年以前，电话用户分为市内电话用户和农村电话用户。从 1997 年起，电话用户数分组调整为以用户所在区域划分为“城市电话用户”和“乡村电话用户”，与过去的按市内电话和农村电话划分方法不同，而电话用户总数、电话机总部数统计范围不变。

城市电话用户 指直辖市、省辖市、地级市、县级市的市区、市郊区及县城（包括县人民政府所在地的县城关区或行政建制相当于县人民政府所在地的镇）范围内接入局用交换机的电话用户数，包括分布在农村地区的独立工矿区、林区、驻军等接入局用交换机的电话用户数。

十六、批发零售和住宿餐饮业

WHOLESALE, RETAIL AND ACCOMMDATIONS CATERING INDUSTRY

版面负责人：王廷宝

编　　辑：郑　鹏　柏　慧

统计知识

统计执法监督检查办法

第三十五条 县级以上人民政府统计机构作出对法人或者其他组织 5 万元以上罚款，对个体工商户作出 2000 元以上罚款的行政处罚决定前，应当告知处罚对象有要求举行听证的权利。处罚对象要求听证的，作出处罚决定的统计机构应当依法组织听证。

处罚对象应当在收到《统计行政处罚决定告知书》3 日内向作出处罚决定的统计机构提出听证要求，作出处罚决定的统计机构应当在听证的 7 日前通知处罚对象举行听证的时间和地点。

听证由统计机构指定的非本案执法检查人员主持，处罚对象认为主持人与本案有直接利害关系的，有权申请回避。举行听证时，执法检查人员提出处罚对象违法的事实、证据和处罚建议，处罚对象进行申辩和质证。听证应当制作笔录，笔录应当交处罚对象审核无误后签字或者盖章。

听证结束后，统计机构依照本办法第三十三条作出处罚决定。

第三十六条 统计违法行为应当给予行政处罚的，依法作出处罚决定，制作《统计行政处罚决定书》。《统计行政处罚决定书》应当载明下列事项：

（一）处罚对象的名称或者姓名、地址；

（二）违反统计法律法规规章的事实和证据；

（三）统计行政处罚的种类和依据；

（四）统计行政处罚的履行方式和期限；

（五）不服统计行政处罚决定，申请行政复议或者提起行政诉讼的途径和期限；

（六）作出统计行政处罚决定的统计机构名称和作出决定的日期。

统计行政处罚决定书必须盖有作出统计行政处罚决定的统计机构的印章。

16-1 主要年份社会消费品零售总额

单位：万元

年份	社会消费品零售总额	按地区分			按行业分				
		市的零售额	县的零售额	县以下的零售额	批发零售贸易业	餐饮业	住宿业	制造业	其他行业
1949	9756		6521						
1952	11421		5531						
1957	22284		9574						
1962	28486		14124						
1965	29808		12426						
1970	34332		13706						
1975	57492		23318						
1978	77058		31480		64672	2955		6196	3235
1979	92351		37555		72497	4201		10787	4866
1980	109523		46069		85005	4626		14022	5870
1981	123791		52831		91751	5244		17841	8955
1982	138439		59336		105869	5455		15607	11508
1983	150638	64850	27128	58660	114633	6005		18157	11843
1984	176386	77927	31616	66843	130149	7393		25637	13207
1985	233620	106745	43967	82908	166598	12733		33341	20948
1986	266086	119792	52153	94141	188243	14597		36897	26349
1987	304226	137513	51646	115067	211763	17205		44859	30399
1988	370405	173147	66514	130744	255523	19743		56087	39052
1989	410589	202384	71509	136696	282528	20163		60085	47813
1990	422271	227011	59028	136232	285048	19888		58860	58475
1991	458294	255898	62850	139546	308487	22575		60204	67028
1992	500332	313996	47930	138406	323658	26251		70302	80121
1993	630132	396431	62112	171589	421659	31609		75688	101176
1994	891616	605436	75607	210573	577913	67146		86509	160048
1995	1176000	790888	107038	278074	744581	99884		112829	218706
1996	1443022	960114	125326	357582	910302	122359		142344	268017
1997	1587144	1039250	139797	408097	996392	138004		158401	294347
1998	1670963	1089481	159366	422116	1090676	150874		140843	288570
1999	1783569	1153559	175363	454647	1198854	180961		120650	283104
2000	1923562	1226494	184077	512991	1322600	217538		105332	278092
2001	2106155	1314302	214514	577339	1484550	233319		103925	284361
2002	2359400	1443768	248934	666698	1658933	272855		116694	310918
2003	2549333	1600636	249438	699259	2190101	323468			35764
2004	3626261	2256976	403917	965368	3154980	431070	13483		26728
2005	4142921	2586630	483718	1072573	3608492	473494	30739		30196
2006	4826128	3025146	563502	1237480	4131249	619258	42764		32857
2007	5720811	3604544	654338	1461929	4895655	719858	65306		39992
2008	7399251	4662620	857163	1879468	6195896	1029172	116622		57561
2009	8509073	5369172	989039	2150862	7178070	1198836	132167		
2010	10163827	8122723	2041104		9044632	1049200	69995		
2011	12200262	9729178	2471084		10856382	1231799	112081		
2012	14080457	11293641	2786816		12587243	1381216	111998		
2013	15989125	12821046	3168079		14278757	1583941	126427		
2014	22006399	13793585	8212814		20189567	1446082	370750		
2015	24773322	15462598	9310724		22757034	1609663	406625		
2016	27906690	17369198	10537492		25536511	1928373	441806		
2017	31327110	19479220	11847890		28710615	2141560	474935		
2018	33735224	15813694	17921530		30984357	2271078	479789		
2019	35331872	16556375	18775497		32466487	2598229	267156		
2020	32860868	15566837	17294031		30264500	2356462	239906		

注：2003 年及以后按行业划分的批发零售贸易业中包括原制造业和其他行业中原农民对非农业居民的零售额；1992–2018 年数据根据第四次经济普查进行了调整。

16-2 市区社会消费品零售总额

单位：万元

年　　份	社会消费品零售总额	按行业分				
		批发零售贸易业	餐饮业	住宿业	制造业	其他行业
1978	31480	25956	1373		2327	1824
1979	37555	30176	1786		3214	2379
1980	46069	34685	2398		5835	3151
1981	52831	39758	2683		6501	3889
1982	59336	46294	2709		5775	4558
1983	63751	50417	2741		5989	4604
1984	76175	57009	3099		10318	5749
1985	104827	73051	6071		14954	10751
1986	117965	82599	6462		15130	13774
1987	135320	97190	7038		14772	16320
1988	169583	120988	8250		19756	20589
1989	198822	141665	8326		19760	29071
1990	210156	148845	9103		16750	35458
1991	236824	165088	10795		17056	43885
1992	313996	213428	16627		21805	62136
1993	396431	269511	18329		25210	83381
1994	605436	401048	48638		21529	134221
1995	790888	499974	67576		42173	181165
1996	960114	600007	85907		47926	226274
1997	1039250	624898	97889		63913	252550
1998	1089481	663455	113377		63667	248982
1999	1153559	746934	131069		38081	237475
2000	1226494	837473	160403		16326	212292
2001	1314302	931874	158282		9721	214425
2002	1443768	1021392	179056		8679	234641
2003	1600636	1365068	211156			24412
2004	2256976	2001458	218874	11365		25279
2005	2586630	2262533	262738	34350		27009
2006	3025146	2633777	325815	33778		31776
2007	3604544	3157699	362535	53217		31093
2008	4662620	3965681	558663	79788		58488
2009	5369172	4625600	653964	89608		
2010	8122723	7425332	649205	48186		
2011	9729178	8876894	795117	57167		
2012	11293641	10196176	1026739	70726		
2013	12821046	11375801	1332595	112650		
2014	13793585	12655507	918944	219134		
2015	15462598	14244987	981016	236595		
2016	17369198	15929989	1173047	266162		
2017	19479220	17894543	1292984	291693		
2018	15813694	14501776	1080233	231685		
2019	16556375	15128071	1300978	127326		
2020	15566837					

16-3 限额以上批发和零售业、住宿和餐饮业基本情况

（2020年）

指　　标	法人企业数（个）	产业活动单位数（个）	其他行业及外省法人所属限额以上批零住餐产业活动单（个）	餐饮或零售营业面积（平方米）	年末从业人员（人）
总　计	**2720**	**1897**		**2358519**	**73939**
批发和零售业小计	**2550**	**1824**		**2004454**	**64394**
批发业	**1391**	**704**		**284739**	**26089**
#国有控股	60	228		112849	4578
按登记注册类型分					
内资企业	1379	699		280659	25895
国有企业	27	8		17783	2368
集体企业					
有限责任公司				24633	
股份有限公司	17	215		93616	3692
联营企业					
私营企业	2382	1308		143984	46233
#私营有限责任公司	1160	467		138322	14961
其他企业	3			643	47
港、澳、台商投资企业	4				28
外商投资企业	8	5		4080	166
按国民经济行业分					
农、林、牧、渔产品批发	64	2		20772	989
食品、饮料及烟草制品批发	99	14		17871	4030
#米、面制品及食用油批发	22			1215	973
烟草制品批发	1	8			1132
纺织、服装及家庭用品批发	54			4274	782
#纺织品、针织品及原料批发	11			480	73
文化、体育用品及器材批发	18	2		1386	240
医药及医疗器材批发	65	2		12145	733
矿产品、建材及化工产品批发	811	254		138255	8724
#煤炭及制品批发	256	5		10595	2648
石油及制品批发	23	225		96126	779
金属及金属矿批发	271	8		16499	2101
机械设备、五金交电及电子产品批发	212	12		74190	4244
#农业机械批发	22			17475	268
汽车及零配件批发	52	4		21995	803
其他未列明批发业	10			643	199
零售业	**1159**	**1120**		**1719715**	**38305**
#国有控股	15	64		75086	1857
按经济注册类型分					
内资企业	1142	1116		1554919	31911
国有企业	5	2		26160	533

16-3 续表 1 （2020 年）

指　　标	法人企业数（个）	产业活动单位数（个）	其他行业及外省法人所属限额以上批零住餐产业活动单（个）	餐饮或零售营业面积（平方米）	年末从业人员（人）
集体企业	11	9		12645	340
股份合作企业	2			1013	88
有限责任公司	51	282		360183	4933
股份有限公司	7	12		113453	978
私营企业	1010	811		1014740	24171
其他企业	56			26725	868
港、澳、台商投资企业	14	2		128651	5861
外商投资企业	3	2		36145	533
按国民经济行业分					
综合零售	87	370		545604	8977
#百货零售	39	69		303366	3012
超级市场零售	39	256		208107	5565
其他综合零售	4			10270	247
食品、饮料及烟草制品专门零售	78	119		48672	1978
纺织、服装及日用品专门零售	128	32		182686	7120
文化、体育用品及器材专门零售	43	24		28155	743
#图书、报刊零售	3			130	33
医药及医疗器材专门零售	45	435		62484	3241
汽车、摩托车、燃料及零配件专门零售	253	49		497428	7160
#汽车新车零售	183	41		444688	6155
家用电器及电子产品专门零售	122	83		122928	3280
#日用家电设备零售	36	2		12206	505
计算机、软件及辅助设备零售	22			3678	318
五金、家具及室内装修材料专门零售	94	1		53865	1276
#五金零售	40	1		10985	351
家具零售	8			23212	339
货摊、无店铺及其他零售业	309	7		177893	4530
按经营方式分					
独立门店	834	486		1294856	24032
连锁总店（总部）	20	380		154304	7794
连锁门店	15	147		26725	1278
其他	290	107		228081	5201
按零售业态分					
百货商店	37	71		223231	2408
超级市场	49	147		106559	3656
大型超市	14	93		186523	3440
仓储会员店	1			4000	25
专业店	471	542		500604	11334
专卖店	221	140		368057	11173
住宿和餐饮业小计	**170**	**73**		**354065**	**9545**
住宿业	**79**	**11**		**176912**	**3919**
#国有控股	11	9		17328	1151

16-3 续表2 （2020年）

指　　标	法人企业数（个）	产业活动单位数（个）	其他行业及外省法人所属限额以上批零住餐产业活动单（个）	餐饮或零售营业面积（平方米）	年末从业人员（人）
按登记注册类型分					
内资企业	79	11		161712	3919
国有企业	7			13100	826
集体企业	1			350	31
有限责任公司	11	9		29509	924
私营企业	57	2		102753	1755
其他内资					
按国民经济行业分					
旅游饭店	19	9		54210	2036
一般旅馆	59	2		118472	1866
按星级等级分					
一星					
二星	3			1180	77
三星	7			8005	147
四星	5			20096	345
五星	2			27391	601
其他	62	11		120240	2749
按经营方式分					
# 独立门店	55	9			3240
餐饮业	**91**	**62**		**177153**	**5626**
# 国有控股	4			20421	271
按登记注册类型分					
内资企业	89	48		169403	5457
国有企业	3			18861	125
集体企业	3			3500	141
有限责任公司	7	2		26910	531
股份有限公司	1	18		1600	108
私营企业	75	28		118532	4552
# 私营独资企业	7	10		22796	720
私营有限责任公司	65	18		90186	3611
其他内资					
港澳台投资企业	2	14		7750	169
按国民经济行业分					
正餐服务	75	31		165899	4489
快餐服务	7	12		2766	419
饮料及冷饮服务	3	19		910	159
其他餐饮业	1			600	25
按经营方式分					
独立门店	80	40		161583	4180
连锁店总店（总部）					
连锁门店	4	19			180
其他	7	3		10300	1266

16-4 限额以上批发和零售业商品销售、库存总额

（2020 年）　　单位：万元

指　　标	销售总额	批 发	零 售	年末库存总　额
总　计	**35496767**	**27492066**	**7712781**	**1530680**
批发业	**28983410**	**27163563**	**1529342**	**982675**
# 国有控股	10462976	9916270	546706	357410
按登记注册类型分				
内资企业	28730179	26940052	1499621	980662
国有企业	2224441	2189693	34748	135969
集体企业				
有限责任公司	9144869	8958337	185799	265054
# 其他有限责任公司	8206667	8029174	176760	195008
股份有限公司	1869465	1344744	524721	75037
私营企业	15451378	14410388	751218	500285
# 私营有限责任公司	14971053	13963901	732077	488256
港、澳、台商投资企业	80749	80749		179
外商投资企业	172483	142762	29721	1834
按国民经济行业分				
农、林、牧、渔产品批发	675880	580262	95617	54432
食品、饮料及烟草制品批发	2229816	2111038	115944	122698
# 米、面制品及食用油批发	146351	135048	11304	32372
烟草制品批发	892684	892684		34631
纺织、服装及日用品批发	464855	410501	47514	40494
# 纺织品、针织品及原料批发	35445	29047	6310	2238
医药及医疗器材批发	352440	1875066	21975	11450
矿产品、建材及化工产品批发	16505475	15217082	1009801	357481
# 煤炭及制品批发	7778597	7473680	153453	118415
石油及制品批发	1026933	513306	513626	34909
机械设备、五金交电及电子产品批发	6512882	6364201	147858	276821
其他批发	317863	304378	13485	9683
零售业	**6513356**	**328503**	**6183439**	**548005**
# 国有控股	6513356	56437	6183439	548005
按登记注册类型分				
内资企业	6053690	244498	5807777	487656
国有企业	23128	7051	16077	2575
集体企业	53802	1482	52320	1913

16-4 续表 （2020 年） 单位：万元

指标	销售总额	批发	零售	年末库存总额
股份合作企业	7770		7770	272
有限责任公司	908385	3152	905233	119544
#其他有限责任公司	896183	3152	893031	117674
股份有限公司	411383	49387	361996	20655
私营企业	4505885	183355	4321116	341691
#私营有限责任公司	4325812	176345	4148052	331863
其他内资	143336	72	143264	1006
港、澳、台商投资企业	397567	84005	313563	54868
外商投资企业	62099		62099	5482
按国民经济行业分				
综合零售	929936	5180	924708	108032
#百货零售	515116	1409	513707	71379
超级市场零售	373584	290	373294	36071
食品、饮料及烟草制品专门零售	405570	12978	392592	22323
纺织、服装及日用品专门零售	557645	94558	463086	76040
文化、体育用品及器材专门零售	103052	2544	99162	18894
#图书、报刊零售	4676		4676	262
医药及医疗器材专门零售	457270	52344	404926	39337
汽车、摩托车、燃料及零配件专门零售	2517967	46038	2471929	204090
#汽车新车零售	2282605	36893	2245712	194945
家用电器及电子产品专门零售	647053	93001	554052	35837
#日用家电零售	88512	6899	81613	14311
五金、家具及室内装修材料专门零售	190412	15393	175019	18078
货摊、无店铺及其他零售	704452	6467	697965	25375
按经营方式分				
独立门店	4792557	169277	4621886	411535
连锁总店（总部）	404022	84027	319995	63042
连锁门店	76091	1323	74769	16411
其他	1240687	73877	1166790	57017
按零售业态分				
百货商店	298477	7117	291360	15803
超市	245343	2750	242593	22624
大型超市	290921	153	290768	81070
专业店	2500711	117238	2382079	160268
专卖店	2136894	180807	1956087	228276

16-5 限额以上住宿餐饮业经营情况

（2020 年） 单位：万元

指标	营业额	客房收入	餐费收入	商品销售收入	其他收入	年末拥有客房数（间）	年末拥有床位数（个）	年末拥有餐位数（个）
总 计	**190327**	**63699**	**116551**	**5327**	**4751**	**12113**	**19297**	**65419**
住宿业	**80262**	**48076**	**27010**	**2768**	**2408**	**8938**	**13977**	**13107**
# 国有控股	19802	8767	8991	1307	738	1283	1991	3544
按登记注册类型分								
内资企业	73598	45146	23775	2768	1910	8454	13272	11398
国有企业	10591	5224	5053	144	170	703	1147	2060
集体企业	1126	344	713	11	58	50	58	120
有限责任公司	20157	9186	8381	1303	1286	1861	2728	3598
# 其他有限责任公司	20157	9186	8381	1303	1286	1861	2728	3598
股份有限公司								
私营企业	41098	30119	9303	1280	396	5650	8989	4820
# 私营有限责任公司	40661	29695	9303	1267	396	5582	8889	4820
其他内资								
按国民经济行业分								
旅游饭店	36654	16975	16486	1570	1623	2778	4214	6752
一般旅馆	42683	30491	10293	1139	760	6035	9581	6275
按星级登记分								
一星								
二星	2052	1419	290	22	321	219	300	113
三星	4495	3229	872	59	335	535	909	574
四星	6852	3205	3384	129	135	627	856	1252
五星	11809	5043	6000	124	643	738	1098	2098
其他	55054	35180	16465	2435	975	6819	10814	9070
餐饮业	**110065**	**15623**	**89541**	**2559**	**2343**	**3175**	**5320**	**52312**
# 国有控股	5061	932	1821	538	1771	266	397	1189
按登记注册类型分								
内资企业	106586	15377	86343	2559	2308	3145	5290	51790
国有企业	3981	932	1047	232	1771	266	397	929
集体企业	4832	1429	3376	18	9	48	102	900
有限责任公司	5722	1360	3873	321	168	395	545	3680
# 其他有限责任公司	4642	1360	3099	15	168	395	545	3420
股份有限公司	4967		4960	1	6			500
私营企业	87086	11655	73087	1988	356	2436	4246	45781
# 私营独资企业	14633	932	13578	120	4	177	346	18586
私营有限责任公司	69594	10370	57155	1856	213	2124	3675	25801
其他内资								
外商投资企业								
按国民经济行业分								
正餐服务	86384	15623	66250	2169	2343	3175	5320	46952
快餐服务	9139		8914	225				516
其他餐饮服务	481		480	1				136
按经营方式分								
独立经营	83061	12639	67633	2217	572	2755	4705	46365
连锁总店（总部）								
连锁门店	17335	10286	6694	236	119	2273	3312	1195
其他	22660	2441	18108	341	1771	310	465	5479

16-6　亿元以上商品交易市场基本情况

（2020 年）

指　标	市场个数（个）	营业面积（平方米）	摊位总量（个）	已出租摊　位	出租率（%）	本期商品成交额（万元）
合　计	**26**	**2022901**	**30288**	**24626**	**81.3**	**4814338**
按经营环境分						
封闭式	23	1352901	25788	21086	81.8	4132341
其他	3	670000	4500	3540	78.7	681997
按经营方式分						
批发	15	1395899	21524	19423	90.2	4310103
零售	11	627002	8764	5203	59.4	504235
按市场类别分						
综合市场	5	678790	9398	7374	78.5	541864
生产资料综合市场	1	18790	5578	5443	97.6	143940
农产品综合市场	1	380000	1000	972	97.2	359018
专业市场	21	1344111	20890	17252	82.6	4272474
生产资料市场	7	599509	3564	2371	66.5	1046935
农用生产资料市场	2	110500	290	247	85.2	316512
木材市场	1	110025	75	17	22.7	10025
建材市场	1	260000	1050	842	80.2	261376
金属材料市场	2	78984	2089	1205	57.7	387382
农产品市场	4	236600	5071	4213	83.1	572721
干鲜果品市场						
其他农产品市场	1	190000	2900	2322	80.1	310860
食品、饮料及烟酒市场	3	46600	2171	1891	87.1	261861
食品饮料市场	1	18000	82	82	100.0	10085
纺织、服装、鞋帽市场	1	18000	82	82	100.0	10085
服装市场	3	202600	10329	8972	86.9	2441090
鞋帽市场	2	182900	9963	8712	87.4	2415090
日用品及文化用品市场	1	19700	366	260	71.0	26000
电器、通讯器材、电子设备市场	1	5000	66	55	83.3	12000
计算机及辅助设备市场	1	2610	275	165	60.0	39231
家具、五金及装饰材料市场	1	2610	275	165	60.0	39231
家具市场	3	259792	1303	1244	95.5	132412
装饰材料市场	2	84792	353	294	83.3	36412
五金材料市场	1	175000	950	950	100.0	96000
其他专业市场	1	20000	200	150	75.0	18000

16-7 限额以上批发零售业企业财务状况

（2020 年） 单位：万元

指标	年末资产负债				
	流动资产合计	#存货	固定资产原价	累计折旧	#本年折旧
总计	**9694874**	**1470128**	**1658356**	**535634**	**129081**
批发业	**7750694**	**956678**	**1024497**	**310432**	**75223**
#国有控股	2978787	345157	375694	139356	17526
按登记注册类型分					
内资企业	7637525	954012	990690	305710	73957
国有企业	713443	123195	158405	60953	5990
集体企业					
股份合作企业	11027	4114	2633	1271	1212
联营企业					
有限责任公司	2869977	260067	205054	39063	9146
股份有限公司	327981	82499	154920	64976	7965
私营企业	3713008	483802	466561	138609	49247
#私营有限责任公司	3629767	474478	439241	132361	46669
其他内资	2089	334	3117	837	397
港、澳、台商投资企业	61458	501	18494	1989	1042
外商投资企业	51712	2165	15313	2733	224
按国民经济行业分					
农、林、牧、渔产品批发	144129	44269	81429	13867	3318
食品、饮料及烟草制品批发	763627	125587	291567	86414	13138
#米、面制品及食用油批发	230266	23351	148495	22767	5536
烟草制品批发	292298	34631	64310	42878	2891
纺织、服装及日用品批发	213178	40863	8125	2569	451
#纺织品、针织品及原料批发	18349	2102	933	187	55
医药及医疗器材批发	135244	12646	9012	3136	962
矿产品、建材及化工产品批发	3196584	338270	514274	156284	40558
#煤炭及制品批发	1269223	94559	171431	42724	12127
金属及金属矿批发	1144177	145339	106155	24534	8840
机械设备、五金交电及电子产品批发	2643052	278095	76360	32101	11395
#农业机械批发	54986	5820	5378	2121	331
汽车及零配件批发	154545	44378	13258	4943	1987
其他机械设备及电子产品批发	2262984	213460	42988	20240	7741
其他批发	69960	8809	15775	5431	1472
按经营方式分					
独立门店	4018031	539434	771325	220941	48496
连锁总店（总部）	1129	615	158	51	37
连锁门店	3153	1063	115	73	17
其他	3728381	415566	252898	89366	26672

16-7 续表 1　　（2020 年）　　单位：万元

指　　标	年末资产负债				
	流动资产合　计	#存货	固定资产原　价	累计折旧	#本年折旧
零售业	**1944181**	**513450**	**633860**	**225203**	**53859**
#国有控股	172853	29314	49318	18572	2156
按登记注册类型分					
内资企业	1767103	457140	558411	201719	46710
国有企业	16242	2580	8023	2754	653
集体企业	12792	2146	3295	1359	138
股份合作企业	1042	482	131	96	20
联营企业					
有限责任公司	262694	68978	101027	43558	7899
股份有限公司	297962	17812	48130	13844	1311
私营企业	1163767	361753	340207	121263	29262
#私营有限责任公司	1075060	342175	306258	105348	26720
其他内资	12603	3389	57598	18846	7428
港、澳、台商投资企业	152473	49833	33973	17674	4724
外商投资企业	24605	6477	41476	5809	2424
按国民经济行业分					
综合零售	361191	54578	184341	75637	12181
#百货零售	213427	23538	104531	38983	5749
超级市场零售	140161	29999	73022	33499	5695
食品、饮料及烟草制品专门零售	95691	26177	26278	9641	2416
纺织、服装及日用品专门零售	204773	81514	85790	29908	10960
文化、体育用品及器材专门零售	55171	24590	14382	4633	970
#图书、报刊零售	1940	421	171	86	8
医药及医疗器材专门零售	1618	110	373	175	11
汽车、摩托车、燃料及零配件专门零售	623220	197424	140557	53651	11516
#汽车新车零售	553358	184824	121152	47087	9878
家用电器及电子产品专门零售	235660	45297	17383	6985	1613
#日用家电零售	25967	13577	3443	903	221
计算机、软件及辅助设备零售	12137	2817	1591	394	131
五金、家具及室内装修材料专门零售	58959	17935	54336	11108	4476
#五金零售	17912	5017	6161	2236	467
家具零售	12029	2932	39760	5436	2492
货摊、无店铺及其他零售	113059	25639	70026	17422	7487
按经营方式分					
独立门店	1374914	379701	508031	181696	43141
连锁总店（总部）	214706	63356	25455	9548	2930
连锁门店	40995	12648	2138	591	182
其他	313566	57745	98236	33368	7606
按零售业态分					
超市	66027	22702	36392	11759	1728
大型超市	136172	24622	88559	33805	9365
仓储会员店	229	30	799	94	94
百货店	140626	16227	70719	22418	2454
专业店	658817	178245	242647	86455	21887
专卖店	675747	224346	104604	40946	11135

16-7 续表2 （2020年） 单位：万元

指　　标	年末资产负债				
	资产总计	负债合计	所有者权益合计	实收资本	个人资本
总　计	**11989984**	**8777144**	**3162330**	**1688614**	**905757**
批发业	**9288501**	**6870896**	**2376818**	**1192512**	**636135**
#国有控股	3595659	2553039	1042620	295677	9830
按登记注册类型分					
内资企业	9153669	6828131	2284789	1125813	578252
国有企业	870910	426228	444682	41953	7020
集体企业					
股份合作企业	15240	5535	9706	7310	
联营企业					
有限责任公司	3338409	2731409	605585	357550	12009
股份有限公司	584056	434667	149390	55818	7498
私营企业	4340558	3227885	1073339	661532	551525
#私营有限责任公司	4225884	3157732	1031212	631755	526511
其他内资	4496	2408	2088	1650	200
港、澳、台商投资企业	64938	6516	58385	55483	55483
外商投资企业	69894	36249	33645	11217	2400
按国民经济行业分					
农、林、牧、渔产品批发	230476	126596	103600	45875	22187
食品、饮料及烟草制品批发	1129933	627762	502153	93699	44509
#米、面制品及食用油批发	468639	439075	29564	11613	8982
烟草制品批发	325244	10047	315197	2441	
纺织、服装及日用品批发	231119	177882	43444	17227	12722
#纺织品、针织品及原料批发	20169	13869	4743	3065	3005
医药及医疗器材批发	684714	648798	35507	69015	20881
矿产品、建材及化工产品批发	3913929	2616685	1268699	622531	395381
#煤炭及制品批发	1526913	952427	555046	171118	134664
金属及金属矿批发	1258827	988422	266293	300510	175616
机械设备、五金交电及电子产品批发	2855185	2462145	391548	285156	101094
#农业机械批发	61092	51092	10001	8390	3863
汽车及零配件批发	168545	132134	34996	31637	17972
其他机械设备及电子产品批发	2441926	2114401	327449	226583	62553
其他批发	161629	144422	16959	48198	33927
按经营方式分					
独立门店	4958612	3423337	1498743	659990	437107
连锁总店（总部）	1250	878	372	100	100
连锁门店	3196	2172	1024	1300	1300
其他	4325444	3444509	876680	531122	197628

16-7 续表 3　　（2020 年）　　单位：万元

指　　标	年末资产负债				
	资产总计	负债合计	所有者权益合计	实收资本	个人资本
零售业	**2701483**	**1906247**	**785512**	**496102**	**269622**
#国有控股	209449	195602	13847	15846	1238
按登记注册类型分					
内资企业	2426905	1688905	728276	410798	256624
国有企业	23951	39114	-15163	4044	40
集体企业	15333	8032	7300	750	271
股份合作企业	1836	1521	315	303	303
联营企业					
有限责任公司	359661	284890	83808	52249	4428
股份有限公司	343195	263037	80159	8615	1425
私营企业	1627659	1077352	531612	320376	242676
#私营有限责任公司	1479921	978024	483203	310522	234867
其他内资	55271	14959	40246	24462	7482
港、澳、台商投资企业	198874	150008	48866	57453	10997
外商投资企业	75705	67335	8370	27851	2000
按国民经济行业分					
综合零售	597939	485387	121227	60709	29723
#百货零售	350159	259680	99516	39044	19228
超级市场零售	235176	210887	24290	17534	8183
食品、饮料及烟草制品专门零售	153103	80591	72511	61089	52578
纺织、服装及日用品专门零售	271824	210818	60805	62261	20081
文化、体育用品及器材专门零售	70383	48729	21137	13368	10487
#图书、报刊零售	2093	1361	732	435	200
医药及医疗器材专门零售	229831	194052	35779	15399	5600
汽车、摩托车、燃料及零配件专门零售	784642	538846	230617	145985	79499
#汽车新车零售	693973	477895	201793	130342	69201
家用电器及电子产品专门零售	269963	172960	96073	40534	17660
#日用家电零售	29255	18820	10035	6323	5368
计算机、软件及辅助设备零售	13533	6855	6678	4250	3022
五金、家具及室内装修材料专门零售	125231	86286	38942	48040	20768
#五金零售	31226	16567	14657	10026	8937
家具零售	56413	48492	7921	23904	1904
货摊、无店铺及其他零售	198568	88578	108420	48717	33226
按经营方式分					
独立门店	1985765	1381759	596386	392981	227936
连锁总店（总部）	242731	217712	25019	31418	4423
连锁门店	44229	41505	2514	6618	5390
其他	428759	265272	161594	65084	31873
按零售业态分					
超市	113353	115044	-2090	14042	12057
大型超市	235590	197724	46903	33060	2662
仓储会员店	1690	342	1347	700	700
百货店	252110	186633	65463	37560	18452
专业店	915845	578710	335764	200766	132941
专卖店	798332	605472	177456	119778	55123

16-7 续表 4 （2020 年） 单位：万元

指　　标	损益及分配					
	主营业务收　入	营业成本	税　金及附加	其　他业务利润	销售费用	管理费用
总　计	**31333743**	**28955052**	**189355**	**45590**	**1145894**	**353901**
批发业	**25536561**	**23839677**	**167147**	**10297**	**788416**	**210901**
#国有控股	9284849	8850585	117603	4027	93358	50677
按登记注册类型分						
内资企业	25309342	23631387	166906	10304	785989	209401
国有企业	1974802	1712606	112882	772	17666	33063
集体企业						
股份合作企业	22864	22407	6	28	246	262
联营企业						
有限责任公司	8173079	7862069	5814	2898	183344	31389
股份有限公司	1610681	1355526	4580	2497	277326	8386
私营企业	13515270	12667213	43426	4110	307257	136056
#私营有限责任公司	13098969	12293140	40002	4094	277646	131556
其他内资	12646	11566	198		150	245
港、澳、台商投资企业	71459	63475	64		1040	516
外商投资企业	155760	144816	177	-8	1386	983
按国民经济行业分						
农、林、牧、渔产品批发	621193	585465	1249	1342	8315	6547
食品、饮料及烟草制品批发	2004844	1435468	110038	777	46819	42473
#米、面制品及食用油批发	133399	124660	503	542	11485	5321
烟草制品批发	789986	553364	108294	108	13377	27286
纺织、服装及日用品批发	418047	376869	860	124	24428	8853
#纺织品、针织品及原料批发	33096	32271	99	107	359	331
医药及医疗器材批发	314814	243427	2396		47110	8832
矿产品、建材及化工产品批发	14330324	13904456	36345	2787	231123	88108
#煤炭及制品批发	6758182	6543374	24936	202	107476	33020
金属及金属矿批发	4724688	4670406	5054	1201	44391	20963
机械设备、五金交电及电子产品批发	5843545	5673482	8836	3071	60203	37169
#农业机械批发	129147	123330	100	12	2391	1427
汽车及零配件批发	567572	544986	330	756	12270	4732
其他机械设备及电子产品批发	4811909	4690852	6791	2302	39867	24688
其他批发	282245	261176	2066	481	9889	3854
按经营方式分						
独立门店	13224362	12221098	137966	6051	267998	138949
连锁总店（总部）	20545	16847	12		492	467
连锁门店	11454	11278	4		131	223
其他	12280200	11590456	29165	4246	519795	71262

16-7 续表 5　　（2020 年）　　单位：万元

指　　标	损益及分配					
	主营业务收　入	营业成本	税　金及附加	其他业务利润	销售费用	管理费用
零售业	**5797183**	**5115375**	**22208**	**35293**	**357478**	**143000**
#国有控股	310716	283392	825	4698	15752	9985
按登记注册类型分						
内资企业	5393660	4792379	20670	30847	275868	130525
国有企业	20767	18664	44	907	1142	2366
集体企业	47463	40507	118		2905	1976
股份合作企业	7066	6297	41		130	360
联营企业						
有限责任公司	810299	707122	2969	9361	56410	19622
股份有限公司	344355	320001	1026	3544	11805	12038
私营企业	4035085	3612513	13449	17035	197414	88674
#私营有限责任公司	3853008	3453482	12991	16201	188998	84552
其他内资	128625	87274	3024		6063	5488
港、澳、台商投资企业	341697	275079	942	4446	72223	5071
外商投资企业	61826	47917	596		9387	7405
按国民经济行业分						
综合零售	816423	678161	4826	11060	81736	31476
#百货零售	442407	359619	3978	2405	28215	18107
超级市场零售	336949	285687	737	8655	47112	12871
食品、饮料及烟草制品专门零售	366061	329770	612	1115	17543	6876
纺织、服装及日用品专门零售	481547	363761	2702	3198	70884	15187
文化、体育用品及器材专门零售	90215	78309	769	156	5965	4009
#图书、报刊零售	4676	4086	1		295	249
医药及医疗器材专门零售	401981	355291	1425	4961	26160	12792
汽车、摩托车、燃料及零配件专门零售	2268408	2118845	4875	13127	70187	33856
#汽车新车零售	2061363	1929867	4211	12917	63264	28515
家用电器及电子产品专门零售	567236	523314	1034	927	29241	11003
#日用家电零售	77137	68517	104		5824	2955
计算机、软件及辅助设备零售	48963	42992	88		1392	932
五金、家具及室内装修材料专门零售	172449	143819	1556	266	7206	11557
#五金零售	70086	62212	394	265	1317	2088
家具零售	28419	20425	444		3607	7383
货摊、无店铺及其他零售	632865	524105	4410	483	48556	16245
按经营方式分						
独立门店	4284066	3799845	18318	24115	221553	106687
连锁总店（总部）	344602	272417	631	3934	76155	12282
连锁门店	68745	58720	101	97	10366	2356
其他	1099770	984393	3157	7147	49404	21676
按零售业态分						
超市	222157	189413	588	1786	18609	12641
大型超市	268956	223651	868	8139	44505	10098
仓储会员店	1875	1563	19		26	20
百货店	250234	212020	2833	1964	19332	15902
专业店	2239454	2002310	9492	10230	93922	50871
专卖店	1882080	1701946	4395	10847	116079	31164

16-7 续表 6　　　　（2020 年）　　　　单位：万元

指　　标	损益及分配					工资、增值税	
	财务费用	#利息费用	营业利润	利润总额	所得税费用	应付职工薪酬	本年应交增值税
总　计	**105635**	**38804**	**638293**	**678566**	**130118**	**455923**	**400376**
批发业	**77365**	**30554**	**446861**	**480542**	**95481**	**243067**	**337041**
#国有控股	27230	16977	173323	178557	48907	66042	94911
按登记注册类型分							
内资企业	75316	26544	434016	471048	93650	242050	336807
国有企业	-5240	1132	106335	110104	27368	35648	64563
集体企业							
股份合作企业	17	17	-46	-77	14	35648	64563
联营企业							
有限责任公司	36093	16225	61761	73575	21797	48974	50681
股份有限公司	3980	902	-3650	-3700	2513	69512	8708
私营企业	40304	8269	269066	290597	41952	87425	213177
#私营有限责任公司	39073	8017	252898	270097	38740	82967	203368
其他内资	162		549	549	6	280	65
港、澳、台商投资企业	266	263	6162	6162	113	150	214
外商投资企业	1784	3747	6682	3332	1718	867	20
按国民经济行业分							
农、林、牧、渔产品批发	4415	4155	7088	5190	1067	5054	2952
食品、饮料及烟草制品批发	-3332	1136	98955	104079	27007	46296	34379
#米、面制品及食用油批发	1391	408	-7598	-2790	400	5739	2079
烟草制品批发	-7514		98094	97627	24733	28301	28880
纺织、服装及日用品批发	682	256	12881	14379	2896	5420	5639
#纺织品、针织品及原料批发	166	47	72	77	8	453	375
医药及医疗器材批发	7090	4372	12300	13595	5320	88687	30056
矿产品、建材及化工产品批发	42691	14684	263676	286768	43982	56185	186349
#煤炭及制品批发	14004	4066	142197	154764	28772	15594	94687
金属及金属矿批发	20581	10275	38737	46814	5423	11812	58012
机械设备、五金交电及电子产品批发	23029	5305	46264	48596	14155	34251	61294
#农业机械批发	327	98	1248	1281	162	1296	169
汽车及零配件批发	1259	352	4400	4553	539	4063	2987
其他机械设备及电子产品批发	20779	4362	23552	25233	11483	24348	52570
其他批发	856	525	5003	7033	802	4840	12784
按经营方式分							
独立门店	36425	20811	336634	352280	67570	112182	196785
连锁总店（总部）	13		134	123	5	453	100
连锁门店	40929	9740	110271	128316	27906	77	97
其他	40929	9740	110271	128316	27906	130355	140059

16-7 续表 7 （2020 年） 单位：万元

指标	损益及分配					工资、增值税	
	财务费用	#利息费用	营业利润	利润总额	所得税费用	应付职工薪酬	本年应交增值税
零售业	**28270**	**8250**	**191432**	**198024**	**34637**	**212856**	**63335**
#国有控股	2671	116	4749	5487	1504	12178	3071
按登记注册类型分							
内资企业	26208	6567	199350	204241	33341	174595	57377
国有企业	71	5	-486	-476	23	2540	210
集体企业	70	52	2221	2216	453	2237	923
股份合作企业	113		124	123	22	319	27
联营企业							
有限责任公司	2403	481	32887	32053	9035	29129	9334
股份有限公司	-145		3502	3567	1666	6947	2231
私营企业	21888	5269	135701	141356	20291	128151	42422
#私营有限责任公司	18805	5218	129539	135052	19739	121064	40848
其他内资	1808	761	25401	25401	1852	5272	2231
港、澳、台商投资企业	292	194	-3100	-2106	967	36337	5343
外商投资企业	1770	1489	-4819	-4111	329	1924	615
按国民经济行业分							
综合零售	3838	1229	35965	37525	9643	45184	9738
#百货零售	-780	154	38079	38083	8633	17964	6797
超级市场零售	4342	1014	-744	659	846	25082	2542
食品、饮料及烟草制品专门零售	685	255	12258	11217	1982	9883	3214
纺织、服装及日用品专门零售	2818	307	24771	25168	3534	38808	5638
文化、体育用品及器材专门零售	994	-84	1852	2292	363	5022	1246
#图书、报刊零售	-86	-94	128	131	4	137	
医药及医疗器材专门零售	3516	212	5698	6631	1752	17901	4780
汽车、摩托车、燃料及零配件专门零售	9375	2907	46273	49305	10449	46315	25776
#汽车新车零售	8616	2769	32122	35201	8303	41415	22129
家用电器及电子产品专门零售	1469	87	11796	12051	2369	16334	4002
#日用家电零售	132	33	854	884	69	2570	406
计算机、软件及辅助设备零售	114	29	3436	3443	314	1407	465
五金、家具及室内装修材料专门零售	2209	1521	3746	4133	1207	5150	4004
#五金零售	131	21	2941	3034	383	1843	1953
家具零售	1637	1489	-5131	-4902	306	757	224
货摊、无店铺及其他零售	3366	1815	49074	49702	3339	28261	4937
按经营方式分							
独立门店	20481	6361	148797	152143	25232	136240	50857
连锁总店（总部）	1209	516	-14138	-12648	500	40596	3410
连锁门店	333	214	-2428	-2057	51	4308	528
其他	6246	1160	59201	60587	8855	31712	8540
按零售业态分							
超市	1812	396	2191	3466	445	15345	1144
大型超市	4902	2118	-1960	-1358	1330	17508	3051
仓储会员店	26		221	221	22	117	59
百货店	-1921	183	5187	3669	1218	12855	2436
专业店	11599	3578	91998	94280	13174	66997	29949
专卖店	8696	1613	28589	31794	7372	62170	14851

16-8 限额以上住宿餐饮业企业财务状况

（2020年） 单位：万元

指标	年末资产负债				
	流动资产合计	#存货	固定资产原价	累计折旧	#本年折旧
总计	**127928**	**8114**	**167713**	**76388**	**13238**
住宿业	**72368**	**4326**	**129517**	**53087**	**9333**
#国有控股	19720	3307	32889	20956	1049
按登记注册类型分					
内资企业	60319	4153	96937	48444	5263
国有企业	7522	423	16718	7757	470
集体企业	1109	64	837	272	72
有限责任公司	16895	3035	45649	28259	1581
股份有限公司					
私营企业	34772	628	33645	12092	3077
其他企业					
按国民经济行业分					
旅游饭店	23092	3511	83906	37457	5771
一般旅馆	49181	815	45607	15627	3561
按星级等级分					
一星					
二星	11967	82	2240	252	235
三星	5105	151	15859	8566	-8
四星	2321	169	15823	7230	750
五星	1149	164	52443	17397	4422
其他	51826	3760	43153	19641	3934
餐饮业	**55559**	**3787**	**38196**	**23301**	**3905**
#国有控股	2367	116	5435	5001	399
按登记注册类型分					
内资企业	54989	3672	37142	22348	3248
国有企业	2324	116	5034	4637	47
集体企业	1290	25	629	402	28
有限责任公司	2316	43	2178	1515	619
股份有限公司	4043	61	2696	1982	166
私营企业	45016	3428	26605	13812	2388
私营独资企业	4239	785	4074	2275	296
私营有限责任公司	35026	2390	17423	8265	1862
其他					
按国民经济行业分					
正餐服务	48588	2806	33305	20938	3084
快餐服务	4471	533	3784	1718	374
其他餐饮服务	113	5	54	28	12
按经营方式					
独立门店	49152	3259	35056	21824	3123
连锁总店（总部）					
连锁门店	1001	83	378	242	59
其他	5406	445	2763	1236	722

16-8 续表 1 （2020 年） 单位：万元

指　　标	资产总计	负债合计	年末资产负债 所有者权益合计	实收资本	个人资本	主营业务收入
总　计	**338280**	**279115**	**55804**	**92591**	**15142**	**174082**
住宿业	**225563**	**171492**	**51964**	**68629**	**5353**	**72031**
# 国有控股	81878	48311	32258	30381		16794
按登记注册类型分						
内资企业	183522	142671	38744	44699	5353	65444
国有企业	65326	36132	27885	28893		8072
集体企业	1801	1890	-90	47		1013
有限责任公司	38442	24783	13660	7048	310	18633
股份有限公司						
私营企业	77904	79266	-2160	8711	5043	37257
其他企业						
按国民经济行业分						
旅游饭店	123055	72811	48936	46529	695	32617
一般旅馆	102411	98627	2986	22080	4637	38548
按星级等级分						
一星						
二星	16009	7269	8740	14139	126	1955
三星	12881	10840	80	1880	150	2175
四星	14577	24018	-9441	70	20	6146
五星	38678	26648	12030	14917		11114
其他	143417	102716	40554	37623	5057	50640
餐饮业	**112717**	**107624**	**3841**	**23963**	**9789**	**102051**
# 国有控股	5042	13103	-8061	1754		4924
按登记注册类型分						
内资企业	111529	107093	3184	19100	9787	98775
国有企业	4715	13092	-8378	1437		3854
集体企业	1609	640	969	790	250	4739
有限责任公司	3917	7004	-3087	802		5645
股份有限公司	5321	2352	2969	1206		4822
私营企业	95968	84005	10710	14865	9537	79714
私营独资企业	7388	7198	189	541	211	14441
私营有限责任公司	80762	69836	9674	13318	8320	63031
其他						
按国民经济行业分						
正餐服务	101028	99866	598	22991	9281	83221
快餐服务	6792	4621	2131	555	172	8039
其他餐饮服务	237	126	112	100	100	463
按经营方式						
独立门店	74005	79785	-7032	20880	8787	75671
连锁总店（总部）						
连锁门店	1372	558	814	93	12	4165
其他	37340	27281	10059	2990	990	22215

16-8　续表 2　　（2020 年）　　单位：万元

指　　标	损益及分配				
	营业成本	税金及附加	其他业务利　润	销售费用	管理费用
总　计	**102030**	**469**	**761**	**44555**	**36998**
住宿业	**36441**	**163**	**704**	**19031**	**21258**
#国有控股	6578	32	96	5515	5882
按登记注册类型分					
内资企业	34908	159	704	15793	16576
国有企业	2586	12	96	4233	3778
集体企业	377			376	292
有限责任公司	6877	52		6598	4052
股份有限公司					
私营企业	24788	94	608	4535	8396
其他企业					
按国民经济行业分					
旅游饭店	11352	45	96	13666	11957
一般旅馆	24253	109	608	5347	9295
按星级等级分					
一星					
二星	283	4		856	320
三星	1306	41		1252	1766
四星	4635	12	96	1606	1405
五星	2935	5		6109	5184
其他	27283	101	608	9208	12583
餐饮业	**65588**	**306**	**57**	**25524**	**15740**
#国有控股	3521	14		1026	1446
按登记注册类型分					
内资企业	64052	304	57	23645	14013
国有企业	2552	2		1023	1365
集体企业	3599	12		705	152
有限责任公司	3513	27		1618	864
股份有限公司	2049	2		1957	1462
私营企业	52339	262	57	18343	10170
私营独资企业	8508	10		4457	904
私营有限责任公司	42830	250	3	13046	8507
其他					
按国民经济行业分					
正餐服务	51448	147	57	18590	14454
快餐服务	4632	13		3987	402
其他餐饮服务	384	2		7	7
按经营方式					
独立门店	48458	282	57	20346	13538
连锁总店（总部）					
连锁门店	1416			2275	159
其他	15714	24		2904	2043

16-8 续表 3　　（2020 年）　　单位：万元

指　　标	损益及分配					应付职工薪　酬
	财务费用	利息支出	营业利润	利润总额	所得税费用	
总　计	**4351**	**1222**	**-10155**	**-8045**	**671**	**40756**
住宿业	**1501**	**614**	**-6640**	**-5869**	**417**	**17561**
#国有控股	549	4	-2755	-2614	119	4909
按登记注册类型分						
内资企业	1088	209	-3061	-2373	417	15118
国有企业	417	4	-3033	-2877	1	3076
集体企业	1		-32	28		131
有限责任公司	149		535	677	299	4310
股份有限公司						
私营企业	522	205	-532	-202	116	7300
其他企业						
按国民经济行业分						
旅游饭店	601	10	5893	-5547	302	9728
一般旅馆	899	603	-748	-324	115	7772
按星级等级分						
一星						
二星	406	406	86	124	2	359
三星	189		-453	-406	47	578
四星	55	4	-3217	-3104		1707
五星	19		-2919	-2861	180	3965
其他	832	204	-139	378	187	10952
餐饮业	**2851**	**608**	**-3514**	**-2175**	**254**	**23195**
#国有控股	236	234	-1209	-908	1	1468
按登记注册类型分						
内资企业	2843	605	-1639	29	238	21992
国有企业	234	234	-1286	-985		874
集体企业	78		193	198	20	554
有限责任公司	117		-459	-5	6	2484
股份有限公司	17		-453	-174		387
私营企业	2397	371	367	995	212	17694
私营独资企业	111	3	351	371	15	2556
私营有限责任公司	1769	367	893	1359	197	14342
其他						
按国民经济行业分						
正餐服务	2731	608	-3733	-2686	199	18221
快餐服务	96		64	81	12	1404
其他餐饮服务	1		64	64	1	131
按经营方式						
独立门店	1543	518	-4060	-3177	207	17670
连锁总店（总部）						
连锁门店	5		311	596	35	1210
其他	1302	90	235	405	12	4315

主要统计指标解释

社会消费品零售额 是指各种经济类型的批发零售贸易业、餐饮业、制造业和其他行业对城乡居民和社会集团的消费品零售额和农民对非农业居民的零售额总和。这个指标反映通过各种商品流通渠道向居民和社会集团供应生活消费品来满足他们生活需要的情况，是研究人民生活、社会消费品购买力、货币流通等问题的重要指标。

批发零售贸易业 是指专门从事批发和零售贸易活动的经济部门。

批发零售贸易业商品购销存总额 是指除个体经济以外的各种经济类型的独立核算批发零售贸易业法人企业以及其他独立核算法人企业和单位附营的各类批发零售贸易单位的商品购销存总额。

商品购进总额 指批发零售贸易业各企业（附营单位）从本企业（单位）以外的单位和个人购进（包括从国外直接进口）作为转卖或加工后转卖的商品。本指标由从生产者购进额、从批发零售贸易业购进额、进口额和其他购进额项目组成。这个指标反映批发零售贸易业从国内、国外市场上购进商品总量。

商品销售总额 指批发零售贸易业各企业（附营单位）对本企业（单位）以外的单位和个人出售（包括对国（境）外直接出口）的商品（包括售给本单位消费用的商品）。本指标由对生产经营单位批发额、对批发零售贸易业批发额、出口额和对居民和社会集团商品零售额项目组成。这个指标反映批发零售贸易业在国内市场上销售商品以及出口商品的总量。

期末库存 指批发零售贸易企业（附营单位）已取得所有权的全部商品。这个指标反映批发零售贸易企业的商品库存情况，对市场商品供应的保证程度。

资本金总额 是指批发零售贸易业、餐饮业企业在工商行政管理部门登记的注册资金。资本金按投资主体分为国家资本金、法人资本金、个人资本金和外商资本金等。

流动资产 指可以在一年内或者超过一年的一个营业周期内变现或者耗用的资产。包括货币资产、短期投资、应收票据、应收帐款、坏帐准备、应收帐款净额、预付帐款、其他应收款、存货、待转其他业务支出、待摊费用、待处理流动资产净损失、一年内到期的长期债券投资、其他流动资产等项。

商品销售收入 指批发零售贸易企业商品销售收入、接受其他单位委托代销商品的收入和餐饮企业的营业收入（包括餐费收入、冷热饮收入、服务收入和其他收入）。

商品销售成本 指批发零售贸易企业已销商品应负担的进货原价和餐饮企业的原材料成本，商品进价成本。

利润总额 指企业全年实现的利润。包括营业利润、投资净收益以及营业外收支净额。

十七、科技和教育

SCIENCE AND TECHNOLOGY, EDUCATION

版面负责人：唐子仐　马　萍
编　　　辑：董志娟　陈　蓉

统计知识

统计执法监督检查办法

第三十七条 县级以上人民政府统计机构应当在《统计行政处罚决定书》作出后7日内送达处罚对象。处罚对象应当在送达回执上签字盖章，并注明签收日期。处罚对象拒绝接收的，应当在其他人员见证下，由送达人员、见证人员在送达回执上签字并注明理由，将《统计行政处罚决定书》留置；处罚对象不能接收的，应当在其他人员见证下，由送达人员、见证人员在送达回执上签字并注明理由。

邮寄送达的，应当通过中国邮政挂号寄送。

第三十八条 统计行政处罚决定作出后，处罚对象应当在统计行政处罚决定的期限内予以履行。处罚对象对统计行政处罚决定不服，申请行政复议或者提起行政诉讼的，统计行政处罚不停止执行。

统计执法监督检查机构应当及时掌握统计行政处罚的执行情况。

第三十九条 立案查处的统计违法行为，应当在立案后3个月内处理完毕；因特殊情况需要延长办理期限的，应当按规定报经批准，但延长期限不得超过3个月。

第四十条 统计违法事实清楚并有法定依据，对法人或者其他组织予以警告或者警告并处1000元以下罚款行政处罚的，可以适用简易处罚程序，当场作出统计行政处罚决定。

第四十一条 统计违法行为处理决定执行后，应当及时结案。

结案应当撰写结案报告，报送所属人民政府统计机构负责人同意，予以结案。

第四十二条 县级以上人民政府统计机构在查处统计违法案件时，认为对有关国家工作人员应当给予处分处理的，应当按照有关规定提出处分处理建议，并将案件材料和处分处理建议移送具有管辖权的任免机关或者纪检机关、监察机关、组织（人事）部门。

17-1 主要年份科学技术事业情况

指 标	1985	1990	1995	2000	2005	2008	2009	2010
科学研究机构 （个）								
国有独立科研机构	21	28	26	30	25	24	23	20
民办科技型企业	3	76	139	460	896	1196	1498	1470
各类专业技术人员 （人）	**60726**	**125300**	**184010**	**228441**	**217572**	**248283**	**248915**	**271799**
# 中级职称以上人员	5992	32568	55036	87954	76264	102022	102682	113977
科学研究成果 （项）								
通过鉴定成果	48	61	55	192	131	152	186	203
# 达到国际水平	1	1	1	15	12	12	75	66
填补国内空白	3	12	18	37	96	54	32	52
达到省内先进水平	8	32	51	76	20	82	78	81
填补省内空白	10	2	47	17	3	4	1	4
专利申请受理量	38	143	456	474	2205	6839	6898	9927

17-1 续表

指 标	2011	2012	2013	2014	2015	2016	2017	2018	2019	2020
科学研究机构 （个）										
国有独立科研机构	19	19	19	19	29	34	39	36	18	16
民办科技型企业	2534	4846	6546	7307	7912	9915	10279	10454	10708	11023
各类专业技术人员 （人）	**396344**	**419953**	**436000**	**454900**	**441000**	**452500**	**478000**	**516500**	**567600**	**600000**
# 中级职称以上人员	134448	149644	166000	180000	182000	190000	205000	227000	255400	278000
科学研究成果 （项）										
通过鉴定成果	179	172	297	199	179	240				
# 达到国际水平	39	43	65	46	34	72				
填补国内空白	51	62	90	60	75	61				
达到省内先进水平		4	5	5	8	12				
填补省内空白				4						
专利申请受理量	14729	18014	23472	14014	12481	21511	18548	25951	33655	35133

注：2013 年及以后各类专业技术人员数统计口径由全社会改为国有、集体单位（下同）；2017 年起，通过鉴定成果及其中项不再统计。

17-2 规模以上工业企业科技机构情况

（2020 年）

指 标	机构数（个）	机构人员合计（人）	博士毕业	硕士毕业	机构经费支出（万元）	仪器和设备原价（万元）
总 计	**336**	**10963**	**202**	**2061**	**676206**	**275109**
按企业规模分组						
大型	20	5149	67	1479	510061	132460
中型	46	2525	54	245	88533	82606
小型	257	3232	81	328	75818	59147
微型	13	57		9	1795	896
按隶属关系分组						
中央	2	610	21	64	28694	9377
地方	15	2434	28	918	258714	105731
其他	319	7919	153	1079	388799	160001
按登记注册类型分组						
内资企业	310	9831	200	1919	635443	232684
国有企业	3	315	1	85	38831	3274
集体企业	1	5		1	158	255
股份合作企业						
联营企业						
国有联营企业						
集体联营企业						
国有与集体联营企业						
其他联营企业						
有限责任公司	27	3053	37	1002	332185	91587
国有独资公司	3	853		356	80050	39209
其他有限责任公司	24	2200	37	646	252135	52378
股份有限公司	13	994	34	283	53149	42432
私营企业	266	5464	128	548	211120	95137
私营独资企业	4	65		10	464	163
私营合伙企业	1	5			103	3
私营有限责任公司	253	5202	125	526	204419	93590
私营股份有限公司	8	192	3	12	6133	1381
其他企业						
港、澳、台商投资企业	15	600		35	12733	20869
合资经营企业（港或澳、台资）	6	234		15	4762	6397
合作经营企业（港或澳、台资）						
港、澳、台商独资经营企业	7	340		20	7329	8320
港、澳、台商投资股份有限公司	1	20			476	6041
其他港澳台投资企业	1	6			167	111
外商投资企业	11	532	2	107	28030	21556
中外合资经营企业	5	430		101	26546	20139
中外合作经营企业						
外资企业	6	102	2	6	1484	1417
外商投资股份有限公司						
其他外商投资企业						

17-2 续表 （2020 年）

指　　标	机构数（个）	机构人员合计（人）	博士毕业	硕士毕业	机构经费支出（万元）	仪器和设备原价（万元）
按国民经济行业大类分组						
采矿业	2	636	19	92	29171	9520
煤炭开采和洗选业	2	636	19	92	29171	9520
石油和天然气开采业						
黑色金属矿采选业						
有色金属矿采选业						
非金属矿采选业						
开采专业及辅助性活动						
其他采矿业						
制造业	331	10311	183	1969	646685	264144
农副食品加工业	21	275	11	43	12764	4925
食品制造业	8	159	4	22	2229	2270
酒、饮料和精制茶制造业	2	38	2	3	1479	4947
烟草制品业	1	78		16	2600	4509
纺织业	22	554	1	13	10403	6670
纺织服装、服饰业	4	44		2	372	92
皮革、毛皮、羽毛及其制品和制鞋业						
木材加工和木、竹、藤、棕、草制品业	15	102	3	12	2715	2101
家具制造业	2	5			61	99
造纸和纸制品业	1	15	4		180	210
印刷和记录媒介复制业	2	40		5	1076	448
文教、工美、体育和娱乐用品制造业	3	34			327	41
石油、煤炭及其他燃料加工业	1	8		1	146	383
化学原料和化学制品制造业	15	336	11	38	6370	6805
医药制造业	12	1564	42	381	100095	62463
化学纤维制造业	5	83	2	3	2070	1519
橡胶和塑料制品业	12	224	5	33	7469	1984
非金属矿物制品业	53	596	23	44	13472	10178
黑色金属冶炼和压延加工业	3	75	2	4	3284	888
有色金属冶炼和压延加工业	3	350	9	23	38771	6287
金属制品业	15	242	4	19	6350	2816
通用设备制造业	24	1270	8	429	146322	39546
专用设备制造业	41	2365	22	693	227985	57425
汽车制造业	6	141	4	13	5316	1766
铁路、船舶、航空航天和其他运输设备制造业	7	214	1	2	3349	3249
电气机械和器材制造业	21	414	11	27	10439	3377
计算机、通信和其他电子设备制造业	20	744	4	46	20719	34079
仪器仪表制造业	6	144	7	37	3203	2251
其他制造业	3	165	3	52	14773	2547
废弃资源综合利用业	3	32		8	2347	271
金属制品、机械和设备修理业						
电力、热力、燃气及水生产和供应业	3	16			351	1445
电力、热力生产和供应业	1	5			36	34
燃气生产和供应业	1	6			167	111
水的生产和供应业	1	5			148	1299
按经济成分分组						
公有经济	23	3350	28	1152	374212	102066
非公有经济	313	7613	174	909	301995	173043
按企业控股情况分组						
国有控股	20	3267	28	1144	372580	99568
集体控股	3	83		8	1632	2498
私人控股	287	6464	168	791	257908	131346
港澳台商控股	12	549		31	11542	20512
外商控股	9	306	2	22	15386	18442
其他	5	294	4	65	17158	2743

17−3　规模以上工业企业科技活动人员情况

（2020年）　　单位：人

指　　标	科技活动人员	参加项目人员	管理和服务人员
总　计	**25036**	**23361**	**1675**
按企业规模分组			
大型	9142	8774	368
中型	5784	5333	451
小型	9918	9073	845
微型	192	181	11
按隶属关系分组			
中央	2051	1928	123
地方	3586	3443	143
其他	19399	17990	1409
按登记注册类型分组			
内资企业	22660	21086	1574
国有企业	600	578	22
集体企业	5	5	
股份合作企业	7	5	2
联营企业			
国有联营企业			
集体联营企业			
国有与集体联营企业			
其他联营企业			
有限责任公司	6178	5841	337
国有独资公司	975	901	74
其他有限责任公司	5203	4940	263
股份有限公司	2066	1949	117
私营企业	13804	12708	1096
私营独资企业	250	236	14
私营合伙企业	26	24	2
私营有限责任公司	12566	11570	996
私营股份有限公司	962	878	84
其他企业			
港、澳、台商投资企业	1097	1054	43
合资经营企业（港或澳、台资）	312	298	14
合作经营企业（港或澳、台资）			
港、澳、台商独资经营企业	712	687	25
港、澳、台商投资股份有限公司	66	63	3
其他港澳台投资企业	7	6	1
外商投资企业	1279	1221	58
中外合资经营企业	1146	1096	50
中外合作经营企业			
外资企业	133	125	8
外商投资股份有限公司			
其他外商投资企业			

17-3 续表 （2020 年） 单位：人

指 标	科技活动人员	参加项目人员	管理和服务人员
按国民经济行业大类分组			
采矿业	2125	2048	77
煤炭开采和洗选业	2113	2037	76
石油和天然气开采业			
黑色金属矿采选业			
有色金属矿采选业			
非金属矿采选业	12	11	1
开采辅助活动			
其他采矿业			
制造业	22498	20934	1564
农副食品加工业	734	660	74
食品制造业	566	523	43
酒、饮料和精制茶制造业	83	79	4
烟草制品业	25	18	7
纺织业	1304	1215	89
纺织服装、服饰业	136	126	10
皮革、毛皮、羽毛及其制品和制鞋业	60	54	6
木材加工和木、竹、藤、棕、草制品业	523	476	47
家具制造业	62	60	2
造纸和纸制品业	25	23	2
印刷和记录媒介复制业	106	101	5
文教、工美、体育和娱乐用品制造业	86	82	4
石油加工、炼焦和核燃料加工业	285	246	39
化学原料和化学制品制造业	969	893	76
医药制造业	1493	1409	84
化学纤维制造业	158	149	9
橡胶和塑料制品业	777	732	45
非金属矿物制品业	1808	1644	164
黑色金属冶炼和压延加工业	343	324	19
有色金属冶炼和压延加工业	863	825	38
金属制品业	946	810	136
通用设备制造业	2598	2462	136
专用设备制造业	3496	3313	183
汽车制造业	525	501	24
铁路、船舶、航空航天和其他运输设备制造业	878	813	65
电气机械和器材制造业	1551	1430	121
计算机、通信和其他电子设备制造业	1089	1018	71
仪器仪表制造业	690	646	44
其他制造业	228	215	13
废弃资源综合利用业	91	87	4
金属制品、机械和设备修理业			
电力、热力、燃气及水生产和供应业	413	379	34
电力、热力生产和供应业	345	326	19
燃气生产和供应业	13	12	1
水的生产和供应业	55	41	14
按经济成分分组			
公有经济	5943	5654	289
非公有经济	19093	17707	1386
按企业控股情况分组			
国有控股	5884	5601	283
集体控股	59	53	6
私人控股	16151	14912	1239
港澳台商控股	841	810	31
外商控股	740	702	38
其他	1361	1283	78

17-4 规模以上工业企业R&D经费情况

（2020年） 单位：万元

指标	R&D经费内部支出合计	按支出类型分组			按资金来源分组			
		经常费支出	人员劳务费	资产性支出	政府资金	企业资金	境外资金	其他资金
总计	**1062150**	**984832**	**241619**	**77319**	**9102**	**1042620**	**8985**	**1443**
按企业规模分组								
大型	569578	527509	114182	42069	2860	558672	8045	
中型	222360	203966	57272	18394	3861	217677		822
小型	264877	248196	68902	16682	2377	260963	940	598
微型	5336	5161	1263	175	4	5309		23
按隶属关系分组								
中央	44342	43104	12158	1238		44342		
地方	283846	275397	63716	8449	3200	272519	8045	82
其他	733962	666330	165745	67632	5902	725759	940	1361
按登记注册类型分组								
内资企业	993629	920279	216795	73350	9074	974273	8985	1297
国有企业	54227	51386	9157	2841	173	54054		
集体企业	95	95	64			95		
股份合作企业	49	48	14	1		49		
联营企业								
国有联营企业								
集体联营企业								
国有与集体联营企业								
其他联营企业								
有限责任公司	377807	366994	75787	10813	4059	365621	8045	82
国有独资公司	89541	88820	15092	721	148	81347	8045	
其他有限责任公司	288267	278175	60695	10092	3911	284273		82
股份有限公司	80188	75392	27284	4797	23	79488		677
私营企业	481263	426364	104489	54899	4818	474966	940	539
私营独资企业	15693	15235	1492	458	47	15530		116
私营合伙企业	461	461	180	1		461		
私营有限责任公司	437867	383992	93887	53874	4724	431838	940	366
私营股份有限公司	27242	26676	8930	566	47	27138		57
其他企业								
港、澳、台商投资企业	26444	25690	9800	754	12	26286		146
合资经营企业（港或澳、台资）	7318	6935	3295	383	9	7164		146
合作经营企业（港或澳、台资）								
港、澳、台商独资经营企业	18093	17722	6117	371	3	18089		
港、澳、台商投资股份有限公司	876	876	346			876		
其他港澳台投资企业	158	158	43			158		
外商投资企业	42077	38862	15024	3215	16	42061		
中外合资经营企业	38378	36545	14130	1833	13	38365		
中外合作经营企业								
外资企业	3700	2318	893	1382	3	3696		
外商投资股份有限公司								
其他外商投资企业								

17-4 续表　　（2020 年）　　单位：万元

指标	R&D 经费内部支出合计	按支出类型分组			按资金来源分组			
		经常费支出	人员劳务费	资产性支出	政府资金	企业资金	境外资金	其他资金
按国民经济行业大类分组								
采矿业	51177	49988	15051	1189		51177		
煤炭开采和洗选业	49083	47894	15017	1189		49083		
石油和天然气开采业								
黑色金属矿采选业								
有色金属矿采选业								
非金属矿采选业	2094	2094	34			2094		
开采辅助活动								
其他采矿业								
制造业	992187	916377	224294	75810	9102	972739	8985	1361
农副食品加工业	45995	43554	5713	2441	132	44991	871	
食品制造业	5905	5024	3054	881	5	5900		
酒、饮料和精制茶制造业	1330	1161	744	169	15	1315		
烟草制品业	736	708	553	28		736		
纺织业	10917	10343	7124	575	240	10620		58
纺织服装、服饰业	1633	1585	689	48	1	1612		20
皮革、毛皮、羽毛及其制品和制鞋业	2617	2617	1436			2617		
木材加工和木、竹、藤、棕、草制品业	14650	13710	3177	940		14650		
家具制造业	3677	3348	415	328	8	3669		
造纸和纸制品业	312	312	179			312		
印刷和记录媒介复制业	2010	1617	443	393		2010		
文教、工美、体育和娱乐用品制造业	705	679	292	27		705		
石油加工、炼焦和核燃料加工业	7834	5446	1103	2388		7834		
化学原料和化学制品制造业	28074	26297	7716	1777	224	27851		
医药制造业	113192	86226	17598	26967	69	113123		
化学纤维制造业	4511	4147	1181	364	8	4503		
橡胶和塑料制品业	23900	23012	5546	888	46	23855		
非金属矿物制品业	30482	26823	13089	3659	141	30161		180
黑色金属冶炼和压延加工业	10140	6362	1753	3778		10140		
有色金属冶炼和压延加工业	32426	24507	9068	7919	79	32202		146
金属制品业	31190	30076	5918	1114	432	30732		27
通用设备制造业	192549	182802	37986	9747	536	192013		
专用设备制造业	238797	234086	48349	4711	3315	227265	8045	172
汽车制造业	24830	24753	8961	76	3313	21516		
铁路、船舶、航空航天和其他运输设备制造业	18373	15128	4530	3245	71	18302		
电气机械和器材制造业	51790	50361	12426	1429	180	50907		702
计算机、通信和其他电子设备制造业	47372	47020	12143	352	112	47192	69	
仪器仪表制造业	27253	26545	8961	707	161	27035		57
其他制造业	14389	14346	3313	43	11	14378		
废弃资源综合利用业	4599	3782	836	817	4	4595		
金属制品、机械和设备修理业								
电力、热力、燃气及水生产和供应业	18786	18466	2275	320		18704		82
电力、热力生产和供应业	17417	17336	2037	81		17335		82
燃气生产和供应业	210	210	72			210		
水的生产和供应业	1159	920	166	239		1159		
按经济成分分组								
公有经济	412776	401324	82993	11452	3402	401246	8045	82
非公有经济	649375	583508	158626	65867	5701	641374	940	1361
按企业控股情况分组								
国有控股	412114	400664	82574	11451	3402	400585	8045	82
集体控股	662	660	419	1		662		
私人控股	560843	497483	126568	63360	5170	554049	940	684
港澳台商控股	21583	21156	8103	426	12	21570		
外商控股	22355	20708	7727	1648	3	22352		
其他	44594	44161	16228	433	515	43403		677

17-5 规模以上工业企业新产品产出情况

（2020年） 单位：万元

指标	新产品开发项目数（项）	新产品开发经费支出	新产品销售收入	#出口
总计	**2700**	**1061979**	**14862904**	**592762**
按企业规模分组				
大型	508	523834	9690017	413116
中型	572	258713	3029379	135203
小型	1560	273972	2126245	44443
微型	60	5461	17264	
按隶属关系分组				
中央	98	12553	393289	
地方	285	275166	3793318	183234
其他	2317	774260	10676297	409529
按登记注册类型分组				
内资企业	2402	974970	13265056	489646
国有企业	93	53321	714680	18694
集体企业	1	129	984	
股份合作企业			900	
联营企业				
国有联营企业				
集体联营企业				
国有与集体联营企业				
其他联营企业				
有限责任公司	503	346037	6851383	247516
国有独资公司	89	83842	1425746	34576
其他有限责任公司	414	262195	5425637	212940
股份有限公司	176	72771	572411	81652
私营企业	1629	502712	5124335	141785
私营独资企业	27	3896	111380	
私营合伙企业	9	472	1775	
私营有限责任公司	1470	469835	4655755	121425
私营股份有限公司	123	28510	355426	20359
其他企业			363	
港、澳、台商投资企业	145	35697	549695	5050
合资经营企业（港或澳、台资）	60	16269	205043	1
合作经营企业（港或澳、台资）				
港、澳、台商独资经营企业	67	17987	344252	5049
港、澳、台商投资股份有限公司	15	1285	400	
其他港澳台投资企业	3	156		
外商投资企业	153	51312	1048154	98066
中外合资经营企业	124	46250	996925	92656
中外合作经营企业				
外资企业	29	5062	51229	5411
外商投资股份有限公司				
其他外商投资企业				

17-5 续表 （2020年） 单位：万元

指　　标	新产品开发项目数（项）	新产品开发经费支出	新产品销售收入	#出口
按国民经济行业大类分组				
采矿业	39	9440	471582	
煤炭开采和洗选业	39	9440	471582	
石油和天然气开采业				
黑色金属矿采选业				
有色金属矿采选业				
非金属矿采选业				
开采辅助活动				
其他采矿业				
制造业	2637	1050284	14390627	592762
农副食品加工业	96	37507	212382	100
食品制造业	51	11001	88227	1383
酒、饮料和精制茶制造业	22	3142	7154	7026
烟草制品业	3	870	11519	
纺织业	130	24372	229926	13556
纺织服装、服饰业	17	1659	5904	
皮革、毛皮、羽毛及其制品和制鞋业	5	2624	1441	
木材加工和木、竹、藤、棕、草制品业	52	11432	44644	529
家具制造业	10	3724	8383	
造纸和纸制品业	2	603	21997	445
印刷和记录媒介复制业	14	2062	33757	
文教、工美、体育和娱乐用品制造业	12	1349	3876	2235
石油加工、炼焦和核燃料加工业	9	16895	195388	
化学原料和化学制品制造业	100	37449	487726	72404
医药制造业	174	111909	883100	108726
化学纤维制造业	11	4877	11367	
橡胶和塑料制品业	46	21980	238732	16423
非金属矿物制品业	223	60162	368899	8521
黑色金属冶炼和压延加工业	25	24314	114565	
有色金属冶炼和压延加工业	55	47039	1011362	103
金属制品业	125	30963	318611	1704
通用设备制造业	280	180957	2520411	49742
专用设备制造业	506	233735	5039047	213094
汽车制造业	57	24911	223851	
铁路、船舶、航空航天和其他运输设备制造业	59	20549	321192	35779
电气机械和器材制造业	245	51317	786453	18296
计算机、通信和其他电子设备制造业	156	42453	682302	24487
仪器仪表制造业	118	24923	208742	7452
其他制造业	22	14625	214105	10648
废弃资源综合利用业	12	883	95565	108
金属制品、机械和设备修理业				
电力、热力、燃气及水生产和供应业	24	2256	696	
电力、热力生产和供应业	18	1936	257	
燃气生产和供应业	4	208		
水的生产和供应业	2	112	439	
按经济成分分组				
公有经济	426	360966	7402259	288487
非公有经济	2274	701013	7460645	304276
按企业控股情况分组				
国有控股	420	358508	7306069	238487
集体控股	6	2458	96190	50000
私人控股	1913	593314	5956515	262053
港澳台商控股	102	24402	366088	5049
外商控股	97	28222	519344	14587
其他	162	55076	618699	22586

17-6 规模以上工业企业自主知识产权保护情况

（2020 年）

指标	专利申请数（件）	#发明专利	有效发明专利数（件）	#已被实施
总计	**6028**	**2017**	**6421**	**3646**
按企业规模分组				
大型	1527	611	1654	1505
中型	1170	337	1602	605
小型	3190	1000	3021	1449
微型	141	69	144	87
按隶属关系分组				
中央	112	34	110	32
地方	1039	387	1432	1214
其他	4877	1596	4879	2400
按登记注册类型分组				
内资企业	5524	1863	5895	3397
国有企业	214	82	135	131
集体企业				
股份合作企业				
联营企业				
国有联营企业				
集体联营企业				
国有与集体联营企业				
其他联营企业				
有限责任公司	1845	716	2041	1302
国有独资公司	375	155	392	315
其他有限责任公司	1470	561	1649	987
股份有限公司	370	168	654	424
私营企业	3095	897	3065	1540
私营独资企业	83	43	43	22
私营合伙企业	11			
私营有限责任公司	2799	772	2745	1428
私营股份有限公司	202	82	277	90
其他企业				
港、澳、台商投资企业	133	35	175	90
合资经营企业（港或澳、台资）	94	25	116	35
合作经营企业（港或澳、台资）				
港、澳、台商独资经营企业	35	10	51	49
港、澳、台商投资股份有限公司	4		8	6
其他港澳台投资企业				
外商投资企业	371	119	351	159
中外合资经营企业	284	103	288	132
中外合作经营企业				
外资企业	87	16	63	27
外商投资股份有限公司				
其他外商投资企业				

17-6 续表 （2020年）

指　　标	专利申请数（件）	#发明专利	有效发明专利数（件）	#已被实施
按国民经济行业大类分组				
采矿业	82	18	21	9
煤炭开采和洗选业	81	17	20	9
石油和天然气开采业				
黑色金属矿采选业				
有色金属矿采选业				
非金属矿采选业	1	1	1	
开采辅助活动				
其他采矿业				
制造业	5889	1990	6318	3618
农副食品加工业	112	24	130	33
食品制造业	44	20	31	22
酒、饮料和精制茶制造业	2		1	1
烟草制品业	15	7	32	32
纺织业	91	20	90	62
纺织服装、服饰业				
皮革、毛皮、羽毛及其制品和制鞋业	14		4	
木材加工和木、竹、藤、棕、草制品业	142	39	107	21
家具制造业	2	2	6	6
造纸和纸制品业	27	8	4	4
印刷和记录媒介复制业	29	13	36	2
文教、工美、体育和娱乐用品制造业	15	2		
石油加工、炼焦和核燃料加工业	21	13	6	
化学原料和化学制品制造业	231	89	279	121
医药制造业	144	106	277	217
化学纤维制造业	25	8	20	15
橡胶和塑料制品业	120	15	173	40
非金属矿物制品业	377	113	354	193
黑色金属冶炼和压延加工业	15	9	11	
有色金属冶炼和压延加工业	155	47	87	55
金属制品业	265	113	157	69
通用设备制造业	794	227	1081	798
专用设备制造业	1898	699	1895	1136
汽车制造业	127	80	154	125
铁路、船舶、航空航天和其他运输设备制造业	201	35	120	57
电气机械和器材制造业	432	90	470	252
计算机、通信和其他电子设备制造业	294	104	343	148
仪器仪表制造业	225	68	358	138
其他制造业	46	30	61	61
废弃资源综合利用业	26	9	31	10
金属制品、机械和设备修理业				
电力、热力、燃气及水生产和供应业	57	9	82	19
电力、热力生产和供应业	56	8	78	18
燃气生产和供应业				
水的生产和供应业	1	1	4	1
按经济成分分组				
公有经济	1662	699	1909	1374
非公有经济	4366	1318	4512	2272
按企业控股情况分组				
国有控股	1650	692	1864	1369
集体控股	12	7	45	5
私人控股	3721	1134	3855	1958
港澳台商控股	66	21	80	76
外商控股	195	67	188	53
其他	384	96	389	185

17-7 规模以上工业企业技术改造、技术获取情况

（2020 年）　　单位：万元

指　　标	技术改造经费支出	购买境内技术经费支出	引进境外技术经费支出	引进境外技术的消化吸收经费支出
总　计	**194204**	**4018**	**800**	**289**
按企业规模分组				
大型	155660	3831		
中型	30030	56	800	156
小型	8503	131		133
微型	11			
按隶属关系分组				
中央	16234			
地方	109684	3499		
其他	68286	519	800	289
按登记注册类型分组				
内资企业	171638	4015		133
国有企业	31319			
集体企业				
股份合作企业				
联营企业				
国有联营企业				
集体联营企业				
国有与集体联营企业				
其他联营企业				
有限责任公司	117367	3499		
国有独资公司	76877	3476		
其他有限责任公司	40490	24		
股份有限公司	5911			
私营企业	17041	516		133
私营独资企业				
私营合伙企业				
私营有限责任公司	16234	516		133
私营股份有限公司	808			
其他企业				
港、澳、台商投资企业	21743	3		
合资经营企业(港或澳、台资)	13489			
合作经营企业(港或澳、台资)				
港、澳、台商独资经营企业	8254	3		
港、澳、台商投资股份有限公司				
其他港澳台投资企业				
外商投资企业	823		800	156
中外合资经营企业	741		800	156
中外合作经营企业				
外资企业	82			
外商投资股份有限公司				
其他外商投资企业				

17-7 续表 （2020 年） 单位：万元

指 标	技术改造经费支出	购买境内技术经费支出	引进境外技术经费支出	引进境外技术的消化吸收经费支出
按国民经济行业大类分组				
采矿业	4386			
煤炭开采和洗选业	4386			
石油和天然气开采业				
黑色金属矿采选业				
有色金属矿采选业				
非金属矿采选业				
开采辅助活动				
其他采矿业				
制造业	164481	4018	800	289
农副食品加工业	126			
食品制造业	287	8		
酒、饮料和精制茶制造业				
烟草制品业				
纺织业	1517	3		
纺织服装、服饰业				
皮革、毛皮、羽毛及其制品和制鞋业				
木材加工和木、竹、藤、棕、草制品业	22			
家具制造业				
造纸和纸制品业				
印刷和记录媒介复制业	28			
文教、工美、体育和娱乐用品制造业	50			
石油加工、炼焦和核燃料加工业	270			
化学原料和化学制品制造业	1899			
医药制造业	8552	356		
化学纤维制造业	58	55		
橡胶和塑料制品业	5544	14		
非金属矿物制品业	272	3		
黑色金属冶炼和压延加工业	1128			
有色金属冶炼和压延加工业	1695	24		
金属制品业	1073			
通用设备制造业	64135			133
专用设备制造业	70310	3476	800	156
汽车制造业				
铁路、船舶、航空航天和其他运输设备制造业	489	31		
电气机械和器材制造业	7	3		
计算机、通信和其他电子设备制造业	6976			
仪器仪表制造业				
其他制造业	42			
废弃资源综合利用业		46		
金属制品、机械和设备修理业				
电力、热力、燃气及水生产和供应业	25337			
电力、热力生产和供应业	25337			
燃气生产和供应业				
水的生产和供应业				
按经济成分分组				
公有经济	149843	3476		
非公有经济	44361	542	800	289
按企业控股情况分组				
国有控股	149843	3476		
集体控股				
私人控股	28286	539		133
港澳台商控股	8254	3		
外商控股	282		800	156
其他	7538			

17-8 规模以上工业企业政府相关政策落实情况

（2020年） 单位：万元

指标	来自政府部门的科技活动资金	研究开发费用加计扣除减免税	高新技术企业减免税
总 计	**446441**	**67150**	**81119**
按企业规模分组			
大型	318484	44366	55857
中型	77500	10003	14540
小型	49943	12667	10606
微型	515	114	116
按隶属关系分组			
中央	6822	1024	23
地方	212960	28947	37091
其他	226659	37179	44006
按登记注册类型分组			
内资企业	420299	63362	64984
国有企业	35047	6348	4850
集体企业	79	4	
股份合作企业			
联营企业			
国有联营企业			
集体联营企业			
国有与集体联营企业			
其他联营企业			
有限责任公司	216356	28439	29547
国有独资公司	42916	6005	3748
其他有限责任公司	173440	22434	25799
股份有限公司	49044	6059	13358
私营企业	119774	22511	17228
私营独资企业			8
私营合伙企业			
私营有限责任公司	106331	21157	14098
私营股份有限公司	13444	1355	3122
其他企业			
港、澳、台商投资企业	11540	1568	2526
合资经营企业（港或澳、台资）	5261	643	1510
合作经营企业（港或澳、台资）			
港、澳、台商独资经营企业	6279	925	1017
港、澳、台商投资股份有限公司			
其他港澳台投资企业			
外商投资企业	14602	2221	13610
中外合资经营企业	13394	1606	13303
中外合作经营企业			
外资企业	1209	615	307
外商投资股份有限公司			
其他外商投资企业			

17-8 续表 （2020年） 单位：万元

指　　标	来自政府部门的科技活动资金	研究开发费用加计扣除减免税	高新技术企业减免税
按国民经济行业大类分组			
采矿业	8022	1711	
煤炭开采和洗选业	8022	1711	
石油和天然气开采业			
黑色金属矿采选业			
有色金属矿采选业			
非金属矿采选业			
开采辅助活动			
其他采矿业			
制造业	436294	65020	81119
农副食品加工业	797	162	91
食品制造业	596	110	156
酒、饮料和精制茶制造业			
烟草制品业			
纺织业	4859	647	928
纺织服装、服饰业	48	2	
皮革、毛皮、羽毛及其制品和制鞋业			
木材加工和木、竹、藤、棕、草制品业	999	604	
家具制造业			
造纸和纸制品业	204	153	
印刷和记录媒介复制业	795	83	301
文教、工美、体育和娱乐用品制造业			
石油加工、炼焦和核燃料加工业			
化学原料和化学制品制造业	12642	2246	4416
医药制造业	68788	11108	15917
化学纤维制造业	133		
橡胶和塑料制品业	11777	2521	3572
非金属矿物制品业	3942	1037	878
黑色金属冶炼和压延加工业	2125	319	101
有色金属冶炼和压延加工业	490	123	453
金属制品业	3231	751	283
通用设备制造业	144820	18898	30944
专用设备制造业	105268	15965	10435
汽车制造业	19660	1643	1555
铁路、船舶、航空航天和其他运输设备制造业	3608	1525	185
电气机械和器材制造业	16773	3007	1532
计算机、通信和其他电子设备制造业	14482	2025	2048
仪器仪表制造业	11547	1035	3920
其他制造业	8040	905	2265
废弃资源综合利用业	670	154	1140
金属制品、机械和设备修理业			
电力、热力、燃气及水生产和供应业	2125	419	
电力、热力生产和供应业	2125	419	
燃气生产和供应业			
水的生产和供应业			
按经济成分分组			
公有经济	239344	32437	30996
非公有经济	207098	34713	50124
按企业控股情况分组			
国有控股	238504	32357	30695
集体控股	839	80	301
私人控股	160195	28712	31435
港澳台商控股	9613	1275	2099
外商控股	6361	1086	6630
其他	30928	3640	9960

17-9 主要年份各类学校数

单位：所

年 份	普通高等学校	中等专业学校	技工学校	职业高中	普通中学	小学
1949		4			16	1803
1952		8			21	2641
1957		5			62	3109
1962	3	7			140	3773
1965	2	11			142	4390
1970	2	2			179	5183
1975	2	9			228	5113
1978	2	14	9		234	4260
1979	2	14	9		236	4115
1980	2	13	10		274	3446
1981	3	13	10		395	4316
1982	3	14	10		478	3964
1983	4	14	10		494	3822
1984	5	15	11	18	512	3674
1985	5	17	11	36	551	3618
1986	5	16	11	28	612	3490
1987	5	17	11	29	643	3413
1988	5	17	11	31	648	3472
1989	4	17	12	41	654	3441
1990	4	16	12	43	640	3409
1991	4	15	11	45	639	3408
1992	4	15	14	55	621	3391
1993	4	15	14	49	610	3390
1994	4	16	14	51	581	3347
1995	4	16	14	52	553	3338
1996	4	16	14	50	546	3305
1997	4	16	14	52	525	3288
1998	4	16	13	48	523	3250
1999	5	14	14	47	513	3147
2000	5	13	13	42	492	2902
2001	5	12	10	41	498	2710
2002	6	11	10	35	476	2333
2003	6	11	11	31	371	945
2004	7	11	11	28	366	908
2005	7	11	11	21	367	902
2006	7	12	8	25	369	907
2007	7	12	8	26	367	917
2008	7	12	8	25	357	899
2009	7	12	8	25	350	879
2010	7	11	8	21	331	871
2011	8	11	8	18	326	856
2012	9	10	8	9	321	860
2013	9	10	8	14	321	870
2014	9	14	6	14	319	906
2015	9	13	8	12	328	924
2016	10	14	8	10	337	928
2017	10	14	5	11	344	932
2018	10	13	6	11	353	924
2019	10	13	6	12	353	930
2020	10	13	6	12	355	917

注：2006年及以前职业高中为农职业中学口径（下同）。

17-10 主要年份各类学校在校学生数

单位：人

年　份	普通高等学　校	中等专业学　校	技　工学　校	职　业高　中	普　通中　学	小　学（万人）
1949		737			6679	14.31
1952		1645			13117	27.25
1957		2312			37302	40.85
1962	2797	2402			59064	44.14
1965	1027	1913			59971	67.94
1970					175039	61.87
1975	1455	2903			224829	103.54
1978	2080	2869	1826		459841	95.62
1979	2704	5063	2070		408046	98.81
1980	2585	6382	3510		362789	96.94
1981	5634	4573	2919		298335	95.27
1982	4260	4810	2859		289862	91.28
1983	6109	5606	2580		290956	91.98
1984	7173	6884	2716	6913	292253	90.41
1985	9955	8708	2915	10369	311015	88.01
1986	10486	8880	3659	13577	328873	85.69
1987	11410	9711	3454	14355	327280	83.44
1988	11886	10339	3609	11882	314401	81.65
1989	11783	11101	4151	12344	317647	81.92
1990	11586	11091	4898	14440	313758	84.77
1991	12507	11670	5086	17497	309649	89.90
1992	12962	12176	5918	20398	313487	93.66
1993	14238	12918	7639	20098	327372	97.07
1994	16354	16127	10211	20401	374698	103.31
1995	18590	24480	10971	22459	424685	110.34
1996	19720	36831	11181	24848	463226	118.08
1997	21162	43831	11793	24969	481154	127.42
1998	24763	45113	11970	22549	512475	130.99
1999	32236	42072	10133	19832	543390	129.32
2000	46091	34072	10317	19334	584255	126.06
2001	58730	29616	11362	21425	638488	119.84
2002	67863	31610	14175	21222	718597	109.43
2003	71811	33368	18500	21821	802270	96.28
2004	86858	40989	23117	27028	831882	83.06
2005	92666	51166	23000	40492	815113	72.24
2006	104140	59648	26900	65365	777895	64.62
2007	113774	59787	26086	72768	733413	58.75
2008	120094	62043	27421	56712	670459	53.72
2009	125676	57091	26922	57385	593875	51.79
2010	118828	57543	24553	60233	520662	53.02
2011	131747	39331	23936	53811	463610	57.10
2012	133631	47217	22005	45498	426055	62.85
2013	136313	48143	22707	47906	375213	66.18
2014	137239	47125	22221	46227	359258	75.40
2015	137631	43627	19540	45734	347417	84.13
2016	140825	42515	20311	37623	361022	90.54
2017	142630	41370	21006	35239	399373	94.02
2018	145496	52458	22942	29336	455654	95.58
2019	150774	54545	21446	30706	522980	94.67
2020	160910	56313	21459	30736	593766	91.69

注：2015 年及以后普通高等学校在校学生数不包含成人高等教育学生数。

17-11　各类学校专任教师数

单位：人

年　份	普通高等学　校	中等专业学　校	技　工学　校	职　业高　中	普　通中　学	小　学
1978	423		83			
1979	444		184		16932	37511
1980	451		336			
1981	1178	591	364		15910	38804
1982	1441	686	398		15341	38004
1983	1512	813	419		14643	32669
1984	1740	843	444	270	14568	32295
1985	1803	984	444	528	15785	31831
1986	2073	1053	476	661	16859	33445
1987	2210	1173	441	759	17162	32519
1988	2135	1142	596	862	17668	32948
1989	2170	1114	659	890	18380	33787
1990	2086	1087	642	1047	19097	34520
1991	2065	1112	661	1144	19371	35723
1992	2020	1110	725	1377	19502	36367
1993	2037	1083	677	1348	19741	36499
1994	2028	1074	848	1440	20416	37915
1995	2160	1102	845	1575	21642	38649
1996	2045	1165	843	1688	22987	39911
1997	2117	1204	762	1983	24222	40670
1998	2244	1270	951	2053	24944	42305
1999	2681	1242	820	1965	26165	44577
2000	2883	1236	801	1816	27658	45798
2001	3198	1357	807	1586	29200	46575
2002	3635	1133	587	1461	32131	44837
2003	4061	1041	680	1575	34232	41806
2004	4686	1114	789	1431	35744	39864
2005	5298	1251	785	1718	37644	39156
2006	5586	1456	711	2185	38821	38719
2007	6203	1693	966	2375	39686	38350
2008	6433	1766	957	2556	39514	36999
2009	6670	1959	1005	2489	39112	36553
2010	6257	1926	987	2524	38379	33991
2011	7015	1808	1047	2279	37714	33517
2012	7418	1642	1147	2557	37179	35419
2013	7596	1704	1161	2487	34591	36511
2014	7734	1834	1187	2395	34013	38210
2015	7879	2537	1074	1856	33673	40445
2016	8217	2139	1351	1874	33695	42716
2017	8366	2077	1329	1798	34781	44606
2018	8569	2631	1407	2160	36253	47692
2019	8815	2053	1420	1946	39269	50731
2020	9219	2021	1315	2094	43469	51010

17-12 每一专任教师平均负担在校学生数

单位：人

年　份	普通高等学　校	中等专业学　校	技　工学　校	职　业高　中	普　通中　学	小　学
1978	4.9		22.0			
1979	6.1		11.3			
1980	5.7		10.4		21.4	25.8
1981	4.8	7.7	8.0		18.8	24.6
1982	3.0	7.0	7.2		18.9	24.0
1983	4.0	6.9	6.2		19.9	28.2
1984	4.1	8.2	6.1	25.6	20.1	28.0
1985	5.5	8.8	6.6	19.6	19.7	27.6
1986	5.1	8.4	7.7	20.5	19.5	25.6
1987	5.2	8.3	7.8	18.9	19.1	25.7
1988	5.6	9.1	16.1	13.8	17.8	24.8
1989	5.4	10.0	6.3	13.9	17.3	24.2
1990	5.6	10.2	7.6	13.8	16.4	24.6
1991	6.1	10.5	7.7	15.3	16.0	25.2
1992	6.4	11.0	8.2	14.8	16.1	25.8
1993	7.0	11.9	11.3	15.0	16.6	26.6
1994	8.1	15.0	12.0	14.2	18.4	27.2
1995	8.6	22.2	13.0	14.3	19.6	28.5
1996	9.6	31.6	13.3	14.7	20.2	29.6
1997	10.0	36.4	15.5	12.6	19.9	31.3
1998	11.0	35.5	12.6	11.0	20.5	31.0
1999	12.1	33.9	12.4	10.1	20.8	29.0
2000	16.0	27.6	12.9	10.6	21.1	27.5
2001	18.4	21.8	14.1	13.5	21.9	25.7
2002	18.7	27.9	24.1	14.5	22.4	24.4
2003	17.7	32.1	27.2	13.9	23.4	23.0
2004	18.5	36.8	29.3	18.9	23.3	20.8
2005	17.5	40.9	29.3	23.6	21.7	18.4
2006	18.6	41.0	37.8	26.6	20.0	16.7
2007	18.3	35.3	27.0	30.6	18.5	15.3
2008	18.7	35.1	28.7	22.2	17.0	14.5
2009	18.8	29.1	26.8	23.1	15.2	14.2
2010	19.0	29.9	24.9	23.9	13.6	15.6
2011	18.8	21.8	22.9	23.6	12.3	17.0
2012	18.0	28.8	19.2	17.8	11.5	17.7
2013	17.9	28.3	14.9	19.3	10.8	18.1
2014	17.6	25.7	18.7	19.3	10.6	19.7
2015	20.6	17.2	18.2	24.6	10.3	20.8
2016	17.1	19.9	15.0	20.1	10.7	21.2
2017	21.4	20.5	15.8	19.6	11.5	21.1
2018	17.0	19.9	16.3	13.6	12.6	20.0
2019	17.1	26.6	15.1	15.8	13.3	18.7
2020	17.5	27.5	16.3	14.7	13.7	18.0

17-13 各级各类教育事业

（2020 年） 单位：人

指　　标	学校数（所）	毕业生数	招生数	在　校学生数	教职工数	#专任教师
基础教育合计	**2371**	**436890**	**444630**	**1826265**	**134045**	**113842**
学前教育	1099	120081	88975	315641	33516	19363
小学	917	165071	133513	916858	46515	51010
普通中学	355	151738	222142	593766	54014	43469
初中	270	115657	161981	450967	35636	31057
高中	85	36081	60161	142799	18378	12412
中等职业教育	**25**	**28373**	**32674**	**87049**	**4909**	**4140**
调整后中职业学校	3	6168	6581	20332	821	701
普通中专学校	8	6515	9584	25431	1419	1153
成人中专学校	2	3785	4083	10550	208	167
职业高中学校	12	11905	12426	30736	2423	2094
中等技工学校	**6**	**4547**	**10903**	**21459**	**1530**	**1315**
普通高等学校	**10**	**61871**	**88607**	**230913**	**13239**	**9219**

17－14 普通高等学校和中等专业学校基本情况

（2020年）

单位：人

指　标	毕业生数	招生数	在校学生数	教职工数	#专任教师
普通高等学校					
中国矿业大学	8091	9372	34594	3159	2058
徐州医科大学	2945	4543	15909	1419	860
江苏师范大学	6841	6921	23477	2610	1678
徐州工程学院	5713	5877	22241	1546	1273
九州职业技术学院	1325	2430	5238	258	205
徐州工业职业技术学院	2408	4896	12412	718	533
中国矿业大学徐海学院	2008	2222	8767	718	533
徐州医科大学华方学院				637	466
徐州幼儿师范高等专科学校	1611	2172	5113	386	302
徐州生物工程职业技术学院	701	2898	4719	395	235
江苏师范大学科文学院	2627	3339	10657	775	570
江苏建筑职业技术学院	3589	5378	14388	822	650
江苏安全技术职业学院	688	3333	6395	514	389
中等专业学校					
江苏省徐州医药高等职业学校	1274	1343	4275	292	251
江苏省徐州财经高等职业技术学校	1465	1414	5029	291	248
徐州经贸高等职业学校	1416	1211	3922	238	202
江苏省徐州市中等专业学校	162	948	2451	154	136
徐州体育运动学校	122	158	446	131	82
江苏模特艺术学校	420	369	1227	215	197
运河高等师范学校	243	280	853	162	106
徐州高等师范学校	296	319	956	198	182

17-15 各阶段教育入学、升学情况

（2020年）　　单位：%

地　区	入学率		升学率/毕业率	
	小学阶段入学率	初中阶段入学率	小学毕业生升学率	初中毕业生毕业率
全　市	100	100	100	100
市　区	100	100	100	100
丰　县	100	100	100	100
沛　县	100	100	100	100
铜山区	100	100	100	100
睢宁县	100	100	100	100
新沂市	100	100	100	100
邳州市	100	100	100	100

主要统计指标解释

自然科学技术人员 指已取得科学技术职称，或大学、中专的理、工、农、医科系毕业，以及国民经济各部门从工作实践中提拔，从事理、工、农、医等自然科学技术的研究、教学、生产的专业人员和在机关、企业、事业中从事科学技术业务管理工作的专业人员。

工程技术人员 指在国民经济各行业从事工程技术工作的自然科学技术专业人员，包括：高级工程师、工程师、助理工程师、技术员和未评定职称的技术人员。

农业技术人员 指在国民经济各行业从事农业技术工作的自然科学技术专业人员，包括：高级农艺师、农艺师、助理农艺师、技术员和未评定职称的技术人员。

科学研究人员 指在国民经济各行业从事科学技术活动的自然科学技术专业人员，包括：正副研究员、助理研究员、研究实习员、技术员和未评定职称的技术人员。

教学人员 指在国民经济各行业从事自然科学技术方面教学活动的专业人员，包括：正副教授、讲师、助教、教师和在中学从事自然科学技术方面教学活动的人员。

普通高等学校 指按照国家规定的设置标准和审批程序批准举办，通过国家统一招生考试，招收高中毕业生为主要培养对象，实施高等教育的全日制大学、独立设置的学院和高等专科学校、短期职业大学。

成人高等学校 指按照国家有关规定审批，招收通过全国成人高教统一招生考试的具有高中毕业或同等学历的在职从业人员利用脱产、半脱产、业余或函授等多种形式对其实施高等学历教育，培养高等教育专科或本科毕业水平的专门人才，修业年限、课程设置和总学时数均按高等学历教育要求付诸实施的学校。包括广播电视大学、职工高等学校、农民高等学校、管理干部学院、教育学院、独立设置的函授学院等。

招生数 指新学年开学时，一年级实际招收入学的新生数。不包括留级生和复学生数。

在校学生数 指学年初具有学籍的在校学生总数。

专任教师数 指主要从事教育工作的人员数。包括临时（一年以内）调去帮助做其他工作的教学人员。高等学校函授部、夜大学的专任教师和承招科研任务、未担任教学工作仍属教师编制的人员，也计入专任教师中。专任教师不包括调离教学岗位，担任行政领导工作或其他工作的原教学人员。

十八、卫生和社会服务

PUBLIC HEALTH AND SOCIAL SERVICES

版面负责人：马　萍
编　　　辑：唐彦君

统计执法监督检查办法

第四十三条 立案查处和执法检查的典型、严重统计违法案件，应当按照有关规定予以曝光。

对具有严重统计造假弄虚作假情形的，应当依法认定为统计上严重失信，按照有关规定予以公示和惩戒。

第五章 法律责任

第四十四条 县级以上人民政府统计机构负责人、执法检查人员及其相关人员在统计执法监督检查中有下列行为之一的，由统计机构予以通报，由任免机关或者纪检监察机关给予处分：

（一）包庇、纵容统计违法行为；

（二）瞒案不报，压案不查；

（三）未按规定受理、核查、处理统计违法举报；

（四）未按法定权限、程序和要求开展统计执法监督检查，造成不良后果；

（五）违反保密规定，泄露举报人或者案情；

（六）滥用职权，徇私舞弊；

（七）其他违纪违法行为。

第四十五条 县级以上人民政府统计机构负责人、执法检查人员及其相关人员在统计执法监督检查中，违反有关纪律的，依纪依法给予处分。

第四十六条 县级以上人民政府统计机构负责人、执法检查人员及其相关人员泄露在检查过程中知悉的国家秘密、商业秘密、个人信息资料和能够识别或者推断单个调查对象身份的资料，依纪依法给予处分。

第六章 附 则

第四十七条 本办法自公布之日起施行。

18-1 卫生机构数

单位：个

年 份	总 计	医 院 卫生院	#医 院	疗养院、所	门诊部、所
1978	652				
1979	683				
1980	858				
1981	952				
1982	969	231	35	1	678
1983	1004	232	42	1	712
1984	1027	233	43	1	734
1985	1053	237	48	1	753
1986	1030	236	47	1	731
1987	1024	234	47	1	727
1988	1023	228	47	1	732
1989	1042	229	47	1	751
1990	1058	228	46	1	767
1991	1088	228	46	1	798
1992	1049	228	46	1	759
1993	1051	228	46	1	761
1994	1051	231	46	1	758
1995	1052	231	46	1	758
1996	1052	231	45	1	757
1997	1053	232	42	1	757
1998	1261	233	43	1	966
1999	954	275	43	1	456
2000	993	274	42	1	473
2001	1071	211	43	1	449
2002	1047	226	113		778
2003	1120	229	116	1	847
2004	1344	232	119	1	926
2005	1384	230	119	1	1105
2006	1327	227	116	1	917
2007	1483	238	117	1	921
2008	1116	251	108	1	732
2009	1169	268	102	1	828
2010	1213	256	99	1	864
2011	1365	266	108	1	1009
2012	1311	274	114	1	948
2013	4454	277	118	1	815
2014	4620	281	122	1	835
2015	4601	283	124	1	983
2016	4584	291	131	1	971
2017	4509	296	135	1	935
2018	4599	322	161	1	1029
2019	4594	339	177		1109
2020	4552	336	177		1156

18-1 续表 单位：个

年 份	专科防治所、站	疾病预防控制中心（防疫站）	妇幼保健院、所、站	药品检验所、站	医学研究机构	其他卫生机构
1978						
1979						
1980						
1981						
1982		14				
1983	4	15	10	7	2	17
1984	4	15	10	7	2	17
1985	9	15	12	7	2	13
1986	10	15	12	7	2	12
1987	10	14	12	7	2	13
1988	10	14	12	7	2	13
1989	9	14	12	7	2	13
1990	10	14	12	7	2	13
1991	10	15	12	7	2	12
1992	10	14	12	7	2	13
1993	9	14	13	7	2	7
1994	8	14	14	7	2	7
1995	8	14	14	7	2	8
1996	9	14	13	7	3	8
1997	9	14	13	7	3	8
1998	8	14	13	7	3	8
1999	8	14	14	7	3	9
2000	8	14	14	7	3	9
2001	8	14	14		3	9
2002	8	14	13		3	5
2003	6	14	14		3	6
2004		14	14		3	154
2005		14	14		3	17
2006		14	14		3	151
2007		14	13		3	293
2008		14	13		3	102
2009		14	13		3	42
2010		13	12		3	64
2011		13	12		3	61
2012	1	13	12		3	925
2013	1	13	12		3	5
2014	1	13	12		3	7
2015	1	12	12		3	6
2016	1	11	13		3	7
2017	2	11	13		3	6
2018	2	11	14		3	6
2019	2	12	14		3	8
2020	3	12	13		3	10

注：1998 年以后门诊部所中包括个体开业，2009 年包括卫生所、医务室、社区卫生服务站等；2001 年以前医院为县及县以上医院数；2008-2012 年村卫生室不作为卫生机构统计。

18-2 卫生机构人员数

单位：人

年份	总计	卫生技术人员	#执业（助理）医师	中医类别	临床类别	口腔类别	公共卫生类别	#注册护士	每千人口医生数
1978		15690	4857						0.9
1979		16477	4982						0.8
1980		17095	5765						0.8
1981	22581	17696	6542					2888	1.0
1982	23956	18539	7203	574				3496	1.1
1983	25237	19267	7635	1079				4298	1.1
1984	25885	19694	7671	1085				4366	1.1
1985	27354	20602	7881	1080				4603	1.1
1986	28234	21295	8097	1094				4799	1.1
1987	28710	21337	8023	1017				4917	1.1
1988	29477	22381	8804	1176				5438	1.2
1989	30960	23615	9598	1158				6430	1.3
1990	32029	24427	9888	1169				6914	1.2
1991	33771	25818	10298	1108				7289	1.3
1992	35051	26825	10216	1062				7351	1.2
1993	36383	27895	10488	1101				7617	1.3
1994	37741	28928	10891	1074				7881	1.3
1995	38533	29380	11204	1082				8167	1.3
1996	39027	29771	11525	1046				8277	1.3
1997	40472	31125	12025	1044				8424	1.4
1998	40454	31188	11756	986				8350	1.3
1999	39411	30394	11349	933				8421	1.3
2000	39366	30481	11622	925				8720	1.3
2001	39099	30275	11635	963				8863	1.3
2002	36997	29282	11396						1.3
2003	35369	28030	10692					8421	1.2
2004	36163	28297	10480					8479	1.1
2005	35809	28284	10494	721				8574	1.1
2006	36174	28922	10532	723				8677	1.2
2007	38048	29668	11137					9329	1.2
2008	38746	30396	11557					9985	1.2
2009	39408	30821	11613					10801	1.0
2010	41238	32368	12165					11961	1.0
2011	43623	34543	12273	80				13411	1.4
2012	47429	38091	13167	1250	12014	544	649	15909	1.5
2013	51601	43573	14578	1448	13389	666	672	17859	1.9
2014	67552	47007	17518	1558	14527	708	725	19687	2.3
2015	71316	51567	20172	1863	16608	766	935	21355	2.3
2016	75957	55523	21836	1965	18101	857	913	24349	2.5
2017	77117	57537	22870	2209	18754	965	942	25334	2.6
2018	87602	67412	25776	3121	21141	1158	941	31719	2.9
2019	90967	70767	28042	2864	22927	1276	975	32166	3.2
2020	92711	73219	29840	3462	23940	1425	1013	33067	3.3

18-3　卫生机构床位数

单位：张

年　份	总　计	医院卫生院	#医院	疗养院	门诊部、所	其他卫生机构	每千人口医院病床位数
1978	11325						
1979	11971						
1980	12299						
1981	13392						
1982	13644						
1983	14067	12167	7185	200	1550	150	1.8
1984	15046	13133	8109	200	1473	240	1.9
1985	15432	13269	8608	200	1762	200	1.9
1986	15771	13653	8925	200	1718	200	1.9
1987	16147	13845	9107	200	1802	300	1.9
1988	16809	14390	9549	200	1919	300	1.9
1989	17004	14483	9609	200	1921	400	1.9
1990	17303	14660	9630	200	2043	400	1.8
1991	17557	15059	10186	200	1898	400	1.8
1992	18100	15490	10459	200	1987	400	1.9
1993	18747	15813	10668	200	2310	400	1.9
1994	18650	15686	10791	200	2310	400	1.9
1995	18596	15647	10783	200	2310	400	1.8
1996	18733	15814	10883	200	2310	370	1.8
1997	18700	15751	10713	200	2310	400	1.8
1998	18637	15703	10645	200	2310	400	1.8
1999	17992	17368	10621	200		400	2.0
2000	17736	17091	10562	200			1.9
2001	17505	16964	10417	200		317	1.9
2002	18210	18210	13944				2.0
2003	18487	17961	13650	200		326	2.0
2004	18792	18252	13905	200		340	2.1
2005	19888	19287	14647	200	5	104	2.2
2006	20264	19749	14975	40		475	2.2
2007	21488	20238	15737	40		1210	2.3
2008	24430	23248	17614	40		1142	2.6
2009	26600	25081	18852	40	28	1451	2.8
2010	30500	27783	21496	40	130	2547	2.9
2011	32960	30283	23119	40	148	2601	2.7
2012	38489	35703	27091	40	60	2686	3.2
2013	43138	40179	30829	40	57	40	3.3
2014	46213	43175	33532	40	21	40	3.9
2015	47949	44550	34552	40	20	40	4.0
2016	52247	48926	38223	40	40	40	4.4
2017	55589	51444	39764	40		40	4.5
2018	58588	54265	41553	40		40	4.7
2019	60988	56683	43616		16		4.9
2020	59392	54704	41628		16		4.6

18-4 卫生机构、床位、人员数

（2020年）

机构类别	机构数（个）	床位数（张）	诊疗人数（万人）	入院人数（万人）	工作人员数（人）	#卫生技术人员	执业医师数
总 计	**4552**	**59392**	**5525.54**	**187.89**	**92711**	**73219**	**21950**
医院合计	177	41628	2075.48	126.94	49816	40979	12828
综合医院	96	27417	1368.90	89.82	31914	26721	8414
中医医院	18	5618	331.69	16.86	7497	6124	1963
中西医结合医院	2	116	1.11	0.28	101	90	25
专科医院	51	7576	373.05	19.52	9742	7668	2369
#口腔医院	8	126	36.20	0.20	714	550	246
耳鼻喉科医院	1	88	2.01	0.06	84	66	20
肿瘤医院	1	1106	100.50	4.48	1691	1405	492
儿童医院	2	920	96.62	5.48	1788	1479	426
精神病医院	8	2190	32.89	1.93	1358	1023	280
传染病医院	1	384	8.25	0.48	403	322	88
皮肤病医院	1	80	4.43	0.06	86	62	17
职业病医院	1	43	5.22	0.09	24	17	12
康复医院	5	832	8.28	0.96	747	628	163
美容医院	3	60	1.29	0.11	128	107	35
其他专科医院	20	1747	77.37	5.68	2719	2009	590
疗养院							
社区卫生服务中心	55	3242	452.09	7.35	5342	4491	1269
卫生院	159	13076	1199.46	49.63	19085	16104	3911
门诊部、所	1156	16	308.94		5282	4746	2149
#私营门诊部、所	868	16	231.87		3621	3285	1505
急救中心（站）	5	5	8.94		124	66	17
采供血机构	1				167	112	3
妇幼保健院（所、站）	13	1060	121.36	3.74	1723	1384	513
妇幼保健院	4	1027	109.33	3.74	1390	1121	380
妇幼保健所	9	33	12.03		333	263	133
疾病预防控制中心（防疫站）	12				724	566	312
卫生监督所	11				337	285	
医学科学研究机构	3				111	74	49
其他卫生机构	10				312	188	94

18-4 续表 （2020年）

机构类别						其他技术人员（人）	管理人员（人）	工勤人员（人）
	执业助理医师数	注册护士	药剂人员	技师	其他			
总计	**7890**	**33067**	**3302**	**3052**	**3958**	**4016**	**4013**	**6931**
医院合计	795	21539	1932	1840	2045	2468	2497	3872
综合医院	488	14308	1155	1233	1123	1634	1440	2119
中医医院	148	2885	440	247	441	445	330	598
中西医结合医院	5	54	3	2	1		11	
专科医院	141	4022	319	343	474	320	670	1084
#口腔医院	30	238	12	10	14	12	66	86
耳鼻喉科医院	3	32	4	4	3		12	6
肿瘤医院	1	739	52	96	25	30	98	158
儿童医院	2	815	65	43	128	13	100	196
精神病医院	31	566	54	43	49	125	56	154
传染病医院	1	182	27	20	4	27	5	49
皮肤病医院		38	4	3		9	5	10
职业病医院		1	2	2			6	1
康复医院	6	275	30	24	130	18	40	61
美容医院	3	63	4	2		2	5	14
其他专科医院	64	1073	65	96	121	84	277	349
疗养院								
社区卫生服务中心	510	1909	320	221	262	220	197	434
卫生院	3983	5847	744	659	960	779	408	1794
门诊部、所	288	1943	151	76	139	125	219	192
#私营门诊部、所	197	1340	103	38	102	83	143	110
急救中心（站）	9	27		11		19	16	23
采供血机构		75	1	32	1	13	3	39
妇幼保健院（所、站）	44	649	62	80	36	139	56	144
#妇幼保健院	31	587	57	58	8	110	28	131
妇幼保健所	13	62	5	22	28	29	28	13
疾病预防控制中心（防疫站）	26	34	17	95	82	60	23	75
卫生监督所					285	10	24	18
医学科学研究机构	2	5	1	13	4	14	15	8
其他卫生机构	4	58	2	24	6	36	55	33

18－5　市区卫生机构、床位、人员数

指　　标	2018	2019	2020	指　　标	2018	2019	2020
卫生机构数　（个）	**2830**	**2857**	**2885**	#疗养院、所	40		
医院	129	138	133	卫生院	6921	6859	6963
#疗养院、所	1			**卫生机构人员　（人）**	**65559**	**67156**	**68350**
卫生院	88	88	88	卫生技术人员	51594	52884	54472
门诊部、所	769	820	860	执业医师	14842	16064	16883
专科防治所、站	1	2	2	执业助理医师	4172	4138	4529
疾病预防控制中心	8	9	9	注册护士	25027	24817	25349
妇幼保健院（所、站）	10	10	10	药剂人员	2281	2396	2468
卫生监督所	8	8	8	技师	2014	2166	2285
医学科学研究机构	3	3	3	其他卫生技术人员	3258	3058	2958
急救站和采供血机构	3	4	4	其他技术人员	2661	2943	2971
病床数　（张）	**44558**	**45849**	**44031**	管理人员	2797	2894	3096
医院	33815	35161	33288	工勤人员	5071	5104	4998

18－6　医院诊疗基本情况

（2020年）

指　　标	县及县以上医院合计	非营利性	营利性	乡（镇）卫生院合计
诊疗人次　（万人次）	2075.48	1873.43	202.05	1199.46
#门、急诊	1980.69	1785.04	195.65	1154.44
入院人数　（人）	1269386	1136037	133349	496259
每百门急诊的入院人数　（人）	6.41	6.36	6.82	4.30
病床周转次数　（次）	30.90	31.70	25.40	39.70
病床工作日　（日）	277.30	288.80	197.90	276.20
病床使用率　（%）	75.77	78.91	54.08	75.47
出院者平均住院日　（日）	8.70	8.90	6.90	6.40

18-7 城市（市区）前十位疾病死亡原因和构成

（2019 年）

顺位	合计		男性		女性	
	死因	占死亡总数（%）	死因	占死亡总数（%）	死因	占死亡总数（%）
	十种死因合计	**96.79**	**十种死因合计**	**97.67**	**十种死因合计**	**95.64**
1	脑血管病	25.16	肿瘤	28.46	脑血管病	27.69
2	肿瘤	24.47	脑血管病	23.22	心脏病	25.32
3	心脏病	22.95	心脏病	21.15	肿瘤	19.26
4	呼吸系统疾病	10.11	呼吸系统疾病	10.08	呼吸系统疾病	10.15
5	损伤和中毒	7.23	损伤和中毒	8.39	损伤和中毒	5.71
6	内分泌、营养和代谢疾病	3.14	内分泌、营养和代谢疾病	2.64	内分泌、营养和代谢疾病	3.80
7	消化系统疾病	1.56	消化系统疾病	1.62	消化系统疾病	1.49
8	神经系统疾病	0.99	神经系统疾病	0.89	神经系统疾病	1.12
9	泌尿生殖系统疾病	0.65	泌尿生殖系统疾病	0.66	泌尿生殖系统疾病	0.64
10	传染病和寄生虫病	0.52	传染病和寄生虫病	0.56	传染病和寄生虫病	0.45

18-8 城市（市区）前十位疾病死亡原因和构成

（2020 年）

顺位	合计		男性		女性	
	死因	占死亡总数（%）	死因	占死亡总数（%）	死因	占死亡总数（%）
	十种死因合计	**96.24**	**十种死因合计**	**97.40**	**十种死因合计**	**94.73**
1	脑血管病	25.67	肿瘤	26.58	脑血管病	26.82
2	心脏病	23.88	脑血管病	24.77	心脏病	25.71
3	肿瘤	23.55	心脏病	22.46	肿瘤	19.64
4	呼吸系统疾病	7.99	损伤和中毒	8.27	呼吸系统疾病	7.70
5	损伤和中毒	7.34	呼吸系统疾病	8.21	损伤和中毒	6.15
6	内分泌，营养和代谢疾病	3.85	内分泌，营养和代谢疾病	2.94	内分泌，营养和代谢疾病	5.02
7	消化系统疾病	1.78	消化系统疾病	2.01	消化系统疾病	1.49
8	神经系统疾病	1.09	神经系统疾病	0.90	神经系统疾病	1.32
9	泌尿生殖系统疾病	0.68	泌尿生殖系统疾病	0.74	泌尿生殖系统疾病	0.61
10	传染病和寄生虫病	0.41	传染病和寄生虫病	0.51	传染病和寄生虫病	0.27

18-9 主要年份民政事业发展情况

指标	2000	2005	2010	2016	2017	2018	2019	2020
民政事业、企业情况								
收养类单位数（个）	368	230	250	247	236	234	300	283
职工人数（人）	1812	1416	2458	3256	3086	3349	4480	4570
社会福利企业单位数（个）	297	196	117	73				
职工人数（人）	14824	7430	10952	5546				
优抚安置单位数（个）	18	20	22	20	19	101	76	92
职工人数（人）	280	199	314	250	248	183	355	457
救助类单位数（个）	2	2	3	10	10			
职工人数（人）	76	65	72	106	114			
殡仪服务事业单位数（个）	11	19	20	25	21	21	21	21
职工人数（人）	335	405	486	497	455	455	455	476
彩票募捐单位数（个）	8	10	8	8	8	8	8	8
职工人数（人）	45	67	76	81	81	81	81	80
社区服务单位数（个）	30	40	84	4124	4100	4138	4105	4548
职工人数（人）	655	321	519	28906	28641	28961	28329	28854
老龄事业单位数（个）			11	9	9			
职工人数（人）			62	60	60			
婚姻登记服务单位（个）			4	5	5	5	4	5
职工人数（人）			67	51	51	51	36	50
优抚对象优待抚恤情况								
享受定期抚恤金人数（人）	3506	2873	2143	1204	1327	5909	5608	5695
# 城镇		377	272	136	160	1732	1746	654
# 烈属	2271	2065	1349	848	770	251	175	188
享受定期补助人数（人）	16491	14027	21550	41046	45545	45589	44437	32783
# 在乡复员军人	12937	9301	8784	2910	2000	1679	1324	1089
优待优抚对象户数（户）	34696	31597	21404	55373	53481	52144	49683	43575
社会救济情况								
城镇居民最低生活保障人数（人）	7496	49437	43193	25536	22683	18131	15106	13195
# 失业人员	1154	9959	9573	10761	7885	5904		
城镇居民最低生活保障家庭数（户）		18460	18729	13309	11946	9559	8195	7241
农村居民最低生活保障人数（人）	30136	122710	231938	155171	142445	122851	113747	112122
农村居民最低生活保障家庭数（户）		65051	116162	81407	72399	61638	56835	56074
城镇临时救济人次数（人次）	19578	7206	199	10299	10341	13363	10037	12063
农村临时救济人次数（人次）	187629	152990	796					
农村定期救济人数（人）	4227	33413	4524					
农村五保供养户数（户）		25289	42580	33366	32941	32088	31170	30328
城镇社区服务情况								
城镇社区服务设施数（个）	1033	2872	3462	4124	4100	4138	921	1383
城镇社区服务从业人员（人）	7767	45409	5561	28906	28641	28961	28329	28828
城镇便民、利民服务网点数（个）	4809	7255	11756	3358	3358			
社会团体机构情况								
年末实有社团数（个）	721	1061	1727	6823	6080	7163	3456	3861
# 地级社团机构数	274	333	400	534	558	618	646	639

注：2007 年及以后社会救济城镇低保失业人员为登记失业人员、彩票募捐单位数为福利彩票发行单位数；2016 年起城乡临时救济人次数改为城乡临时救助人次数，且临时救助不分城镇农村；2017 年起不再统计社会福利企业单位数和职工人数；2018 年起不再统计救助类单位数和职工人数、老龄事业单位数和职工人数以及城镇便民、利民服务网点数。

18-10 社会福利事业基本情况

（2020年）

指 标	院数（个）	年末职工人数（人）	年末床位（张）	年末在院人员（人）
总 计	**327**	**7530**	**72273**	**29492**
社会福利院	4	120	1141	724
社会福利医院	2	218	540	513
农村五保供养服务机构	109	1956	23984	10803
养老公寓等各类养老机构	212	5236	46608	17452

18-11 主要年份自然灾害情况

指 标	1990	1995	2000	2005	2010	2015	2017	2018	2019	2020
受灾面积（千公顷）	**383.43**	**303.98**	**463.18**	**48.19**	**412.06**	**65.74**	**19.71**	**220.73**	**76.23**	**77.48**
# 旱灾	88.93	54.88	359.45		319.35					
水灾	249.43	22.52	26.50	19.42	57.95		5.81			70.04
风雹灾	27.13	133.67	54.57	4.67	34.58	40.86	13.90	207.79	76.23	7.44
霜冻	7.47	34.33	22.66		0.18	24.88		12.94		
病虫	60.43	28.49								
成灾面积（千公顷）	**317.05**	**235.20**	**256.01**	**31.13**	**235.16**	**33.15**	**9.44**	**119.23**	**42.96**	**31.37**
# 旱灾	32.39	45.87	188.57		184.76					
水灾	205.88	17.54	19.67	12.93	33.41		4.96			28.41
风雹灾	21.69	103.36	33.77	2.64	16.96	22.21	4.48	106.36	42.96	2.96
霜冻	5.53	25.67	14.00		0.03	10.94		12.87		
病虫	54.54	19.06								
因灾损失情况										
经济损失总值（万元）		86146	18448	155890	249142	82976	19040	288863	57917	42861
死亡人口（人）	22	8	7		1		1	11		1
减产粮食（万吨）	39.03	35.95	52.07	22.65						
死亡大牲畜（头）	893	424	4	15			11	860	200	
倒塌房屋（间）	45814	5289	2841	6972	386	174	19	1836	59	27
损坏房屋（间）	52870	15521	6498	24183	2627	724	328	13886	996	352
成灾人口（万人）	**353.58**	**238.83**	**370.96**	**139.66**	**611.85**	**72.93**	**27.67**	**240.15**	**51.07**	**69.82**
因灾缺粮人口（万人）	123.33	123.64	119.82	65.12	49.84		8.99			
因灾缺粮数量（吨）	67360	81778	51168	13681	29905					
得到国家救济人次数（人次）	**1087266**	**764550**	**328076**	**96080**	**498400**	**102678**	**34467**		**51786**	**60336**

18-12　职工基本养老保险情况

单位：人

年　份	在职职工人　数	企　业	事业、机关	其　他	离休、退休退职人员数	企　业	事业、机关	其　他
1987	377943	377943			65317	65317		
1988	500278	500278			82466	82466		
1989	576379	572999		3380	93430	93430		
1990	580996	574437		6559	95435	95435		
1991	635907	626848		9059	100668	100668		
1992	593063	592998		65	105992	105992		
1993	464939	464939			97979	97979		
1994	606073	605999		74	119593	119593		
1995	601093	601020		73	121249	121249		
1996	588555	588482		73	128265	128265		
1997	779430	589567	189790	73	168099	135144	32955	
1998	759978	567398	191890	690	180354	143652	36702	
1999	745830	573526	168664	3640	184275	151910	32307	58
2000	691112	558247	121154	11711	188876	161900	26733	243
2001	692144	535201	112134	44809	193605	170241	23195	169
2002	673307	498608	87419	87280	200480	181011	19217	252
2003	661950	471888	64099	125963	207514	190284	16455	775
2004	633583	410727	55236	167620	217615	199374	15991	2250
2005	654863	602574	52289		227905	211607	16298	
2006	713907	661822	52085		237805	221466	16339	
2007	769214	714570	54644		259488	240812	18676	
2008	824778	770052	54726		273659	254314	19345	
2009	886247	832302	53945		287908	268259	19649	
2010	928684	875018	53666		300249	280125	20124	
2011	1005339	951248	54091		313181	292477	20704	
2012	1015065	539611	64686	475454	312400	268869	31891	43531
2013	1081964	560531	64696	521433	521433	322510	28224	50068
2014	1142559	578912	54253	563647	348609	288718	21682	59891
2015	1164834	594646	63441	570188	364916	294873	33215	70034
2016	1238177	616418	61939	559820	413964	300700	34461	78803
2017	1344829	633675	158527	552627	474083	307433	78249	88401
2018	1425545	676816	166568	582161	515330	319103	95002	101225
2019	1522540	736748	167848	617944	537577	329256	98809	109512
2020	1578010	792852	178393	606765	560906	339221	103164	118521

18-13 城乡居民基本养老保险基本情况

年 份	基金积累（万元）	当年保费收入（万元）	当年参保人数（万人）	总参保人数（万人）	当年领取人数（万人）
1992	610	570	3.24	3.24	0.01
1993	1668	1090	8.52	11.76	0.04
1994	4014	2163	14.32	26.08	0.10
1995	9051	3556	18.16	44.24	0.11
1996	11660	1558	16.89	61.13	0.13
1997	13238	1327	7.47	68.60	0.14
1998	14367	670	1.35	69.95	0.15
1999	14899	322	0.60	70.55	0.18
2000	14960	180	0.20	70.75	0.20
2001	14963	165	0.16	70.91	0.23
2002	15160	162	0.56	71.47	0.36
2003	15375	149	0.14	71.61	0.56
2004	15625	236	0.25	71.86	0.70
2005	15887	385	0.18	72.04	0.86
2006	17041	1290	0.38	72.03	1.03
2007	20155	3154	0.18	73.22	1.25
2008	22517	3012	4.68	77.33	1.40
2009	30314	8646	28.80	95.69	1.92
2010	80886	52488	119.67	215.37	88.21
2011	123331	35626	5.31	220.69	97.32
2012	161707	35415		203.38	107.29
2013	196674	33621	208.52	327.03	118.51
2014	229825	33342	198.87	317.31	118.44
2015	279490	49155	193.86	318.03	124.17
2016	363006	79833	194.70	322.02	127.32
2017	435696	76447	193.08	322.54	129.46
2018	510517	77229	191.14	326.01	134.87
2019	583540	77520	196.87	331.30	134.43
2020	870231	296422	199.15	332.03	132.88

注：2011年以前为农村养老保险口径。

18-14 婚姻登记和离婚情况

年 份	登记结婚（对）	初婚（人）	再婚（人）	离婚数（对）	结婚离婚比（%）
1985	52770	104502	1038	669	1.27
1986	49855	98120	1590	419	0.84
1987	61529	121365	1653	571	0.93
1988	55849	110225	1473	652	1.17
1989	54392	106673	2111	665	1.22
1990	68904	135874	1934	442	0.64
1991	64793	127810	1777	495	0.76
1992	64821	127488	2154	646	1.00
1993	58176	114149	2203	907	1.56
1994	66369	130332	2406	877	1.32
1995	65505	127837	2173	1056	1.61
1996	57001	111626	2376	862	1.51
1997	54954	107133	2775	1196	2.18
1998	56604	109832	3376	1699	3.00
1999	55743	108213	3273	1424	2.55
2000	55664	106774	4438	1514	2.72
2001	48820	93764	3708	1729	3.54
2002	45622	87011	4113	3459	7.58
2003	46016	88199	3695	2342	5.09
2004	51629	96765	6493	5051	9.80
2005	53419	98829	8009	6085	11.39
2006	62626	118172	7080	7131	11.39
2007	68003	127551	8455	8658	12.73
2008	78814	149336	8292	9614	12.20
2009	93612	172923	14301	10261	10.96
2010	101907	193626	10188	11101	10.89
2011	117345	214029	20661	12820	10.93
2012	127280	240760	13800	14269	11.21
2013	119843	221051	18635	17802	14.85
2014	107098	190617	23579	18952	17.70
2015	98203	167832	28582	21889	22.29
2016	98590	163391	33789	25186	25.55
2017	87555	140659	34447	37349	42.66
2018	82394	127150	37628	28688	34.82
2019	68737	101199	36263	30545	44.44
2020	57421	81590	33252	27146	47.28

主要统计指标解释

医院 指名称为医院，设有固定床位、能收容病人住院并 能为病人提供医疗、护理服务的医疗机构。包括县及县以上医院、农村乡卫生院、其他医院三部分。按所属性质分为卫生部门、工业及其他部门，集体经济单位三类。其中县及县以上医院按业务性质分为综合医院和专科医院。

卫生技术人员 指包括执业（助理）医师、注册护士、药师（士）、检验及影像技师（士）、卫生监督员和见习医（药、护、技）师（士）等卫生专业人员。不包括从事管理工作的卫生技术人员（如院长、副院长、党委书记等）。

注册护士 指取得注册护士证书且实际从事护理工作的人员，不含取得护士执业证书但实际从事管理工作的人员。

卫生机构床位 指年底固定实有床位数，包括正规床、简易床、监护床、超过半年加床、正在消毒和修理床位、因扩建或大修而停用床位。不包括产科新生儿床、接产室待产床、库存床、观察床、临时加床和病人家属陪侍床。

执业（助理）医师 指取得医师执业证书且实际从事临床工作的人员，不含取得医师执业证书但实际从事管理工作的人员。

工作人员 指在医疗卫生机构工作并由单位支付工资的人员。包括在编及合同制人员、返聘和临聘本单位半年以上人员（如护士、医师等），不包括离退休人员、退职人员、离开本单位仍保留劳动关系人员、返聘和临聘本单位不足半年人员。多点执业医师一律计入第1执业单位在岗职工数，不再计入第2、3执业单位在岗职工数。

工勤人员 指承担技能操作和维护、后勤保障、服务等职责的工作人员。工勤技能人员分为技术工和普通工。技术工包括护理员（工）、药剂员（工）、检验员、收费员、挂号员等，不包括实验员、技术员、研究实习员（计入其他技术人员），经济员、会计员和统计员（计入管理人员）。

管理人员 指担负领导职责任务的工作人员。包括从事医疗服务、公共卫生、医学科研与教学等业务管理工作人员；主要从事党政、人事、财务、信息、安全保卫等行政管理工作人员。

十九、文化和体育

CULTURE AND SPORTS

版面负责人：马　萍

编　　　辑：唐彦君

国家统计局关于印发《企业统计信用管理办法》的通知

国统字〔2019〕33号

各省、自治区、直辖市统计局，新疆生产建设兵团统计局，国家统计局各调查总队，各司级行政单位、在京直属事业单位、出版社：

《企业统计信用管理办法》已经2019年3月13日国家统计局第3次常务会议审议通过，现印发给你们，请认真贯彻执行。

附件：《企业统计信用管理办法》

国家统计局

2019年3月20日

企业统计信用管理办法

第一条 为贯彻落实中央《关于深化统计管理体制改革提高统计数据真实性的意见》《统计违纪违法责任人处分处理建议办法》文件的要求，推进统计领域诚信建设，引导企业依法统计、诚信统计，提高统计数据真实性，根据《中华人民共和国统计法》《中华人民共和国统计法实施条例》《社会信用体系建设规划纲要（2014-2020年）》《国务院关于建立完善守信联合激励和失信联合惩戒制度加快推进社会诚信建设的指导意见》及其他有关规定，制定本办法。

第二条 本办法所称企业统计信用管理，是指县级以上人民政府统计机构对企业统计信用信息开展的采集、认定、公示和共享等管理活动。

企业统计信用信息是指县级以上人民政府统计机构在统计调查、业务管理和执法检查等履职过程中获取或制作的企业信息，具体是指：

（一）企业基本信息，包括企业名称、地址、统一社会信用代码、法定代表人或主要负责人；

（二）遵守统计法律法规规章和国家有关规定情况；

（三）提供统计工作的组织、人员和工作条件保障情况；

（四）执行统计调查制度情况；

（五）依法提供统计资料及其质量情况；

（六）统计违法行为及处理情况；

（七）其他与统计信用相关的信息。

第三条 本办法适用于承担法定的政府统计资料报送义务的企业。

19-1　文化事业情况

单位：个

年　份	公办文化馆站	公共图书馆	公共图书馆藏书（千册）	博物馆	新华书店	电影放映单位	#电影院影剧院	电影观众人数（万人次）
1982	105	7		1	9	640	57	20436
1983	105	7		2	7	690		22886
1984	112	7	1022	2	7	877	62	25755
1985	112	7	1085	4	7	919	58	20157
1986	101	7	1036	4	7	903	56	21078
1987	101	7	1079	5	7	892	55	22545
1988	101	7	1097	6	7	777	54	
1989	101	7	1128	8	7	781	54	17437
1990	101	7	1182	8	10	767	62	17802
1991	118	7	1240	9	7	641	75	16496
1992	113	7	1375	9	7	579	80	10317
1993	113	7	1398	9	14	567	77	2251
1994	125	7	1432	9	14	553	70	382
1995	113	7	1464	10	7	408	76	1092
1996	113	7	1476	10	7	433	94	1243
1997	113	7	1473	10	7	445	126	1296
1998	113	7	1509	10	7	324	132	1676
1999	113	7	1520	10	7	327	132	832
2000	85	7	1565	10	7	310	103	608
2001	86	7	1587	10	7	196	95	438
2002	86	7	1639	10	7	196	94	366
2003	114	7	1501	10	7	192	90	324
2004	127	7	1533	11	7	96	96	382
2005	127	7	1533	11	7	57	57	425
2006	125	7	1518	13	7	21	8	50
2007	125	7	1542	11	7	24	9	34
2008	126	7	1626	14	7	22	6	30
2009	130	7	1691	16	68	6	4	77
2010	157	7	2698	17	68	6		79
2011	157	8	2416	21	68	6	6	81
2012	157	8	6935	21	68	6	6	81
2013	158	8	8186	21	68	18	6	89
2014	158	8	5304	21	68	22	6	91
2015	158	8	5544	21	68	29	6	311
2016	158	8	3296	21	68	35	1	538
2017	158	8	3725	21	68	45	1	765
2018	169	8	3865	21	68	49	1	810
2019	165	8	4037	18	68	54		940
2020	175	12	4475	18	63	56		328

注：2009 年及以后新华书店为全社会口径，与往年不可比。

19-2　主要年份广播、电视事业情况

指　　标	1990	1995	2000	2005	2010	2015	2017	2018	2019	2020
广播电视台　（座）	**1**	**8**	**1**	**7**	**8**	**8**	**8**	**8**	**8**	**8**
广播事业										
发射台及转播台（中波）（座）	1	2	2	2	2	2	2	2	2	2
发射机功率（中波）（部/千瓦）	3/21	4/22	4/31	2/31	5/65	2/36	2/36	9/36	9/36	10/132
节目　（套）	2	10	9	9	10	11	11	9	10	13
平均每日播音时间　（小时）	18	92	97	139	189	189	183	164	192	167
广播人口覆盖率　（%）	93	88.3	100	100	100	100	100	100	100	100
制作节目时间　（小时）	1323	8235	20754	32913	50415	45847	44783	42939	51128	45254
# 新闻节目	193	1249	1317	4125	7075	4903	5921	5106	5016	5147
文艺节目	379	3869	9595	5427	28159	29816	25612	21827	27315	19420
教育节目	183	26	96		1126	1092	1269	206	223	1103
电视事业										
发射台及转播台　（座）	6	1	8		8	8	8	8	8	8
发射机功率（全部）（部/千瓦）	20/19.55	28/50.20	30/53.25		33/60.55	33/60.56	33/60.56	45/61.75	45/61.75	16/13.20
节目　（套）	1	8	8	10	11	11	11	11	11	11
平均每周播出时间　（小时）	83	444	572	1019	1134	189	186	184	188	228
电视人口覆盖率　（%）	77	99.3	98.7	100	100	100	100	100	100	100
制作节目时间　（小时）	307	3509	3694	13696	11160	19605	15799	12693	18932	4818
# 新闻节目	75	387	555	2827	3196	2720	2539	2096	2106	1132
文艺节目	62	485	518	2242	2051	2383	1875	1204	2006	922
教育节目		13	9		639	1501	1631	1330	1380	551
有线电视用户　（万户）		12.66	25.52	80.70	218.11	264.79	122.43	123.83	78.30	79.33
有线电视入户率　（%）					78.30	95.31	43.95	44.53	38.60	32.30
县级广播电视台　（座）			6	6	7	7	7	7	7	7
数字电视用户　（万户）					43.80	156.42	97.20	104.25	117.90	102.35

注：1998 年及以后广播电台、电视台数根据省广播电视厅要求只统计地市级，县级电台、电视台合并统计为广播电视台。

19-3 主要年份体育事业基本情况

指　　标	1990	1995	2000	2005	2010	2015	2017	2018	2019	2020
体育设施　（所）										
体育场	1	1	7	2	13	41	41	41	26	26
体育馆	1	1		1	12	15	15	15	36	36
游泳馆		1	3	2	9	27	31	31	52	52
体育教育										
体育运动学校　（所）	1	1	1	1	1	1	1	1	1	1
普通业余体校　（所）	6	6	12	14	1	12		5	5	5
在校学生数　（人）	350	680	1506	2603	1617	1709		1717	1739	2394
体育系统职工人数　（人）	**289**	**295**	**411**		**352**	**575**	**541**	**540**	**529**	**575**
注册运动员			1556	2612	3555	2431	2721	2925	2450	2470
专职教练员	82	79	130	206	49	109	132	144	148	150
专职文化教师	31	42	46	204	89	65	30	50	64	53
科技人员	2	2	6	8	2	10	8	11	10	1
医务人员	4	4	2	8	1	3	3	1	0	3
管理人员	83	79	141	264	123	142	141	140	119	101
其他	87	89	86	216	88	246	168	194	188	267
等级运动员　（人）	**135**	**200**	**1120**		**110**	**159**	**219**	**186**	**189**	**146**
# 一级	5	50	65		6	47	21	41	57	42
二级	130	150	320	329	104	112	198	145	132	104
等级裁判员　（人）	**44**	**72**	**1106**		**448**	**1966**	**2279**	**1218**	**583**	**1215**
# 一级	6	17	162		54	714	815	864	44	1090
二级	38	25	295	190	394	1246	1464	1464	539	125
三级		30	638			6				
各级体委举办运动会情况										
运动会次数　（次）	65	85	110			15		7	1	5
参加运动会的运动员人数（万人）	0.60	0.96	12			0.40		5.16	3.50	4.65
获国内外奖章　（牌）										
金质奖章（牌）　（枚）	5	7		11	104	21	161	106	106	54.5
银质奖章（牌）　（枚）	2	5			66	8	114	86	79	39
铜质奖章（牌）　（枚）	6	4			98.5	10	149	107	105	34
体彩情况										
体育彩票销售点个数　（个）					1000	1118	1100	1021	955	1000
年从业人员数　（人）					2000	2200	2000	2042	1930	2000
体育彩票发行额　（万元）					1149		844	1308	1188	1218
体彩全年销售额　（亿元）					5.36	9.02	12.33	12.77	10.72	10.22
百万以上大奖个数　（个）					6		3	6	33	8

注：一、二级运动员 2001 年以后为当年新晋升数；2007、2008 年奖章数为省级以上比赛奖牌数（含国际性比赛）；2008 年部分指标由于统计口径变化，数据相应调整。等级裁判员为当年新增数；2013 年数据依照全国第六次体育场地普查数据。

主要统计指标解释

公共图书馆　文化部门举办的面向社会服务的独立的图书馆。不包括文化馆的图书室。

电视人口覆盖率　指电视覆盖人口与总人口的比率。电视覆盖人口是指能够用普通电视接收机、室外天线在离地面四米高处，在晚上收看电视，并且收视效果能达到图像基本稳定、清晰，能看清人物的形象、动作的地区内的人口数。计算公式为：

$$\text{电视人口覆盖率}(\%)=\frac{\text{年末电视覆盖人口数}}{\text{年末总人口数}}\times 100\%$$

广播人口覆盖率　指广播覆盖人口与总人口的比率。广播覆盖（或中波覆盖）人口是指能够用普通收音机在中午收听中波广播节目，并且收听效果能达到听清完整的节目内容的地区的人口数，包括只能收听外省中波广播的人口数在内。计算公式为：

$$\text{广播人口覆盖率}(\%)=\frac{\text{年末广播覆盖人口数}}{\text{年末总人口数}}\times 100\%$$

等级运动员人数　指经考核正式批准授予等级运动员称号的人数。运动员等级分为国际级运动健将、运动健将、一级运动员、二级运动员、三级运动员、少年级运动员。

等级裁判员人数　指经考核正式批准授予等级裁判员称号的人数。裁判员等级分为国际裁判、国家级裁判、一级裁判、二级裁判、三级裁判。

体育场　指有 400 米跑道（中心含足球场），有固定道牙，跑道 6 条以上，并有固定看台的室外田径场地。以看台容纳观众人数分：甲级 25000 人以上，乙级 15000–25000 人，丙级 5000–15000 人，丁级 5000 人以下。

体育馆　指有固定看台，可供篮球、排球、羽毛球、乒乓球、体操等项目比赛活动用的室内运动场地。以看台容纳观众人数分：甲级 6000 人以上，乙级 4000–6000 人，丙级 2000–4000 人，丁级 2000 人以下。

二十、公共管理及其他

PUBLIC MANAGEMENT AND OTHERS

版面负责人：马　萍
编　　　辑：唐彦君

统计知识

企业统计信用管理办法

第四条 企业统计信用管理应当遵循真实准确、客观公正的原则。

第五条 国家统计局负责全国企业统计信用管理工作，建立全国统一的企业统计信用信息管理系统，指导、监督全国企业统计信用管理工作。

省级统计机构负责建立健全本行政区域企业统计信用信息管理制度，组织、规范和监督本行政区域企业统计信用信息的采集、认定、公示和共享等工作。

市级、县级统计机构应当按照本办法以及省级统计机构的部署，负责采集并及时更新由其组织实施的统计调查活动中的企业统计信用信息，认定企业统计信用状况，依法依规公示企业统计失信情况。

国家统计局派出调查机构负责其组织实施的统计调查活动中所涉企业统计信用管理工作，及时将负责采集、认定的企业统计信用状况与所在地有关部门共享。

第六条 企业统计信用状况分为统计守信企业、统计信用异常企业、统计一般失信企业和统计严重失信企业，实施分类、动态管理。

第七条 企业统计信用状况的认定实行谁认定、谁公示、谁负责的原则。

国家统计局、省级统计机构可以根据统计执法检查、统计数据核查等方式获取的企业统计信用信息，直接认定企业的统计信用状况。

第八条 同时具备下列条件的企业，为统计守信企业：

（一）为履行法定的统计资料报送义务提供组织、人员和工作条件保障；

（二）按照国家有关规定设置原始记录、统计台账，建立健全统计资料的审核、签署、交接、归档等管理制度；

（三）执行统计调查制度，真实、准确、完整、及时地提供统计调查所需资料；

（四）积极配合统计执法检查和统计数据核查；

（五）未被其他部门列入联合惩戒失信名单，未发现有任何违反统计法律法规和统计调查制度的行为。

20-1 主要年份律师、公证、调解工作情况

单位：件

项目		1990	1995	2000	2005	2010	2015	2017	2018	2019	2020
律师工作											
律师事务所	（个）	14	36	44	59	86	116	132	138	145	164
律师	（人）	151	224	543	736	999	1462	1772	2063	2386	2715
# 专职律师		123	143	247	650	976	1381	1691	1825	1967	2103
# 女性		27	31	31	93	164	362	503	569	688	706
兼职律师		7	52	25	15	23	30	31	31	33	33
聘任担任常年法律顾问的单位	（处）	507	1659	1494	1347	1664	4668	4203	9322	9498	3677
民事诉讼代理		784	1755	4026	6045	9483	38432	47700	41782	92419	55268
# 经济诉讼代理		348	1157	2065	1712	4306	16545	20817	23650		
刑事辩护		1281	1145	1850	1662	2320	3569	4495	6052	6956	4883
行政诉讼代理		22	103	242	102	518	40	66	260	680	1717
非诉讼法律事务		159	1269	1107	1154	2232	24589	15899	18521	6056	2255
涉外法律事务		29	3	5	11				16		5
解答法律咨询		7748	15459	32156	45350	25210	99989	102791	108974	90410	6543
代写法律事务文书		1192	2577	3132	5195	2930	2451	4524	5633	8020	1026
公证工作											
公证处	（个）	8	10	12	12	13	15	11	11	11	11
公证人员	（人）	59	56	76	87	111	132	119	127	135	106
# 公证员		30	38	52	50	56	60	53	51	56	60
公证员助理		13	7	24	30	28	40	40	52	54	46
办理公证文书		20702	23006	44501	60805	58572	30912	37359	25957	31619	33457
人民调解工作											
专职司法助理人员	（人）	215	183	182	388						
人民调解委员会	（个）	4648	4595	4800	3212	3 185	3211	3105	3143	3064	3100
调解人员	（人）	94920	116844	98456	73216	35494	10224	6836	5939	10642	10537
调解民事纠纷		32719	31160	25562	16449	32621	30809	122943	129932	150082	144568

注：调解人员 2008 年及以后不包括调解信息员；2019 年起不再统计经济诉讼代理数。

20-2 国内外公证文书分类

（2020年）

分　类	办证件数（件）
合计	**40576**
合同（协议）	1342
继承	8082
#小额继承	1810
委托	10154
声明	6702
赠与	35
遗嘱	276
现场监督	76
婚姻状况、亲属关系、收养关系	924
出生、生存、死亡	769
身份、经历、学历、学位、职务、职称	271
有无违法犯罪记录	1053
公司章程	2
保全证据	2080
证书、执照	3081
签名、印鉴	589
文本相符	3670
赋予强制执行效力	1045
执行证书	
抵押登记	40
提存	3
保管	
其他	382

20-3　主要年份调解民间纠纷分类

分　类	调解纠纷（件）							
	1995	2000	2010	2015	2017	2018	2019	2020
合计　（件）	**31160**	**25562**	**32621**	**35898**	**122943**	**129932**	**150082**	**144568**
婚姻家庭	10805	10143	8860	10072	28103	27758	27509	25946
婚姻	4136	3870		10072	22483	22207		
继承	1179	1327			843	845		
赡养扶养	2892	2466			2191	2165		
其他	2598	2480			2586	2541		
房屋、宅基地	4815	2706	3703	3232	7807	7471	6308	7571
合同	2848	3039	2003	1548	3785	4463	4022	3250
工地承包			2696	1360	4221	4232	4733	4779
邻里	6169	3548	8877	12313	45725	52514	70396	66627
损害赔偿	1832	2225	3562	3485	8824	9142	8676	7415
其他	4691	3901	2920	3888	24478	24352	28438	28980

20-4　政治协商会议徐州市委员会历届委员人数

届 次	委员总数（人）	中国共产党代表（人）	占代表总数比重（%）	少数民族代表（人）	占代表总数比重（%）
一届（1955 年 7 月）	83	6	7.2	1	1.2
二届（1957 年 5 月）	130	10	7.7	2	1.5
三届（1959 年 12 月）	170	12	7.1	5	2.9
四届（1961 年 5 月）	190	12	6.3	5	2.6
五届（1963 年 11 月）	190	12	6.3	4	2.1
六届（1966 年 2 月）	210	12	5.7	5	2.4
七届（1981 年 4 月）	357	18	5.0	10	2.8
八届（1983 年 12 月）	456	21	4.6	11	2.4
九届（1988 年 1 月）	461	20	4.3	11	2.4
十届（1993 年 3 月）	459	22	4.8	13	2.8
十一届（1998 年 1 月）	460	26	5.7	13	2.8
十二届（2003 年 1 月）	480	21	4.4	8	1.7
十三届（2008 年 1 月）	558	24	4.3	8	1.4
十四届（2012 年 6 月）	576	23	4.0	11	1.9
十五届（2017 年 2 月）	574	29	5.1	12	2.1

20-5 妇联组织情况

单位：个

年份	各级妇联总计	#镇、街道级	基层妇代会总计	#农村	机关及事业单位妇委会数	各类妇女联谊组织数
1988	229	218				
1989	236	218			7	
1990	236	218			7	
1991	236	218			7	1
1992	236	218			7	1
1993	236	218	3775	3429	7	1
1994	236	217	3775	3429	7	1
1995	238	217	3778	3429	10	2
1996	233	221	3820	3440	10	2
1997	230	218	3754	3430	11	2
1998	231	219	4101	3430	71	6
1999	235	223	4097	3430	71	6
2000	169	157	3527	3062	71	6
2001	176	164	2727	2255	72	6
2002	176	164	2727	2255	76	6
2003	181	169	2616	2264	92	6
2004	174	162	2617	2295	92	6
2005	166	154	2842	2295	393	322
2006	164	152	2980	2294	396	216
2007	167	155	2853	2262	290	234
2008	167	155	2619	2271	320	30
2009	167	155	2776	2257	281	23
2010	167	155	1649	2250	316	13
2011	167	155	2672	2318	282	43
2012	168	156	2678	2238	320	70
2013	168	156	2678	2234	320	70
2014	173	161	2690	2192	313	70
2015	173	161	2696	2192	379	145
2016	175	163	2181	2079	404	2331
2017	175	163	2692	2267	430	2369
2018	175	163	2692	2267	430	2387
2019	177	165	2736	2018	596	1133
2020	178	166	2756	2013	602	1312

20-6 交通事故发生情况

年份	交通事故发生数（起）	交通事故死伤人数（人）	#死亡人数	每十万人交通事故发生数（起）	每起交通事故死伤人数（人）
1984	518	520	156	7.4	1.0
1985	541	501	156	7.6	0.9
1986	529	576	199	7.4	1.1
1987	1999	1631	448	27.5	0.8
1988	1382	787	342	18.6	0.6
1989	1139	825	291	15.0	0.7
1990	1104	887	235	13.7	0.8
1991	1374	1071	289	16.8	0.8
1992	1436	1316	320	17.4	0.9
1993	1475	1398	337	17.8	0.9
1994	1601	1365	339	19.1	0.9
1995	1383	1396	351	16.3	1.0
1996	1107	1167	319	12.9	1.1
1997	1094	1253	319	12.6	1.1
1998	1063	1271	360	12.1	1.2
1999	775	1095	326	8.8	1.4
2000	3557	3700	773	39.7	1.0
2001	2099	2407	518	23.3	1.1
2002	1730	2100	459	19.2	1.2
2003	1569	1993	458	17.3	1.3
2004	1506	1824	521	16.5	1.2
2005	1289	1619	487	13.9	1.3
2006	1123	1431	448	12.0	1.3
2007	1007	1336	373	10.7	1.3
2008	1038	1425	374	11.0	1.4
2009	969	1343	371	10.1	1.4
2010	852	1140	357	8.8	1.3
2011	733	994	364	8.6	1.4
2012	839	1084	350	9.8	1.3
2013	914	1154	348	10.7	1.3
2014	913	1154	348	10.6	1.3
2015	912	1152	347	10.5	1.3
2016	900	1136	341	10.4	1.3
2017	902	1135	344	10.3	1.3
2018	894	1135	342	10.1	1.3
2019	886	1126	337	10.0	1.3
2020	798	979	299	8.8	1.2

20−7　主要年份火灾事故发生情况

年　　份	火灾发生数（起）	火灾死伤人数（人）	#死亡人数	直接经济损失（万元）	平均每起火灾损失（元）
1985	118	35	11	47.72	4044
1990	284	21	5	205.80	7246
1991	142	19	7	122.40	8620
1992	162	24	6	223.04	13768
1993	108	81	23	192.45	17819
1994	140	53	20	271.71	19408
1995	185	75	13	345.42	18671
1996	204	34	8	394.36	19331
1997	903	33	15	449.65	4980
1998	841	55	23	307.41	3655
1999	799	60	11	289.74	3626
2000	477	54	10	293.10	6144
2001	540	32	11	217.59	4029
2002	656	35	15	185.83	2833
2003	671	19	8	381.82	5690
2004	821	38	15	368.34	4486
2005	1102	29	17	460.84	4181
2006	883	17	11	322.06	3647
2007	1123	20	17	408.91	3641
2008	1033	9	6	342.31	3314
2009	896	11	7	572.56	6390
2010	856	10	7	448.95	5245
2011	763	9	9	387.80	5083
2012	717	10	7	565.36	7885
2013	2141	18	10	1480.43	6914
2014	2157	23	14	2425.38	11244
2015	2417	23	14	2081.34	8611
2016	1954	5	5	1459.10	7467
2017	1838	7	5	1777.42	9670
2018	1180	9	6	1617.04	13703
2019	1083	5	5	1803.08	16648
2020	896	5	1	1431.00	15971

20−8　火灾事故发生情况

（2020 年）

项　　目	合　计	按事故发生程度分			按事故发生地区分
		特大	重大	一般	#市区
火灾发生数（起）	896			896	424
死伤人数（人）	5			5	5
#死亡人数	1			1	1
直接经济损失（万元）	1431			1431	779
平均每起火灾损失（元）	15971			15971	18373

主要统计指标解释

律师 指受聘参加法律顾问处工作，担任法律顾问、刑（民）事代理人、刑事辩护人，办理非诉讼事件、解答法律询问、代定法律事务文书等主要从事律师业务的专职法律工作者和兼职律师。

公证人员 指在国家公证机关依法办理公证事务的司法人员。包括公证员、助理公证员和在公证处工作的其他人员。

办理公证文书 指公证处在一定时期内办结的公证文书件数。公证文书系按司法部门规定或批准的格式制作。包括国内公证和涉外公证两部分。其中国内公证分为经济合同公证和民事法律关系公证两大类。

调解人员 在人民调解委员会担负调解民间一般民事纠纷和轻微违法行为所引起的纠纷的工作人员。包括调解委员会的委员和调解小组的调解员。

调解民间纠纷 指调解委员会依照法律规定，根据自愿原则，用说服教育的方法调解民间发生的有关民事权利和义务的争执，促成当事双方达到协议的谅解，解决纠纷。包括婚姻家庭纠纷，财产权益纠纷等。不包括法院受理调解的民事案件数。

二十一、县(市)社会经济(1978-2020)

SOCIAL ECONOMIC OF COUNTIES (CITIES) (1978-2020)

版面负责人：马　萍　王　楠　唐子午
顾元林　丁　磊　张　虹
王廷宝　高惠媛　徐　勇

编　　辑：蒋　磊　徐向忠　闫礼建
董志娟　魏安山　杜秀侠
秦伟伟　宋　蕊　郑　鹏
柏　慧　柳　震　冯颖存
李银浩　陈露露

统计知识

企业统计信用管理办法

第九条 有下列情形之一的企业，为统计信用异常企业：

（一）未按照法定的统计资料报送义务提供组织、人员和工作条件保障；

（二）未按照国家有关规定设置原始记录、统计台账，未建立健全统计资料的审核、签署、交接、归档等管理制度；

（三）迟报统计资料；

（四）统计资料报送异常且不能做出合理解释；

（五）通过登记的住所或者经营场所无法联系。

第十条 有下列情形之一的企业，为统计一般失信企业：

（一）提供不真实统计资料；

（二）拒绝、阻碍统计调查、统计检查；

（三）多次迟报统计资料；

（四）被统计机构行政处罚后，一年内未按照《企业信息公示暂行条例》自行公示。

第十一条 有下列情形之一的企业，为统计严重失信企业：

（一）编造虚假统计数据；

（二）提供不真实统计资料，拒报或者故意迟报统计资料，属于《统计违纪违法责任人处分处理建议办法》规定的情节严重或者情节特别严重统计造假、弄虚作假违法行为；

（三）拒绝、阻碍统计调查、统计检查，情节严重；

（四）转移、隐匿、篡改、毁弃或者拒绝提供原始记录和凭证、统计台账、统计调查表及其他相关证明和资料；

（五）拒绝答复或者不如实答复统计检查查询书；

（六）有其他严重统计违法行为，应当受到行政处罚。

21-1 历年地区生产总值

（当年价格）　　单位：亿元

年　份	丰　县	沛　县	睢宁县	新沂市	邳州市	贾汪区	铜山区
1978	1.72	2.04	2.12	2.21	2.42		2.07
1979	1.99	2.24	2.21	2.24	2.82		2.66
1980	2.32	2.54	2.69	2.38	3.11		2.73
1981	2.42	2.80	2.91	2.62	3.23		3.14
1982	3.04	3.39	3.41	2.82	3.73		3.79
1983	3.53	3.78	3.61	3.55	4.93		4.57
1984	4.14	4.85	4.90	4.27	5.69		5.27
1985	3.87	5.88	5.30	5.02	6.46		6.16
1986	4.48	6.36	5.58	5.80	7.99		7.19
1987	4.86	7.11	5.70	6.85	8.94		8.75
1988	5.37	8.96	6.26	8.46	11.29		9.67
1989	7.06	8.59	6.88	9.49	12.04		11.23
1990	7.51	9.37	8.49	10.10	13.55		12.13
1991	9.28	13.18	9.46	11.42	14.70		13.53
1992	9.77	15.56	11.45	12.69	17.10		16.38
1993	12.42	20.16	15.28	18.85	20.75		21.79
1994	14.61	27.27	22.07	28.50	29.79	17.76	32.37
1995	16.36	36.23	29.53	32.51	34.59	27.00	45.67
1996	17.13	42.99	32.59	36.50	38.94	27.54	50.37
1997	17.91	46.12	30.29	39.51	44.48	28.43	55.55
1998	19.47	51.59	32.69	43.30	50.71	31.15	60.70
1999	22.78	56.36	34.31	44.53	55.96	33.42	64.65
2000	26.28	60.15	36.61	38.91	62.68	36.91	70.91
2001	30.40	68.00	41.35	43.66	69.05	34.79	77.75
2002	34.91	76.41	47.03	47.96	76.46	34.26	86.21
2003	40.50	86.57	53.20	54.24	88.07	39.30	99.00
2004	48.89	104.75	54.04	64.55	102.26	47.64	117.39
2005	57.94	125.22	64.26	83.02	128.93	55.23	147.69
2006	68.58	150.82	78.12	103.83	161.98	65.90	181.08
2007	81.08	179.50	95.58	129.32	198.55	80.64	229.31
2008	102.43	218.89	129.93	168.66	257.13	92.98	290.58
2009	120.15	249.98	151.15	195.53	298.46	108.60	338.11
2010	184.10	289.09	200.96	242.47	362.00	135.79	456.90
2011	233.82	361.33	253.45	302.97	443.48	170.26	563.35
2012	280.09	413.36	303.76	352.02	507.34	192.91	639.41
2013	311.14	482.81	370.76	414.41	603.35	220.55	727.81
2014	338.25	541.23	421.78	476.06	676.26	246.96	824.70
2015	366.82	580.20	453.84	510.33	722.92	261.30	889.03
2016	400.94	636.86	496.74	561.96	792.34	284.89	962.50
2017	438.83	722.53	557.20	633.96	867.39	324.23	1071.91
2018	451.17	731.02	574.59	651.31	906.53	331.96	1087.89
2019	460.88	769.17	602.33	676.52	944.11	346.68	1163.56
2020	486.53	805.01	619.34	692.22	1001.26	359.20	1181.54

注：1993-2004 年是根据 2004 年第一次经济普查调整修订数据；2006-2008 年数据是根据第二次全国经济普查调整修订数据；2010-2018 年数据是根据第四次全国经济普查调整修订数据；2019 年调整为最终核实数。

21-2 历年地区生产总值指数

（按可比价格计算、以1978年为100）

年 份	丰 县	沛 县	睢宁县	新沂市	邳州市	铜山区
1978	100.0	100.0	100.0	100.0	100.0	100.0
1979	99.0	95.5	90.8	89.5	99.9	110.3
1980	114.1	107.5	109.2	93.8	108.5	113.7
1981	117.5	117.6	115.8	101.1	110.1	128.3
1982	140.8	138.1	129.6	105.9	122.6	150.4
1983	161.0	151.6	134.8	129.7	159.3	181.0
1984	181.9	188.0	174.3	151.6	175.9	200.2
1985	158.6	210.8	173.2	165.0	189.4	209.6
1986	170.4	219.0	178.9	180.5	215.1	226.2
1987	171.9	228.4	173.1	195.7	224.0	256.3
1988	167.7	254.6	169.6	221.8	241.7	289.7
1989	199.1	221.2	169.8	240.8	238.1	249.8
1990	202.1	224.3	195.9	254.7	248.8	261.3
1991	241.7	304.8	212.9	277.1	269.7	283.8
1992	245.3	347.5	249.7	312.3	308.0	359.3
1993	274.5	376.0	283.9	360.7	363.7	395.6
1994	326.4	418.9	343.5	445.8	432.1	447.0
1995	378.0	517.8	401.6	465.9	523.7	596.3
1996	408.6	577.3	425.6	515.3	573.5	647.6
1997	455.6	665.6	435.9	563.7	543.1	736.3
1998	506.2	752.1	471.6	635.3	608.8	832.8
1999	569.5	843.1	509.3	688.7	679.4	934.4
2000	632.1	936.7	547.0	739.7	754.8	1047.5
2001	704.8	1041.6	618.1	828.5	841.6	1153.3
2002	787.3	1172.8	685.5	927.1	943.4	1287.1
2003	866.0	1322.9	760.9	1043.0	1069.8	1455.7
2004	976.0	1504.1	858.3	1185.9	1227.1	1669.7
2005	1107.8	1729.7	974.2	1361.4	1422.2	1928.5
2006	1275.1	2006.5	1120.3	1575.1	1659.7	2250.6
2007	1469.9	2321.0	1290.7	1816.0	1920.2	2604.9
2008	1678.6	2664.5	1474.0	2077.5	2204.4	2993.0
2009	1916.9	3056.2	1690.7	2385.0	2532.9	3439.0
2010	2183.8	3508.5	1937.5	2740.1	2904.7	3941.0
2011	2476.7	4003.3	2204.8	3136.0	3314.3	4504.6
2012	2816.0	4559.8	2506.9	3578.2	3781.6	5148.8
2013	3182.1	5138.9	2835.3	4505.5	4273.2	5807.6
2014	3551.2	5724.7	3175.5	5028.1	4773.2	6481.3
2015	3920.5	6325.8	3508.9	5561.1	5269.6	7135.9
2016	4230.2	6901.4	3807.2	6083.8	5727.9	7706.8
2017	4540.6	7493.8	4100.3	6610.1	6209.6	8258.1
2018	4676.9	7763.5	4280.7	6894.3	6426.9	8547.1
2019	4793.8	8159.5	4503.3	7245.9	6703.3	9145.4
2020	4942.4	8477.7	4629.4	7470.5	6964.7	9410.6

21-3 历年地区生产总值指数

（按可比价格计算、以上年为100）

年　份	丰县	沛县	睢宁县	新沂市	邳州市	贾汪区	铜山区
1978							
1979	99.0	95.5	90.8	89.5	99.9		110.3
1980	115.3	112.6	120.3	104.8	108.6		103.1
1981	103.0	109.4	106.0	107.8	101.5		112.8
1982	119.8	117.4	111.9	104.7	111.4		117.2
1983	114.3	109.8	104.0	122.5	129.9		120.3
1984	113.0	124.0	129.3	116.9	110.4		110.6
1985	87.2	112.1	99.4	108.8	107.7		104.7
1986	107.4	103.9	103.3	109.4	113.6		107.9
1987	100.9	104.3	96.8	108.4	104.1		113.3
1988	97.6	111.5	98.0	113.3	107.9		113.0
1989	118.7	86.9	100.1	108.6	98.5		86.2
1990	101.5	101.4	115.4	106.5	104.5		104.6
1991	119.6	135.9	108.7	113.0	108.4		108.6
1992	101.5	114.0	117.3	111.1	114.2		126.6
1993	111.9	108.2	113.7	122.7	118.1		110.1
1994	118.9	111.4	121.0	123.6	118.8	150.8	113.0
1995	115.8	123.6	116.9	104.5	121.2	152.0	133.4
1996	108.1	111.5	106.0	110.6	109.5	124.3	108.6
1997	111.5	115.3	102.4	109.4	89.9	107.4	113.7
1998	111.1	113.0	108.2	112.7	112.1	112.1	113.1
1999	112.5	112.1	108.0	108.4	111.6	103.7	112.2
2000	111.0	111.1	107.4	107.4	111.1	111.6	112.1
2001	111.5	111.2	113.0	112.0	111.5	108.1	110.1
2002	111.7	112.6	110.9	111.9	112.1	112.1	111.6
2003	110.0	112.8	111.0	112.5	113.4	112.7	113.1
2004	112.7	113.7	112.8	113.7	114.7	114.1	114.7
2005	113.5	115.0	113.5	114.8	115.9	115.0	115.5
2006	115.1	116.0	115.0	115.7	121.2	115.9	116.7
2007	115.3	115.7	115.2	115.3	115.7	115.6	115.7
2008	114.2	114.8	114.2	114.4	114.9	114.5	114.9
2009	114.2	114.7	114.7	114.8	135.5	114.5	114.9
2010	113.9	114.8	114.6	114.9	114.7	114.7	114.6
2011	113.4	114.1	113.8	114.4	114.1	113.8	114.3
2012	113.7	113.9	113.7	114.1	114.1	113.8	114.3
2013	113.0	112.7	113.1	113.2	113.0	112.6	112.8
2014	111.6	111.4	112.0	111.6	111.7	109.3	111.6
2015	110.4	110.5	110.5	110.6	110.4	109.0	110.1
2016	107.9	109.1	108.5	109.4	108.7	108.5	108.0
2017	107.3	108.6	107.7	108.6	108.4	108.8	107.2
2018	103.0	103.6	104.4	104.3	103.5	104.2	103.5
2019	102.5	105.1	105.2	105.1	104.3	105.0	107.0
2020	103.1	103.9	102.8	103.1	103.9	103.1	102.9

21-4 历年人均地区生产总值

（当年价格）

单位：元

年 份	丰县	沛县	睢宁县	新沂市	邳州市	贾汪区	铜山区
1978	215	254	224	310	213		234
1979	246	274	232	313	246		299
1980	284	307	280	330	269		306
1981	294	332	300	359	277		347
1982	363	292	347	381	315		411
1983	417	429	364	474	410		488
1984	486	546	490	562	367		557
1985	451	660	526	653	524		645
1986	518	700	550	746	641		750
1987	557	777	557	872	707		903
1988	608	951	603	1058	874		975
1989	785	879	649	1248	913		1113
1990	805	916	767	1289	985		1147
1991	960	1241	817	1398	1025		1217
1992	997	1445	973	1612	1234		1464
1993	1250	1846	1287	2094	1415		1938
1994	1451	2299	1845	3150	2013	3688	2862
1995	1611	2880	2447	3577	2320	4600	4003
1996	1677	3169	2679	3941	2598	5721	4387
1997	1718	3427	2471	4177	2960	5876	4819
1998	1845	3834	2647	4515	3375	6379	5221
1999	2149	4263	2776	4718	3691	6791	5529
2000	2403	4776	2917	4075	4066	7476	6044
2001	2770	5465	3221	4511	4429	7008	6592
2002	3179	6302	3648	4949	4888	6936	7293
2003	3698	7328	4108	5646	5774	8457	8379
2004	4811	8991	4130	6723	6892	10252	9926
2005	5745	10928	4856	9001	8766	12048	13207
2006	6784	13091	6616	11038	10903	14764	16303
2007	7994	15789	8193	13941	13542	18292	20789
2008	10226	19402	11285	18439	17531	21226	26603
2009	12130	22322	13328	21480	20616	24957	31289
2010	18895	25618	18578	26499	24953	31400	38832
2011	24383	31965	24295	32821	30474	39471	47554
2012	29489	37410	28961	37950	34991	44573	53637
2013	33000	44464	35197	44455	41721	50789	60487
2014	36007	50296	39811	50772	46761	56649	69131
2015	39159	54351	42640	54100	49889	59630	75495
2016	42845	59951	46433	59213	54550	64638	80879
2017	46789	68244	51719	66349	59537	72951	88493
2018	48033	69456	53073	67700	62102	74024	88764
2019	49098	73591	55463	69957	64619	76827	94479
2020	51949	77409	56927	71411	68479	79302	95590

21-5 历年年末总人口

单位：万人

年 份	丰县	沛县	睢宁县	新沂市	邳州市	贾汪区	铜山区
1978	80.53	81.07	95.06	71.53	114.30		135.85
1979	81.10	82.03	95.71	71.85	114.92		136.27
1980	81.78	83.46	96.22	72.38	115.81		137.36
1981	83.00	85.64	97.56	73.38	117.58		139.90
1982	84.21	87.43	98.95	74.48	119.51		142.58
1983	84.94	88.88	99.74	75.22	120.89		143.99
1984	85.50	88.59	100.48	76.31	122.79		145.73
1985	86.13	89.66	101.07	77.25	124.07		146.90
1986	86.68	90.93	101.96	78.28	125.51		147.97
1987	87.62	92.20	102.96	79.38	127.47		150.68
1988	89.08	96.18	104.84	80.69	130.89		154.90
1989	90.78	99.28	107.03	82.36	132.96		160.13
1990	95.78	105.36	114.40	88.37	142.22		170.35
1991	97.61	107.16	117.23	89.44	144.71		172.16
1992	98.51	108.15	118.26	89.74	146.06		172.38
1993	99.39	109.29	119.15	90.33	147.32		173.29
1994	100.67	111.84	120.09	90.62	148.59	48.15	128.56
1995	101.51	112.66	121.21	91.13	149.60	48.08	129.90
1996	102.14	113.32	122.12	94.10	150.11	48.14	130.30
1997	104.28	113.62	123.08	95.05	150.45	48.61	131.34
1998	105.57	115.16	124.25	96.15	150.02	49.36	132.77
1999	106.04	115.79	122.96	94.59	152.74	49.05	133.00
2000	109.38	118.13	128.06	96.34	155.59	49.69	128.34
2001	109.74	118.48	128.71	97.22	156.25	49.58	128.90
2002	109.80	118.92	129.09	96.58	156.56	49.21	128.94
2003	109.51	119.50	129.93	95.55	158.04	48.93	128.80
2004	110.24	120.34	131.76	96.48	161.43	48.56	129.19
2005	111.03	120.48	132.89	97.47	163.96	48.47	119.60
2006	112.11	121.74	134.04	99.06	165.46	48.64	120.72
2007	113.30	123.59	132.89	99.11	168.66	48.35	120.47
2008	114.03	123.80	132.51	100.31	169.70	48.59	122.11
2009	114.58	125.81	132.91	101.95	171.93	49.18	124.21
2010	116.49	127.94	133.12	104.01	178.62	50.55	129.27
2011	115.08	127.12	135.46	104.70	178.63	50.51	131.07
2012	116.62	128.66	137.35	107.15	179.86	51.10	134.51
2013	118.23	128.91	140.74	109.66	182.95	50.93	137.06
2014	120.05	130.63	143.58	111.89	185.89	51.76	131.56
2015	120.67	130.92	144.28	112.66	187.49	52.07	131.36
2016	121.41	130.74	144.16	113.56	193.87	52.57	132.26
2017	120.97	129.92	144.00	112.93	193.76	52.12	132.07
2018	121.48	129.81	144.10	113.21	194.36	52.27	133.15
2019	121.02	129.05	141.79	112.32	194.13	51.79	133.31
2020	120.43	128.63	141.09	111.63	192.02	51.54	132.75

21-6 历年年末农业人口

单位：万人

年 份	丰 县	沛 县	睢宁县	新沂市	邳州市	贾汪区	铜山区
1978	78.34	76.75	92.61	68.32	111.00		132.80
1979	78.77	77.47	93.08	68.45	111.23		133.36
1980	79.32	78.39	93.45	68.85	112.03		134.26
1981	80.39	79.99	94.61	69.69	113.56		136.72
1982	81.40	81.42	95.74	70.66	115.27		139.37
1983	81.98	82.04	96.45	71.22	116.55		140.96
1984	82.29	81.39	96.95	72.01	118.15		142.46
1985	82.28	81.39	97.13	72.49	118.85		143.21
1986	82.64	82.12	97.90	73.27	120.38		143.88
1987	83.13	82.80	98.59	74.26	122.01		145.43
1988	83.61	85.46	98.90	74.88	123.42		145.78
1989	84.68	87.23	99.98	75.10	124.39		148.35
1990	89.28	92.58	106.85	80.56	132.65		156.87
1991	90.74	92.83	109.39	81.11	134.64		156.98
1992	91.28	93.41	110.19	81.06	135.39		155.94
1993	91.78	94.01	110.64	80.98	136.11		155.17
1994	92.77	95.73	111.30	80.90	136.69	34.03	116.63
1995	93.12	95.89	111.74	80.68	136.36	33.53	116.09
1996	93.22	95.88	112.30	82.85	135.79	32.49	115.72
1997	94.82	95.57	112.93	83.21	135.14	32.59	115.94
1998	95.62	96.11	113.70	83.40	134.10	32.78	117.04
1999	95.75	95.95	112.04	81.24	135.60	32.38	116.88
2000	94.02	96.88	111.56	77.95	121.74	32.44	111.68
2001	93.62	97.27	111.67	76.27	120.89	31.54	110.92
2002	93.48	97.42	111.68	75.92	121.32	31.27	110.85
2003	90.54	87.09	113.29	75.80	124.46		101.09
2004	88.15	87.56	110.86	76.35	121.62	28.72	101.00
2005	88.40	87.48	109.91	77.14	121.72	27.47	94.56
2006	89.47	88.69	110.95	78.13	122.92	27.84	95.92
2007	90.20	94.09	109.99	79.70	125.60	26.84	91.06
2008	80.75	93.64	110.26	80.89	126.45	26.40	91.82
2009	65.10	81.04	110.68	82.30	127.49	26.87	85.55
2010	65.22	79.67	100.83	43.69	129.62	24.69	83.65
2011	50.45	54.62	60.95	46.11	68.45	17.76	52.69
2012	50.49	52.54	60.03	43.88	47.43	19.76	51.87
2013	49.20	52.01	55.02	41.94	47.16	15.90	24.96
2014	48.63	53.69	55.32	42.53	47.08	16.89	21.70
2015	72.30	67.38	55.80	61.02	88.82	23.17	64.87
2016	72.77	61.77	55.18	61.38	91.68	21.86	65.41
2017	72.07	60.09	54.91	59.55	90.41	21.01	64.47
2018	68.26	58.01	54.61	55.99	89.53	21.07	64.43
2019	67.29	57.77	53.66	55.58	89.24	20.92	59.89
2020	60.43	57.70	53.00	52.07	87.81	20.85	59.64

注：2015 年起，城乡人口划分与往年不可比。

21-7 历年人口出生率

单位：‰

年份	丰县	沛县	睢宁县	新沂市	邳州市	贾汪区	铜山区
1978	18.96	19.40	15.36	16.94	14.67		15.94
1979	13.03	15.91	12.35	12.34	11.93		13.58
1980	17.51	25.44	17.35	15.19	17.48		22.86
1981	16.88	19.30	14.19	18.08	16.79		21.51
1982	15.41	17.87	14.64	17.58	18.05		20.46
1983	13.44	12.81	12.05	14.46	15.63		16.46
1984	12.52	16.54	11.71	15.99	15.28		14.42
1985	11.79	11.50	9.99	14.91	12.86		12.50
1986	13.25	13.34	11.14	16.98	13.72		13.48
1987	15.89	15.08	12.02	16.30	15.33		16.52
1988	19.13	44.33	13.18	19.01	22.87		25.48
1989	21.83	31.63	15.49	19.22	18.90		31.69
1990	19.77	23.92	17.19	18.90	18.50		28.08
1991	21.24	19.90	26.21	16.72	20.93		18.31
1992	13.20	13.29	14.08	11.52	12.77		12.22
1993	13.78	15.92	10.76	10.08	11.26		12.37
1994	16.73	22.94	10.78	9.26	10.96	10.25	14.20
1995	12.67	10.68	9.90	8.29	8.75	10.18	10.75
1996	10.64	9.28	10.85	12.57	7.92	10.10	8.88
1997	23.83	8.28	10.74	9.03	7.77	9.10	13.83
1998	13.64	9.60	8.88	8.23	9.67	7.78	13.54
1999	9.49	7.73	7.49	8.00	8.44	8.20	8.32
2000	35.54	24.04	18.66	13.15	15.28	8.10	13.86
2001	7.74	8.17	6.96	8.10	8.47	6.67	7.85
2002	7.31	7.17	7.04	6.65	9.59	6.36	8.72
2003	6.45	8.92	13.76	6.91	13.18	6.60	8.85
2004	15.74	11.69	19.10	15.70	22.63	8.32	9.18
2005	13.07	9.23	14.01	15.32	19.52	9.96	14.50
2006	15.24	15.58	15.03	16.50	17.92	8.02	14.68
2007	20.13	21.01	14.67	22.31	32.02	14.40	18.86
2008	17.09	18.93	13.85	21.24	23.21	10.30	20.62
2009	17.34	19.14	14.30	16.24	30.79	18.70	20.67
2010	26.31	24.14	15.69	23.33	26.77	41.20	18.09
2011	19.17	18.51	25.46	20.70	9.13	12.40	26.52
2012	21.96	19.75	21.26	25.64	15.78	17.30	23.79
2013	20.44	20.75	26.43	25.69	18.46	20.90	24.69
2014	21.55	20.45	25.67	23.61	18.30	21.60	19.05
2015	14.07	14.71	16.05	18.03	14.30	14.80	14.74
2016	12.71	14.04	12.88	13.21	37.68	13.00	13.60
2017	14.48	18.39	16.17	14.92	14.85	15.60	15.37
2018	13.10	13.16	13.87	14.78	13.61	13.30	12.83
2019	10.07	9.99	10.77	10.01	9.86	10.04	10.19
2020	10.42	10.68	11.16	9.85	9.60	9.71	10.29

注：各县（市、区）出生人口中包含往年补报出生人口（下同）。

21-8 历年人口自然增长率

单位：‰

年 份	丰 县	沛 县	睢宁县	新沂市	邳州市	贾汪区	铜山区
1978	13.44	14.30	9.50	10.82	9.11		10.35
1979	7.55	11.13	6.60	6.36	6.52		8.16
1980	11.53	17.81	9.61	8.65	11.07		15.24
1981	11.76	14.10	9.05	11.86	11.88		15.00
1982	10.71	13.13	9.54	12.50	13.12		15.66
1983	8.55	7.72	7.16	9.38	11.13		11.59
1984	7.09	11.01	6.31	10.98	10.75		9.23
1985	6.62	6.81	5.20	9.96	8.31		7.29
1986	8.08	8.74	6.63	11.93	9.17		8.47
1987	10.76	10.73	7.49	11.36	11.06		11.38
1988	13.77	39.92	8.80	13.80	18.23		20.19
1989	16.48	27.40	11.28	14.38	14.61		27.02
1990	15.14	19.70	12.51	13.70	14.27		23.08
1991	17.07	15.42	20.70	11.60	15.66		13.00
1992	8.16	8.65	8.67	6.36	7.34		6.60
1993	8.93	11.42	5.20	4.79	5.94		6.93
1994	11.43	18.14	5.44	4.06	5.55	6.23	8.44
1995	7.83	6.42	5.02	3.42	3.63	5.68	5.97
1996	5.82	4.90	5.67	8.25	2.46	5.45	2.96
1997	19.26	4.42	5.55	4.93	2.84	4.60	7.81
1998	9.09	6.17	3.82	3.52	5.47	3.23	8.04
1999	5.69	4.80	3.22	4.18	5.04	3.93	2.86
2000	30.15	18.83	14.38	9.06	11.18	3.80	7.50
2001	4.37	4.29	4.03	4.99	5.32	2.24	4.14
2002	3.51	4.27	4.18	0.68	5.71	3.44	4.63
2003	2.85	5.47	10.06	4.67	9.29	3.22	2.97
2004	10.18	6.84	14.54	11.13	17.91	3.49	4.32
2005	10.58	5.92	12.22	13.91	17.33	3.77	11.83
2006	10.82	12.64	12.40	14.86	11.60	4.32	10.66
2007	11.82	14.06	-6.91	1.37	17.24	-1.20	-2.70
2008	7.01	1.66	-2.16	11.50	9.56	8.60	11.93
2009	5.54	15.37	2.85	14.97	17.57	16.50	16.11
2010	17.19	16.66	5.89	17.79	21.40	31.60	2.84
2011	11.59	13.53	20.80	12.32	-3.36	7.60	20.97
2012	18.85	14.49	14.48	22.78	8.51	5.79	19.98
2013	13.97	16.17	25.13	23.69	15.78	5.30	21.24
2014	16.32	18.33	21.97	21.95	16.14	5.67	15.77
2015	8.76	7.77	10.98	10.72	10.21	5.93	6.14
2016	9.22	9.20	2.88	11.77	35.71	5.61	10.30
2017	3.37	0.61	5.79	-0.05	3.78	5.42	3.01
2018	8.51	6.97	8.48	8.35	8.49	4.58	8.82
2019	4.72	5.24	2.35	4.37	5.48	5.40	3.26
2020	1.90	4.19	3.56	-0.51	-6.00	0.05	-0.76

注：2007年及以后死亡人口中含有往年未销户人口。

21-9 历年从业人员

单位：万人

年份	丰县	沛县	睢宁县	新沂市	邳州市	贾汪区	铜山区
1978	34.29	32.05	40.84	29.23	45.71		57.76
1979	31.55	31.76	40.14	29.59	45.20		57.82
1980	32.83	34.16	41.92	30.15	46.46		59.44
1981	34.33	36.01	43.22	30.45	47.78		61.67
1982	35.75	38.04	44.42	32.74	50.07		62.54
1983	36.00	39.20	44.83	32.37	51.67		64.85
1984	38.19	41.00	46.10	34.02	53.93		68.5
1985	39.44	41.72	48.16	34.37	56.64		70.57
1986	39.98	43.2	49.64	36.18	57.70		72.07
1987	41.69	43.83	52.21	37.06	60.27		72.48
1988	43.18	46.23	53.25	38.46	63.87		75.02
1989	44.02	47.28	54.45	40.58	65.20		77.43
1990	46.85	49.73	57.42	42.66	69.25		80.08
1991	47.98	50.97	59.21	42.76	73.44		81.50
1992	48.65	51.39	58.40	43.12	74.17		82.72
1993	49.49	49.25	60.03	43.78	74.98		81.91
1994	50.34	49.81	59.55	46.18	75.89	16.26	61.46
1995	50.75	48.46	60.95	47.23	76.59	17.05	58.56
1996	51.22	49.64	61.28	47.74	77.50	15.73	58.67
1997	51.60	51.42	61.14	48.41	77.99	15.49	59.47
1998	50.93	51.45	61.28	47.10	77.72	14.76	58.22
1999	51.69	50.24	62.73	45.86	78.83	14.67	58.01
2000	52.03	55.75	63.62	44.79	73.71		55.60
2001	54.01	55.21	61.92	44.68	73.05	16.42	54.10
2002	54.02	52.73	57.15	41.37	70.88	14.29	52.44
2003	53.77	51.74	52.69	39.82	71.03	14.20	50.23
2004	53.43	51.85	52.91	42.30	71.13	14.77	52.51
2005	58.09	56.39	66.72	48.65	78.77	16.16	52.48
2006	58.74	57.52	68.38	48.67	80.73	17.72	54.37
2007	58.97	58.55	71.12	50.47	82.55	18.96	59.13
2008	59.71	57.01	72.85	50.10	84.93	19.56	62.28
2009	61.30	58.18	73.32	52.43	87.41	19.80	64.69
2010	56.32	63.00	56.96	53.70	76.86	21.23	74.60
2011	55.54	61.38	57.11	53.72	76.10	21.24	75.14
2012	54.21	58.88	56.56	53.26	74.72	21.02	75.65
2013	53.49	57.95	56.41	53.23	74.02	21.01	76.68
2014	52.82	56.68	55.93	53.04	73.43	20.92	74.91
2015	52.33	55.79	55.65	53.04	72.79	20.97	75.34
2016	51.72	54.78	55.03	52.53	71.18	20.77	76.66
2017	51.64	54.35	55.26	52.79	71.17	20.94	78.09
2018	51.57	53.79	55.40	53.07	70.89	21.09	78.54
2019	51.44	53.40	55.50	53.25	70.92	21.18	78.92
2020	50.81	52.77	55.14	52.94	70.21	21.13	79.12

注：2010–2020 年数据为根据第七次全国人口普查调整修订数据。

21-10 历年在岗职工人数

单位：万人

年 份	丰 县	沛 县	睢宁县	新沂市	邳州市	贾汪区	铜山区
1978	2.72	3.46	3.30	3.11	3.89		4.44
1979	2.72	2.86	3.31	3.23	3.68		4.02
1980	2.95	3.66	3.73	3.58	3.76		4.58
1981	3.21	3.86	3.89	3.55	3.89		4.82
1982	3.29	4.04	3.86	3.61	3.99		5.03
1983	3.29	4.00	3.97	3.53	3.97		5.04
1984	3.61	4.37	4.00	4.12	5.02		5.52
1985	3.77	4.52	4.28	4.06	4.62		5.39
1986	3.71	4.97	4.48	4.27	4.73		5.56
1987	3.86	4.90	4.83	4.41	5.13		5.68
1988	4.25	5.41	5.21	4.70	6.40		5.84
1989	4.32	5.14	5.15	4.86	5.99		5.92
1990	4.73	5.24	5.14	4.91	6.14		6.14
1991	4.84	5.55	5.42	4.86	6.41		6.46
1992	4.80	5.79	5.44	4.91	6.44		6.69
1993	5.00	6.15	5.10	5.47	6.81		7.16
1994	5.15	6.05	5.39	5.56	7.00	1.55	6.49
1995	5.22	6.04	5.45	5.87	6.89	1.63	7.00
1996	4.99	6.53	5.63	5.99	7.36	1.78	7.53
1997	5.03	6.32	5.56	6.03	7.42	1.85	7.51
1998	3.86	5.61	4.65	5.14	6.64	1.61	7.11
1999	3.76	5.40	4.48	5.12	6.70	1.74	6.76
2000	3.80	5.06	4.31	4.94	6.41		6.41
2001	3.41	4.84	4.03	4.94	6.27	1.48	6.03
2002	3.28	4.44	3.58	4.73	5.93	1.37	5.46
2003	3.13	4.44	3.41	4.77	5.56	1.31	5.17
2004	3.03	4.03	3.44	4.88	5.17	1.30	5.04
2005	3.11	4.14	3.51	4.90	5.24	1.31	4.82
2006	3.25	4.17	3.66	5.11	5.36	1.35	5.17
2007	3.62	4.12	3.73	4.86	5.44	1.40	5.25
2008	3.67	4.07	3.84	4.97	5.85	1.41	5.63
2009	3.76	4.04	4.06	4.89	6.15	1.47	5.39
2010	3.84	3.99	4.16	4.95	6.23	1.38	5.48
2011	3.99	3.85	4.34	5.29	6.47	1.40	5.52
2012	4.07	4.05	4.54	5.73	6.38	1.24	5.70
2013	8.11	11.38	7.69	7.85	11.66	2.98	18.39
2014	8.26	11.46	8.14	8.25	10.94	3.27	17.21
2015	8.49	11.79	7.62	9.02	10.08	3.11	16.64
2016	8.37	12.44	7.64	8.68	9.95	3.02	14.99
2017	8.22	10.27	6.92	8.84	10.34	3.39	14.88
2018	6.11	9.69	6.04	6.72	9.32	3.11	11.04
2019	5.50	8.33	6.83	4.96	10.03	2.80	6.11
2020	5.35	7.59	6.91	4.06	9.22	3.34	6.99

21-11 历年乡村劳动力

单位：万人

年份	丰县	沛县	睢宁县	新沂市	邳州市	贾汪区	铜山区
1978	31.57	28.59	37.54	26.12	41.82		53.32
1979	28.79	28.81	36.82	26.36	41.49		53.80
1980	29.84	30.36	38.00	23.54	42.69		54.86
1981	31.02	31.92	39.21	26.81	43.88		56.85
1982	32.43	33.96	40.53	29.10	46.06		57.51
1983	32.68	35.14	40.80	28.80	46.69		59.81
1984	34.55	36.52	41.99	29.83	48.88		62.98
1985	35.64	37.14	43.77	30.17	51.98		65.18
1986	36.24	38.13	45.04	31.78	52.92		66.51
1987	37.79	33.80	47.24	32.55	55.08		66.81
1988	38.89	40.73	47.95	33.66	57.40		69.18
1989	39.65	41.91	49.20	34.74	59.13		71.51
1990	42.07	44.27	52.15	36.78	63.04		73.94
1991	43.02	45.21	53.64	37.79	66.95		75.04
1992	43.76	45.35	52.78	37.90	67.63		75.87
1993	44.26	42.65	54.73	37.63	67.98		74.71
1994	44.96	43.06	53.90	39.66	68.63	13.85	54.86
1995	45.19	41.80	55.18	39.96	69.01	14.04	51.46
1996	45.85	42.33	55.11	40.03	69.44	13.68	51.00
1997	46.43	44.21	57.54	41.46	71.06	13.28	51.93
1998	46.62	44.34	58.26	41.51	71.06	12.39	51.13
1999	46.48	42.43	56.71	39.35	70.01	12.39	50.41
2000	46.59	47.84	57.68	38.16	66.55	13.26	48.33
2001	49.04	47.79	56.29	37.61	65.64	14.25	47.62
2002	49.90	48.73	59.33	38.33	69.56	12.09	48.73
2003	50.87	49.61	60.18	38.31	68.66	12.30	46.87
2004	51.50	50.24	61.48	39.55	70.30	12.78	50.37
2005	53.24	49.99	61.64	40.36	68.75	14.26	45.83
2006	53.48	50.40	62.76	40.37	68.76	15.17	46.73
2007	51.38	49.74	63.96	40.40	69.76	15.49	49.91
2008	51.53	47.26	64.38	40.36	69.71	15.46	51.46
2009	52.00	47.61	63.66	41.72	69.70	15.52	52.62
2010	52.81	49.46	62.83	43.43	69.50	15.87	54.41
2011	54.36	49.64	60.87	43.71	67.65	17.52	55.42
2012	55.77	52.33	62.11	47.46	72.40	17.21	58.63
2013	54.14	49.89	59.28	46.63	68.22	18.04	55.42
2014	53.18	48.94	59.97	45.46	67.02	18.04	51.65
2015	53.21	49.25	59.83	44.38	66.22	18.55	52.20
2016	53.11	49.57	59.72	44.42	65.49	18.72	52.77
2017	53.07	50.02	59.66	44.56	64.13	18.82	52.41
2018	52.85	50.70	59.60	44.52	62.94	18.92	52.00
2019	52.51	50.21	59.53	44.51	62.71	16.58	51.71
2020	51.89	49.91	58.28	42.75	62.54	16.58	51.22

21-12 历年固定资产投资

单位：万元

年 份	丰 县	沛 县	睢宁县	新沂市	邳州市	贾汪区	铜山区
1978	846	381	257	721	927		932
1979	830	575	468	1040	1036		1394
1980	654	795	1054	810	844		1817
1981	456	552	577	726	613		1226
1982	811	956	637	846	1134		2377
1983	640	1255	538	1137	1485		2114
1984	572	2036	863	946	1530		1871
1985	1016	1917	1034	1609	2983		4021
1986	5058	8509	6564	16901	6136		30918
1987	6794	9879	8976	18966	26902		26961
1988	8435	11978	10496	23567	14313		31727
1989	6587	11901	8836	24988	30930		35441
1990	9373	12345	10194	30595	15335		38817
1991	14560	16841	11899	34845	17397		52059
1992	19873	19901	15199	36754	41934		71959
1993	30578	30026	45751	46133	55851		94013
1994	46867	42717	62722	66874	84525	35000	141040
1995	63137	79776	82607	92935	88830	66739	190435
1996	80677	94540	91157	94616	163509	78205	238234
1997	86698	113573	84216	91756	116662	62705	239240
1998	96895	112588	76037	129451	137538	70814	211505
1999	109440	144693	102185	155269	165504	70912	214600
2000	125324	159146	110264	129970	195998	81796	229307
2001	142671	175018	132805	173082	227638	82596	260666
2002	172107	208096	175419	197020	258616	92730	295093
2003	247625	310271	240029	236778	383732	252984	395956
2004	323756	480920	301340	461986	523462	416019	537958
2005	310470	607311	325584	608550	950910	450516	717791
2006	413310	750129	402385	785000	1082000	556147	1050982
2007	505000	1001518	508178	922500	1465814	660000	1469954
2008	516480	1138254	617000	1184300	1816780	707172	1819519
2009	650120	1586504	1058325	1583500	2602000	857895	2397838
2010	901750	2140020	1345338	2101912	3349981	1179434	3351370
2011	1039371	2372031	1247240	2207210	3213528	1277740	3473398
2012	1273340	2923210	1532206	2706367	3938766	1565452	4267923
2013	1449732	3312973	1747941	3075835	4490608	1786438	4869369
2014	1801402	4090561	2185526	3862929	5459584	2167180	5665406
2015	2158322	4870889	2697732	4736939	6526898	2196470	6755075
2016	2511004	5603481	3204884	5500480	7631214	2506192	7834538
2017	2797603	6244538	3599716	5965297	8370098	2792942	8660972

注：2011 年起不再统计全社会固定资产投资，统计口径改为 500 万元以上固定资产投资。

21-13 历年财政收入

单位：万元

年份	丰县	沛县	睢宁县	新沂市	邳州市	贾汪区	铜山区
1978	1326	1612	1839	1491	1625		1831
1979	962	1417	1538	1377	1498		1611
1980	1003	1322	1604	1546	1608		1818
1981	1014	1400	1879	1617	1615		2251
1982	1341	1751	1820	1800	2123		3609
1983	1441	2008	2029	1736	2156		4025
1984	1503	2132	2285	1954	2489		4841
1985	1852	2829	2692	2375	2941		5401
1986	2195	2944	2960	2622	3400		6336
1987	2509	3517	3275	3045	3726		6316
1988	2853	4465	3778	3819	4264		7737
1989	2483	4552	3769	3434	3927		11609
1990	2831	5227	3879	3721	4309		12021
1991	3004	5928	3672	4151	4375		12122
1992	3570	6579	3886	4431	4963		12551
1993	5331	9350	5212	7367	7462		16627
1994	7851	13335	7574	10702	11575	7176	18225
1995	12054	18003	11252	12468	15183	10015	23454
1996	14308	21534	14002	15125	19222	12312	30026
1997	15559	26208	14259	16772	22055	13924	34911
1998	16586	28004	15360	18204	24271	14577	38507
1999	17620	30039	16906	19410	26726	13828	43062
2000	17886	33018	16330	20605	29060	14105	48118
2001	18508	36320	18008	24463	34442	13983	55685
2002	19662	44582	21137	27284	42168	15617	62452
2003	25318	50609	26139	33342	56998	20080	76398
2004	27724	63601	29502	40227	80058	30080	92668
2005	35221	85008	35016	50576	95826	40018	116500
2006	49318	120271	47073	75278	131022	52503	156800
2007	59755	157645	55122	89561	150777	82409	185086
2008	81671	203279	78109	114918	188589	101039	236725
2009	122515	261124	115424	153260	253046	141561	295654
2010	169252	353923	183819	236023	307900	167873	387417
2011	252468	481652	282610	346516	463876	185994	568925
2012	305518	539131	337728	404448	525325	227118	663088
2013	365891	579056	406591	457312	583166	265655	778290
2014	438794	649830	482701	529191	653571	280164	859746
2015	513049	705687	560283	584543	731382	290626	950743
2016	433177	700806	554716	620801	735946	294530	856028
2017	349195	715508	553491	639803	772925	296148	893843
2018	456426	788639	617761	859784	820426	335739	946621
2019	474222	729350	633102	600052	668767	361562	870442
2020	487519	751464	634589	618653	682992	321928	835934

注：2007年及以后财政收入及支出中不包括基金性收入和支出，与往年不可比（下同）。

21-14 历年财政支出

单位：万元

年　份	丰 县	沛 县	睢宁县	新沂市	邳州市	贾汪区	铜山区
1978	1590	1314	1680	1447	1684		2088
1979	2018	1675	1840	1531	2237		2529
1980	1667	1709	1973	1479	2125		2315
1981	1693	1724	1951	1522	2160		2174
1982	1896	2182	2127	2016	2371		3082
1983	2429	2554	2629	2256	2858		3416
1984	2840	3802	2738	2531	3153		3706
1985	2742	3950	2940	2682	3488		4536
1986	3653	5073	4067	3538	4495		5628
1987	4290	5118	4199	3975	4661		6212
1988	5181	6501	5170	5187	5465		7952
1989	5924	7687	6605	6168	6678		10851
1990	6896	8989	7252	6811	7556		13543
1991	7614	9556	7886	7771	8476		15276
1992	7586	9506	8056	8303	9014		15621
1993	10265	13261	10324	10355	10811		16591
1994	12891	13324	12675	11454	14275	5208	16611
1995	16217	18621	16013	14375	16403	6955	20332
1996	20248	21725	19392	17820	21464	9206	27532
1997	24032	25682	21162	19223	24898	10736	32493
1998	26558	27162	23762	21683	29529	11203	35526
1999	26651	29588	26580	24986	34094	11744	39390
2000	29667	31180	26386	28064	36627	13835	40284
2001	35393	36889	33568	34858	42889	14614	44391
2002	37866	45020	39808	39122	49543	17929	50338
2003	45639	53456	46134	48682	66217	21490	62569
2004	55325	67373	54676	58307	84928	26188	78394
2005	72979	88488	77545	79123	113430	32266	107780
2006	91672	116118	96865	99903	143508	41172	145418
2007	116415	168273	117449	113104	173183	56281	162830
2008	157929	203316	167227	157278	237026	72450	224738
2009	208700	271959	217116	221451	311689	98782	285893
2010	276883	360103	284511	303498	411118	112987	382972
2011	403976	507852	423914	431830	534465	161476	521982
2012	476067	611756	482555	547278	679840	281543	616370
2013	541357	672191	571385	617017	777384	317449	824175
2014	627100	731506	675628	684991	886240	313385	945903
2015	747200	923535	788948	825003	1034275	318864	1077401
2016	709000	948558	802093	918229	1100768	329475	1080029
2017	650058	890877	831154	930036	1105205	350062	1119644
2018	700000	1033358	871916	994996	1207673	378208	1198133
2019	732000	1079818	927865	901963	1173578	419233	1174165
2020	825711	1208536	1008676	964761	1262755	445266	1282868

21-15 历年常用耕地面积

（年底数） 单位：千公顷

年　份	丰 县	沛 县	睢宁县	新沂市	邳州市	贾汪区	铜山区
1978	89.29	83.81	103.04	84.12	118.23		159.38
1979	89.07	83.64	102.47	84.04	117.75		158.77
1980	88.30	83.03	102.43	83.76	117.66		157.90
1981	87.80	82.87	102.27	83.73	117.60		157.07
1982	87.76	82.73	102.22	83.55	117.57		156.29
1983	88.00	82.67	102.00	83.33	117.33		156.00
1984	88.03	82.46	102.08	83.49	117.23		155.15
1985	88.01	81.19	102.03	83.48	117.01		154.73
1986	88.01	81.12	102.03	83.35	116.53		151.88
1987	87.93	80.86	101.95	83.21	116.32		151.32
1988	87.81	80.77	101.91	82.54	115.79		150.63
1989	87.63	80.73	101.89	82.32	115.73		149.94
1990	87.61	80.62	101.82	82.15	114.83		148.89
1991	87.51	80.45	101.25	82.10	114.67		148.33
1992	86.01	80.38	100.79	81.63	114.16		147.53
1993	86.00	80.20	100.52	81.55	112.86		146.79
1994	85.85	79.97	100.09	81.42	112.45	26.93	115.52
1995	85.85	77.97	99.92	81.07	111.88	26.84	115.38
1996	85.68	77.91	99.62	80.47	111.44	25.99	115.15
1997	76.65	77.44	100.79	79.37	122.66	33.89	117.47
1998	76.60	77.03	100.67	80.65	122.83	32.43	117.40
1999	76.64	77.05	100.63	80.14	122.48	33.98	117.66
2000	76.70	77.22	100.63	80.57	121.37	32.93	115.99
2001	76.25	77.13	100.10	79.90	121.16	32.24	116.05
2002	76.41	76.93	100.05	79.85	121.17	31.99	116.31
2003	76.10	76.72	100.08	79.70	112.70	32.00	113.19
2004	76.09	76.56	100.08	79.57	111.84	31.68	108.97
2005	76.28	76.44	100.08	79.37	111.39	31.68	109.43
2006	75.34	75.92	99.84	79.02	112.38	31.63	109.31
2007	75.51	75.80	99.76	79.00	111.79	31.60	109.37
2008	75.72	75.48	100.00	78.76	110.68	31.56	106.52
2009	75.67	73.57	99.40	78.64	111.86	31.75	105.10
2010	75.67	75.51	97.46	78.43	111.96	32.43	109.52
2011	79.58	81.09	103.47	80.41	116.31	32.37	106.53
2012	79.75	80.92	103.41	80.23	116.33	32.43	107.02
2013	79.57	80.90	103.30	80.30	116.30	32.31	106.91
2014	79.57	81.20	103.42	80.33	116.32	39.55	106.85
2015	79.52	81.30	103.49	80.16	116.60	32.25	106.81
2016	79.49	81.57	103.39	80.22	116.42	31.86	106.50
2017	80.31	81.54	103.92	80.32	116.58	31.79	106.07
2018	81.03	81.74	105.32	80.35	116.64	31.76	106.10
2019							
2020							

21-16 历年农业机械总动力

（年底数） 单位：万千瓦

年 份	丰县	沛县	睢宁县	新沂市	邳州市	贾汪区	铜山区
1978	12.44	12.95	11.44	10.47	13.70		23.21
1979	12.86	14.47	12.64	14.28	14.87		26.21
1980	15.96	15.65	14.10	15.65	16.74		29.45
1981	16.77	17.27	16.04	17.15	18.35		30.82
1982	18.95	19.29	18.84	18.47	22.39		35.35
1983	20.59	21.80	20.18	20.05	25.99		40.13
1984	24.02	23.91	21.56	19.99	29.12		49.46
1985	25.74	24.32	22.93	19.91	30.07		56.19
1986	27.61	25.54	25.00	21.27	34.61		60.61
1987	30.40	28.50	26.84	22.76	36.96		72.00
1988	32.50	29.16	28.11	23.23	38.18		86.62
1989	34.39	27.70	26.25	23.44	39.96		93.14
1990	30.27	34.42	25.27	23.15	39.81		93.52
1991	30.49	34.29	25.19	22.34	40.40		72.86
1992	28.09	33.17	24.79	22.66	36.61		65.23
1993	29.56	32.81	25.59	22.73	34.90		63.29
1994	29.51	32.73	25.89	23.66	33.58	16.21	39.84
1995	30.34	34.52	23.55	24.74	29.72	19.58	36.93
1996	31.80	35.32	24.55	25.02	31.54	23.31	36.37
1997	44.92	40.34	26.98	29.97	38.24	26.13	54.86
1998	47.90	41.96	29.92	32.61	41.47	26.46	58.19
1999	50.58	43.30	31.33	36.55	46.83	27.33	72.20
2000	57.51	65.59	45.85	41.18	57.97	28.24	70.67
2001	58.11	67.20	48.66	43.09	65.02	28.34	71.06
2002	57.81	68.52	50.93	44.58	70.80	28.87	73.14
2003	59.37	69.07	53.43	46.42	75.55	28.19	73.85
2004	59.98	70.25	55.83	46.62	78.06	29.17	73.95
2005	60.44	74.62	60.02	49.76	83.15	28.16	67.30
2006	61.66	78.44	65.01	53.91	88.34	31.99	70.46
2007	62.13	79.94	66.99	56.71	94.46	32.57	71.50
2008	66.25	82.31	82.07	60.40	96.80	33.03	91.90
2009	69.13	84.10	86.26	65.84	101.40	34.16	93.90
2010	69.93	85.65	89.37	69.03	104.10	34.16	96.20
2011	73.80	89.13	96.96	72.61	111.13	34.27	98.79
2012	76.77	92.41	103.00	77.18	116.04	35.90	98.76
2013	77.83	95.94	106.30	81.13	113.25	38.10	98.92
2014	80.27	97.80	111.80	94.93	116.02	41.98	199.44
2015	81.73	100.09	117.99	105.08	117.34	44.57	102.63
2016	82.84	102.08	122.05	115.86	118.52	43.74	111.65
2017	83.05	103.60	123.06	121.99	127.91	45.55	113.50
2018	83.93	104.60	120.65	124.03	128.44	45.00	116.10
2019	87.56	105.50	122.78	127.73	129.13	45.00	118.03
2020	94.34	107.30	124.10	130.27	130.02	44.57	120.45

21−17 历年农林牧渔业总产值

（当年价格）　　单位：万元

年　份	丰县	沛县	睢宁县	新沂市	邳州市	贾汪区	铜山区
1978	15810	18382	18356	18265	24491		31848
1979	20724	19705	18880	18612	28479		42217
1980	23182	21854	23603	18598	31461		37976
1981	24163	24754	26421	21157	34168		37987
1982	29770	27695	33934	26418	38514		47763
1983	35419	33163	35885	33330	43581		60996
1984	43388	40732	47968	37414	55344		66347
1985	41474	42583	49402	41786	59884		75225
1986	45200	55998	51449	50860	76645		85209
1987	52613	62592	51600	63375	83140		94380
1988	64426	73268	54879	78355	110264		146023
1989	69328	73819	66570	87884	110596		147659
1990	78230	91721	80470	94180	128027		163381
1991	91766	93687	89271	104601	135059		175889
1992	91465	91402	102009	119878	142777		209745
1993	131067	122049	135878	154151	171199		257302
1994	180928	197257	217635	213544	292885	69207	320311
1995	239818	247827	269129	256031	384102	81524	399924
1996	280443	324758	317969	293759	461242	103763	454553
1997	256802	333973	296479	285292	426967	83755	384232
1998	266865	348366	282536	303556	450727	45715	401055
1999	279736	354591	278597	312216	459072	87041	381167
2000	300605	363461	273376	321307	486340	98383	400294
2001	320867	381637	289274	339682	516544	93765	431471
2002	342465	405504	314341	360180	552480	96946	460307
2003	366826	422362	325021	308914	580636	97560	405606
2004	414977	483373	399044	380824	599434	109816	478627
2005	355373	566218	389692	414548	695374	114731	464871
2006	395859	594072	413557	446353	779016	132053	501253
2007	437125	651825	442820	507574	830250	146082	541433
2008	530887	673930	519253	503328	882368	148287	599778
2009	580693	751617	665887	615434	991811	175664	670996
2010	649355	903156	787066	694783	1100101	206611	684373
2011	775231	1090245	950728	806247	1327479	249013	856960
2012	886899	1207167	1046895	916229	1494402	280359	981564
2013	1027733	1352225	1182998	1028666	1628505	359550	1152242
2014	1232193	1501940	1342580	1175475	1873621	359550	1286776
2015	1371308	1618628	1463121	1281589	2054161	433675	1452086
2016	1479144	1738438	1586230	1360946	2233015	433675	1546741
2017	1628580	1921838	1754373	1500399	2474180	508770	1703707
2018	1442060	1841669	1644565	1504480	2417489	459718	1605059
2019	1526127	1958335	1785858	1584550	2590244	491825	1718028
2020	1620759	2059622	1847749	1673529	2753637	528554	1842809

21-18 历年粮食产量

单位：万吨

年 份	丰 县	沛 县	睢宁县	新沂市	邳州市	贾汪区	铜山区
1978	24.82	29.08	30.57	31.47	36.94		51.50
1979	28.59	33.87	32.04	36.83	41.14		60.73
1980	30.81	32.71	37.69	38.98	44.22		63.44
1981	31.30	35.49	45.39	41.40	49.93		69.80
1982	35.09	36.30	52.62	45.55	53.33		68.95
1983	42.13	49.79	57.79	55.16	65.35		95.67
1984	49.19	56.51	64.08	58.77	71.22		103.18
1985	49.41	48.94	62.97	54.68	67.14		94.84
1986	51.27	55.30	66.17	57.32	72.59		105.80
1987	45.11	54.20	68.25	58.89	74.99		100.12
1988	38.92	52.38	59.29	52.50	71.34		94.04
1989	43.55	55.97	68.58	54.27	75.44		104.71
1990	43.72	55.69	67.29	51.54	71.20		107.60
1991	48.70	55.82	66.88	55.30	74.62		108.48
1992	46.11	55.63	68.27	55.47	79.67		111.70
1993	50.15	59.30	60.79	54.54	74.86		105.65
1994	46.64	52.62	61.02	50.61	70.92	20.34	72.63
1995	51.24	58.58	63.66	54.20	76.10	21.64	76.75
1996	52.24	62.25	69.76	54.29	78.25	22.50	79.94
1997	53.44	62.50	73.80	56.55	81.10	22.72	82.56
1998	44.19	51.91	64.62	49.79	73.00	23.04	75.87
1999	54.93	56.89	73.62	50.74	75.66	21.28	81.88
2000	40.34	45.60	53.92	39.00	64.57	16.89	56.63
2001	38.25	44.43	51.53	37.55	65.30	16.00	54.17
2002	38.06	45.22	49.49	37.69	60.38	15.54	48.88
2003	23.83	36.22	39.70	25.74	36.80	10.62	33.28
2004	43.17	47.35	58.48	35.07	62.03	16.64	51.32
2005	38.08	48.19	53.68	36.80	60.65	18.17	53.30
2006	42.77	48.03	65.47	41.98	60.30	20.11	61.58
2007	40.03	46.29	61.34	49.12	66.11	18.87	65.43
2008	43.91	51.76	74.67	52.94	69.93	22.78	65.43
2009	49.43	55.62	84.29	59.93	73.75	23.94	71.37
2010	46.01	58.11	85.31	62.67	75.88	24.37	79.20
2011	51.10	59.89	88.51	63.58	79.50	23.51	81.61
2012	52.89	61.17	91.62	65.68	82.77	24.31	84.22
2013	51.76	58.99	85.03	62.68	78.74	22.83	83.33
2014	53.49	60.71	90.98	65.97	80.85	23.52	78.94
2015	52.99	61.63	92.03	65.95	80.64	23.43	79.32
2016	52.54	60.27	92.78	66.06	80.75	23.43	79.37
2017	55.29	62.32	93.92	69.62	82.34	23.24	81.08
2018	55.18	63.12	93.74	70.44	80.69	22.73	84.03
2019	60.73	65.78	93.40	71.49	84.53	22.67	89.20
2020	60.76	66.23	93.80	71.96	84.87	22.71	89.54

注：2006 年数据根据农普资料进行了调整。

21-19 历年棉花产量

单位：万吨

年份	丰县	沛县	睢宁县	新沂市	邳州市	贾汪区	铜山区
1978	0.25	0.37	0.64	0.07	0.41		0.73
1979	0.32	0.31	0.41	0.01	0.35		0.60
1980	0.71	0.73	1.00	0.01	0.79		1.22
1981	0.63	0.75	0.93	0.01	0.75		1.26
1982	1.15	1.07	0.94		0.80		1.73
1983	1.43	1.25	1.28		1.04		2.33
1984	2.33	1.40	1.68		1.36		2.56
1985	1.45	1.04	1.06		1.53		1.97
1986	1.77	0.77	0.76		1.31		1.63
1987	2.05	1.09	0.85		1.56		1.94
1988	1.94	1.18	1.15	0.04	1.97		2.55
1989	1.25	0.30	0.72	0.03	1.16		1.23
1990	1.62	0.42	0.84	0.01	1.18		1.51
1991	1.98	0.86	1.05		1.70		2.36
1992	1.00	0.41	0.98		1.26		1.81
1993	1.12	0.55	0.60		0.78		1.74
1994	0.80	0.32	0.71		1.10	0.26	1.04
1995	1.01	0.55	0.85		1.69	0.28	1.54
1996	0.90	0.61	0.68		1.17	0.32	1.25
1997	0.80	0.40	0.68		1.20	0.33	0.86
1998	0.71	0.23	0.57		1.07	0.30	1.02
1999	0.36	0.09	0.39		0.70	0.28	0.71
2000	1.53	0.26	0.62		1.12	0.32	1.24
2001	1.66	0.47	1.02		1.80	0.41	1.43
2002	1.71	0.49	1.10		1.51	0.39	1.16
2003	1.45	0.31	0.58		1.03	0.26	0.78
2004	2.31	1.02	0.99		1.95	0.43	1.65
2005	0.95	0.39	0.62		1.04	0.31	0.84
2006	1.05	0.31	0.37		0.78	0.25	0.54
2007	1.60	0.52	0.34		0.86	0.09	0.63
2008	1.68	0.45	0.25		0.86	0.12	0.81
2009	1.61	0.42	0.14		0.77	0.09	0.80
2010	1.10	0.34	0.21		0.68	0.11	0.79
2011	1.30	0.38	0.17		0.70	0.12	0.71
2012	1.54	0.39	0.15		0.74	0.12	0.74
2013	1.62	0.46	0.16		0.58	0.10	0.70
2014	1.69	0.16	0.14		0.52	0.07	0.63
2015	1.58	0.17	0.11		0.17	0.07	0.47
2016	1.02	0.40	0.09		0.07	0.07	0.39
2017	1.13	0.29	0.05		0.06	0.04	0.32
2018	0.56	0.22	0.05		0.04	0.03	0.13
2019	1.04	0.06	0.05		0.03	…	0.03
2020	0.66	0.04					

21-20 历年油料产量

单位：万吨

年 份	丰县	沛县	睢宁县	新沂市	邳州市	贾汪区	铜山区
1978	0.11	0.08	0.19	0.73	0.12		0.35
1979	0.17	0.12	0.29	0.99	0.18		0.32
1980	0.28	0.23	0.44	1.37	0.33		0.50
1981	0.41	0.24	0.96	2.20	0.56		0.67
1982	0.44	0.21	2.63	2.67	0.77		0.83
1983	0.27	0.11	1.86	2.49	0.43		0.53
1984	0.30	0.26	1.69	1.92	0.41		0.52
1985	0.79	0.74	3.67	3.09	0.79		1.41
1986	1.00	0.78	3.75	3.05	0.76		1.29
1987	0.68	0.61	4.53	2.71	0.80		1.28
1988	0.36	0.46	0.61	2.67	0.31		0.40
1989	0.44	0.47	0.87	2.34	0.38		0.50
1990	0.51	0.57	0.62	2.08	0.41		0.57
1991	0.49	0.60	1.18	2.53	0.82		0.70
1992	0.50	0.43	0.97	2.21	0.75		0.66
1993	0.62	0.50	1.44	3.14	0.57		0.86
1994	0.68	0.40	2.15	4.04	1.33	0.27	0.45
1995	0.63	0.55	1.42	3.91	1.22	0.26	0.35
1996	0.68	0.70	0.96	2.75	0.70	0.27	0.32
1997	0.86	0.75	1.22	3.83	0.58	0.26	0.36
1998	1.18	1.01	2.11	4.03	0.61	0.37	0.23
1999	1.73	1.07	3.43	5.79	0.78	0.42	1.00
2000	2.68	1.44	5.28	7.65	1.21	0.52	1.40
2001	3.50	1.46	4.83	8.78	2.54	0.67	1.13
2002	2.20	1.60	5.52	9.09	1.92	0.47	1.42
2003	1.12	0.86	3.01	2.78	1.09	0.53	0.93
2004	1.56	0.81	4.73	8.67	1.97	0.38	1.78
2005	0.60	0.62	3.33	8.43	1.62	0.48	1.19
2006	0.70	0.68	2.20	6.11	1.33	0.36	0.95
2007	0.68	0.35	1.75	5.76	1.60	0.13	0.96
2008	0.62	0.36	1.95	5.40	1.47	0.17	0.73
2009	0.61	0.40	2.06	7.04	1.49	0.15	0.68
2010	0.51	0.24	1.60	7.44	1.48	0.16	0.64
2011	0.47	0.20	1.58	6.57	1.76	0.19	0.68
2012	0.47	0.20	1.66	5.83	1.63	0.15	0.69
2013	0.45	0.27	1.46	5.51	1.50	0.21	0.56
2014	0.48	0.26	1.49	6.23	1.47	0.16	0.49
2015	0.51	0.28	2.04	6.26	1.42	0.15	0.51
2016	0.44	0.24	3.07	7.54	1.40	0.16	0.56
2017	0.43	0.38	3.14	6.70	1.39	0.18	0.56
2018	0.42	0.29	3.03	6.90	1.02	0.18	0.44
2019	0.47	0.39	3.53	7.09	1.02	0.17	0.46
2020	0.58	0.36	2.13	6.77	1.02	0.17	0.47

21-21 历年肉类总产量

单位：万吨

年份	丰县	沛县	睢宁县	新沂市	邳州市	贾汪区	铜山区
1978							
1979							
1980							
1981							
1982							
1983							
1984							
1985	1.71	1.83	2.53	2.39	2.81		2.65
1986	1.79	1.70	2.88	2.40	2.36		2.86
1987	2.52	1.68	2.72	2.49	3.01		3.58
1988	2.78	2.27	3.25	2.72	3.05		4.33
1989	2.83	2.27	3.17	2.58	3.38		4.48
1990	3.03	2.61	3.56	2.86	4.13		5.12
1991	3.66	2.86	3.65	2.90	4.54		5.37
1992	3.98	2.96	4.14	3.16	5.10		6.09
1993	4.45	3.49	4.99	3.64	5.30		7.32
1994	4.55	3.81	6.17	4.93	6.23	0.98	6.56
1995	5.03	4.67	7.25	5.32	7.67	1.23	8.15
1996	7.48	6.32	8.92	5.15	8.98	1.52	9.16
1997	3.14	5.19	6.06	5.29	6.20	1.78	4.78
1998	4.76	5.67	4.82	5.58	7.26	0.98	4.55
1999	4.35	5.49	4.06	5.01	6.84	1.19	5.06
2000	4.56	6.30	3.97	6.20	7.45	1.01	5.63
2001	5.10	6.87	4.36	6.89	8.06	1.04	5.79
2002	5.23	6.94	5.32	6.11	8.26	1.34	6.03
2003	5.60	6.94	5.34	6.30	8.81	1.43	6.61
2004	5.63	7.15	6.22	6.30	9.38	1.49	6.82
2005	6.32	8.17	7.06	6.86	10.17	1.42	6.40
2006	4.29	11.36	6.43	7.34	10.56	1.54	7.14
2007	4.23	9.90	5.48	5.89	8.83	1.55	6.42
2008	7.86	11.94	7.22	7.80	13.36	1.42	7.30
2009	10.57	12.67	9.24	9.88	17.48	1.59	8.74
2010	12.01	17.61	11.04	12.70	20.42	2.04	10.23
2011	13.32	19.54	12.91	12.63	19.55	2.32	11.49
2012	15.14	19.49	15.57	14.92	20.43	2.77	12.47
2013	16.19	18.55	14.34	13.28	20.62	2.75	11.09
2014	15.93	18.96	14.93	13.89	21.08	3.05	10.59
2015	16.72	19.38	14.17	12.91	20.68	3.13	10.41
2016	13.85	17.55	12.15	11.68	19.93	2.78	9.89
2017	13.80	17.62	10.39	10.33	16.86	2.82	9.75
2018	6.52	13.54	8.83	10.87	15.78	2.87	9.95
2019	3.96	10.94	7.70	7.84	12.10	2.76	8.99
2020	4.30	11.58	6.92	8.35	14.26	2.37	9.00

21-22 历年邮电业务总量

单位：万元

年 份	丰 县	沛 县	睢宁县	新沂市	邳州市	铜山区
1978	53	66	65	67	72	72
1979	56	74	70	78	73	70
1980	63	79	76	84	82	80
1981	68	88	82	97	94	89
1982	69	92	82	101	97	95
1983	74	100	87	106	99	107
1984	81	113	98	110	114	107
1985	93	130	112	126	128	122
1986	97	148	119	148	142	128
1987	108	165	138	162	163	128
1988	131	199	176	199	216	153
1989	139	213	193	217	222	172
1990	325	483	430	477	480	206
1991	386	529	544	543	596	593
1992	511	763	752	840	829	774
1993	722	1207	1008	1259	1227	1154
1994	1356	1750	1598	1834	2090	1398
1995	2200	2594	2575	3405	3354	2335
1996	2994	3779	3464	4087	4463	3735
1997	4520	5628	5169	5614	6272	4880
1998	5851	6986	6756	7227	8534	1084
1999	6981	9140	8144	8275	10724	1164
2000	10487	14645	10763	13269	17517	1638
2001	10308	12875	11297	11784	16573	2010
2002	10742	13486	11767	11986	16611	2488
2003	12905	15924	13946	14313	19077	9207
2004	6234	8340	7227	7245	10789	11043
2005	7235	9905	8630	9111	12756	5233
2006	10181	13059	11904	11399	16508	14502
2007	26922	37403	33023	33868	49353	45696
2008	30719	38781	37780	39634	56284	58462
2009	40988	51202	46782	44708	59252	46242
2010	56228	69137	60394	60718	79485	58455
2011	42916	55635	49128	50933	65536	55410
2012	51983	64783	57971	57155	74320	
2013	153394	192013	183881	166383	235569	
2014	149084	186814	188957	171454	227140	
2015	165129	200653	205099	188432	240449	
2016	193859	222595	269623	249448	299179	
2017	142061	164419	202066	223788	222121	
2018	338921	398492	480852	503071	491694	
2019	576631	672766	784463	755526	859352	
2020	705183	817395	927163	914643	1075366	

注：2006 年及以前邮电业务总量中电信业务总量以电信业务收入代替；2011 年 -2016 年邮电业务总量按 2010 年价格计算；2017 年起电信业务总量使用“2015 年电信业务不变单价”计算，与往年不可比。

21-23　历年年末固定电话用户

单位：户

年　份	丰 县	沛 县	睢宁县	新沂市	邳州市	贾汪区	铜山区
1978	992	2044	1517	1391	1716		
1979	1110	2130	1563	1483	1809		
1980	1186	2130	1674	1705	1881		
1981	1250	2162	1729	1774	1898		
1982	1229	2237	1799	2132	1863		
1983	1152	2374	1815	2253	1917		
1984	1224	2500	1907	2508	2076		
1985	1353	2744	2028	2833	2310		
1986	1462	3122	2167	2965	2348		
1987	1547	3579	2304	3288	2611		
1988	1800	4141	2625	3650	2946		
1989	1961	5059	3189	4060	3418		
1990	2256	6011	3659	4316	3791		
1991	2848	6767	4779	4953	4502		
1992	3133	8601	5393	7452	5845		
1993	3627	11141	6763	9206	7883		
1994	6910	16834	10704	11529	11767	9505	
1995	12173	22799	16219	20675	22594	9385	
1996	21588	33719	29817	39309	34371	13748	
1997	36893	53963	40811	54080	48738	18203	
1998	49871	70380	61097	75566	82685	26400	
1999	44267	59464	52052	58453	70343	23787	
2000	65944	81326	73890	80146	100162	45229	
2001	94810	106240	106927	98699	134368	59900	
2002	124422	140187	134598	129540	175820	71880	
2003	165988	187204	177939	168802	229143	68421	198979
2004	208672	239275	228993	209109	293284	75000	282600
2005	239468	275750	273883	257232	353097	78000	295707
2006	248726	288165	298558	266937	372969	78000	270251
2007	242158	235777	297598	270527	353257	111700	272056
2008	220611	230571	270364	237400	312135	77000	241018
2009	145540	167392	199079	160805	202749	56100	180008
2010	137603	157466	188348	150520	190971	45500	173708
2011	140462	197216	187160	207733	221426	61480	239038
2012	100803	146045	155666	132020	154129	56751	161416
2013	100036	146919	155292	133787	157783	55048	170089
2014	88545	146269	146843	120367	144323	55680	154977
2015	82152	113449	128151	100704	130520	46674	133088
2016	79027	99583	115086	91685	113514	46357	121435
2017	72952	90954	110607	85811	108390	46708	113004
2018	65510	75410	91041	75910	91781	37756	93262
2019	62283	72876	87369	73860	90118	34755	93089
2020	57842	66430	76617	69451	83913	34424	85219

21-24 历年社会消费品零售总额

单位：万元

年 份	丰 县	沛 县	睢宁县	新沂市	邳州市	铜山区
1978	5581	6587	7448	6594	7799	11569
1979	6981	8136	9037	7842	10096	12704
1980	8962	9357	10741	8968	12282	13144
1981	10167	10934	11616	10625	13140	14478
1982	11883	12036	12343	12169	14186	16486
1983	12191	13541	13945	13490	15083	18637
1984	14000	16071	16575	14216	17547	21802
1985	18465	19762	21199	18869	22883	27613
1986	20579	22168	23307	22833	26869	32365
1987	23555	26658	25849	25821	29582	37441
1988	28620	31213	30628	30630	35904	43827
1989	31599	33343	31893	31650	38837	44445
1990	32267	32521	31685	32118	40060	42464
1991	32403	34096	31180	32383	41918	49490
1992	34137	34653	32052	33724	45431	51984
1993	39286	48316	37241	40875	52642	65149
1994	54753	62427	52309	59092	69494	65539
1995	76628	87384	65071	78931	88684	87294
1996	96019	109143	75347	95041	116576	115137
1997	109373	123898	80597	106335	130511	134922
1998	119663	133896	79174	114572	135925	141444
1999	127942	143384	81994	124354	149811	157831
2000	139713	162239	85449	136286	169796	170837
2001	159646	180726	97083	153277	197733	189870
2002	182908	201892	134289	172292	225800	211192
2003	181997	200709	151811	192980	257637	207374
2004	201488	367907	247115	241684	313187	297601
2005	228558	419797	280748	274815	358288	337518
2006	265589	488739	326122	319740	418897	392774
2007	309891	574359	381643	375052	494230	461524
2008	395049	740453	485889	480608	653838	607362
2009	453699	852994	558360	552357	753088	701373
2010	540425	978458	668732	651335	896320	925358
2011	655798	1169794	809290	788659	1072387	1095131
2012	735686	1334827	914236	891817	1223647	1249094
2013	836334	1517445	1041135	1012947	1392273	1421227
2014	1237639	2014108	1463688	1422767	2074610	1994499
2015	1400816	2281676	1665468	1614628	2348136	2259462
2016	1584990	2577104	1884438	1831753	2659207	2540728
2017	1780776	2898009	2117179	2061649	2990277	2857107
2018	2760870	4365553	4447178	3023899	3323671	4365581
2019	2884611	4561391	4673957	3173780	3481758	4571503
2020	2600477	4276304	4222921	2867510	3326820	4130353

注：1992-2018 年数据根据第四次经济普查数据进行修订。

21-25 历年进出口总额

单位：万美元

年份	丰县	沛县	睢宁县	新沂市	邳州市	贾汪区	铜山区
1978							
1979							
1980							
1981							
1982							
1983							
1984							
1985							
1986							
1987							
1988							
1989							
1990		8	6	30			
1991		10	8	20			
1992	34	13	8	0			
1993	85	14	10	54	23		338
1994	42	23	11	65	322		31
1995	27	300	28	331	311		249
1996	197	762	45	901	961		1375
1997	653	1150	231	1365	706		3683
1998	965	1276	87	1625	733		3667
1999	370	2803	89	620	674	142	2490
2000	431	479	194	1898	864	174	2260
2001	317	220	267	2060	1193	340	2945
2002	341	285	530	2066	2988	570	4098
2003	637	395	560	3286	4718	782	5129
2004	1078	648	789	5362	10183	1290	6710
2005	1474	1172	3207	5640	14823	1513	6240
2006	2820	1789	6819	9105	25423	1675	6733
2007	3200	2726	10968	11948	35162	2120	10892
2008	4035	3975	8499	17029	40221	2617	13642
2009	3796	4579	5697	17334	41446	8470	10242
2010	7272	8611	20323	25099	66931	14317	15351
2011	11144	28753	35640	28306	101286	27316	32847
2012	17117	37646	72170	42985	144313	40450	56047
2013	18257	26715	71846	52246	73142	27834	77734
2014	16556	34851	47506	42862	87554	18222	86207
2015	9983	31786	55620	40540	94725	12220	60458
2016	14581	33040	73116	45808	103161	30646	37207
2017	157143	325279	363090	454582	791845	68076	495313
2018	538336	451804	510284	818996	1012360	335528	941432
2019	666725	525806	565028	921116	1277787	374191	1170464
2020	699197	960947	662799	1093022	1295346	380675	739380

注：自2017年起进出口总额为人民币口径，单位万元。

21-26 历年出口总额

单位：万美元

年 份	丰 县	沛 县	睢宁县	新沂市	邳州市	贾汪区	铜山区
1978							
1979							
1980							
1981							
1982							
1983							
1984							
1985							
1986							
1987							
1988							
1989							
1990		8	6	30			
1991		10	8	20			
1992	34	13	8	0			
1993	85	14	10	54	23		338
1994	42	23	11	65	322	485	31
1995	27	300	28	241	311	229	249
1996	197	762	45	870	961	577	1375
1997	653	1150	231	1295	706	1093	2697
1998	965	1276	67	1592	733	1200	3099
1999	370	2803	55	435	674	142	1448
2000	431	479	180	1429	864	174	1743
2001	317	211	162	950	1193	183	2310
2002	341	285	224	1429	2988	488	3268
2003	637	395	402	2252	4718	626	3911
2004	910	648	321	3531	10183	961	5411
2005	1305	595	1067	4107	14745	1096	4852
2006	2299	1298	1837	4680	25323	1358	5084
2007	3061	2685	1718	6952	33854	1982	8599
2008	3796	3542	1393	13060	37504	2500	10484
2009	3270	3634	1381	9906	39032	6934	7572
2010	6405	8238	10492	15449	64123	9033	11810
2011	10392	28383	22524	22546	97937	10798	27458
2012	17078	36914	48893	25074	140206	13871	51791
2013	17128	25933	47421	38851	65695	13191	71981
2014	16205	33596	29202	22758	72499	13144	73789
2015	9945	31210	40938	20847	82024	11177	50571
2016	12611	31502	61370	29846	91605	29989	30257
2017	113165	314621	295680	344643	727233	36728	446144
2018	246950	431338	448447	734003	953841	320590	895590
2019	588591	493489	460856	785370	1154879	371208	1078505
2020	643624	748198	626020	876668	1210444	378537	632210

注：自 2017 年起出口总额为人民币口径，单位万元。

21-27 历年实际使用外资

单位：万美元

年份	丰县	沛县	睢宁县	新沂市	邳州市	贾汪区	铜山区
1978							
1979							
1980							
1981							
1982							
1983							
1984							
1985							
1986							
1987							
1988							
1989							
1990		58			10		
1991		61		143			19
1992	531	62	29	44	52		154
1993		142	127	528	150		
1994	112	330	47	711	265	20	552
1995	23	316	659	1067	70	262	1734
1996	520	878	604	608	820	453	1544
1997	42	632	253	717	118	767	878
1998	426	759	91	762	280	881	1294
1999	377	821	10	143	15	633	1624
2000	3477	5240	1164	453	464	777	3448
2001	1843	1345	881	913	784	118	2360
2002	1518	1840	1242	1828	2586	811	2458
2003	2129	3110	1750	1945	4030	1497	3817
2004	701	2037	1998	2859	4811	2771	3254
2005	453	793	1698	914	3337	1000	3709
2006	669	1813	385	1197	3940	520	3006
2007	119	955	1310	1930	3910	1941	4279
2008	482	2394	1134	1326	3012	1700	6073
2009	1098	1981	2667	2604	6653	2816	8080
2010	3548	8186	5351	4214	4227	5073	5013
2011	4240	10677	10472	6599	16734	7336	16287
2012	6889	17022	12932	18450	17991	7071	10225
2013	13288	9444	11177	6240	25193	5574	20099
2014	10016	7174	12239	3390	18803	4102	22040
2015	5093	8306	10609	661	18802	416	6524
2016	4121	13038	11068	9993	18344	7263	14924
2017	7332	17282	9899	17281	20308	7842	22732
2018	8019	19424	13688	27169	23352	21423	36301
2019	8825	18571	14937	34001	26625	10042	29430
2020	10719	20037	14724	20822	29320	6981	25837

21-28 历年金融机构存款余额

（年底数）　　单位：万元

年　份	丰县	沛县	睢宁县	新沂市	邳州市	铜山区
1978	1837	3136	1444	2316	3106	5345
1979	2399	3284		3120	3100	4902
1980	2875	4200		4069	1961	9832
1981	5022	6940	4877	5027	6553	14116
1982	5088	7023	4838	6008	6372	20008
1983	6797	10208	6141	7317	8638	22421
1984	8901	14301	8842	8902	13061	29211
1985	9533	15979	8953	7778	12967	27026
1986	14755	23518	13134	13392	18106	36338
1987	21314	31463	15096	16638	23157	42162
1988	33930	50916	26576	24604	38244	101302
1989	41592	54235	30909	28825	45297	101385
1990	45540	72942	30578	37086	51235	130105
1991	58389	91595	43924	44799	63715	163671
1992	68038	109118	56667	53151	76573	191854
1993	82111	138413	69903	65805	98074	235212
1994	101203	177476	89463	84266	133823	227397
1995	126259	228300	108597	114259	170289	299449
1996	160051	282481	129704	144377	212096	397126
1997	184294	334381	155819	172473	265491	466258
1998	202842	375402	176429	189829	290241	479798
1999	214309	399968	195967	200851	327727	447114
2000	234947	435149	232361	211738	376325	
2001	267706	515503	277154	238487	416461	
2002	313444	591085	328267	286770	465173	
2003	342292	650666	376152	339602	531812	782659
2004	381379	766597	450926	401685	640338	1005189
2005	464517	894761	541638	459154	714438	1227538
2006	579389	1022218	648257	542146	832182	1448235
2007	685879	1160059	748577	634831	965045	1673637
2008	818346	1449307	874589	762853	1117426	2102891
2009	1012609	1802697	1203225	1022393	1412470	2713274
2010	1237618	2105658	1552054	1367829	1777676	3500298
2011	1456157	2464859	1868564	1580320	2053286	3757705
2012	1744220	2929076	2155969	1800078	2514837	
2013	2058711	3231849	2446515	2181317	2976061	
2014	2398365	3365344	2827866	2353682	3463384	
2015	2973594	3788786	3299813	2658207	4117882	
2016	3541443	4541010	4018965	3869686	5253351	
2017	3833062	5125386	4841221	4444041	6018152	
2018	4409677	5545112	5585677	4709802	6440412	
2019	4878736	6006997	5961607	5095014	6955325	
2020	5690462	6655215	6681164	5734984	7784238	

21-29 历年金融机构贷款余额

（年底数） 单位：万元

年份	丰县	沛县	睢宁县	新沂市	邳州市	铜山区
1978	5797	5147	7513	6539	7389	7531
1979	6557	6056		9046	8416	507
1980	8608	8320		11117	5693	11041
1981	10657	10164	14950	12047	12502	14552
1982	11838	11047	16873	12806	13666	18971
1983	14961	14973	18659	15731	17608	23631
1984	22800	20272	26554	20597	23621	33537
1985	23955	21811	26556	21967	24260	30849
1986	23619	25493	30139	25202	28473	34318
1987	30051	34615	35710	27659	35065	43078
1988	40078	42129	42454	33682	45529	72414
1989	42760	48419	45644	39567	51291	30092
1990	54344	60156	48158	47492	63296	97147
1991	68054	75465	65786	60662	78020	122990
1992	71953	87955	72499	70518	82859	137975
1993	83172	104424	81590	82763	93846	165564
1994	101478	123824	101536	99263	119778	172538
1995	122433	156109	119301	116298	146597	229780
1996	139456	199805	127800	144036	165083	288921
1997	162500	270044	154744	194145	210939	340406
1998	177176	290329	174750	214116	228154	389318
1999	185233	300287	169663	211732	232973	356499
2000	172863	290188	143036	192087	221341	
2001	186201	302386	158528	200594	358097	
2002	186511	317655	175184	208252	416690	
2003	196355	378965	193408	243692	461613	541456
2004	180528	372238	201152	269633	500891	586723
2005	190997	344037	217166	275663	495003	630614
2006	245075	357974	271389	353228	567831	721496
2007	238736	347166	312390	435818	619833	873131
2008	289367	346410	369949	539993	679753	990968
2009	466892	520922	593081	842694	975664	1471172
2010	638501	706312	808866	1067845	1241637	2075650
2011	848770	892845	982607	1304818	1498377	2426655
2012	966398	1087704	1172305	1571333	1889226	
2013	1146818	1417916	1392059	1862149	2260353	
2014	1280908	1573277	1693980	2020852	2713875	
2015	1474972	1873874	1926127	2218496	3195690	
2016	1773131	2225951	2243856	2463821	3661281	
2017	2118672	2690136	2816990	2800329	4275196	
2018	2404360	3155727	3282101	3328841	4881429	
2019	2785774	3682800	3854604	3830482	5458747	
2020	3641227	4551584	4638024	4748113	6700424	

21-30 历年各类专业技术人员

单位：万人

年　份	丰　县	沛　县	睢宁县	新沂市	邳州市	贾汪区	铜山区
1978	0.24	0.21	0.16	0.18	0.25		0.32
1979	0.27	0.24	0.18	0.20	0.27		0.35
1980	0.29	0.27	0.21	0.23	0.30		0.39
1981	0.32	0.30	0.24	0.26	0.33		0.43
1982	0.36	0.33	0.27	0.29	0.36		0.47
1983	0.39	0.38	0.30	0.32	0.39		0.52
1984	0.43	0.42	0.34	0.36	0.43		0.57
1985	0.44	0.44	0.41	0.31	0.51		0.65
1986	0.45	0.49	0.44	0.38	0.50		0.68
1987	0.55	0.51	0.52	0.45	0.57		0.77
1988	0.65	0.63	0.63	0.53	0.66		0.79
1989	0.78	0.81	0.87	0.66	0.84		0.93
1990	0.82	0.82	0.91	0.68	0.89		0.98
1991	0.97	0.94	0.92	0.72	0.99		1.08
1992	1.00	0.93	0.98	0.77	0.85		1.18
1993	1.01	1.04	1.04	0.86	1.08		1.29
1994	1.01	1.16	1.04	0.88	1.12	0.68	1.12
1995	1.18	1.50	1.29	1.00	1.28	0.77	1.57
1996	1.40	1.56	1.43	1.43	1.29	0.86	1.70
1997	1.53	1.81	1.65	1.58	1.77	0.47	1.76
1998	1.58	2.00	1.79	1.69	2.05	0.52	1.83
1999	1.62	2.05	1.81	1.74	2.23	0.54	1.87
2000	1.67	2.16	1.86	1.91	2.39	0.60	1.95
2001	1.67	2.06	1.88	1.89	2.57	0.64	1.93
2002	1.71	2.04	1.76	1.94	2.46	0.69	1.86
2003	1.63	2.05	1.80	1.77	2.38	0.75	1.87
2004	1.40	2.87	1.80	1.65	2.10	0.80	1.88
2005	1.51	1.92	1.79	2.09	2.60	0.84	2.13
2006	1.83	3.30	1.83	2.57	3.29	0.89	2.59
2007	1.84	3.31	1.84	2.58	3.30	0.94	2.59
2008	2.27	2.51	2.60	3.39	2.55	0.98	2.25
2009	2.27	2.52	2.61	3.40	2.56	1.03	2.25
2010	2.53	2.74	2.74	3.76	2.79	1.08	2.65
2011	3.17	3.98	3.98	3.84	4.52	1.10	4.77
2012	3.29	4.08	4.09	3.96	4.71	1.15	4.88
2013	3.54	4.28	4.32	4.17	5.10	1.20	5.13
2014	3.83	4.45	4.50	4.35	5.38	1.24	5.86
2015	4.00	4.68	4.60	4.90	5.40	1.28	4.60
2016	4.13	4.92	4.72	5.03	5.60	1.34	4.73
2017	4.90	5.22	5.02	5.29	6.10	1.38	5.57
2018	5.30	5.61	5.42	5.70	6.55	1.45	5.93
2019	5.20	6.02	5.85	5.62	6.80	1.54	6.33
2020	5.31	6.38	6.12	5.76	7.20	1.65	5.96

注：2013年及以后各类专业技术人员口径调整，仅含国有、集体口径，不再是全社会口径。

21-31 历年普通中学在校学生

单位：万人

年 份	丰县	沛县	睢宁县	新沂市	邳州市	贾汪区	铜山区
1978	9.57	5.64	5.54	4.21	6.52		7.31
1979	8.45	5.28	5.00	4.02	5.48		6.34
1980	7.69	4.32	4.61	3.80	4.40		5.74
1981	4.28	4.18	3.88	3.16	3.60		5.45
1982	4.05	3.75	3.52	3.09	3.51		5.45
1983	3.73	3.61	3.39	3.13	4.01		5.71
1984	3.71	3.65	3.57	3.06	4.08		6.18
1985	4.00	3.88	3.95	3.47	4.44		6.77
1986	4.16	4.16	4.24	3.57	5.31		6.98
1987	4.16	4.28	4.11	3.43	5.18		6.90
1988	3.94	4.32	3.84	3.31	5.10		6.73
1989	3.90	4.50	3.82	3.23	5.15		6.96
1990	3.69	4.15	3.72	3.02	5.15		7.45
1991	3.20	3.79	3.48	3.22	5.50		7.71
1992	3.31	3.89	3.61	3.38	5.51		7.74
1993	3.41	4.20	3.76	3.51	5.84		7.89
1994	4.06	5.49	4.20	3.57	6.73	1.75	6.56
1995	4.72	6.30	4.85	3.95	7.80	2.35	7.29
1996	5.28	7.05	5.66	4.49	7.67	2.55	8.18
1997	5.84	7.00	6.10	5.15	7.08	2.68	8.76
1998	6.25	7.22	6.73	5.70	7.67	2.74	9.53
1999	6.65	7.65	7.23	6.14	8.96	2.61	9.04
2000	7.14	8.06	7.82	5.89	10.85	2.38	8.21
2001	7.59	8.51	8.94	7.72	12.15	3.03	8.21
2002	8.20	9.45	10.24	8.84	13.94	3.63	9.53
2003	8.83	10.69	11.62	9.71	15.86	3.50	11.30
2004	9.42	11.49	12.62	9.97	15.80	4.28	11.92
2005	9.69	11.78	12.54	9.48	15.18	3.91	10.26
2006	10.17	11.34	12.21	8.83	13.94	3.37	10.29
2007	10.47	10.63	11.55	7.93	12.64	3.19	9.60
2008	10.12	9.93	10.95	6.93	11.27	2.92	8.28
2009	8.99	8.57	10.00	5.78	10.02	2.64	7.01
2010	7.94	7.17	8.95	4.72	9.00	2.31	5.85
2011	6.72	5.97	8.34	4.08	8.20	2.09	4.68
2012	5.80	5.25	7.42	3.85	7.94	1.90	4.35
2013	4.87	3.94	6.29	3.40	7.04	1.71	4.23
2014	4.45	3.72	5.73	3.20	6.87	1.59	4.12
2015	4.18	3.58	5.05	3.13	6.90	1.56	4.12
2016	4.27	3.74	4.72	3.58	7.49	1.51	4.37
2017	4.38	4.16	4.79	4.52	8.58	1.61	5.17
2018	4.69	4.92	5.17	5.73	9.91	1.85	5.70
2019	5.10	5.83	5.82	6.94	11.40	2.17	6.65
2020	5.85	6.79	6.61	7.98	12.77	2.55	7.48

21-32 历年小学在校学生

单位：万人

年 份	丰 县	沛 县	睢宁县	新沂市	邳州市	贾汪区	铜山区
1978	8.85	13.91	14.47	12.32	16.60		21.36
1979	9.72	13.61	14.57	12.34	18.80		21.67
1980	9.99	12.86	14.11	12.50	17.17		22.34
1981	12.75	12.67	12.96	11.61	16.29		21.26
1982	12.09	12.15	12.59	10.68	15.52		20.58
1983	11.97	11.82	13.21	10.55	16.82		19.96
1984	11.67	11.59	12.45	10.27	16.84		19.65
1985	11.29	11.14	12.23	9.72	16.38		19.63
1986	10.92	10.82	12.15	9.32	16.10		18.67
1987	10.57	11.18	11.84	9.28	15.53		17.41
1988	10.38	11.48	11.50	9.10	14.51		16.93
1989	10.55	11.75	11.30	9.21	14.30		16.84
1990	10.40	12.66	12.19	9.58	15.03		16.87
1991	11.35	14.01	13.15	10.00	15.45		17.80
1992	11.56	14.31	13.78	10.59	16.51		18.73
1993	11.76	14.34	13.90	11.41	17.61		19.56
1994	12.30	14.79	15.05	12.46	19.09	5.33	15.04
1995	12.73	15.32	16.43	13.51	21.12	5.65	15.94
1996	13.24	15.94	17.50	14.72	24.18	5.93	16.51
1997	13.86	16.69	19.13	15.79	27.42	6.37	17.46
1998	14.38	17.41	20.29	16.00	27.95	6.49	17.98
1999	14.56	17.96	20.33	14.89	27.29	6.32	17.77
2000	14.69	17.82	20.17	13.92	25.05	6.35	18.29
2001	14.90	17.68	19.32	12.89	22.25	5.92	17.16
2002	14.55	16.46	17.96	11.43	19.39	5.18	15.51
2003	13.53	14.73	16.04	9.60	16.15	4.32	13.37
2004	12.24	12.70	13.95	7.97	13.47	3.65	11.01
2005	10.83	10.59	12.27	7.00	11.78	3.31	8.09
2006	9.63	8.73	10.97	6.21	11.21	3.07	6.89
2007	8.32	7.42	9.88	5.78	10.70	3.10	5.90
2008	7.11	6.78	8.62	4.96	10.68	2.94	5.36
2009	6.43	6.37	7.60	4.88	11.17	2.83	5.22
2010	6.34	6.53	7.19	5.37	11.87	2.73	5.53
2011	6.50	6.98	7.54	6.25	12.82	2.69	6.30
2012	6.81	7.70	7.85	7.44	14.18	2.92	7.31
2013	7.02	7.75	7.24	8.55	14.58	2.98	8.56
2014	7.81	8.96	8.17	10.09	16.53	3.36	10.09
2015	8.52	10.02	9.44	11.42	18.19	3.91	11.57
2016	8.93	10.76	10.26	12.21	19.18	3.99	12.70
2017	9.33	11.36	10.82	12.32	19.32	4.54	13.30
2018	9.50	11.52	11.31	12.07	19.08	4.64	13.00
2019	9.46	11.34	11.63	11.45	18.22	4.60	12.91
2020	9.12	11.01	11.50	10.76	16.86	4.47	12.53

21-33 历年卫生机构数

单位：个

年 份	丰 县	沛 县	睢宁县	新沂市	邳州市	贾汪区	铜山区
1978	50	28	15	51	44		46
1979	50	28	15	51	46		46
1980	51	57	58	62	70		98
1981	59	66	69	67	76		102
1982	64	66	69	65	76		105
1983	64	71	71	77	74		96
1984	67	70	72	76	73		96
1985	71	70	74	77	73		101
1986	74	70	73	62	72		96
1987	74	70	74	62	73		92
1988	74	70	66	63	73		102
1989	74	79	70	69	77		102
1990	74	79	70	65	77		111
1991	74	79	72	65	77		149
1992	74	77	72	68	78		132
1993	82	109	72	68	82		144
1994	82	109	71	68	82	13	123
1995	82	109	71	68	82	21	123
1996	82	109	69	67	83	21	123
1997	82	109	69	67	84	21	123
1998	94	169	67	67	86	20	136
1999	86	69	56	47	86	19	61
2000	85	80	68	50	111	19	72
2001	91	89	56	40	101	19	65
2002	85	102	30	46	94	18	73
2003	152	125	22	51	91	58	71
2004	192	217	29	50	149	99	66
2005	192	192	29	60	149	20	63
2006	159	192	29	62	149	20	64
2007	154	188	28	187	149	22	63
2008	144	67	27	61	96	22	63
2009	177	66	37	60	138	17	63
2010	194	70	51	64	136	19	90
2011	530	487	647	440	807	18	498
2012	521	506	629	439	778	17	497
2013	515	598	623	447	739	208	515
2014	559	613	650	468	773	182	511
2015	558	608	608	480	767	216	511
2016	554	612	596	483	768	240	507
2017	550	614	597	478	773	211	470
2018	551	624	594	459	779	208	526
2019	563	623	551	478	743	208	539
2020	576	632	459	479	766	206	564

21-34 历年卫生技术人员

单位：万人

年 份	丰 县	沛 县	睢宁县	新沂市	邳州市	贾汪区	铜山区
1978	0.11	0.12	0.14	0.12	0.14		0.14
1979	0.10	0.13	0.14	0.12	0.18		0.14
1980	0.10	0.13	0.14	0.13	0.16		0.13
1981	0.10	0.13	0.14	0.13	0.12		0.15
1982	0.11	0.13	0.14	0.13	0.15		0.15
1983	0.11	0.13	0.14	0.14	0.14		0.15
1984	0.11	0.13	0.14	0.14	0.15		0.17
1985	0.12	0.14	0.14	0.14	0.16		0.19
1986	0.12	0.15	0.14	0.15	0.17		0.20
1987	0.12	0.15	0.15	0.14	0.17		0.20
1988	0.14	0.16	0.15	0.14	0.18		0.23
1989	0.14	0.18	0.16	0.16	0.18		0.24
1990	0.15	0.19	0.17	0.16	0.18		0.26
1991	0.16	0.21	0.18	0.17	0.20		0.29
1992	0.17	0.21	0.19	0.18	0.23		0.31
1993	0.18	0.33	0.19	0.19	0.24		0.32
1994	0.18	0.35	0.19	0.20	0.29	0.07	0.26
1995	0.19	0.36	0.19	0.20	0.31	0.13	0.27
1996	0.19	0.37	0.19	0.20	0.34	0.15	0.27
1997	0.19	0.38	0.21	0.21	0.40	0.15	0.28
1998	0.19	0.39	0.21	0.22	0.40	0.16	0.28
1999	0.19	0.38	0.21	0.22	0.43	0.16	0.28
2000	0.19	0.37	0.20	0.22	0.47	0.17	0.28
2001	0.20	0.37	0.20	0.22	0.48	0.16	0.27
2002	0.18	0.35	0.19	0.21	0.48	0.16	0.27
2003	0.19	0.33	0.19	0.16	0.47	0.13	0.28
2004	0.20	0.34	0.19	0.18	0.48	0.13	0.27
2005	0.18	0.31	0.19	0.21	0.46	0.19	0.26
2006	0.19	0.32	0.19	0.22	0.47	0.12	0.27
2007	0.20	0.33	0.19	0.22	0.48	0.16	0.25
2008	0.22	0.32	0.20	0.23	0.47	0.23	0.25
2009	0.22	0.32	0.19	0.24	0.47	0.21	0.26
2010	0.22	0.34	0.22	0.27	0.46	0.22	0.28
2011	0.23	0.36	0.24	0.29	0.53	0.21	0.29
2012	0.34	0.38	0.28	0.34	0.56	0.21	0.30
2013	0.38	0.43	0.31	0.37	0.56	0.20	0.33
2014	0.39	0.47	0.34	0.41	0.63	0.21	0.36
2015	0.42	0.49	0.46	0.46	0.69	0.22	0.38
2016	0.46	0.54	0.49	0.48	0.72	0.22	0.41
2017	0.46	0.55	0.49	0.50	0.79	0.27	0.41
2018	0.50	0.59	0.49	0.54	1.01	0.35	0.71
2019	0.52	0.64	0.63	0.64	0.96	0.35	0.77
2020	0.54	0.67	0.66	0.66	0.99	0.36	0.82

21-35 历年医疗卫生机构床位数

单位：万张

年 份	丰 县	沛 县	睢宁县	新沂市	邳州市	贾汪区	铜山区
1978	0.06	0.10	0.11	0.10	0.10		0.15
1979	0.06	0.11	0.12	0.11	0.11		0.15
1980	0.06	0.11	0.12	0.11	0.10		0.15
1981	0.08	0.11	0.12	0.11	0.10		0.15
1982	0.08	0.11	0.13	0.11	0.10		0.15
1983	0.08	0.11	0.13	0.11	0.09		0.15
1984	0.08	0.11	0.11	0.11	0.10		0.15
1985	0.08	0.10	0.11	0.12	0.10		0.16
1986	0.08	0.12	0.11	0.12	0.10		0.16
1987	0.09	0.11	0.11	0.11	0.10		0.16
1988	0.10	0.11	0.11	0.12	0.10		0.17
1989	0.10	0.11	0.11	0.12	0.10		0.17
1990	0.10	0.11	0.11	0.13	0.10		0.17
1991	0.10	0.12	0.12	0.13	0.10		0.17
1992	0.11	0.13	0.12	0.12	0.11		0.18
1993	0.10	0.17	0.12	0.12	0.13		0.18
1994	0.11	0.17	0.11	0.11	0.12	0.04	0.15
1995	0.10	0.17	0.11	0.12	0.13	0.11	0.15
1996	0.10	0.17	0.12	0.12	0.12	0.11	0.15
1997	0.10	0.17	0.11	0.11	0.12	0.12	0.14
1998	0.11	0.17	0.12	0.11	0.13	0.12	0.15
1999	0.10	0.20	0.11	0.12	0.15	0.13	0.14
2000	0.10	0.20	0.11	0.12	0.16	0.13	0.14
2001	0.10	0.20	0.11	0.13	0.15	0.13	0.14
2002	0.10	0.19	0.12	0.12	0.14	0.13	0.14
2003	0.10	0.19	0.12	0.12	0.15	0.09	0.13
2004	0.11	0.19	0.12	0.12	0.15	0.10	0.14
2005	0.11	0.20	0.12	0.13	0.15	0.13	0.14
2006	0.11	0.21	0.12	0.14	0.15	0.12	0.15
2007	0.11	0.23	0.12	0.15	0.18	0.13	0.14
2008	0.15	0.25	0.13	0.14	0.19	0.18	0.16
2009	0.18	0.26	0.15	0.18	0.21	0.17	0.17
2010	0.20	0.29	0.18	0.17	0.25	0.17	0.21
2011	0.23	0.32	0.24	0.17	0.32	0.17	0.24
2012	0.33	0.38	0.29	0.25	0.41	0.17	0.27
2013	0.36	0.41	0.35	0.28	0.45	0.21	0.28
2014	0.40	0.45	0.36	0.31	0.49	0.23	0.28
2015	0.40	0.45	0.39	0.31	0.54	0.23	0.30
2016	0.41	0.49	0.45	0.35	0.57	0.24	0.34
2017	0.41	0.52	0.46	0.39	0.63	0.29	0.36
2018	0.39	0.56	0.45	0.38	0.75	0.26	0.57
2019	0.40	0.58	0.53	0.44	0.80	0.26	0.63
2020	0.42	0.60	0.51	0.46	0.81	0.26	0.62

21-36 历年职工平均工资

单位：元

年 份	丰县	沛县	睢宁县	新沂市	邳州市	贾汪区	铜山区
1978	403	381	364	472	471		442
1979	503	454	451	496	501		464
1980	584	547	551	564	565		598
1981	609	548	541	571	587		581
1982	640	596	578	621	625		608
1983	635	606	576	641	634		616
1984	870	902	786	971	861		936
1985	943	1101	914	995	941		960
1986	1106	1072	1079	1106	1124		1134
1987	1164	1141	1132	1217	1174		1160
1988	1541	1487	1355	1517	1590		1416
1989	1558	1520	1551	1549	1480		1568
1990	1691	1647	1700	1787	1653		1751
1991	1725	1837	1742	1928	1777		1838
1992	2159	2118	2042	2243	2047		1961
1993	2676	2328	2328	2638	2506		2339
1994	3422	3081	3203	3841	3755	3448	3464
1995	4071	3890	3964	4580	3964	4145	4442
1996	4789	4411	4416	5151	5035	5126	5379
1997	4719	5111	4193	5024	4832	5109	5997
1998	5625	6108	5148	5974	5972	5078	6678
1999	6264	6687	5476	6533	6382	6158	7260
2000	6669	7234	5693	7047	7002	7142	7862
2001	7200	7765	5868	7519	7560	8137	8441
2002	7568	8202	7331	7998	8085	9225	9012
2003	8254	8838	8242	8313	8659	10375	9708
2004	9455	9950	8987	9525	9485	12230	10938
2005	11220	11950	10658	11659	11625	14836	13235
2006	12530	13688	11984	13423	13412	16952	15604
2007	14406	16128	13825	15855	15746	19037	18725
2008	17389	18688	17136	18483	18722	21329	21845
2009	20791	22166	20694	22156	22168	24096	25393
2010	24090	25786	22993	26061	26130	29131	30525
2011	29872	30713	26606	31986	30633	33409	36726
2012	34189	35433	31094	35337	35535	39463	40977
2013	35951	44659	34836	38647	40092	45046	44758
2014	41980	46251	37683	45212	42793	51844	46321
2015	45126	48454	44057	48540	50108	52703	49664
2016	49302	52247	45877	51464	55182	57833	51606
2017	53797	59005	52687	54632	56692	60760	55218
2018	58041	65322	58485	59490	59371	64649	60296
2019	67301	70948	64908	66028	60001	74751	85458
2020	68143	76612	69204	68519	63826	79376	95854

21-37 历年城乡居民储蓄存款余额

（年底数）　　单位：万元

年　份	丰　县	沛　县	睢宁县	新沂市	邳州市	铜山区
1978	586	624	539	632	734	1 507
1979	1336	898	777	1101	937	2432
1980	1615	1810	1512	1649	1603	3539
1981	2382	2559	2133	2130	2326	4856
1982	2958	3404	2539	2681	3036	7008
1983	4103	5190	3434	3964	4214	12165
1984	6131	7736	5428	4794	6706	17268
1985	8368	10594	6057	5823	7973	21242
1986	12708	16225	8861	8585	12290	30893
1987	16501	23200	11992	11733	16771	41731
1988	21174	32136	15390	14500	22296	52867
1989	25950	41532	19006	18521	26550	70538
1990	34202	56573	25825	25157	35367	94683
1991	43926	72169	32366	31235	44820	117328
1992	49950	86495	41025	37116	55914	139644
1993	66718	113260	55765	47034	76298	178720
1994	80922	142420	76328	63093	103133	167956
1995	99477	184149	90917	87749	136143	223857
1996	123305	232008	107658	108385	169884	275204
1997	147178	278504	126611	125355	201070	313763
1998	165461	314558	147203	136191	220552	344175
1999	177192	347884	161323	140484	244637	322766
2000	198535	374997	190522	159261	274035	
2001	229579	416814	227229	186972	313571	
2002	264249	474533	268767	222142	345541	
2003	289921	535110	308658	261334	402443	660774
2004	330664	611413	372365	310294	492403	778962
2005	395565	710275	457046	362101	583793	896873
2006	479684	786261	532538	404096	648887	1030057
2007	544418	863847	592255	463567	736551	1197030
2008	659610	1065308	719016	559798	890588	1526967
2009	764610	1222173	857904	611631	1030206	1509486
2010	924204	1439169	1065322	710413	1195898	
2011	1038767	1615171	1281978	978517	1355304	1946720
2012	1292601	1918117	1525560	1240984	1677574	
2013	1560756	2214804	1807558	1398079	2082612	
2014	1902973	2523432	2142900	1690732	2544222	
2015	2251179	2893774	2516866	1926070	3021499	
2016	2517502	3243499	2856726	2178744	3613507	
2017	2690210	3457738	3115436	2465755	3924299	
2018	2924224	3681271	3381521	2673487	4172362	
2019	3410495	4115754	3809902	3007344	4748539	
2020	3870095	4539196	4285017	3343200	5295138	

注：2015 年起居民储蓄调整为住户存款，与往年不可比。

21-38 历年农民人均可支配收入

单位：元

年份	丰县	沛县	睢宁县	新沂市	邳州市	贾汪区	铜山区
1978	84	131	54	72	55		120
1979	121	149	56	77	64		176
1980	117	170	74	163	76		205
1981	129	193	109	199	92		268
1982	144	215	164	282	123		342
1983	307	373	325	308	257		377
1984	419	425	379	424	345		478
1985	422	428	316	356	345		412
1986	412	451	378	426	427		522
1987	454	498	369	443	476		567
1988	462	578	460	535	576		646
1989	491	682	448	624	639		785
1990	504	613	519	610	648		832
1991	595	739	559	729	783		873
1992	669	758	638	760	815		982
1993	777	919	761	890	893		1142
1994	1067	1170	1022	1291	1259	1479	1451
1995	1545	1751	1513	1764	1706	2029	2038
1996	2162	2362	2121	2301	2360	2781	2770
1997	2561	2852	2427	2643	2604	3180	3202
1998	2807	3109	2551	2857	2847	3424	3428
1999	3003	3241	2661	3016	3001	3578	3590
2000	3129	3365	2664	2814	3121	3612	3748
2001	3034	3544	2850	2959	3295	3395	3943
2002	3479	3735	3050	3123	3475	3581	3780
2003	3611	3880	3163	3231	3613	3709	3930
2004	4027	4325	3465	3613	4004	4135	4402
2005	4026	4550	3845	4025	4477	4605	4920
2006	4537	5143	4314	4516	5088	5204	5591
2007	5104	5831	4849	5076	5770	5896	6340
2008	5724	6593	5452	5698	6526	6657	7167
2009	6369	7342	6077	6340	7267	7410	7988
2010	7258	8378	7022	7231	8331	7956	9173
2011	8642	10001	8384	8634	9931	9443	10934
2012	9783	11351	9541	9808	11282	10680	12421
2013	10957	12725	10686	10979	12635	11898	13924
2014	11757	13249	11600	12140	12846	13207	15100
2015	12850	14441	12656	13281	14028	14371	16459
2016	14026	15791	13822	14526	15321	15690	17970
2017	15335	17269	15130	15886	16725	17127	19634
2018	16725	18799	16546	17325	18207	18703	21395
2019	18273	20496	18029	18876	19896	20413	23415
2020	19510	21899	19240	20197	21277	21766	25003

注：2013 年及之前为农民人均纯收入，自 2014 年起为农民人均可支配收入。

21-39 历年农民人均消费支出

单位：元

年份	丰县	沛县	睢宁县	新沂市	邳州市	贾汪区	铜山区
1978	71			65			109
1979	85			71			148
1980	116			148			160
1981	175			177			221
1982	211			225			239
1983	253	210	247	289	223		272
1984	294	272	278	350	247		311
1985	363	343	269	347	285		353
1986	398	362	334	424	353		390
1987	418	415	370	400	448		443
1988	500	511	386	450	447		544
1989	585	611	423	590	598		622
1990	565	510	425	537	550		575
1991	663	622	497	530	603		536
1992	526	579	546	512	684		582
1993	594	955	499	606	679		690
1994	864	938	891	1039	992		927
1995	917	1227	1073	1361	1192		1040
1996	1455	1699	1325	1344	1467	1742	1610
1997	1605	1714	1555	1393	1311	2326	1943
1998	1586	1576	1466	1538	1227	2887	1258
1999	1685	1603	1286	1496	1258	2696	1459
2000	1468	1741	1429	1358	1583	3510	1384
2001	1596	1913	1395	1453	1381	2551	1582
2002	1912	2296	1588	1552	1311	2178	1674
2003	1933	2510	1648	1915	1361	2208	1881
2004	2230	2110	1861	1862	1257	2484	2200
2005	3082	3282	2567	2501	2630	3038	2961
2006	3118	3666	2932	3145	3027	3259	3515
2007	3461	4695	3432	3565	3528	3678	4311
2008	4085	5318	3746	3756	4218	4328	4807
2009	4695	5814	4079	3951	4761	4798	4957
2010	5306	6572	4436	4651	4937	5441	5513
2011	6288	7587	4987	5766	5188	5996	6496
2012	7095	8558	5616	6481	5866	6925	7149
2013	8325	7207	6190	7141	6969	6186	7858
2014	7641	8682	7292	8201	7990	6947	8066
2015	8296	9473	8054	9025	8674	7594	8927
2016	9277	10573	9064	10101	9699	8599	10000
2017	10032	11491	9884	11015	10580	9449	11024
2018	10696	12263	10625	11781	11353	10124	11756
2019	11496	13170	11391	12699	12202	10867	12665
2020	11171	12796	11098	12301	11833	10526	12303

注：2013 年及之前为农民人均生活消费支出，自 2014 年起为农民人均消费支出。

21−40　县（市）社会经济主要指标

（2020 年）

指　　标	丰　县	沛　县	睢宁县	新沂市	邳州市	贾汪区	铜山区
人口、就业及土地面积							
年末户籍人口　（万人）	120.43	128.63	141.09	111.63	192.02	51.54	132.75
年平均人口（户籍）	120.73	128.84	141.44	111.97	193.07	51.66	133.03
当年出生人口　（人）	9771	10885	10896	7867	13277	3840	13684
当年死亡人口	7497	7173	9178	5693	13514	2878	14695
年末户籍户数　（万户）	32.90	37.76	32.86	30.76	47.39	13.37	35.08
从业人员　（万人）	50.81	52.77	55.14	52.94	70.21	21.13	79.12
第一产业	13.31	13.84	14.37	13.94	18.59	4.14	14.38
第二产业	18.51	19.54	20.15	18.71	24.94	8.03	30.34
第三产业	18.99	19.39	20.62	20.29	26.69	8.96	34.39
年末城镇单位从业人员　（人）	55597	78439	71817	44875	94109	38194	69171
按国民经济行业分							
第一产业（农林牧渔业）	31	7070	113	173	94	94	119
第二产业	22504	35496	32059	20054	46173	17206	25006
第三产业	33062	35872	39645	24648	47843	20895	44046
按登记注册类型分							
# 国有单位	30046	58744	46531	25760	78473	23349	48610
城镇集体单位	19199	5251	1905	1644	2330	2687	2064
港澳台商投资单位	1177	838	11242	567	690	324	850
外商投资单位	183	270	457	890	2519	448	932
在岗职工人数	53464	75852	69067	40596	92198	33354	69927
在岗职工平均人数	52471	77923	61320	37369	90631	36266	65276
年末城镇登记失业人员数	1684	2584	1884	2736	3830		2656
行政区域土地面积　（平方公里）	1450	1806	1769	1592	2085	612	1871
综合经济							
地区生产总值　（亿元）	486.53	805.01	619.34	692.22	1001.26	359.20	1181.54
第一产业	96.40	118.47	109.92	90.10	159.33	30.86	105.21
第二产业	174.70	329.65	239.57	264.91	396.38	158.78	571.76
# 工业	142.14	229.86	175.39	211.69	340.95	143.08	492.88
第三产业	215.43	356.90	269.85	337.22	445.56	169.56	504.58
人均地区生产总值（按常住人口计算）	51949	77409	56927	71411	68479	79302	95590
地区生产总值指数（上年 =100）	103.1	103.9	102.8	103.1	103.9	103.1	102.9
第一产业	103.4	102.9	102.8	103.2	103.1	103.2	103.1
第二产业	103.5	104.2	103.1	103.6	104.1	104.3	102.8
# 工业	104.6	106.0	103.6	104.4	104.4	104.5	104.2
第三产业	102.6	103.9	102.5	102.6	104.0	102.1	102.8
人均地区生产总值指数	103.3	104.4	102.6	102.9	103.8	102.7	102.5

21-40　续表 1　　　　（2020 年）

指　　标	丰　县	沛　县	睢宁县	新沂市	邳州市	贾汪区	铜山区
商品房销售							
商品房销售面积（万平方米）	99.29	147.72	164.99	118.24	229.37	155.94	185.14
# 住宅	93.30	134.39	158.27	115.11	221.11	151.71	177.38
财政、金融、保险							
财政总收入（亿元）	48.75	75.15	63.46	61.87	68.30	32.19	83.59
一般公共预算收入	30.01	46.13	38.50	37.50	43.90	20.10	52.53
# 税收收入	24.16	37.20	31.48	32.22	35.39	18.60	44.48
# 增值税	15.07	20.93	18.76	14.97	16.69	6.57	19.18
企业所得税（40%）	1.06	3.25	1.60	2.69	3.28	2.56	5.48
个人所得税（40%）	0.73	1.30	1.78	2.88	0.80	0.77	1.57
一般公共预算支出	82.57	120.85	100.87	96.48	126.28	44.53	128.25
# 一般公共服务	5.40	8.65	7.18	5.96	11.10	3.72	9.50
科学技术	1.25	2.62	1.88	2.35	2.04	0.87	3.12
教育	15.97	23.93	16.05	20.99	28.55	11.48	22.76
文化体育与传媒	2.48	2.58	2.41	2.08	3.26	1.15	2.85
社会保障和就业	8.07	10.02	11.26	8.61	13.32	4.09	11.29
医疗卫生	1.23	3.73	1.23	2.69	3.16	3.06	4.02
节能环保	11.77	22.91	18.33	14.55	13.95	3.32	16.65
城乡社区事务	2.55	3.12	3.59	2.86	5.35	0.86	2.73
农林水事务	11.65	12.46	15.45	11.50	17.54	4.24	18.13
交通运输	3.73	1.76	2.94	6.52	4.10	2.16	6.59
住房保障	11.36	17.81	13.02	10.51	13.63	6.00	19.62
年末金融机构各项存款余额	569.05	665.52	668.12	573.50	778.42		
# 住户存款	387.01	453.92	428.50	334.32	529.51		
年末金融机构各项贷款余额	364.12	455.16	463.80	474.81	670.04		
保费收入	16.19	23.57	17.41	15.14	19.08	7.80	
财产险	6.09	6.55	7.39	5.93	8.74	2.33	
人寿险	10.10	17.02	10.02	9.21	10.33	5.47	
赔款和给付	4.93	6.24	6.39	4.23	5.92	2.09	
财产险	3.46	3.28	5.12	3.30	4.34	1.33	
人寿险	1.46	2.96	1.27	0.92	1.58	0.76	
农业							
乡村户数（万户）	24.97	24.01	24.81	19.72	32.63	10.59	27.91
乡村人口数（万人）	98.61	93.88	102.14	77.85	123.21	40.25	99.57
乡村从业人数	51.89	49.91	58.28	42.75	62.54	16.58	51.22
# 农林牧渔业	19.36	15.67	21.50	16.36	18.52	5.24	18.14

21-40 续表 2　　　　　　　　　　　　(2020 年)

指　　标	丰　县	沛　县	睢宁县	新沂市	邳州市	贾汪区	铜山区
农林牧渔业总产值(当年价)(万元)	1620759	2059622	1847749	1673529	2753637	528554	1842809
农业	1205570	1229038	1073692	734311	1722834	333387	1091053
林业	9691	15346	39180	45072	37151	6502	22112
牧业	317531	519830	549529	398264	637623	126228	501966
渔业	22928	151726	88666	396436	190245	37350	149358
农林牧渔服务业	65039	143682	96682	99446	165784	25087	78320
农作物总播种面积　(千公顷)	154.92	157.59	186.81	193.44	233.58	48.08	183.73
# 粮食作物	99.58	99.57	146.32	106.03	126.90	36.47	133.70
粮食总产量　(万吨)	60.76	66.23	93.80	71.96	84.87	22.71	89.54
油料产量	0.58	0.36	2.13	6.77	1.02	0.17	0.47
棉花产量	0.66	0.04					
肉类总产量	4.30	11.58	6.92	8.35	14.26	2.37	9.00
# 猪肉	2.58	3.72	4.49	3.88	5.83	1.64	4.51
牛肉	0.12	0.13	0.16	0.15	0.06	0.10	0.15
羊肉	0.29	0.20	0.39	0.21	0.14	0.08	0.14
水产品产量(万吨)	0.30	1.85	2.16	5.03	2.43	0.71	3.07
规模以上工业、建筑业							
规模以上工业企业单位数　(个)	193	285	220	246	336	148	326
内资企业	185	277	207	231	317	140	316
港澳台商投资企业	4	6	9	9	5	4	5
外商投资企业	4	2	4	6	14	4	5
建筑企业单位数　(个)	53	121	48	75	81	27	84
建筑企业期末从业人员　(万人)	40369	89335	29942	63360	33994	8682	80685
建筑业总产值　(亿元)	130.18	358.22	266.68	153.76	160.85	20.76	166.25

21-40 续表 3 （2020 年）

指　　标		丰　县	沛　县	睢宁县	新沂市	邳州市	贾汪区	铜山区
交通运输、邮电通信、电力								
公路里程	（公里）	2010	2515	2239	2304	3341	930	2272
#等级公路		2010	2515	2239	2304	3341	930	2272
#高速公路		33	34	64	112	39	24	139
公路客运量	（万人）	318	283	647	462	490		
公路货运量	（万吨）	3565	3781	3504	4654	4457		
民用汽车拥有量	（辆）	155353	165400	173830	124656	194489	83000	249957
#私人汽车拥有量		149216	154623	163099	116176	186408	78283	235869
邮政局所数	（处）	26	29	32	30	43	13	32
邮电业务总量	（亿元）	70.52	81.74	92.72	91.46	107.54		
#邮政业务总量		5.34	6.69	8.59	20.40	8.69		
邮政业务收入		2.54	2.85	5.20	4.75	3.97	2.05	8.00
电信业务收入		6.36	7.48	8.25	6.96	9.71	4.72	7.59
固定电话用户	（万户）	5.78	6.64	7.66	6.95	8.39	3.44	8.52
移动电话年末用户		88.30	106.34	102.93	94.44	133.71	69.58	106.40
#3G 以上移动电话用户		71.03	87.24	83.64	77.13	108.09	56.16	87.63
互联网宽带接入用户		32.53	37.39	36.65	35.68	46.29	22.08	40.71
全社会用电量	（亿千瓦时）	26.92	48.69	26.64	38.86	37.33	27.38	47.01
#工业用电		15.04	35.22	11.53	26.36	19.87	20.51	27.79
城乡居民生活用电		6.86	7.61	7.61	6.26	9.44	3.20	9.60
批发零售贸易、外经								
社会消费品零售总额	（亿元）	260.05	427.63	422.29	286.75	332.68	140.36	413.04
批发和零售业								
住宿和餐饮业								
进出口总额	（亿元）	69.92	96.09	66.28	109.30	129.53	38.07	73.94
#出口总额		64.36	74.82	62.60	87.67	121.04	37.85	63.22
外商投资项目个数	（个）	12	17	22	22	24	6	12
协议注册外资	（亿美元）	3.55	4.98	8.36	6.93	8.61	1.50	7.11
实际使用外资		1.07	2.00	1.47	2.08	2.93	0.70	2.58

注：此表中的公路客货运量为营业性口径，下同。

21-40 续表 4 （2020 年）

指 标	丰 县	沛 县	睢宁县	新沂市	邳州市	贾汪区	铜山区
市政公用事业、环境保护（城市）							
供水综合生产能力（包括自备水源）（万立方米/日）	20	30	15	20	20		
供水总量 （万立方米）	2223	2576	2044	2844	1970	284	2010
售水量	2027	2157	2010	2550	1678	233	1702
#居民生活用水	981	1498	1484	1889	1276	115	589
公共汽（电）车运营车辆数 （辆）	441	616	556	507	475		
公共汽（电）车客运总量 （万人次）	567	1434	580	1166	3774		
出租汽车数 （辆）	302	626	598	458	536		
供气总量（人工煤气、天然气）（万立方米）	4110	4172	2800	9804	9244	7790	18677
#家庭用量	1789	3806	2518	1470	2629	620	1285
液化石油气供气总量 （吨）	1400	1331	5100	5673	1856	2354	
#家庭用量	355	1230	5060	5100	1833	2254	
道路面积 （万平方米）	580	919	557	734	650	417	457
排水管道长度 （公里）	393	819	334	708	759	284	168
绿化覆盖面积 （公顷）	1804	2442	2190	2543	2740		
#建成区绿化覆盖面积	1402	2218	1486	1686	2185		
绿地面积	1614	2361	1816	2175	2203		
#建成区绿地覆盖面积	39.1	40.7	40.8	40.6	38.9		
公园绿地面积	405	566	479	449	666		
污水处理厂数 （座）	1	3	2	2	2	1	2
垃圾处理站数 （个）	2	1	2	2	1		2
生活垃圾无害化处理率 （%）	100	100	100	100	100	100	100
污水处理厂集中处理率	92.2	92.5	90.3	92.4	92.5	93.5	94.4
自然保护区面积 （公顷）				22591	4230	3942	14930
工业废水排放量 （万吨）	89	280	186	384	86	757	192
工业废气排放量 （亿立方米）	79.45	324.14	25.38	671.92	423.07	676.10	1105.42
工业二氧化硫排放量 （吨）	349	1026	155	1174	1835	942	1910
工业氮氧化物排放量	1121	1501	126	2755	1144	2482	4285
工业烟（粉）尘排放量	405	1106	109	1376	963	1775	910
一般工业固体废物综合利用率 （%）	45.4	99.6	99.7	99.8	82.3	98.9	99.9

21-40 续表 5 （2020 年）

指 标	丰 县	沛 县	睢宁县	新沂市	邳州市	贾汪区	铜山区
教育、科技、卫生							
学校总数 （个）	266	296	290	267	424	133	313
# 中等职业教育学校	1	2	2	1	2	1	2
普通中学	39	43	47	38	59	18	43
小学	103	112	93	122	209	48	136
在校学生总数 （万人）	19.24	22.33	23.43	22.56	35.54	8.94	25.38
# 中等职业教育学校	0.43	0.84	1.23	0.74	0.74	0.26	0.76
普通中学	5.85	6.79	6.61	7.98	12.77	2.55	7.48
小学	9.12	11.01	11.50	10.76	16.86	4.47	12.53
专任教师总数 （人）	12214	12797	13882	11638	23668	5960	14189
# 中等职业教育学校	298	454	277	175	302	117	476
普通中学	4771	4798	4656	4782	9589	2119	5067
小学	4898	5651	6249	5217	11079	2584	5734
幼儿园数 （个）	12214	12797	13882	11638	23668	5960	14189
在园幼儿数 （万人）	3.83	3.69	4.09	3.09	5.18	1.67	4.62
各类专业技术人员数 （万人）	5.31	6.38	6.12	5.76	7.20	1.65	5.96
专利申请受理量 （件）	2300	2772	2909	2311	3059	1565	5678
# 发明	336	329	263	908	510	224	1553
专利申请授权量	2185	1429	2642	3149	2696	1303	3927
# 发明	84	120	231	514	228	51	720

21-40 续表6 （2020年）

指　　标	丰　县	沛　县	睢宁县	新沂市	邳州市	贾汪区	铜山区
剧场、影剧院数（个）	4	6	5	3	4	3	5
公共图书馆	1	1	1	1	1	1	1
公共图书馆图书总藏量（千册、千件）	150	552	450	518	650	115	372
卫生机构数（个）	576	632	459	479	766	206	564
#医院	9	20	15	17	20	6	18
卫生院	22	25	24	20	32	10	24
卫生机构床位数（张）	4230	6001	5130	4570	8097	2627	6179
#医院	1991	3535	2814	3025	4778	1570	4060
卫生院	1791	2303	2019	1230	2720	1002	1941
卫生技术人员（人）	5437	6742	6568	6584	9880	3589	8212
#执业（助理）医师	2636	3029	2763	2923	3998	1406	3572
注册护士	2046	2823	2849	2745	4270	1714	3564
人民生活							
在岗职工工资总额（亿元）	28.35	55.25	41.55	24.39	51.99	26.81	58.13
在岗职工平均工资（元）	68143	76612	69204	68519	63826	79376	95854
全体居民人均可支配收入	24961	29241	25038	26940	29744	30142	34339
工资性收入	14586	16256	11056	14900	16245	21503	21802
经营净收入	6123	6593	9622	5928	6889	5825	7127
财产净收入	975	1639	1765	1683	1602	682	1443
转移净收入	3276	4754	2595	4429	5008	2131	3966
人均生活消费支出	15337	16646	13422	16005	15286	16271	19543
食品烟酒	4570	4859	4023	4799	4571	4808	5825
衣着	1225	1414	1084	1567	1156	1679	1921
居住	2636	3511	3192	3365	3279	2791	2504
生活用品及服务	1314	1223	803	1277	1153	1644	1295
交通通信	1842	2404	1312	1869	2086	2002	3026
教育文化娱乐	2581	1716	2098	2144	1743	1938	3431
医疗保健	797	1147	760	731	983	934	1238
其他用品和服务	371	372	150	255	316	476	304
人均现住房建筑面积（平方米）	52.8	54.3	66.1	55.1	50.7	48.8	55.3
城镇居民人均可支配收入（元）	30612	36272	31018	33255	37744	37023	42191
工资性收入	20559	21296	15507	20030	22302	29024	27808
经营净收入	3673	5377	10226	5154	5542	5002	6246
财产净收入	1603	2976	3260	2790	2789	809	2259
转移净收入	4777	6623	2025	5281	7112	2188	5878

21-40 续表 7　　（2020 年）

指　　标		丰　县	沛　县	睢宁县	新沂市	邳州市	贾汪区	铜山区
人均生活消费支出		19656	20332	15819	19475	18549	20991	25633
食品烟酒		5763	5797	4738	5755	5531	6176	7527
衣着		1697	1815	1400	1957	1453	2248	2789
居住		3204	4540	3962	4461	4356	3538	2863
生活用品及服务		1743	1443	910	1659	1463	2159	1866
交通通信		2284	2706	1414	2138	2256	2689	3892
教育文化娱乐		3436	2108	2476	2601	1928	2501	4720
医疗保健		931	1430	734	605	1123	984	1517
其他用品和服务		598	494	185	299	441	696	459
人均现住房建筑面积	（平方米）	49.8	51.8	74.6	58.9	50.6	44.6	53.6
农村居民人均可支配收入	（元）	19510	21899	19240	20197	21277	21766	25003
工资性收入		8825	10992	6740	9422	9834	12350	14664
经营净收入		8487	7863	9037	6755	8315	6827	8179
财产净收入		369	241	315	501	346	528	472
转移净收入		1829	2802	3148	3519	2782	2061	1688
人均生活消费支出		11171	12796	11098	12301	11833	10526	12303
食品烟酒		3419	3878	3329	3779	3555	3142	3801
衣着		770	995	778	1151	842	986	890
居住		2088	2436	2446	2194	2139	1881	2077
生活用品及服务		901	994	700	869	826	1018	615
交通通信		1415	2089	1213	1581	1907	1166	1996
教育文化娱乐		1757	1307	1732	1655	1548	1253	1898
医疗保健		668	851	785	865	835	873	905
其他用品和服务		153	245	116	207	184	208	121
人均现住房建筑面积	（平方米）	58.2	56.8	57.8	51.2	50.8	53.1	56.9
城乡居民基本养老保险参保人数	（万人）	46.54	45.80	50.34	38.75	66.33		51.30
城镇职工基本养老保险参保人数		12.52	15.70	16.08	12.50	20.34		14.69
城镇职工基本医疗保险参保人数		7.54	9.49	10.39	10.17	11.93		11.11
城乡居民基本医疗保险参保人数		95.50	104.02	116.82	87.32	150.96	39.14	111.61
失业保险参保人数		4.72	6.94	5.36	4.70	7.09		6.31
工伤保险参保人数		3.62	8.52	5.92	5.75	7.76		6.85
生育保险参保人数		4.86	7.16	6.77	6.78	7.81		8.00
提供住宿的各类社会服务机构数	（个）	18	27	32	21	32		68
提供住宿的各类社会服务机构床位数	张）	5103	6435	6090	4545	7945	3128	7657
社会治安								
刑事案件立案数	（件）	801	861	779	956	1111	383	1030
罪犯人数	（人）	1047	826	972	1133	1156	440	1287
火灾事故死亡人数	（人）							2
火灾损失金额	（万元）	189	106	169	122	66	85	244

二十二、乡镇基本情况

BASIC CONDITIONS OF COUNTRY AND TOWN

版面负责人：顾元林

编　　　辑：秦伟伟　杜秀侠

统计知识

企业统计信用管理办法

第十二条 认定机构将企业认定为统计信用异常、统计一般失信、统计严重失信等的，应当作出认定决定。认定决定包括企业名称、统一社会信用代码、认定日期、认定事由、作出认定决定机构。

第十三条 认定机构应当自作出认定决定之日起 10 个工作日内，书面向被认定为统计信用异常、统计一般失信、统计严重失信的企业告知所被认定的事实、理由、依据以及享有陈述、申辩的权力。

通过登记的住所或者经营场所无法联系的企业，可以通过邮寄信函的方式与企业联系。经向企业登记的住所或者经营场所两次邮寄无人签收的，视为通过登记的住所或者经营场所无法取得联系。两次邮寄间隔时间不得少于 15 日，不得超过 30 日。

第十四条 认定机构应当自作出统计一般失信和统计严重失信决定之日起 20 个工作日内向社会公示。公示信息包括企业名称、地址、统一社会信用代码、法定代表人或者主要负责人、统计违法行为、依法处理情况等。

公示企业信用信息不得涉及国家秘密，不得危害国家安全和社会公共利益。

第十五条 国家统计局在其网站建立统计失信企业信息公示专栏，并与“信用中国”网站和国家企业信用信息公示系统联通，向社会公示统计一般失信和统计严重失信企业信息。

省级统计机构在其网站建立统计失信企业信息公示专栏，公示职责范围内统计一般失信和统计严重失信企业信息，并链接到国家统计局网站统计失信企业信息公示专栏。

市级、县级统计机构应当按照法定职责分工，在本级或者上级统计机构网站向社会公示统计一般失信和统计严重失信企业信息，同时加载到省级统计机构失信企业信息公示专栏。

22-1 分镇主要经济指标

（2020年）

乡　镇	乡镇行政区域面积（公顷）	居委会数（个）	村委会数（个）	常住户数（户）	常住人口（人）
贾汪区					
大泉街道	3765	2	5	16785	52440
大吴街道	3840	7	5	14225	50236
潘安湖街道	3030	2	6	8145	27330
青山泉镇	6647	5	11	11209	38750
紫庄镇	6668	4	15	15783	59232
塔山镇	9468	3	20	16145	67895
汴塘镇	10080		17	13730	49293
江庄镇	7496		11	11028	35021
徐州经济技术开发区					
大黄山街道	4300	7	12	16250	78284
大庙街道	6663	3	15	31756	95155
徐庄镇	13259		22	21138	75163
丰　县					
中阳里街道	990	17		30012	86912
凤城街道	8773	12	11	18229	66100
孙楼街道	6608		19	13389	51875
首羡镇	12864		33	20542	70894
顺河镇	9404		22	12786	49283
常店镇	8187		27	16852	65958
欢口镇	10751		27	27119	105192
师寨镇	8518		28	15781	66651
华山镇	10100		25	26977	83024
梁寨镇	8680		20	15027	60438
范楼镇	11873		31	18210	68719
宋楼镇	12214		32	23066	88696
大沙河镇	8631		19	16031	61432
王沟镇	12621		31	21550	67029
赵庄镇	9100		18	16615	64928
沛　县					
沛城街道	6240	25	7	56869	166381
大屯街道	5430	15	10	17960	65300
汉源街道	3403	14	3	23075	73776
汉兴街道	5310	19		12362	49431
龙固镇	5302	14	9	15697	61058
杨屯镇	5165	12	9	15593	59614
胡寨镇	4594	4	11	10432	37151
魏庙镇	6202	3	14	13475	48362
五段镇	4977	3	14	12782	41741
张庄镇	11200	8	24	24476	76953
张寨镇	10634	3	26	21526	75142
敬安镇	9600	8	18	15739	62192
河口镇	8257	2	16	15507	51108
栖山镇	8951	4	18	15403	56296
鹿楼镇	12540	2	22	19223	73025
朱寨镇	7900	2	20	14810	57850
安国镇	10294	8	23	22085	83859

22-1　续表 1　　（2020 年）

乡　镇	乡镇行政区域面积（公顷）	居委会数（个）	村委会数（个）	常住户数（户）	常住人口（人）
铜山区					
沿湖街道	3400		4	3780	11363
新区街道	6450	5	7	14345	51381
三堡镇街道	3540	4	2	7516	26427
何桥镇	7400		15	12960	45486
黄集镇	8340		18	16507	63294
马坡镇	6900		12	13970	56364
郑集镇	6710		10	10804	44154
柳新镇	9606		19	21393	82927
刘集镇	8360		15	17615	66597
大彭镇	7600	1	14	18522	68195
汉王镇	6393		9	12494	48576
棠张镇	8060		17	14152	57839
张集镇	14800	1	18	26392	93854
房村镇	13600		20	19095	71280
伊庄镇	8565		15	11192	45784
单集镇	13210		21	15512	61681
利国镇	7769		13	19573	62345
大许镇	12917		23	18096	80852
茅村镇	8324		13	22712	70312
柳泉镇	10520	1	17	16559	63998
睢宁县					
睢城街道	10242	28		61532	246302
金城街道	6398	13		13711	62117
睢河街道	4261	11	1	25863	73414
王集镇	13152	6	22	16873	69942
双沟镇	9530	4	16	15970	60702
岚山镇	11850	3	17	18774	74509
李集镇	6298	4	11	12835	51438
桃园镇	9489	4	21	15224	42954
官山镇	12499	8	16	19934	80782
高作镇	4171	5	8	9756	36246
沙集镇	6518	4	13	12908	57484
凌城镇	9365	6	19	14623	61381
邱集镇	14079	5	28	23035	103359
古邳镇	10666	6	20	15599	53266
姚集镇	16780	7	29	20124	85022
魏集镇	13000	6	20	15933	66521
梁集镇	12134	6	11	11817	49835
庆安镇	11571	6	16	14452	59536

22-1 续表 2 （2020 年）

乡　　镇	乡镇行政区域面积（公顷）	居委会数（个）	村委会数（个）	常住户数（户）	常住人口（人）
新沂市					
新安街道	8295	23	11	110863	277158
北沟街道	4164	5	7	18584	57286
墨河街道	7281	1	10	14951	51348
唐店街道	5953	1	9	13469	39823
瓦窑镇	6203	12	12	9472	37529
港头镇	6810		11	10212	35450
合沟镇	6734		20	14836	53169
草桥镇	10122	1	16	17208	63064
窑湾镇	11636	1	21	15112	54628
棋盘镇	15770		26	18960	67735
马陵山镇	9528		16	14018	49924
新店镇	11199		15	11641	46132
邵店镇	5849		14	9358	35698
时集镇	13887		18	13317	55640
高流镇	12189		14	15105	55578
阿湖镇	12527		18	16529	57892
双唐镇	9484		14	9760	37943
邳州市					
东湖街道	3410	7	3	44373	168756
运河街道	7831	19	12	81059	279528
戴圩街道	8000	5	19	19812	93204
炮车街道	5700	3	12	18207	56798
邳城镇	9090	1	22	18140	81295
官湖镇	8888		27	26035	113652
四户镇	8156		17	14665	52165
宿羊山镇	9013	1	24	16932	75651
八义集镇	10562	1	25	17694	64524
土山镇	7015		21	12213	48236
碾庄镇	12088	1	27	21953	98525
港上镇	6470	3	19	11043	46201
邹庄镇	7351	1	16	11763	56055
占城镇	8900		18	10526	35884
新河镇	11800		19	12641	56295
八路镇	6700		14	9962	42471
铁富镇	12447		30	28310	132600
岔河镇	7088		12	8760	42010
陈楼镇	4423		17	11904	50638
邢楼镇	9684		18	12608	50780
戴庄镇	6845		16	10850	40820
车辐山镇	9488		16	12973	60837
燕子埠镇	7700		16	7896	33450
赵墩镇	12081	1	27	21604	97223
议堂镇	5442	3	12	8188	34646

22-1 续表 3 （2020 年）

乡 镇	一般公共预算收入（万元）	一般公共预算支出（万元）	年末资产总额（万元）	年末债务总额（万元）
贾汪区				
大泉街道	16196	2892	30269	64486
大吴街道	14851	2797	49634	74270
潘安湖街道	11834	7704	7434	5629
青山泉镇	9622	8892	2390	292
紫庄镇	3748	1764	6394	8528
塔山镇	5812	6822	3468	14222
汴塘镇	1136	1391	14691	3128
江庄镇	14203	5113	25884	65645
徐州经济技术开发区				
大黄山街道	34076	10997	8413	1886
大庙街道	32093	13007	5606	5606
徐庄镇	7563	14157	10336	549
丰 县				
中阳里街道	10005	917	2907	2910
凤城街道	33631	30483	12053	9465
孙楼街道	11571	8357	16206	
首羡镇	8636	7089	43535	2253
顺河镇	11443	8679	14140	9244
常店镇	10186	7649	2768	
欢口镇	16845	8845	1115	210
师寨镇	8186	7450	20782	665
华山镇	14626	6995	9640	3652
梁寨镇	14555	12153	28896	26112
范楼镇	12506	9341	17454	12430
宋楼镇	17393	14588	14000	18299
大沙河镇	7697	5771	21923	19886
王沟镇	7944	5207	28577	29097
赵庄镇	8048	4624	2622	4511
沛 县				
沛城街道	25004	33056	2957	2633
大屯街道	29973	44980	23408	23408
汉源街道	2847	2840	2659	326
汉兴街道	475	474	2103	18710
龙固镇	22568	22189	10125	1205
杨屯镇	22177	27202	31676	
胡寨镇	7641	7641	1820	
魏庙镇	5847	6817	21190	862
五段镇	11578	5164	1389	1002
张庄镇	8476	10369	30067	1906
张寨镇	8065	8532	4215	16408
敬安镇	21354	22048	10320	7414
河口镇	7371	8290	6085	4326
栖山镇	6462	6237	10698	9516
鹿楼镇	10717	11351	22325	15313
朱寨镇	10063	10661	5152	10839
安国镇	18611	20648	17415	16001

22–1 续表 4　　（2020 年）

乡　镇	一般公共预算收入（万元）	一般公共预算支出（万元）	年末资产总额（万元）	年末债务总额（万元）
铜山区				
沿湖街道	2962	2862	672	2033
新区街道	13600	13791	3132	2643
三堡镇街道	13699	6719	6067	4211
何桥镇	3047	4167	6154	2386
黄集镇	3292	7327	3878	2982
马坡镇	2147	4442	6239	6931
郑集镇	5263	6548	12956	14427
柳新镇	24059	10060	39211	24091
刘集镇	7269	5271	6077	7639
大彭镇	10551	7370	2332	2302
汉王镇	13731	12259	19825	11588
棠张镇	10950	6420	18600	8505
张集镇	10200	7165	16050	14756
房村镇	3197	3952	15291	5938
伊庄镇	3440	3671	3313	13412
单集镇	3286	7410	12471	12466
利国镇	24928	8096	89791	86122
大许镇	3400	3970	6207	4020
茅村镇	9310	7577	53861	67900
柳泉镇	20526	16785	13871	11876
睢宁县				
睢城街道	81828	32037	79662	
金城街道		1376	268	68
睢河街道	34973	27286	18967	13627
王集镇	5841	1163	2227	12051
双沟镇	19685	19273	8652	6890
岚山镇	9014	11390	39054	55977
李集镇	6347	6189	19590	7631
桃园镇	4515	6634	14507	13369
官山镇	17471	12113	17536	19569
高作镇	8926	9701	21095	18093
沙集镇	10965	10965	41067	16733
凌城镇	13249	10289	13233	4469
邱集镇	7337	8680	4276	3683
古邳镇	9370	9370	10263	6158
姚集镇	10267	10267	30012	24597
魏集镇	10393	10078	11610	7800
梁集镇	7574	6501	8485	5963
庆安镇	9850	6850	2160	5600

22-1 续表 5 （2020 年）

乡 镇	一般公共预算收入（万元）	一般公共预算支出（万元）	年末资产总额（万元）	年末债务总额（万元）
新沂市				
新安街道	68294	29747	47558	17049
北沟街道	14452	14452	472	6133
墨河街道	3882	3236	607	656
唐店街道	8638	7095	8011	2193
瓦窑镇	7091	6671	1008	247
港头镇	5627	5419	1560	876
合沟镇	5533	3200	6795	5102
草桥镇	6521	6501	1200	750
窑湾镇	7080	5184	19787	15812
棋盘镇	6275	6275	3753	
马陵山镇	5171	4096	4115	2089
新店镇	7014	5541	3735	3089
邵店镇	3477	2331	4898	2716
时集镇	11466	6715	3962	
高流镇	7054	5579	21230	1100
阿湖镇	5495	4969	8450	7977
双唐镇	8481	5098	5171	4113
邳州市				
东湖街道	2351	2351	5139	12584
运河街道	77437	14985	75746	1942
戴圩街道	42300	36750	4860	2264
炮车街道	71656	41759	6816	5500
邳城镇	9140	3280	6320	2822
官湖镇	43680	38155	12400	4680
四户镇	10755	9600	1757	430
宿羊山镇	6299	8164	8351	3999
八义集镇	2805	4047	4197	80
土山镇	8017	9215	612	4053
碾庄镇	35243	40473	4825	2859
港上镇	8946	12069	2987	3129
邹庄镇	8735	8863	1255	525
占城镇	6014	5011	2024	2107
新河镇	2841	4326	12606	18332
八路镇	7176	7176	1547	1104
铁富镇	43600	23600	17950	7120
岔河镇	10185	8647	3665	1250
陈楼镇	1790	1785	4685	3428
邢楼镇	4309	4309	8560	50
戴庄镇	4890	6110	5390	350
车辐山镇	13486	12573	4532	3691
燕子埠镇	8560	7230	1610	1520
赵墩镇	12180	12035	3004	1376
议堂镇	8855	5227	3360	2658

22-1 续表6 （2020年）

乡 镇	企业个数（个）	企业从业人员（人）	工业企业单位数（个）	#规模以上工业企业单位数
贾汪区				
大泉街道	555	7939	38	3
大吴街道	319	22190	206	12
潘安湖街道	40	4153	16	7
青山泉镇	252	22568	136	27
紫庄镇	316	9387	183	7
塔山镇	272	7165	161	12
汴塘镇	284	4294	153	1
江庄镇	338	6521	42	7
徐州经济技术开发区				
大黄山街道	277	23457	146	38
大庙街道	289	18544	210	37
徐庄镇	625	6594	95	14
丰 县				
中阳里街道	2365	33001	1236	9
凤城街道	1309	44620	868	58
孙楼街道	1445	19621	1096	18
首羡镇	1719	26587	754	5
顺河镇	1123	32200	657	9
常店镇	964	21402	356	27
欢口镇	1242	14469	871	9
师寨镇	1161	23293	904	3
华山镇	2370	21450	1280	13
梁寨镇	1130	15029	462	6
范楼镇	720	14985	590	8
宋楼镇	2010	33125	1103	21
大沙河镇	897	15482	764	5
王沟镇	410	5698	203	10
赵庄镇	956	22316	596	8
沛 县				
沛城街道	2261	40213	609	13
大屯街道	860	51930	490	35
汉源街道	292	2775	22	1
汉兴街道	78	3971	46	
龙固镇	501	18689	282	36
杨屯镇	735	24112	699	41
胡寨镇	413	6315	101	3
魏庙镇	352	10102	151	4
五段镇	822	7036	625	20
张庄镇	712	14280	164	12
张寨镇	216	5255	78	4
敬安镇	1587	19892	572	7
河口镇	582	10927	308	4
栖山镇	369	7105	257	7
鹿楼镇	780	16066	175	14
朱寨镇	714	11344	113	12
安国镇	153	6078	137	25

22-1 续表 7 （2020 年）

乡 镇	企业个数（个）	企业从业人员（人）	工业企业单位数（个）	#规模以上工业企业单位数
铜山区				
沿湖街道	201	2325	6	2
新区街道	1789	42079	709	98
三堡镇街道	312	9821	193	20
何桥镇	223	7298	29	1
黄集镇	205	3863	92	3
马坡镇	280	9245	200	6
郑集镇	210	18765	102	11
柳新镇	893	20866	249	42
刘集镇	432	6436	81	15
大彭镇	679	13652	273	23
汉王镇	550	11000	35	
棠张镇	658	15664	450	20
张集镇	1236	27194	859	23
房村镇	558	8950	242	3
伊庄镇	238	4312	71	7
单集镇	419	6612	93	3
利国镇	620	13906	82	12
大许镇	438	13013	116	8
茅村镇	1216	22156	276	18
柳泉镇	511	19520	397	17
睢宁县				
睢城街道	3218	96586	840	21
金城街道	1014	22410	166	47
睢河街道	964	19867	238	23
王集镇	189	16342	101	4
双沟镇	610	5988	77	19
岚山镇	253	7086	161	5
李集镇	463	14099	242	8
桃园镇	348	11648	186	14
官山镇	335	5036	141	5
高作镇	446	5179	271	4
沙集镇	3429	33944	717	15
凌城镇	708	9121	135	11
邱集镇	265	4030	192	6
古邳镇	483	8022	196	5
姚集镇	371	5561	172	3
魏集镇	1004	9633	389	7
梁集镇	248	6743	124	4
庆安镇	202	31859	130	19

22-1 续表 8 （2020 年）

乡 镇	企业个数（个）	企业从业人员（人）	工业企业单位数（个）	#规模以上工业企业单位数
新沂市				
新安街道	2530	112628	157	12
北沟街道	1366	24922	277	31
墨河街道	698	18816	164	70
唐店街道	341	11474	51	7
瓦窑镇	889	8927	275	13
港头镇	318	6608	49	4
合沟镇	571	6915	162	8
草桥镇	969	24524	214	12
窑湾镇	1567	18804	161	9
棋盘镇	669	9752	308	11
马陵山镇	986	12287	200	6
新店镇	447	3798	52	7
邵店镇	223	5651	52	6
时集镇	1566	16038	163	13
高流镇	420	4520	55	12
阿湖镇	1005	12619	387	17
双唐镇	959	19470	294	20
邳州市				
东湖街道	232	6997	9	
运河街道	4341	74275	624	7
戴圩街道	524	23850	486	35
炮车街道	1688	40521	251	51
邳城镇	20	2358	13	8
官湖镇	1406	34290	1006	74
四户镇	182	3625	92	3
宿羊山镇	552	12035	284	11
八义集镇	2197	20908	671	3
土山镇	352	12512	187	18
碾庄镇	1925	24250	395	21
港上镇	58	1544	25	7
邹庄镇	135	4690	65	8
占城镇	95	2879	67	1
新河镇	295	5564	47	9
八路镇	251	27411	169	5
铁富镇	1450	28060	186	25
岔河镇	353	5783	232	6
陈楼镇	1404	15531	631	18
邢楼镇	120	5840	88	2
戴庄镇	147	4425	6	3
车辐山镇	523	13984	246	9
燕子埠镇	115	1742	102	6
赵墩镇	232	16239	147	24
议堂镇	255	7790	228	15

22-1 续表 9 （2020 年）

乡　镇	建筑业企业单位数（个）	住宿餐饮业企业个数（个）	限上社会消费品零售总额（万元）	商品交易市场个数（个）
贾汪区				
大泉街道	3	9	53569	2
大吴街道	3		5231	3
潘安湖街道		1	1358	1
青山泉镇	1	1	1502	1
紫庄镇	1	1	19730	2
塔山镇	4	1	22117	5
汴塘镇	2		2064	3
江庄镇	3	30	15180	2
徐州经济技术开发区				
大黄山街道	4		63620	1
大庙街道	9	3		2
徐庄镇	12		15225	5
丰 县				
中阳里街道	37	56	259961	9
凤城街道	8	9	174024	4
孙楼街道	2	1	122916	1
首羡镇	5	7	127601	6
顺河镇	8	2	43022	5
常店镇	14	2	95803	3
欢口镇	3	4	129021	4
师寨镇	6	4	2020	2
华山镇	17	116	66210	5
梁寨镇	5	16	28029	4
范楼镇		31	4179	3
宋楼镇	4		53260	4
大沙河镇	2	63	37941	2
王沟镇			26353	2
赵庄镇	2	6	145178	2
沛 县				
沛城街道	52	65	469825	8
大屯街道	5	5	406890	9
汉源街道		5	47752	1
汉兴街道			2741	2
龙固镇	8	2	146561	1
杨屯镇	4	2	217057	2
胡寨镇	3		13879	1
魏庙镇	1	1	4913	6
五段镇	1	9	184375	2
张庄镇	5		75298	3
张寨镇	4	1	25760	4
敬安镇	1	2	214674	3
河口镇	2		65289	2
栖山镇	1		90484	3
鹿楼镇	1	2	139957	2
朱寨镇			106713	4
安国镇	1	15	115600	3

22-1　续表 10　　（2020 年）

乡　镇	建筑业企业单位数（个）	住宿餐饮业企业个数（个）	限上社会消费品零售总额（万元）	商品交易市场个数（个）
铜山区				
沿湖街道	20	1	4167	1
新区街道	24	14	620380	
三堡镇街道	9	2	170620	4
何桥镇	34		62321	5
黄集镇	6	5	116626	4
马坡镇	11	2	51210	3
郑集镇	8	6	8950	2
柳新镇	7	16	156620	6
刘集镇	1	1	94920	4
大彭镇	35	3	61983	4
汉王镇	44	11	17131	2
棠张镇	3	10	87274	3
张集镇	4	2	18592	2
房村镇	26	81	1785	6
伊庄镇	5	3	68452	5
单集镇	10		318	4
利国镇	1	15	184362	2
大许镇		11	34717	4
茅村镇	9	25	88000	2
柳泉镇	1	22	113296	3
睢宁县				
睢城街道	43	151	56871	15
金城街道	11	7	63274	2
睢河街道	19	7	40023	1
王集镇			34055	10
双沟镇	2	8	35851	3
岚山镇	3		5409	8
李集镇		5	3619	6
桃园镇	6	7	20840	5
官山镇			3890	4
高作镇	7		8297	1
沙集镇	17	46	69032	2
凌城镇	6	1	24516	3
邱集镇		14	802	5
古邳镇	4	93	4567	3
姚集镇	4	30	798	6
魏集镇	18		61746	3
梁集镇	3		1625	14
庆安镇		32	41325	2

22-1 续表 11 （2020 年）

乡 镇	建筑业企业单位数（个）	住宿餐饮业企业个数（个）	限上社会消费品零售总额（万元）	商品交易市场个数（个）
新沂市				
新安街道	245	123	233202	17
北沟街道	11	17	189942	3
墨河街道	4	13	27701	6
唐店街道	4	41	67288	4
瓦窑镇	12	4	13438	5
港头镇	6	28	10612	5
合沟镇	8	37	49256	4
草桥镇	12	6	197880	6
窑湾镇	5	49	87712	7
棋盘镇	3	5	18722	8
马陵山镇	15	6	13028	2
新店镇	13	17	22115	3
邵店镇	3	6	51916	2
时集镇	4	7	28019	3
高流镇	10	6	35645	6
阿湖镇	6	11	15248	6
双唐镇	12	7	17087	6
邳州市				
东湖街道	34	16	136316	6
运河街道	96	66	136125	23
戴圩街道	17	2	37985	3
炮车街道	1	9	33564	3
邳城镇	1	3	10810	2
官湖镇	6	2	49270	6
四户镇		9	5998	7
宿羊山镇	10	44	115308	5
八义集镇	2	4	65124	6
土山镇	4	7	35841	6
碾庄镇	3	7	31528	5
港上镇	1	10	57792	4
邹庄镇	1	27	10752	6
占城镇	1	2	6568	4
新河镇	5	1	6418	2
八路镇	2	2	8867	3
铁富镇	3	13	456100	9
岔河镇	39	4	14926	4
陈楼镇	1	1	26370	5
邢楼镇	1		5580	8
戴庄镇	1		18080	3
车辐山镇		12	23563	2
燕子埠镇		3	4362	3
赵墩镇	4	1	14032	6
议堂镇		2	27850	1

22-1　续表 12　　　　（2020 年）

乡　镇	50 平方米以上超市个数（个）	幼儿园、托儿所个数（个）	小学校数（所）	小学专任教师数（人）	小学在校学生数（人）	图书馆、文化站个数（个）	剧场、影剧院个数（个）	体育场馆个数（个）
贾汪区								
大泉街道	22	12	3	378	6374	7	1	1
大吴街道	39	18	7	295	5798	1	1	1
潘安湖街道	32	7	3	172	2187	9		
青山泉镇	38	9	3	237	3321	1	1	1
紫庄镇	106	14	7	220	5201	1		
塔山镇	165	17	8	345	6467	2		
汴塘镇	43	17	7	240	4810	1		
江庄镇	128	7	5	149	1818	1	1	
徐州经济技术开发区								
大黄山街道	45	7	3	220	4000	11		
大庙街道	41	10	8	611	7450	1	1	1
徐庄镇	144	15	10	471	4113	1		1
丰　县								
中阳里街道	120	25	7	593	12001	2	3	
凤城街道	115	6	5	221	13855	1		
孙楼街道	128	7	4	148	2056	3		
首羡镇	69	10	11	281	4165	1		1
顺河镇	138	7	6	191	2684	1	1	2
常店镇	147	13	6	202	2709	1		2
欢口镇	131	10	9	327	6811	2	1	2
师寨镇	141	6	5	158	3619	1		
华山镇	245	7	10	335	8856	2	1	1
梁寨镇	120	11	9	290	3325	2	1	1
范楼镇	219	14	9	295	4560	1		
宋楼镇	208	11	8	288	5873	1		
大沙河镇	145	5	6	213	2890	1		12
王沟镇	187	7	9	322	3747	1		
赵庄镇	145	9	7	220	3165	1	1	2
沛　县								
沛城街道	148	27	9	1235	25581	1	2	2
大屯街道	97	51	10	330	4460		3	1
汉源街道	52	19	5	476	12771	1	2	
汉兴街道	55	4	2	430	8159			
龙固镇	116	25	7	204	3698			
杨屯镇	82	8	5	251	6200		1	1
胡寨镇	34	6	5	145	2067			
魏庙镇	24	20	5	183	3791			1
五段镇	25	15	6	238	4193	1	1	
张庄镇	99	23	14	347	6450		1	
张寨镇	139	29	11	385	6360			
敬安镇	126	17	6	231	4117			
河口镇	109	9	7	219	3650			
栖山镇	61	29	10	231	3563	1		
鹿楼镇	162	8	11	233	3800			
朱寨镇	41	6	6	230	2987			
安国镇	127	7	8	330	5723	1		

22-1 续表 13 （2020 年）

乡 镇	50 平方米以上超市个数（个）	幼儿园、托儿所个数（个）	小学校数（所）	小学专任教师数（人）	小学在校学生数（人）	图书馆、文化站个数（个）	剧场、影剧院个数（个）	体育场馆个数（个）
铜山区								
沿湖街道	6	2	1	61	1180	2		1
新区街道	64	17	4	209	5464	7		4
三堡镇街道	46	10	3	145	3213	1		
何桥镇	76	11	7	189	4086	1		3
黄集镇	157	10	8	242	5128	3		2
马坡镇	55	7	8	203	4464	1		
郑集镇	16	12	8	204	5462	10		
柳新镇	45	35	9	305	6839	1		
刘集镇	98	13	10	265	6367	1		1
大彭镇	82	9	8	284	6125	1	1	3
汉王镇	83	18	5	157	3650	1		
棠张镇	58	12	7	99	6140	1	1	1
张集镇	86	27	15	350	7502	1		
房村镇	135	29	6	304	3990	1		3
伊庄镇	62	15	5	192	3012	15		1
单集镇	92	10	10	234	4574	1		
利国镇	8	10	6	305	5912	5		1
大许镇	60	20	11	296	7743	1		4
茅村镇	104	14	8	309	7348			1
柳泉镇	73	16	6	265	5220	18	1	3
睢宁县								
睢城街道	546	59	10	1330	26531		4	
金城街道	71	13	4	290	6626			
睢河街道	148	9	3	410	9200	1	1	1
王集镇	69	9	4	261	6454	1		
双沟镇	50	4	4	278	5774	1	1	2
岚山镇	80	24	13	315	3252	1		
李集镇	35	7	5	280	5850	1	1	1
桃园镇	88	9	7	225	4234	1		1
官山镇	108	13	4	216	5320	1		
高作镇	46	3	2	117	1979	1		1
沙集镇	111	6	3	162	2272	1		
凌城镇	178	4	5	213	4760	1		1
邱集镇	155	5	4	271	5219	1		
古邳镇	66	8	8	156	2916	1	1	1
姚集镇	150	8	6	212	3993	1	1	1
魏集镇	92	11	5	214	2305	1		
梁集镇	88	11	5	293	3981	1	1	1
庆安镇	70	26	10	377	4850	23		22

22-1　续表 14　　　　　　　　　　（2020 年）

乡　镇	50平方米以上超市个数（个）	幼儿园、托儿所个数（个）	小学校数（所）	小学专任教师数（人）	小学在校学生数（人）	图书馆、文化站个数（个）	剧场、影剧院个数（个）	体育场馆个数（个）
新沂市								
新安街道	486	23	17	822	67212	4	4	2
北沟街道	71	6	4	359	5633	1	1	
墨河街道	37	5	7	265	4778	1		
唐店街道	75	2	3	213	4173	1		1
瓦窑镇	72	5	4	271	3860	2		
港头镇	61	5	5	184	3914	1		1
合沟镇	46	16	8	278	4297	1		
草桥镇	265	8	9	348	4580	1	1	1
窑湾镇	258	6	7	252	4039	22		
棋盘镇	146	3	10	341	5585	1	1	1
马陵山镇	203	8	7	322	4960	1		
新店镇	117	10	8	182	3983	1	1	
邵店镇	63	6	6	142	3016	1	1	1
时集镇	115	12	9	325	5180	1		
高流镇	82	10	11	305	6326	1		
阿湖镇	129	10	7	331	5282	1		
双唐镇	68	8	5	241	3600	1		
邳州市								
东湖街道	32	18	6	351	15902	7	2	1
运河街道	251	47	17	1316	35343	10	3	4
戴圩街道	76	11	8	384	6969	9		
炮车街道	6	20	6	255	5344	1		2
邳城镇	120	14	11	142	4035			
官湖镇	463	29	12	503	13964	1	2	1
四户镇	71	18	8	195	6241	1		
宿羊山镇	117	29	9	402	6378	1	1	1
八义集镇	66	12	13	399	6186	19	1	1
土山镇	249	5	6	278	4189	1	1	2
碾庄镇	121	28	16	393	9425	1		1
港上镇	81	3	8	232	5360	2		
邹庄镇	46	12	9	259	4385	1		1
占城镇	57	9	7	177	2953	1		
新河镇	55	14	8	193	4861	1	1	1
八路镇	71	14	6	132	2038	15		4
铁富镇	206	29	26	599	14300	1		3
岔河镇	72	7	7	173	4200	1	1	1
陈楼镇	221	9	8	235	4014	1		
邢楼镇	126	9	8	433	4690	1		
戴庄镇	50	12	9	266	6420	17		1
车辐山镇	100	22	7	262	9215	18		
燕子埠镇	115	19	6	165	3468			
赵墩镇	110	37	12	523	12773	21		
议堂镇	40	6	6	178	2675	17		

22-1 续表 15 （2020 年）

乡 镇	医疗卫生机构个数（个）	医疗卫生机构床位数（张）	执业（助理）医师数（人）
贾汪区			
大泉街道	9	160	68
大吴街道	4	132	130
潘安湖街道	8	10	20
青山泉镇	16	239	140
紫庄镇	24	120	100
塔山镇	25	120	71
汴塘镇	21	205	62
江庄镇	14	70	46
徐州经济技术开发区			
大黄山街道	9	65	27
大庙街道	17	400	139
徐庄镇	28	70	50
丰 县			
中阳里街道	19	1122	494
凤城街道	40	151	152
孙楼街道	23	241	82
首羡镇	46	290	74
顺河镇	24	290	136
常店镇	32	255	142
欢口镇	30	129	140
师寨镇	30	140	110
华山镇	30	192	108
梁寨镇	30	228	116
范楼镇	40	142	63
宋楼镇	36	229	155
大沙河镇	21	158	71
王沟镇	33	149	115
赵庄镇	46	138	87
沛 县			
沛城街道	48	2235	1807
大屯街道	29	366	240
汉源街道	17	160	130
汉兴街道	18	221	41
龙固镇	22	295	61
杨屯镇	22	230	61
胡寨镇	17	140	53
魏庙镇	19	159	37
五段镇	18	200	118
张庄镇	33	160	85
张寨镇	35	308	138
敬安镇	26	315	62
河口镇	26	248	140
栖山镇	26	265	147
鹿楼镇	31	315	140
朱寨镇	27	275	96
安国镇	32	371	141

22-1 续表 16　　　　（2020 年）

乡　镇	医疗卫生机构个数（个）	医疗卫生机构床位数（张）	执业（助理）医师数（人）
铜山区			
沿湖街道	4	50	14
新区街道	14	15	28
三堡镇街道	7	50	70
何桥镇	21	110	60
黄集镇	20	80	85
马坡镇	14	90	61
郑集镇	12	350	62
柳新镇	20	79	129
刘集镇	23	66	67
大彭镇	20	210	47
汉王镇	11	100	77
棠张镇	21	80	68
张集镇	25	205	128
房村镇	48	125	71
伊庄镇	17	62	44
单集镇	27	160	92
利国镇	15	120	65
大许镇	31	320	149
茅村镇	19	101	98
柳泉镇	16	60	56
睢宁县			
睢城街道	73	1289	998
金城街道	20	232	125
睢河街道	14	60	25
王集镇	30	260	101
双沟镇	21	220	61
岚山镇	49	100	78
李集镇	17	180	51
桃园镇	22	90	46
官山镇	32	167	55
高作镇	19	260	84
沙集镇	18	76	52
凌城镇	29	175	158
邱集镇	36	317	108
古邳镇	27	332	92
姚集镇	40	470	83
魏集镇	35	136	65
梁集镇	29	339	156
庆安镇	39	462	215

22-1 续表 17 （2020 年）

乡　镇	医疗卫生机构个数（个）	医疗卫生机构床位数（张）	执业（助理）医师数（人）
新沂市			
新安街道	79	3226	1413
北沟街道	11	206	174
墨河街道	20	91	38
唐店街道	17	109	101
瓦窑镇	20	104	72
港头镇	15	90	53
合沟镇	21	50	55
草桥镇	22	243	122
窑湾镇	26	120	48
棋盘镇	35	345	210
马陵山镇	18	106	87
新店镇	25	175	95
邵店镇	16	145	62
时集镇	20	80	70
高流镇	27	124	65
阿湖镇	24	101	52
双唐镇	16	41	42
邳州市			
东湖街道	18	455	121
运河街道	33	1195	2139
戴圩街道	29	815	42
炮车街道	16	181	95
邳城镇	25	240	58
官湖镇	39	430	195
四户镇	18	60	42
宿羊山镇	35	299	168
八义集镇	31	313	277
土山镇	23	423	233
碾庄镇	29	352	271
港上镇	22	42	60
邹庄镇	25	70	85
占城镇	21	120	92
新河镇	19	104	117
八路镇	15	179	38
铁富镇	33	402	138
岔河镇	15	200	32
陈楼镇	21	78	150
邢楼镇	18	136	75
戴庄镇	15	70	34
车辐山镇	17	178	94
燕子埠镇	16	54	34
赵墩镇	31	126	75
议堂镇	18	185	73

22-1 续表 18 （2020 年）

乡 镇	自来水用水户数（户）	金融机构网点数（个）	公园及休闲健身广场个数（个）
贾汪区			
大泉街道	16785	7	7
大吴街道	14206	5	14
潘安湖街道	8145	2	10
青山泉镇	11205	4	10
紫庄镇	15103	4	1
塔山镇	16144	6	33
汴塘镇	13700	3	
江庄镇	9120	3	18
徐州经济技术开发区			
大黄山街道	16210	3	1
大庙街道	19432	6	18
徐庄镇	20785	5	45
丰 县			
中阳里街道	25021	15	5
凤城街道	7384	5	2
孙楼街道	13121	2	1
首羡镇	17564	6	4
顺河镇	12750	2	1
常店镇	12539	3	10
欢口镇	21798	6	4
帅寨镇	15485	4	2
华山镇	23710	4	2
梁寨镇	15027	3	3
范楼镇	13379	4	2
宋楼镇	22942	4	1
大沙河镇	14512	4	2
王沟镇	21550	4	2
赵庄镇	16585	3	5
沛 县			
沛城街道	48401	28	39
大屯街道	17960	7	6
汉源街道	21256	5	3
汉兴街道	9970	2	2
龙固镇	11258	3	10
杨屯镇	15593	4	1
胡寨镇	9558	2	7
魏庙镇	12735	4	1
五段镇	11745	2	3
张庄镇	21619	5	1
张寨镇	18516	5	1
敬安镇	15689	3	
河口镇	8530	3	2
栖山镇	14481	3	1
鹿楼镇	16834	3	4
朱寨镇	13491	4	
安国镇	22061	5	2

22-1　续表 19　　（2020 年）

乡　镇	自来水用水户数（户）	金融机构网点数（个）	公园及休闲健身广场个数（个）
铜山区			
沿湖街道	3780	1	
新区街道	12710	2	1
三堡镇街道	7501	4	1
何桥镇	10110	3	
黄集镇	16357	3	
马坡镇	12506	2	
郑集镇	10234	3	6
柳新镇	21027	6	
刘集镇	15377	5	
大彭镇	18098	3	
汉王镇	12494	3	2
棠张镇	14152	4	2
张集镇	15030	3	
房村镇	7512	4	
伊庄镇	10985	3	
单集镇	15010	4	
利国镇	19283	7	9
大许镇	13599	3	
茅村镇	22349	6	10
柳泉镇	16559	4	
睢宁县			
睢城街道	60541	46	19
金城街道	11359	2	17
睢河街道	22029	1	14
王集镇	13942	5	2
双沟镇	12626	4	6
岚山镇	15603	6	24
李集镇	12835	3	3
桃园镇	13181	5	3
官山镇	18065	4	1
高作镇	8383	2	1
沙集镇	12839	5	2
凌城镇	14623	3	2
邱集镇	22035	4	1
古邳镇	13899	3	27
姚集镇	20110	4	2
魏集镇	14339	5	1
梁集镇	10975	4	1
庆安镇	13550	4	1

22-1 续表 20 （2020 年）

乡 镇	自来水用水户数（户）	金融机构网点数（个）	公园及休闲健身广场个数（个）
新沂市			
新安街道	110863	78	8
北沟街道	11438	5	1
墨河街道	14951	2	5
唐店街道	12029	2	1
瓦窑镇	9413	2	15
港头镇	9997	2	12
合沟镇	12569	3	3
草桥镇	17208	4	8
窑湾镇	13461	6	2
棋盘镇	18664	5	8
马陵山镇	13965	3	3
新店镇	11626	4	5
邵店镇	9127	3	12
时集镇	11580	5	3
高流镇	13925	4	1
阿湖镇	16371	4	13
双唐镇	9752	3	4
邳州市			
东湖街道	6103	6	3
运河街道	75356	86	31
戴圩街道	19561	8	6
炮车街道	14712	2	2
邳城镇	18140	3	3
官湖镇	26035	6	3
四户镇	14665	2	18
宿羊山镇	16199	5	1
八义集镇	17056	4	2
土山镇	12131	5	4
碾庄镇	21521	6	4
港上镇	11043	4	4
邹庄镇	10689	3	23
占城镇	10335	2	2
新河镇	12586	4	19
八路镇	9962	2	15
铁富镇	23600	8	2
岔河镇	8150	1	4
陈楼镇	11864	5	14
邢楼镇	12280	2	2
戴庄镇	10850	2	19
车辐山镇	12895	2	1
燕子埠镇	7854	2	
赵墩镇	21604	5	1
议堂镇	8188	4	15

22-2　分镇建成区主要经济指标

（2020年）

乡　　镇	城镇建成区面积（公顷）	#绿化面积	建成区总户数（户）	建成区总人口（人）
贾汪区				
大泉街道	505	153	7365	21520
大吴街道	560	326	8854	35462
潘安湖街道	360	225	450	1361
青山泉镇	765	445	8862	30282
紫庄镇	810	271	6062	23240
塔山镇	605	172	5228	17856
汴塘镇	390	90	2576	9011
江庄镇	275	90	1130	4978
徐州经济技术开发区				
大黄山街道	400	138	6393	23545
大庙街道	375	214	8276	30758
徐庄镇	378	76	7120	26320
丰　县				
中阳里街道	95	49	3301	9052
凤城街道	184	106	4644	16916
孙楼街道	233	88	3357	9514
首羡镇	65	12	4260	13371
顺河镇	450	201	4375	21817
常店镇	963	368	3699	14309
欢口镇	1100	300	19235	61945
师寨镇	170	74	3956	16820
华山镇	702	295	14990	53390
梁寨镇	497	216	8767	29968
范楼镇	173	59	3785	12913
宋楼镇	310	116	4298	11598
大沙河镇	485	173	6021	33568
王沟镇	307	40	4820	17769
赵庄镇	519	245	10297	40881
沛　县				
沛城街道	1406	193	52372	140158
大屯街道	585	286	12450	51610
汉源街道	1412	480	19028	55029
汉兴街道	92	36	1038	3738
龙固镇	586	272	9986	43612
杨屯镇	395	136	9100	33008
胡寨镇	208	12	1385	6894
魏庙镇	249	149	7432	25986
五段镇	125	18	1912	7628
张庄镇	805	340	10881	41350
张寨镇	136	13	1982	9992
敬安镇	657	195	11403	43739
河口镇	135	48	1516	5973
栖山镇	65	22	1796	6863
鹿楼镇	176	32	4089	13628
朱寨镇	205	32	3450	13440
安国镇	635	325	6485	35208

22-2 续表 1 （2020 年）

乡　　镇	城镇建成区面积（公顷）	#绿化面积	建成区总户数（户）	建成区总人口（人）
铜山区				
沿湖街道	43	8	1184	3784
新区街道				
三堡镇街道	140	52	1863	5694
何桥镇	270	78	1945	6241
黄集镇	530	92	4013	18785
马坡镇	240	30	2897	10543
郑集镇	450	175	6325	24508
柳新镇	615	253	4739	25581
刘集镇	724	64	3143	11756
大彭镇	305	11	7836	27780
汉王镇	302	96	1272	6098
棠张镇	495	190	8358	17678
张集镇	410	52	3315	7661
房村镇	241	38	2755	10238
伊庄镇	243	25	2485	7651
单集镇	247	18	4720	16562
利国镇	330	115	6640	28904
大许镇	410	105	9683	41433
茅村镇	225	108	4823	17887
柳泉镇	155	28	2130	11903
睢宁县				
睢城街道	4462	512	22853	91432
金城街道	2270	77	7461	33258
睢河街道	1701	314	25796	72963
王集镇	573	85	4083	19428
双沟镇	549	146	14050	59361
岚山镇	833	10	7946	31956
李集镇	542	288	6885	25082
桃园镇	477	10	4132	17015
官山镇	484	14	2103	6952
高作镇	280	55	5147	20448
沙集镇	601	168	5532	19483
凌城镇	510	229	6992	29154
邱集镇	452	65	1885	7735
古邳镇	1063	493	7435	35290
姚集镇	1858	55	5355	24011
魏集镇	2400	4	4304	17213
梁集镇	285	45	3741	9972
庆安镇	420	118	4865	18130

注：铜山新区街道部分数据无法取得。

22-2 续表 2 （2020 年）

乡 镇	城镇建成区面积（公顷）	#绿化面积	建成区总户数（户）	建成区总人口（人）
新沂市				
新安街道	7423	2019	66077	199873
北沟街道	1118	234	16399	49558
墨河街道	4198	1532	8434	25961
唐店街道	1660	597	8155	28973
瓦窑镇	296	84	4773	18321
港头镇	210	146	2790	11321
合沟镇	455	163	1714	7126
草桥镇	960	401	12344	45741
窑湾镇	481	226	8917	29132
棋盘镇	884	417	4456	17692
马陵山镇	412	171	6892	28966
新店镇	704	90	2596	9577
邵店镇	418	155	3238	10377
时集镇	185	80	2805	10698
高流镇	510	158	5903	22652
阿湖镇	1050	371	5278	18912
双唐镇	424	136	3297	9843
邳州市				
东湖街道	322	197	4967	17312
运河街道	4087	457	68158	230468
戴圩街道	1635	752	6543	25976
炮车街道	2013	96	8993	32014
邳城镇	196	112	7090	34880
官湖镇	870	195	9400	45616
四户镇	612	48	2310	11065
宿羊山镇	446	36	3663	12201
八义集镇	287	37	2215	9256
土山镇	425	245	6891	27550
碾庄镇	698	208	11027	48527
港上镇	441	123	4634	21046
邹庄镇	690	86	2366	8901
占城镇	206	39	875	3264
新河镇	390	28	2183	9443
八路镇	210	51	2474	11683
铁富镇	1150	490	19730	90510
岔河镇	124	35	2310	8835
陈楼镇	280	27	2870	8691
邢楼镇	233	35	1230	4720
戴庄镇	272	100	1595	5724
车辐山镇	446	34	1986	7960
燕子埠镇	120	15	912	3738
赵墩镇	572	156	3050	11728
议堂镇	350	136	260	825

22-3　分镇主要经济指标排序（2020 年）
行政区域面积

排序	乡　　镇	绝对量（公顷）	排序	乡　　镇	绝对量（公顷）	排序	乡　　镇	绝对量（公顷）
1	睢宁县姚集镇	16780	43	睢宁县双沟镇	9530	85	新沂市合沟镇	6734
2	新沂市棋盘镇	15770	44	新沂市马陵山镇	9528	86	铜山区郑集镇	6710
3	铜山区张集镇	14800	45	睢宁县桃园镇	9489	87	邳州市八路镇	6700
4	睢宁县邱集镇	14079	46	邳州市车辐山镇	9488	88	贾汪区紫庄镇	6668
5	新沂市时集镇	13887	47	新沂市双塘镇	9484	89	徐州经济技术开发区大庙街道	6663
6	铜山区房村镇	13600	48	贾汪区塔山镇	9468	90	贾汪区青山泉镇	6647
7	徐州经济技术开发区徐庄镇	13259	49	丰县顺河镇	9404	91	丰县孙楼街道	6608
8	铜山区单集镇	13210	50	睢宁县凌城镇	9365	92	睢宁县沙集镇	6518
9	睢宁县王集镇	13152	51	丰县赵庄镇	9100	93	邳州市港上镇	6470
10	睢宁县魏集镇	13000	52	邳州市邳城镇	9090	94	铜山区新区街道	6450
11	铜山区大许镇	12917	53	邳州市宿羊山镇	9013	95	睢宁县金城街道	6398
12	丰县首羡镇	12864	54	沛县栖山镇	8951	96	铜山区汉王镇	6393
13	丰县王沟镇	12621	55	邳州市占城镇	8900	97	睢宁县李集镇	6298
14	沛县鹿楼镇	12540	56	邳州市官湖镇	8888	98	沛县沛城街道	6240
15	新沂市阿湖镇	12527	57	丰县凤城街道	8773	99	新沂市瓦窑镇	6203
16	睢宁县官山镇	12499	58	丰县梁寨镇	8680	100	沛县魏庙镇	6202
17	邳州市铁富镇	12447	59	丰县大沙河镇	8631	101	新沂市唐店街道	5953
18	丰县宋楼镇	12214	60	铜山区伊庄镇	8565	102	新沂市邵店镇	5849
19	新沂市高流镇	12189	61	丰县师寨镇	8518	103	邳州市炮车街道	5700
20	睢宁县梁集镇	12134	62	铜山区刘集镇	8360	104	邳州市议堂镇	5442
21	邳州市碾庄镇	12088	63	铜山区黄集镇	8340	105	沛县大屯街道	5430
22	邳州市赵墩镇	12081	64	铜山区茅村镇	8324	106	沛县汉兴街道	5310
23	丰县范楼镇	11873	65	新沂市新安街道	8295	107	沛县龙固镇	5302
24	睢宁县岚山镇	11850	66	沛县河口镇	8257	108	沛县杨屯镇	5165
25	邳州市新河镇	11800	67	丰县常店镇	8187	109	沛县五段镇	4977
26	新沂市窑湾镇	11636	68	邳州市四户镇	8156	110	沛县胡寨镇	4594
27	睢宁县庆安镇	11571	69	铜山区棠张镇	8060	111	邳州市陈楼镇	4423
28	沛县张庄镇	11200	70	邳州市戴圩街道	8000	112	徐州经济技术开发区大黄山街道	4300
29	新沂市新店镇	11199	71	沛县朱寨镇	7900	113	睢宁县睢河街道	4261
30	丰县欢口镇	10751	72	邳州市运河街道	7831	114	睢宁县高作镇	4171
31	睢宁县古邳镇	10666	73	铜山区利国镇	7769	115	新沂市北沟街道	4164
32	沛县张寨镇	10634	74	邳州市燕子埠镇	7700	116	贾汪区大吴街道	3840
33	邳州市八义集镇	10562	75	铜山区大彭镇	7600	117	贾汪区大泉街道	3765
34	铜山区柳泉镇	10520	76	贾汪区江庄镇	7496	118	铜山区三堡街道	3540
35	沛县安国镇	10294	77	铜山区何桥镇	7400	119	邳州市东湖街道	3410
36	睢宁县睢城街道	10242	78	邳州市邹庄镇	7351	120	沛县汉源街道	3403
37	新沂市草桥镇	10122	79	新沂市墨河街道	7281	121	铜山区沿湖街道	3400
38	丰县华山镇	10100	80	邳州市岔河镇	7088	122	贾汪区潘安湖街道	3030
39	贾汪区汴塘镇	10080	81	邳州市土山镇	7015	123	丰县中阳里街道	990
40	邳州市邢楼镇	9684	82	铜山区马坡镇	6900			
41	铜山区柳新镇	9606	83	邳州市戴庄镇	6845			
42	沛县敬安镇	9600	84	新沂市港头镇	6810			

22-3 续表 1

财政总收入

排序	乡　镇	绝对量（万元）	排序	乡　镇	绝对量（万元）	排序	乡　镇	绝对量（万元）
1	丰县凤城街道	188569	43	沛县朱寨镇	19017	85	新沂市合沟镇	10728
2	邳州市运河街道	123964	44	贾汪区大吴街道	18421	86	邳州市邳城镇	10650
3	新沂市新安街道	116402	45	铜山区大彭镇	18085	87	新沂市港头镇	10623
4	沛县魏庙镇	106002	46	沛县五段镇	17911	88	睢宁县姚集镇	10267
5	睢宁县睢城街道	93299	47	铜山区张集镇	17011	89	徐州经济技术开发区徐庄镇	10107
6	邳州市炮车街道	91470	48	邳州市邹庄镇	16850	90	睢宁县庆安镇	9980
7	邳州市戴圩街道	82000	49	贾汪区潘安湖街道	16567	91	贾汪区青山泉镇	9788
8	邳州市碾庄镇	63671	50	睢宁县岚山镇	16553	92	睢宁县古邳镇	9786
9	沛县大屯街道	56891	51	睢宁县高作镇	16552	93	睢宁县梁集镇	9771
10	徐州经济技术开发区大庙街道	54142	52	睢宁县沙集镇	16073	94	铜山区郑集镇	9712
11	睢宁县睢河街道	51345	53	丰县赵庄镇	15914	95	新沂市马陵山镇	9652
12	沛县杨屯镇	49812	54	铜山区棠张镇	15778	96	邳州市宿羊山镇	9301
13	邳州市官湖镇	48907	55	丰县首羡镇	15771	97	沛县栖山镇	8975
14	沛县沛城街道	46242	56	新沂市双塘镇	15754	98	邳州市燕子埠镇	8965
15	邳州市铁富镇	45800	57	丰县师寨镇	15309	99	邳州市议堂镇	8855
16	铜山区柳新镇	45555	58	新沂市唐店街道	15288	100	睢宁县桃园镇	8196
17	铜山区利国镇	45553	59	沛县鹿楼镇	15227	101	沛县胡寨镇	7758
18	沛县敬安镇	38993	60	丰县中阳里街道	15226	102	睢宁县王集镇	7659
19	沛县龙固镇	38569	61	沛县张庄镇	15221	103	邳州市八路镇	7205
20	铜山区柳泉镇	37310	62	铜山区茅村镇	15192	104	铜山区伊庄镇	6787
21	徐州经济技术开发区大黄山街道	37028	63	丰县大沙河镇	14925	105	贾汪区紫庄镇	6735
22	邳州市土山镇	34892	64	邳州市四户镇	14896	106	铜山区单集镇	6479
23	丰县欢口镇	33331	65	丰县范楼镇	14878	107	新沂市邵店镇	6308
24	沛县安国镇	33185	66	沛县张寨镇	14836	108	铜山区黄集镇	6267
25	丰县宋楼镇	33139	67	邳州市车辐山镇	14825	109	邳州市占城镇	6014
26	睢宁县官山镇	32564	68	睢宁县邱集镇	14296	110	铜山区大许镇	5871
27	新沂市北沟街道	29323	69	睢宁县魏集镇	13927	111	铜山区何桥镇	5868
28	丰县梁寨镇	27640	70	沛县河口镇	13822	112	铜山区沿湖街道	5665
29	丰县华山镇	25498	71	铜山区新区街道	13600	113	铜山区房村镇	5090
30	睢宁县凌城镇	23920	72	新沂市窑湾镇	13074	114	邳州市戴庄镇	5045
31	贾汪区江庄镇	22879	73	铜山区刘集镇	13005	115	邳州市新河镇	4904
32	邳州市赵墩镇	22514	74	新沂市高流镇	12827	116	邳州市八义集镇	4658
33	铜山区三堡街道	21935	75	邳州市岔河镇	12778	117	新沂市墨河街道	4516
34	丰县顺河镇	21806	76	新沂市新店镇	12282	118	邳州市邢楼镇	4309
35	睢宁县双沟镇	21602	77	贾汪区塔山镇	12240	119	铜山区马坡镇	4087
36	丰县孙楼街道	21515	78	新沂市瓦窑镇	12153	120	沛县汉源街道	3832
37	新沂市时集镇	21253	79	邳州市陈楼镇	12067	121	贾汪区汴塘镇	1136
38	贾汪区大泉街道	20892	80	新沂市草桥镇	11614	122	沛县汉兴街道	478
39	邳州市港上镇	20074	81	新沂市阿湖镇	11581	123	睢宁县金城街道	
40	邳州市东湖街道	19721	82	新沂市棋盘镇	11376			
41	丰县常店镇	19510	83	丰县王沟镇	11096			
42	铜山区汉王镇	19289	84	睢宁县李集镇	11020			

附录一

小康社会进程监测（2018-2020年）

PROCESS INVESTIGATION OF WELL-OFF SOCIETY (2018-2020)

版面负责人：马　萍

编　　　辑：唐彦君

统计知识

企业统计信用管理办法

第十六条 统计一般失信和统计严重失信企业信息公示期限为 1 年。公示期间，企业认真整改到位并提出申请，经履行公示职责的统计机构核实后，可以从公示网站提前移除企业信息，但公示时间不得少于 6 个月。

公示期间，企业整改不到位被查实的，公示期限延长至 2 年；再次发生统计违法行为并查实的，自查实之日起，公示 2 年。

第十七条 县级以上人民政府统计机构应当遵循诚信守法便利、失信违法惩戒原则，对统计守信企业予以激励；对统计信用异常企业、统计一般失信企业加强监督检查；将统计严重失信企业信息纳入金融、工商等行业和部门信用信息系统，并按照《关于加快推进失信被执行人信用监督、警示和惩戒机制建设的意见》，以及《关于对统计领域严重失信企业及其有关人员开展联合惩戒的合作备忘录（修订版）》实施联合惩戒。

联合惩戒措施包括：

（一）依据统计法对失信企业及失信人员采取以下惩戒措施：

1. 对失信企业依法作出行政处罚；

2. 通过国家统计局网站、“信用中国”网站、国家企业信用信息公示系统向社会公示失信企业和失信人员信息；

3. 将失信企业列为重点监督检查对象，再次发现有统计违法行为的，延长公示期限；

4. 对负有责任的属于国家工作人员的领导人员和直接责任人员，按照有关规定移送任免机关、纪检监察机关、组织（人事）部门依纪依法给予处分处理。

徐州市高水平全面建成小康社会统计监测指标情况

指 标		目标	2018年实现值	2019年实现值	2020年实现值
经济发展					
人均GDP（2010年不变价）	（元）	≥58000	70766	74929	75003
地区经济发展差异系数	（－）	≤0.45	0.28	0.25	0.21
服务业增加值占GDP比重	（%）	≥56	50.1	50.1	50.1
常住人口城镇化率		≥60	65.1	66.7	65.63
互联网普及率指数		=100	100	100	100
科技进步贡献率		≥60	56.2	57.2	58.2
研究与试验发展（R&D）经费投入强度		≥2.5	1.62	1.76	1.79
战略性新兴产业增加值占GDP比重		≥15	3.55	8.36	
高技术产品出口额占出口总额比重		≥30	3.0	5.2	10.4
服务贸易占对外贸易比重		≥16	8.8	12.1	11.2
人民生活					
居民人均可支配收入（2010年不变价）	（元）	≥25000	22392	23577	24048
城镇登记失业率	（%）	≤5	1.78	1.75	1.76
恩格尔系数		≤30	30.0	29.7	29.9
城乡居民收入比	（以农村为1）	≤2.7	1.84	1.82	1.77
城乡居民家庭人均住房面积达标率	（%）	≥60	58.5	57.3	61.8
公共交通服务指数		=100	100	100	100
平均预期寿命	（岁）	≥77.34	77.78	77.97	78.47
劳动年龄人口平均受教育年限	（年）	≥10.8	10.65	10.69	11.46
每千人口执业（助理）医师数	（人）	≥2.5	2.93	3.18	3.28
每千老年人口养老床位数	（张）	≥35	39	41	40.8
基本社会保险参保率指数	（%）	=100	100	100	100
单位GDP生产安全事故死亡率（2010年不变价）	（人/亿元）	≤0.078	0.057	0.039	0.019
制造业产品质量合格率	（%）	≥94.8	87.4	94.9	96.1
三大攻坚					
政府负债率	（%）	≤40	11.35	13.1	16.4
规模以上工业企业资产负债率		≤60	52.91	55.6	56.3
农村贫困人口数（现行标准）	（万人）	0	0	0	0
主要污染物排放指数	（%）	=100	94.8	98.8	100
污水集中处理指数		=100	99.7	100	100
生活垃圾处理指数		=100	100	100	100
民主法治					
基层民主参选率	（%）	≥92	93.1	94.7	97.3
每万人拥有社会组织数	（个）	≥6.5	8	9.7	10.0
人民陪审员参审率	（%）	≥78	85.12	92.3	90.9
每万人拥有律师数	（人）	≥2.3	2.48	2.7	3.0
文化建设					
文化及相关产业增加值占GDP比重	（%）	≥5	3.95	3.9	3.73
人均公共文化财政支出	（元）	≥220	107.48	175.7	280.1
“三馆一站”覆盖率	（%）	≥120	124.24	124.2	125.8
广播电视综合人口覆盖率		≥99	100	100	110
行政村（社区）综合性文化服务中心覆盖率		≥95	100	100	100
城乡居民文化娱乐服务支出占家庭消费支出比重		≥4.2	5.8	6	5.6
资源环境					
单位GDP建设用地使用面积（2010年不变价）	（公顷/亿元）	≤53	39.98	37.6	36.4
单位GDP用水量（2010年不变价）	（立方米/万元）	≤80	62.77	62.5	56.7
单位GDP能耗（2010年不变价）	（吨标准煤/万元）	≤0.605	0.34	0.36	0.35
地级及以上城市空气质量优良天数比率	（%）	≥80	56.2	59.2	71.3
地表水达到或好于Ⅲ类水体比例		≥70	83.3	83.3	83.3
森林覆盖率		≥23.04	28.06	28.3	27.2
城市建成区绿地率		≥38.9	40.85	40.87	40.57
一般工业固体废物综合利用率		≥73	99.53	99.6	97.7
农村自来水普及率		≥80	99.8	99.9	100
农村卫生厕所普及率		≥85	95.25	99.0	100

注：自2018年起省、市小康监测采用全国小康社会统计监测指标体系。

指标解释及计算方法

人均 GDP 指一定时期内按常住人口平均计算的 GDP。GDP 按 2010 年不变价计算。资料来源：市统计局。计算公式：

人均 GDP=GDP / 年平均常住人口。

地区经济发展差异系数 全省层面是指各设区市人均 GDP 的差异系数，即 13 个设区市人均 GDP 的标准差与均值之间的比率。资料来源：市统计局。计算公式：

地区经济发展差异系数 =13 个设区市人均 GDP 标准差 / 13 个设区市人均 GDP 均值 ×100%。

服务业增加值占 GDP 比重 指当年第三产业增加值与 GDP 的百分比。资料来源：市统计局。计算公式：

服务业增加值占 GDP 比重 = 第三产业增加值 / GDP×100%。

常住人口城镇化率 指一个地区城镇常住人口占该地区常住总人口的比重。资料来源：市统计局。计算公式：

常住人口城镇化率 = 年末城镇常住人口 / 年末常住总人口 ×100%。

互联网普及率指数 通过固定宽带家庭普及率和移动宽带用户普及率合成得出。固定宽带家庭普及率是指使用固定宽带家庭的比例；移动宽带用户普及率是指使用移动宽带人的比例。资料来源：市通管办。计算公式：

互联网普及率指数 =（固定宽带家庭普及率 / 70+ 移动宽带用户普及率 / 85）×100 / 2。

科技进步贡献率 指除资金投入、劳动力投入两大因素之外，科技进步对经济增长速度的贡献率。资料来源：市科技局。计算方法主要采用生产函数法。

研究与试验发展（R&D）经费投入强度 指全社会研究与试验发展（R&D）经费支出和国内生产总值的比率。研究与试验发展（R&D）是指在科学技术领域，为增加知识总量以及运用这些知识去创造新的应用而进行的系统的、创造性的活动，包括基础研究、应用研究和试验发展三类活动。资料来源：市统计局。计算公式：

研究与试验发展经费投入强度 = 全社会研究与试验发展（R&D）经费支出 / 国内生产总值 ×100%。

战略性新兴产业增加值占 GDP 比重 指当年战略性新兴产业增加值占 GDP 的百分比。新兴产业包括新能源产业、新材料产业、生物技术和新医药产业、节能环保产业、新一代信息技术、软件和服务外包产业、物联网和云计算产业、新能源汽车产业、智能电网产业、高端装备制造产业、海洋工程装备产业。资料来源：市统计局。计算公式：

战略性新兴产业增加值占 GDP 比重 = 战略性新兴产业增加值 / GDP×100%。

高技术产品出口额占出口总额比重 即高新技术产品出口额占出口总额比重，指一定时期（通常为一年）高新技术产品出口额占同期出口总额的比重。资料来源：市商务局。计算公式：

高新技术产品出口占出口总额比重 = 高新技术产品出口额 / 出口总额 ×100%。

服务贸易占对外贸易比重 指服务贸易进出口额占对外贸易进出口额的比重。服务贸易又称劳务贸易，指国与国之间互相提供服务的经济交换活动。服务贸易有广义与狭义之分，狭义的服务贸易是指一国以提供直接服务活动形式满足另一国某种需要以取得报酬的活动。广义的服务贸易既包括有形的活动，也包括服务提供者与使用者在没有直接接触下交易的无形活动。服务贸易一般情况下都是指广义的。资料来源：市商务局。计算公式：

服务贸易占对外贸易比重 = 服务贸易进出口额 /（服务贸易进出口额 + 货物贸易进出口额）×100%。

居民人均可支配收入 指城乡居民在一定时期内获得的可用于最终消费支出和储蓄的总和，即可以用来自由支配的收入与人口数之比。可支配收入既包括现金，也包括实物收入。指标值按 2010 年价格计算。资料来源：徐州调查队。

城镇登记失业率 指城镇登记失业人数占城镇从业人数与城镇登记失业人数之和的百分比。城镇登记失业人员是指非农业户口人口（含城市规划区内的被征地农民）在劳动年龄（16 周岁至退休年龄）内，有劳动能力，无业而要求就业，并在当地就业服务机构进行求职登记的人员。资料来源：市人社局。计算公式：

城镇登记失业率 = 城镇登记失业人数 /（城镇从业人数＋城镇登记失业人数）×100%。

恩格尔系数 指食品支出总额占个人消费支出总额的比重。资料来源：徐州调查队。计算公式：

恩格尔系数 = 食品支出总额 / 个人消费支出总额 ×100%。

城乡居民收入比 指城镇居民与农村居民人均可支配收入的比值。资料来源：徐州调查队。计算公式：

城乡居民收入比 = 城镇居民人均可支配收入 / 农村居民人均可支配收入。

城乡居民家庭人均住房面积达标率 根据城镇居民家庭人均住房面积达标率和农村居民家庭人均住房面积达标率 2 项指标加权合成。资料来源：徐州调查队。计算公式：

城镇居民家庭人均住房面积达标率：指城镇居民家庭人均现住房建筑面积达到 33.3 平方米的人口所占比例。计算现有住房建筑面积时以房屋产权证或租赁证为准。建筑面积可按使用面积乘以 1.33 计算得出。

农村居民家庭人均住房面积达标率：指农村居民家庭人均现住房（钢筋混凝土结构或砖混材料、砖木砖瓦结构）用于生活居住的建筑面积达到 44.3 平方米或使用面积 33.3 平方米的人口所占比例。计算现有住房建筑面积时以房屋产权证或租赁证为准。

公共交通服务指数 根据城市每万人口拥有公共交通车辆（标台）和行政村客运班车通达率 2 项指标加权合成。资料来源：市交通局。计算公式：

公共交通服务指数 = 城市每万人口拥有公共交通车辆 / 14× 城镇人口比重 + 建制村通客车率 / 95×（1- 城镇人口比重）。

平均预期寿命 指假若当前的分年龄死亡率保持不变，同一时期出生的人预期能继续生存的平均年数。计算人均期望寿命方法：对同时出生的一批人进行追踪调查，分别记下他们在各年龄段的死亡人数直至最后一个人的寿命结束，根据这一批人活到各种不同年龄的人数来计算人口的平均寿命。用这批人的平均寿命来假设一代人的平均寿命即为平均预期寿命。资料来源：市卫健委。

劳动年龄人口平均受教育年限 指一定时期全国劳动年龄人口（16~59 岁人口）人均接受学历教育（包括成人学历教育，不包括各种非学历培训）的年数。资料来源：市统计局。计算公式：

劳动年龄人口平均受教育年限 = ∑ PiEi/ P

式中 P 为本地区 16~59 岁人口，Pi 为具有 i 种文化程度的人口数，∑ i 为具有 i 种文化程度的人口受教育年数系数，i 则根据我国的学制确定。

每千人口执业（助理）医师数 指一个地区平均每千名常住人口拥有的在岗执业（助理）医师数。资料来源：市卫健委。计算公式：

每千人拥有医生数 = 年末在岗执业（助理）医师数 / 年末常住人口 ×1000。

每千老年人口养老床位数 指每千名老人平均拥有的各类养老床位数。资料来源：市民政局。计算公式：

每千老年人口养老床位数 = 行政区域内各类养老床位总数 / 60 周岁以上常住人口数 ×1000。

基本社会保险参保率指数 是通过基本养老保险覆盖率和城乡医保参保率合成得出。基本社会保险主要包括基本养老保险、基本医疗保险、失业保险、工伤保险和生育保险等五项，其中基本养老保险、基本医疗保险最为重要，所以在计算基本社会保险覆盖率时只计算基本养老保险和基本医疗保险的覆盖率。资料来源：市人社局、市医疗保障局。计算公式：

基本社会保险参保率指数 =（基本养老保险覆盖率 / 90+ 城乡医保参保率 / 95）/ 2。

单位 GDP 生产安全事故死亡率 表示每生产亿元国内生产总值（GDP），因生产安全事故造成的死亡人数的比率（小数点后统一保留三位小数）。生产安全事故死亡人数，全省按所有行业事故总数统计，设区市只统计工矿商贸、道路运输、农业机械事故三大项。GDP 按 2010 年不变价计算。资料来源：市应急管理局、市统计局。计算公式：

单位 GDP 生产安全事故死亡率 = 生产安全事故死亡人数 / GDP。

制造业产品质量合格率 指按照规定的方法、程序和标准实施质量抽样检测，判定为质量合格的样品数占全部抽样样品数的百分比。资料来源：市市场监督管理局。计算公式：

制造业产品质量合格率 = 判定为质量合格的样品数 / 全部抽样样品数 ×100%。

政府负债率 指政府债务与 GDP 的比值。资料来源：市财政局。计算公式：

政府负债率 = 政府债务 / GDP×100%。

规模以上工业企业资产负债率 指规模以上工业企业负债与资产的比值。资料来源：市统计局。计算公式：

规模以上工业企业资产负债率 = 总负债 / 总资产 ×100%。

农村贫困人口数（现行标准） 按照国家现行标准进行统计。资料来源：市农业农村局（市政府扶贫办）。

主要污染物排放指数 由化学需氧量排放指数、氨氮排放指数、二氧化硫排放指数、氮氧化物排放指数四种污染物排放指数合成得出。资料来源：市生态环境局。计算公式：

主要污染物排放指数 =（化学需氧量排放指数 + 氨氮排放指数 + 二氧化硫排放指数 + 氮氧化物排放指数）/ 4。

污水集中处理指数 通过城市污水集中处理率和县城污水集中处理率合成得出。资料来源：市水务局、市住建局。计算公式：

污水集中处理指数 =（城市污水集中处理率 / 95+ 县城污水集中处理率 / 85）/ 2。

生活垃圾处理指数 通过城市生活垃圾无害化处理率和对生活垃圾进行处理的行政村比例合成得出。资料来源：市城管局。计算公式：

生活垃圾处理指数 =（城市生活垃圾无害化处理率 / 95+ 对生活垃圾进行处理的行政村比例 / 90）/ 2。

基层民主参选率 指基层组织参加投票的选民与选民总数的比例。资料来源：市民政局。计算公式：

基层民主参选率 = 基层组织参加投票的选民 / 选民总数 ×100%。

每万人拥有社会组织数 指平均每万人口中拥有社会组织的数量。社会组织包括社会团体、民办非企业单位、基金会等。资料来源：市民政局。计算公式：

每万人拥有社会组织数 = 社会组织总数 / 年末常住人口 ×10000。

人民陪审员参审率 指人民陪审员参审案件数占一审普通程序案件数的比重。资料来源：市中级人民法院。

每万人口拥有律师数 指平均每万人口中拥有律师工作人员的数量，包括全职律师和兼职律师。资料来源：市司法局。计算公式：

每万人口拥有律师数 = 律师工作人员 / 年末常住人口 ×10000。

文化及相关产业增加值占 GDP 比重 指一定时期内文化产业部门生产的增加值与 GDP 的百分比，文化产业是指从事文化产品生产和提供文化服务的经营性行业。资料来源：市统计局。计算公式：

文化产业增加值占 GDP 比重 = 文化产业增加值 / GDP×100%。

人均公共文化财政支出 指按一定时期内平均常住人口计算的包含文化体育与传媒在内的公共文化财政支出。资料来源：市财政局。计算公式：

人均公共文化财政支出 = 一般公共预算中文化体育与传媒支出 / 年平均常住人口。

“三馆一站”覆盖率 是反映图书馆、博物馆、文化馆在县级行政区划，文化站在乡镇行政区划的覆盖情况。其中，“三馆一站”包括公共图书馆、博物馆、文化馆、文化站；县级行政区划包括市辖区、县级市、县、自治县；乡镇级区划包括镇、乡级、街道办事处。资料来源：市文广旅局。计算公式：

“三馆一站”覆盖率 =（三馆机构数 / 县级区划数 + 文化站机构数 / 乡镇级区划数）×25%。

广播电视综合人口覆盖率 指根据原国家广电总局制定的《广播电视人口覆盖率统计技术标准和方法》进行统计调查的，在对象区内能接收到由中央、省、地市或县通过无线、有线或卫星等各种技术方式转播的各级广播或电视节目的人口数占对象区总人口数的百分比。资料来源：市文广旅局。计算公式：

广播电视综合人口覆盖率 =（广播节目综合人口覆盖率 + 电视节目综合人口覆盖率）/ 2。

其中，广播（或电视）节目综合人口覆盖率 = 广播（或电视）节目综合覆盖人口 / 对象区内的总人口数 ×100%。

行政村（社区）综合性文化服务中心建成率 指建成综合性文化服务中心的行政村（社区）数占行政村（社区）总数百分比。资料来源：市文广旅局。计算公式：

行政村（社区）综合性文化服务中心建成率 = 建成综合性文化服务中心的行政村（社区）数 / 行政村（社区）总数 ×100%。

城乡居民文化娱乐服务支出占家庭消费支出比重 指一定时期内城乡居民文化娱乐消费支出占家庭消费支出的比重。文化娱乐消费支出是指居民家庭用于文化娱乐用品和服务方面的日常消费支出。家庭消费支出指居民用于家庭日常生活的全部支出，包括食品、衣着、家庭设备用品及服务、医疗保健、交通和通讯、娱乐教育文化服务、居住、杂项商品和服务等八大类。资料来源：徐州调查队。计算公式：

城乡居民文化娱乐服务支出占家庭消费支出比重 = 居民文化娱乐服务支出 / 居民家庭消费支出 ×100%。

单位 GDP 建设用地使用面积 指年末建设用地总量与 GDP 的比值。GDP 按 2010 年不变价计算。资料来源：市自然资源和规划局、市统计局。计算公式：

单位 GDP 建设用地占用 = 年末建设用地总量 / GDP。

单位 GDP 用水量 指一定时期内（通常为一年），每生产万元国内生产总值（GDP）的用水总量。GDP 按 2010 年不变价计算。资料来源：市水务局、市统计局。计算公式：

单位 GDP 用水量 = 用水总量 / GDP。

单位 GDP 能耗 指一定时期内能源消费总量与 GDP 的比值。GDP 按 2010 年不变价计算。资料来源：市统计局。计算公式：

单位 GDP 能耗 = 能源消费总量 / GDP。

地级及以上城市空气质量优良天数比率 指空气质量类别为优或者良的天数占全年有效监测总天数的比例。按照国家《环境空气质量标准》（GB 3095–2012）、《环境空气质量指数（AQI）技术规定（试行）》（HJ 633–2012）、《环境空气质量评价技术规范（试行）》（HJ 663–2013）评价各城市空气质量类别，监测评价项目包括 SO_2、NO_2、Co、O_3、PM_{10}、$PM_{2.5}$ 六项。资料来源：市生态环境局。计算公式：

空气质量优良天数比率 = 空气质量类别为优或良的天数 / 全年有效监测天数 ×100%。

地表水达到或好于Ⅲ类水体比例 指地表水质达到Ⅰ、Ⅱ、Ⅲ类的省考断面数占到监测省考断面总数的比例。省考断面以《关于下达“十三五”水环境质量考核目标的通知》（苏环委办〔2016〕5 号）确定的 380 个地表水环境质量考核断面为基础。资料来源：市生态环境局。计算公式：

地表水达到或好于Ⅲ类水体比例 = 地表水质达到或好于Ⅲ类以上地表水省考断面数 / 监测省考断面总数 ×100%。

森林覆盖率 指以行政区域为单位的森林面积占区域土地总面积的百分比。资料来源：市自然资源和规划局。

城市建成区绿地率 指报告期末建成区内绿地面积占建成区面积的百分比。绿地面积指报告期末用作园林和绿化的各种绿地面积。包括公园绿地、生产绿地、防护绿地、附属绿地和其他绿地的面积。建成区指城市行政区内实际已成片开发建设、市政公用设施和公共设施基本具备的区域。资料来源：市住建局。计算公式：

城市建成区绿地率 = 城市建成区绿地面积 / 城市建成区面积 ×100%。

一般工业固体废物综合利用率 指一般工业固体废物综合利用量占一般固体废物产生量与综合利用往年贮存量之和的百分率。资料来源：市生态环境局。计算公式：

一般工业固体废物综合利用率 = 工业固体废物综合利用量 /（工业固体废物产生量 + 综合利用往年贮存量）×100%。

农村自来水普及率 即农村供水入户率，反映区域供水通达乡镇范围内区域供水入户状况。资料来源：市水务局。计算公式：

农村供水入户率 = 区域供水通达乡镇范围内使用区域供水的户数 / 乡镇域范围内总户数 ×100%。

农村卫生厕所普及率 指使用各种类型卫生厕所的农户数占农村总户数的百分比。农村卫生厕所：指有完整下水道系统的水冲式、三格式粪池式、净化沼气池式、多瓮漏斗式公厕以及粪便及时清理并进行高温堆肥无害化处理的非水冲式厕所。资料来源：市卫健委。计算公式：

农村卫生厕所普及率 = 使用卫生厕所农户数 / 农村总户数 ×100%。

附录二

江苏省市、县主要经济指标（2020 年）

MAJOR ECONOMIC INDICATORS OF CITIES AND COUNTIES OF JIANGSU（2020）

版面负责人：马　萍
编　　　辑：蒋　磊

企业统计信用管理办法

（二）依法限制取得财政资金和社会保障资金支持。

（三）依法限制参加政府投资项目招投标。

（四）将失信信息作为在股票、可转换债券发行审核及在全国中小企业股份转让系统挂牌公开转让审核的参考。对失信主体注册非金融企业债务融资工具加强管理，并按照注册发行有关工作要求，强化信息披露，加强投资人保护机制，防范有关风险。对申请发行企业债券不予受理。

（五）暂停审批科技项目；对已经取得高新技术企业资格的，经认定机构核实，取消资格；禁止参与科技型中小企业评价。

（六）依法限制申请外国人来华工作许可、申报引进外国专家项目、引才引智示范基地、出国培训项目等引智项目。

（七）依法限制参与政府采购活动。

（八）依法限制取得政府供应土地及出让探矿权、采矿权。

（九）严格、审慎审批新改扩建项目的环评事项。

（十）依法限制新增建设项目审批；限制建筑业企业资质；从严审核包括新增许可范围在内的铁路运输企业准入许可。

（十一）依法限制参与基础设施和公用事业特许经营。

（十二）依法限制享受财政资金补贴等各类政府优惠政策。

（十三）依法限制受让收费公路权益。

（十四）将失信信息作为境内上市公司实行股权激励计划或相关人员成为股权激励对象事中事后监管的参考。

江苏省市、县主要经济指标

（2020年）

市（县）名 称	土地面积（平方公里）	年 末 户籍人口（万人）	当 年 出生人口（人）	当 年 死亡人口（人）	年 末 总户数（万户）	年 末 常住人口（万人）	人口密度（人/平方公里）
南京市	**6587**	**722.57**	**67957**	**43007**	**260.51**	**931.97**	**1412**
无锡市	**4627**	**508.97**	**39216**	**40020**	**175.25**	**746.40**	**1612**
江阴市	987	126.66	8811	9565	39.18	177.99	1802
宜兴市	1997	107.59	7038	9694	37.26	128.61	644
徐州市	**11765**	**1038.05**	**80751**	**63281**	**283.01**	**908.39**	**771**
丰 县	1450	120.43	9771	7497	32.90	93.52	646
沛 县	1806	128.63	10885	7173	37.76	103.83	576
睢宁县	1769	141.09	10896	9178	32.86	108.86	615
新沂市	1592	111.63	7867	5693	30.76	96.99	609
邳州市	2085	192.02	13277	13514	47.39	146.26	701
常州市	**4372**	**386.63**	**29279**	**30442**	**137.92**	**527.96**	**1207**
溧阳市	1535	78.85	5832	6586	26.86	78.55	515
苏州市	**8657**	**744.33**	**66068**	**53952**	**246.45**	**1274.96**	**1470**
常熟市	1276	106.41	6266	10169	32.04	167.72	1312
张家港市	987	93.02	5945	7727	31.89	143.23	1448
昆山市	932	106.71	13411	5296	37.10	209.27	2242
太仓市	810	51.05	3257	4621	16.69	83.12	1022
南通市	**10549**	**756.06**	**46165**	**76707**	**288.19**	**772.80**	**732**
如东县	2791	100.24	5081	11304	36.34	88.02	320
启东市	1715	109.60	5872	11670	46.54	96.75	566
如皋市	1576	140.39	9501	14303	44.36	123.87	790
海安市	1184	91.41	5139	10504	34.18	87.45	741
连云港市	**7616**	**534.48**	**56426**	**31622**	**152.04**	**460.10**	**603**
东海县	2037	124.63	15020	7861	30.43	104.77	513
灌云县	1538	102.67	9510	6790	28.07	72.53	474
灌南县	1028	81.50	7292	3828	23.44	61.26	596

续表 1　　（2020 年）

市（县）名称	土地面积（平方公里）	年末户籍人口（万人）	当年出生人口（人）	当年死亡人口（人）	年末总户数（万户）	年末常住人口（万人）	人口密度（人/平方公里）
淮安市	**10030**	**557.97**	**42224**	**42549**	**169.74**	**455.92**	**459**
涟水县	1679	111.29	8430	9616	31.33	82.97	497
盱眙县	2497	79.01	7442	5892	21.67	60.72	245
金湖县	1378	34.24	1819	2881	12.32	28.95	212
盐城市	**16931**	**814.49**	**58888**	**76828**	**269.30**	**671.06**	**396**
响水县	1474	61.89	6677	5499	16.93	45.92	310
滨海县	1950	121.25	10269	9922	35.35	82.02	422
阜宁县	1439	110.34	7792	9831	34.78	79.41	551
射阳县	2606	93.63	5809	7675	30.61	75.95	294
建湖县	1157	76.47	4428	9294	28.06	60.94	532
东台市	3176	107.22	6051	14430	38.19	88.85	280
扬州市	**6591**	**454.71**			**147.64**	**456.10**	**691**
宝应县	1462	87.02			26.56	68.22	470
仪征市	902	55.32			18.20	53.26	592
高邮市	1922	79.65			25.04	70.96	370
镇江市	**3840**	**269.25**	**18329**	**23653**	**102.60**	**321.10**	**835**
丹阳市	1047	79.90	5004	7227	28.08	98.89	943
扬中市	327	28.10	2102	2533	10.72	31.56	964
句容市	1378	58.53	4503	5446	23.06	63.93	464
泰州市	**5788**	**497.15**	**35440**	**48202**	**165.61**	**451.68**	**781**
兴化市	2395	152.75	12137	14797	49.81	112.92	474
靖江市	656	65.00	4159	5307	20.93	66.34	1014
泰兴市	1170	115.85	7953	12849	39.41	99.53	854
宿迁市	**8524**	**592.10**	**62794**	**41257**	**154.11**	**498.82**	**584**
沭阳县	2299	198.84	23004	12075	50.16	167.57	726
泗阳县	1378	106.01	9247	7034	27.27	82.99	603
泗洪县	2694	109.13	10497	7905	29.27	85.91	320

续表 2　　（2020 年）

市（县）名　称	在岗职工人　　数（万人）	#国有单位	#城镇集体单　　位	#港澳台商投资单位	#外商投资单　　位	乡　　村就业人员（万人）	#农林牧渔　业
南京市	**194.58**	**45.15**	**2.78**	**9.93**	**20.71**	**111.72**	**21.08**
无锡市	**93.08**	**10.72**	**2.28**	**14.50**	**25.96**	**113.03**	**14.54**
江阴市	19.81	1.55	0.95	4.36	4.00	36.82	3.94
宜兴市	8.86	2.38	0.20	1.43	0.84	36.32	7.58
徐州市	**71.08**	**51.20**	**5.19**	**2.51**	**1.06**	**349.84**	**117.62**
丰 县	5.35	3.00	1.92	0.12	0.02	51.89	19.36
沛 县	7.59	5.87	0.53	0.08	0.03	49.91	15.67
睢宁县	6.91	4.65	0.19	1.12	0.05	58.28	21.50
新沂市	4.06	2.58	0.16	0.06	0.09	42.75	16.36
邳州市	9.22	7.85	0.23	0.07	0.25	62.54	18.52
常州市	**63.31**	**14.97**	**2.44**	**12.52**	**9.47**	**127.45**	**21.18**
溧阳市	7.17	3.60	0.44	0.63	0.47	32.05	7.34
苏州市	**286.20**	**34.45**	**6.80**	**53.54**	**110.96**	**170.51**	**18.65**
常熟市	22.97	4.53	0.65	3.73	6.76		
张家港市	21.20	3.54	0.83	1.67	4.00		
昆山市	71.30	4.54	1.18	18.97	36.85		
太仓市	16.17	1.64	0.65	2.32	6.55		
南通市	**160.08**	**20.02**	**2.77**	**8.57**	**10.73**	**294.72**	**57.11**
如东县	14.67	2.25	0.36	0.93	0.74		
启东市	22.63	2.71	0.18	0.92	0.69		
如皋市	8.51	1.98	0.12	0.71	1.61		
海安市	24.41	0.94	0.48	0.79	0.79		
连云港市	**39.94**	**13.39**	**2.07**			**170.50**	**67.56**
东海县	5.07	2.08	0.63			42.22	17.57
灌云县	3.47	1.77	0.16			36.39	18.10
灌南县	3.75	1.76	0.24			28.42	11.63

续表 3 （2020 年）

市(县)名称	在岗职工人数（万人）	#国有单位	#城镇集体单位	#港澳台商投资单位	#外商投资单位	乡村就业人员（万人）	#农林牧渔业
淮安市	**39.84**					**206.97**	**76.76**
涟水县	5.29					47.88	19.33
盱眙县	4.24					31.79	11.02
金湖县	1.75					12.88	4.28
盐城市	**54.93**	**20.77**	**2.46**	**1.87**	**4.69**	**293.42**	**100.44**
响水县	2.00	0.86	0.06	0.01			
滨海县	6.81	2.24	0.21	0.13	0.06		
阜宁县	5.76	1.30	0.41	0.12	0.49		
射阳县	3.98	1.47	0.11	0.17	0.27		
建湖县	5.05	2.11	0.25	0.05	0.04		
东台市	5.96	2.48	0.50	0.44	0.57		
扬州市	**65.13**	**15.88**	**2.62**	**3.34**	**3.96**	**180.89**	**31.08**
宝应县	8.26	4.72	0.13	0.27	0.36		
仪征市	5.39	1.05	0.16	0.29	0.81		
高邮市	8.40	2.66	0.68	0.22	0.22		
镇江市	**32.73**					**99.55**	**18.64**
丹阳市	6.77					36.32	6.06
扬中市	3.17					13.59	1.74
句容市	5.69					26.89	6.74
泰州市	**88.11**	**14.32**	**1.79**	**5.62**	**4.61**	**211.91**	**36.99**
兴化市	4.93	1.79	0.35	0.09	0.67	60.54	18.51
靖江市	7.11	1.72	0.25	0.29	0.58	29.12	3.05
泰兴市	20.43	1.95	0.45	0.35	0.88	56.87	7.81
宿迁市	**39.69**	**10.98**	**1.21**	**5.47**	**1.52**	**217.26**	**76.48**
沭阳县	6.90	1.88	0.60	1.19	0.35	75.06	24.22
泗阳县	4.64	1.78	0.18	0.20	0.09	40.50	13.78
泗洪县	7.10	2.19	0.15	0.09	0.34	36.15	18.33

续表 4 （2020 年）

市（县）名　称	地　区生产总值（亿元）	第一产业	第二产业	#工业	第三产业	人均地区生产总值（按常住人口计算,元）	地区生产总值指数（上年=100）	三次产业结构（%）第一产业	第二产业	第三产业
南京市	**14817.95**	**296.80**	**5214.35**	**4331.59**	**9306.80**	**159322**	**104.6**	**2.0**	**35.2**	**62.8**
无锡市	**12370.48**	**128.10**	**5751.19**	**5126.15**	**6491.19**	**165851**	**103.7**	**1.0**	**46.5**	**52.5**
江阴市	4113.75	38.04	2094.11	1892.52	1981.60	231239	103.0	0.9	50.9	48.2
宜兴市	1832.21	52.53	934.74	782.59	844.94	142501	103.0	2.9	51.0	46.1
徐州市	**7319.77**	**718.68**	**2931.61**	**2346.16**	**3669.48**	**80673**	**103.4**	**9.8**	**40.1**	**50.1**
丰　县	486.53	96.40	174.70	142.14	215.43	51949	103.1	19.8	35.9	44.3
沛　县	805.01	118.47	329.65	229.86	356.90	77409	103.9	14.7	40.9	44.3
睢宁县	619.34	109.92	239.57	175.39	269.85	56927	102.8	17.7	38.7	43.6
新沂市	692.22	90.10	264.91	211.69	337.22	71411	103.1	13.0	38.3	48.7
邳州市	1001.26	159.33	396.38	340.95	445.56	68479	103.9	15.9	39.6	44.5
常州市	**7805.32**	**164.30**	**3616.15**	**3231.84**	**4024.87**	**147939**	**104.5**	**2.1**	**46.3**	**51.6**
溧阳市	1086.36	54.44	539.98	425.03	491.94	137457	104.6	5.0	49.7	45.3
苏州市	**20170.45**	**196.40**	**9385.58**	**8514.39**	**10588.47**	**158466**	**103.4**	**1.0**	**46.5**	**52.5**
常熟市	2365.43	40.34	1146.07	1046.37	1179.03	141308	103.6	1.7	48.5	49.8
张家港市	2686.60	30.10	1359.01	1261.16	1297.50	188045	103.9	1.1	50.6	48.3
昆山市	4276.76	30.95	2149.19	1981.06	2096.62	204737	104.0	0.7	50.3	49.0
太仓市	1386.09	26.96	666.53	615.01	692.60	167382	103.9	1.9	48.1	50.0
南通市	**10036.31**	**458.70**	**4765.85**	**3956.90**	**4811.76**	**129900**	**104.7**	**4.6**	**47.5**	**47.9**
如东县	1155.11	90.81	561.06	483.36	503.24	129381	105.9	7.9	48.6	43.6
启东市	1223.10	83.96	589.75	463.31	549.39	126021	104.2	6.9	48.2	44.9
如皋市	1305.22	77.71	623.30	517.47	604.21	104858	105.3	6.0	47.8	46.3
海安市	1221.63	71.90	642.42	543.69	507.31	139273	105.8	5.9	52.6	41.5
连云港市	**3277.07**	**386.10**	**1372.35**	**1107.60**	**1518.62**	**71303**	**103.0**	**11.8**	**41.9**	**46.3**
东海县	553.81	85.42	219.36	173.51	249.03	53042	104.1	15.4	39.6	45.0
灌云县	381.64	79.59	132.05	97.67	170.00	52330	104.4	20.9	34.6	44.5
灌南县	396.94	66.76	176.01	133.24	154.17	64711	102.9	16.8	44.3	38.8

续表 5　　（2020 年）

市（县）名称	地区生产总值（亿元）	第一产业	第二产业	# 工业	第三产业	人均地区生产总值（按常住人口计算，元）	地区生产总值指数（上年=100）	三次产业结构（%）		
								第一产业	第二产业	第三产业
淮安市	**4025.37**	**409.70**	**1630.98**	**1286.78**	**1984.69**	**87507**	**103.2**	**10.2**	**40.5**	**49.3**
涟水县	554.05	71.95	228.54	170.74	253.56	66369	103.3	13.0	41.2	45.8
盱眙县	435.32	75.47	155.65	139.42	204.20	71037	103.1	17.3	35.8	46.9
金湖县	337.03	47.03	133.65	114.13	156.35	115461	103.2	14.0	39.7	46.4
盐城市	**5953.38**	**661.20**	**2379.38**	**1924.52**	**2912.79**	**88731**	**103.5**	**11.1**	**40.0**	**48.9**
响水县	405.74	51.47	182.30	165.16	171.96	88861	106.1	12.7	44.9	42.4
滨海县	503.86	71.11	194.08	149.80	238.67	61252	100.2	14.1	38.5	47.4
阜宁县	574.22	66.70	235.20	157.41	272.33	72498	102.4	11.6	41.0	47.4
射阳县	592.36	103.89	207.60	181.73	280.87	77221	104.1	17.5	35.0	47.4
建湖县	593.88	53.89	247.06	189.45	292.94	96503	103.3	9.1	41.6	49.3
东台市	893.35	124.29	316.56	277.55	452.51	100495	105.8	13.9	35.4	50.7
扬州市	**6048.33**	**307.10**	**2786.35**	**2244.17**	**2954.88**	**132784**	**103.5**	**5.1**	**46.1**	**48.9**
宝应县	763.04	84.37	357.27	277.76	321.40	111101	103.6	11.1	46.8	42.1
仪征市	815.05	23.64	429.58	365.11	361.83	152660	103.4	2.9	52.7	44.4
高邮市	838.18	90.17	410.73	320.54	337.28	117871	103.4	10.8	49.0	40.2
镇江市	**4220.09**	**149.50**	**1988.63**	**1770.01**	**2081.96**	**131580**	**103.5**	**3.5**	**47.1**	**49.3**
丹阳市	1145.36	50.46	587.59	552.92	507.31	115974	104.1	4.4	51.3	44.3
扬中市	489.59	16.41	252.15	236.48	221.03	155181	103.8	3.4	51.5	45.1
句容市	675.47	52.60	283.44	233.09	339.43	105766	103.6	7.8	42.0	50.3
泰州市	**5312.77**	**307.10**	**2541.10**	**1973.08**	**2464.57**	**117542**	**103.6**	**5.8**	**47.8**	**46.4**
兴化市	900.92	133.96	347.63	241.55	419.33	79380	103.0	14.9	38.6	46.5
靖江市	1004.80	27.15	537.77	382.37	439.88	151109	103.0	2.7	53.5	43.8
泰兴市	1127.47	69.51	564.97	469.72	492.99	112843	103.9	6.2	50.1	43.7
宿迁市	**3262.37**	**341.40**	**1367.35**	**1124.25**	**1553.63**	**65503**	**104.5**	**10.5**	**41.9**	**47.6**
沭阳县	1011.20	107.59	410.57	356.35	493.04	60609	104.3	10.6	40.6	48.8
泗阳县	528.53	69.85	221.52	171.09	237.17	63578	104.2	13.2	41.9	44.9
泗洪县	525.41	88.78	192.02	146.06	244.61	61001	104.5	16.9	36.5	46.6

续表 6　　（2020 年）

市（县）名　称	农林牧渔业总产值（亿元）（现价）	农作物总播种面积（千公顷）	#粮食作物	粮　食总产量（万吨）	油料产量（万吨）	棉花产量（吨）	肉　类总产量（万吨）	水产品产　量（万吨）	农业机械总动力（万千瓦）
南京市	**489.84**	**251.48**	**134.91**	**97.83**	**3.20**	**415**	**5.21**	**16.03**	**235.00**
无锡市	**209.85**	**129.80**	**70.37**	**50.86**	**0.70**		**1.37**	**11.87**	**93.24**
江阴市	62.49	31.44	17.16	12.30	0.19		0.52	2.41	27.10
宜兴市	84.33	72.81	44.76	32.42	0.47		0.73	8.13	45.60
徐州市	**1248.34**	**1180.37**	**767.90**	**501.92**	**11.55**	**7014**	**57.29**	**15.80**	**765.19**
丰县	162.08	154.92	99.58	60.76	0.58	6572	4.30	0.30	94.34
沛县	205.96	157.59	99.57	66.23	0.36	438	11.58	1.85	107.30
睢宁县	184.77	186.81	146.32	93.80	2.13		6.92	2.16	124.10
新沂市	167.35	193.44	106.03	71.96	6.77		8.35	5.03	130.27
邳州市	275.36	233.58	126.90	84.87	1.02		14.26	2.43	130.02
常州市	**278.45**	**165.05**	**93.91**	**69.02**	**1.72**	**58**	**6.23**	**14.29**	**139.51**
溧阳市	90.48	73.69	54.85	40.86	1.27	58	1.17	5.48	57.09
苏州市	**357.02**	**209.65**	**119.58**	**88.81**	**0.80**	**71**	**1.07**	**16.35**	**143.61**
常熟市	71.25	56.45	31.28	23.15	0.23	43	0.32	2.46	32.20
张家港市	55.05	45.47	28.39	20.76	0.29		0.13	1.09	29.58
昆山市	53.35	19.29	11.64	9.03	0.06	2	0.07	2.18	17.86
太仓市	48.60	37.84	21.32	15.14	0.17	26	0.30	0.86	21.50
南通市	**845.03**	**786.30**	**535.54**	**340.09**	**22.85**	**2205**	**31.43**	**78.36**	**426.50**
如东县	179.49	167.01	140.67	98.04	2.55	576	8.79	30.92	97.99
启东市	167.68	129.35	80.68	32.80	5.41	542	3.30	31.48	67.07
如皋市	127.73	145.35	99.86	67.46	2.69	26	7.90	2.71	87.98
海安市	134.34	104.26	79.69	62.35	1.57		6.15	5.57	70.80
连云港市	**702.48**	**633.00**	**511.33**	**368.52**	**10.19**		**22.20**	**72.90**	**645.56**
东海县	157.01	208.03	163.81	116.81	5.03		8.16	6.75	175.75
灌云县	150.59	145.10	120.98	87.87	0.17		4.15	6.40	139.44
灌南县	112.69	108.84	87.82	64.27	0.26		4.32	4.44	132.95

续表 7　　　　　　　　　　　　　（2020 年）

市（县）名　称	农林牧渔业总产值（亿元）（现价）	农作物总播种面积（千公顷）	#粮食作物	粮　食总产量（万吨）	油料产量（万吨）	棉花产量（吨）	肉　类总产量（万吨）	水产品产　量（万吨）	农业机械总动力（万千瓦）
淮安市	**700.30**	**809.78**	**682.56**	**490.36**	**6.09**	**11**	**27.00**	**29.44**	**650.15**
涟水县	122.90	174.17	141.44	95.94	2.78		5.69	1.81	131.05
盱眙县	124.70	163.38	147.60	104.79	0.72	11	6.94	9.78	133.70
金湖县	82.64	82.41	75.40	57.02	0.47		1.05	5.43	78.37
盐城市	**1207.20**	**1389.30**	**991.23**	**714.31**	**13.59**	**320**	**50.42**	**120.18**	**740.89**
响水县	96.29	114.57	84.58	60.50	1.12		3.56	6.74	80.90
滨海县	127.34	162.25	132.18	98.75	1.49		7.12	9.88	98.82
阜宁县	119.64	167.69	126.84	95.89	1.09		6.83	7.72	91.50
射阳县	187.82	201.75	156.86	113.65	1.50	27	6.36	22.57	108.33
建湖县	95.44	119.82	95.15	71.12	1.34		2.57	10.14	68.96
东台市	237.31	247.17	147.61	102.26	3.09	183	12.04	18.66	105.50
扬州市	**541.93**	**477.84**	**387.95**	**286.65**	**4.98**	**3**	**15.93**	**39.92**	**287.31**
宝应县	148.27	135.32	112.75	87.15	1.34		3.25	14.90	64.96
仪征市	45.67	49.53	36.34	26.15	0.55	3	2.02	0.75	43.03
高邮市	160.74	134.84	113.87	84.35	1.44		6.10	17.60	74.54
镇江市	**257.10**	**180.97**	**132.35**	**95.60**	**3.39**	**427**	**7.40**	**9.61**	**152.89**
丹阳市	86.23	69.71	57.93	42.67	0.64		2.97	4.46	39.56
扬中市	29.86	15.69	9.70	7.17	0.17		0.37	0.71	13.63
句容市	85.19	55.84	36.68	25.77	1.77	427	1.77	2.54	57.33
泰州市	**506.37**	**518.57**	**374.75**	**280.79**	**9.51**	**76**	**14.46**	**37.48**	**293.28**
兴化市	232.11	202.53	162.01	124.25	2.71	76	3.75	28.99	120.25
靖江市	44.38	46.46	36.64	26.91	0.55		0.52	0.99	27.50
泰兴市	109.10	131.74	84.73	63.18	3.39		5.98	2.08	63.18
宿迁市	**588.34**	**746.29**	**603.26**	**409.46**	**4.43**		**30.80**	**27.95**	**646.31**
沭阳县	189.53	254.00	185.24	128.53	1.76		8.47	1.60	223.50
泗阳县	124.26	120.15	96.38	64.39	0.71		5.10	9.63	116.41
泗洪县	149.08	201.37	178.72	117.57	1.58		7.33	9.05	179.90

续表 8　　（2020 年）

市（县）名称	规模以上工业企业个数（个）	资产总计（亿元）	负债合计（亿元）	房地产开发投资（亿元）	商品房销售面积（万平方米）	#住宅
南京市	**3231**	**14459.40**	**7635.02**	**2631.40**	**1324.67**	**1213.81**
无锡市	**7001**	**19313.50**	**10057.55**	**1350.02**	**1550.56**	**1364.33**
江阴市	2047	6457.66	3670.85	303.04	365.45	330.63
宜兴市	1247	2838.30	1529.27	145.29	205.95	188.65
徐州市	**2024**	**5424.40**	**3055.81**	**867.07**	**1657.69**	**1577.03**
丰 县	193	192.47	107.36	36.73	99.29	93.30
沛 县	285	509.77	301.73	86.02	147.72	134.39
睢宁县	220	198.54	110.55	56.65	164.99	158.27
新沂市	246	433.92	204.48	46.35	118.24	115.11
邳州市	336	431.39	217.97	72.00	229.37	221.11
常州市	**5066**	**11691.98**	**6338.82**	**1042.73**	**1037.81**	**877.42**
溧阳市	495	1595.51	1049.83	82.38	102.38	99.58
苏州市	**11898**	**36981.66**	**18938.30**	**2673.66**	**2192.17**	**1993.90**
常熟市	1590	4570.70	2356.97	238.66	232.03	216.98
张家港市	1383	5576.12	2882.28	247.05	212.93	188.49
昆山市	2412	7818.42	4105.79	352.08	397.53	339.31
太仓市	1139	2368.35	1209.94	216.54	164.57	145.40
南通市	**5365**	**10233.78**	**5444.46**	**1257.10**	**1999.63**	**1714.88**
如东县	769	1692.69	837.12	42.75	111.90	83.30
启东市	555	1250.61	804.20	121.58	312.50	310.70
如皋市	791	1123.39	644.04	108.50	250.60	228.20
海安市	1021	1237.06	750.89	76.36	247.90	185.40
连云港市	**985**	**3840.03**	**2140.54**	**368.21**	**609.53**	**592.29**
东海县	258	243.79	114.48	29.04	91.97	87.66
灌云县	99	165.68	100.35	35.40	69.56	67.68
灌南县	98	223.15	140.35	31.78	81.06	79.31

注：工业企业相关指标为规模以上口径。

续表 9 （2020 年）

市（县）名称	规模以上工业企业个数（个）	资产总计（亿元）	负债合计（亿元）	房地产开发投资（亿元）	商品房销售面积（万平方米）	#住宅
淮安市	**1486**	**2610.81**	**1282.31**	**368.16**	**926.27**	**844.26**
涟水县	175	277.14	129.72	26.93	102.30	99.16
盱眙县	182	182.81	119.86	30.69	113.75	109.05
金湖县	291	285.66	173.38	14.88	46.04	37.42
盐城市	**3139**	**5754.85**	**3582.60**	**516.87**	**1071.52**	**939.46**
响水县	150	728.05	437.62	28.45	29.81	29.29
滨海县	193	449.52	296.60	18.03	63.53	62.44
阜宁县	255	348.16	220.16	26.45	84.17	72.66
射阳县	367	436.47	280.52	38.09	76.17	72.13
建湖县	414	367.77	211.67	12.97	61.98	52.92
东台市	537	765.56	450.84	62.54	135.57	120.90
扬州市	**3037**	**5202.91**	**2855.74**	**833.97**	**817.64**	**722.82**
宝应县	497	735.69	461.93	57.44	64.62	60.63
仪征市	471	884.96	484.54	97.64	101.80	91.81
高邮市	595	663.10	336.07	81.62	68.73	57.68
镇江市	**2011**	**5314.69**	**2855.59**	**400.92**	**632.23**	**608.36**
丹阳市	371	1522.29	846.94	78.92	131.02	126.49
扬中市	337	737.42	476.47	28.46	43.20	41.20
句容市	221	852.71	492.67	118.47	213.03	209.67
泰州市	**2860**	**6061.77**	**3132.12**	**498.47**	**751.47**	**646.35**
兴化市	537	544.23	306.41	61.64	89.64	82.75
靖江市	583	1517.97	732.14	81.47	109.46	76.03
泰兴市	613	1333.39	691.77	80.43	167.59	132.49
宿迁市	**2065**	**3122.01**	**1533.43**	**367.70**	**865.10**	**766.38**
沭阳县	695	555.19	275.26	76.05	225.16	177.64
泗阳县	336	310.85	191.56	59.90	161.06	152.24
泗洪县	384	409.62	240.82	56.47	137.06	124.26

续表 10　　（2020 年）

市（县）名称	社会消费品零售总额（亿元）	进出口总额（亿元）	#出口总额	实际使用外资（亿美元）
南京市	**7203.03**	**5340.20**	**3398.90**	**45.15**
无锡市	**2994.36**	**6075.61**	**3547.07**	**36.21**
江阴市	675.07	1326.81	859.35	9.20
宜兴市	512.26	317.93	235.11	4.51
徐州市	**3286.09**	**1067.16**	**865.30**	**22.01**
丰 县	260.05	69.92	64.36	1.07
沛 县	427.63	96.09	74.82	2.00
睢宁县	422.29	66.28	62.60	1.47
新沂市	286.75	109.30	87.67	2.08
邳州市	332.68	129.53	121.04	2.93
常州市	**2421.36**	**2417.25**	**1796.93**	**28.78**
溧阳市	317.49	85.77	70.76	3.34
苏州市	**7701.98**	**22321.43**	**12941.49**	**55.40**
常熟市	1031.62	1326.99	871.17	6.31
张家港市	688.52	2322.02	985.63	4.41
昆山市	1398.08	6002.85	3967.14	10.48
太仓市	425.04	922.54	438.42	4.63
南通市	**3370.40**	**2627.08**	**1792.61**	**27.12**
如东县	406.95	395.31	157.80	3.18
启东市	413.58	215.34	153.79	3.43
如皋市	457.83	248.94	212.12	2.54
海安市	356.06	175.53	135.57	3.59
连云港市	**1104.29**	**643.45**	**262.56**	**6.76**
东海县	243.68	37.47	32.52	1.00
灌云县	76.00	13.70	13.16	0.19
灌南县	90.81	12.28	9.50	0.74

续表 11　　（2020 年）

市（县）名 称	社会消费品零售总额（亿元）	进出口总 额（亿元）	#出口总额	实际使用外 资（亿美元）
淮安市	**1675.85**	**344.38**	**237.70**	**10.59**
涟水县	204.84	18.44	15.95	1.34
盱眙县	164.97	12.53	10.45	1.25
金湖县	120.40	33.41	30.20	1.25
盐城市	**2216.12**	**824.62**	**554.47**	**10.12**
响水县	104.99	61.39	53.11	0.39
滨海县	227.21	37.25	34.49	0.61
阜宁县	229.06	35.87	31.73	0.23
射阳县	222.26	51.73	37.25	0.91
建湖县	187.94	29.66	24.83	0.22
东台市	245.63	86.22	81.39	1.11
扬州市	**1379.29**	**770.20**	**580.03**	**14.70**
宝应县	159.38	52.85	38.56	1.01
仪征市	114.52	95.04	51.23	2.50
高邮市	171.56	37.12	33.24	1.50
镇江市	**1141.93**	**722.44**	**512.21**	**7.88**
丹阳市	302.25	215.20	194.70	1.85
扬中市	133.30	31.99	29.34	0.74
句容市	152.63	42.17	33.11	1.18
泰州市	**1333.26**	**1014.01**	**665.37**	**16.50**
兴化市	240.02	51.18	46.85	1.68
靖江市	197.54	229.23	175.53	2.78
泰兴市	274.73	299.73	172.35	3.76
宿迁市	**1258.08**	**332.63**	**289.62**	**5.56**
沭阳县	306.45	85.27	82.08	1.10
泗阳县	152.54	47.23	44.29	1.12
泗洪县	156.84	27.05	23.61	0.91

续表 12 （2020 年）

市（县）名　称	一般公共预算收入（亿元）	#税收收入	一般公共预算支出（亿元）	年末金融机构各项存款余额（亿元）	#住户存款	年末金融机构各项贷款余额（亿元）	公路里程（公里）	#等级公路	公　路客运量（万人）
南京市	**1637.70**	**1395.56**	**1754.62**	**39056.06**	**9499.25**	**37594.23**	**9796**	**9796**	**6016**
无锡市	**1075.70**	**889.12**	**1215.03**	**18867.72**	**7195.67**	**15114.04**	**7706**	**7706**	**3763**
江阴市	259.66	215.91	237.86	4286.59	1577.10	3415.66	2377	2377	315
宜兴市	127.59	107.55	172.44	2581.00	1393.59	1878.02	2849	2849	408
徐州市	**481.82**	**380.68**	**958.19**	**9141.99**	**4513.38**	**6952.08**	**15918**	**15918**	**6672**
丰 县	30.01	24.16	82.57	569.05	387.01	364.12	2010	2010	318
沛 县	46.13	37.20	120.85	665.52	453.92	455.16	2515	2515	283
睢宁县	38.50	31.48	100.87	668.12	428.50	463.80	2239	2239	647
新沂市	37.50	32.22	96.48	573.50	334.32	474.81	2304	2304	462
邳州市	43.90	35.39	126.28	778.42	529.51	670.04	3341	3341	490
常州市	**616.60**	**522.53**	**726.31**	**12213.55**	**5027.24**	**10215.54**	**8715**	**8715**	**2873**
溧阳市	73.80	63.41	116.20	1497.03	769.52	1130.17	2487	2487	501
苏州市	**2303.00**	**2005.11**	**2263.51**	**35165.68**	**12052.04**	**34195.78**	**11742**	**11742**	**20474**
常熟市	213.66	184.18	229.77	3660.45	1766.59	3107.69	2425	2425	2271
张家港市	250.30	208.00	233.30	3526.84	1515.19	2914.64	1618	1618	2027
昆山市	428.00	373.03	365.67	4938.93	1795.53	4385.82	1501	1501	2605
太仓市	171.12	147.21	151.06	1867.10	761.21	1851.64	1364	1364	1806
南通市	**639.30**	**523.23**	**1080.62**	**15300.65**	**8018.90**	**12113.81**	**17409**	**17409**	**4636**
如东县	60.02	50.55	134.82	1562.67	892.33	1003.68	3141	3141	432
启东市	72.01	59.12	118.99	1730.63	1106.34	1270.62	2984	2984	418
如皋市	72.01	61.01	125.13	1655.38	1041.95	1303.26	3271	3271	487
海安市	64.54	53.55	128.82	1826.08	990.31	1407.02	2569	2569	389
连云港市	**245.17**	**189.00**	**501.69**	**4212.37**	**1840.00**	**4215.61**	**12105**	**12105**	**2922**
东海县	24.68	20.27	78.00	534.89	353.20	476.28	2775	2775	239
灌云县	22.61	16.53	69.71	365.18	228.37	337.93	2588	2588	288
灌南县	23.93	18.87	60.81	273.72	169.04	298.98	1878	1878	442

续表 13

（2020 年）

市（县）名称	一般公共预算收入（亿元）	#税收收入	一般公共预算支出（亿元）	年末金融机构各项存款余额（亿元）	#住户存款	年末金融机构各项贷款余额（亿元）	公路里程（公里）	#等级公路	公路客运量（万人）
淮安市	**264.21**	**206.69**	**568.25**	**4852.00**	**2082.96**	**4630.79**	**13610**	**13610**	**4151**
涟水县	23.98	19.81	73.06	487.72	281.06	375.65	2462	2462	896
盱眙县	19.29	15.48	64.17	467.11	270.71	446.46	2838	2838	591
金湖县	23.54	19.24	49.48	326.07	214.82	289.71	1499	1499	149
盐城市	**400.10**	**300.40**	**973.60**	**8370.07**	**4224.24**	**6947.17**	**21920**	**21920**	**4451**
响水县	23.10	17.78	71.43	300.23	177.85	263.91	1881	1881	179
滨海县	24.36	17.66	91.15	502.53	313.36	454.70	2480	2480	543
阜宁县	28.31	22.12	91.44	596.59	422.95	353.26	2283	2283	363
射阳县	30.90	24.09	96.17	655.52	458.76	480.08	2934	2934	441
建湖县	31.66	23.40	91.37	644.53	433.65	427.78	1871	1871	466
东台市	54.60	42.60	118.38	1067.63	768.44	726.35	3791	3791	476
扬州市	**337.27**	**264.46**	**668.30**	**7586.35**	**3698.46**	**6279.75**	**9632**	**9632**	**2073**
宝应县	24.87	19.19	85.06	655.44	413.59	504.21	1769	1769	343
仪征市	48.00	39.00	68.55	769.12	418.86	606.14	1677	1677	182
高邮市	37.91	31.00	83.17	795.35	515.23	588.90	2167	2167	497
镇江市	**311.74**	**237.18**	**498.90**	**6292.05**	**2764.35**	**6105.42**	**6890**	**6890**	**2045**
丹阳市	64.02	52.21	95.00	1482.23	833.26	1285.92	2262	2262	435
扬中市	35.01	28.01	58.45	727.12	384.41	621.74	701	701	206
句容市	54.85	48.30	79.00	1044.16	457.17	1271.45	2373	2373	364
泰州市	**375.20**	**282.06**	**627.54**	**7889.89**	**3722.47**	**6385.10**	**9980**	**9980**	**4248**
兴化市	41.48	32.14	114.76	1089.51	766.05	763.01	2960	2960	764
靖江市	60.80	47.69	106.21	1328.43	695.57	1172.46	1334	1334	878
泰兴市	85.43	67.25	108.34	1302.99	664.46	1107.12	2268	2268	963
宿迁市	**221.17**	**189.20**	**589.45**	**3631.89**	**1734.12**	**3773.95**	**12405**	**12158**	**3340**
沭阳县	51.00	42.16	132.30	791.56	507.39	763.77	3720	3720	1070
泗阳县	26.69	21.92	87.75	494.84	308.29	601.22	2265	2265	527
泗洪县	27.31	22.42	99.22	464.81	318.37	521.11	2488	2488	791

续表 14 （2020 年）

市（县）名 称	公 路货运量（万吨）	民用汽车拥 有 量（万辆）	全社会用电量（亿千瓦时）	#工业用电	邮电业务总量（亿元）	固定电话用 户（万户）	移动电话年末用户（万户）	互联网宽带接入用户（万户）
南京市	**23611**	**279.95**	**632.94**	**338.88**	**1278.92**	**171.90**	**1263.81**	**554.17**
无锡市	**18472**	**219.93**	**759.53**	**569.39**	**447.83**	**116.88**	**985.74**	**360.09**
江阴市	3964	54.96	273.99	235.38	109.98	24.59	217.45	79.62
宜兴市	2331	34.04	106.76	78.52	53.75	21.05	151.32	58.79
徐州市	**29299**	**166.62**	**364.96**	**219.17**	**883.24**	**79.33**	**963.96**	**358.15**
丰 县	3565	15.54	26.92	15.04	70.52	5.78	88.30	32.53
沛 县	3781	16.54	48.69	35.22	81.74	6.64	106.34	37.39
睢宁县	3504	17.38	26.64	11.53	92.72	7.66	102.93	36.65
新沂市	4654	12.47	38.86	26.36	91.46	6.95	94.44	35.68
邳州市	4457	19.45	37.33	19.87	107.54	8.39	133.71	46.29
常州市	**10948**	**151.54**	**522.62**	**400.18**	**722.22**	**83.83**	**639.91**	**259.32**
溧阳市	2002	18.80	101.01	84.41	13.63	14.09	92.91	34.57
苏州市	**25320**	**443.09**	**1523.34**	**1170.57**	**474.96**	**220.46**	**1800.72**	**2260.01**
常熟市	1800	51.35	188.61	153.47	135.64	26.73	204.78	257.70
张家港市	4302	45.29	305.30	274.67	16.50	19.85	176.08	224.55
昆山市	2969	75.07	248.63	185.12	131.62	35.26	306.15	394.66
太仓市	1817	27.54	103.86	82.66	20.50	13.60	104.22	133.76
南通市	**10974**	**192.34**	**477.29**	**323.52**	**887.30**	**108.38**	**844.46**	**338.38**
如东县	932	22.17	66.89	49.65	17.52	16.64	100.15	114.62
启东市	513	22.82	43.01	25.62	16.15	19.45	105.97	128.46
如皋市	1894	30.59	64.20	42.39	20.44	15.86	122.45	133.21
海安市	1458	18.18	59.64	44.70	15.67	17.35	92.65	126.48
连云港市	**12322**	**78.01**	**194.10**	**118.81**	**457.76**	**49.12**	**467.79**	**173.20**
东海县	2282	17.97	26.68	13.95	16.67	6.49	94.48	34.22
灌云县	1545	11.64	14.74	5.36	9.04	5.98	66.18	23.47
灌南县	642	7.46	31.23	22.19	4.34	4.79	52.67	19.43

续表 15 （2020 年）

市（县）名　称	公　路货运量（万吨）	民用汽车拥 有 量（万辆）	全社会用电量（亿千瓦时）	#工业用电	邮电业务总量（亿元）	固定电话用　　户（万户）	移动电话年末用户（万户）	互联网宽带接 入 用 户（万户）
淮安市	**5079**	**69.14**	**193.81**	**117.62**	**435.04**	**33.59**	**471.34**	**191.00**
涟水县	1377	11.59	20.40	10.44	6.33	6.58	93.86	38.06
盱眙县	933	7.32	22.75	12.56	3.94	4.68	66.80	27.09
金湖县	139	4.01	14.51	9.12	1.93	2.01	28.75	11.66
盐城市	**12047**	**114.31**	**358.22**	**242.02**	**605.04**	**53.70**	**678.66**	**271.60**
响水县	470	6.78	57.52	50.53	5.66	2.15	43.66	16.86
滨海县	2416	12.13	24.77	13.28	9.61	4.53	70.16	24.61
阜宁县	546	10.49	27.58	16.51	12.05	4.35	71.35	25.10
射阳县	1714	12.98	28.13	16.03	10.67	4.56	79.21	25.61
建湖县	502	9.00	26.99	17.48	11.12	3.81	64.23	23.19
东台市	2325	14.82	49.10	33.78	14.00	7.65	91.57	29.95
扬州市	**5228**	**87.07**	**264.66**	**174.54**	**491.82**	**98.43**	**519.14**	**196.06**
宝应县	395	8.69	25.20	14.75	25.86	11.14	65.42	24.23
仪征市	795	10.67	48.94	39.56	29.52	11.20	61.90	22.86
高邮市	623	10.96	39.95	27.23	34.57	13.30	74.76	28.30
镇江市	**5882**	**68.81**	**267.05**	**192.23**	**351.30**	**51.29**	**369.78**	**148.93**
丹阳市	1339	22.34	87.83	68.56	99.95	12.14	104.08	41.65
扬中市	358	7.31	16.91	10.19	32.71	6.08	36.42	16.35
句容市	882	8.12	32.50	17.33	54.39	7.76	59.96	27.95
泰州市	**5290**	**83.71**	**306.88**	**221.14**	**434.14**	**73.65**	**488.19**	**204.25**
兴化市	512	15.87	69.55	51.86	16.06	12.35	103.53	42.48
靖江市	1297	15.81	45.76	32.05	5.92	13.40	74.44	31.74
泰兴市	1081	17.19	80.34	62.71	5.01	17.14	103.10	43.68
宿迁市	**10152**	**81.20**	**222.51**	**149.24**	**543.81**	**27.35**	**488.14**	**163.98**
沭阳县	3236	24.25	61.66	40.78	69.84	8.52	152.30	50.78
泗阳县	1623	12.72	36.18	23.48	6.83	5.71	81.96	29.47
泗洪县	2441	11.21	28.89	23.03	5.27	3.62	85.17	28.08

续表 16 （2020 年）

市（县）名称	普通中学在校学生（万人）	小学在校学生（万人）	普通中学专任教师（人）	小学专任教师（人）	专利申请受理量（件）	专利申请授权量（件）	公共图书馆（个）	公共图书馆图书总藏量（千册、千件）	卫生机构床位数（张）	卫生技术人员（人）	#执业（助理）医师
南京市	**27.55**	**47.10**	**26926**	**32285**	**120938**	**76323**	**15**	**24158**	**62937**	**99557**	**37823**
无锡市	**25.79**	**43.91**	**22836**	**25007**	**88052**	**60702**	**8**	**9633**	**51562**	**62967**	**25031**
江阴市	6.37	10.38	5842	5184	12112	9241	1	2955	9789	12121	5232
宜兴市	4.35	6.99	4342	4018	11656	8381	1	853	7417	10287	4152
徐州市	**59.38**	**91.69**	**43469**	**51010**	**35133**	**27368**	**12**	**4476**	**59392**	**73219**	**29840**
丰　县	5.85	9.12	4771	4898	2300	2185	1	150	4230	5437	2636
沛　县	6.79	11.01	4798	5651	2772	1429	1	552	6001	6742	3029
睢宁县	6.61	11.50	4656	6249	2909	2642	1	450	5130	6568	2763
新沂市	7.98	10.76	4782	5217	2311	3149	1	518	4570	6584	2923
邳州市	12.77	16.86	9589	11079	3059	2696	1	650	8097	9880	3998
常州市	**19.77**	**32.09**	**16211**	**18627**	**58236**	**41321**	**7**	**5431**	**29327**	**38650**	**15408**
溧阳市	2.94	4.13	2829	2519	3555	2445	1	511	4174	5247	2205
苏州市	**41.33**	**85.89**	**35971**	**48185**	**219798**	**138861**	**11**	**25948**	**74684**	**95313**	**37185**
常熟市	5.02	8.73	4334	5055	16547	8978	1	2882	10102	11466	4677
张家港市	5.30	9.48	4205	5647	13594	9991	1	2676	9944	10867	4439
昆山市	6.93	16.49	5079	8289	12767	28635	1	3161	8188	13446	5440
太仓市	2.54	5.23	2141	2874	43800	7722	1	1464	4485	5257	2184
南通市	**25.01**	**37.14**	**26596**	**21374**	**46076**	**30662**	**11**	**8063**	**49511**	**53286**	**22375**
如东县	2.50	3.04	2890	2340	3022	2332	2	450	4111	5159	2484
启东市	2.90	4.03	3199	2700	3530	3062	1	662	4946	5498	2400
如皋市	4.92	6.82	5269	3478	5384	3173	2	1013	6893	7048	3376
海安市	2.66	3.54	3343	2456	8277	6063	1	470	6181	5617	2424
连云港市	**30.15**	**44.47**	**26016**	**27960**	**12184**	**8058**	**8**	**3655**	**28443**	**32439**	**13398**
东海县	8.12	11.88	7034	7442	2239	1682	1	783	4585	5457	2438
灌云县	4.71	6.75	4133	4224	1024	691	1	297	4530	4855	2088
灌南县	4.14	6.14	3522	4054	567	393	1	359	3782	4229	1715

续表 17 （2020 年）

市（县）名 称	普通中学在校学生（万人）	小 学在校学生（万人）	普通中学专任教师（人）	小 学专任教师（人）	专利申请受理量（件）	专利申请授权量（件）	公 共图书馆（个）	公共图书馆图书总藏量（千册、千件）	卫生机构床 位 数（张）	卫生技术人 员（人）	#执业（助理）医师
淮安市	**26.55**	**35.35**	**23426**	**23700**	**15989**	**11768**	**9**	**4532**	**30430**	**36756**	**14632**
涟水县	5.81	7.00	5153	4719	1696	1291	1	426	4608	4943	2119
盱眙县	4.06	5.06	3612	3627	1474	1030	1	402	4006	4521	2045
金湖县	0.95	1.33	992	991	2396	1651	1	353	1682	1962	777
盐城市	**34.72**	**44.11**	**31095**	**28009**	**34489**	**21533**	**11**	**5980**	**43324**	**49332**	**21167**
响水县	3.49	4.33	3031	2858	969	587	1	103	3044	3429	1260
滨海县	6.17	7.01	4116	4117	1660	1126	1	267	4932	5341	2389
阜宁县	4.63	6.60	4058	4235	2718	1780	2	461	5154	5849	2548
射阳县	3.74	4.59	3305	2897	2328	1693	1	274	4826	4850	2401
建湖县	3.15	3.50	2926	2399	2848	1987	1	317	3626	3909	1844
东台市	2.94	3.77	3530	2638	4500	2596	1	1133	5644	5841	2605
扬州市	**17.67**	**22.26**	**16732**	**14589**	**39039**	**28486**	**8**	**5758**	**26316**	**30964**	**13203**
宝应县	3.06	3.30	3063	2292	3547	2556	1	428	3560	4228	2014
仪征市	1.95	2.44	1874	1621	3340	2402	1	505	3032	3683	1682
高邮市	2.35	2.85	2523	1990	10238	8247	1	448	3678	4030	1886
镇江市	**11.04**	**16.35**	**10361**	**10700**	**28110**	**19814**	**9**	**4407**	**17300**	**22312**	**8965**
丹阳市	3.75	5.48	3479	3834	7486	5805	2	1241	3789	5403	2294
扬中市	1.09	1.61	1078	1063	4890	3912	1	714	1733	2121	871
句容市	1.88	2.88	1989	1973	2994	1719	1	772	2200	3389	1484
泰州市	**18.05**	**23.56**	**19012**	**14245**	**32971**	**20362**	**7**	**3533**	**30384**	**33071**	**14029**
兴化市	4.58	6.64	4462	4178	5582	4106	1	285	6105	6837	3031
靖江市	2.44	2.95	2820	1872	5894	3694	1	996	4925	5086	2205
泰兴市	4.13	4.90	4943	3044	6263	3241	1	350	5816	6820	3085
宿迁市	**32.80**	**56.91**	**20795**	**28646**	**20680**	**13960**	**6**	**2495**	**31396**	**37622**	**14733**
沭阳县	11.61	19.28	6647	8453	5690	4407	1	185	8909	11601	4681
泗阳县	6.70	9.45	3875	5299	3854	2305	1	353	5783	6517	2619
泗洪县	6.42	10.97	4478	5782	2779	1750	1	260	5765	6876	2613

续表 18 （2020 年）

市（县）名 称	城镇居民人均可支配收入（元）	城镇居民人均消费支出（元）	#食品烟酒	城镇居民恩格尔系数（%）	城镇居民人均现住房建筑面积（平方米）	农村居民人均可支配收入（元）	农村居民人均消费支出（元）	#食品烟酒	农村居民恩格尔系数（%）	在岗职工平均工资（元）
南京市	**67553**	**35854**	**9203**	**25.7**	**40.5**	**29621**	**19421**	**5800**	**29.9**	**138005**
无锡市	**64714**	**37195**	**10080**	**27.1**	**49.2**	**35750**	**21944**	**6649**	**30.3**	**115748**
江阴市	72185	34329	9555	27.8	66.0	38416	22275	6678	30.0	103535
宜兴市	61090	34164	9982	29.2	52.3	32430	19906	6095	30.6	115239
徐州市	**37523**	**20418**	**6014**	**29.5**	**51.7**	**21229**	**13303**	**4117**	**30.9**	**86138**
丰 县	30612	19656	5763	29.3	49.8	19510	11171	3419	30.6	68143
沛 县	36272	20332	5797	28.5	51.8	21899	12796	3878	30.3	76612
睢宁县	31018	15819	4738	30.0	74.6	19240	11098	3329	30.0	69204
新沂市	33255	19475	5755	29.6	58.9	20197	12301	3779	30.7	68519
邳州市	37744	18549	5531	29.8	50.6	21277	11833	3555	30.0	63826
常州市	**60529**	**31987**	**8737**	**27.3**	**50.8**	**32364**	**19667**	**6234**	**31.7**	**113273**
溧阳市	55478	25760	7485	29.1	42.8	30083	20103	6521	32.4	98858
苏州市	**70966**	**39005**	**10143**	**26.0**	**46.0**	**37563**	**22129**	**5996**	**27.1**	**113744**
常熟市	71445	37763	10337	27.4	57.7	38031	24787	7170	28.9	117645
张家港市	71805	37065	10678	28.8	51.0	37935	22265	6404	28.8	108116
昆山市	71519	38130	10541	27.6	39.1	38320	22526	6741	29.9	94392
太仓市	70592	38584	10782	27.9	54.0	37521	22912	6415	28.0	121422
南通市	**52484**	**29750**	**8604**	**28.9**	**52.2**	**26141**	**16200**	**4918**	**30.4**	**92542**
如东县	49565	25549	7499	29.4	58.5	23773	16075	4785	29.8	86488
启东市	50238	33982	9950	29.3	53.3	27617	17585	5235	29.8	85517
如皋市	49118	25198	7267	28.8	61.4	23599	15592	4662	29.9	89669
海安市	50044	27231	7775	28.6	58.7	25176	18381	5532	30.1	87072
连云港市	**36722**	**21403**	**6974**	**32.6**	**49.6**	**19237**	**11885**	**4269**	**35.9**	**86303**
东海县	36319	20945	7370	35.2	51.0	20002	11708	4205	35.9	71900
灌云县	30393	16746	5916	35.3	50.2	17959	10928	3813	34.9	69103
灌南县	32386	19072	6131	32.1	54.0	17192	10605	3683	34.7	69695

续表 19　　　　　　（2020 年）

市（县）名称	城镇居民人均可支配收入（元）	城镇居民人均消费支出（元）	#食品烟酒	城镇居民恩格尔系数（%）	城镇居民人均现住房建筑面积（平方米）	农村居民人均可支配收入（元）	农村居民人均消费支出（元）	#食品烟酒	农村居民恩格尔系数（%）	在岗职工平均工资（元）
淮安市	**40318**	**20034**	**6156**	**30.7**	**50.1**	**19730**	**11570**	**3829**	**33.1**	
涟水县	33413	18282	5941	32.5	59.8	18422	10211	3293	32.2	
盱眙县	40531	19619	5925	30.2	49.0	19933	9791	2976	30.4	
金湖县	40971	22835	7078	31.0	42.0	21692	16023	5271	32.9	
盐城市	**40403**	**20794**	**6031**	**29.0**	**49.3**	**23670**	**14994**	**4688**	**31.3**	**89727**
响水县	33554	13415	4014	29.9	47.0	19843	11882	3513	29.6	81508
滨海县	35134	17390	4990	28.7	40.5	20610	12767	3711	29.1	74329
阜宁县	33772	23851	7296	30.6	42.3	21312	10387	3086	29.7	70233
射阳县	35406	25345	7578	29.9	56.0	22859	9698	3102	32.0	87841
建湖县	39023	18877	5942	31.5	50.9	23481	13205	4561	34.5	84563
东台市	43070	20905	6035	28.9	56.2	27023	15793	4726	29.9	90703
扬州市	**47202**	**25342**	**7382**	**29.1**	**47.5**	**24813**	**16550**	**4831**	**29.2**	**87874**
宝应县	35799	19521	5845	29.9	48.0	23302	14543	4353	29.9	77612
仪征市	48005	24712	7251	29.3	49.9	23942	15901	4675	29.4	98507
高邮市	41650	24807	7225	29.1	48.1	23315	15860	4636	29.2	81118
镇江市	**54572**	**28374**	**8223**	**29.0**	**51.3**	**28402**	**18904**	**5619**	**29.7**	**93129**
丹阳市	54315	26253	7824	29.8	48.8	29492	22537	6537	29.0	89908
扬中市	60050	27952	8302	29.7	59.8	32474	19852	5936	29.9	82001
句容市	52802	26717	8416	31.5	50.7	25666	17620	5585	31.7	81731
泰州市	**49103**	**27123**	**7857**	**29.0**	**59.3**	**24615**	**16085**	**5232**	**32.5**	**85944**
兴化市	44464	22757	6611	29.1	50.0	23212	14699	4636	31.5	79903
靖江市	52754	32854	9528	29.0	64.9	26922	20191	6421	31.8	88118
泰兴市	48857	27449	8221	30.0	69.5	24783	14674	4069	27.7	84931
宿迁市	**32015**	**18292**	**5945**	**32.5**	**45.1**	**19466**	**11367**	**3940**	**34.7**	**78697**
沭阳县	31631	18553	6234	33.6	46.0	19743	12041	3925	32.6	72220
泗阳县	31342	17827	5765	32.3	52.9	19462	12984	4498	34.6	75143
泗洪县	30640	17841	5870	32.9	45.4	19060	9447	3184	33.7	78886

江苏省市辖区主要经济指标（2020年） 附录三

MAJOR ECONOMIC INDICATORS OF MUNICIPAL DISTRICTS OF JIANGSU（2020）

版面负责人：马　萍
编　　　辑：蒋　磊

企业统计信用管理办法

（十五）加大进出口货物监管力度，加强布控查验、后续稽查或统计监督核查。

（十六）对申请适用海关认证企业管理的，不予通过认证；已经成为认证企业的，按照规定下调企业信用等级。

（十七）将失信状况作为纳税信用评价的重要外部参考。

（十八）依法限制申请认证机构资质（含资质延续）、认证领域扩大；依法限制申请认证（含认证证书延续）；认证机构加大对失信企业的证后监督力度，依法撤销或者暂停相关认证证书。

（十九）取消申报国家知识产权示范和优势企业资格，取消申报国家专利运营试点企业资格。

（二十）作为重点监管对象，加大日常监管力度。

（二十一）依法限制申请设立保安服务公司。

（二十二）禁止申请信息安全产品和系统测评服务，不颁发证书，不提供技术支撑；不颁发各类信息安全服务资质，禁止其参与国家关键信息基础安全保障建设服务；禁止申请信息安全从业人员资格认定，不颁发 CISP 资格。

（二十三）申请或享受住房保障时，作为重点核查或监督检查对象。

（二十四）依法限制从事食品等行业。

（二十五）作为审批参股、收购商业银行的参考依据。

（二十六）作为保险机构的设立及股权或实际控制人变更审批或备案的参考依据。

（二十七）在上市公司或非上市公众公司收购的事中事后监管中，对失信责任主体予以重点关注。

（二十八）依法将失信责任主体的违法失信记录作为公司债券核准或备案的参考。

（二十九）将失信信息作为非上市公众公司重大资产重组审核的参考。

江苏省市辖区主要经济指标

（2020 年）

市辖区	年末户籍人口（万人）	出生人口（人）	死亡人口（人）	年末总户数（万户）	年末常住人口（万人）	土地面积（平方公里）	人口密度（人/平方公里）	在岗职工人数（万人）
南京市	**722.57**	**67957**	**43007**	**260.51**	**931.97**	**6587**	**1412**	**194.58**
玄武区	46.75	3229	2921	15.56	53.81	75	7142	
秦淮区	68.40	4400	2471	26.29	74.15	49	15117	
建邺区	43.39	3625	1894	13.49	53.46	83	6431	
鼓楼区	92.11	5912	6714	32.63	94.07	53	17788	
浦口区	79.33	10653	3965	28.16	117.22	910	1281	
栖霞区	54.89	5626	3394	19.66	98.83	395	2488	
雨花台区	31.74	3601	1783	12.11	60.91	132	4585	
江宁区	120.91	14044	5870	46.21	192.66	1563	1227	
六合区	94.95	8334	7280	33.68	94.71	1471	644	
溧水区	44.98	4683	3245	16.29	49.16	1064	462	
高淳区	45.12	3850	3470	16.43	42.99	790	544	
无锡市	**508.97**	**39216**	**40020**	**175.25**	**746.40**	**4627**	**1612**	**93.08**
锡山区	48.65	3960	3608	15.30	88.26	399	2211	9.12
惠山区	51.56	4390	3506	16.73	89.39	325	2750	6.11
滨湖区	37.29	2700	3357	14.60	59.32	572	1037	7.62
梁溪区	80.01	5830	7167	31.24	98.58	72	13692	9.77
新吴区	38.70	4108	2289	13.95	72.03	220	3274	29.00
徐州市	**1038.05**	**80751**	**63281**	**283.01**	**908.39**	**11765**	**771**	**71.08**
鼓楼区	32.07	2874	3895	11.47	42.51	66	6390	1.99
云龙区	38.69	3859	1427	13.05	47.16	120	3917	7.55
贾汪区	51.54	3840	2878	13.37	45.36	612	740	3.34
泉山区	57.47	3908	3410	19.69	61.98	100	6175	8.87
铜山区	132.75	13684	14695	35.08	123.78	1871	661	6.99
常州市	**386.63**	**29279**	**30442**	**137.92**	**527.96**	**4372**	**1207**	**63.31**
天宁区	48.30	3346	3705	18.40	66.91	155	4314	9.17
钟楼区	44.03	3148	3310	16.91	65.86	133	4949	8.13
新北区	62.27	5830	4198	20.61	88.33	509	1728	14.04
武进区	98.66	7753	7690	35.22	169.79	1065	1591	17.89
金坛区	54.52	3370	4953	19.92	58.52	976	599	6.35
苏州市	**744.33**	**66068**	**53952**	**246.45**	**1274.96**	**8657**	**1470**	**286.20**
虎丘区	45.03	4669	2280	14.38	83.25	332	2496	29.15
吴中区	73.33	8014	4609	22.79	138.90	2231	620	18.75
相城区	46.85	4961	3093	14.69	89.11	490	1818	12.11

续表 1 （2020 年）

市辖区	年末户籍人口（万人）	出生人口（人）	死亡人口（人）	年末总户数（万户）	年末常住人口（万人）	土地面积（平方公里）	人口密度（人/平方公里）	在岗职工人数（万人）
姑苏区	74.77	4724	6733	28.97	92.42	83	11079	16.13
吴江区	87.67	8231	7114	28.05	154.52	1237	1246	31.99
南通市	**756.06**	**46165**	**76707**	**288.19**	**772.80**	**10549**	**732**	**160.08**
崇川区	74.35	5185	5538	28.83	118.39	312	3772	19.24
通州区	125.00	8404	12631	51.84	125.89	1562	805	31.89
海门区	98.87	5628	9587	39.54	99.20	1144	864	31.50
连云港市	**534.48**	**56426**	**31622**	**152.04**	**460.10**	**7616**	**603**	**39.94**
连云区	24.72	2158	1390	8.56	29.13	798	366	4.39
海州区	81.13	9044	4576	25.83	91.83	701	1305	12.19
赣榆区	119.83	13402	7177	35.72	100.42	1514	662	4.43
淮安市	**557.97**	**42224**	**42549**	**169.74**	**455.92**	**10030**	**459**	**39.84**
淮安区	113.18	7791	8736	32.35	79.40	1452	553	
淮阴区	89.66	5565	7375	28.66	74.86	1307	579	
清江浦区	58.08	5009	3344	20.70	100.52	310	3271	
洪泽区	36.08	2162	2803	11.51	28.50	1273	226	
盐城市	**814.49**	**58888**	**76828**	**269.30**	**671.06**	**16931**	**396**	**54.93**
亭湖区	68.72	4981	5282	23.98	90.12	800	1115	7.11
盐都区	70.65	5209	6628	23.74	83.28	1015	817	6.23
大丰区	70.10	4072	6573	26.47	64.57	3008	214	4.17
扬州市	**454.71**			**147.64**	**456.10**	**6591**	**691**	**65.13**
广陵区	49.07			17.09	60.87	335	1818	8.86
邗江区	63.65			20.53	86.14	553	1559	14.57
江都区	102.70			34.14	92.77	1330	701	13.96
镇江市	**269.25**	**18329**	**23653**	**102.60**	**321.10**	**3840**	**835**	**32.73**
京口区	31.31	1862	1792	12.81	61.97	125	4993	4.79
润州区	21.10	1328	1453	9.02	30.01	124	2417	3.76
丹徒区	28.89	2004	2958	10.36	34.74	617	554	3.36
泰州市	**497.15**	**35440**	**48202**	**165.61**	**451.68**	**5788**	**781**	**88.11**
海陵区	46.72	3078	3757	17.01	57.78	307	1870	14.55
高港区	26.04	2029	2734	8.02	25.90	287	901	6.83
姜堰区	73.13	1679	1220	25.08	66.89	858	781	24.14
宿迁市	**592.10**	**62794**	**41257**	**154.11**	**498.82**	**8524**	**584**	**39.69**
宿城区	75.80	11108	7515	20.56	103.48	917	1123	7.94
宿豫区	49.84	7046	5764	13.36	58.88	1237	477	4.04

续表 2

（2020 年）

市辖区	地　区生产总值（亿元）	第一产业	第二产业	#工业	第三产业	地区生产总值指数（上年 =100）	人均地区生产总值（元）
南京市	**14817.95**	**296.80**	**5214.35**	**4331.59**	**9306.80**	**104.6**	**159322**
玄武区	1108.66		21.17	7.35	1087.49	105.2	205726
秦淮区	1286.60		88.51	76.35	1198.09	106.2	173303
建邺区	1121.53		351.31	257.41	770.22	104.2	210300
鼓楼区	1772.60		143.96	25.53	1628.64	106.2	188024
浦口区	1385.93	48.34	469.83	368.22	867.76	107.0	118801
栖霞区	1569.15	7.82	902.71	743.62	658.62	102.1	159475
雨花台区	947.14	0.29	160.71	136.57	786.14	106.1	156049
江宁区	2509.32	70.53	1328.69	1114.76	1110.10	105.3	130782
六合区	1676.01	72.26	993.42	897.27	610.33	109.1	177046
溧水区	911.51	50.42	459.57	387.10	401.52	106.1	185662
高淳区	513.13	46.87	229.68	98.77	236.58	105.0	119471
无锡市	**12370.48**	**128.10**	**5751.19**	**5126.15**	**6491.19**	**103.7**	**165851**
锡山区	975.38	16.59	484.43	439.33	474.36	105.0	110550
惠山区	985.26	16.80	529.61	477.20	438.85	104.3	110257
滨湖区	855.01	3.52	321.16	240.52	530.33	103.2	144269
梁溪区	1372.58		185.33	113.03	1187.25	104.5	139391
新吴区	1930.10	0.61	1144.24	1129.93	785.25	105.1	268144
徐州市	**7319.77**	**718.68**	**2931.61**	**2346.16**	**3669.48**	**103.4**	**80673**
鼓楼区	314.79	0.05	49.08	12.60	265.66	102.9	74383
云龙区	400.95	1.20	46.98	8.66	352.78	103.2	85509
贾汪区	359.20	30.86	158.78	143.08	169.56	103.1	79302
泉山区	682.84	0.42	88.60	19.51	593.82	103.2	110608
铜山区	1181.54	105.21	571.76	492.88	504.58	102.9	95590
常州市	**7805.32**	**164.30**	**3616.15**	**3231.84**	**4024.87**	**104.5**	**147939**
天宁区	808.15	7.73	203.95	183.78	596.47	103.5	120854
钟楼区	756.01	2.61	224.47	192.03	528.93	103.5	114852
新北区	1631.43	20.11	797.88	758.77	813.44	105.1	185542
武进区	2607.21	40.60	1393.81	1297.90	1172.80	104.5	153886
金坛区	973.15	38.84	494.33	402.23	439.98	105.5	166407
苏州市	**20170.45**	**196.40**	**9385.58**	**8514.39**	**10588.47**	**103.4**	**158466**
虎丘区	1446.32	1.26	689.68	641.79	755.38	103.6	174308
吴中区	1343.78	20.18	599.07	529.72	724.53	103.6	97111
相城区	935.66	8.31	455.50	396.36	471.85	103.5	105065

续表 3 （2020 年）

市辖区	地　　区 生产总值 （亿元）	第一产业	第二产业	# 工业	第三产业	地区生产 总值指数 （上年 =100）	人均地区 生产总值 （元）
姑苏区	819.90		62.10	21.06	757.80	100.0	88157
吴江区	2002.83	37.50	1000.20	920.96	965.13	100.6	129873
南通市	**10036.31**	**458.70**	**4765.85**	**3956.90**	**4811.76**	**104.7**	**129900**
崇川区	1482.58	1.19	462.99	345.20	1018.39	103.2	126684
通州区	1462.51	63.43	731.63		667.45	104.6	116758
海门区	1442.57	68.73	710.13	605.30	663.71	105.5	146031
连云港市	**3277.07**	**386.10**	**1372.35**	**1107.60**	**1518.62**	**103.0**	**71303**
连云区	219.11	7.66	98.55	86.08	112.90	105.1	136773
海州区	653.14	21.46	145.87	100.59	485.81	104.1	71432
赣榆区	631.58	110.88	267.06	190.99	253.64	100.2	62988
淮安市	**4025.37**	**409.70**	**1630.98**	**1286.78**	**1984.69**	**103.2**	**87507**
淮安区	616.10	83.14	252.40	180.25	280.56	103.4	76591
淮阴区	549.76	78.67	210.04	164.11	261.05	103.1	72590
清江浦区	591.98	13.20	134.87	74.59	443.91	103.0	101020
洪泽区	343.65	41.21	132.23	111.32	170.21	103.0	119510
盐城市	**5953.38**	**661.20**	**2379.38**	**1924.52**	**2912.79**	**103.5**	**88731**
亭湖区	561.36	36.37	191.00	127.44	334.00	104.0	82541
盐都区	606.90	50.55	268.67	191.95	287.68	102.4	99150
大丰区	686.78	98.64	224.61	198.09	363.54	104.0	106502
扬州市	**6048.33**	**307.10**	**2786.35**	**2244.17**	**2954.88**	**103.5**	
广陵区	843.48	10.38	327.97	255.65	505.13	103.5	
邗江区	1128.01	23.73	413.03	322.86	691.25	103.9	
江都区	1114.91	73.39	544.95	419.26	496.57	103.0	
镇江市	**4220.09**	**149.50**	**1988.63**	**1770.01**	**2081.96**	**103.5**	**131580**
京口区	449.48	0.83	116.06	95.22	332.59	104.0	123755
润州区	245.23	0.50	38.37	13.86	206.36	103.3	101946
丹徒区	414.03	21.71	205.88	168.82	186.44	103.7	121185
泰州市	**5312.77**	**307.10**	**2541.10**	**1973.08**	**2464.57**	**103.6**	**117542**
海陵区	620.19	13.57	253.22	183.35	353.40	103.5	108000
高港区	634.97	14.40	328.31	283.13	292.26	104.1	245827
姜堰区	687.49	47.46	316.59	241.03	323.44	103.8	102603
宿迁市	**3262.37**	**341.40**	**1367.35**	**1124.25**	**1553.63**	**104.5**	**65503**
宿城区	403.22	27.53	102.37	73.68	273.32	104.5	60890
宿豫区	335.25	33.72	145.01	105.71	156.52	104.7	75276

续表 4　　（2020 年）

市辖区	房地产开发投资（亿元）	# 住宅	一般公共预算收入（亿元）	# 税收收入	一般公共预算支出（亿元）
南京市	**2631.40**	**1862.72**	**1637.70**	**1395.56**	**1754.62**
玄武区	86.07	62.61	97.33	90.68	56.68
秦淮区	117.14	52.55	100.11	89.49	79.94
建邺区	388.27	252.55	138.02	119.30	67.85
鼓楼区	209.43	95.87	166.41	153.72	109.93
浦口区	476.20	366.56	70.12	57.08	79.83
栖霞区	398.62	298.99	138.70	123.91	98.15
雨花台区	253.19	194.50	83.92	69.09	85.23
江宁区	340.96	260.28	264.36	234.27	246.84
六合区	147.56	108.91	46.36	38.02	85.70
溧水区	149.76	116.51	79.02	63.81	125.89
高淳区	64.19	53.39	38.01	31.53	86.07
无锡市	**1350.02**	**1117.72**	**1075.70**	**889.12**	**1215.03**
锡山区	147.23	114.02	94.61	79.21	92.36
惠山区	165.57	148.79	98.42	84.12	95.66
滨湖区	175.31	145.18	86.78	75.59	91.28
梁溪区	196.75	162.37	60.35	53.84	74.98
新吴区	131.01	96.20	216.20	188.88	149.12
徐州市	**867.07**	**706.09**	**481.82**	**380.68**	**958.19**
鼓楼区	64.67	50.65	19.94	18.59	14.85
云龙区	156.05	116.78	29.03	27.10	22.90
贾汪区	94.01	83.89	20.10	18.60	44.53
泉山区	95.61	77.74	41.00	37.05	28.50
铜山区	94.48	76.48	52.53	44.48	128.25
常州市	**1042.73**	**834.49**	**616.60**	**522.53**	**726.31**
天宁区	168.32	129.70	61.43	55.83	37.20
钟楼区	147.84	120.76	50.71	46.42	36.82
新北区	208.52	175.90	132.80	113.63	81.59
武进区	315.18	263.02	195.21	167.30	185.56
金坛区	119.58	76.15	55.82	44.01	87.15
苏州市	**2673.66**	**2171.62**	**2303.00**	**2005.11**	**2263.51**
虎丘区	349.62	314.11	175.01	153.33	144.48
吴中区	389.50	275.37	188.00	170.09	180.48
相城区	275.06	222.05	129.62	119.18	91.43

续表 5 （2020 年）

市辖区	房地产开发投资（亿元）	# 住宅	一般公共预算收入（亿元）	# 税收收入	一般公共预算支出（亿元）
姑苏区	123.16	85.03	63.81	56.42	71.62
吴江区	316.30	258.41	236.48	213.13	244.38
南通市	**1257.10**	**1079.19**	**639.30**	**523.23**	**1080.62**
崇川区	381.05	321.82	120.52	103.01	77.44
通州区	191.48	165.61	71.72	57.81	137.46
海门区	158.29	134.66	73.50	60.45	133.35
连云港市	**368.21**	**301.47**	**245.17**	**189.00**	**501.69**
连云区	35.92	31.01	14.10	11.26	16.44
海州区	138.33	108.26	50.64	43.79	47.96
赣榆区	35.61	32.70	30.02	23.81	81.02
淮安市	**368.16**	**280.51**	**264.21**	**206.69**	**568.25**
淮安区	46.19	31.81	26.66	22.47	85.65
淮阴区	43.64	32.11	25.57	21.11	67.58
清江浦区	99.81	74.40	30.19	24.41	42.75
洪泽区	11.50	7.65	20.30	16.32	50.53
盐城市	**516.87**	**401.40**	**400.10**	**300.40**	**973.60**
亭湖区	93.24	70.45	39.00	32.34	48.16
盐都区	50.47	46.80	38.42	30.80	74.61
大丰区	54.24	35.54	53.57	41.80	112.60
扬州市	**833.97**	**601.44**	**337.27**	**264.46**	**668.30**
广陵区	137.08	100.92	43.41	36.72	57.50
邗江区	288.44	199.39	64.30	51.45	99.10
江都区	108.25	77.62	55.69	44.44	116.74
镇江市	**400.92**	**338.89**	**311.74**	**237.18**	**498.90**
京口区	48.30	37.41	21.70	17.99	21.05
润州区	61.91	54.21	13.94	11.72	21.61
丹徒区	17.72	14.96	23.89	19.88	31.88
泰州市	**498.47**	**409.67**	**375.20**	**282.06**	**627.54**
海陵区	63.15	54.09	36.01	28.88	38.94
高港区	32.32	27.27	46.40	32.85	48.90
姜堰区	83.63	74.41	37.86	30.57	80.06
宿迁市	**367.70**	**315.93**	**221.17**	**189.20**	**589.45**
宿城区	79.41	69.50	20.75	18.47	55.60
宿豫区	35.26	30.38	27.67	26.48	60.19

续表 6　　　　　　　　　　　　　　（2020 年）

市辖区	规模以上工业企业个数（个）	资产合计（亿元）	负债合计（亿元）	社会消费品零售总额（亿元）
南京市	**3231**	**14459.40**	**7635.02**	**7203.03**
玄武区	20	212.68	100.15	1036.48
秦淮区	46	509.77	289.47	950.26
建邺区	25	413.45	104.51	397.57
鼓楼区	49	398.87	242.83	1029.41
浦口区	456	1793.56	1021.70	611.73
栖霞区	322	2491.15	1375.14	438.04
雨花台区	97	538.74	253.81	725.31
江宁区	956	4261.67	2285.57	962.71
六合区	539	2803.40	1342.93	465.84
溧水区	507	827.17	496.51	349.84
高淳区	214	208.96	122.40	235.84
无锡市	**7001**	**19313.50**	**10057.55**	**2994.36**
锡山区	926	1724.04	851.30	221.61
惠山区	1121	1520.01	895.56	234.01
滨湖区	489	858.65	337.33	223.66
梁溪区	112	348.95	181.90	695.55
新吴区	960	5338.63	2498.39	378.44
徐州市	**2024**	**5424.40**	**3055.81**	**3286.09**
鼓楼区	6	8.05	4.14	278.18
云龙区	9	21.11	14.08	258.07
贾汪区	148	329.29	203.88	140.36
泉山区	39	80.79	58.40	347.60
铜山区	326	761.73	481.51	413.04
常州市	**5066**	**11691.98**	**6338.82**	**2421.36**
天宁区	441	605.94	306.24	378.34
钟楼区	303	597.46	306.67	408.59
新北区	1250	2806.53	1336.40	336.25
武进区	2066	4235.08	2179.82	736.54
金坛区	510	1834.12	1146.81	244.16
苏州市	**11898**	**36981.66**	**18938.30**	**7701.98**
虎丘区	777	2940.73	1458.31	538.12
吴中区	1024	2149.06	1131.68	767.39
相城区	873	1505.54	791.17	471.33

续表 7　　（2020 年）

市辖区	规模以上工业企业个数（个）	资产合计（亿元）	负债合计（亿元）	社会消费品零售总额（亿元）
姑苏区	14	95.23	39.40	829.21
吴江区	1744	4500.15	2452.48	617.86
南通市	**5365**	**10233.78**	**5444.46**	**3370.40**
崇川区	313	1161.39	503.35	670.20
通州区	767	1156.87	605.33	407.34
海门区	723	957.91	528.29	433.18
连云港市	**985**	**3840.03**	**2140.54**	**1104.29**
连云区	58	967.82	687.90	74.50
海州区	123	521.68	259.08	405.71
赣榆区	218	347.24	221.27	165.44
淮安市	**1486**	**2610.81**	**1282.31**	**1675.85**
淮安区	219	252.56	120.89	232.99
淮阴区	186	292.40	173.82	181.60
清江浦区	70	192.68	74.30	514.51
洪泽区	189	195.23	111.72	117.88
盐城市	**3139**	**5754.85**	**3582.60**	**2216.12**
亭湖区	230	293.64	177.65	235.92
盐都区	317	394.22	246.75	230.82
大丰区	474	1237.96	797.27	205.85
扬州市	**3037**	**5202.91**	**2855.74**	**1379.29**
广陵区	289	499.33	240.75	301.01
邗江区	399	845.12	462.83	294.99
江都区	647	907.17	522.94	258.08
镇江市	**2011**	**5260.77**	**2855.59**	**1141.93**
京口区	65	332.51	179.99	237.98
润州区	12	35.84	13.30	114.65
丹徒区	225	389.07	187.99	62.73
泰州市	**2860**	**6061.77**	**3132.12**	**1333.26**
海陵区	258	521.39	315.25	214.55
高港区	212	1008.70	453.63	96.69
姜堰区	443	525.73	282.84	161.36
宿迁市	**2065**	**3122.01**	**1533.43**	**1258.08**
宿城区	205	240.92	136.71	264.58
宿豫区	245	401.48	232.48	278.48

续表 8　　（2020 年）

市辖区	进出口总额（亿元）	# 出口总额	协议注册外资（亿美元）	实际使用外资（亿美元）
南京市	**5340.20**	**3398.90**	**152.62**	**45.15**
玄武区	680.50	178.10	4.11	2.39
秦淮区	607.90	367.30	4.67	3.25
建邺区	191.30	162.00	8.24	3.28
鼓楼区	512.50	368.40	7.68	2.98
浦口区	132.90	91.80	15.82	3.20
栖霞区	985.00	530.70	21.86	9.16
雨花台区	304.60	235.40	4.73	2.45
江宁区	1306.10	963.60	53.90	12.01
六合区	77.40	55.60	8.67	3.23
溧水区	115.60	104.20	6.21	3.20
高淳区	87.40	79.20	7.34	2.39
无锡市	**6075.61**	**3547.07**	**57.80**	**36.21**
锡山区	340.10	264.08	7.20	3.70
惠山区	235.18	207.65	9.20	3.00
滨湖区	160.23	111.89	3.19	2.76
梁溪区	175.77	160.88	3.31	0.84
新吴区	3472.07	1667.78	15.37	12.82
徐州市	**1067.16**	**865.30**	**72.68**	**22.01**
鼓楼区	18.52	17.48	1.35	0.32
云龙区	31.31	30.44	2.95	0.94
贾汪区	38.07	37.85	1.50	0.70
泉山区	43.55	34.78	2.11	1.41
铜山区	73.94	63.22	7.11	2.58
常州市	**2417.25**	**1796.93**	**55.87**	**28.78**
天宁区	200.58	177.10	4.31	2.31
钟楼区	195.96	178.37	5.66	2.15
新北区	870.66	615.70	13.35	8.00
武进区	844.03	593.30	13.96	8.11
金坛区	220.26	161.70	7.09	3.36
苏州市	**22321.43**	**12941.49**	**189.14**	**55.40**
虎丘区	2590.45	1675.12	10.47	5.52
吴中区	569.09	405.22	6.95	4.32
相城区	412.57	321.43	4.55	4.04

续表 9 （2020 年）

市辖区	进出口总额（亿元）	# 出口总额	协议注册外资（亿美元）	实际使用外资（亿美元）
姑苏区	145.70	130.86	0.29	0.19
吴江区	1501.58	1107.21	14.55	4.56
南通市	**2627.08**	**1792.61**	**73.16**	**27.12**
崇川区	598.35	403.05	3.65	1.35
通州区	264.26	228.21	6.23	2.40
海门区	253.45	217.30	-0.06	3.69
连云港市	**643.45**	**262.56**	**90.97**	**6.76**
连云区	164.10	40.09	0.59	0.75
海州区	83.90	63.08	0.49	0.22
赣榆区	83.93	36.29	1.14	1.06
淮安市	**344.38**	**237.70**	**38.42**	**10.59**
淮安区	24.47	23.39	9.02	1.28
淮阴区	16.95	12.58	2.76	0.84
清江浦区	33.99	28.07	6.99	1.25
洪泽区	24.28	21.70	2.73	1.08
盐城市	**824.62**	**554.47**	**36.14**	**10.12**
亭湖区	39.32	32.42	2.13	0.97
盐都区	85.53	43.45	1.34	1.03
大丰区	197.96	98.63	2.71	1.12
扬州市	**770.20**	**580.03**	**57.94**	**14.70**
广陵区	95.52	78.32	7.52	2.91
邗江区	164.78	134.55	7.65	3.65
江都区	171.23	109.03	4.31	1.43
镇江市	**722.44**	**512.21**	**21.48**	**7.88**
京口区	88.48	50.48	0.19	0.20
润州区	19.10	17.46	0.32	0.19
丹徒区	49.02	44.57	1.61	1.02
泰州市	**1014.01**	**665.37**	**47.28**	**16.50**
海陵区	117.92	101.96	6.69	1.61
高港区	99.70	25.74	7.71	2.30
姜堰区	98.16	84.37	9.17	1.63
宿迁市	**332.63**	**289.62**	**27.79**	**5.56**
宿城区	38.11	34.84	7.29	0.20
宿豫区	52.47	42.01	6.88	0.91

续表 10

（2020 年）

市辖区	普通中学在校学生（万人）	小学在校学生（万人）	专利申请受理量（件）	专利申请授权量（件）	医院个数（个）	医院床位数（张）	执业（助理）医师（人）	城镇居民人均可支配收入（元）	城镇居民人均生活消费支出（元）
南京市	**27.55**	**47.10**	**120938**	**76323**	**271**	**57455**	**37823**	**67553**	**35854**
玄武区	2.42	2.60	13794	8568	23	3328	2924	74882	49749
秦淮区	2.57	3.54	7728	5133	45	9643	6119	68563	48234
建邺区	1.54	2.67	4496	2727	13	2373	2091	65857	36270
鼓楼区	3.97	5.92	10419	6709	45	18804	10200	74001	39663
浦口区	2.42	5.80	3208	1795	21	3119	2409	62498	36606
栖霞区	1.88	4.30	12710	7871	22	2895	2098	65867	41805
雨花台区	1.55	2.70	6263	3491	18	1528	1263	65686	35718
江宁区	4.66	9.51	32289	19842	39	8383	5150	65410	36869
六合区	3.22	4.86	3547	2350	20	3316	2662	60785	34324
溧水区	1.72	2.82	6079	4858	10	1963	1528	59740	30965
高淳区	1.60	2.38	3977	2963	15	2103	1379	60295	33269
无锡市	**25.79**	**43.91**	**88052**	**60702**	**210**	**42878**	**25031**	**64714**	**37195**
锡山区	2.85	5.25	11963	7518	11	1947	1665	61724	27110
惠山区	3.35	5.79	13971	9553	6	1016	1765	62830	30470
滨湖区	1.42	2.43	11077	7887	44	11991	4364	64562	39278
梁溪区	1.61	5.22	4815	3513	65	11694	6125	62545	38056
新吴区	1.35	4.39	18304	11567	19	2463	1728	63254	31165
徐州市	**59.38**	**91.69**	**35133**	**27368**	**177**	**41628**	**29840**	**37523**	**20418**
鼓楼区	0.50	2.78	1624	1538	19	3220	2325	38588	22644
云龙区	0.44	4.29	3129	1866	28	4447	2022	40184	25015
贾汪区	2.55	4.47	1565	1303	6	1570	1406	37023	20991
泉山区	0.30	4.17	4788	3765	25	12188	5166	45963	29153
铜山区	7.48	12.53	5678	3927	18	4060	3572	42191	25633
常州市	**19.77**	**32.09**	**58236**	**41321**	**86**	**23860**	**15408**	**60529**	**31987**
天宁区	0.84	4.12	5686	4253	20	9099	4001	60469	32342
钟楼区	0.69	4.12	5236	3316	8	1131	1238	59894	32451
新北区	3.04	5.85	16246	11633	9	1224	1927	63251	33718
武进区	5.95	10.97	22362	16460	21	7006	4368	63434	32454
金坛区	2.03	2.89	5151	3214	11	2292	1669	57097	26624
苏州市	**41.33**	**85.89**	**219798**	**138861**	**234**	**63611**	**37185**	**70966**	**39005**
虎丘区	2.90	5.84	19862	12164	13	3993	1969	67763	38568
吴中区	3.66	9.24	30441	18474	28	5819	2901	72902	39237
相城区	2.33	5.42	20933	14573	16	4272	1885	65155	36088

续表 11

（2020 年）

市辖区	普通中学在校学生（万人）	小学在校学生（万人）	专利申请受理量（件）	专利申请授权量（件）	医院个数（个）	医院床位数（张）	执业（助理）医师（人）	城镇居民人均可支配收入（元）	城镇居民人均生活消费支出（元）
姑苏区		5.23	5579	2725	35	13870	7264	65860	41235
吴江区	5.08	10.54	26024	17615	17	6341	3425	70910	41478
南通市	**25.01**	**37.14**	**46076**	**30662**	**227**	**38867**	**22375**	**52484**	**29750**
崇川区	1.36	6.68	11539	6498	59	15392	6368	56089	33653
通州区	3.61	6.00	5986	4037	12	4430	2937	54453	
海门区	3.70	5.02	4040	3147	15	2731	2386	54277	28504
连云港市	**30.15**	**44.47**	**12184**	**8058**	**90**	**18692**	**13398**	**36722**	**21403**
连云区	0.55	1.19	758	394	10	1148	945	45206	26791
海州区	4.29	7.13	4148	2791	25	6443	3961	40709	25581
赣榆区	7.49	10.38	1892	1064	13	3448	2251	35786	19197
淮安市	**26.55**	**35.35**	**15989**	**11768**	**67**	**19746**	**14632**	**40318**	**20034**
淮安区	4.65	5.81	1647	1378	7	2612	2383	34889	19329
淮阴区	4.16	6.04	2031	1789	7	4332	2977	37485	18893
清江浦区	3.85	5.13	1655	903	26	5138	3388	48779	22578
洪泽区	1.41	1.62	892	681	3	1020	943	40371	16781
盐城市	**34.72**	**44.11**	**34489**	**21533**	**167**	**31360**	**21167**	**40403**	**20794**
亭湖区	1.95	4.37	5493	2637	36	6398	3633	48016	26847
盐都区	1.99	3.52	7837	5181	6	3378	2516	43739	27638
大丰区	2.15	2.78	2845	1621	23	3128	1971	40975	20299
扬州市	**17.67**	**22.26**	**39039**	**28486**	**91**	**18906**	**13203**	**47202**	**25342**
广陵区	0.62	3.71	3765	2268	19	4589	2424	50597	35689
邗江区	2.27	4.93	7412	5053	27	4375	2937	53008	34046
江都区	3.50	4.05	6281	5026	15	3506	2260	48487	27914
镇江市	**11.04**	**16.35**	**28110**	**19814**	**53**	**12477**	**8965**	**54572**	**28374**
京口区	0.24	1.95	2466	1300	8	2706	1875	54883	30289
润州区	0.43	1.36	479	328	13	3099	1632	53723	29973
丹徒区	1.07	1.53	2735	1948	3	530	550	53568	29441
泰州市	**18.05**	**23.56**	**32971**	**20362**	**91**	**22133**	**14029**	**49103**	**27123**
海陵区	1.11	2.83	3464	2260	25	7094	3064	51062	28088
高港区	0.55	1.27	2866	1769	4	875	641	50068	28750
姜堰区	3.18	3.35	5553	3164	12	3081	2003	49355	25929
宿迁市	**32.80**	**56.91**	**20680**	**13960**	**235**	**30781**	**14733**	**32015**	**18292**
宿城区	1.75	6.90	3211	2044	46	6702	3108	35260	19081
宿豫区	1.46	4.47	3094	2113	30	4166	1712	31432	17870

附录四

第七次全国人口普查江苏省各设区市主要指标

MAJOR INDICATORS OF CITIES DIVIDED INTO DISTRICTS IN JIANGSU PROVINCE IN THE SEVENTH NATIONAL CENSUS

版面负责人：马　萍
编　　　辑：曹　晶

统计知识

企业统计信用管理办法

（三十）将失信信息作为独立基金销售机构审批的参考。

（三十一）核准与管理相关外汇额度及办理部分基于信用的跨境融资业务时，将失信信息作为审慎性参考。

（三十二）取消粮食收购许可，取消中央储备代储资格，不得作为政策性粮食收储委托库点，限制参与政策性粮食竞买。

（三十三）对企业和个人给予表彰奖励、授予荣誉称号时，参考其统计信用状况，对失信企业和失信人员，不予颁发政府荣誉；及时撤销失信企业和失信人员获得的荣誉称号。

（三十四）依法限制参加各类评先评优。

（三十五）依法限制招录（聘）为公务员或事业单位工作人员。

（三十六）失信责任主体是自然人的，依法限制登记为事业单位法定代表人。失信责任主体是机构的，该机构法定代表人依法限制登记为事业单位法定代表人。

（三十七）依法限制担任国有企业法定代表人、董事、监事。

（三十八）协助查询反馈统计严重失信人员身份、出入境证件信息；协助查找下落不明但必须接受调查询问的统计失信被执行人；统计严重失信被执行人拒不履行法律文书确定的义务，由人民法院依法对其采取或者通知有关单位采取限制其出境。

（三十九）将失信人员有关信息记入个人信用记录和统计从业人员诚信档案，一定期限内不得从事与会计、统计等有关的工作，不能取得会计、统计等有关专业职称。

（四十）对存在失信记录的相关主体在证券、基金、期货从业资格申请中予以从严审核，对已成为证券、基金、期货从业人员的相关主体予以重点关注。

第七次全国人口普查江苏省各设区市主要指标

单位：人

地　区	常住人口（人）	按性别比分			
		男		女	
		人口数	比重（%）	人口数	比重（%）
全　省	**84748016**	**43031586**	**50.78**	**41716430**	**49.22**
南京市	9314685	4754686	51.05	4559999	48.95
无锡市	7462135	3848880	51.58	3613255	48.42
徐州市	9083790	4579072	50.41	4504718	49.59
常州市	5278121	2711786	51.38	2566335	48.62
苏州市	12748262	6657110	52.22	6091152	47.78
南通市	7726635	3805559	49.25	3921076	50.75
连云港市	4599360	2335249	50.77	2264111	49.23
淮安市	4556230	2278713	50.01	2277517	49.99
盐城市	6709629	3379832	50.37	3329797	49.63
扬州市	4559797	2270783	49.80	2289014	50.20
镇江市	3210418	1631648	50.82	1578770	49.18
泰州市	4512762	2261512	50.11	2251250	49.89
宿迁市	4986192	2516756	50.47	2469436	49.53

注：本表为第七次全国人口普查登记的 2020 年 11 月 1 日零时常住人口数据（公报数）。

续表 1

单位：人

地 区	按年龄结构分					
	0–14 岁		15–64 岁		65 岁及以上	
	人口数	比重（%）	人口数	比重（%）	人口数	比重（%）
全 省	**12891948**	**15.21**	**58129537**	**68.59**	**13726531**	**16.20**
南京市	1187619	12.75	6851196	73.55	1275870	13.70
无锡市	967076	12.96	5401502	72.39	1093557	14.65
徐州市	2031308	22.36	5715356	62.92	1337126	14.72
常州市	699862	13.26	3792765	71.86	785494	14.88
苏州市	1727189	13.55	9435372	74.01	1585701	12.44
南通市	841940	10.90	5133401	66.44	1751294	22.67
连云港市	984112	21.40	2942544	63.98	672704	14.63
淮安市	806559	17.70	3001594	65.88	748077	16.42
盐城市	1008518	15.03	4367426	65.09	1333685	19.88
扬州市	527419	11.57	3120705	68.44	911673	19.99
镇江市	381669	11.89	2266523	70.60	562226	17.51
泰州市	557720	12.36	2961900	65.63	993142	22.01
宿迁市	1170957	23.48	3139253	62.96	675982	13.56

续表 2

单位：人

地　区	按受教育程度分			
	小学	初中	高中	大专及以上
全　省	**19273380**	**28227984**	**13721862**	**15816765**
南京市	1485368	2147468	1602185	3281474
无锡市	1395652	2662453	1260185	1631740
徐州市	2428603	3229888	1261442	1178100
常州市	996015	1934757	860634	1092040
苏州市	2500489	4175439	2143321	2870185
南通市	1969004	2848138	1169368	1151569
连云港市	1113285	1448830	855141	674324
淮安市	1194428	1598292	704292	584339
盐城市	1774793	2449235	1074610	717326
扬州市	1132974	1486430	704234	796381
镇江市	673378	1129074	555661	614297
泰州市	1213472	1519640	691810	682273
宿迁市	1395919	1598340	838979	542717

淮海经济区主要经济指标（2020 年） 附录五

MAJOR ECONOMIC INDICATORS OF HUAIHAI ECONOMIC ZONE (2020)

版面负责人：马　萍
编　　　辑：曹　晶

统计知识

企业统计信用管理办法

（四十一）依法限制设立或入股融资担保公司；将失信信息作为证券公司、保险公司、基金管理公司、期货公司等金融机构的董事、监事和高级管理人员及分支机构负责人任职审批或备案的参考。

（四十二）在投资等优惠性政策认定，金融机构评级授信、信贷融资、管理和退出，将失信信息作为证券公司、基金管理公司及期货公司的设立及股权或实际控制人变更审批或备案，私募投资基金管理人登记、重大事项变更以及基金备案，相关责任人考核、干部选任时，将失信信息作为重要参考。

第十八条 企业可以向采集、认定本单位统计信用的政府统计机构提出书面查询申请，查询本单位的统计信用信息和统计信用状况。政府统计机构应于 15 个工作日内回复。

第十九条 县级以上人民政府统计机构发现采集、认定和公示的企业统计信用信息不准确的，应当及时更正。

上级统计机构发现下级统计机构采集、认定和公示的企业统计信用信息不准确的，应当要求下级及时更正。

公民、法人或者其他组织有证据证明统计机构采集和公示的企业统计信用信息不准确的，有权要求统计机构予以更正。经核查确有错误的，履行公示职责的统计机构应当及时予以更正或删除。

第二十条 企业对统计机构在公示企业统计信用信息工作中的具体行政行为或作出的认定决定不服的，可以依法申请行政复议或者提起行政诉讼。

淮海经济区主要经济指标

（2020年）

地　　区	土地面积	年末户籍人口数	年末常住人口数	地区生产总值		第一产业增加值	
	绝对量（平方公里）	（万人）	（万人）	绝对量（亿元）	增长（%）	绝对量（亿元）	增长（%）
江苏省							
徐州市	11765	1038.05	908.39	7319.77	3.4	718.68	2.8
连云港市	7616	534.48	460.10	3277.07	3.0	386.10	2.0
淮安市	10030	557.97	455.92	4025.37	3.2	409.70	1.8
盐城市	16931	814.49	671.06	5953.38	3.5	661.20	2.7
宿迁市	8524	592.10	498.82	3262.37	4.5	341.40	1.7
山东省							
菏泽市	12239	1028.24	879.59	3483.11	3.9	345.99	3.8
聊城市	8715	648.30	595.21	2316.84	2.8	333.26	2.9
枣庄市	4564	426.11	385.56	1733.25	3.0	165.69	2.0
济宁市	11187	894.16	835.79	4494.31	3.6	525.61	2.4
泰安市	7762	570.77	547.22	2766.46	3.5	299.66	2.3
日照市	5371	309.02	296.84	2006.43	3.8	171.33	2.1
临沂市	17191	1197.01	1101.80	4805.25	3.9	440.92	3.7
德州市	10358	597.80	561.12	3078.99	3.6	327.01	2.3
安徽省							
亳州市	8522	668.20	500.00	1806.01	4.1	256.34	3.0
淮南市	5532	390.51	303.35	1337.20	3.3	142.35	1.0
蚌埠市	5951	387.26	329.64	2082.73	3.0	255.01	2.0
淮北市	2741	218.80	197.03	1119.10	3.3	80.40	0.8
阜阳市	10118	1081.04	820.03	2805.20	3.8	391.99	3.2
宿州市	9939		532.40	2044.99	3.9	310.42	3.0
滁州市	13516	454.60	398.70	3032.07	4.4	271.68	1.7
六安市	15451	587.86	439.37	1669.46	4.1	238.67	2.0
河南省							
周口市	11959		901.87	3267.19	1.7	526.02	2.4
商丘市	10704	1005.00	781.86	2925.33	-0.8	515.56	3.0
信阳市	18916	912.69	623.66	2805.68	2.1	536.95	2.1
开封市	6444		483.47	2371.83	2.0	363.62	2.5

续表 1　　　　　　　　　　　　　　（2020 年）

地　　区	第二产业增加值		#工业增加值		第三产业增加值		人均地区生产总值（元）	地区生产总值中三次产业比重（%）
	绝对量（亿元）	增长（%）	绝对量（亿元）	增长（%）	绝对量（亿元）	增长（%）		
江苏省								
徐州市	2931.61	4.0	2346.16	4.5	3669.48	3.0	80673	9.8:40.1:50.1
连云港市	1372.35	2.6	1107.60	4.4	1518.62	3.8	71303	11.8:41.9:46.3
淮安市	1630.98	3.5	1286.78	4.0	1984.69	3.2	87507	10.2:40.5:49.3
盐城市	2379.38	2.8	1924.52	3.2	2912.79	4.3	88731	11.1:40.0:48.9
宿迁市	1367.35	4.7	1124.25	5.2	1553.63	4.9	65503	10.5:41.9:47.6
山东省								
菏泽市	1399.63	-0.04	1191.08	0.9	1737.49	7.7	39599	9.9:40.2:49.9
聊城市	795.59	2.9	678.02	3.2	1187.99	2.6		14.1:34.3:51.3
枣庄市	704.12	-0.6	567.36	-0.3	863.44	6.3	44954	9.6:40.6:49.8
济宁市	1761.69	3.6	1501.97	3.7	2207.01	3.8	53773	11.7:39.2:49.1
泰安市	1080.38	3.5	670.80	3.6	1386.42	3.6	50555	10.8:39.1:50.1
日照市	844.20	5.0	679.69	6.3	990.90	2.9	67593	8.5:42.1:49.4
临沂市	1756.43	4.2	1431.60	4.3	2607.90	3.6	43613	9.2:36.5:54.3
德州市	1235.87	4.1	1094.96	4.5	1516.11	3.3	54872	10.6:40.2:49.2
安徽省								
亳州市	631.50	4.8	454.76	4.9	918.17	3.7	36156	14.2:35.0:50.8
淮南市	526.17	4.6	457.38	3.9	668.68	2.4	38473	10.6:39.3:50.0
蚌埠市	835.19	3.6	674.62	3.5	992.53	2.6	63209	12.2:40.1:47.7
淮北市	467.00	3.8	422.40	3.2	571.70	3.3		7.2:41.7:51.1
阜阳市	1039.86	3.6	836.82	3.5	1373.34	4.1	34339	14.0:37.0:49.0
宿州市	719.61	5.1	517.58	4.4	1014.96	3.0	38368	15.2:35.2:49.6
滁州市	1477.82	6.1	1189.35	5.6	1282.57	2.5	76087	9.0:48.7:42.3
六安市	606.62	6.3	429.00	5.4	824.18	2.8	37899	14.3:36.3:49.4
河南省								
周口市	1343.01	0.7	1114.33	3.5	1362.17	2.5		17.2:41.1:41.7
商丘市	1106.87	-4.0	898.50	-3.3	1302.90	1.2	37439	17.6:37.9:44.5
信阳市	999.30	2.7	757.78	4.3	1269.43	1.5	44922	19.1:35.6:45.3
开封市	897.27	2.1	744.10	2.6	1110.94	1.6	49166	15.3:37.8:46.9

续表 2　　（2020 年）

地　区	粮食总产量		油料总产量		棉花总产量		肉类总产量		水产品产量	
	绝对量（万吨）	增长（%）	绝对量（万吨）	增长（%）	绝对量（万吨）	增长（%）	绝对量（万吨）	增长（%）	绝对量（万吨）	增长（%）
江苏省										
徐州市	501.92	0.1	11.55	-12.4	0.70	-41.6	57.29	3.3	15.80	-1.7
连云港市	368.52	0.5	10.19	-3.1			22.20	27.7	72.90	0.7
淮安市	490.36	0.2	6.09	6.5	0.001	-84.3	27.00	22.6	29.44	2.6
盐城市	714.31	0.3	13.59	4.8	0.03	3.9	50.42		120.18	
宿迁市	409.46	0.3	4.43	6.0			30.80	18.8	27.95	3.0
山东省										
菏泽市	793.95	1.6	23.42	3.2	8.76	2.5	66.13		8.37	
聊城市	563.87	2.0	3.66	-8.9	0.54	-15.6			5.89	3.1
枣庄市	180.57	2.2	8.02	1.9	0.13	3.5	12.57	-28.1	6.55	0.7
济宁市	482.78	1.6	14.32	6.3	3.69	16.5	40.10	-22.7	26.70	13.7
泰安市	257.07	1.9	19.65	3.5	0.47	-4.3	32.50		8.29	-2.4
日照市	84.07		21.29	-6.5	0.02	-41.2	27.51	-11.6	46.97	2.3
临沂市	416.50	1.0	73.10	-3.2	0.30	-25.0	113.50	12.1	12.20	0.8
德州市	758.77	1.1	1.39	-15.1	2.79	3.3	61.40	-19.0	5.88	-15.5
安徽省										
亳州市	505.20	1.1	4.40	6.4	0.80	-24.2	33.42	0.5	5.30	0.1
淮南市	307.45	-3.6	3.38	12.4	0.03	-59.0	16.90	4.0	17.76	0.7
蚌埠市	280.55	-0.6	33.50	1.2	0.005	-26.0	36.64	-0.7	12.40	0.4
淮北市	149.36	0.1	0.51	12.5			8.13	-2.2	2.56	0.4
阜阳市	521.60	-0.5	6.20	21.4	0.10	24.5	55.40	0.8	10.80	1.0
宿州市	449.62	1.4	13.20	4.2	0.04	-24.0	50.71	1.2	4.52	0.4
滁州市	465.69	1.3	11.77	6.1	0.14	-22.9	34.35	-2.0	36.54	0.4
六安市	345.68	-0.4	12.18	1.9	0.31	-25.4	31.16	-1.3	23.33	0.4
河南省										
周口市	934.30	2.0	43.41	13.8	0.38	-4.3	65.62		4.53	
商丘市	741.91	1.5	40.54		0.22		48.12	1.2	4.28	
信阳市	574.56	2.5	59.72	10.2	0.08	2.0	44.30	-2.6	26.37	-0.8
开封市	313.07	1.8	50.75	-1.4	0.82	-12.4	32.70	-2.1	6.65	-0.2

续表 3　　（2020 年）

地　　区	规模以上工业企业个数（个）	规模以上工业增加值	规模以上工业营业收入	规模以上工业利润总额	固定资产投资	# 房地产开发投资
		增长（%）	增长（%）	增长（%）	增长（%）	增长（%）
江苏省						
徐州市	2024	6.3	7.9	16.9	0.4	1.7
连云港市	985	4.5	3.7	-2.7	0.1	16.0
淮安市	1486	4.7	4.4	0.3	-29.6	28.5
盐城市	3139	5.0	9.8	2.4	-7.4	21.3
宿迁市	2065	7.8	7.3	21.7	0.1	12.9
山东省						
菏泽市	1876	3.4	-3.3	11.3	7.5	0.3
聊城市	1218	3.4	0.9	39.6	6.8	-15.7
枣庄市	609	1.4	-1.8	4.5	3.2	11.9
济宁市	1852	5.9	-2.7	-7.6	3.2	10.6
泰安市	937	5.4	1.3	-9.1	2.9	28.3
日照市	704	9.9	31.0	52.9	3.2	12.6
临沂市	2954	7.8	4.2	48.4	4.0	6.6
德州市	1391	5.5	2.3	17.1	-2.9	16.2
安徽省						
亳州市	691	5.9	3.4	5.5	-3.3	8.3
淮南市	723	5.2	-0.6	-10.2	3.9	-5.1
蚌埠市	995	3.7	3.5	12.6	-3.4	-3.7
淮北市	660	3.5	-2.1	4.7	9.3	23.5
阜阳市	1657	4.1	-3.7	-15.5	7.5	10.2
宿州市	1028	5.3	-3.9	7.8	5.9	29.7
滁州市	1870	7.5	1.2	-6.1	10.1	8.0
六安市	965	7.7	8.6	30.6	8.7	7.6
河南省						
周口市	1353	3.6	-0.5	-29.4	5.7	15.4
商丘市	1449	-4.8	-4.1	-19.1	6.0	3.5
信阳市	1179	4.0	5.5	1.4	5.8	4.9
开封市	1093	2.9	1.3	-19.4	5.4	-0.4

续表 4　　（2020 年）

地　区	社会消费品零售总额		居民消费价格总指数（以上年为 100）	进出口总额		# 进口总额		# 出口总额	
	绝对量（亿元）	增长（%）		绝对量（亿元）	增长（%）	绝对量（亿元）	增长（%）	绝对量（亿元）	增长（%）
江苏省									
徐州市	3286.09	-7.0	102.8	1067.16	14.2	201.86	31.1	865.30	10.9
连云港市	1104.29	-5.0	102.5	643.45	-0.4	380.89	0.7	262.56	-2.1
淮安市	1675.85	-4.0	102.4	344.38	6.2	106.68	16.9	237.70	2.0
盐城市	2216.12	-1.1	102.3	824.62	24.5	270.15	22.4	554.47	25.5
宿迁市	1258.08	-4.7	102.4	332.63	40.8	43.01	15.8	289.62	45.5
山东省									
菏泽市	1637.35	1.2	101.7	433.75	-10.6	219.44	29.0	214.31	21.9
聊城市	801.04	-3.2	103.1	404.21	-1.0	176.77	-12.4	227.45	10.2
枣庄市	897.80	-2.6	102.2	263.80	80.2	13.98	91.7	249.82	79.6
济宁市	2127.31	-1.2	102.9	545.14	18.3	159.03	-9.9	386.11	35.9
泰安市	1022.40	-3.0	102.6	211.90	24.8	66.01	75.5	145.89	10.4
日照市	584.78	-3.3	102.1	1023.86	-2.8	680.40	5.1	343.46	-15.5
临沂市	2528.20	0.2	102.8	1167.20	39.9	175.00	12.5	992.20	46.2
德州市	1114.40	0.01	103.0	386.86	11.9	139.62	-2.0	247.24	21.6
安徽省									
亳州市	991.71	2.6	102.5	73.97	2.8	9.69	-30.1	64.28	10.7
淮南市	774.32	1.7	102.3	53.02	28.9	3.19	47.8	49.83	27.8
蚌埠市	1202.50	0.03	102.6	130.59	20.0	69.54	16.5	61.06	24.2
淮北市	460.81	1.3	103.0	69.80	24.2	8.30	55.2	61.50	20.9
阜阳市	1836.56	3.5	102.5	115.56	6.4	21.22	25.2	94.34	3.0
宿州市	1082.60	3.3	102.3	92.67	47.5	4.37	122.0	88.30	45.1
滁州市	1182.59	3.9	102.4	38.66	-4.0	9.47	-46.7	29.19	29.8
六安市	935.04	2.6	102.4	72.28	19.2	6.75	10.4	65.53	20.2
河南省									
周口市	1650.64	-1.7	102.1	106.90	3.8	19.40	5.7	87.50	3.4
商丘市	1410.18	-4.8	102.5	42.60	23.1	9.90	-8.9	32.70	37.8
信阳市	1160.23	-4.4	102.8	57.50	14.3	22.70	23.3	34.80	9.1
开封市	999.07	-3.1	102.3	66.90	-8.7	12.20	27.2	54.60	-14.1

注：滁州市进出口总额、出口总额为美元口径，其余城市为人民币口径。

续表 5 （2020 年）

地　　区	实际使用外资		邮电业务总　量	年末固定电话用户（万户）	年末移动电话用户（万户）	一般公共预算收入		一般公共预算支出	
	绝对量（亿美元）	增长（%）	绝对量（亿元）			绝对量（亿元）	增长（%）	绝对量（亿元）	增长（%）
江苏省									
徐州市	22.01	5.3	883.24	79.33	963.96	481.82	2.9	958.19	8.6
连云港市	6.76	10.2	457.76	49.12	467.79	245.17	1.1	501.69	7.7
淮安市	10.59	0.3	435.04	33.59	471.34	264.21	2.7	568.25	7.4
盐城市	10.12	10.0	605.04	53.70	678.66	400.10	4.5	973.60	11.0
宿迁市	5.56	24.7	543.81	27.35	488.14	221.17	4.0	589.45	16.6
山东省									
菏泽市	2.90	49.7	587.65	47.84	808.80	237.92	7.2	630.76	2.0
聊城市	2.08	187.4		55.98	563.35	201.97	2.7	466.03	9.1
枣庄市	3.05	110.6	141.90	30.49	377.26	140.76	-4.4	271.03	1.4
济宁市	8.12	79.9	73.05	69.40	811.20	411.78	1.7	695.92	4.3
泰安市	6.83	48.7	57.70	78.52	584.98	229.19	2.0	434.79	4.9
日照市	4.67	149.7	87.33	22.93	299.79	176.31	3.5	286.58	7.2
临沂市	10.80	179.0				349.80	6.0	732.50	11.5
德州市	2.66	66.1	345.96	48.00	526.30	208.55	1.1	481.20	10.0
安徽省									
亳州市	4.34	-54.9	442.00	21.70	491.30	126.37	0.2	390.57	4.6
淮南市	3.66	17.6	254.33	25.33	293.18	104.02	-4.9	288.11	9.9
蚌埠市	12.05	-13.9	192.72	34.90	324.28	158.48	-2.9	325.94	-3.4
淮北市	3.17	10.0	17.85	17.01	203.60	80.07	6.1	183.84	-3.2
阜阳市	4.95	9.2	85.20	36.60	710.30	199.26	-0.7	671.02	2.4
宿州市	10.70	9.0	472.40	29.74	499.29	133.18	2.3	486.00	8.0
滁州市	15.97	7.2	351.33	38.80	379.80	226.02	5.3	462.94	1.7
六安市	6.11	11.3		34.81	406.28	132.88	5.3	505.23	6.6
河南省									
周口市	6.31	7.6	634.09			148.19	5.2	689.67	5.1
商丘市	4.53	7.6	699.26	39.26	732.45	180.56	5.2	562.77	4.7
信阳市	6.20	7.8	441.97	36.50	447.30	121.35	2.0	607.93	2.0
开封市	7.79	8.5	363.23			160.30	3.5	430.99	1.5

续表 6　　（2020 年）

地　　区	金融机构年末存款余额（亿元）	# 住户存款（亿元）	金融机构年末贷款余额（亿元）	各级各类学校数（所）	各级各类学校在校学生数（万人）	卫生机构数（个）	卫生技术人员数（人）	卫生机构床位数（张）
江苏省								
徐州市	9141.99	4513.38	6952.08	2419	217.87	4552	73219	59392
连云港市	4212.37	1840.00	4215.61	1286	103.77	2772	32439	28443
淮安市	4852.00	2082.96	4630.79	954	127.08	2290	36756	30430
盐城市	8370.07	4224.24	6947.17	1351	110.31	3303	49332	43324
宿迁市	3631.89	1734.12	3773.95	903	118.15	2460	37622	31396
山东省								
菏泽市	5009.25	3913.11	2994.33	5049	217.70	5868	59437	53970
聊城市	4340.70	3097.39	2867.72	2105	134.90	6220	41281	34039
枣庄市	2399.26	1660.68	1729.90	738	64.25	2475	29716	24916
济宁市	6520.68	4332.40	4780.82	3724	172.37	7195	66552	54648
泰安市	4559.64	3060.91	3136.32	2038	98.10	4564	41328	34030
日照市	3107.31	1841.63	2957.60	1094	58.91	2468	20805	16345
临沂市	8144.30	5204.80	6996.40	1718	188.97	8069	74475	70195
德州市	4270.51	3054.00	2533.93	2861	109.40	5527	36069	27279
安徽省								
亳州市	2501.71	1684.08	2380.35	2432	120.88	2417	28255	29357
淮南市	2362.31	1514.91	1714.52	1121	66.98	1621	20793	19782
蚌埠市	2458.68	1372.03	2348.75	1604	77.62	1658	26191	25357
淮北市	1672.10	994.40	1278.50	416	34.50	888	14232	14073
阜阳市	4610.29	3080.49	3745.42	3477	191.40	3191	50026	52569
宿州市	2720.10	1821.13	2332.04	2643	117.18	2144	30226	32135
滁州市	3129.94	1802.23	3017.71	1055	65.51	1868	31322	26295
六安市	3185.53	1941.71	2603.48	858	71.56	2771	23583	26758
河南省								
周口市	3867.59	3192.89	1754.69	4886	217.96	7335	49134	52919
商丘市	3635.66	2804.77	2272.31	4127	198.52	6221	45219	42255
信阳市	3900.48	3083.96	2055.32	3051	168.92	4253	36361	38119
开封市	2466.27	1809.02	1942.99	2431	129.14	3410	35390	32214

续表 7　　　　　　　　（2020 年）

地　　区	城镇化率（%）	居民人均可支配收入		城镇居民人均可支配收入		农村居民人均可支配收入	
		绝对量（元）	增长（%）	绝对量（元）	增长（%）	绝对量（元）	增长（%）
江苏省							
徐州市	65.63	31166	4.8	37523	3.6	21229	6.8
连云港市	61.52	29501	5.0	36722	3.8	19237	6.5
淮安市	65.67	31619	4.7	40318	3.5	19730	6.3
盐城市	64.11	33707	5.0	40403	4.1	23670	6.3
宿迁市	62.24	26421	5.9	32015	4.6	19466	7.4
山东省							
菏泽市	50.73	21741	5.2	29365	3.7	15107	6.6
聊城市	52.97	22488	4.1	30036	2.8	15718	6.1
枣庄市	59.32	27379	4.1	35098	3.1	17690	5.6
济宁市	60.09	29261	4.3	38368	3.3	18653	5.7
泰安市	63.92	30937	4.2	38901	3.2	19682	5.7
日照市	61.13	28695	4.1	36752	2.9	18274	5.6
临沂市	55.06	28887	4.6	39466	4.1	15918	6.3
德州市	53.30	23626	4.5	29594	3.7	16996	6.0
安徽省							
亳州市	42.50	22274	7.3	34159	5.4	15293	8.5
淮南市	61.08	28780	6.2	37699	5.2	15419	8.2
蚌埠市	55.10	29247	7.0	39116	5.6	18016	8.1
淮北市	64.16	28127	5.8	36428	4.9	15218	8.3
阜阳市	41.97	22239	7.4	34562	5.2	14256	9.0
宿州市	43.76	22105	7.3	34373	5.3	14369	8.8
滁州市	61.84	25711	7.1	36051	5.8	15732	8.6
六安市	48.49	22457	7.5	33647	5.9	14449	9.1
河南省							
周口市	42.58	19143	4.5	28864	1.5	12950	6.2
商丘市	46.20	21117	4.7	32853	1.6	13605	7.4
信阳市	50.12	21861	4.5	30942	1.7	15018	7.2
开封市	51.80	22647	3.9	31868	1.8	15370	6.2

企业选介（2020年） 附录六

INTRODUCTION OF ENTERPRISES（2020）

版面负责人：王廷宝　张　虹
　　　　　　邵明明　王　楠
编　　　辑：郑　鹏　柏　慧
　　　　　　孙　伟　刘云祥
　　　　　　李家平　王玉成
　　　　　　刘　溪

统计知识

企业统计信用管理办法

第二十一条 县级以上人民政府统计机构应当与同级有关部门建立合作机制，推进信用信息互认互通、信息共享。

第二十二条 县级以上人民政府统计机构未按本办法履行职责的，由上一级政府统计机构责令改正；情节严重的，对负有责任的主管领导和其他直接责任人员依法依纪依规予以处分。

第二十三条 本办法中的各级统计机构是指县级以上人民政府统计局和国家调查队。

第二十四条 政府有关部门组织实施的统计调查活动参照本办法执行。

第二十五条 承担法定的政府统计资料报送义务的其他单位，其统计信用管理参照本办法执行。

第二十六条 民间统计调查单位统计信用管理参照本办法执行。

第二十七条 本办法由国家统计局负责解释。

第二十八条 本办法自印发之日起施行。2017 年 6 月 26 日公布的《企业统计信用管理办法（试行）》（国统字〔2017〕97 号）和 2014 年 11 月 27 日公布的《统计上严重失信企业信息公示暂行办法》（2014 年第 3 号公告）同时废止。

2020年徐州市贸易批发零售企业前五十强

（按销售额排序）

序 号	企业名称	序 号	企业名称
1	徐州徐工物资供应有限公司	26	江苏马龙国华工贸股份有限公司
2	徐州中晟昌贸易有限公司	27	江苏鹭翔炉料有限公司
3	徐州东方物流集团有限公司	28	徐州闽力物资贸易有限公司
4	徐州工程机械保税有限公司	29	徐州盛美卓越电器销售有限公司
5	江苏省烟草公司徐州市公司	30	徐州天泽国际贸易有限公司
6	江苏金驹物流投资有限公司	31	美鸿鞋业有限公司
7	徐州工程机械集团进出口有限公司	32	徐州之星汽车有限公司
8	中国石化销售有限公司江苏徐州石油分公司	33	江苏安德机械进出口有限公司
9	江苏万邦医药营销有限公司	34	徐州闽榕物资贸易有限公司
10	江苏大屯煤炭贸易有限公司	35	中国石油天然气股份有限公司江苏徐州销售分公司
11	徐州金虹特钢有限公司	36	徐州中安矿业服务有限公司
12	徐州神工工程机械有限公司	37	徐州汇农达商贸有限公司
13	江苏恩华和信医药营销有限公司	38	江苏复星医药销售有限公司
14	国药控股徐州有限公司	39	江苏阔阔木门销售有限公司
15	徐州海西物资贸易有限公司	40	徐工营销有限公司
16	上药控股徐州股份有限公司	41	江苏恩华和润医药有限公司
17	徐州纽泰克供应链有限公司	42	徐州陆润商贸有限公司
18	维维乳业有限公司	43	沛县峰伟煤炭有限公司
19	徐州金鹰国际实业有限公司	44	徐州淮海药业有限公司
20	徐州嘉裕能源贸易有限公司	45	徐州朗驰汽车销售服务有限公司
21	江苏恒盛农业生产资料有限公司	46	徐州迪特汽车销售服务有限公司
22	徐州闽强物资贸易有限公司	47	徐州耀盈物资贸易有限公司
23	江苏中闵物资贸易有限公司	48	徐州市恒利钢铁贸易有限公司
24	徐州苏宁易购销售有限公司	49	江苏钢鹏商贸有限公司
25	江苏中汇贸易发展有限公司	50	江苏信利德进出口贸易有限公司

2020年徐州市建筑企业前三十强

（按总产值排序）

序　号	企业名称	序　号	企业名称
1	江苏大汉建设实业集团有限责任公司	16	徐州万基工程建设有限公司
2	江苏集慧建设集团有限公司	17	睢宁县建筑工程公司
3	江苏中阳建设集团有限公司	18	江苏路泰建设集团有限公司
4	江苏融运建设工程有限公司	19	江苏兴梁建设工程有限公司
5	江苏万融工程科技有限公司	20	徐州市公路工程总公司
6	徐州汉源建设集团有限公司	21	江苏润企恒力建设工程有限公司
7	徐州汉韵环球建筑安装工程公司	22	江苏博大建筑安装有限公司
8	江苏新成建设工程有限公司	23	徐州送变电有限公司
9	中煤第五建设有限公司	24	江苏尚艺城建筑工程有限公司
10	江苏帝邦建设工程有限公司	25	江苏中望建设有限公司
11	邳州市建筑安装工程公司	26	徐州天利达建筑安装工程有限公司
12	江苏华天建设集团有限公司	27	江苏鑫世航建设工程有限公司
13	江苏双信建筑工程有限公司	28	新沂市远大建筑安装工程有限公司
14	江苏汉瑞铁路建筑工程有限公司	29	徐州市政建设集团有限责任公司
15	江苏汉皇安装集团有限公司	30	江苏建顺地基基础工程有限公司

2020年徐州市房地产企业销售前三十强

（按销售面积排序）

序　号	企业名称	序　号	企业名称
1	邳州市润财资产管理有限公司	16	睢宁楚岳置业有限公司
2	徐州云鼎置业有限公司	17	大华（集团）徐州湖畔置业有限公司
3	睢宁金以德房地产开发有限公司	18	徐州美誉房地产发展有限公司
4	金林置业徐州有限公司	19	徐州市贾汪区亿睿房地产开发有限公司
5	徐州御泰置业有限公司	20	徐州恒盛智谷置业有限公司
6	江苏润企万国实业有限公司	21	徐州璟悦房地产开发有限公司
7	徐州骏兴房地产开发有限公司	22	徐州臻石房地产开发有限公司
8	徐州淮展置业有限公司	23	徐州淮海金融招商发展有限公司
9	徐州鼎瑞置业有限公司	24	徐州盛玺房地产开发有限公司
10	徐州威润房地产开发有限公司	25	徐州誉创置业有限公司
11	江苏博邦房地产开发有限公司	26	徐州市绿泉置业有限公司
12	新沂市城投置业有限公司	27	徐州融耀置业有限公司
13	徐州新城弘阳房地产开发有限公司	28	邳州市新碧房地产开发有限公司
14	荣盛（徐州）房地产开发有限公司	29	华宇地产有限公司
15	徐州铭圣房地产开发有限公司	30	安建房地产开发（沛县）有限公司

2020年徐州市重点耗能工业企业前百家

（按综合耗能量排序）

序　号	企业名称	序　号	企业名称
1	铜山华润电力有限公司	26	江苏花厅生物科技有限公司
2	中新钢铁集团有限公司	27	光大环保能源（邳州）有限公司
3	江苏徐钢钢铁集团有限公司	28	徐州金山桥热电有限公司
4	大屯煤电（集团）有限责任公司	29	徐州建滔能源有限公司
5	国华徐州发电有限公司	30	江苏协鑫硅材料科技发展有限公司
6	江苏中能硅业科技发展有限公司	31	徐州徐轮橡胶有限公司
7	江苏阚山发电有限公司	32	丰县鑫源生物质环保热电有限公司
8	徐州华润电力有限公司	33	江苏徐矿能源股份有限公司
9	徐州中联水泥有限公司	34	徐州富山医疗制品有限公司
10	江苏徐塘发电有限责任公司	35	江苏鑫华半导体材料科技有限公司
11	江苏晋煤恒盛化工股份有限公司	36	江苏金路化工有限公司
12	沂州科技有限公司	37	徐州钛白化工有限责任公司
13	江苏华美热电有限公司	38	睢宁宝源新能源发电有限公司
14	徐州丰成盐化工有限公司	39	江苏江龙新材料科技有限公司
15	江苏徐矿综合利用发电有限公司	40	光大环保能源(沛县)有限公司
16	徐州市龙山水泥有限公司	41	利民化学有限责任公司
17	徐州华鑫发电有限公司	42	江苏久久水泥有限公司
18	徐州大屯洗煤厂	43	徐州陕鼓工业气体有限公司
19	考伯斯（江苏）炭素化工有限公司	44	江苏省瑞丰盐业有限公司
20	徐州金虹钢铁集团有限公司	45	徐州天安化工有限公司
21	徐州宏阳新材料科技有限公司	46	蒂森克虏伯罗特艾德（徐州）环锻有限公司
22	国能邳州生物发电有限公司	47	江苏尚品大成纸业科技有限公司
23	徐州协鑫环保能源有限公司	48	江苏极易新材料有限公司
24	徐州中兴纸业有限公司	49	徐州大恒纸业有限公司
25	江苏新春兴再生资源有限责任公司	50	江苏惠众碳素制品有限公司

（按综合耗能量排序）

序　号	企业名称	序　号	企业名称
51	徐州工程机械集团有限公司	76	江苏诚意桩业科技发展有限公司
52	徐州维维金澜食品有限公司	77	博途新能源（徐州）有限公司
53	徐州重型机械有限公司	78	江苏诺恩作物科学股份有限公司
54	徐州天裕燃气发电有限公司	79	新沂鲁花浓香花生油有限公司
55	江苏伟业铝材有限公司	80	徐州斯尔克纤维科技股份有限公司
56	徐州天虹智能纺织有限公司	81	方大喜科墨（江苏）针状焦科技有限公司
57	徐州德龙金属科技有限公司	82	江苏中烟工业有限责任公司徐州卷烟厂
58	江苏华昌铝厂有限公司	83	徐州天然润滑油有限公司
59	丰县鑫成环保热电有限公司	84	徐州首创水务有限责任公司
60	徐州华隆热电有限公司	85	徐州徐工液压件有限公司
61	江苏江龙新能源科技有限公司	86	江苏君乐宝乳业有限公司
62	徐州徐工挖掘机械有限公司	87	江苏恩华药业股份有限公司
63	徐州天虹时代纺织有限公司	88	徐州海天石化有限公司
64	江苏通达热电有限公司	89	江苏华丰铝业有限公司
65	江苏诚意水泥有限公司	90	徐州徐工履带底盘有限公司
66	维维食品饮料股份有限公司	91	徐州鑫宇光伏科技有限公司
67	卡特彼勒（徐州）有限公司	92	江苏拓正茂源新能源有限公司
68	徐州中辉光伏科技有限公司	93	徐州谷阳新能源科技有限公司
69	徐州建平环保热电有限公司	94	徐州胜海机械制造科技有限公司
70	徐州市芭田生态有限公司	95	江苏宗申车业有限公司
71	徐州楚阳型钢有限公司	96	徐州佳艺玻璃器皿有限公司
72	徐州常青生物科技有限公司	97	徐州天虹银联纺织有限公司
73	江苏琳琅玻璃制品有限公司	98	江苏众友兴和菌业科技有限公司
74	布兰肯（徐州）金属设备制造有限公司	99	徐州罗特艾德回转支承有限公司
75	江苏华恒新能源有限公司	100	江苏新河农用化工有限公司

2020年徐州市其他服务业企业前五十强

（按营业收入排序）

序 号	企业名称	序 号	企业名称
1	国家管网集团东部原油储运有限公司	26	徐州精策信息科技有限公司
2	中国移动通信集团江苏有限公司徐州分公司	27	江苏徐工信息技术股份有限公司
3	徐州徐工智联物流服务有限公司	28	徐州百大劳务服务有限公司
4	中国电信股份有限公司徐州分公司	29	邳州市东大医院有限公司
5	中国邮政集团有限公司徐州市分公司	30	江苏轰隆隆机械科技有限公司
6	江苏连徐高速公路有限公司	31	新沂顺图网络科技有限公司
7	徐州矿务集团总医院	32	中移铁通有限公司徐州分公司
8	江苏徐工广联机械租赁有限公司	33	徐州市外事服务有限责任公司
9	徐州象屿供应链管理有限公司	34	徐州淮海国际陆港运营有限公司
10	中国联合网络通信有限公司徐州市分公司	35	徐州公路运输集团有限责任公司
11	徐州泽汇人力资源有限公司	36	江苏邵悦电子商务有限公司
12	徐州顺丰速运有限公司	37	徐州市矿山医院
13	徐州仁慈医院	38	江苏东科智慧服务外包有限公司
14	江苏徐工工程机械租赁有限公司	39	徐州徐工施维英机械租赁有限公司
15	徐州徐工物流有限公司	40	江苏桔子服务外包有限公司
16	徐州华厦商务管理有限公司	41	江苏网博计算机科技有限公司
17	徐州众俭信息技术有限公司	42	徐州市九州生态园林股份有限公司
18	徐州中天科尔物流有限公司	43	徐州市市政设计院有限公司
19	江苏徐工工程机械研究院有限公司	44	邳州市力源劳动保障事务代理有限公司
20	徐州地铁集团有限公司	45	江苏潮运物流有限公司
21	中国石化集团管道储运资产管理有限公司	46	徐州精诚特卫保安服务有限公司
22	徐州华电电力勘察设计有限公司	47	徐州薪安信息科技有限公司
23	徐州中国矿大岩土工程新技术发展有限公司	48	江苏徐州港务（集团）有限公司
24	华东管道设计研究院	49	徐州海佳企业服务有限公司
25	中国铁塔股份有限公司徐州市分公司	50	徐州金地商都集团有限公司

中国统计出版社有限公司最新图书简目

(仅供参考,以实际出版为准)

统计资料

中国统计年鉴 中国统计摘要 中国第三产业统计年鉴
中国第三次全国农业普查综合资料 国际统计年鉴 金砖国家联合统计手册
中国-东盟国家统计手册 中国农村统计年鉴 中国县域统计年鉴
中国农产品价格调查年鉴 中国城市统计年鉴 中国价格统计年鉴
中国贸易外经统计年鉴 中国零售和餐饮连锁企业统计年鉴 中国商品交易市场统计年鉴
大中型批发零售和住宿餐饮企业统计年鉴 中国住户调查年鉴 中国工业统计年鉴
中国环境统计年鉴 中国能源统计年鉴 中国建筑业统计年鉴
中国房地产统计年鉴 中国投资领域统计年鉴 长江经济带发展统计年鉴
中国人口和就业统计年鉴 中国劳动统计年鉴 中国社会统计年鉴
中国科技统计年鉴 中国高技术产业统计年鉴 全国企业创新调查年鉴
中国文化及相关产业统计年鉴 中国妇女儿童状况统计资料 中国青年发展状况统计年鉴
中国基本单位统计年鉴 中国教育统计年鉴 中国教育经费统计年鉴
中国民族统计年鉴 中国残疾人事业统计年鉴 中国电力统计年鉴

省级综合统计年鉴系列

北京 天津 河北 山西 内蒙古 辽宁 吉林 黑龙江 上海 江苏 浙江 安徽 福建 江西 山东 河南 湖北 湖南
广东 广西 海南 重庆 四川 贵州 云南 西藏 陕西 甘肃 青海 宁夏 新疆 新疆生产建设兵团

市(县)级综合统计年鉴系列

滨海新区 石家庄 唐山 邯郸 邢台 保定 承德 沧州 衡水 太原 大同 晋城 晋中 长治 忻州 朔州 临汾 运城
阳泉 吕梁 呼和浩特 包头 鄂尔多斯 赤峰 大连 长春 四平 延吉 延边 哈尔滨 齐齐哈尔 黑龙江垦区 浦东新区
南京 无锡 徐州 常州 苏州 南通 淮安 盐城 扬州 镇江 宿迁 江阴 丹阳 海门 张家港 通州 如东 杭州 宁波
绍兴 台州 温州 金华 嘉兴 湖州 丽水 舟山 合肥 安庆 福州 厦门 漳州 宁德 龙岩 莆田 泉州 三明 南平 思明
南昌 上饶 抚州 赣州 九江 景德镇 宁都 济南 青岛 枣庄 潍坊 聊城 郑州 洛阳 三门峡 南阳 商丘 平顶山
信阳 济源 武汉 宜昌 十堰 荆州 荆门 咸宁 黄冈 长沙 广州 东莞 惠州 深圳 汕尾 珠海 南宁 桂林 柳州
防城港 贵港 梧州 玉林 钦州 海口 三亚 儋州 成都 贵阳 毕节 黔南 昆明 文山 德宏 西安 安康 延安 汉中
渭南 商洛 榆林 银川 兰州 庆阳 乌鲁木齐

调查年鉴系列

天津 内蒙古 上海 河南 湖北 湖南 广西 重庆 四川 云南 甘肃 宁夏 南宁 桂林 贵港 昆明

统计方法应用/实用手册

Python数据分析基础（第二版） 非参数统计（第五版） 现代金融投资统计分析（第四版）
国民经济核算初级教程（第二版） 国民经济核算教程（第五版） 概率统计基础
全国统计专业技术资格考试系列考试用书：统计业务知识（第四版修订版） 统计业务知识学习指导与习题
全国统计专业技术资格考试系列考试用书：统计相关知识（第四版） 统计相关知识学习指导与习题

统计通俗读物/统计科普图书

领导干部统计知识问答（第二版） 统计公文写作及会议办理实用手册 大数据在统计工作中的应用案例汇编
中国国民经济核算知识问答（修订版） 地区生产总值核算国际比较研究 新中国统计制度方法的发展与改革

重点图书

第七次全国人口普查年鉴 第四次全国经济普查地图集 中国经济普查年鉴2018
新编英汉汉英统计大词典 中国国民经济核算体系2016 国民经济行业分类注释
挑大学选专业2020—考研择校指南 挑大学选专业2020—高考志愿填报指南 中华医学统计百科全书

发行部电话：（010）63376907 63376908 63376909 同榻行书店电话：（010）68783171 68783172
地址：北京市丰台区西三环南路甲6号 邮政编码：100073 网址：http://www.zgtjcbs.com